W9-CUE-293

L'ASIE

L'EUROPE

la Belgique
le Luxembourg

la France
la Suisse

Monaco

la Tunisie   le Liban
              Israël

le Maroc

le Sahara
occidental

l'Algérie

L'AFRIQUE

l'Égypte

la Mauritanie

le Mali

le Niger

le Tchad

la République
centrafricaine

Djibouti

Pondichéry

le Laos

le Cambodge

le Viêt-nam

le Sénégal
la Guinée

le Burkina-
Faso

le Togo

le Bénin

le Cameroun

le Ruanda
le Burundi

L'OCÉAN
INDIEN

la Côte-
d'Ivoire

le Gabon

le Congo

le Zaïre

les Comores

les Seychelles

l'Angola

Mayotte

Madagascar

l'île Maurice
la Réunion (DOM)

L'AUSTRALIE

Amsterdam et St-Paul

l'archipel Crozet

Terres australes et antarctiques françaises (TOM)

l'archipel Kerguelen

LE MONDE FRANCOPHONE

Terre-Adélie

L'ANTARCTIQUE

parallèles

parallèles

communication et culture

Wendy W. Allen

St. Olaf College

Nicole Fouletier-Smith

University of Nebraska–Lincoln

Prentice Hall, Englewood Cliffs, New Jersey 07632

Editor-in-Chief: Steve Debow
Director of Development: Marian Wassner
Assistant Editor: María García
Editorial Assistant: Brian Wheel
Managing Editor: Deborah Brennan
Project Manager: Jacqueline Rebisz
Art Director: Christine Gehring Wolf
Interior design and text graphics: Kenny Beck
Illustrations: Daisy de Puthod
Electronic art: Siren Design, Inc.
Electronic maps: Siren Design, Inc., with Mapping Specialists, Inc.
Cover design: Paul Uhl, Design Associates, Inc.
Cover photos: (tl) P. Dannic/Diaf; (tr) Jean-Michel Labat/Jerrican;
  (bl) Sylva Villerot/Diaf; (br) Perlstein/Jerrican
Photo Editor: Lorinda Morris-Nantz
Photo Researcher: Béatrice Moyse
Manufacturing Buyer: Tricia Kenny
Electronic page layout: Christine Gehring Wolf

©1995 by Prentice Hall, Inc.
A Simon & Schuster Company
Englewood Cliffs, New Jersey 07632

Printed in the United States of America
10 9 8 7 6 5 4 3 2 1

Student Text   0-13-249889-8
Annotated Instructor's Edition   0-13-337494-7

Prentice Hall International (UK) Limited, *London*
Prentice Hall of Australia Pty. Limited, *Sydney*
Prentice Hall Canada Inc., *Toronto*
Prentice Hall Hispanoamericana, S.A., *Mexico*
Prentice Hall of India Private Limited, *New Delhi*
Prentice Hall of Japan, Inc., *Tokyo*
Prentice Hall of Southeast Asia Pte. Ltd., *Singapore*
Editora Prentice Hall do Brasil, Ltda., *Rio de Janeiro*

Pour Richard, Sarah et Joshua Allen
Pour Don, Marie-Françoise et Ralph Smith

$\mathscr{S}$ COPE & SEQUENCE

❖ **Contextes**

Culture   **Outils**

DOSSIER 7

La table 198

DOSSIER 8

La famille et le calendrier 230

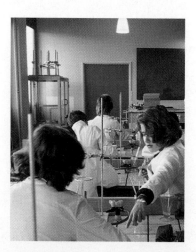

DOSSIER 9

Les années de lycée 266

Culture

 Outils

DOSSIER 10

À la fac! 296

- La vie d'étudiant 300
- On fait des études 303
- Les matières 304

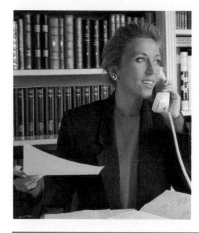

DOSSIER 11

Décisions 328

- Le choix d'un métier 330
- Qu'est-ce qu'on fait dans la vie? 332
- Quelle décision prendre? 336
- Une nouvelle garde-robe 337

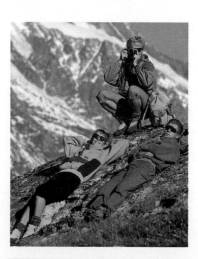

DOSSIER 12

Loisirs et vacances 366

- Loisirs et personnalité 368
- Vacances sur mesure 371
- Du rêve à la réalité: comment organiser ses vacances? 374

Culture   **Outils**

Contextes

Culture

◆◆ **Outils**

PREFACE

Overview

Parallèles is an introductory French program that offers an exciting and innovative approach to language and culture. Its primary objective is to help students develop the ability to learn French as they obtain and exchange information on a wide variety of topics.

Parallèles provides mutually reinforcing linguistic and cultural tools that enable students to negotiate the subtleties of their native, as well as the target, language and cultures. As its title indicates, *Parallèles* encourages students to explore a series of interrelationships central to becoming proficient in language and culture: the parallel between learning a language and learning about cultures, the similarities and contrasts between the English and French languages; the parallels and divergences among cultures.

Highlights

The *Parallèles* program is a comprehensive teaching and learning package that includes video and CD-ROM, and that offers the following features:

- *Integration of language and culture.* **Parallèles** develops students' linguistic skills in tandem with their conceptual and cultural knowledge. Complete integration of language and culture gives students the in-depth understanding they need to become effective speakers of the language. Throughout each *dossier*, cultural topics are linked to language, and linguistic material is presented within an informative cultural framework. The development of students' cultural and conceptual schema gives them a framework for using language as a tool to learn new information and prepares them for increasingly sophisticated linguistic production.

- *Method for teaching culture and development of skills of cultural observation and analysis.* **Parallèles** provides a method for developing cultural proficiency. Learning about culture is more than acquiring facts. It is a process of discovery that builds upon what students already know and on their own cultural schemas.

  The process of learning about culture and acquiring cultural proficiency begins at the opening of each *dossier* with a phase of observation in which questions about students' own culture prompt them to focus on relevant cultural features and activate their background knowledge. This process is expanded in the *Parallèles?* section of each *dossier*, which provides students with the basic tools for observing and analyzing cultural behaviors, attitudes, and values in their own and other cultures. Students move from the phase of asking questions and gathering information to a phase of reflection and analysis by drawing comparisons and making contrasts. At the close of each *dossier*, a simple discussion/writing activity focusing on cultural issues (*Lu et entendu*) guides students into the final phase of synthesizing information. In this way, the cultural apparatus of ***Parallèles*** develops skills that enable students to think critically about their own culture and to reflect on the meaning of cultural similarities and differences.

- *Contextualized presentation and practice of vocabulary.* Vocabulary presentations (*Contextes* sections), structured around engaging, culturally authentic visual and linguistic contexts, provide an enriched environment for learning and practicing new vocabulary and for recycling previously taught language. Additionally, the *Contextes* sections facilitate language learning by providing a framework for new linguistic information. Every *Contextes* section begins with a broad view of the topic in question and relates each aspect of the vocabulary presentation to larger cultural themes. Culturally authentic material—photos, realia, and artwork—serves as a visual reference that helps students retain the new information.

- *Streamlined, functional grammatical syllabus.* The scope and sequence of grammatical topics in ***Parallèles*** is dictated by the communicative needs of beginning students and by the cultural topics presented. This streamlined, functional grammatical syllabus facilitates an enhanced classroom emphasis on communication and content.

- *Abundant activities for practice and personalized expression.* The ***Parallèles*** program provides an abundance of activities in lively visual, communicative formats. Practice materials in the opening vocabulary sections *(Contextes)* give students ample opportunity to use newly acquired (as well as previously learned) words and expressions in a variety of contexts. Exercises in the grammar section (*Outils*) develop students' ability to use linguistic structures for direct communicative purposes and provide an additional mechanism for recycling new *dossier* vocabulary.

- *Focused attention on skill development.* The *Découvertes* section at the close of each *dossier* brings together cultural themes and language functions. Here students develop broader communicative and cultural skills as they work through a varied repertoire of activity types, including true-false; matching; autograph; ranking, ordering and classifying; completing grids and matrices; predicting and hypothesizing; describing and narrating; planning. For example, in *Dossier 3*, which presents the geography of French-speaking countries, students learn to "read" maps, graphics, and other visuals; they learn to organize and present information to a particular audience, and they develop the ability to describe key characteristics for their own country to a visitor from another country.

- *In-text audio component.* The *En direct* sections are a series of carefully sequenced audio materials that provide regular opportunities for students to hear native speakers of French in an authentic environment. They include a varied repertoire of aural text types, including brief exchanges and longer conversations between two or more speakers; public announcements; weather forecasts and radio broadcasts; speeches and other monologues. The two *En direct* activities at the end of the *Contextes* section recycle newly learned vocabulary in an aural format and focus on global content. The two *En direct* activities in the *Découvertes* section at the end of each *dossier* guide students in listening for important details as well as for global content.

- *Attention to issues of diversity in France and the Francophone world.* The ethnic, racial, and cultural diversity within France and the Francophone world are integrated throughout **Parallèles**. Students begin learning about basic geographical, historical, and cultural features of the Francophone world in *Dossier 2*, and they expand their knowledge and understanding of Francophone peoples throughout the **Parallèles** program. Following *Dossier 14*, the *Bilan: D'un parallèle à l'autre* presents a stimulating display of fact-sheets, maps, and photos of the many Francophone areas. The information-gathering activities in the *Bilan* (and in the *D'un parallèle à l'autre* sections at the end of every *dossier*) enable student to explore and think critically about the Francophone world while practicing the basic functions taught throughout the text: asking and answering questions, describing, narrating, expressing feelings and opinions.

Dossier organization

The **Parallèles** program consists of 14 *dossiers* and the *Bilan*. Each *dossier* is organized as follows:

Objectives

Each dossier opens with a clear statement of realistic cultural, functional, and structural goals for students.

D'une culture à l'autre

Two or three concise questions prompt students to think about a particular aspect of their own culture. This advance organizer focuses students' attention on relevant cultural schema, which serve as a foundation for building their knowledge and understanding of the target cultures. Beginning with *Dossier 3*, the questions in *D'une culture à l'autre* are in French.

Contextes

This section provides a richly contextualized, cultural framework for learning and practicing the *dossier* vocabulary. New material is presented within two to four thematic groupings, which make lavish use of photographs, line illustrations, and authentic documents. Brief dialogues and narratives, captions, and other discourse samples complement the visual presentations with linguistic contexts similar to those a new speaker of French would encounter in a variety of everyday settings. Within each grouping, *À votre tour* vocabulary activities provide abundant practice of a new lexical material in varied, lively contexts. While these activities focus on practicing new linguistic material, they also develop students' emerging awareness of cultural features relative to the *dossier* themes.

Following the thematic presentations, two *En direct* listening activities recycle vocabulary in an authentic conversational framework and give students the opportunity to practice global listening skills.

Parallèles?

This section is designed to help students develop the skills they need to observe, analyze, reflect on, and understand both their own and Francophone cultures. An array of authentic visual and linguistic texts provide the foundation for students' initiation into the process of cultural analysis. In the first phase (*Observer*), students develop and sharpen their basic skills of observation by examining the texts in question, The second phase (*Réfléchir*) guides them in thinking about and discussing cultural divergences and parallels. No other introductory French program currently available offers a feature so uniquely designed to develop students' cultural awareness and analytical skills within a linguistic framework.

Outils

The *Outils* section presents and practices the structural tools students need to communicate effectively and accurately. Four or five *outils* (basic grammatical structures) are included in every dossier, each one followed by several brief exercises (*À votre tour*) that give students immediate practice of each new point within a carefully focused, contextualized framework. The final *outil* in *Dossiers 1–7* treats a key aspect of French pronunciation or intonation.

Découvertes

In this section students extend and refine their knowledge and understanding of the cultural theme through a series of special culture-based listening, speaking, reading, and writing activities that reflect real-world language use. (Skill development in the *Découvertes* section is entirely driven by the cultural and functional topics of the *dossier* and does not necessarily follow the sequence outlined below.)

- *Listening.* The *En direct* activities in this section further develop students' global listening skill while sharpening their ability to glean specific information from a variety of authentic aural texts.
- *Speaking.* Open-ended speaking activities based on naturally occurring discourse situations or authentic written texts provide opportunities for students to express and discuss their own needs, interests, and ideas. Gradually students acquire the ability to discuss common social and cultural issues in a larger context.

- *Reading.* Students develop their ability to read a rich variety of high-interest, authentic French texts, from simple documents such as schedules, invitations, and advertisements to the extended discourse of brochures and guidebooks, newspaper and magazine articles, letters, diaries, poems, and literary narratives. Reading activities guide students to focus on the important features of each text and to develop strategies for identifying its general meaning and for extracting specific information from it. Students also learn to appreciate the power and beauty of language.

- *Writing.* In every *dossier* a series of step-by-step activities guides students to communicate in written French. Following a process-oriented approach, students learn to define their purpose and their audience as they compose messages and memos, postcards and letters, journals and diaries, simple expository paragraphs and brief essays, and a variety of other texts designed to meet specific communicative purposes.

The *Découvertes* sections provide abundant opportunities for skill-chaining and whole language use. For example, reading tests may lead to writing, but also to discussion. Listening frequently provides a springboard for conversation, but may also serve as a natural occasion for note-taking. Speaking almost always involves periods of listening, but there are situations in which writing serves to prepare spoken discourse. These varied linguistic skills are always driven by a cultural and communicative purpose. For example, in *Dossier 3*, having studied the geography of France, students learn to describe their own country to a visitor from a Francophone country.

In addition, every *Découvertes* section provides a series of materials that help students to synthesize what they have learned. These include:

➤ *D'un parallèle à l'autre* is an information-gathering activity that refer students to the fact sheets on Francophone regions in the *Bilan* (after *Dossier 14*). This activity gives students the opportunity to practice the linguistic functions taught in the *dossier* and to explore its theme as it applies to the larger Francophone world.

➤ *Découvertes du passé.* This boxed cultural feature, consisting of a brief text accompanied by a visual (photo, historical document, or reproduction of an illustration or painting), relates the cultural theme to its historical context. Through this feature, students learn that a country's past shapes and defines its present.

➤ *Lu et entendu.* At the close of each *Découvertes* section, this simple activity prompts students to review and synthesize the key cultural concepts studied in the *dossier*. The activity lends itself either to discussion or written preparation.

- *Le mot juste.* Every *dossier* concludes with *Le mot juste*, a semantically organized listing of new active words and expressions in the *dossier*, grouped (for ease of reference) to correspond to the *Contextes* sections of the *dossier*.

Components of the *Parallèles* program

Student Text or Student Text/Cassette Package

Parallèles is available for purchase with or without two sixty-minute cassettes that contain recordings of the in-text *En direct* sections. The *En direct* sections are also recorded for departmental language labs free of charge. Please use the correct ISBN when ordering through your campus bookstore.

> Student Text: 0-13-249889-8
> Text/Cassettes: 0-13-337593-5

Annotated Instructor's Edition

Marginal annotations in the *Annotated Instructor's Edition* include extensive presentational strategies and activities for the *Contextes* and *Parallèles?* sections, expansion exercises and a printed tapescript for certain *En direct* sections. Additional tips and hints suggest effective classroom techniques.

Customized components

Each of the following print components can be custom published to your individual specifications. ***The Prentice Hall Customized Components Program*** assists departments by adding course syllabi, readings and activities, and other printed materials to existing *Parallèles* components.

Cahier d'activités

The organization of the *Cahier d'activités* (containing listening comprehension, reading, writing, and video activities) parallels that of the main text. This innovative multimedia manual contains additional audio recordings that practice material introduced in the *Contextes* and *Outils* sections of each dossier of the classroom text. In addition, each *dossier* in the *Cahier* includes a variety of exercises and task-based activities and is completely integrated with the classroom text.

Video

Prentice Hall and SIIS Agence Interimage in Arcueil, France, have collaborated to provide timely, comprehensive, and authentic video materials to enhance your presentation of language and culture. Optional pre-viewing, while-viewing, and post-viewing activities appear in the third section of the *Cahier d'activités*. The sixty-minute video is available free of charge to departments that adopt *Parallèles*.

CD-ROM

Parallèles is the first college French program to offer fully integrated CD-ROM materials. Developed for both the IBM and Macintosh platforms, ***Multimedia Parallèles*** contains over forty authentic television clips and enables students to slow speech, repeat phrases with the help of a native-speaking voice tutor, look up unknown words and phrases, record and listen to their own voices, and view translations of recorded material—all with the click of their mouse!

Testing Programs

Parallèles offers two complete testing formats: a discrete-point testing program with a focus on grammatical accuracy, and a more communicatively driven testing program. Every test is organized by skill and employs a variety of techniques and activity formats to complement the text. Instructors are encouraged to mix and match, add and delete, and to experiment with the innovative testing materials made available with *Parallèles.*

Instructor's Resource Manual

The *Instructor's Resource Manual* includes course syllabi, suggestions for lesson plans, a full *Tapescript* for the *Lab Cassettes*, tips for using video successfully in and out of the foreign language classroom, and a bibliography of sources for additional cultural information. Coordinators are encouraged to take advantage of the *Prentice Hall Customized Components Program* and add to the instructional materials made available with *Parallèles*.

Transparencies

Fifty beautiful transparencies with maps, illustrations, photographs, and realia provide visual support materials for the program. The transparency set will be expanded periodically as additional transparencies are requested and developed. A list of specific images available on transparency can be provided by your local service representative.

The Prentice Hall Library for Graduate Teaching Assistants

In recognition of the rising costs of books, shrinking departmental budgets, and continuous requests by supervisors to photocopy our publications, Prentice Hall offers complimentary copies of selected methods and applied linguistics titles to departments adopting *Parallèles*. Please review our Foreign Language Catalog for a listing of titles available.

$\mathscr{A}$ CKNOWLEDGMENTS

The publication of **Parallèles** culminates years of planning and fine-tuning—interacting with instructors and students to invent a new mix of pedagogical techniques and activities that will ensure an inspiring and successful language-in-culture learning experience. The program is the result of the efforts and collaboration of numerous friends and colleagues, many of whom took time from other commitments to assist us with suggestions during the development of the manuscript.

We extend our sincere thanks and appreciation to the many colleagues around North America who reviewed **Parallèles** at various stages of development. We gratefully acknowledge their participation and candor:

Katherine M. Arens
University of Texas, Austin

Dalila Ayoun
University of Hawaii at Monoa

Susan Bellocq
Ohio Wesleyan University

Jean-Pierre Berwald
University of Massachusetts, Amherst

Carl Blyth
University of Texas, Austin

Rosalie M. Cheatham
University of Arkansas, Little Rock

Jean Compain
Ottawa University

Michael Danahy
University of Mississippi

Brigitte Delzell
Louisiana State University

Rosalee Gentile
Triton College

Barbara Gillette
University of Delaware

Elizabeth M. Guthrie
University of California, Irvine

Lydie Haenlin
Wells College

Vicki Hamblin
Western Washington University

Sylvie Debevec Henning
SUNY Plattsburgh

Julia Herschensohn
University of Washington

Bette G. Hirsch
Cabrillo College

Thomas E. Kelly
Purdue University

Celeste Kinginger
University of Maryland, College Park

Virginia M. Marino
University of New Orleans

Josy McGinn
Syracuse University

Jennifer Davis Merkle
Baylor University

Howard L. Nostrand
University of Washington

Barbara Lomas Rusterholz
University of Wisconsin, La Crosse

Wanda Marie Sandle
Howard University

Michael Schwartz
East Carolina University

Virginia M. Scott
Vanderbilt University

Alan Singerman
Davidson College

Sharon L. Shelly
University of Kentucky

Richard Smernoff
SUNY Oswego

Janet L. Solberg
Kalamazoo College

Susan Fitch Spillman
Xavier University of Louisiana

Donald C. Spinelli
Wayne State University

Ross Steele
University of Sydney

Janet K. Swaffar
University of Texas, Austin

Gail G. Wade
University of California, Santa Cruz

Michael West
Carnegie Mellon University

Mary K. Williams
Tarrant County Junior College

Richard C. Williamson
Bates College

Laurence Wylie
Harvard University

We want to thank the following colleagues for their important contributions to *Parallèles*: Christine Lac, Saint Olaf College, for the *Outils phonétiques*; Mary Williams, Tarrant County Junior College, for the *Bilan*: Pam Le Zotte, University of Nebraska–Lincoln, and Janet L. Solberg, Kalamazoo College, for the *Cahier d'activités*; and Barbara Lomas Rusterholz, University of Wisconsin–La Crosse, for the *Test Bank*.

Our heartfelt thanks go to our students at Saint Olaf College and at the University of Nebraska–Lincoln, without whom *Parallèles* would still be only a geometry term! We are also indebted to our home departments and colleagues who provide needed support and encouragement.

We would also like to thank the many people at Prentice Hall who contributed their ideas, time, and publishing experience to *Parallèles* over the past five years.

There are not words to adequately describe the contributions made to *Parallèles* by our developmental editor, Marian Wassner: week-long working sessions in the midwest; long days at the kitchen table looking for new readings, thinking up new activities, writing, editing, rewriting; evenings spent in small-town hotels with neither a restaurant nor room service (nor heat); long-distance telephone calls made on non-touch-tone phones. Whatever was needed, Marian was there—laundry, babysitting, meals, almost anything. Marian believed in *Parallèles* when many did not. She kept us going with good humor and endless energy. She has been and continues to be for us far more than an editor. She's a valued professional, a respected colleague, a mentor, and a friend.

We thank Jackie Rebisz for her remarkable ability to keep account of the "big picture" and the details that make a big picture happen. Her meticulous copyediting and skilled suggestions were precious to us. We are also indebted to Deborah Brennan, our Production Manager. Debbie promised us a hassle-free electronic publishing process, and she performed superhumanly to deliver on that promise. Her thorough understanding of the pedagogy in *Parallèles* and her commitment to excellence made Debbie indispensable to our publishing team.

Daisy de Puthod's illustrations delighted us and we thank her warmly for them. Daisy's work stands out from that of other artists. Her illustrations give *Parallèles* its energy, its personality, and its authenticity. We also thank Béatrice Moyse, our photographer and photo researcher in Paris. Béatrice combed sources throughout France, Canada, Africa, and the islands for lively, diverse images. Her photography in the *D'une culture à l'autre* sections kicks off each *dossier* in a personal way.

Extra special thanks go to Kenny Beck, our designer, and to Christine Gehring Wolf, whose page layouts reinforce the learner-centeredness of the book. Christine's creative solutions to new paging challenges ensured that *Parallèles* remained true to its language-through-culture mission.

Diane de Sainte Foy at SIIS Images in Arcueil, France, performed heroically in her search for appropriate video footage. She took general ideas and selected short, engaging clips that portray the diversity of the French-speaking world and that appeal to today's student.

We extend our heartfelt thanks to María García, who assisted us with various aspects of the program, including concept reviews, studio-related matters, transparencies, software—you name it! Brian Wheel was the vital link to these efficient and generous people.

And finally, we would like to thank Steve Debow and Phil Miller, who believed in us from the very beginning, and whose encouragement and support moved *Parallèles* from idea to print.

DOSSIER 1

On fait connaissance

Communication

- Greeting people and saying good-bye
- Introducing people to each other
- Identifying and describing people and things
- Giving and responding to commands
- Giving the day of the week and the date

Cultures in parallel

- Language and gestures appropriate to formal and informal situations

Tools

- Singular and plural; masculine and feminine; definite and indefinite articles
- Subject pronouns and the verb **être**
- Yes/no questions with **est-ce que... ?**; use of **n'est-ce pas?**
- Negative statements with **ne... pas**
- Phonetics: alphabet, accents, liaison

D'une culture à l'autre:
The *D'une culture à l'autre* section serves as an advance organizer. It focuses students' attention on aspects of their own culture that they may then use as a point of reference as they expand their knowledge and understanding of Francophone cultures. These sections are in English in Dossiers 1 and 2 and in French thereafter. Instructor annotations in Dossiers 3–14 will provide guidance in helping students use the French they know to give responses (for example, by making lists, giving partial answers, looking at visuals). Using French to discuss the *D'une culture à l'autre* sections will facilitate the integration of language and culture.

Answer: Factors may include: relationship to the person, the person's age, time of day, place of the meeting.

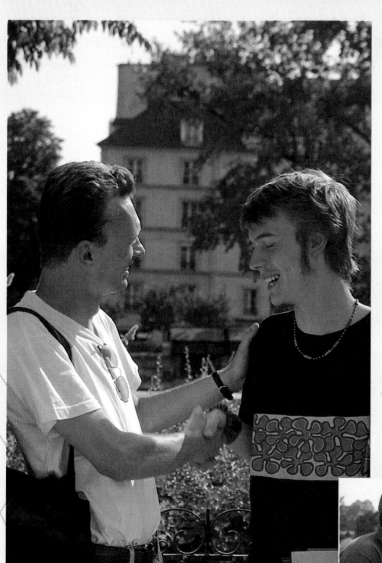

D'une culture à l'autre

What words and expressions, what kinds of gestures do you routinely use when greeting and saying good-bye to people? You probably don't use the same words and the same gestures with everyone, in all circumstances. Which factors help you determine the words and gestures to use in a given situation?

CONTEXTES

Introduce these dialogues by showing the overhead transparency. Point to the first illustration and ask simple questions, such as *Qui est-ce? C'est… ?* Then act out or model the accompanying dialogue using appropriate intonation and gestures. After presenting all the dialogues in *Contexte 1*, do a classification activity on the board, using the chart in *À votre tour* activity A. Have students identify the dialogues as greetings, introductions, small talk, or farewells, and tell whether each is in the formal or informal register.

Point out the differences between formal forms (*vous;* title such as *Monsieur, Madame)* and informal forms (*tu; ça va;* use of first name).

1. Premiers contacts

—Bonjour, je suis Marie Ledoux. Et vous, comment vous appelez-vous?
—Moi, je m'appelle Sylvie Pascal.

—Madame Dupin, je vous présente Paul Roi.
—Enchantée, Monsieur!
—Moi aussi, Madame.

—Salut, Pierre! Ça va?
—Ah non! Pas du tout! Ça va très mal!

—Tiens, Patricia! Quelle surprise! Tu vas bien?
—Oui, très bien! Et toi?
—Pas mal! Merci!

—Bonsoir, Monsieur Leperrier. Comment allez-vous?
—Bien, merci. Et vous?
—Assez bien, merci.

—Au revoir, Jacques!
—Au revoir, Sophie. À tout à l'heure!
—À bientôt!

2

❖ À votre tour

A. Que dit-on? *(What are they saying?)* Number the **Contexte 1** conversations and then classify them according to the categories below. Try to identify which conversations are in a formal register and which are in an informal register. How can you tell?

	Formal	Informal
Greetings		
Introductions		
Small talk		
Farewell		

B. À vous. Now try practicing several of the **Contexte 1** exchanges with a partner. Do you feel more comfortable in some of the exchanges than in others? Why do you think this might be?

Have students practice both the utterances and the gestures.

C. Un peu de logique *(A bit of logic).* Match each conversation opener or closer in column A with an appropriate response from column B, then role-play the exchange.

Answers: 1. b, 2. e, 3. d, 4. c, 5. a

A	**B**
1. Bonjour. Je me présente. Je m'appelle Sylvie. Et toi?	a. Au revoir, Sophie. À bientôt!
2. Madame Dupin, je vous présente Monsieur Roi.	b. Moi, je m'appelle Marc.
3. Bonjour, Monsieur. Comment allez-vous?	c. Salut, Jacques! Ça va?
4. Patricia, voici Jacques.	d. Bien, merci. Et vous?
5. Au revoir, Jacques!	e. Enchanté, Madame.

D. On se présente *(We introduce one another).* Form groups of five or six students and introduce several of your classmates to each other. If and when the instructor joins your group, introduce him or her as well.

Ask students to prepare large name tags and wear them. In preparation for subsequent exercises in the *À votre tour* section for *Contexte 2, Qui est-ce?* have them list their hometown as well.

E. On fait connaissance *(We get acquainted).* Greet several classmates, introduce yourself, find out their names, exchange a bit of small talk, and then say good-bye.

2. Qui est-ce?

Present each dialogue by showing the overhead transparency and pointing to the illustration. Use a question-and-answer method for the presentation. Ask: *Qui est-ce? Comment s'appelle-t-il/elle? Il/Elle est d'où? Qu'est-ce qu'il/elle fait?* After asking each question, propose several answers to stimulate students' thinking. Then give the correct answer. To recap, ask the questions again and have the students answer. Students can then use the same question/answer method themselves, either in pairs or in small groups.

Formulas such as the ones used here to inquire about a person's name, occupation, place of origin are almost fixed, although some use inversion and others *est-ce que*. For native speakers, it is more a question of ear and usage than a question of register.

◄
—Ici, qui est-ce?
—C'est Rachid.
—Il est d'où?
—Il est de Montpellier. Il est photographe.

—Comment s'appelle-t-elle? ▶
—Elle s'appelle Annette Montand.
—Qu'est-ce qu'elle fait?
—Elle est architecte.
—Et elle est d'où?
—Elle est de Bordeaux.

◄
—Et elle, qui est-ce?
—C'est Amélie Soulier.
—Qu'est-ce qu'elle fait?
—Elle est étudiante.
—Et elle est d'où?
—Elle est de Dakar.

—Voici Henri et Françoise. ▶
 Henri est médecin, et Françoise est professeur. Ils sont de Chambéry. Et vous, vous êtes d'où?
—Moi, je suis de Grenoble.

❖ À votre tour

A. Qui est-ce? With a classmate, take turns asking questions about the various people in the illustrations. Ask who they are, where they are from, and/or what they do.

Direct students to form small groups.

B. On se renseigne *(We get information).* Ask a classmate about some of the students in your class you do not know. Find out their names and where they are from.

3. Dans la salle de classe

Qui est-ce?	C'est (le professeur/Marie/Paul)
	Voilà (le professeur/Marie/Paul).
Qu'est-ce que c'est?	C'est un crayon?
	Non, c'est une craie.

❖ À votre tour

A. Inventaire. With a partner, identify as many objects in your classroom as you can.

MODÈLES: Voici un crayon.
           Et voilà un livre.

B. C'est correct? With a partner, point out the different objects in your classroom and verify that you have the right word.

MODÈLES:—Qu'est-ce que c'est?
          —C'est… euh… un… euh… dictionnaire?
          —Bravo!
          —Qu'est-ce que c'est?
          —C'est un stylo.
          —Mais non! Ce n'est pas un stylo, c'est un crayon!

C. Tu t'appelles comment? *(What's your name?)* Find out your classmates' names.

MODÈLE: —Je m'appelle [Richard]. Et toi? Comment tu t'appelles?
        —Moi, je m'appelle [Catherine].

Present these words by using objects in your classroom. To check comprehension, call out some objects and have students pick them up or point to them.

Point out that *Qui est-ce?* is used to ask about a person's identity, and that *Qu'est-ce que c'est?* is used when you want someone to identify an object. For now, just translate *le* as "the," *un/une* as "a" (more on articles in *Outil 1*). Point out at this time that objects have gender in French: either masculine or feminine, no neuter.

Note that *tableau* (if there is only one in the classroom) takes *le* ("the only one right here").

Model the pronunciation and intonation of the hesitation *euh* and the quite assertive *mais non!*

Suggest that students wear their large name tags wrong side out and then turn them over when saying their name. Point out again the informality of the exchange. Contrast with *Comment vous appelez-vous?* Insist that students shake hands as they exchange names.

You may want to teach these commands using TPR

You may wish to tell students that the commands under *Le professeur* are for recognition only.

Le professeur:

Entrez!

Asseyez-vous!

Ouvrez le livre!

Fermez le livre!

Chut! Taisez-vous!

Écoutez!

Following *Écoutez*, you may also wish to teach *Parlez plus fort*.

Prenez un stylo!

Écrivez!

Point out that *un stylo* means "*one* pen" or "*a* pen."

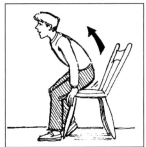

Notice that the French "raise a finger," not "a hand."

Donnez le stylo à X!   Levez le doigt!   Levez-vous!

Les étudiants:

Répétez, s'il vous plaît.   Oui, je comprends.   Je ne comprends pas.

S'il vous plaît,   Pardon, Monsieur/Madame,
que veut dire… ?   comment dit-on… ?

❖ À votre tour

A. Jacques a dit *(Simon says)*. In small groups, take turns asking classmates to carry out some of the activities listed above.

B. Le bon réflexe *(The correct reflex)*. What would you say in the following situations?

1. You understand what your instructor has said.
2. You didn't quite catch the instructor's question.
3. You don't know the word for *test*.
4. You don't understand the word **devoirs**.

4. Le jour et la date

Present this dialogue using props: a 12-month calendar and a calendar for the current month showing days and dates. First show the 12-month calendar and present the months individually, beginning with *janvier* and ending with *décembre*; then group the months in threes or fours, and have students repeat them. Finally, introduce the question *Quels sont les mois de l'année?* followed by the answer (the list of months). Treat the days of the week and the dates similarly.

Point out that months and days of the week do not begin with a capital letter.

Point out that this is a FLS (French as a second language: *français langue seconde*) class, so the students are not French and don't have French names.

One can also say: —*Quel jour est-ce aujourd'hui? —C'est aujourd'hui lundi.*

Point out the expressions used to indicate approval: *Bien! C'est ça! Très bien!*

—Hanno, quels sont les mois de l'année?
—Janvier, février, mars, avril, mai, juin, juillet, août, septembre, octobre, novembre et décembre.
—Bien, Hanno!
—Cheng-Mai, quels sont les jours de la semaine?
—Lundi, mardi, mercredi, jeudi, vendredi, samedi, dimanche.
—C'est ça!
—Ricardo, quel jour sommes-nous aujourd'hui?
—Aujourd'hui nous sommes lundi.
—Et demain?
—Demain c'est mardi.
—Raïssa, quelle est la date aujourd'hui?
—C'est le 11 septembre.
—Très bien! Attention, tout le monde! La semaine prochaine, il y a un examen. Bon courage!

Les nombres cardinaux

1	un, une	11	onze	21	vingt et un
2	deux	12	douze	22	vingt-deux
3	trois	13	treize	23	vingt-trois
4	quatre	14	quatorze	24	vingt-quatre
5	cinq	15	quinze	25	vingt-cinq
6	six	16	seize	26	vingt-six
7	sept	17	dix-sept	27	vingt-sept
8	huit	18	dix-huit	28	vingt-huit
9	neuf	19	dix-neuf	29	vingt-neuf
10	dix	20	vingt	30	trente
				31	trente et un

You may want to teach these numbers by first counting aloud the number of students in your class. How many are there in all? How many are there in row 1 (count them), in row 2 (count them), and so on. You may wish to do some simple arithmetic problems with the students.

Contrast the use of *et* in *vingt et un*, *trente et un* with the hyphen used in the other numbers.

• Cardinal numbers are used in dates, except for the first day of the month, which is expressed with the ordinal number (**premier**):

C'est le premier septembre.
C'est le deux septembre.

❖ À votre tour

A. Corrigez au besoin! *(Correct if necessary!)* Read aloud the following statements referring to the illustration on page 8 and correct them if necessary.

1. C'est aujourd'hui lundi.
2. Les devoirs sont pour le 13 et le 15 septembre.
3. La date de l'examen est le 11 septembre.
4. Il y a 12 étudiants dans la classe.
5. Il y a 15 étudiantes dans la classe.
6. Le week-end, c'est jeudi et vendredi.

B. Petit interrogatoire. Referring to the dialogue and illustration on page 8, you and a partner quiz each other.

1. Quel jour est-ce?
2. Quelle est la date?
3. Quels sont les devoirs pour le 13 septembre?
4. Quels sont les devoirs pour le 15 septembre?
5. Quelle est la date de l'examen?

C. On compte. With a partner, count off the students in your French class. Then count them off in various subgroups—row by row, one small group at a time, men, women, in-state students, out-of-state students, and so on.

D. Combien de... ? *(How many... ?)* With a partner, figure out how many of the following there are in your classroom.

MODÈLE: cahiers
—Il y a combien de cahiers?
—Il y a quinze cahiers.

1. cahier(s)
2. bureau(x)
3. fenêtre(s)
4. porte(s)

5. étudiante(s)
6. étudiant(s)
7. chaise(s)
8. professeur(s)

Teams can take turns performing their exchanges for the rest of the class. The words or phrases can be determined either individually or by group brainstorming.

Tapescript for En direct 1

A.
1. —Madame Madoux, je vous présente Xavier Potel.
—Enchantée, Monsieur. Comment allez-vous?
2. —Bonjour, Marianne.
—Bonjour, Julie. Tu vas bien?
—Pas mal. Et toi?
3. —Salut, ça va?
—Oui, ça va très bien aujourd'hui.
4. —Olivier, voici Christine Potel.
—Bonjour, Mademoiselle.

B.
1. —Bonjour, Madame. Comment allez-vous?
—Très bien, merci. Et vous?
2. —Camille, je te présente Charles. Charles, voici Camille.
3. —Ça va?
—Eh oui, ça va pas mal. Et toi, comment ça va?
—Oh moi, ça va assez bien.
4. —Au revoir, David et Anne.
—Au revoir et à bientôt.
5. —Tiens, mais c'est Aline! Bonjour, Aline.
—Claude! Alors là, quelle surprise! Tu vas bien?
—Mais oui, très bien! Et toi?

En direct 1

Before listening, role-play a formal and an informal conversational exchange with a partner. Make a brief list of words or phrases you associate with each type of exchange.

A. Familier ou poli? Listen to the exchanges and check whether the relationship of the people speaking is familiar or formal.

	Familiar	Formal
1.		✔
2.	✔	
3.	✔	
4.		✔

B. Formules de politesse. Listen to the exchanges and check the elements you hear in each one.

	Greeting	Introduction	Small talk	Farewell
1.	✔		✔	
2.		✔		
3.			✔	
4.				✔
5.	✔		✔	

PARALLÈLES?

The *Parallèles?* sections are in two parts: *Observer* and *Réfléchir*. The first phase *(Observer)* is descriptive in nature; students have an opportunity to reuse the language they learned in the *Contextes*. In the second phase *(Réfléchir)*, students examine and reflect upon cultural similarities and differences.

Gestes et formules de politesse

You learn about a culture, whether your own culture or other cultures, by observing people, places, and behaviors closely and precisely. Then you reflect on what you've observed in order to determine how your observations relate to a larger whole. This two-part process enables you to learn about your own and Francophone cultures; it also allows you to analyze, interpret, and understand behaviors and other cultural phenomena in their cultural context. Finally, it helps you develop sensitivity to other cultures and to people from other cultures.

In the **Parallèles?** section of each dossier, you will have an opportunity to observe and reflect upon particular aspects of your own culture and of Francophone culture. In some cases, your observation and reflection will highlight differences between cultures; in other cases, you will be struck by cultural similarities; in still others, you will see how things that at first seemed different are in fact similar, or how things that at first seemed similar are in fact different below the surface.

Observer

A. In your culture, what gestures are appropriate when meeting someone for the first time? when meeting a friend or acquaintance on the street casually? in a more formal setting?

B. Does the familiarity of the formulas exchanged or the gestures vary? Explain how and why.

Réfléchir

C. Referring to the photos and illustrations on pages 1, 2, and 24, can you describe the behaviors and gestures used in French culture? Do you know the circumstances (casual, formal) in which these behaviors and gestures are appropriate? Can the conversational formulas accompanying them vary? Why or why not?

D. Have you practiced the gestures and behaviors used by the people pictured on page 1, 2, and 24? Why or why not? How comfortable or uncomfortable were you? Why do you think this might be the case?

OUTILS

1. Nombre; genre; articles

La notion de nombre: le singulier et le pluriel

- The sign of the plural in French, as in English, is usually **-s** at the end of the word.

Voilà un étudiant.	*There's one (a) student.*
Voilà quatre étudiants.	*There are four students.*
Voilà un stylo.	*There's a pen.*
Voilà trois stylos.	*There are three pens.*

- If the noun ends in **-s** in the singular, no **-s** is added for the plural.

  un Français   deux Français

- Since final **-s** in French is normally not pronounced, you cannot rely on sound alone to distinguish between singular and plural. In the above examples, the numbers **un, quatre,** and **trois** make the distinction easy.

La notion de genre: le masculin et le féminin

- All French nouns, whether animate or inanimate, have gender: they are either masculine or feminine.

  masculine: **le** crayon
  feminine: **la** craie

- Sometimes, the same noun can refer to either a male or a female:

Voilà **Monsieur** Poitou. C'est **le professeur** de français.	*There's Mr. Poitou. He's the French teacher.*
Voilà **Madame** Julien. C'est **le professeur** de maths.	*There's Mrs. Julien. She's the math teacher.*
La personne dans la salle de classe est **Monsieur** Poitou.	*The person in the classroom is Mr. Poitou.*
La personne là-bas est **Madame** Julien.	*The person over there is Mrs. Julien.*

- In French, feminine nouns often end in **-e**. Feminine nouns are often formed by adding **-e** to the masculine form:

Paul est étudiant.	Éric et Pierre sont étudiant**s**.
Rochelle est étudiant**e**.	Anne et Sylvie sont étudiant**es**.

Short oral drill to reinforce singular/plural distinction. Say each phrase and have students indicate whether it's *singulier* or *pluriel*. *(Voilà) un stylo, quatre stylos, un Français, deux Français, un livre, cinq livres, un professeur, deux professeurs, un crayon, trois crayons.*

Brief oral drill to reinforce masculine/ feminine distinction: Walk around the classroom pointing out or holding up various objects for students to identify using the definite article: (for example) *le tableau, le bureau, le manuel de français, le cartable, la chaise, le dictionnaire, la carte, l'affiche,* etc.

Les articles indéfinis et définis

- Whenever you learn a French noun, you must also learn its gender, that is, whether it is masculine or feminine. This is not as difficult as it might seem, since French nouns, unlike English nouns, are almost always immediately preceded by an article that indicates both their number (singular or plural) and their gender (masculine or feminine). Although there are several types of articles in French, we will limit ourselves initially to just two: the indefinite article and the definite article.

L'article indéfini

- The indefinite article (in English, *a* or *an* in the singular, *some* in the plural) is used to count one or several persons or objects, or to indicate one or several persons or objects in the same category. It has the following forms:

	singular	plural
masculine	**un** crayon	**des** étudiants
feminine	**une** affiche	**des** cahiers

There is more on the indefinite article *(pas de)* in Dossier 3. Also, see note regarding absence of article with nouns of professions in answer to the question *Qu'est-ce qu'il/elle fait?* on page 16.

Brief oral drill to review indefinite articles: Hold up classroom objects and ask: *Qu'est-ce que c'est?* Students respond: *C'est un(e) _____* or *Ce sont des _____.* Objects may include: *crayon, stylo, cahier, manuel, dictionnaire,* etc. Mix singular and plural.

L'article défini

- The definite article (*the* in English) is used to name persons or objects and to point out a specific person or object.

  Voilà **le** professeur.   *There's the teacher. (that is, the only teacher, our teacher)*

  Regarde **le** tableau noir!   *Look at the blackboard. (the only blackboard in the class)*

- The definite article has the following forms:

	singular	plural
masculine	**le** professeur	**les** étudiants
feminine	**la** chaise	**les** affiches

- The singular articles **le** and **la** become **l'** before a noun beginning with a vowel:

  l'étudiant *(masculine)*   **l'**étudiante *(feminine)*

You may wish to explain to students that the *e* in *le* is dropped to avoid having to pronounce two distinct vowel sounds occurring immediately after each other (hiatus).

- The definite article **le, la, l',** or **les** is used to point out a person (other than by his/her proper name) or an object either already identified in the conversation or well-known to the speakers. The indefinite article **un, une, des** is used to count one or several in a category.

In the following examples, note the contrast in meaning that results from use of the definite article versus the indefinite article:

Voici **des** étudiants.	*Here are some students. (referring to a group of several students)*
Les étudiants de M. Poulain?	*Mr. Poulain's students? (referring to Mr. Poulain's students only)*
Non, **les** étudiants de Mme Joli.	*No, Ms. Joli's students! (referring to Ms. Joli's students only)*
Prenez **un** stylo.	*Take a pen. (any pen)*
Donnez **le** stylo à Céline.	*Give the pen to Céline. (the pen you picked up)*

L'emploi de l'article défini pour exprimer la possession

- The definite article is often used to express possession (*'s* in English). The word order is as follows:

  definite article + noun + **de** (or **d'**) + person

Voilà **le** livre **de** Marie.	*There's Marie's book.*
Voici **la** chaise **d'**Alain.	*Here's Alain's chair.*
Voici **les** étudiants **de** M. Poitou.	*Here are Mr Poitou's students.*

Contractions of *de* + definite article are presented in Dossier 2.

Brief oral drill to reinforce use of definite article to express possession: Walk around the classroom, pointing out various students' possessions. *Voici le manuel de Louise, le stylo de Pierre,* etc. Then have students do the same thing. Remind them how to find out a classmate's name.

❖ À votre tour

A. Toujours plus! Change the commands so that they refer to several objects or persons.

MODÈLE: Ouvrez le livre!
Ouvrez les livres!

Prenez un stylo!
Prenez des stylos!

1. Ouvrez le livre!
2. Lisez la phrase!
3. Prenez un stylo!
4. Apportez le stylo!
5. Écrivez un exercice!
6. Lisez l'exercice!
7. Fermez la fenêtre!
8. Regardez l'affiche!
9. Répétez la date!
10. Écrivez la phrase!
11. Prenez un crayon!
12. Écoutez le professeur!

B. Pas de panique! Your partner is frantically looking for something. Help him/her out!

MODÈLE: un stylo (Marc)
—Un stylo! Vite! Un stylo!
—Tiens! Voilà le stylo de Marc!

1. un stylo (Marc)
2. un livre (Julie)
3. un cahier (Sabine)
4. une affiche (Olivier)
5. des craies (Monsieur Laporte)
6. une chaise (Mathieu)
7. des crayons (Juliette)

C. Expression personnelle. Borrow a few objects from several classmates, place them in a pile in front of you, then ask people in your group to identify each object and indicate its rightful owner.

MODÈLE: C'est un stylo. C'est le stylo de John.

2. Les pronoms sujets et le verbe **être**

- Subject pronouns allow you to refer to persons and things other than by name. The verb **être** *(to be)* enables you to identify persons or things, tell where they're from, and describe them.

Les pronoms sujets

- In French, as in English, you can refer to persons or things by using either nouns *(Marc, the student, the pencil, the books)* or pronouns *(I, you, she, they)*. The French pronouns used as the subject of a verb are as follows:

singular		plural	
je (j')	*I*	**nous**	*we*
tu	*you (informal)*	**vous**	*you*
il	*he/it*	**ils**	*they*
elle	*she/it*	**elles**	*they*
on	*people/one/we (colloquial)*		

- **Tu** and **vous** both mean *you*. As you have seen, **tu** is informal and **vous** is formal. **Vous** is also used to address more than one person.

- **Il** refers to a singular noun that is masculine, and **elle** to a singular noun that is feminine.

- **On** is an impersonal pronoun used extensively in French to refer to people in a general sense. It can mean *one, they, people*. Informally, **on** often means *we*, but appears with a singular verb.

  On est de Québec.   *We're from Québec.*
  On ne comprend pas.   *They/We don't understand.*

- **Ils** refers to plural nouns (persons or objects) that are masculine, or to a group that includes masculine and feminine nouns. **Elles** refers to plural nouns that are feminine, or to a group that includes all feminine nouns.

  Voici M. et Mme Joli. **Ils** sont de Chambéry.
  Voilà Marianne et Micheline. **Elles** sont de Montréal.

Le verbe **être**

- **Être** is the infinitive form of the verb *to be*. The infinitive form (*to* + verb in English) gives no indication of person or time. Verbs are listed by their infinitive forms in dictionaries and in the vocabulary lists in this book.

- As is true with its English counterpart, the French verb **être** is irregular, that is, its forms do not follow a predictable pattern.

être			
je suis	*I am*	**nous sommes**	*we are*
tu es	*you are*	**vous êtes**	*you are*
il est	*he is/it is*	**ils sont**	*they are*
elle est	*she is/it is*	**elles sont**	*they are*
on est	*one is/people are/we are*		

- Note that in answer to the question **Qu'est-ce qu'il/elle fait?** the names of professions follow the forms of **être** directly, with no article:

Additional professions, all unisex nouns, are listed in the vocabulary, p. 28.

Je suis journaliste.	*I'm a journalist.*
Elle est photographe.	*She's a photographer.*
Ils sont artistes.	*They're artists.*

❖ À votre tour

A. Tu es d'où? *(Where are you from?)* Find out the hometown of as many of your classmates as you can.

MODÈLE: —Tu es d'où?
       —Je suis de _____.

B. Recensement *(Census)*. Tally the results of your hometown survey and share them with a classmate. Identify the most common hometowns and the number of classmates who are from each.

MODÈLE: Cinq étudiants sont de _____: [give their first names].

C. Je te présente... Introduce two or three classmates to each other, giving their hometowns as well.

You might want to have students bring in a photo or magazine picture or two to use.

D. Expression personnelle. Take a photo out of your wallet or select the photo of a person in this chapter, and introduce this person to a classmate, giving the person's name, hometown, and occupation.

3. Questions avec **est-ce que... ?**; emploi de **n'est-ce pas?**

- As you saw in the **Contextes**, there are several ways to ask a yes/no question. The most common way in colloquial speech is to use a rising intonation, that is, to raise the pitch of your voice at the end of a statement.

C'est ça.	➤	C'est ça?
Ça va.	➤	Ça va?
Vous êtes de Québec aussi.	➤	Vous êtes de Québec aussi?

Model each statement and then change it to a question by raising your voice at the end. You may wish first to provide an example of the same transformation in English: That is so. ➤ That is so?

- Another common way to ask a yes/no question in both speech and writing is to put the phrase **est-ce que** at the beginning of a statement. **Est-ce que** becomes **est-ce qu'** before a vowel:

  Est-ce qu'il est juge?   *Is he a judge?*
  Est-ce que Denis est médecin?   *Is Denis a physician?*
  Est-ce que c'est lundi?   *Is it Monday?*

- In spoken French, question words such as *where* and *how* are often placed at the end of the question.

  Elle est **d'où**?   *Where is she from?*
  Il s'appelle **comment**?   *What's his name?*

- To ask for confirmation, rather than asking a true yes/no question, add **n'est-ce pas** to the end of the sentence.

  Tu es Florence, **n'est-ce pas?**   *You're Florence, right?*
  Il est dentiste, **n'est-ce pas?**   *He's a dentist, isn't he?*

❖ À votre tour

A. On se renseigne *(Finding out).* You're a newspaper reporter and you've just arrived at a convention. You need to get oriented and touch base with some of the attendees. Use rising intonation to make the following statements questions.

1. Et vous, Monsieur, vous êtes Monsieur Ledoux.
2. Vous êtes d'ici.
3. Madame Grua est médecin.
4. Ça va bien.
5. C'est ça.
6. Et vous, Mademoiselle, vous êtes journaliste.
7. C'est Monsieur Bernard.
8. Il est photographe.
9. Monsieur et Madame Ducros sont dentistes.
10. Ils sont de Paris.

B. Est-ce que… ? Now ask the same questions a second time by introducing each statement with **est-ce que**. Your partner answers affirmatively.

C. Mais oui! You're almost sure of the following pieces of information. Ask your partner for confirmation of each statement using **n'est-ce pas.**

MODÈLE: Tu t'appelles Florence.
—Tu t'appelles Florence, n'est-ce pas?
—Mais oui! Je m'appelle Florence.

1. Tu t'appelles Florence.
2. C'est Micheline.
3. Le cours de français, c'est ici.
4. Elle est de Brest.
5. Tu es étudiant(e).
6. Le professeur s'appelle ____.
7. C'est aujourd'hui ____
8. L'examen est lundi.

D. Expression personnelle. Now interview a few of your classmates. Confirm their names, find out where they're from, and ask about particular aspects of your French class (what day it is today, what day the test is, and so on).

4. La négation

- To make a negative statement, place **ne** immediately before the verb and **pas** immediately after it. **Ne** becomes **n'** before a verb beginning with a vowel sound.

> —Tu es d'ici?
> —Non, je **ne** suis **pas** d'ici.
>
> —Vous êtes étudiants?
> —Non, nous **ne** sommes **pas** étudiants.
>
> —Est-ce que l'examen est lundi?
> —Non, l'examen **n'**est **pas** lundi.

- To negate a word, place **pas** before the word:

> —Est-ce que l'examen est lundi?
> —Non, **pas** lundi! Mardi!

❖ À votre tour

Have students display large name tags with their hometowns.

A. Mais non! Talking with a partner about the students in your French class, you get their names and hometowns all mixed up. Your partner tells you so.

MODÈLE: —C'est [Kris].
—Mais non! Ce n'est pas [Kris], c'est [Karen]!
—Elle est de ____.
—Mais non! Elle n'est pas de ____, elle est de ____.

B. Objets d'étudiant. Working in small groups, collect some classroom objects from group members, scramble the objects, and then sort out ownership.

MODÈLE: —Voilà le stylo de Ben.
        —Ce n'est pas le stylo de Ben. C'est le stylo de Michelle.

C. Nouveaux amis. Ask some new friends in class questions to find out how they are and to confirm what you know about them.

MODÈLE: —Tu t'appelles _____, n'est-ce pas?
        —Oui, je m'appelle _____.
        —Ça va bien?
        —Oui, pas mal.
        —Tu es d'ici?
        —Non, je ne suis pas d'ici, je suis de _____.

D. C'est exact? *(Is this right?)* Read aloud the following statements and correct them, as necessary, to make them true of your class.

MODÈLE: Dans la salle de classe, il y a 25 (vingt-cinq) chaises.
        Vingt-cinq. Oui, c'est exact!
     ou: Mais non! Pas 25 chaises! 23 chaises!

1. Dans la salle de classe, il y a **25** chaises.
2. L'examen est pour **demain**.
3. C'est aujourd'hui **mardi**.
4. Il y a **5** affiches dans la salle de classe.
5. Le professeur s'appelle M./Mme **Laporte**.
6. Après septembre, c'est **novembre**.
7. Les devoirs sont pour **mercredi**.

5. La phonétique: alphabet, accents, consonnes

Alphabet

- French uses the same alphabet as English, but the manner in which a given letter is pronounced often differs considerably. The phonetics sections of subsequent dossiers will present the most important of these differences and give you an opportunity to practice them.

- French has certains sounds that do not exist in English (for example, **ui** as in **huit**; certain English sounds do not exist in French (for example, *th*).

Accents

- French also uses accent marks. Sometimes the accent mark indicates a special pronunciation, sometimes it doesn't. The following accent marks are used with vowels.

é	accent aigu	étudiant
è	accent grave	Michèle, voilà, où
ê	accent circonflexe	être, plaît, août, bientôt, pâle
ë	tréma	Noël, naïve (A **tréma** indicates that the second of two consecutive vowels is pronounced separately.)

Note that accent marks are considered part of the spelling of French words; they cannot be omitted.

- The **cédille** (cedilla) is sometimes written under the letter when **c** precedes the vowels **a**, **o**, or **u**. It indicates that the letter **c** must be pronounced like an **s**. Contrast:

Français	calme
Garçon	chocolat
reçu	cube

Consonnes

- In French, consonants in final position are usually not pronounced:

  Charles   bientôt   entrez

  exceptions are the consonants **c, r, f, l.** (Easy to remember! They are the consonants in the English word **CaReFuL.**)

  par**c**   bonjou**r**   vi**f**   ma**l**

- The letter **s** between two vowels is pronounced **z**:

  Ro**s**e   Françai**s**e

- **H** is never pronounced:

  hôtel   **h**ôpital   Nat**h**alie

❖ À votre tour

Des noms français. Read the names of the following people:

1. Clémence Norka
2. Nathaniel Jouval
3. Marie Louise Renaud
4. François Marais
5. Pauline Lafitte
6. Ghislaine Karam
7. Rosine Matenat
8. Yasmina el-Assad
9. Mohammed Kaïdi
10. Hélène LeGall
11. Chantal et Hervé Ménard
12. Marie Françoise Leduc

En direct 2

Before listening, briefly practice these tasks in small groups:

- introducing people
- giving commands
- counting
- giving a date

Write down a few key words or phrases used to carry out each of these tasks.

You will hear five brief monologues and dialogues. Before listening to each one, read the questions that pertain to it. After listening, answer the questions and move on to the next passage.

A. En classe

1. The person speaking was
   a. introducing a classmate.   ⓑ giving commands.
2. The person speaking was probably
   a. a student.   ⓑ the instructor.

B. Présentations

1. The speaker presented biographical information
   ⓐ about one person.   b. about two people.
2. The information concerned
   ⓐ the person speaking and another person.   b. people other than the speaker.
3. In any case, the information is about people from
   ⓐ the French capital.   b. a small village.

C. Un, deux, trois

The people speaking were
a. making an inventory.   ⓑ doing arithmetic.

D. Brève rencontre

1. The two people were
   a. greeting each other.   ⓑ taking leave of each other.
2. The exchange
   a. takes place on a Sunday.   ⓑ does not take place on a Sunday.

E. Répétez, s'il vous plaît

1. The exchange is centered around
   a. a confusion of identity.   ⓑ a confusion of date.
2. The confusion
   ⓐ is finally cleared up.   b. is not cleared up.

You may ask for a performance by one or two groups. Students can write down key words or phrases on their own, or this can be a large-group brainstorming activity.

Tapescript for *En direct 2:*

A. Levez-vous! Allez au tableau! Écrivez la date! Non, non, c'est le 23! Oui, c'est bien! Merci! Allez à votre place!

B. Bonjour. Je m'appelle Bernard. Je suis de Paris. Je suis dentiste. Je vous présente Violette. Qu'est-ce qu'elle fait? Eh bien, elle est photographe. D'où est-elle? Elle est de Paris.

C. 6 + 3 + 5 - 7 + 14 - 11 + 8 + 4 - 9 + 31 - 24 + 12

D. —Au revoir, Jean-Philippe, à bientôt!
—Oui, à bientôt! À dimanche!

E. —Aujourd'hui, c'est bien mardi, le 20 août?
—Oui, c'est ça!
—Et l'examen est le 25?
—Oui, c'est ça!
—Alors je ne comprends pas: le 25 c'est un dimanche!
—Attendez! attendez .... Voilà! L'examen est le vendredi 23.

F. Rencontres (*Meetings*) With a classmate, read the statements below and classify each statement in one of the following categories.

Catégories:
Salutation
Présentation
Au revoir
Demande de renseignement (*request for information*)
Ordre (*command*)

Phrases:
Salut! Ça va?
Bonjour, Monsieur. Comment allez-vous?
Je te présente une camarade.
Voici Henri. Il est architecte. Il est de Bordeaux.
Très bien, merci. Et vous?
Asseyez-vous et prenez un stylo!
L'examen est jeudi ou vendredi?
À demain, Jean-Paul!
Oh, pas mal. Et toi?
Elle est d'où?
Qu'est-ce qu'il fait?

Now indicate whether each phrase is formal or informal by writing F or I beside it.

You may wish to have students act out their exchanges in front of the class.

Finally, make up a short exchange based on each phrase. Don't forget to decide first whether your exchange is to be formal or informal.

Découverte du texte écrit

Les présentations

G. Préparation. The text at the top of page 23 is taken from a manual entitled *Savoir-Vivre en France*. What's a *savoir-vivre* manual? (Hint: Emily Post wrote one!) Why might a person consult such a manual?

H. Exploration

You might want to put the following English words on the board and then have students look for French words with a similar meaning: *connoisseur; plus, minus; age, aging, aged; inverted, inversion; pronounce, pronunciation; superior, superiority; subordinate; tender (as in to tender an offer); utilitarian; artificial; marriage, married.*

1. Read quickly through the text to get an idea of what it's about. Don't stop to look up words you don't recognize in the dictionary.
2. Words that look alike in English and in French and whose meaning is similar are called cognates. How many cognates can you identify in this text? Underline or circle them.
3. Now read the text again. Do you have a better idea of what it's about?

Les présentations

Il vous arrivera d'avoir à **présenter une personne que vous connaissez à une autre qu'elle ne connaît pas.**

Vous présenterez:
—l'homme à la femme, puis la femme à l'homme;
—la personne la moins âgée à la personne la plus âgée, puis inversement;
—la personne en position subalterne au supérieur, puis inversement.

Ce sera à la femme, à la personne la plus âgée, au supérieur à tendre la main le premier.

Il n'est pas utile de prononcer les formules telles que: « Enchanté / Heureux / Ravi de faire votre connaissance. » Elles sont de plus en plus perçues comme artificielles.

Si vous présentez un couple, vous direz : « Monsieur et Madame Thibault ».

Comment présenter et appeler une femme? La tradition veut que l'on dise « Madame » à une femme mariée, et « Mademoiselle » à une personne qui n'est pas mariée. Vous pourrez toujours le vérifier en examinant l'annulaire de la main gauche où se porte l'alliance.

Il faut aussi signaler, à la différence de ce qui se pratiquait autrefois, que l'on n'appelle plus « Mademoiselle », une personne non mariée lorsqu'elle est âgée. Par principe, dès que vous vous adresserez à une femme d'un certain âge, il faut l'appeler « Madame ».

Source: Gérard Vigner, *Savoir-Vivre en France*

I. Réflexion

1. What kind of advice is given in the text: general advice? specific advice? both?
2. What notions appear to govern how one should make introductions?
   - notion of respect (for what? sex? age? social position?)
   - the notion of friendship
   - other?
3. What advice is given on how to acknowledge the other person? Does this surprise you? Explain why.
4. Today, when greeting or introducing a woman, what title or form of address is preferred? Can you venture a reason why?
5. How should a married couple be introduced?

J. Quelques présentations

1. Jot the following personal information on a 3-by-5 card: your name, where you're from, what you do.
2. Form small groups of five or six people and place the cards in a pile.
3. Taking turns, first introduce yourself, then pick up a card from the pile and pretend you are introducing this person to your instructor.
4. Repeat the steps in 3, but this time pretend you're introducing a classmate to your roommate.

Today a simple smile or eye contact is enough; the formulas are still valid in very formal circumstances.

Distinguishing between married and unmarried women is no longer relevant.

They are introduced as a couple, an entity, not as individuals.

K. Quelques initiatives. The listening texts in **En Direct 2** will spark your imagination and provide models. Listen to them again before trying the activities below!

See *En direct 2A.*

1. Work in small groups. Pretend you're the professor: ask particular students to perform certain actions, give feedback, and thank them.
2. Pretend you are members of a team or panel. Each member introduces him/herself and the person next to him/her.

See *En direct 2B.* Allow sufficient time for students to gather information, organize in "teams."

3. Test your partner's mental arithmetic. Ask him/her to do some simple addition and subtraction. How fast and accurate is your partner?

Model pronunciation for *plus, moins;* add *égale* if you think the intonation is not enough. Have pairs perform in front of the class and compete for the title of fastest mathematical genius!

MODÈLES: 12 + 3 ? (Douze plus trois?)
                   15!

                   15 – 9 ? (Quinze moins neuf?)
                   6!

See *En direct 2E.*

4. Ask a classmate for the day and date of the exam and clear up any confusion you may have in this regard.
5. On your way to the library, you spot a classmate and call out to him/her. You only have time for a short greeting.

L. Qu'est-ce qui se passe? *(What's going on?)* What are the people in these photos saying to each other? Write brief exchanges for each one.

M. C'est qui? C'est quoi?

1. What images come to your mind when you think about France? What famous French people do you know? What kinds of things do you associate with France?
2. Look at the collage. Who are the people represented? What are the places and objects? With a partner, read the captions to find out.
3. How good is your memory? You and your partner cover the captions and quiz each other.

MODÈLES: —Qui est-ce? / C'est qui?
   —C'est Catherine Deneuve, une actrice célèbre.

   —Qu'est-ce que c'est? / C'est quoi?
   —C'est le Guide Michelin, un guide touristique.

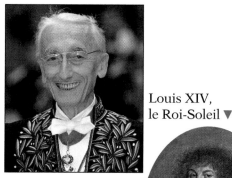

▲ Jacques Cousteau, océanographe celèbre

Louis XIV, le Roi-Soleil ▼

◀ La Pyramide du Louvre, tradition et modernité

◀ Catherine Deneuve, actrice

La tour Eiffel, monument parisien célèbre ▼

▲ Yannick Noah, champion de tennis, chanteur, homme d'affaires

le Guide Michelin, guide touristique

▲ Charles de Gaulle, général célèbre et ancien président de la France

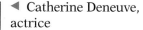

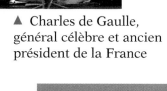

▲ Le TGV, un train très rapide

Lu et entendu

When one approaches a language and culture different from one's own, the potential for misunderstandings—both linguistic and cultural—is great. In the cultural domain in particular, stereotypes, clichés, and generalities based on partial truths and hearsay abound. These must be handled tactfully and logically, and this takes practice! The **Lu et entendu** sections (the phrase refers to hearsay) provide you with such practice.

It is important to be able to identify and justify—basing one's remarks on concrete evidence—the partial truth or total falsehood of clichés, stereotypes, and generalizations.

An alternate way of using the activity in the *Lu et entendu* sections would be to have students discuss the statements in small groups and then report to the class on the ideas and examples they generated. You might also ask students what cultural parallels (similarities *or* contrasts) presented in the dossier they found most striking and why.

Savoir-vivre universel? Choose two or three of the comments below and explain—with examples from this dossier—why you agree or disagree with them.

1. Expressing greetings, making introductions, exchanging small talk, and saying good-bye are part of what constitutes one's cultural identity.
2. There are no fixed formulas for expressing greetings, making introductions, exchanging small talk, and saying good-bye. However, gestures accompanying such conversational exchanges are fixed.
3. Both gestures and formulas are learned unconsciously by native inhabitants, but require effort and training on the part of those from outside the culture.
4. The gestures that are appropriate in one culture are always appropriate in another culture.
5. Gestures that feel very natural and comfortable to native inhabitants of a culture often feel very "foreign" to outsiders.

À l'écran

Video is a powerful resource that can be used to exemplify and represent language and culture in a way difficult to simulate in classroom settings and exchanges. The video segments that form the basis for each *À l'écran* section are authentic and have been selected from a variety of programs from around the French-speaking world that parallel English-language media. Programs include talk shows, new broadcasts, on-location feature programs, documentaries, and additional entertainment sources. Segments are coordinated thematically with each *Dossier*, and exercises and activities in the *Cahier d'activités* provide practice with vocabulary, grammar, culture contrasts, and communicative functions. After completing the course, we hope you will continue your engagement with films and televised programs available from a variety of sources.

Clip 1.1   Bonjour!

In this first video segment you will observe French people of all ages greeting each other in a variety of situations and surroundings. Before beginning the video, list the greetings and expressions you know, from the most polite to the most informal. Now watch, listen, and observe. Which greetings do you recognize? When and how are they used?

Le savoir-vivre

Learning about a culture, both one's own and that of others, involves not only observing and reflecting upon current cultural practices, but also being able to situate those practices in a historical context. We understand the present as an outgrowth of the past, not in isolation from it; a country's past shapes and defines its present.

In the *Découverte du passé* sections of each dossier, you will have an opportunity to discover how a significant cultural manifestation of the Francophone world is rooted in the past and to explore how this phenomenon has come to shape and influence the present.

Today, the rules of *savoir-vivre* are simple and serve to facilitate communication among all groups. However, in countries like France with a long history and a strong inherited sense of hierarchy and formality, the rules of *savoir-vivre* served to limit or strictly codify communication among groups.

The French tradition of refined conversation and social interaction is depicted in this painting of a seventeenth-century French *salon*. Do you think this tradition explains why, even today, French social practices tend to be more narrowly prescribed, less casual, than those characteristic of younger countries such as the United States and Canada?

Explain that the word *salon* has two meanings: (1) a room in a house or official residence in which guests are received, and get-togethers are held, (2) the people who are invited to the get-togethers are, often including famous artists, writers, scientists, thinkers. The aristocratic and literary salons that flourished in France during the seventeenth and eighteenth centuries were renowned for intelligent conversation and wit.

Ollivier: *Thé à l'anglaise chez le prince de Conti*. Paris. Louvre

Le mot juste

Contexte 1. Premiers contacts

Salutations: situations formelles

Bonjour, Monsieur.	*How do you do / Hello / Good day, sir*
Madame	*Ma'am/Mrs.*
Mademoiselle	*Miss*
Je me présente: je m'appelle ___.	*Let me introduce myself: my name is ___.*
Et vous, comment vous appelez-vous?	*And you, what's your name?*
Je vais bien, merci.	*I'm fine, thank you.*
très bien	*very well*
assez bien	*pretty good, quite good*
pas mal	*not too bad*
Et vous?	*What about you?*

Salutations: situations plus familières

Salut! Moi, je m'appelle ____. / Je suis ___.	*Hi! My name is ____. / I am ____.*
Et toi? Comment t'appelles-tu?	*And you, what's your name?*
Comment ça va?	*How are you doing?*
Ça va bien.	*Things are going all right.*
Ça va très bien	*Things are going fine.*

Présentations: siuations formelles

Monsieur/Madame/Mademoiselle, je vous présente ____.	*Mr./Mrs./Ms., this is ____.*
Enchanté(e).	*Delighted (to meet you).*
Ravi(e) de faire votre connaissance.	*Delighted to meet you.*

Présentations: situations plus familières

X, je te présente Y.	*X, this is Y.*
Bonjour! (Salut!)	*Hello! (Hi!)*
X, voici/voilà Y.	*X, this is Y.*
Bonjour! (Salut!)	*Hello! (Hi!)*

Au revoir

Au revoir, Monsieur/ Madame/Mademoiselle.	*Good-bye…*
À tout à l'heure.	*See you in a little while.*
À ce soir.	*See you this evening.*
À demain.	*See you tomorrow.*
À bientôt.	*See you soon.*

Contexte 2. Qui est-ce?

Qui est-ce?	*Who is it?*
C'est le professeur.	*It's the teacher.*
C'est un(e) étudiant(e).	*It's a (male/female) student.*
C'est un(e) camarade.	*It's a (male/female) classmate/friend.*
C'est un(e) ami(e).	*It's a (male/female) friend.*
Comment s'appelle-t-il/elle?	*What's his/her name?*
Il/Elle s'appelle ____.	*His/Her name is ____.*
Il/Elle est d'où?	*Where is he/she from?*
Il/Elle est de ____.	*He's/She's from [city].*
Et vous? Vous êtes d'où?/ Et toi? Tu es d'où?	*And you? Where are you from?*
Qu'est-ce qu'il/elle fait?	*What does he/she do?*
Il/elle est	*He/She is a/an*
architecte	*architect*
dentiste	*dentist*
ingénieur	*engineer*
journaliste	*journalist*
juge	*judge*
médecin	*doctor*
photographe	*photographer*
professeur	*professor*
réceptionniste	*receptionist*
secrétaire	*secretary*

Contexte 3: La salle de classe

les objets (m.)	*objects*
le bureau	*desk*
le cahier	*notebook*
le crayon	*pencil*
le devoir	*assignment*
le dictionnaire	*dictionary*
l'examen (m.)	*exam, test*
l'exercice (m.)	*exercise*
le livre	*book*
le stylo	*pen*
le tableau	*blackboard*
l'affiche (f.)	*poster*
la carte	*map*
la chaise	*chair*
la craie	*chalk*
la fenêtre	*window*
la porte	*door*
la salle de classe	*classroom*
les devoirs (m.)	*homework*

Pour parler en classe

Répétez, s'il vous plaît.	*Please repeat.*
Pardon, Monsieur/ Madame/Mademoiselle!	*Excuse me, Sir/Ma'am./Miss.*
S'il vous plaît, Monsieur/ Madame/Mademoiselle!	*Please, Sir/Ma'am./Miss.*
Oui, je comprends.	*Yes, I understand.*
Je ne comprends pas.	*I don't understand.*
Que veut dire… ?	*What does…mean?*
Comment dit-on… ?	*How do you say… ?*
Qui est-ce?	*Who is it? Who is that?*
C'est qui?	*Who is it? Who is that?*
Qu'est-ce que c'est?	*What is it? What's this?*
C'est quoi? *(casual)*	*What's this?*
voici	*here is, here are*
voilà	*there is, there are*
il y a	*there is, there are*

Contexte 4. Le jour, la date

Quel jour est-ce?	*What day is it today?*
Quel jour sommes-nous?	*What day is it today?*
C'est aujourd'hui lundi.	*It's Monday.*
mardi	*Tuesday*
mercredi	*Wednesday*
jeudi	*Thursday*
vendredi	*Friday*
samedi	*Saturday*
dimanche	*Sunday*
Quelle est la date?	*What is the date?*
C'est le premier septembre.	*It's September 1st.*
Demain c'est le deux septembre.	*Tomorrow is September 2nd.*
la semaine prochaine	*next week*

Les nombres cardinaux 1-31

1	un, une	11	onze	21	vingt et un
2	deux	12	douze	22	vingt-deux
3	trois	13	treize	23	vingt-trois
4	quatre	14	quatorze	24	vingt-quatre
5	cinq	15	quinze	25	vingt-cinq
6	six	16	seize	26	vingt-six
7	sept	17	dix-sept	27	vingt-sept
8	huit	18	dix-huit	28	vingt-huit
9	neuf	19	dix-neuf	29	vingt-neuf
10	dix	20	vingt	30	trente
				31	trente et un

DOSSIER 2

On rejoint la communauté francophone

Communication
- Talking about yourself
- Finding out about someone else

Cultures in parallel
- The Francophone presence in the world
- The diversity of Francophone peoples

Tools
- The verb **avoir**
- Regular **-er** verbs; **-er** verbs like **préférer**; short common adverbs
- Contraction of the definite article after **à** and **de**
- Formation and placement of adjectives
- Phonetics: syllabication, liaison, rhythm, and intonation

D'une culture à l'autre:
Ask whether the following elements have any bearing on one's cultural identity: geographical location, size, and climate of country, heritage and traditions, customs, symbols, hopes, values, stereotypes (views commonly held both by one's fellow citizens and by others). You might wish to point out that language and art are two means by which cultural identity is shared and transmitted.

D'une culture à l'autre

To be an American, an Australian, or an English-speaking Canadian is to use and share a common language—English—but not necessarily a common culture. Language is an important component of cultural identity, but cultural identity embraces more than language. What other elements do you think form part of one's cultural identity?

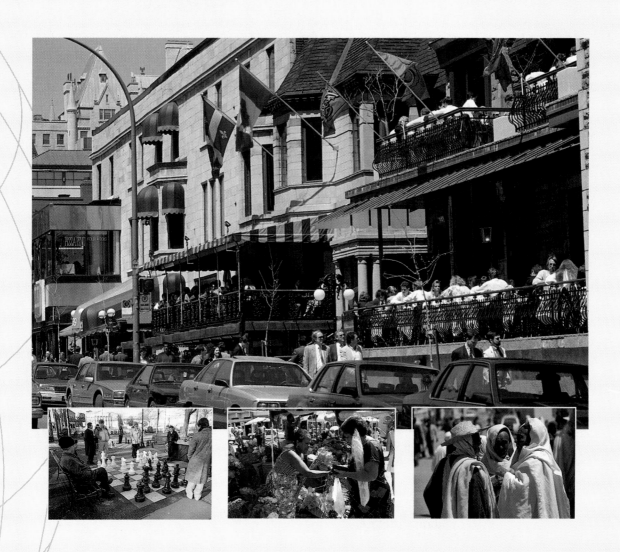

CONTEXTES

1. Voix francophones

Paul Tremblay. Je suis de Port-Cartier au Québec, mais aujourd'hui j'habite à Joliette avec ma femme. Je ne travaille pas, je suis retraité, mais, vous savez, quelquefois je trouve le temps long et… j'ai envie de travailler! Alors, je répare les bicyclettes et les motos de mes voisins. J'adore la mécanique et je suis assez adroit!

le Québec
•Joliette

Kalissa Mossi. Je suis de Tillabéry au Niger. Aujourd'hui j'habite à Niamey, la capitale, parce que je suis étudiante en biologie. Franchement, je trouve la biologie un peu difficile. J'ai envie de changer de spécialité, mais j'hésite… En fait, j'adore la musique: je joue très bien du piano, je chante pas mal, je danse aussi. Alors, je rêve: j'imagine pour moi une carrière de musicienne professionnelle, des voyages exotiques, et des concerts fréquents. C'est un peu ridicule, n'est-ce pas?

le Niger
•Niamey

Dieudonné Plantin. Mon pays natal, c'est l'île d'Haïti. J'habite à Port-au-Prince. Je suis fonctionnaire. Quand je travaille, je suis très aimable et poli avec le public. Je cherche—et souvent je trouve—des solutions aux problèmes. J'ai un travail très exigeant, donc j'ai besoin de calme dans mon temps libre. Je passe souvent mon samedi après-midi au bord de la mer. C'est mon passe-temps préféré.

Haïti
Port-au-Prince

Aïcha Kahidi. Moi, je suis tunisienne et dentiste. J'habite la ville de Bizerte. Mon mari et moi, nous habitons avec ma famille: mon père, ma mère, ma sœur Yasmina, mon frère Saïd. Vous êtes surpris? Je vous assure, nous considérons ça une chose normale: on aide toujours sa famille, n'est-ce pas?

Point out to students that Aïcha and her husband's willingness to live with their in-laws is motivated by a desire to help them rather than by the couple's own limited finances.

Bizerte•
la Tunisie

Ginette Orville. Chez nous, en Suisse, on parle quatre langues: le français, l'allemand, l'italien et le romanche.

la Suisse
• Lausanne

Le français n'est pas ma langue maternelle, c'est l'allemand. Mais maintenant nous habitons à Lausanne, une ville de langue française, et donc nous parlons français. Mes passe-temps favoris? J'aime beaucoup les sports et aussi la danse classique. Je déteste les jeux électroniques et je ne regarde jamais la télé!

Nom:	MARIEN
Prénom(s):	Guy
Lieu de naissance:	Fort-de-France, Martinique
Nationalité:	française
Résidence actuelle:	54 rue de la Folie-Regnault, 75011 Paris, France
Profession:	stagiaire en informatique

Point to students that Guy Marien's nationality is French because Martinique is an overseas French department *(département d'outre-mer, or D.O.M.)*.

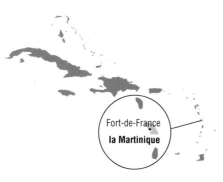

Fort-de-France
•
la Martinique

Inform students that they will not necessarily be able to find in the *Contextes* information pertaining to all of the categories listed on the model *fiche*.

❖ **À votre tour**

A. Fiches individuelles (*I.D. cards*). Pour chaque personne mentionnée dans **Contexte 1**, fournissez les renseignements suivants:
- Nom et prénom(s)
- Pays d'origine
- Résidence
- Profession ou travail
- Intérêts ou passe-temps
- Autres détails

B. Présentations. Choisissez une des personnes dans **Contexte 1**. Étudiez la fiche que vous avez faite pour cette personne dans l'activité A. Puis présentez la personne à la classe.

C. Je vous présente… Préparez une fiche personnelle, puis demandez à un(e) camarade de vous présenter.

2. Une petite interview

Philippe Giraud, journaliste au magazine *Géo*, prépare un article, «Voyage chez les Francophones», pour un numéro spécial sur la francophonie. Il est au Sénégal pour faire une série d'interviews. Écoutons quelques extraits d'une interview:

—Bonjour, Monsieur. Comment vous appelez-vous?
—Moi, je m'appelle ALIOU André Badara.
—Et vous êtes d'où?
—Je suis de Saint-Louis, mais j'habite Dakar.
—Alors, vous êtes sénégalais?
—Oui, mais je suis français aussi, parce que ma mère est française.
—Et vous êtes marié?
—Non, je suis toujours célibataire. Je n'ai pas de fiancée et en ce moment je n'ai pas de petite amie!
—Et que faites-vous dans la vie?
—Je suis employé de banque.
—Vous avez beaucoup de temps libre?
—Non, pas beaucoup. Et vous?

❖ **À votre tour**

A. Jeu de rôle. Vous êtes le journaliste de la revue *Géo* et votre partenaire est André Aliou. Jouez l'interview.

B. Moi, je suis journaliste! Interviewez votre professeur de français, puis préparez un bref article pour le journal français de votre université.

3. Passe-temps et activités

Begin your presentation by asking questions: *Les passe-temps, qu'est-ce que c'est? Nommez quelque passe-temps. Que fait-on dans son temps libre?* Then show the illustrations on a transparency, point to each one, and have students repeat the sentence that goes with it. Next, say sentences at random and have students identify the illustration described. Then, point to various illustrations and have students tell you what's happening in them. Finally, personalize the vocabulary by asking: *Et vous, quels passe-temps avez-vous?*

On écoute de la musique.

On joue au foot.

On étudie les maths.

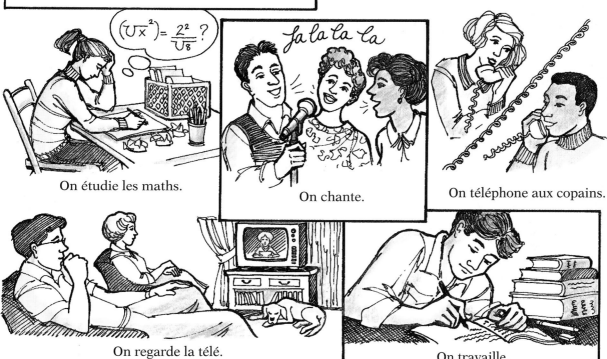

On chante.

On téléphone aux copains.

On regarde la télé.

On travaille.

On rencontre des amis.

On danse.

On joue de la guitare.

❖ **À votre tour**

A. À chacun son goût (*Each according to his/her tastes*). Décrivez vos activités favorites, seul(e) (*alone*) ou avec des ami(e)s.

MODÈLE: Moi, je joue de la guitare seul(e), je danse avec des ami(e)s...

B. Et vos camarades de classe? Demandez à vos camarades de classe quelles sont leurs activités favorites.

MODÈLE: —Est-ce que tu regardes la télé?
         —Oui, je regarde la télé.

Students will have no problem asking classmates about their leisure-time activities even though they have not formally encountered the conjugation of regular -er verbs because the pronunciation is the same in the first, second, and third person singular forms.

Tapescript for *En direct 1:*

A. Je m'appelle Rolande. Ma famille et moi nous habitons l'île Maurice dans l'océan Indien. Nous habitons dans un petit village qui est très simple, très calme. Je suis contente ici. J'adore nager. J'aime aussi parler avec mes amies et écouter la musique.

Il s'appelle Patrick Salco. Il a 36 ans. Il est guadeloupéen, mais il habite la ville de Cannes en France. Il est célibataire.

B. Ah bon, tu cherches des artistes pour animer une fête? Attends, je cherche... Ah! mais téléphone à Béatrice! Béatrice qui? mais Béatrice Duffaud, bien sûr! C'est une jeune secrétaire belge... Mais non! elle n'habite pas la Belgique! Elle est mariée ici à Lyon et elle habite Lyon, comme toi. Je sais qu'elle aime beaucoup la musique. En fait elle joue très bien de la guitare et du piano... Est-ce qu'elle chante aussi? Écoute, je ne sais pas! Téléphone-lui!

Mon ami René Franc est un ami de toujours. Comme moi, il a 36 ans et comme moi aussi, il est architecte. René travaille pour une compagnie internationale et par conséquent, il n'habite plus très souvent en France! En fait, il n' a même pas d'adresse en France. Quand il est ici, il reste chez ses parents ou chez moi. Un exemple: il arrive du Maroc et deux semaines après il accepte un poste au Québec. Il est content parce qu'il a de la famille là-bas. Un jour, moi aussi j'ai envie de voyager et de travailler à l'étranger.

A. You might want to alert students to the kinds of "markers" to listen for in texts such as these: for example, the pronoun markers *il / elle* versus *je* and the contrast between the short, clipped, matter-of-fact tone of official, information-oriented presentations and the casual, expansive tone of first-person autobiographical texts.

En direct 1

A. De quoi parle-t-on? (*What are they talking about?*) You will hear two people speak. For each person, check the appropriate boxes to indicate:

- whether the person is talking about him or herself or about someone else;
- whether the person is presenting primarily basic facts (name, age, nationality, residence, etc.) or whether their focus is broader (information about tastes, preferences, pastimes).

	Talking about self	Talking about someone else	Factual orientation	Broader orientation
Person 1				
Person 2				

B. De quoi s'agit-il? (*What's it about?*) You will hear two people speak. Each speaker is talking about someone else. Listen to the speakers, and then choose the statement that best summarizes what was said.

1. First speaker:
   a. Béatrice is secretary for a musical organization.
   b. A telephone caller is looking for performers for a party and Béatrice's talents make her an ideal candidate for the job.
   c. The speaker doesn't know much about Béatrice and suggests calling someone else.

2. Second speaker:
   a. René is an architect whose work takes him to many places.
   b. René has just finished his job in Québec and is off to a new assignment in Morocco.
   c. The speaker is happy because he is going to visit René in Morocco.

4. Qu'est-ce que le monde francophone?

L'adjectif «francophone» désigne les pays ou les régions du monde où le français est la langue maternelle ou une des langues officielles. Un(e) francophone est une personne qui parle habituellement le français et qui parle souvent aussi une autre langue comme, par exemple, le swahili. Aujourd'hui, il y a approximativement 150 millions de francophones sur cinq continents, dans à peu près trente pays et régions.

En Amérique du Nord, le français est une des langues officielles du Canada, où il y a plus de cinq millions de Québécois francophones. Et aux États-Unis, 2,5 millions de personnes parlent français en Louisiane et dans certains États du Nord-Est: le Maine, le Massachusetts, le New Hampshire, le Vermont, etc.

❖ À votre tour

A. Pays d'origine. Identifiez sur la carte du monde francophone le pays d'origine des personnes rencontrées dans **Contextes 1 et 2.**

1. Paul Tremblay
2. Kalissa Mossi
3. Dieudonné Plantin
4. Aïcha Kahidi
5. Ginette Orville
6. André Aliou

B. Pays et régions francophones. Il y a d'autres pays et régions où le français est la langue officielle ou l'une des langues officielles. Trouvez quelques-uns de ces pays et régions sur la carte.

1. en Amérique du Nord: la Louisiane, le Canada, le Québec
2. dans l'océan Atlantique: la Guadeloupe, Haïti, la Martinique
3. en Amérique du Sud: la Guyane française
4. en Europe: la Belgique, la Suisse
5. en Afrique du Nord: l'Algérie, le Maroc, la Tunisie
6. en Afrique de l'Ouest: le Bénin, le Burkina-Faso, le Cameroun, la Côte-d'Ivoire, le Congo, le Gabon, la Guinée, la Mauritanie, le Mali, le Niger, la République centrafricaine, le Sénégal, le Tchad, le Togo, le Zaïre
7. dans l'océan Indien: Madagascar, Mayotte, les Comores, l'île Maurice, la Réunion
8. dans l'océan Pacifique: la Polynésie française, la Nouvelle-Calédonie, Wallis et Futuna

Où est la plus grande concentration de pays francophones?

C. Dans quelle partie du globe? Sur quel continent, dans quel océan trouve-t-on des pays francophones? Donnez un ou deux exemples.

MODÈLE: En Europe, il y a la Belgique et la Suisse.

To present this *contexte*, write the following on the board: *Qu'est-ce que le monde francophone?*

1. *Que veut dire l'adjectif «francophone»?*
2. *Qu'est-ce qu'un(e) francophone?*
3. *Combien de francophones y a-t-il? Où sont-ils?*
4. *Y a-t-il des francophones en Amérique du Nord?*

Have students listen to or read the text with these questions in mind. Then have them discuss the questions and answers as a class or in small groups.

This definition of the francophone world is intended to provide a context for the more detailed map work that follows in the *À votre tour* activities.

After you have helped students locate each person's native country on the map, teach the adjectives of nationality. (A partial list of francophone nationalities can be found on page 63.) Then do a quick oral exercise for reinforcement: *Les habitants du Maroc, ce sont des…* and so on.

You may wish to do this activity with students by naming the country or region and having a student locate it on the map.

Before doing this activity, show a transparency of the map of the francophone world and review basic geographical vocabulary: *océan, continent, pays, île.* Ask questions to elicit the vocabulary: *Montrez-moi un océan sur la carte. Qui, voilà l'océan Atlantique. Quels sont les continents?* Point out the features on the map as students name them.

This activity can be done effectively in small groups, each group taking responsibility for two or three geographical areas. In the debriefing phase, each group points out the Francophone countries on the map and names them. As a culminating activity, students can close their books and, working individually or in small groups, list as many Francophone countries as they can remember.

Point out that countries have gender, too. Usually countries ending in an -*e* in French are feminine, except *le Zaïre.* Sometimes islands have no articles. It isn't necessary to go through the entire list; select as few or as many countries as you wish or as are relevant to students' experience. For a change of pace, have a student spell the name of a country and have the rest of the class try to locate it on the map. You might also have a contest to see which individual or team can locate various countries on the map the fastest.

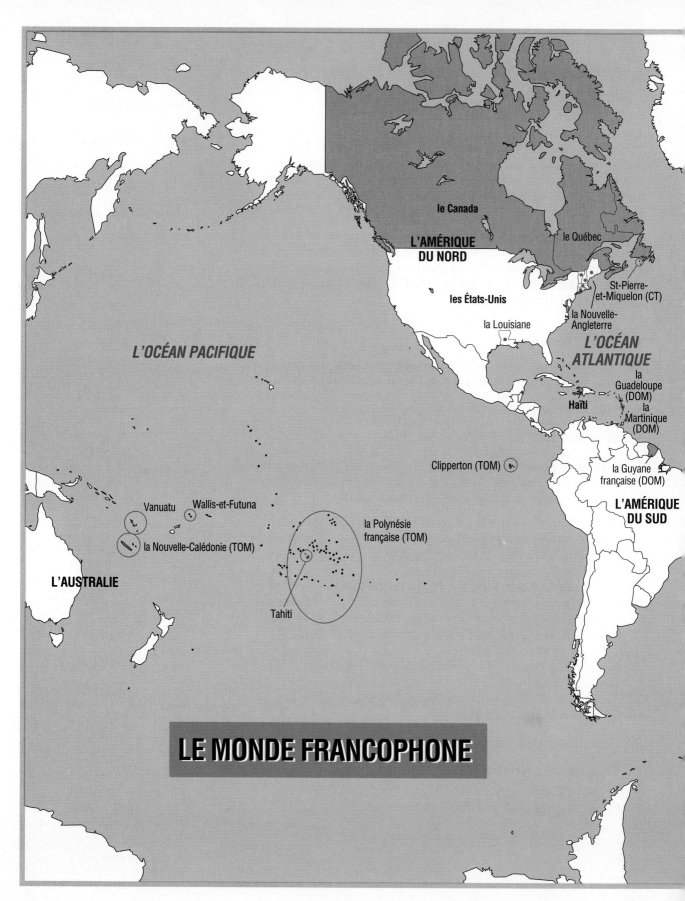

le Canada

L'AMÉRIQUE
DU NORD

le Québec

St-Pierre-
et-Miquelon (CT)

les États-Unis

la Nouvelle-
Angleterre

la Louisiane

L'OCÉAN
ATLANTIQUE

L'OCÉAN PACIFIQUE

la Guadeloupe
(DOM)
la
Martinique
(DOM)

Haïti

Clipperton (TOM)

la Guyane
française (DOM)

Vanuatu

Wallis-et-Futuna

la Polynésie
française (TOM)

L'AMÉRIQUE
DU SUD

la Nouvelle-Calédonie (TOM)

L'AUSTRALIE

Tahiti

LE MONDE FRANCOPHONE

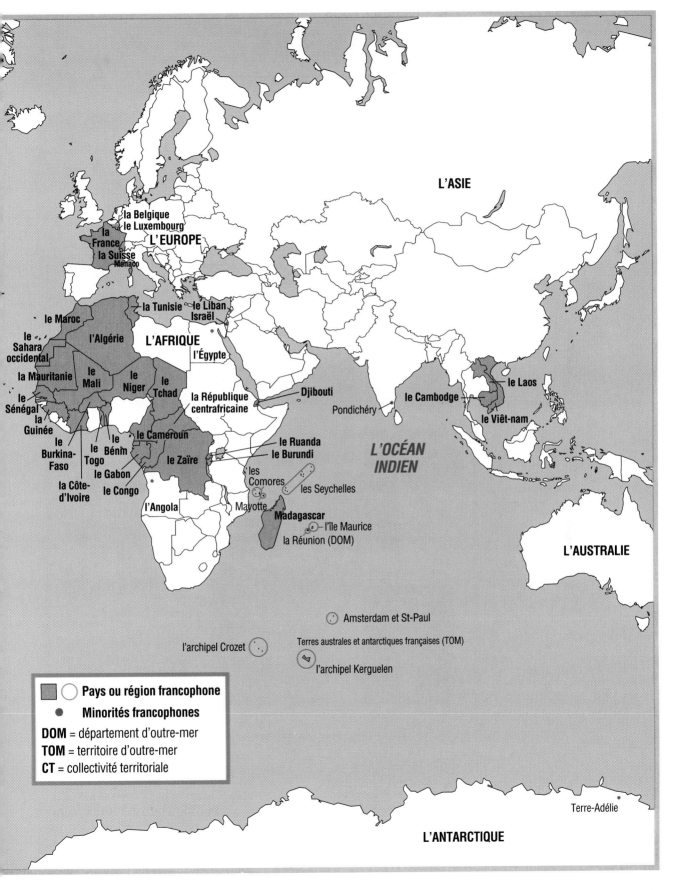

L'ASIE

la Belgique
le Luxembourg
la France
la Suisse
Monaco
L'EUROPE

L'AFRIQUE

la Tunisie
le Liban
Israël
le Maroc
le Sahara occidental
l'Algérie
l'Égypte
la Mauritanie
le Mali
le Niger
le Tchad
la République centrafricaine
Djibouti
Pondichéry
le Laos
le Cambodge
le Viêt-nam
le Sénégal
la Guinée
le Burkina-Faso
le Bénin
le Togo
le Cameroun
le Gabon
le Zaïre
le Congo
la Côte-d'Ivoire
le Ruanda
le Burundi
les Comores
les Seychelles
L'OCÉAN INDIEN
l'Angola
Mayotte
Madagascar
l'île Maurice
la Réunion (DOM)

L'AUSTRALIE

Amsterdam et St-Paul

Terres australes et antarctiques françaises (TOM)

l'archipel Crozet

l'archipel Kerguelen

Pays ou région francophone

Minorités francophones

DOM = département d'outre-mer
TOM = territoire d'outre-mer
CT = collectivité territoriale

Terre-Adélie

L'ANTARCTIQUE

PARALLÈLES?

Francophonie:
langue française et identité culturelle

Beginning with Dossier 3, the *Parallèles?* sections will be done entirely in French. In this Parallèles? English is used because of the complexity of the concepts discussed: cultural identity and *francophonie*. Nevertheless, encourage students to use French as much as they can. For example, activity A can probably be done in French.

You may wish to assign the entire *Parallèles?* section as homework. Tell students to be prepared to do activity A in class in French, and other activities in English. Have students discuss their answers to activity B in small groups.

A. Before students can study and absorb another culture, they must first realize that they have a culture and understand at least something about what that culture is. The purpose here is to help students discover and understand their own cultural identity. They will then explore the notion of *francophonie*, or Francophone cultural identity—what it is, who it refers to, what elements it is composed of. Students will be able to do activity A in French. Activity B will be done in English.

If time is limited, have students make lists rather than collages. As students are presenting their collages, you may wish to write the French equivalent of some of their images on the board.

Votre identité culturelle

Observer

A. Look again at the collage of images of France, then make a similar collage pertaining to your own country. Try to find out the French words to identify as many of the images as you can. Present your collage to the class.

Réfléchir

B. Based on the images you used in your collage, what can you say about your own cultural identity? Is your cultural identity distinct from that of your classmates? Do you sense an affinity with other English-speaking peoples? To what extent is your cultural identity language-based? To what extent is it based on other considerations?

Francophonie

Observer

C. Read the text below, keeping in mind the following questions:

1. How did the French colonial empire develop?
2. What has become of this vast empire?
3. Why do people in the former colonies continue to use French?
4. How are ties among Francophone countries nurtured?

Very early in French history, French explorers, first, and then French merchants, soldiers, missionaries, and teachers traveled to many different parts of the world. A vast colonial empire was built, in which the official language was French. Today, although they are independent, many countries that were once part of the empire continue to use French as their official language or as one of several official languages. Reasons for using French vary: some, like the inhabitants of Martinique and Guadeloupe, use French because they are French citizens; some, like the Québécois, use French to preserve their French heritage; others, like the Senegalese, use French because it enables them to belong to a larger economic community. This community—quite large and diverse—is referred to as **francophonie**.

Of course, a community cannot continue to exist unless ties between its members are nurtured. In the Francophone community, this is done through educational exchanges, cultural events (awarding literary prizes, staging concerts, disseminating films) and various meetings and encounters (scientific symposia, sporting events, language conferences). In theory, such activities foster the use of French as a common language while enabling French-speaking peoples to retain their own cultures.

Réfléchir

D. Have similar efforts been initiated by other countries (for example, Spain, the United States, Great Britain)? In what circumstances? For what purpose(s)? Do you find the goals of promoting both linguistic unity and cultural diversity paradoxical?

E. Find out if there are Francophone students on your campus. Ask them about the status of French in their country. (Who uses French? in which settings?) Ask them also for their definition of **francophonie**. Share your findings with the rest of your class.

F. Find out if your state or country has some French heritage. Examine geographical names, architectural sites, music, even everyday language.

D. The important thing about these questions is not that students come up with *the* or *a* correct answer, but that they think about the questions. You might want to assign the questions in advance, telling students to write two or three sentences in English in response to each.

E. The question about the goals of *francophonie* should probably be treated in a very short (5-minute) discussion in English. You may wish to point out that, in the French-speaking community, use of French transcends national and ethnic differences and not only reinforces intellectual and cultural solidarity, but also fosters cultural and economic ties.

F. Students might mention the Washington, D.C., city plan (designed by Pierre L'Enfant), New Orleans, cajun music, terms such as *à la mode, au jus, vis-à-vis, c'est la vie, déjà vu*, etc.

OUTILS

1. Le verbe **avoir**; l'expression **il y a**

Le verbe **avoir**

- The verb **avoir** (*to have*) is used to express ownership of things or ties between people.

    Dieudonné Plantin a une moto.

    Aïcha a un frère et une sœur.

    Et vous? Avez-vous des frères ou des sœurs?

	avoir		
j'ai	nous avons	je n'ai pas	nous n'avons pas
tu as	vous avez	tu n'as pas	vous n'avez pas
il a	ils ont	il n'a pas	ils n'ont pas
elle a	elles ont	elle n'a pas	elles n'ont pas

You may wish to do some simple oral drills to reinforce the conjugation of *avoir*. Call on students individually or have students work in small groups to find out (1) how many classroom objects various persons have *(J'ai un stylo, Paul a deux crayons, Marc a cinq livres, etc.)*; (2) how many brothers/sisters each person has (be sure to teach *je n'ai pas de frères/sœurs* before beginning).

- **Avoir** is also used to tell a person's age:

    —Quel âge **avez**-vous?   *How old are you?*

    —J'**ai** 19 ans.   *I'm 19 (years old).*

    Quel âge **a** Marc?   *How old is Marc?*

    Il **a** 24 ans.   *He's 24 (years old).*

- **Avoir** is used in a large number of fixed or idiomatic expressions, such as the following:

    avoir besoin de, *to need (something), to need (to do something)*

    avoir envie de, *to want (to do something), to feel like (doing something)*

    avoir l'intention de, *to intend to (do something), to plan to (do something)*

    These expressions are always accompanied either by a noun or by a verb in the infinitive:

    Dieudonné Plantin **a besoin de** calme dans son temps libre.

    Paul Tremblay est retraité, mais il **a envie de** travailler!

    Est-ce que Kalissa Mossi **a l'intention de** changer de spécialité?

L'expression **il y a**

- You have already encountered the invariable expression **il y a** (*there is, there are*), which is used to indicate the existence of an object or a person, or to make an inventory. Often, **il y a** is followed by the indefinite article.

    Dans la salle de classe, **il y a des** bureaux, **des** chaises et **un** tableau.

- In the negative, **il y a** becomes **il n'y a pas** and the indefinite article (**un, une, des**) becomes **de** or **d'**.

Dans la salle de classe, il y a une carte, mais il n'y a pas **d'**affiches du monde francophone.	*In our classroom, there's a map, but there aren't any posters of the French-speaking world.*

❖ À votre tour

A. Emprunts (*Objects borrowed*). Les personnes suivantes ont besoin d'emprunter certains objets. Indiquez des personnes qui ont ces objets.

MODÈLE: Je / une bicyclette / Nous
—J'ai besoin d'une bicyclette.
—Écoute! Nous avons une bicyclette!

1. Je / une bicyclette / Nous
2. Marc / un dictionnaire / Cécile et Martine
3. Nous / un piano / Bernard
4. Vous / une craie / Le professeur
5. Tu / un bureau / Je
6. Ils / un crayon / Patrick

B. Besoins, désirs et intentions. Interviewez plusieurs camarades de classe au sujet de leurs besoins, désirs et intentions. Employez **est-ce que** ou intonation.

MODÈLE: avoir besoin de / calme? travail? livres? amis?
—Est-ce que tu as besoin de calme?
—Mais oui! bien sûr!
ou: —Mais non! pas spécialement!

1. avoir besoin de / calme? travail? livres? amis?
2. avoir envie de / écouter de la musique? téléphoner à des copains? regarder une vidéocassette? danser?
3. avoir l'intention de / travailler? habiter ici? parler français? voyager? étudier une troisième langue?

Point out that the definite article is not used after avoir besoin de and avoir envie de when the noun is used in a general sense, as it is in this exercise.

Partagez avec un(e) partenaire vos découvertes en employant des prénoms ou des statistiques.

MODÈLE: —Kay et Henry ont besoin de calme.
—Quatre étudiants / camarades ont besoin de travail.

C. Et vous? Partagez avec un(e) partenaire vos propres besoins, désirs ou intentions.

MODÈLE: —Moi, j'ai envie de voyager. Et toi?

D. Il y a / Il n'y a pas de. Avec un(e) partenaire, faites l'inventaire de votre salle de classe.

MODÈLE: —Dans la salle de classe, il y a des bureaux, mais il n'y a pas d'ordinateur.

2. Les verbes en -**er** et adverbes communs

Verbes réguliers en -**er**

- Regular verbs are verbs whose conjugations follow a fixed pattern. The most common group of regular verbs end in -**er** in the infinitive, for example: **parler**, *to speak*.

- To conjugate the verb **parler** (that is, to assign the action of the verb to a subject), remove the infinitive ending -**er** and add the endings shown below in bold-face type:

parler - er → parl-	
je parl**e**	nous parl**ons**
tu parl**es**	vous parl**ez**
il parl**e**	ils parl**ent**
elle parl**e**	elles parl**ent**
on parl**e**	

All forms inside the boot-shaped shaded area are pronounced the same: their endings are silent.

- When a verb begins with a vowel or silent **h**, the first-person subject pronoun **je** becomes **j'**:

    J'habite Montréal. **J'**aime le football. **J'**adore la musique classique.

Note the difference in pronunciation between the third-person singular (**il/elle/on**) form of these verbs and the third-person plural (**ils/elles**) form:

    il habite [i-la-bit] vs. ils habitent [il-za-bit]

- The English translation of a given French verb depends on the context in which the French verb is used. Study the following series of questions and answers and their corresponding English meanings:

Parlez-vous français?	*Do you speak French?*
Oui, je parle français, mais pas bien.	*Yes, I do speak French, but not well.*
Combien de langues parlez-vous?	*How many languages do you speak?*
Je parle trois langues.	*I speak three languages.*
Qui parle au téléphone?	*Who's talking on the telephone?*
Moi, je parle au téléphone.	*I'm talking on the phone.*

Model the difference in pronunciation between the third-person singular and third-person plural forms. Then say the following sentences and have students indicate whether the verb is singular or plural: *Elle adore la danse. / Elles adorent le sport. / Il aime la musique. / Ils aiment le foot./ Il habite Port-au-Prince. / Ils habitent Baton Rouge. / Il écoute la radio. / Ils écoutent des disques.*

Point out to students the three different English meanings: *I speak, I do speak, I am speaking.*

- Many verbs are conjugated like **parler**:
  - ➤ Verbs pertaining to daily life:

changer, *to change*	montrer, *to show*
chercher, *to look for*	présenter, *to introduce*
continuer, *to continue*	réparer, *to repair*
demander, *to ask*	rester, *to stay, remain*
donner, *to give*	travailler, *to work, study*
écouter, *to listen to*	trouver, *to find*
étudier, *to study (a subject)*	voyager, *to travel*
habiter, *to live (reside)*	

  - ➤ Verbs having to do with leisure-time activities:

chanter, *to sing*	regarder, *to watch*
danser, *to dance*	rencontrer, *to meet (by chance)*
écouter, *to listen (to)*	téléphoner, *to telephone*
jouer au football, *to play soccer*	
jouer du piano, *to play the piano*	

  - ➤ Verbs having to do with tastes or preferences:
    adorer, *to adore*
    aimer, *to like*
    aimer mieux, *to prefer*
    détester, *to hate, to detest*
    préférer, *to prefer*

Verbes en **-er** avec des changements orthographiques

- Certain **-er** verbs are regular in their endings but have spelling changes in their stems in certain persons.

- Verbs that end in **-ger**, like **changer** and **voyager**, add an **-e** in the first person plural (**nous**) form before the **-ons** ending so as to keep the **g** sound soft: **nous changeons, nous voyageons**.

- Verbs that have an **é** in the syllable preceding the **-er**, like **préférer** and **répéter**, change the **é** to **è** when the ending is silent:

Point out the familiar boot pattern in the conjugation of these *-er* verbs with spelling changes. Another way to explain the changes is to say that the persons which, like the infinitive, have a pronounced ending, keep the same pattern of accents as the infinitive; those persons with an unpronounced ending change the pattern of accents as indicated.

je préf**è**re	nous préférons
tu préf**è**res	vous préférez
il / elle / on préf**è**re	ils / elles préf**è**rent

je rép**è**te	nous répétons
tu rép**è**tes	vous répétez
il / elle / on rép**è**te	ils / elles rép**è**tent

Adverbes communs

- Adverbs are used to modify verbs or adjectives. You've already learned some French adverbs:

  Comment ça va? Ça va **bien**.

  Je suis **assez** adroit.

  J'ai un travail **très** exigeant.

  Adverbs may also be used to modify other adverbs.

  Je joue **très bien** du piano.

- In French, short common adverbs are placed immediately after the verb.

  Je passe **souvent** mon   *I often spend my afternoons*
  après-midi au bord de la mer.   *at the shore.*

- Here are several adverbs you can use to indicate how frequently you do particular things:

  toujours, *always*
  souvent, *often*
  quelquefois, *sometimes*
  rarement, *rarely*
  ne… jamais, *never*

❖ À votre tour

A. Du temps libre (*Free time*). Circulez dans la salle de classe et demandez à vos camarades comment ils passent leur temps libre. Utilisez des adverbes pour qualifier la réponse.

MODÈLE: écouter la radio
  —Est-ce que tu écoutes
  la radio?
  —Oui, j'écoute
  quelquefois/souvent
  la radio.
  ou: —Non, je n'écoute jamais
  la radio.

écouter la radio
parler avec d'autres
  étudiants
regarder la télévision
rencontrer des camarades
danser
jouer de la musique
chanter
regarder un film

téléphoner à des copains
travailler
rester à la maison
jouer au basket
voyager
écouter de la musique
parler au téléphone

B. Beaucoup à faire (*Lots to do*). Indiquez les activités de week-end des personnes suivantes:

MODÈLE: Je joue au football…

je	rester à la maison	chanter avec un
tu	écouter la radio	groupe
mes copains et moi	jouer du piano	étudier le français
d'autres étudiants	réparer des objets	jouer de la musique
le professeur	regarder la télé	danser
	travailler	téléphoner à des
	jouer au football	copains

C. Et le temps qu'on passe avec d'autres? *(What about time spent with others?)* Que faites-vous avec votre famille? Et avec vos amis? Faites une liste de ces activités.

MODÈLE: Nous regardons la télévision ensemble (*together*), nous
        voyageons…

Maintenant, demandez à vos camarades de classe comment ils passent leur temps avec leur famille et leurs amis.

MODÈLE: Est-ce que tu écoutes de la musique?

D. Tu aimes ou tu n'aimes pas? Circulez dans la salle et demandez à vos camarades de classe leurs préférences.

MODÈLE: —Tu aimes la musique classique?
        —Oui, j'aime beaucoup la musique classique.
ou: —Non, je n'aime pas la musique classique. J'aime mieux la
        musique rock.

la musique classique	les films français	les sports
le football	la musique rock	le théâtre
la politique	la danse moderne	la danse classique
la bicyclette	le jazz	les voyages

3. Contraction de l'article défini après **à** et **de**

- You have already encountered the prepositions **à** (*to, in, at*) and **de** (*of, about, from*):

Je téléphone à des copains.	*I call my friends on the phone.*
Paul, donnez le crayon **à** Élise.	*Paul, give the pencil to Élise.*
C'est **à** qui?	*Whose is it? To whom does it belong?*
C'est **à** Janine.	*It's Janine's.*
Il parle **de** son camarade.	*He's talking about his classmate.*
Ils parlent **de** Dakar.	*They're talking about Dakar.*
Il est **de** Dakar.	*He's from Dakar.*
C'est le manuel **de** Claire.	*It's Claire's textbook.*

- When talking about going from one place to another, you use the preposition **de** to indicate the place you are arriving or returning *from* and **à** to indicate the place you are going *to*:

  Il arrive **de** Rabat, puis il va **à** Montréal.   *He's arriving from Rabat, then he's going to Montreal.*

- The prepositions **à** and **de** combine with the masculine singular and the plural definite articles (**le** and **les**) as shown below:

  à + le → au   Nous téléphonons **au** professeur.
  à + les → aux   Le professeur ne téléphone pas **aux** étudiants.
  de + le → du   Vous parlez **du** devoir.
  de + les → des   Vous ne parlez pas **des** examens.

Note that **à** and **de** do not combine with **la** or **l'**:

Je parle **à la** journaliste.
Paul et moi, nous parlons **de l'**examen.

❖ À votre tour

A. À qui parlez-vous? De quoi parlez-vous? Indiquez qui parle à qui, puis indiquez le sujet de la conversation.

MODÈLE: Je / le prof // Nous / le programme de télévision
     Je parle au prof. Nous parlons du programme de télévision

1. Je / le prof // Nous / le programme de télévision
2. Le professeur / les étudiants // Ils / les examens
3. Tu / le maire (mayor) // Vous / les problèmes de la ville
4. Julie / la journaliste // Elles / l'actualité (current events)
5. Je / les copains // Nous / le concert de rock
6. Marc / le journaliste // Ils / le match de foot

B. Rendez à César... Vous cherchez le propriétaire des objets suivants. Votre partenaire a la solution.

MODÈLE: la moto / à qui? le frère de Paul? (le père de Paul)
     —La moto est à qui? Au frère de Paul?
     —Mais non, voyons! C'est la moto du père de Paul.

1. la radio / à qui? le copain d'Annie? (la sœur d'Annie)
2. la bicyclette / à qui? l'étudiant anglais? (le journaliste anglais)
3. le stylo / à qui? le professeur de René? (le frère de René)
4. les devoirs / à qui? les copains d'Henry? (les étudiants de M. Morin)
5. les cahiers / à qui? les stagiaires camerounais? (les stagiaires marocains)

You may wish to contrast the use of the third-person plural indirect article and partitive article (des), which becomes de (or d') after a negative, and the des that results from the contraction of de + les, which does not change after a negative.

C. C'est bien ça? (*Is that right?*) Votre partenaire n'est pas très bon en géographie. Corrigez ses erreurs!

MODÈLE: Niamey / la capitale / la Côte-d'Ivoire (le Niger)
—Niamey, c'est la capitale de la Côte-d'Ivoire, c'est bien ça?
—Pas du tout! c'est la capitale du Niger.

1. Niamey / la capitale / la Côte-d'Ivoire (le Niger)
2. Rabat / la capitale / la Tunisie (le Maroc)
3. La Guadeloupe / une île / les Comores (les Antilles)
4. Berne / la capitale / la Guyane (la Suisse)
5. Yaoundé/ la capitale / la Guinée (le Cameroun)
6. Dakar / la capitale / la Mauritanie (le Sénégal)
7. Haïti / une île / l'océan Pacifique (l'Atlantique)
8. Le Québec / une province / les Etats-Unis (le Canada)

You may wish to have students work with the map of the Francophone world while doing this activity. Show an overhead transparency of the map when going over the activity in class. The items can also serve as a good in-class warm-up activity: *Niamey, c'est la capitale de quel pays? La capitale de X. c'est Y.*

4. Formation et place de l'adjectif

- Adjectives are used to describe or modify persons, places, and things.

- Unlike English adjectives, French adjectives vary in form: they agree in gender (masculine / feminine) and number (singular / plural) with the nouns or pronouns they modify.

- Some adjectives whose masculine singular form ends in **-e** have identical masculine and feminine forms:

  Karl est **suisse**.   Ginette est **suisse** aussi.

  Mon frère est **drôle**.   Ma sœur est **drôle** aussi.

- Usually an **-e** is added to the masculine form of an adjective to make it feminine:

  Saïd est **marocain**.   Aïcha est **marocaine** aussi.

  Mon ami Louis est **intelligent**.   Mon amie Anne est
                                                     intelligente aussi.

Model the differences in pronunciation between the masculine and feminine forms.

  Note that the addition of a mute or silent -**e** causes the preceding consonant to be pronounced.

- The feminine form of some adjectives ending in **-n** is formed by adding **-ne** to the masculine form:

  Paul est canadien.   Micheline est canadien**ne**.

- To form the plural of an adjective, add **-s** to the singular form. If the singular form already ends in **-s**, the plural and singular forms are the same:

  Elle est française.   Elles sont françaises.

  Il est camerounais.   Ils sont camerounais.

- When an adjective describes a group that has both masculine and feminine members, its form is always masculine plural:

  Marie et Jules sont français.

  Anne-Marie et Louis sont canadiens.

• Most adjectives in French follow the noun they modify or qualify.

> Paul et Micheline sont des étudiants canadiens.
> Saïd est un ingénieur intelligent.

There are about ten common adjectives that precede the noun. You will learn about these adjectives in Dossier 3.

❖ À votre tour

A. On fait connaissance. Des étudiants étrangers se présentent les uns aux autres.

MODÈLE: Christa et Rudolph Schmidt (suisse, Berne)
Bonjour. Nous sommes Christa et Rudolph Schmidt. Nous sommes suisses. Nous habitons à Berne.

1. Christa et Rudolph Schmidt (suisse, Berne)
2. Diaban Rama (sénégalais, Dakar)
3. Guy et Marion Bustin (belge, Bruxelles)
4. Marc et Sylvie Lévêque (canadien, Québec)
5. Simone Masson (français, Marseille)
6 Angélique Salamar (guinéen, Conakry)
7. Caroline Burns (américain, Boston)
8. Jean-Claude Bouba (camerounais, Yaoundé)
9. Yasmina Kaleb (algérien, Blida)
10. Hassad El-Haroun (marocain, Rabat)

B. Une nouvelle identité. Prenez une nouvelle identité, puis présentez-vous à un(e) camarade de classe. Votre camarade essaie de déterminer votre nationalité et résidence.

MODÈLE: —Bonjour, je m'appelle Jean Dupont.
—Tu es français, Jean?
—Non, je ne suis pas français, je suis belge.
—Tu es de Bruxelles?
—Oui, je suis de Bruxelles.

C. Des amis bien assortis. Répondez à la question en indiquant que la (les) personne(s) mentionnée(s) en dernier ressemble(nt) bien à la première personne.

MODÈLE: —Paul est aimable. Et Éléonore et Ondine?
—Elles sont aimables aussi.

1. Paul est aimable. Et Éléonore?
2. Louis est poli. Et Denise?
3. Étienne est maladroit. Et David, Catherine et Rémi?
4. Anne-Marie est intelligente. Et Laurent, Hervé et Louisette?
5. Alain est sympathique. Et Annette et Sandrine?
6. Sylvie est adroite. Et Henri?

Refer students to *Le mot juste* (p. 63) for a list of some adjectives of nationality for Francophone countries.

D. Des amitiés internationales. Avez-vous des ami(e)s ou des camarades de nationalités différentes? Indiquez si oui ou non.

MODÈLE: J'ai des amis canadiens, une amie africaine, je n'ai pas d'amis suisses.

E. Comment décrire... ? Comment sont les personnes suivantes?

agréable	honnête	pessimiste	bête
impossible	riche	célèbre	injuste
sévère	désagréable	irrésistible	sympathique
difficile	juste	timide	facile
modeste	triste	formidable	optimiste

Before doing the activity, have students note the meaning of the following non-cognates: *bête* (stupid), *formidable* (great), *honnête* (honest), *injuste* (unfair), *juste* (fair), *triste* (sad).

1. Mon / Ma partenaire est...
2. Le professeur de français est...
3. Les étudiants de notre université sont...
4. Moi, je suis...

5. La phonétique: syllabation, liaison, rythme et intonation

Syllabation et liaison

• In French, syllables are formed differently than in English. In French, a consonant sound is always linked with the following vowel sound. For example, native speakers of French will instinctively divide the imaginary word **atanala** into the following four syllables:

   a ta na la

On the other hand, English speakers, because they are accustomed to syllables that end with a consonant, will divide the same word:

   at an al a

• In French, the consonant sound is associated with the following vowel sound even if this vowel occurs in a different word. This phenomenon is called liaison, or linking. The sentence **Il arrive à l'université avec Anne** is pronounced:

   I - la - ri - va - lu - ni - ver - si - té - a - ve - can

Point out that a native speaker of French may say "*a nice* cream" instead of "a*n* ice cream," transferring to English the French habit of linking the consonant with the following vowel!

Here are some other examples of liaison:

   J'adore la mécanique, et je suis assez adroit.

   Je suis étudiante en biologie.

   Je suis très aimable.

   J'ai un travail très exigeant.

In these examples, consonants that are normally silent are pronounced because they are linked to the following vowel.

Rythme et intonation

- French rhythm and intonation are very different from English. In French:
  - ➤ Individual words are not accented.
  - ➤ Virtually all words receive the same stress.
  - ➤ Individual syllables are not pronounced slower or with more force than others.

- In addition, as a consequence of the linking (or liaison), words associated with each other tend to be pronounced in one breath with no pause between individual words. A slight pause is made only at the end of each breath unit, rather than at the end of each word.

  J'ai besoin de calme / dans mon temps libre.
  Je passe souvent mon samedi après-midi / au bord de la mer.
  Mon mari et moi, / nous habitons / avec ma famille.

Model the intonation for students.

- A rising pitch at the pause indicates that more is to come, whereas a falling pitch at the pause indicates that the speaker is finished. For example, contrast:

  Voilà!

  Voilà la salle de classe.

  Voilà la salle de classe de Paulette.

  Voilà la salle de classe de Paulette Le Goff.

- It is important, therefore, not to listen for each French word separately. Instead, try to tune your ear to French patterns of rhythm and intonation and to reproduce them as accurately as you can, because it is these patterns that structure meaning.

In questions with inversion it is always correct to raise the voice after the inverted noun or pronoun, although in short sentences a final rising tone is often enough.

- Intonation alone can be used to ask a question. The voice rises on the last syllable of the question.

  Tu vas bien?

  Elle est architecte?

  C'est un crayon?

- In questions beginning with a question word, a common pattern is to raise the voice on the question word and again slightly at the end of the question.

  Quand est l'examen de français?

- In questions with **est-ce que**, a common pattern is to raise the voice on the last syllable of **est-ce que** and again on the last syllable of the question.

  Est-ce que Rachid est professeur?

❖ À votre tour

A. Syllabation et liaison. Pronounce the following sentences, paying close attention to the linking of consonant and vowel.

1. Il est ici.
2. Elle est d'Amiens.
3. Je suis étudiant.
4. Ils sont à Paris.
5. Comment dit-on *island*?
6. C'est aujourd'hui lundi.
7. C'est un livre anglais.
8. Allez à votre place!
9. Comment allez-vous?
10. Prenez un stylo.
11. Trois étudiants sont ici.
12. Quatre examens vendredi!
13. C'est le dix-huit août.
14. Nous habitons à Bizerte.

B. Rythme et intonation. Read the following sequences, paying close attention to your pitch and intonation.

1. S'il vous plaît!
   S'il vous plaît, entrez!
   S'il vous plaît, entrez et allez à votre place!

2. Un étudiant
   Un étudiant est dans la salle.
   Un étudiant est dans la salle de classe.
   Un étudiant est dans la salle de classe avec le professeur.

3. À tout à l'heure!
   À tout à l'heure, Jean!
   À tout à l'heure Jean-François!
   À tout à l'heure, Jean-François et Marion!

C. Rythme et intonation. Repeat each sentence, first as a statement, then as a question. Pay careful attention to your intonation.

1. Vous êtes de Paris.	Vous êtes de Paris?
2. Il est photographe.	Il est photographe?
3. Elle s'appelle Marianne.	Elle s'appelle Marianne?
4. Ils sont de Montréal.	Ils sont de Montréal?
5. C'est Rachid.	C'est Rachid?

ÉCOUVERTES

Tapescript for *En direct 2:*

A. Ce jeune médecin habite à Beyrouth au Liban. Il s'appelle Zyad Liman. Sa famille est aux États-Unis. Il travaille dans un grand hôpital de la ville. C'est un homme très énergique et sympathique. Il travaille beaucoup—plus de 10 heures par jour quelquefois—donc il n'a pas beaucoup de temps libre. Mais il aime aller à la plage, jouer au volley-ball, et tout simplement être au calme avec sa fiancée!

B. En ville, je rencontre souvent une petite jeune fille blonde. Elle s'appelle Martine Dupont. Elle a tout juste 16 ans. Elle habite Strasbourg mais sa famille arrive de Montréal. Elle est en France parce que son père est journaliste. Elle, elle n'a pas de profession, bien sûr! Elle passe beaucoup de temps dans les musées de la région: c'est son passe-temps préféré.

En direct 2

A. Un portrait. You will hear a speaker talking about another person. Indicate what that person is like.

1. The person is
   a. a lawyer.
   b. a doctor. *(circled)*
2. He lives in
   a. Lebanon. *(circled)*
   b. the United States.
3. He is
   a. married.
   b. single. *(circled)*
4. He is
   a. calm and soft-spoken.
   b. likable and full of energy. *(circled)*
5. He has
   a. lots of spare time.
   b. little spare time. *(circled)*

B. Pardon, vous avez bien dit… ? *(Excuse me! Did you say …?)* You will hear a speaker talking about another person. Circle what you hear.

1. Nom de famille: a. Dupont *(circled)*   b. Durand
2. Prénom: a. Marthe   b. Martine *(circled)*
3. Âge: a. 16 ans *(circled)*   b. 13 ans
4. Origine: a. Montréal *(circled)*   b. Martinique
5. Profession du père: a. dentiste   b. journaliste *(circled)*
6. Intérêts: a. musique   b. art *(circled)*

C. Un entretien. Interviewez un(e) de vos camarades de classe. Demandez-lui:
- son nom et prénom(s)
- d'où il/elle est
- où il/elle habite maintenant
- les passe-temps qu'il/elle préfère

Puis présentez la personne à un(e) autre camarade.

D. Galerie de portraits. Écrivez un paragraphe où vous parlez de vous-même ou d'un(e) ami(e) ou d'un membre de votre famille. Indiquez le nom, le prénom, la nationalité, la ville d'origine, le lieu de résidence, l'occupation, l'âge, etc., puis parlez de la personnalité, des passe-temps préférés, etc.

E. Passe-temps populaires. En groupes de cinq ou six, demandez à des camarades de classe leurs passe-temps. Puis déterminez les passe-temps les plus populaires.

MODÈLE: regarder la télévision

—Est-ce que tu regardes la télévision?

—Oui, je regarde la télévision.

ou: —Non, je ne regarde pas la télévision.

—Trois étudiants écoutent de la musique, mais dix étudiants regardent la télévision.

This activity works well as an autograph activity. Students circulate in the classroom, asking their classmates about their leisure-time activities. If a student responds positively to a particular query, s/he signs his/her name after the infinitive. This way, students have a list of names with which to give singular or plural responses—*Jean danse, Margaret et Paul regardent la télé*—and concrete data to serve as the basis of their tally: *Trois étudiants écoutent de la musique.*

F. Jeu des portraits. Choisissez un personnage célèbre, homme ou femme. Vos partenaires vous posent des questions pour deviner l'identité de ce personnage. Attention: les réponses sont uniquement oui ou non, pas de détails!

G. Maintenant les détails. Vous et vos camarades de classe désirez plus de détails sur les personnages célèbres identifiés dans l'activité F. Vous vous posez des questions précises et répondez avec autant de détails que possible. Si vous ne comprenez pas, vous demandez des précisions (**Répétez! Pardon? Vous avez dit _____? Comment ça s'écrit? Épelez, s'il vous plaît!**).

MODÈLE: Qui êtes-vous? Que faites-vous?

Quelle est votre nationalité? Quel est votre pays d'origine? Où habitez-vous?

H. Des personnalités francophones. Examinez les photos et les légendes biographiques des personnalités francophones page 56. Interrogez un(e) partenaire sur une de ces personnalités (nom, profession, nationalité, pays d'origine, etc.).

◀ Anne Hébert (1916–), romancière, poète et auteur dramatique, cette Québécoise a obtenu de nombreux prix littéraires. Son célèbre roman *Kamouraska* est devenu un film à succès.

◀ Léopold Senghor (1906–), homme politique sénégalais (ancien président du Sénégal) et poète. Dans ses poèmes, il réhabilite les valeurs culturelles africaines et célèbre la grandeur de la «négritude».

◀ Jocelyne Béroard (1954–), la plus populaire chanteuse antillaise en France, elle a aussi un grand public international. Elle chante avec Kassav', le groupe fondateur du zouk.

Tahar Ben Jelloun (1944–), écrivain ▶ marocain de langue française et vivant en France depuis 1971. Il a reçu le prix Goncourt en 1987 pour son roman *La Nuit sacrée*.

Surya Bonaly (1973–), patineuse artistique d'origine guadeloupéenne. ▶

Découverte du texte écrit

Quelques pays francophones

   I. Préparation. The capsule summaries below, from the French magazine *Géo*, provide basic facts about four widely differing areas of the French-speaking world: Quebec, Louisiana, Sénegal, and Tunisia. Locate these places on the map on pages 38-39 before you begin to read the texts.

Skimming and scanning. These brief factual texts lend themselves well to some basic reading techniques you probably already use when you read English texts. You approach texts first by skimming them quickly to get a general idea of the content, and then you go back and scan them to locate specific information. Since neither skimming nor scanning requires you to understand every word of the text, you should try to read without constant recourse to a dictionary.

CANADA / QUÉBEC

Le seul bastion francophone d'Amérique du Nord. Dans la ville de Chicoutimi, 98% des habitants sont de langue maternelle française; à Trois-Rivières, il y en a 97%, à Québec, 75%. Le français est la seule langue officielle.

Localisation: à l'est du Canada, délimité par l'Ontario, la baie d'Hudson, Terre-Neuve, le golfe du Saint-Laurent, le Nouveau-Brunswick et les États-Unis.

Capitale: Québec.

Superficie: 1 567 200 km^2.

Population: 6 627 200 habitants.

Langues parlées: français et anglais.

Nombre de francophones: 5 000 000.

Economie: PIB 68 010 F par habitant.

Point d'histoire: colonie britannique après la conquête de la Nouvelle-France par l'Angleterre en 1759, le Québec fait partie de la fédération canadienne depuis 1867. Reconnu comme société distincte au sein de cette fédération, il pense depuis longtemps à une forme d'indépendance. Il a travaillé à la création de l'ACCT[1], dont il est membre depuis 1971. Il entretient des liens commerciaux avec les Etats-Unis, la France et les autres pays de la francophonie.

Sommets francophones: participant, membre de l'AIPLF[2] et «gouvernement participant» à l'ACCT.

(GEO)

E.U. / LOUISIANE

Bien que peuplée de créoles francophones d'origine européenne, d'Acadiens (réfugiés francophones en provenance du Canada), de Noirs et de métis parlant le français, la Louisiane, sous l'influence de ses voisins anglo-saxons, a adopté l'anglais comme langue officielle. Mais depuis 1985 le français est la langue d'enseignement de 90% des élèves du secondaire.

Localisation: Etat américain, ouvert sur le golfe du Mexique, délimité par le Texas, l'Arkansas et le Mississippi.

Capitale: Baton Rouge.

Villes importantes: La Nouvelle-Orléans, Lafayette.

Superficie: 125 674 km^2.

Population: 4 500 000 habitants.

Langues parlées: anglais et français.

Nombre de francophones: 250 000.

Economie: PIB 43 200 F par habitant.

Point d'histoire: occupée au nom de la France par Cavelier de La Salle en 1682, et baptisée Louisiane en l'honneur de Louis XIV, elle fut cédée par Bonaparte aux Etats-Unis en 1803. Malgré son appartenance à l'union américaine, elle entretient avec la France et les pays francophones des liens qu'elle souhaite développer.

Sommets francophones: invité spécial; membre de l'AIPLF.

(GEO)

1 Agence de coopération culturelle et technique
2 Association internationale des peuples de langue française

SÉNÉGAL

Colonisé par la France dès 1842, le Sénégal a choisi le français comme langue officielle. Il est aussi utilisé dans l'administration et l'enseignement. Mais un décret de 1971 a fixé la reconnaissance des six langues maternelles nationales.

Localisation: à l'ouest du continent africain, baigné par l'Atlantique, délimité par la Mauritanie, le Mali, la Guinée et la Guinée-Bissau.

Capitale: Dakar.

Superficie: 196 200 km^2.

Population: 7 100 000 habitants.

Langues parlées: français et six langues nationales: ouolof, pular, sérère, diola, mandingue et soninké.

Nombre de francophones: 760 000.

Economie: PIB 2 030 F par habitant; part de la France dans le commerce extérieur: plus de 30%.

Point d'histoire: le Sénégal a accédé à l'indépendance en 1960 sous la présidence de Léopold Sédar Senghor. Pour libérer son économie de l'emprise d'une culture unique–l'arachide[1]– et résorber le déficit vivrier, le pays investit avec ses voisins dans l'aménagement du fleuve Sénégal. Il entretient des relations privilégiées avec la France.

Sommets francophones: participant; membre de l'ACCT et de l'AIPLF.   *(GEO)*

[1]peanuts

 TUNISIE

Introduite au début du protectorat, la langue française est restée celle de l'enseignement. On l'apprend dès la quatrième année du primaire comme une langue étrangère, mais dans le secondaire, les disciplines scientifiques et techniques sont dispensées en français. Dans la vie quotidienne, sa place reste modeste, l'arabe étant la langue officielle.

Localisation: en Afrique du Nord, bordée par la Méditerranée, la Libye et l'Algérie.

Capitale: Tunis.

Superficie: 163 610 km^2.

Population: 7 636 000 habitants.

Langues parlées: arabe et français.

Nombre de francophones: 2 270 000.

Economie: PIB 7 100 F par habitant; part de la France dans le commerce extérieur: de 10 à 30%.

Point d'histoire: indépendante depuis 1956, la Tunisie entretient des relations économiques avec les pays industrialisés, principalement ceux de la CEE[2]. Pour financer le développement de son économie, elle accueille les investisseurs étrangers et l'aide internationale.

Sommets francophones: participant; membre de l'ACCT et de l'AIPLF.   *(GEO)*

[2]Communauté économique européenne

J.   Exploration. Complétez le tableau suivant, en cherchant les renseignements nécessaires dans les textes.

	le Québec	la Louisiane	le Sénégal	la Tunisie
situation géographique				
capitale				
superficie en km^2				
population				
densité de la population				
population francophone				
langues parlées				
points historiques				
personnages connus				

K. Réflexion.

1   Identifiez:
   • le pays avec la plus grande superficie
   • le pays avec la plus grande densité de la population
   • le pays avec la plus grande population francophone
   • le pays avec la plus grande diversité linguistique

2. Que signifient les lettres PIB? Comment le devinez-vous *(guess)*?

PIB is "gross domestic product" (produit intérieur brut).

Interview avec Tchicaya U Tam'si, écrivain congolais

L. Préparation. Voici un entretien (*interview*) du journaliste de la revue *Échos* avec Tchicaya U Tam'si, écrivain congolais.

This poet's name in Bantu means "petite feuille qui parle pour son pays".

1. Lisez d'abord les questions qui se trouvent après le texte. Utilisez les questions pour orienter votre lecture du texte: en effet, les questions vous indiquent déjà la substance de l'entretien.
2. Puis lisez rapidement le texte pour en avoir une idée générale.

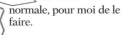

Échos: Tchicaya U Tam'si, vous êtes poète et écrivain, vous êtes congolais et ma première question va de soi. Comment, en tant qu'écrivain africain, concevez-vous votre rapport à la langue française? N'y a-t-il pas opposition pour un Africain entre une culture authentique-ment africaine et l'utilisation que vous faites de la langue française qui est la langue du colonisateur?

T. U Tam'si: Écoutez, la langue du colonisateur est devenue presque la langue nationale, c'est la langue officielle du Congo. Le Congo est un pays groupant une cinquantaine d'ethnies, donc une cinquantaine de parlers divers. Il se trouve que paradoxalement c'est le français qui sert de lien à toutes ces ethnies et puis c'est la langue de l'éducation, c'est la langue officielle, c'est la langue du commerce, c'est la langue de la vie politique au Congo. Et comme, en tant qu'écrivain, je me veux être quelqu'un dans la Cité, eh bien, je suis obligé d'obéir presque à un diktat social, je ne peux pas, moi, m'abstraire de cette société et écrire quelque chose qui ne serait plus percep-tible par cette société, alors c'était donc une nécessité, disons normale, pour moi de le faire.

Échos: Donc vous vous sentez bien, en français?

T. U Tam'si: Oui, je crois même pouvoir dire que c'est presque une langue que j'ai trouvée au berceau. Quand je suis né, il y a un peu plus d'un demi-siècle, le français étant la langue par laquelle l'éducation se faisait et par laquelle mon père a voulu m'élever. Quand je suis né, le français était la langue de l'enseignement, c'est la langue dans laquelle mon père a voulu m'éduquer. Et c'est par cette langue-là que j'ai été éduqué. Donc, il est normal, ma foi, que je m'en serve comme instrument d'expression.

Échos: Et pour qui écrivez-vous?

T. U Tam'si: J'écris pour témoigner de ce que je sais, de la mémoire dont je suis dépositaire, où je suis l'égout collecteur. Mais le lecteur n'est pas mon bien. Mon lecteur est un homme libre, une femme libre, peut-être mon ennemi juré, encore que je ne m'en connaisse pas, ou peut-être quelqu'un qui m'aime bien, je n'en sais rien. Non, je suis incapable de dire pour qui j'écris. J'écris pour la nécessité que j'ai d'écrire.

Source: *Échos*, no. 56

À l'écran

Dossier 2 contains three clips. In the first, you will compare definitions of **la francophonie** given by a university professor and a former cabinet minister. In the second and third clips you will visit French classes in Cambodia and Mali, meet teenagers from Canada and Croatia, listen to an African storyteller, see a modern adaptation of a classical opera-ballet by an Argentine director, and learn about the relationship between Creole and French.

Clip 2.1
Définitions de la francophonie

Clip 2.2
Voix francophones

Clip 2.3
Expressions francophones

Starting with this dossier, the *D'un parallèle à l'autre* section in each *Découvertes* will provide activities based on the *Bilan* that encourage students to expand their knowledge of the Francophone world. If you wish, you may ask students to do further research by consulting an encyclopedia or other texts in the library.

M. Exploration
1. Trouvez des phrases dans le texte qui sont équivalentes aux phrases anglaises suivantes:
   a. as an African author
   b. How do you conceive of your relationship to the French language?
   c. The colonizer's language has become almost a national language in the Congo.
   d. about fifty ethnic groups, about fifty different languages
   e. Paradoxically, French serves as a link to all these ethnic groups.
   f. I can't … write something that wouldn't be perceived …
   g. When I was born, French was the language of education; it's the language in which my father wanted to raise me.
2. La question du journaliste: De quel conflit possible parle-t-il?
3. La réponse de T. U Tam'si:
   a. Comment évoque-t-il la diversité du Congo?
   b. Quelle est la place du français au Congo?
   c. Pour quelle(s) raison(s)—personnelles et politiques—est-ce que T. U Tam'si s'exprime en français dans ses poèmes et dans ses livres?

N. Réflexion. Y a-t-il d'autres écrivains avec une histoire similaire à l'histoire de Tchicaya U Tam'si? Qui? De quel pays sont-ils? En quelle langue écrivent-ils?

> marcher les poings fermés
> marcher d'abord
> compter les étoiles
> et sauter par-dessus les jungles
>
> Tchicaya U Tam'si: *Feu de brousse*

D'un parallèle à l'autre

Reportez-vous au **Bilan**, après le dossier 14. Choisissez un pays et préparez une mini-fiche pour le pays (continent, capitale, population, caractéristiques, langues parlées).

Lu et entendu

Francophone et francophonie. Dans ce dossier, vous avez commencé à explorer votre propre identité culturelle et la notion de francophonie. Choisissez un ou deux des commentaires ci-dessous et expliquez—avec des exemples—pourquoi vous êtes plutôt d'accord ou pas d'accord.

1. The term **francophone** refers to regions of the world in which the French language is the official language or one of several official languages.
2. **Francophonie** has cultural, political, and linguistic implications.
3. Portions of the United States have ties with the international Francophone community.
4. Today, French is an important language in education, professional life, and the media in about thirty countries.

Début de la francophonie

Les efforts pour encourager l'usage de la langue française font partie d'une longue tradition. Déjà au XVIe siècle en France, le pouvoir royal est préoccupé par la compétition du français avec le latin et les patois (dialectes locaux ou régionaux). Voilà pourquoi, en 1512, le roi Louis XII ordonne des rapports rédigés *(written)* en français. Le texte représenté ci-dessus, un des premiers documents officiels qui établit la francophonie, date de l'époque de la Révolution française (1789–99).

BULLETIN DES LOIS
DE LA RÉPUBLIQUE FRANÇAISE
(N.º 25.)

(N.º 118) LOI portant qu'à compter du jour de sa publication, nul acte public ne pourra, dans quelque partie que ce soit du territoire de la République, être écrit qu'en langue française.

Du 2 Thermidor, l'an deuxième de la République française, une et indivisible.

LA CONVENTION NATIONALE, après avoir entendu le rapport de son comité de législation, DÉCRÈTE :

ART. I.er A compter du jour de la publication de la présente loi, nul acte public ne pourra, dans quelque partie que ce soit du territoire de la République, être écrit qu'en langue française.

II. Après le mois qui suivra la publication de la présente loi, il ne pourra être enregistré aucun acte, même sous seing-privé, s'il n'est écrit en langue française.

III. Tout fonctionnaire ou officier public, tout agent du gouvernement qui, à dater du jour de la publication de la présente loi, dressera, écrira ou souscrira, dans l'exercice de ses fonctions, des procès-verbaux, jugemens, contrats ou autres actes généralement quelconques, conçus en idiomes ou langues autres que la française, sera traduit devant le tribunal de police correctionnelle de sa résidence, condamné à six mois d'emprisonnement, et destitué.

IV. La même peine aura lieu contre tout receveur du droit d'enregistrement qui, après le mois de la publication de la présente loi, enregistrera des actes, même sous seing-privé, écrits en idiomes ou langues autres que la française.

Visé par l'inspecteur. Signé S. E. Monnel.

Collationné à l'original, par nous président et secrétaires de la Convention nationale. A Paris, le 3 Thermidor, an second de la République française, une et indivisible. Signé P. A. Laloy, ex-président; Levasseur (de la Meurthe) et Bar, secrétaires.

Source: Deniau, Xavier. *La Francophonie. Que sais-je?*

You might want to tell students that the French government proposed legislation similar to this decree in June 1994. The proposed legislation *"rend l'emploi de la langue française obligatoire dans la désignation, l'offre, la présentation et le mode d'emploi d'un bien, d'un produit ou d'un service. Les mêmes dispositions s'appliquent à tout publicité´écrite, parlée ou audiovisuelle. Il impose l'usage de la langue française dans les inscriptions destinées à l'information de public et veut le promouvoir dans les colloques internationaux."*

Call students' attention to the fact that French was not always the only language spoken in France; Latin was used during the Middle Ages.

Show students the phrases in the decree (*ne… que*) that forbid the use of any language other than French in official written documents.

Le mot juste

Contexte 1: Voix francophones

Les gens

l'ami(e)	*friend*
le/la camarade	*friend*
l'enfant	*child*
la famille	*family*
la femme	*woman, wife*
le fiancé/la fiancée	*fiancé/fiancée*
le frère	*brother*
les grands-parents	*grandparents*
l'habitant(e)	*inhabitant*
l'homme	*man*
les jeunes	*young people, youth*
la mère	*mother*
les parents	*parents; relatives*
le père	*father*
les personnes âgées	*elderly people*
le petit ami/la petite amie	*boyfriend/girlfriend*
la sœur	*sister*

Les professions

l'employé(e)	*employee*
l'employé(e) de banque	*bank employee*
le/la fonctionnaire	*civil servant*
le lycéen/la lycéenne	*high school student*
le musicien/la musicienne	*musician*
le retraité/la retraitée	*retired person*
le/la stagiaire (en informatique)	*intern (in computer science)*

Le temps libre

le passe-temps	*pastime*
la bicyclette	*bicycle*
le concert	*concert*
le cinéma	*movies*
la danse	*dance*
le jeu	*game*
les jeux électroniques	*electronic games*
la moto	*motorbike*
le sport	*sports*
la télévision	*television*

Pour parler de ses goûts

adorer	*to adore*
aimer	*to like*
aimer mieux	*to like better, prefer*
détester	*to hate, despise*

Pour parler de la vie quotidienne

aider	*to help*
avoir besoin de	*to need*
avoir envie de	*to feel like*
avoir l'intention de	*to intend, to plan*
arriver	*to arrive*
changer (de spécialité)	*to change (one's major)*
chercher	*to look for*
continuer	*to continue*
étudier	*to study*
habiter	*to live*
hésiter	*to hesitate*
montrer	*to show*
parler	*to speak, talk*
rencontrer	*to meet (unexpectedly)*
rêver	*to dream*
téléphoner à	*to telephone someone*
travailler	*to work, to study*
trouver	*to find*

Expressions

à la maison	*at home*
avec	*with*
chez nous	*in our country*
donc	*therefore, so*
en fait	*in fact*
franchement	*frankly*

Contexte 2: Une petite interview

Questions

Quel est votre nom de famille/prénom?	*What's your last name/first name?*
Vous êtes d'où?	*Where are you from?*
Quelle est votre nationalité?	*What's your nationality?*
Où habitez-vous?	*Where do you live?*
Que faites-vous dans la vie?	*What do you do for a living?*
Quels sont vos passe-temps préférés/favoris?	*What are your favorite hobbies?*

Mots interrogatifs

comment?	*how?*
où?	*where?*
pourquoi?	*why?*
quand?	*when?*
qu'est-ce que?	*what?*
qui?	*who? whom?*

Contexte 3: Passe-temps et activités

chanter	to sing
danser	to dance
écouter de la musique / la radio	to listen to music / the radio
jouer au tennis / au foot / aux jeux électroniques / de la guitare / du piano	to play tennis / soccer / electronic games / the guitar / the piano
regarder un film / la télé	to watch a film, movie / television
rêver	to dream
voyager	to travel

Contexte 4: Qu'est-ce que le monde francophone?

Termes géographiques

le continent	continent
l'île (f)	island
la mer	sea
l'océan (m)	ocean
le pays	country
la ville	city
le village	village
la capitale	capital
la langue	language

Continents

l'Afrique (f)
l'Amérique du Nord (f)
l'Amérique du Sud (f)
l'Asie (f)
l'Europe (f)

Pays / Nationalité

Pays	Nationalité
l'Algérie (f)	algérien(ne)
la Belgique	belge
le Cameroun	camerounais(e)
le Cambodge	cambodgien(ne)
le Canada	canadien(ne)
la Côte-d'Ivoire	ivoirien(ne)
la France	français(e)
la Guadeloupe	français(e)
Haïti	haïtien(ne)
le Maroc	marocain(e)
la Martinique	français(e)
le Sénégal	sénégalais(e)
la Suisse	suisse
la Tunisie	tunisien(ne)
le Viêt-nam	vietnamien(ne)
le Zaïre	zaerois(e)

Autres mots

Adjectifs

adroit(e)	adept
agréable	pleasing
amusant(e)	funny, amusing
calme	calm
ce, cet, cette	this
célibataire	unmarried, single
classique	classic
désagréable	unpleasant
difficile	difficult
drôle	funny
exigeant(e)	demanding
exotique	exotic
facile	easy
favori(te)	favorite
fréquent(e)	frequent
intelligent(e)	intelligent, smart
maladroit(e)	clumsy
marié(e)	married
mon, ma, mes	my
natal(e)	native
normal(e)	normal
optimiste	optimistic
pessimiste	pessimistic
poli(e)	polite
préféré(e)	favorite, preferred
réaliste	realistic
ridicule	ridiculous
simple	simple
son, sa, ses	his/her/its
stupide	stupid
sympathique	nice
timide	timid
triste	sad

Adverbes

toujours	always
souvent	often
parfois	at times
quelquefois	sometimes
ne... jamais	never
maintenant	now
aussi	also
peu	little, not very much
un peu	a little
beaucoup	much, many, a lot
pas beaucoup	not much, not many
ensemble	together

DOSSIER 3

Tour de France

Communication

- Locating and describing physical features, landmarks, and historic sites on a map
- Finding out the location and characteristics of a particular place
- Talking about climate and weather and seasonal activities

Cultures in parallel

- The geography of France: physical features, climate, landscape, historic sites
- The cultural diversity of France and the French

Tools

- The partitive
- The verb **aller**; the *futur proche*
- The verb **faire**
- Short common adjectives that precede the noun
- Phonetics: open vowels

D'une culture à l'autre:
Two things are important here: the geographical information that students access, and the sensitivity they develop to the perspective of the French visitor with whom the information is to be shared.

First, have students find out the size of their countries and identify geographical and other features. (This can be done as homework.) Then debrief students in class by asking questions: *Quelle est la taille de _____? Quelles montagnes est-ce qu'il y a?* etc. (If you have an overhead transparency map of the United States and Canada, you might display it for reference.) Write the information on the board in chart form. Point out the various large cities and tourist sites identified. In summarizing the information, you might wish to introduce the French visitor's perspective by reacting to the information with appropriate expression: *Le pays est très grand* (with accompanying gesture). *Il y a beaucoup de villes importantes* (name them and count them).

D'une culture à l'autre

Imaginez que des amis français ont l'intention de vous rendre visite aux États-Unis ou au Canada. Préparez vos invités pour le voyage. Parlez de votre pays: son étendue *(size)*, ses montagnes et fleuves principaux, ses villes importantes, ses principaux sites touristiques.

$\mathcal{C}$ONTEXTES

These dialogues help students learn to find out information about places, to express where places are located, and to describe what people do there during different seasons. A top-down strategy for introducing the dialogues to students works well. Begin by directing students' attention to the map of France: *La France a la forme géométrique d'un hexagone. Combien de côtés a un hexagone? Comptons-les. Un, deux, trois, quatre, cinq, six. Voilà, un hexagone a six côtés. Voici les points cardinaux: le nord, le sud, l'est et l'ouest* (write the terms on the board as a chart, including *le centre*). Then provide an overview of the dialogues, indicating to students that they will learn to find out information about places and to describe activities commonly done in different places: *Les dialogues sont des petites scènes dans différentes régions de France: par exemple, en Bretagne et dans les Alpes* (point them out on the map). *Dans ces régions, on fait du sport: du vélo, du ski, des randonnées* (point to relevant photos). *On visite des sites historiques: le château de Chenonceaux, la cathédrale de Strasbourg, le pont du Gard* (point to relevant photos). You might wish to review these places and activities before presenting the dialogues. Present the dialogues using a question/answer format, modeling them for the students: *Qu'est-ce que c'est? C'est le pont du Gard. Qu'est-ce qu'on fait dans les Alpes en été? On fait de belles randonnées.*

Point out use of *quel* in exclamations.

Page 67 (top): Note that one says *aller à la mer* when one does not live near the sea. One says *aller à la plage* to mean "to go to the beach" when one is staying at the seaside.

1. L'Hexagone

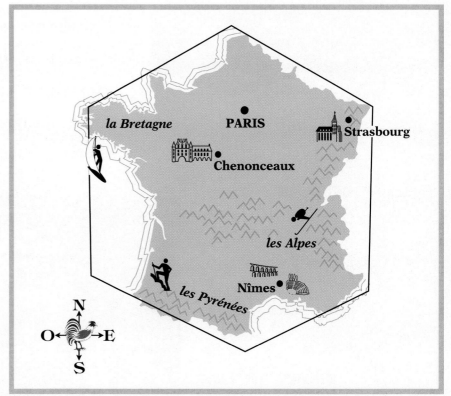

—Eh bien, voici le château de Chenonceaux! Il date de la Renaissance, tu sais!
—Quel beau château!
—Écoute, la visite commence. Allons-y!
—D'accord, allons-y! ▼

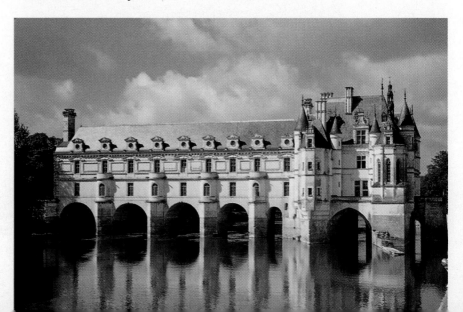

66

—Que fait-on en Bretagne en été? ▶
—On va à la plage, on fait du bateau à voile,
   on fait de la planche à voile.
—C'est une très belle région, n'est-ce pas?
—En effet! Mais, il y fait toujours un peu frais.

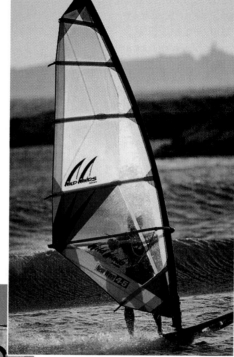

—Qu'est-ce qu'on visite dans le sud de la
   France?
—Oh! toutes sortes de sites. Les plages, bien
   sûr, mais aussi des villes anciennes, des
   monuments romains.
—Des monuments romains! Par exemple?
—Mais les arènes de Nîmes, par exemple, ou
   encore le pont du Gard! Ça, c'est un site tout
   à fait extraordinaire! ▼

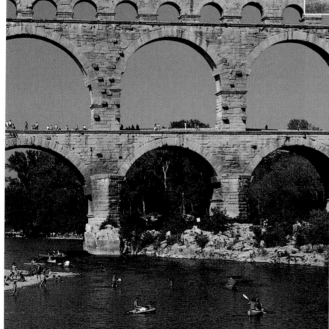

—Je voudrais visiter la cathédrale de Strasbourg.
—Bonne idée! C'est un monument superbe!
—Eh bien, nous allons passer des journées
   épatantes là-bas. ▶

—J'adore les Pyrénées mais ce n'est pas une région idéale pour le vélo! ▶
—N'est-ce pas? Mais on fait des promenades superbes à pied dans la montagne.

◀
—Les Alpes sont un endroit sensationnel pour faire du ski!
—Bien sûr! Et en été on fait de belles randonnées.
—Un vrai paradis en toute saison, alors!

❖ À votre tour

 A. Qu'est-ce que c'est? Avec un(e) partenaire, montrez les endroits mentionnés pages 66–68 et identifiez-les.

MODÈLE: —Qu'est-ce que c'est?
   —C'est le pont du Gard.
   —Ah oui?
   —Mais oui! Le pont du Gard! C'est un monument romain dans le sud de la France.

 B. Comme c'est beau! Avec un(e) partenaire, montrez les sites mentionnés pages 66–68, commentez-les et dites ce qu'on y fait. Consultez le vocabulaire ci-dessous.

MODÈLE: —Voilà la côte de la Bretagne!
   —C'est un endroit sensationnel!
   —On fait de la planche à voile!

Identification:

un endroit
un monument   } extraordinaire/sensationnel/superbe/épatant
un site

Activités/passe-temps:

On fait { des promenades (à pied/à vélo)
du ski
du vélo
de la planche à voile

 C. Et qu'est-ce qu'on fait chez vous? *(What's there to do where you live?)* En petits groupes, identifiez d'abord des sites et des monuments, puis expliquez ce qu'on fait là.

2. Un climat tempéré mais varié: Quel temps fait-il aujourd'hui?

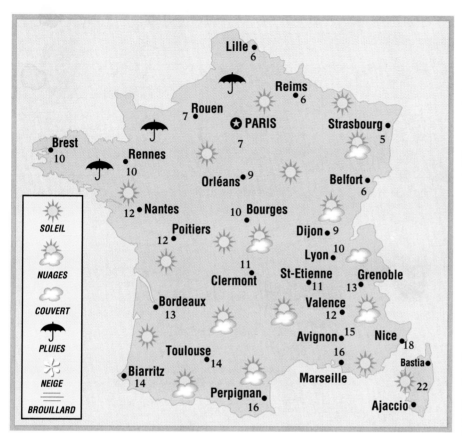

Present the material in this *Contexte* by first calling students' attention to the weather map: *Voici la carte météorologique, ou la météo.* Tell the students: *La France a un climat tempéré, mais varié.* Next, introduce the question *Quel temps fait-il aujourd'hui?* Respond with a sentence from the *Contexte* that describes the weather on that day, and have students repeat. Ask the question again and have students respond. Next, display the weather illustrations on a transparency and introduce the various weather expressions, having students repeat each one several times. Point to illustrations at random and have students describe the weather in them. Finally, ask students what the weather is like in various places on the map, beginning with the *points cardinaux (Quel temps fait-il dans le nord? etc.).*

If you wish, you may teach *couvert* and *brouillard;* however, these words are not active vocabulary.

Mention to students that the expression *Il fait un temps nuageux* may also be used to describe a cloudy day.

Il fait beau.

Il fait chaud.

Il fait du soleil.

Il y a des nuages.

Il fait mauvais.

Il fait froid.

Il fait du vent.

Il pleut.

Il y a des orages.

Il neige.

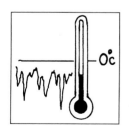

❖ À votre tour

A. Quel temps fait-il aujourd'hui? En regardant la carte météorologique page 69, vous et votre partenaire parlez à tour de rôle du temps qu'il fait dans les différentes régions de France.

MODÈLE: Dans le nord, il y a des nuages.

1.

dans le nord

2.
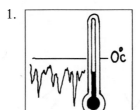
dans le sud

3.

dans l'ouest

4.

dans l'est

5.

au centre

6.

sur la côte
atlantique

7.
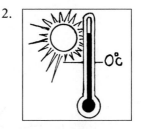
sur la côte
méditerranéenne

8.

à Paris

B. Géo et météo. Indiquez une ville sur la carte page 69, et dites où elle est située. Votre partenaire indique le temps qu'il fait là-bas.

MODÈLE: —Quel temps fait-il à Nice? Regarde, c'est dans le sud.
            —Il fait du soleil et il fait chaud.

3. Loisirs et passe-temps

◀ Nous adorons aller à la mer en été. Il y a tant de choses agréables à faire: de la pêche, de la planche à voile, des promenades.

Que fais-tu en automne? ▶ Vas-tu à la campagne? Fais-tu des promenades dans la forêt?

◀ Au printemps, on va souvent à la montagne. On regarde le paysage. On admire les belles fleurs. Quand il fait beau, on fait de longues promenades.

▼ En hiver, moi, j'aime mieux rester en ville. Je vais au théâtre, je fréquente des musées, je visite des expositions, je vais au cinéma avec des amis. Bien sûr, j'aime aussi faire des courses.

To introduce the *Contexte*, put the following chart on the board: Headings going across: *En quelle saison? / Où est-on? / Activités?* Column of headings going down: Photo 1 / Photo 2 / Photo 3 / Photo 4. Have students look at the photos and determine the season represented in each. Fill in the chart with the name of the season. Next, have students identify where each scene takes place, and fill in the second column on the chart. Finally, have them read the text and identify likely activities for each place during the particular season, and fill in the chart.

Teach the vocabulary for leisure-time activities on pages 72 and 73 by showing the illustrations on a transparency and having students close their books. Ask: *Que fait-on ici?* Point to each illustration and have students repeat the appropriate expression after you several times. Finally, have students open their books and read the new vocabulary.

Note that it is not necessary to teach all the new expressions on pages 72 and 73 before beginning the classification activities A and B on page 73.

In order to personalize the new vocabulary, you might ask students to identify five leisure-time activities they like and five they don't like, and have them share their lists with a partner or with the class as a whole.

On admire le paysage.

On va au cinéma.

On assiste à des concerts.

On écoute de la musique.

On fait du bateau.

On fait du ski.

On fait de la moto.

On fait du vélo (de la bicyclette).

On fait un peu de lecture.

On fait de la planche à voile.

On fait des randonnées.

On fait une promenade.

You may wish to teach faire une promenade à vélo, en voiture, etc.

On fréquente des musées.

On regarde la télévision.

On rencontre des amis.

On visite des expositions.

On fait des courses.

❖ À votre tour

A. Où donc? Dites avec quel endroit on associe normalement les activités mentionnées pages 71–73.

MODÈLE: la campagne
—À la campagne, on fait des promenades, on admire le paysage...

1. la campagne
2. la mer
3. la ville
4. la montagne
5. chez vous

B. En quelle saison? Dites en quelle saison on pratique les activités mentionnées pages 71–73.

MODÈLE: l'hiver
—En hiver, on assiste à des concerts, on fréquente des musées, on visite des expositions...

1. l'hiver
2. le printemps
3. l'été
4. l'automne

Direct students' attention to *Contexte 3*, where prepositions are presented: *en hiver, en automne*, etc.

C. Que fais-tu… ? Demandez à votre partenaire ce qu'il/elle fait par des temps différents.

MODÈLE: il pleut
— Qu'est-ce que tu fais quand il pleut?
— J'aime rester à la maison, je regarde la télé ou j'écoute des disques.

1.

il fait mauvais

2.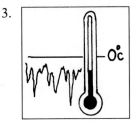

il fait beau

3.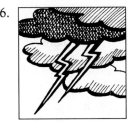

il fait froid

4.

il fait chaud

5.

il neige

6.

il y a des orages

7.

il fait du soleil

D. Pas de chance! Vous avez des projets pour aujourd'hui, mais le temps va-t-il coopérer? Votre partenaire annonce les bonnes ou mauvaises nouvelles.

MODÈLE: —Aujourd'hui, j'ai un match de tennis.
—Tant mieux! Il fait très beau et il ne fait pas de vent.

—Aujourd'hui, je vais à la plage.
—Pas de chance! Il pleut!

En direct 1

A. Projets. Listen to the telephone conversations in which various people talk about their plans. For each conversation, identify:

* Who is talking (the relationship of the speakers).
* What the weather is going to be.
* Where the people are planning to go.
* What they're going to do there.

	Who?	Weather?	Destinaton?	Pursuits?
1.				
2.				
3.				
4.				

B. Les incertitudes de la météo (*The uncertainty of weather forecasts*). Listen to the following exchange between François and Stéphanie, who run into each other one Wednesday night. Then indicate whether the statements are true or false and make appropriate corrections.

1. _T_ The weekend forecast is for very bad weather.

2. _T_ François predicts that it will be nice and warm.

3. _F_ Stéphanie invites François to go hiking in the mountains.

4. _F_ François and his friends are going to watch TV and listen to records.

5. _F_ Stéphanie loves to ski and is a good skier.

6. _T_ In the end, Stéphanie does not accept François' invitation for the weekend.

The tapescript for all *En direct* activities appears in the *Instructor's Resource Manual*. Following is the tapescript for *En direct 1* activity A:

1. —Allô, Jean-Marc. Ici Henri. Ça va?
   —Bien. Et toi?
   —Oh, pas mal.
   —Écoute, tu as des projets pour ce week-end?
   —Euh, ça dépend. Tu proposes quelque chose?
   —J'ai envie d'aller à la plage.
   —Quel temps va-t-il faire?
   —Il va faire très chaud...
   —Dans ce cas-là, d'accord. J'adore faire du bateau.
   —Moi, j'aime mieux faire de la planche à voile... et il va faire juste assez de vent.

2. —Maman, Papa, on peut aller à la montagne samedi, nous aussi? Il fait beau, il fait du soleil...
   —Mais que va-t-on faire là-bas, ma petite?
   —Il y a beaucoup de choses à faire! On va faire des randonnées, des promenades. Et Maman et toi, vous aimez admirer le paysage. D'accord? C'est oui?
   —Eh bien, oui! D'accord. Ce n'est pas une mauvaise idée!

3. —Dis, Alain. On va bien visiter le château de Blois demain?
   —Mais Jacqueline, on annonce des orages!
   —Et alors! Il ne pleut pas dans le château, je t'assure!

4. —Sylvie, vas-tu au concert ce week-end?
   —Ah non, je suis désolée! Je vais être à la campagne toute la semaine.
   —Mais il ne va pas faire beau. Il va faire froid et il va pleuvoir.
   —Oh, ce n'est pas sûr!

PARALLÈLES?

À l'échelle de la France

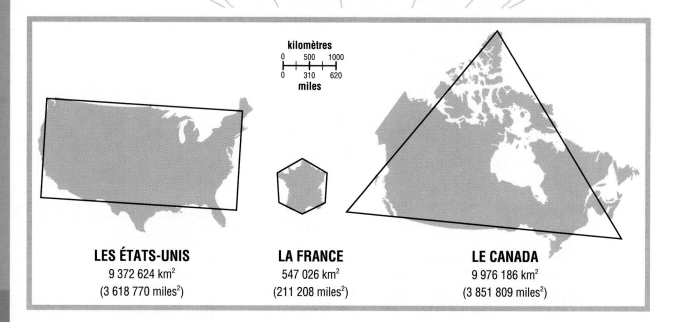

kilomètres
0   500   1000
0   310   620
miles

LES ÉTATS-UNIS
9 372 624 km²
(3 618 770 miles²)

LA FRANCE
547 026 km²
(211 208 miles²)

LE CANADA
9 976 186 km²
(3 851 809 miles²)

Observer

A. Lisez le texte suivant.

«La France continentale s'inscrit dans un hexagone. Elle est compacte sans être massive. Aucun point du territoire n'est à plus de 500 kilomètres d'un rivage. Aucun point n'est à plus de 1 000 kilomètres d'un autre. Il est possible, en auto comme en train, de traverser la France d'est en ouest, ou du nord au sud en moins d'une journée.»

(G. LABRUNE, *La Géographie de la France*)

Réfléchir

B. Quelle est la forme géométrique de la France? Est-ce une forme régulière ou irrégulière? symétrique ou asymétrique? Comparez les dimensions de la France et les dimensions des États-Unis ou du Canada. La France a la superficie de quel état américain ou de quelle province canadienne? Un Français a-t-il probablement le même sens de la distance que vous? Pourquoi ou pourquoi pas? Pour qui est-ce que les distances semblent plus grandes ou plus petites?

C. Si vous allez en France, quel(s) élément(s) autre que la superficie du pays risquent(nt) de vous impressionner?

D. Quand un Français arrive aux États-Unis ou au Canada pour la première fois, va-t-il trouver le pays plutôt grand ou plutôt petit? Comment expliquer cette première impression?

Voici les premières réactions de quelques Français après leur arrivée aux États-Unis. Êtes-vous surpris(e) par les réactions?

> «La première impression quand on arrive aux États-Unis, c'est le gigantisme: les rues si larges, les grosses voitures, et des tasses de café presque aussi larges que des bols! Dans ce pays tout est immense, tout est tellement grand! On perd vite la notion des distances.»

> «Ce qui m'impressionne le plus, c'est l'immensité des États-Unis par rapport à la France. Chez nous, en France, si on voyage toute une journée, on arrive dans un autre pays!»

E. Regardez les photos ci-dessous. D'abord, trouvez sur la carte page 89 les différentes régions illustrées sur les photos. Puis décrivez chaque photo avec beaucoup de détails. Y a-t-il dans votre pays des régions qui ressemblent à ces régions? Où sont-elles? Votre pays présente-t-il la même diversité?

Before reading these texts with your students, find out what parts of the country they're from. How do these regions compare with each other and with the locale of your university (open spaces/urban setting/farmlands/ suburbs)? How do these different geographies influence the way your students perceive and feel about space?

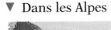
▼ Dans les Alpes

▲ En Bretagne

◄ En Auvergne

OUTILS

More complete treatment of the partitive with food items is found in Dossier 7.

1. Le partitif

- As you saw in Dossier 1, there are several types of articles in French. Initially, we limited ourselves to just two:
  - ➤ the definite article **(le, la, l', les)**: used to point out
  - ➤ the indefinite article **(un, une, des)**: used to count one or several

However, you perhaps noticed a new article in the **Contextes**:

Il fait **du** soleil.	(masculine singular)
En Bretagne, on fait **de la** voile.	(feminine singular)

- This article, called the partitive article, has four forms. Note that these forms are the same as those you have already learned for the definite article combined with the preposition **de**:

singular	plural
du	**des**
de la	
de l'	

- The partitive is used in the following contexts:
  - ➤ in expressions of weather, such as after **il y a** or **il fait**:

    Il fait **du** soleil.

  - ➤ in expressions that suggest practicing a sport, or participating in an activity:

    On fait **de la** voile. On fait **du** bateau.

  - ➤ in expressions meaning to study a subject, to play an instrument:

    Je fais **du** français. Je fais **des** maths. Je joue **du** piano.

Remind students that there is no change with the definite articles *le, la, l', les*.

- Like the indefinite article **(un, une, des)**, the partitive article changes to **de** (or **d'**) after the negatives **ne… pas** and **ne… jamais.**

Il y a **du** soleil, il n'y a **pas de** neige.	*It's sunny; there isn't any snow.*
On fait **de la** voile, on ne fait **pas de** ski.	*We go sailing, but we don't go skiing.*
On fait **des** promenades, on ne fait **pas de** randonnées.	*We take walks; we don't go hiking.*
Ici, on fait **du** piano, on ne fait **pas de** guitare.	*Here we play the piano; we don't play the guitar.*
Il y a **une** cathédrale, il n'y a **pas de** château.	*There is a cathedral; there isn't a castle.*

As an option, you might want to explain to students that, when the negation announces a correction, *du* or *de la* does not change to *de (d')*. Example: *Je ne joue pas du piano, je joue de la guitare! C'est de la pluie, ce n'est pas de la neige.*

- However, after the verb **être**, both the indefinite article and the partitive article remain as they are; that is, they do not change to **de** or **d'**:

C'est un village, ce **n'est pas une** ville.   *It's a village; it's not a city.*

Ce sont des montagnes, ce **ne sont pas des** forêts.   *They're mountains; they're not forests.*

❖ À votre tour

A. Vive la différence! Dites à un(e) partenaire ce qu'on trouve en France et il/elle vous dira si les mêmes choses existent où il/elle habite.

MODÈLE: —En France, on trouve des montagnes.
—Chez moi aussi il y a des montagnes.

—En France, on trouve _____.
—Hélas! Chez moi, il n'y a pas de _____.

B. Que fait-on chez vous? Indiquez les activités qu'on fait et ne fait pas chez vous pendant les différentes saisons. Pourquoi?

MODÈLE: —Chez moi, il y a un lac et on fait du bateau en été. Mais on ne fait pas de ski en hiver: il n'y a pas de montagnes!
—Chez moi on reste à la maison en hiver: il fait froid!

C. Des vacances idéales *(A dream vacation).* Imaginez des vacances idéales et donnez des raisons pour votre choix.

MODÈLE: Des vacances idéales? Eh bien, pour moi, c'est du soleil, pas de pluie! Des copains et de la planche à voile.
Pour moi, c'est pas de télévision! pas de radio! pas de copains! Du calme! du calme!

2. Le verbe **aller**; le futur proche

Le verbe **aller**

- The verb **aller** *(to go)* has both literal and idiomatic meanings. Literally, it indicates movement toward a place; idiomatically, it is used to inquire how someone is doing.

aller	
je vais	nous allons
tu vas	vous allez
il/elle/on va	ils/elles vont

- You already know how **aller** is used idiomatically in greetings:

    —Comment **allez**-vous?
    —Je **vais** bien.

    —Comment ça **va**?
    —Ça **va** bien.

Review briefly with students the contraction of *à* + definite article: *à + le* ➤ *au*, *à + les* ➤ *aux*.

- When used to express movement, **aller** is always followed by a preposition. The most common preposition is **à** *(to)*:

    Je **vais à** Lyon.

    Tu **vas au** cinéma ce soir?

- The preposition **chez** *(at the home of)* can also be used with **aller**:

    chez + proper name
    Vous allez **chez** Mme Blanc.   *You're going to Mme Blanc's home.*
    Il va **chez** Yvette.   *He's going to Yvette's place (home).*

    chez + noun (person only)
    Je vais **chez** mon copain.   *I'm going to my friend's (house).*

Concerning the distinction between *aller en* vs. *aller à*, you might wish to point out that *à* is used when the person is not inside the vehicle.

- **Aller** is also used to express various modes of transportation:

aller à pied	*to walk*
aller à moto, à vélo	*to ride a motorcycle, a bike*
aller en auto	*to take the car, ride in the car*
aller en avion	*to fly*
aller en bus	*to take the bus (within the city)*
aller en car	*to travel by bus (long-distance, not within the city)*
aller en métro	*to take the subway*
aller en taxi	*to take a taxi*
aller en train	*to take the train*
aller en voiture	*to take the car, to drive to a place*

Be sure your students understand that *en car* is used for long-distance bus travel, and *en bus* for city bus travel.

❖ À votre tour

Normally *s'en aller* is preferred to *aller* when no destination is mentioned. However, it is correct to use *aller* alone when it is followed by a phrase describing a mode of transportation.

A. Déplacements *(Moving about).* Comment est-ce que les gens suivants se déplacent dans la ville?

MODÈLE: les jeunes enfants
             Les jeunes enfants vont à pied ou en bus.

1. les jeunes enfants
2. les étudiants universitaires
3. les personnes âgées
4. les gens pressés
5. les hommes et femmes d'affaires
6. vous
7. vous et vos amis

B. D'un endroit à l'autre. Comment voyage-t-on habituellement entre les endroits suivants?

MODÈLE: Toronto → Paris
—On va de Toronto à Paris en avion.

New York → Chicago
—On va de New York à Chicago en voiture, en train, en car ou en avion.

1. Toronto → Paris
2. Lille → Paris
3. Boston → Montréal
4. Paris → Marseille
5. Paris → Le Havre
6. Marseille → Alger
7. Paris → Londres
8. chez vous → l'université

Item 7: You might mention to students the new rail tunnel (*le nouveau tunnel qui passe en dessous de la Manche*).

Le futur proche

- When followed directly by an infinitive, **aller** indicates future plans:

Je vais visiter la cathédrale.   *I'm going to visit the cathedral.*

- In this construction, called **le futur proche** (*the immediate future*), **aller** is the conjugated verb.

Tu **vas** étudier le piano.   *You're going to study piano.*
Nous **allons** voyager en été.   *We're going to travel in the summer.*

- In the negative, the **ne... pas** is placed around the active (i.e., conjugated) verb (**aller**).

Tu **ne vas pas** étudier le piano.   *You're not going to study piano.*
En été, nous **n'allons pas** voyager.   *In summer, we're not going to travel.*

❖ À votre tour

A. Une semaine de libre! (*A free week!*) Vous et vos camarades avez une semaine de libre. Demandez quels sont les désirs et intentions de chacun.

MODÈLE: —Qu'est-ce que tu vas faire lundi?
—Lundi, je vais rester en ville, je vais visiter un musée. Et puis mes copains et moi, on va aller au concert. Et toi?
—Moi, je vais rester à la maison et regarder la télé. Et mardi?

lundi / mardi / mercredi / jeudi / vendredi / samedi / dimanche

rester à la maison	aller au match de foot	visiter un musée
aller au cinéma	regarder le match à la télé	rester en ville
inviter des amis	dîner au restaurant	aller à la
faire une promenade	faire de la bicyclette	campagne
aller au concert	passer la soirée chez des amis	faire des courses

B. Visite d'amis. Vous allez faire un tour de la région avec des amis français ou africains. Détaillez vos projets.

MODÈLE: Lundi, on va visiter la capitale. Mardi on va aller à la plage...

C. Et ce week-end? Où allez-vous aller? Avec qui? Pour faire quoi? Discutez vos projets avec des partenaires.

3. Le verbe **faire**

• The verb **faire** *(to do, to make)* can be used both literally and idiomatically.

faire	
je fais	nous faisons
tu fais	vous faites
il/elle/on fait	ils/elles font

• The use of **faire** in questions sometimes calls for a verb other than **faire** in the answer:

Qu'est-ce qu'il **fait**?	*What does he do (for a living)?*
Il **est** architecte.	*He's an architect.*
Qu'est-ce que vous **faites**?	*What are you doing?*
Je **regarde** la télévision.	*I'm watching television.*

• As you have seen, **faire** is used in weather expressions:

Quel temps **fait**-il?
Il **fait** beau, il **fait** chaud, il ne **fait** pas froid.

• You have also seen that **faire** is used in a large number of idiomatic expressions; among them are the following expressions for leisure-time activities:

faire du ski	*to go skiing*
faire du vélo	*to go biking*
faire du basket	*to play basketball*
faire une promenade	*to take a walk*
faire de la planche à voile	*to go windsurfing*
faire un voyage	*to travel*
faire la visite de	*to take a tour of*

En hiver, nous faisons souvent du ski.
In winter, we often go skiing.

❖ À votre tour

A. Les passe-temps. Faites une liste de vos passe-temps préférés. Classez-les selon leur fréquence. Partagez votre classement avec un(e) partenaire. Avez-vous des habitudes plutôt semblables ou dissemblables?

souvent / quelquefois / de temps en temps / ne... jamais

B. Les loisirs. À votre avis, les loisirs sont-ils associés à des âges particuliers et des saisons particulières? Remplissez le tableau ci-dessous et partagez vos résultats avec un(e) partenaire.

	en été	en automne	en hiver	au printemps
les enfants				
les adolescents				
les adultes				
les personnes âgées				
moi, je				
mes amis et moi				

4. Les adjectifs qui précèdent le nom

- Remember:

  ➤ Adjectives describe people, places, and things.

  ➤ French adjectives agree in number and gender with the noun they modify.

  ➤ A French adjective usually follows the noun it modifies:

    C'est un site **extraordinaire**.
    Ce sont des montagnes **superbes**.

- However, certain French adjectives precede the noun they modify:

  ➤ Adjectives describing moral qualities:

bon(ne)	*good*	Jean est un **bon** étudiant.
mauvais	*bad*	Quelle **mauvaise** journée!
vrai	*true, real*	Ce sont de **vraies** vacances.

  ➤ Adjectives describing some physical qualities:

beau	*beautiful*	C'est un **beau** château.
gros(se)	*large*	Il a un **gros** bateau.
joli	*pretty*	Quelle **jolie** place!
nouveau	*new*	C'est un **nouveau** musée.
petit(e)	*small*	C'est un **petit** château.
grand(e)	*large, big*	C'est un **grand** musée.
jeune	*young*	Voilà un **jeune** homme.
vieux	*old*	Voilà un **vieux** monsieur.

  ➤ Adjectives of differentiation:

  | autre | *other* | Il y a un **autre** château tout près. |
  | même | *same* | On rentre à la **même** heure. |

  ➤ Ordinal numbers:

    C'est le **premier** jour du mois.

Many of these adjectives belong to categories whose first letters make up the English word BAGS = Beauty, Age, Goodness, Size.

You may wish to tell students that the pronunciation of the alternate masculine singular form of these adjectives is the same as that of the feminine singular adjective.

- The adjectives **beau, nouveau,** and **vieux** have a special masculine singular form for use with nouns beginning with a vowel or silent **h**: **un bel hôtel, un nouvel hôtel, un vieil hôtel**. The five forms of these three adjectives are given below:

Masculine singular	Masculine singular before vowel	Feminine singular	Masculine plural	Feminine plural
beau	bel	belle	beaux	belles
nouveau	nouvel	nouvelle	nouveaux	nouvelles
vieux	vieil	vieille	vieux	vieilles

Quel **bel** endroit!

C'est une très **belle** région.

Il y a de très **beaux** châteaux dans la région de la Loire.

La France a beaucoup de **belles** régions.

C'est un **nouvel** hôtel.

Voilà une **nouvelle** église.

Il y a beaucoup de **nouveaux** monuments dans cette ville.

À mon avis, les **nouvelles** régions ne sont pas aussi jolies.

C'est un **vieil** homme.

La **vieille** ville est très intéressante.

Quels **vieux** châteaux!

Quelles **vieilles** églises!

❖ **À votre tour**

A. Descriptions. À tour de rôle, faites la description des personnes ou objets suivants en ajoutant des adjectifs de votre choix. Attention à la place de l'adjectif.

1. Voilà Yasmine, c'est une copine. C'est une étudiante. Elle a une automobile. C'est une Renault.
2. Tours est une ville. Il y a des maisons. Il y a une cathédrale. Il y a une université. La région a des montagnes.
3. Louis est un ami. Il habite un appartement. Il aime la musique. Il a des disques.

bon / vrai / algérien / jeune / nouveau
vieux / petit / économique / important
beau / magnifique / grand / antillais
classique / moderne / joli / superbe
sensationnel / rare / impressionnant
célèbre / sympathique

B. Que c'est beau! Vous faites un voyage superbe et vous êtes très impressionné(e) par tout ce que vous découvrez. Vous faites des remarques enthousiastes! Attention à la place de l'adjectif.

MODÈLE: Quel beau château!
         Quel château impressionnant!

un château	beau	sensationnel
une cathédrale	joli	superbe
un endroit	vieux	impressionnant
un monument		extraordinaire
un site		agréable

5. La phonétique: les voyelles ouvertes

[a] **montagne**; [ɛ] **belle**; [œ] **fleur**; [ɔ] **promenade**

- The above vowels in French are called open vowels because they are pronounced with the mouth in a fairly wide or open position.

- **La voyelle [a].** [a] is similar to the English sound in *father* and is very often simply represented by **a** in writing: **Ankara, tu vas, là-bas**.

  Attention: The English word *bat* and the French word **batte** are pronounced quite differently; don't let the written letter **a** fool you. Practice saying **batte** with the [a] sound in *father*.

- **La voyelle [ɛ].** [ɛ] pronounced like the *e* in English *bet*. It is pronounced with the mouth slightly less open than for [a]. It can be written several ways:

ai:	je fais, je vais, il fait	ei:	neige
ê:	fête	est:	il est
è:	arènes	e:	belle

  Attention: **nous faisons** is an exception. This **ai** is pronounced the same as the **e** in **le**.

You may wish to point out that there are two sounds in French: [a] and [ɑ] as in *patte* and *pâte*. [a] is articulated at the front of the mouth, [ɑ] at the back of the mouth. In current usage, however, the posterior [ɑ] is no longer found.

- **La voyelle [œ].** The [œ] sound does not belong to the English vocalic system. It is close to the English sound *huh?* In order to pronounce this sound, round off your upper lip and open your lower lip in a V-shape. In writing the [œ] sound may take the following forms:

  eu: professeur, jeune
  œu: œuf

- **La voyelle [ɔ].** [ɔ], as in English *saw* or *ball*, is usually represented by the letter **o** in writing: **joli, Boston, d'accord.**

❖ À votre tour

A. La voyelle [a]. Répétez.

1. Papa, tu vas à la campagne?
2. Elle va à la montagne.
3. Ankara est fantastique.
4. Il y a de belles plages en Bretagne.
5. La cathédrale de Strasbourg est magnifique.
6. Nous allons visiter le château de Chenonceaux.
7. C'est un endroit sensationnel.

Point out that [wa] in *endroit* ends with the same [a] sound.

B. La voyelle [ɛ]. Répétez.

1. On fait la fête?
2. Je vais à Brest.
3. Vous faites des voyages.
4. Il neige à Nice; c'est extraordinaire.
5. Les arènes de Nîmes sont belles.

Point out that *st* in *Brest* is pronounced.

C. La voyelle [œ]. Répétez.

1. Les jeunes professeurs visitent Paris.
2. Je vais être à l'heure (*on time*).
3. Les fleurs ont de belles couleurs à la montagne.
4. Voici le directeur du musée Pasteur.
5. C'est un coureur (*runner*) amateur.
6. Ma sœur est camionneur (*truck driver*) dans l'Eure.

D. La voyelle [ɔ]. Répétez.

1. Bordeaux est un port important.
2. On annonce des orages, alors!
3. Tu fais de la voile? D'accord.
4. Voilà un monument romain.
5. Il y a toutes sortes de sites historiques.

$\mathcal{D}$ÉCOUVERTES

En direct 2

A. L'été. Listen to the weather forecast for the information below.

1. The beginning of the broadcast indicates that
   - (a.) the general outlook is positive.
   - b. the general outlook is negative.

2. In the South, it's going to be
   - a. slightly cooler than normal, with rain in the late afternoon.
   - (b.) very hot, with storms in the late afternoon.

3. Vacationers in the Northwest can take heart because beginning tomorrow morning
   - a. the sun will return to the beaches.
   - (b.) temperatures will be below their seasonal level.

4. But windsurfers should take note because
   - a. there may not be enough wind.
   - (b.) cold is predicted.

B. L'hiver. Listen to the weather forecast for the information below.

1. The general outlook is
   - a. positive.
   - (b.) negative.

2. People leaving on skiing vacations should
   - a. rejoice.
   - (b.) take heed.

3. In the northern half of France, there will be
   - (a.) fog, rain, and generally horrible weather.
   - b. some let-up in the late afternoon.

4. The weather the rest of the week will be
   - (a.) cloudy.
   - b. generally better.

5. The south of France
   - (a.) will be without sun or blue sky.
   - b. will get 13 to 15 inches of rain.

Tapescript for *En direct 2:*

A. Pour aujourd'hui, de bonnes nouvelles pour tous mes chers auditeurs. Le temps va rester au beau fixe sur l'ensemble de la France. Attention! Il va même faire très chaud dans le sud du pays où des orages, accompagnés de vents très forts, sont prévus en fin de journée. Mais, soyez sans inquiétude! Dès demain, le soleil va briller à nouveau sur les plages. Cependant, demain matin dans le nord-ouest—c'est-à-dire, pour les nuls en géographie, sur les côtes de Normandie!—la température sera quelques degrés en dessous de la température normale pour un mois de juillet: la cause en est des nuages légers et un petit vent frais. Avis aux amateurs de planche à voile: bon vent, bien sûr, mais brrr... Attention à ne pas prendre froid! Et maintenant, en avant la musique avec un vieux classique bien à propos, «Hello, le soleil brille, brille, brille».

B. Aujourd'hui, le ciel va rester gris et très nuageux. Pour ceux d'entre vous qui rejoignent les stations de ski, la neige et le froid vont causer des problèmes sur les routes de montagne. Dans la moitié nord du pays et surtout dans le nord-est, du brouillard, de la pluie. Bref, un temps épouvantable. On annonce même un risque de verglas sur les routes. Alors, croyez-moi, c'est un temps à rester à la maison; ce n'est pas la saison des voyages. Et je suis désolé de vous annoncer que le soleil sera absent tout le reste de la semaine. Même pas d'éclaircies, ni de ciel bleu dans le sud de la France où on annonce pourtant des températures généralement en hausse: 13 degrés à Biarritz et 15 à Nice!

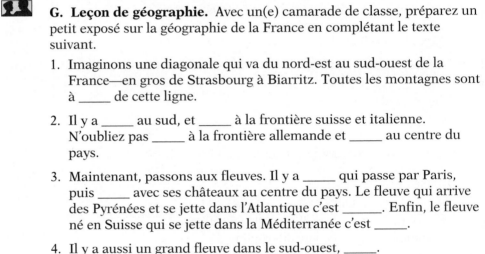

C. Conversation téléphonique. Téléphonez à un copain/une copine et proposez des idées pour le week-end. Tenez compte du temps!

D. Bulletin météo. Imaginez un bulletin météo pour la radio de votre campus. Travaillez en groupes de quatre camarades: chacun prépare un bulletin pour une saison différente!

E. Le relief de la France. Regardez la carte de la France en face et identifiez les montagnes et les fleuves suivants:

Montagnes: les Alpes, le Jura, les Pyrénées, le Massif central, les Vosges

Fleuves: la Seine, le Rhône, la Garonne, la Loire, la Saône

MODÈLE: —Voilà les Alpes. Ce sont des montagnes.
—Voilà la Seine. C'est un fleuve.

F. Je voudrais visiter… Identifiez sur la carte une région que vous avez envie de visiter et expliquez pourquoi.

MODÈLE: Moi, je voudrais visiter le sud-est de la France. J'aime les montagnes et la mer.

G. Leçon de géographie. Avec un(e) camarade de classe, préparez un petit exposé sur la géographie de la France en complétant le texte suivant.

1. Imaginons une diagonale qui va du nord-est au sud-ouest de la France—en gros de Strasbourg à Biarritz. Toutes les montagnes sont à _____ de cette ligne.

2. Il y a _____ au sud, et _____ à la frontière suisse et italienne. N'oubliez pas _____ à la frontière allemande et _____ au centre du pays.

3. Maintenant, passons aux fleuves. Il y a _____ qui passe par Paris, puis _____ avec ses châteaux au centre du pays. Le fleuve qui arrive des Pyrénées et se jette dans l'Atlantique c'est _____. Enfin, le fleuve né en Suisse qui se jette dans la Méditerranée c'est _____.

4. Il y a aussi un grand fleuve dans le sud-ouest, _____.

H. Et votre région? Quelle région de la France ressemble le plus à votre région? Comment est votre région? Décrivez-la.

MODÈLE: Ma région ressemble le plus au (nord, sud, est, ouest, centre) de la France. Chez moi, il y a…

La France

L'ANGLETERRE

Londres

LA MER DU NORD

LES PAYS-BAS

L'ALLEMAGNE

Bonn

Bruxelles

LA BELGIQUE

Calais

Lille

NORD-PAS DE CALAIS

LA MANCHE

LE LUXEMBOURG

Luxembourg

Cherbourg

Le Havre

Rouen

HAUTE-NORMANDIE

Amiens

PICARDIE

Caen

la Seine

Reims

la Marne

Metz

la Meuse

LORRAINE

Strasbourg

le Rhin

BASSE-NORMANDIE

Paris

ÎLE-DE-FRANCE

CHAMPAGNE-ARDENNE

Nancy

LES VOSGES

ALSACE

Brest

BRETAGNE

Rennes

Le Mans

Troyes

Chaumont

la Moselle

Mulhouse

Orléans

Tours

la Loire

Dijon

FRANCHE-COMTÉ

Besançon

LE JURA

PAYS DE LA LOIRE

Angers

CENTRE

BOURGOGNE

Berne

Nantes

LA SUISSE

Poitiers

la Saône

LES ALPES

le Lac Léman

Genève

POITOU-CHARENTES

La Rochelle

Vichy

Annecy

Chamonix

Mont Blanc

Limoges

LIMOUSIN

Clermont-Ferrand

Lyon

L'OCÉAN ATLANTIQUE

AUVERGNE

St-Étienne

RHÔNE-ALPES

Grenoble

LE MASSIF CENTRAL

le Rhône

L'ITALIE

Bordeaux

la Garonne

la Dordogne

AQUITAINE

MIDI-PYRÉNÉES

PROVENCE-ALPES-CÔTE-D'AZUR

MONACO

Nîmes

Avignon

Nice

Cannes

LANGUEDOC-ROUSSILLON

Montpellier

Aix-en-Provence

Bayonne

Toulouse

LES PYRÉNÉES

Marseille

Toulon

Perpignan

L'ANDORRE

N
O   E
S

CORSE

LA MER MÉDITERRANÉE

Bastia

CORSE

Ajaccio

L'ESPAGNE

LA MER MÉDITERRANÉE

0   50   100   150   200
Kilomètres

Before students begin this activity, have them find on the endpaper maps each place represented on the chart, and review the prepositions that accompany each of the places listed.

I. Où faire un voyage? Et en quel mois? Vous et un(e) camarade avez envie de faire un voyage exotique cette année. Mais où aller? et quand? Étudiez le tableau ci-dessous et essayez d'identifier d'abord l'endroit où vous désirez aller, puis le mois que vous préférez.

MODÈLE: —Moi, je voudrais aller à Abidjan.
          —En quel mois?
          —En janvier, bien sûr! Je déteste le froid et à Abidjan, en
            Afrique, il fait beau et chaud en janvier.

	jan	fév	mars	avril	mai	juin	juillet	août	sept	oct	nov	déc	
DJERBA (Tunisie)	12°	21°	23°	19°	24°	25°	27°	37°	27°	23°	25°	19°	Il fait du soleil.
AGADIR (Maroc)	21°	22°	20°	24°	24°	25°	27°	37°	27°	26°	25°	21°	
DAKAR (Sénégal)	21°	19°	27°	21°	23°	26°	27°	27°	27°	27°	26°	23°	Il fait un temps chaud et humide.
ABIDJAN (Côte-d'Ivoire)	26°	26°	21°	27°	27°	25°	26°	24°	25°	26°	26°	24°	
L'ÎLE MAURICE	26°	26°	28°	24°	23°	21°	21°	21°	21°	22°	24°	26°	Il pleut et il fait beau.
FORT-DE-FRANCE (Martinique)	27°	27°	21°	26°	24°	23°	22°	22°	22°	23°	25°	26°	

(Colonnes: janvier, février, mars, avril, mai, juin, juillet, août, septembre, octobre, novembre, décembre)

J. Des cartes postales. Regardez et lisez les cartes postales en face. Remarquez:

- le début et la fin du message
- le ton (est-ce poli ou familier? sérieux ou léger?)
- la ponctuation (beaucoup, peu de marques?)

Maintenant, écrivez deux cartes postales:

À qui	Sujet
à un(e) camarade	un week-end agréable
à vos parents	la visite d'un monument
Préciser	
Où? Temps? Activités? Quel monument? Caractéristiques du monument: taille, âge, beauté, intérêt	

La Tournette 2357 m

Meilleur souvenir
d'une belle région où il
fait très beau temps!
Les enfants sont heureux et
nous aussi! Nous faisons de
grandes randonnées tous les
jours. Notre hôtel est
confortable et la cuisine
abondante et...... délicieuse!
Bien amicalement à vous
Simone Roger

M. et Mme Lebas
15 rue de Ker Tatupage
29200 Brest

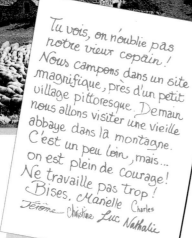

Tu vois, on n'oublie pas
notre vieux copain!
Nous campons dans un site
magnifique, près d'un petit
village pittoresque. Demain
nous allons visiter une vieille
abbaye dans la montagne.
C'est un peu loin, mais...
on est plein de courage!
Ne travaille pas trop!
Bises. Marielle Charles
Jérôme Christine Luc Nathalie

Jean-François Saunier
27 rue Victor Hugo
69002 LYON

°Point out that *bises,* literally "kisses,"
is used the way we use "love."

Découverte de texte écrit

Les provinces françaises

K. Préparation. Pensez à votre propre région et notez quelques renseignements essentiels: Est-ce une région agricole? industrielle? Comment est le paysage? le climat? Présente-t-elle un intérêt historique? Est-elle peuplée? Quels habitants sont restés célèbres?

L. Exploration. Lisez les textes ci-dessous et établissez une fiche pour chaque région. Utilisez les catégories suivantes:

- Relief et climat
- Population
- Villes importantes
- Intérêt historique
- Personnages célèbres
- Trait(s) particulier(s)

°populated
°fishing

°war

°very thin pancakes
°fermented apple juice
°prehistoric monuments resembling huge upright stones (many of which are found at Carnac)

LA BRETAGNE

La Bretagne est une région naturelle et historique de l'ouest de la France. C'est une péninsule bordée par la Manche et l'Atlantique. Le climat est influencé par l'océan; il fait généralement doux et humide mais des bourrasques—courtes périodes où le vent souffle fort—sont assez fréquentes. Le relief intérieur est assez plat. La côte nord et ses rochers gardent un aspect très sauvage; la côte sud a de belles plages de sable.

La Bretagne n'est pas une région très peuplée°. Les habitants quittent cette belle région, où l'agriculture et la pêche° ne permettent pas de bien gagner sa vie. Le tourisme est une ressource importante et essentielle.

Quand on visite la Bretagne, il faut aller à Brest, une ville qui, après avoir souffert des conséquences de la guerre°, est aujourd'hui la ville la plus moderne de Bretagne. N'oubliez pas non plus Saint-Malo, au bord de la Rance, ville originale complètement entourée d'un rempart. Et puis Rennes, ville administrative et universitaire.

La Bretagne est une très belle région, une région attachante au charme très original et connue pour ses crêpes° et son cidre°, ses menhirs° préhistoriques et ses légendes celtiques comme la triste histoire des amants célèbres, Tristan et Yseut. C'est aussi une région fidèle à sa langue, le breton, et à ses traditions. Parmi ses enfants les plus célèbres on compte Jacques Cartier surnommé «le découvreur du Canada» et le poète, romancier, voyageur et historien François René de Chateaubriand, le grand ennemi politique de Napoléon.

LA VALLÉE DES ROIS

Les trois anciennes provinces du Berry, de l'Orléanais et de la Touraine constituent aujourd'hui la région Centre. Quand on parle de la Vallée des Rois, il s'agit de la vallée de la Loire, célèbre dans le monde entier par ses nombreux châteaux. Très tôt, le climat doux et tempéré de cette région et les grandes forêts de ses plateaux y attirent les rois de France désireux d'y chasser° un gibier° abondant et varié. À l'époque de la Renaissance, ils y construisent, pour eux et leurs favorites, des châteaux. Chambord est peut-être le plus somptueux, Chenonceaux, bâti sur le Cher, reste le plus original; mais n'oublions pas non plus le grand nombre de manoirs plus intimes bâtis par de l'aristocratie locale.

°to hunt
°game (boar, in particular)

Le souvenir de Jeanne d'Arc est encore bien présent: la ville d'Orléans, libérée par Jeanne de l'occupation anglaise, lui consacre chaque année deux jours de fête au mois de mai. À Amboise, le château évoque le souvenir des guerres de religion°, et le manoir du Clos-Lucé, la résidence de Léonard de Vinci, expose les dessins et inventions fantastiques de ce grand génie. En été, de nombreux châteaux retrouvent le soir les splendeurs du passé pendant les spectacles son et lumière°, un très grand succès touristique.

°religious wars between Protestants and Catholics, 1562–1598

°summer programs combining lighting, music, history, and pageantry that are held outdoors at the sites of historic monuments

Les rillettes° de Tours, le vin blanc de Saumur sont parmi les plus connues des nombreuses spécialités gastronomiques de cette région à vocation agricole. La production de céréales, de légumes verts et de fleurs y reste importante. Avec ses 2 millions et demi d'habitants, cette région garde dans sa diversité une forte composante rurale.

°potted pork

LA PROVENCE

La Provence d'aujourd'hui c'est d'abord l'ancienne province romaine. Le théâtre antique d'Orange, les arènes de Nîmes et sa Maison carrée°, les ruines d'une entière ville romaine à Vaison-la-Romaine le rappellent aux visiteurs qui viennent y chercher la lumière du soleil et la joie de vivre.

°a roman temple, today a museum

Son relief varié surprend le visiteur. On y accède par la vallée du Rhône et très vite on se promène au milieu de terres rouges plantées de vignes ou d'oliviers presque gris, de champs de lavande tout bleus. Des rangées de cyprès toujours verts entourent champs et maisons pour arrêter le mistral, ce vent glacial venu du Nord. La montagne Sainte-Victoire, le Mont Ventoux, les Dentelles de Montmirail continuent depuis Cézanne à tenter les peintres. Les plages de sable de Fréjus alternent avec les rochers rouges des calanques de Cassis°.

°red rocks falling abruptly into the sea

Les villes y sont nombreuses: Arles, célébrée par le poète Frédéric Mistral; Aix-en-Provence, patrie du peintre Cézanne et ville universitaire; Avignon, célèbre par son fameux pont et son palais des Papes°, Toulon et son port. Marseille est la ville la plus importante, la capitale économique et politique où habitent plus d'un million des quatre millions d'habitants de cette région. On peut y manger les meilleures bouillabaisses ou soupes de poissons, accompagnées d'un vin rosé des Côtes de Provence. La ville de Grasse est la capitale de l'industrie des parfums.

°popes resided in Avignon from 1309 to 1377

Grâce au climat méditerranéen de cette région, le tourisme est depuis longtemps une ressource très importante. Chaque année, on organise de nombreux festivals: le carnaval de Nice en février, le festival du cinéma à Cannes, le festival de jazz à Juan-les-Pins. La ville nouvelle de Sofia-Antipolis au nord de Nice est un symbole du modernisme de cette très vieille région.

M. Réflexion. Y-a-t-il une région assez semblable à votre région? Expliquez comment. À votre avis, pour quelle(s) raison(s) les habitants aiment-ils leur région? Est-ce que les touristes partagent les mêmes raisons? Quelle est la région que vous désirez visiter? Donnez les raisons de votre choix.

À l'écran

Vous êtes invités à un tour de France express: visitez la Bretagne, le Périgord, la Côte d'Azur, les Alpes, l'Alsace, la Champagne et, bien sûr, Paris.

Clip 3.1
La France tout en images

Lu et entendu

La notion d'espace. Choisissez un ou deux commentaires ci-dessous et expliquez—avec des exemples—pourquoi vous êtes plutôt d'accord ou pas d'accord.

1. La notion de l'espace est une notion uniquement géographique.
2. La notion de l'espace est une notion géographique et culturelle.
3. Il est probable que l'étendue d'un pays influence la mentalité de ses habitants.
4. La diversité des paysages n'est jamais plus importante que l'étendue du pays.

D'un parallèle à l'autre

Reportez-vous au **Bilan**, après le Dossier 14. Préparez votre visite dans un des pays francophones de votre choix. Donnez des raisons personnelles pour votre choix (climat, relief, différences avec votre région, occasion[s] de pratiquer certains sports, etc.).

Le château de Chambord

Au XVIᵉ siècle, à la Renaissance, les rois de France s'intéressent aux arts et aux sciences. Mais ils désirent aussi profiter de «la douce France». Ils font construire des châteaux en pleine nature, sur les bords de la Loire: celui de Chambord est le plus grandiose. C'est un château immense avec 440 pièces, un grand escalier en spirale et 84 autres escaliers, et 365 cheminées. Savez-vous que le grand artiste italien Léonard de Vinci a participé à sa conception à l'invitation du roi François Iᵉʳ?

Le mot juste

Contexte 1: L'Hexagone

Les points cardinaux

le nord, au nord	*north, in the north*
le sud, au sud	*south, in the south*
l'est, à l'est	*east, in the east*
l'ouest, à l'ouest	*west, in the west*
au centre	*in the center*
sur la côte	*on the coast*

Le relief et le paysage

le fleuve	*river*
le lac	*lake*
la campagne	*country, countryside*
la côte	*coast*
la forêt	*forest*
la mer	*sea*
la montagne	*mountain*
la plage	*beach*
la région	*region*
un monument	*monument*
un château	*castle*
une cathédrale	*cathedral*
une église	*church*

Contexte 2: Un climat tempéré mais varié

Quel temps fait-il?	*What's the weather like?*
il fait bon	*it's nice*
il fait chaud	*it's hot*
il fait frais	*it's cool*
il fait froid	*it's cold*
il fait du soleil	*it's sunny*
il fait du vent	*it's windy*
il fait un temps nuageux	*it's cloudy*
il fait un temps couvert	*it's cloudy*
il y a des nuages	*it's cloudy*
il y a des orages	*it's stormy*
il pleut	*it's raining*
il neige	*it's snowing*

Les saisons

l'automne/en automne	*fall/in the fall*
l'été/en été	*summer/in the summer*
l'hiver/en hiver	*winter/in the winter*
le printemps/au printemps	*spring/in the spring*

Contexte 3: Loisirs et passe-temps

admirer le paysage	*to admire the countryside, the landscape*
aller	*to go*
aller au cinéma	*to go to the movies*
assister à des concerts	*to attend concerts*
écouter la musique	*to listen to music*
faire	*to do, to make*
faire de la bicyclette	*to go bicycle riding*
faire un peu de lecture	*to do a little reading*
faire de la planche à voile	*to go windsurfing*
faire des randonnées	*to go hiking*
faire du bateau	*to go boating*
faire du ski	*to go skiing*
faire du vélo	*to go bicycle riding*
faire une promenade (à pied/à velo)	*to take a walk (on foot/on a bike)*
fréquenter des musées	*to visit museums*
regarder la télévision	*to watch television*
rencontrer des amis	*to meet friends*
visiter des expositions	*to visit exhibits*

Adjectifs qui précèdent le nom

autre	*other*
beau(x), bel, belle(s)	*handsome, beautiful*
bon(ne)	*good*
grand(e)	*big, large, tall*
gros(se)	*large*
jeune	*young*
joli(e)	*pretty*
long(ue)	*long*
mauvais(e)	*bad*
même	*same*
nouveau(x), nouvel, nouvelle(s)	*new*
petit(e)	*small, short*
vieux, vieil, vieille(s)	*old*
vrai(e)	*true, real*

DOSSIER 4

La ville et le quartier

D'une culture à l'autre: Have students give the names of some large cities they know, then perhaps choose the largest city near your university and focus on that one for discussion. Use of an overhead transparency of a map of the city, with important buildings indicated, is very effective. Have students identify important buildings: *les banques, les grands immeubles, les grands magasins, l'université, le stade, le parc, le jardin zoologique, l'aéroport,* etc. Where are the most important buildings located—*dans le centre-ville, à l'extérieur, un peu partout?* How does the city appear to be laid out (sketch various patterns on board): *en cercle ou en oval? en carré ou en rectangle? de manière aléatoire?* Does the city have an old part and a newer part? Where is each located? How are streets designed—with numerals, with letters, with proper names? Are there any discernible patterns (trees, flowers, animals, etc)?

Communication

- Locating landmarks and public buildings on a city map
- Following and giving directions
- Identifying stores and shops
- Telling time
- Talking about your daily comings and goings

Cultures in parallel

- Urban space and the layout of cities
- Landmarks, public buildings, and stores
- What constitutes a French **quartier**

Tools

- Regular **-ir** verbs; verbs like **ouvrir**
- Regular **-re** verbs; the verb **prendre**
- Counting: cardinal numbers 31–100
- Time
- Phonetics: closed vowels

Then have students, working individually or in small groups, focus on a particular neighborhood they know. Have them make a semantic map for the word "neighborhood," either in French, with the instructor providing needed vocabulary, or in English, which the instructor might put into French if student maps were to be shared with the class as a whole. The semantic maps will include a variety of images: *des maisons, chez moi, des amis, des connaissances, des intérêts partagés, des moments de détente, des maisons qui se ressemblent, le crime, la drogue, la peur, la pauvreté, le danger.*

D'une culture à l'autre

Pensez à quelques grandes villes dans votre pays. Faites une liste de quelques bâtiments importants. Dans quelle(s) partie(s) de la ville sont-ils répartis ou groupés? Ces groupements reflètent-ils une réalité historique ou une réalité moderne, ou un peu les deux? Sont-ils l'effet du hasard ou résultent-ils d'un effort conscient de la part des habitants? Maintenant, pensez au quartier où vous habitez. Quelles images vous viennent à l'esprit—habitants, bâtiments publics, magasins, espaces verts? Votre quartier a-t-il un nom? A-t-il un caractère particulier?

CONTEXTES

1. La ville

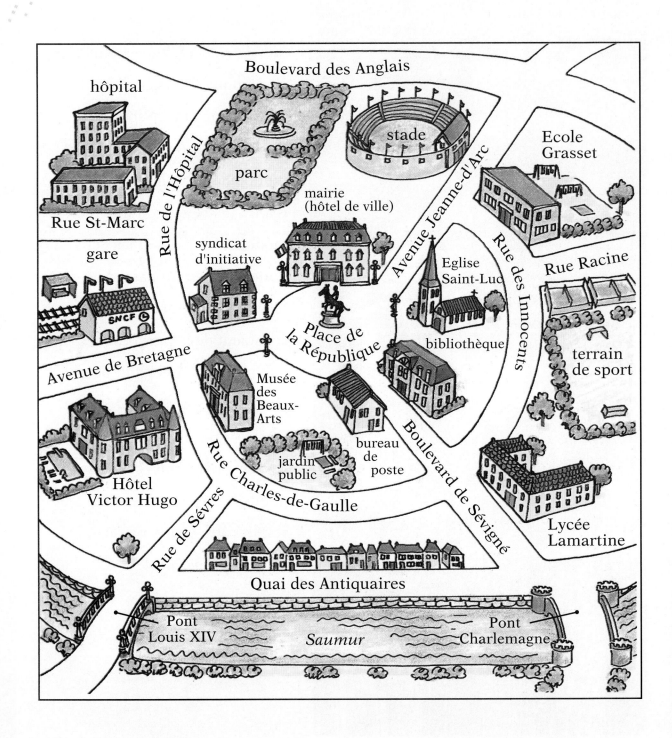

Boulevard des Anglais

hôpital

Rue St-Marc

Rue de l'Hôpital

parc

stade

Ecole Grasset

mairie (hôtel de ville)

gare

SNCF

syndicat d'initiative

Avenue Jeanne-d'Arc

Eglise Saint-Luc

Rue des Innocents

Rue Racine

Place de la République

bibliothèque

terrain de sport

Avenue de Bretagne

Musée des Beaux-Arts

jardin public

bureau de poste

Boulevard de Sévigné

Hôtel Victor Hugo

Rue Charles-de-Gaulle

Lycée Lamartine

Rue de Sévres

Quai des Antiquaires

Pont Louis XIV

Saumur

Pont Charlemagne

❖ À votre tour

A. Qu'est-ce que c'est? Vous montrez à votre partenaire un endroit précis sur le plan et votre partenaire identifie l'endroit.

MODÈLE: —Qu'est-ce que c'est?
—C'est la gare.

B. Où se trouve… ? Demandez à votre partenaire où se trouvent les endroits suivants sur la carte.

MODÈLE: le bureau de poste
—Où se trouve le bureau de poste?
—Le bureau de poste se trouve boulevard de Sévigné.

1. le bureau de poste
2. la gare
3. le syndicat d'initiative
4. l'école Grasset
5. le lycée Lamartine
6. le stade
7. le musée des Beaux-Arts
8. l'Hôtel Victor Hugo
9. le jardin public
10. le parc

C. C'est loin d'ici? C'est près d'ici? *(Is it far from here? Is it nearby?)* Vous êtes à la gare. Un voyageur cherche les endroits suivants. Regardez le plan en face et aidez cette personne!

MODÈLE: —Le parc, c'est loin d'ici?
—Non, c'est tout près: boulevard des Anglais.
—Le terrain de sport, c'est loin d'ici?
—Oui, je regrette, c'est assez loin: rue des Innocents.

1. le parc
2. la bibliothèque
3. le stade
4. l'hôpital
5. la mairie
6. le syndicat d'initiative
7. le terrain de sport
8. l'école Grasset

D. Votre ville. Préparez un schéma (approximatif) du centre de votre ville. À tour de rôle, indiquez les bâtiments où vous allez souvent.

E. Entendu et compris. Pour chaque phrase dans la colonne A (des désirs), trouvez la phrase correspondante dans la colonne B (des réponses). Puis, jouez la mini-conversation avec un(e) partenaire.

A	**B**
1. J'ai besoin d'envoyer une lettre.	a. La gare est ouverte 24 heures sur 24.
2. Je voudrais acheter un billet de train.	b. Ah, bonne idée! Le jardin public est tout près.
3. J'ai envie d'assister à un match de foot.	c. Il y a un bureau de poste rue Vaugirard.
4. Je cherche un bon livre.	d. Désolé! Il n'y a pas de match aujourd'hui.
5. J'ai besoin de calme et d'espace vert.	e. La bibliothèque est à cinq minutes d'ici.

2. On s'oriente dans le quartier

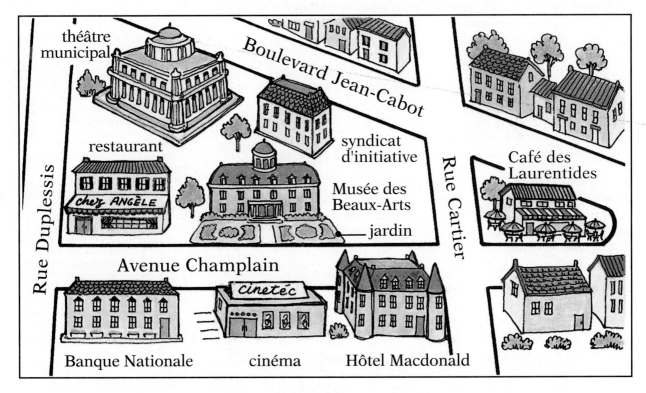

The vocabulary in *Contexte 2* focuses on directions. Vocabulary for specific stores and shops is presented in *Contexte 4*. Begin by reviewing the names of the various buildings and pointing them out on an overhead transparency of the map on this page. Then focus on the question *Où se trouve…?* and, using a question-and-answer technique, ask for and express the location of two or three buildings (street name only, no preposition). Next focus on the location of various buildings with respect to each other. Pointing to the transparency, locate various buildings to illustrate *à droite de, à gauche de, à côté de, en face de: Le restaurant Chez Angèle est en face de la banque.* Place an X at a location of your choice on the transparency—*X = vous êtes ici*— and have students express the location of various buildings with respect to the X.

Point out to students that *devant* and *derrière* do not include *de*, whereas the other prepositions of location include *de*. Remind students of the contraction of the definite articles *le* and *les* after *de*.

You may want to practice a simple classroom drill to reinforce use of the expressions of location: *Je pense à l'individu qui est assis devant X. Qui est-ce?* etc.

La banque est à gauche du cinéma.

L'hôtel est à droite du cinéma.

Le musée est à côté du restaurant.

Le restaurant est en face de la banque.

L'hôtel est au carrefour de l'avenue Champlain et de la rue Cartier.

Il y a un petit jardin devant le musée.

Le syndicat d'initiative est derrière le musée.

Il y a un café à l'angle du boulevard Jean-Cabot et de l'avenue Champlain.

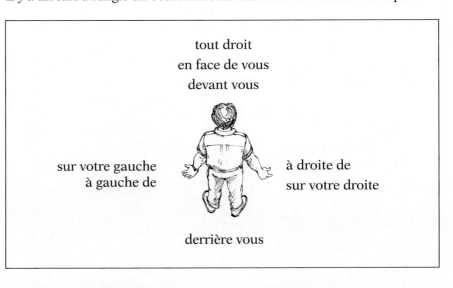

❖ **À votre tour**

A. Coup d'œil sur le quartier. Votre partenaire désigne un endroit sur le plan du quartier en face et vous identifiez l'endroit.

MODÈLE: —Dis-moi, là-bas, qu'est-ce que c'est?
            —C'est le musée des Beaux-Arts.

B. Il y a… / Il n'y a pas de… Indiquez si on trouve les endroits suivants dans le quartier ou non.

MODÈLE: jardin public
            —Y a-t-il un jardin public?
            —Oui, il y a un jardin public devant le musée.

            stade
            —Y a-t-il un stade?
            —Non, il n'y a pas de stade.

1. jardin public	7. restaurant
2. stade	8. bibliothèque
3. salles de cinéma	9. syndicat d'initiative
4. hôtel de ville	10. banque
5. cafés	11. théâtre
6. lycée	12. église

C. Où se trouve… ? Regardez la carte page 100. Imaginez que vous et vos camarades êtes devant le cinéma avenue Champlain. Indiquez à vos camarades où se trouvent les endroits suivants.

MODÈLE: le musée
            Le musée se trouve en face de vous.

1. le musée	5. la rue Cartier
2. la banque	6. le restaurant Chez Angèle
3. l'Hôtel Macdonald	7. la rue Duplessis
4. le syndicat d'initiative	8. le boulevard Jean-Cabot

D. Les endroits à la mode (*Trendy places*). Avec un(e) partenaire, faites une liste des endroits à la mode. Indiquez très précisément où ils se trouvent.

MODÈLE: Il y a un cinéma, le cinéma X, à l'angle de la rue Y et Z, en face de la mairie.

E. Quel est le bâtiment? Identifiez le bâtiment qui correspond à chaque description.

1. Il se trouve boulevard Jean-Cabot à côté du théâtre municipal.
2. Il est en face de la banque nationale.
3. Il est à l'angle de la rue Cartier et de l'avenue Champlain et à côté de la banque nationale.
4. Il est au carrefour de la rue Duplessis et de l'avenue Champlain et en face de la banque nationale.
5. Il est au carrefour de l'avenue Champlain et de la rue Duplessis et en face du restaurant Chez Angèle.
6. ? (À vous d'inventer…)

3. Pour renseigner quelqu'un

Using the overhead transparency or the map on page 98, first review briefly with students principal landmarks, streets, etc. Then work through the various exchanges one by one. In each case, point out on the map where the conversation is taking place and the place being asked about. Call students' attention to the function: getting an approximate idea of location, expressing location more precisely, or asking for and following directions. Help students follow on the map as the various locations are identified and directions given. Perhaps reinforce directions (*allez tout droit, tournez à droit / à gauche, traversez, continuez*, etc.) using TPR. After working through the exchanges provided, give your own directions and have students follow them on the map (indicate a starting point, explain itinerary, ask where they end up). Finally, students themselves can give directions for classmates to follow.

Des touristes cherchent leur chemin (voir le plan de la ville page 98).

Devant l'Hôtel Victor Hugo
—Pardon, Monsieur. Je cherche le bureau de poste. C'est loin d'ici?
—Non, c'est tout près. Tournez à droite sur la rue Charles-de-Gaulle devant l'hôtel. Traversez la rue et passez devant le jardin public. Prenez la première à gauche. La poste va se trouver sur votre gauche.
—Merci, Monsieur. Vous êtes bien aimable.

Devant l'école Grasset
—Pardon, Madame. Je désire aller à la gare. Pouvez-vous me dire comment faire?
—Eh bien, vous allez descendre l'avenue Jeanne-d'Arc jusqu'à la place de la République. Traversez la place et prenez l'avenue de Bretagne. La gare va être devant vous, sur votre droite.
—Merci beaucoup, Madame.

❖ À votre tour

A. S'il vous plaît... Référez-vous au plan de la ville page 98. Expliquez à un visiteur comment faire pour atteindre sa destination.

Point de départ	**Destination**
la gare SNCF	la bibliothèque
le syndicat d'initiative	la mairie
la bibliothèque municipale	le musée des Beaux-Arts
le musée des Beaux-Arts	le terrain de sport
la gare SNCF	le stade

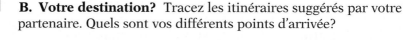

B. Votre destination? Tracez les itinéraires suggérés par votre partenaire. Quels sont vos différents points d'arrivée?

4. Les commerçants du quartier

First have students look at the picture and identify each shop and its proprietor. Point out that the different exchanges illustrate shopping (*les achats*) and running errands (*les courses*) and that each exchange consists of a series of different functions (perhaps write them on the board): *on salue quelqu'un, on parle de ceci et de cela, on se renseigne, on fait ses achats, on dit au revoir*. Work through the exchanges one by one, focusing on the give-and-take of the exchange. Have students identify phrases illustrating the different functions. Emphasize the intonation of the *commerçants* and their use of gestures. Have students act out the exchanges in small groups.

Point out that familiar exchanges between sales person and customer (such as the one here) are common in small shops.

À la charcuterie

—Eh bien, Madame Morand, comment va Monsieur Morand aujourd'hui?
—Oh, ça va bien mieux! Il demande du saucisson en entrée pour son déjeuner.
—Alors, en effet, ça va mieux! Écoutez, j'ai un saucisson de Lyon absolument sensationnel.

Au bureau de tabac ▶

—Pardon, Monsieur. Je voudrais
   une carte de téléphone et sept
   timbres à 3 francs, s'il vous plaît.
—Et avec ça?
—Vous avez des revues
   américaines?
—Oui, elles sont par là, derrière les
   cartes postales.

◀ une boulangerie

À la librairie-papeterie ▶

—Bonjour, Mademoiselle. Vous
   désirez?
—J'ai besoin d'un gros cahier à
   spirales, pas trop cher, s'il vous
   plaît!
—Eh bien, voilà: j'ai des cahiers à
   23 francs, à 28 francs ou à 32
   francs.
—Le cahier à 23 francs, s'il vous
   plaît.
—Voilà! Et avec ça?
—C'est tout! Merci!
—Merci, Mademoiselle. Au revoir,
   Mademoiselle. Bonne journée!

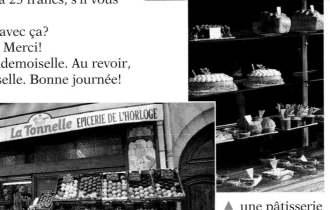

▲ une pâtisserie

◀ une épicerie

❖ **À votre tour**

A. Client(e) ou commerçant(e)? Préférez-vous le rôle de client(e) ou celui de commerçant(e)? Choisissez! Puis trouvez un(e) partenaire pour jouer deux ou trois des scènes du **Contexte 4**.

B. Entendu et compris. Pour chaque phrase dans la Colonne A (des souhaits ou des désirs), trouvez la phrase correspondante dans la colonne B (des réponses). Puis jouez les mini-conversations avec un(e) partenaire.

A	**B**
1. Zut! Il n'y a pas d'aspirines.	a. Désolé(e), non! Passe par le bureau de tabac!
2. J'ai envie d'un croissant. Et toi?	b. La pharmacie est ouverte jusqu'à dix-neuf heures.
3. As-tu des timbres, par hasard?	c. La charcuterie est fermée le lundi.
4. Comment? Il n'y a pas de café pour demain matin?	d. Bonne idée! Allons à la boulangerie!
5. Si on mangeait des côtelettes de porc à midi?	e. Eh bien, non, mais l'épicerie du coin ouvre ses portes à six heures trente.

This *Contexte* is designed to introduce students to *-ir* and *-re* verbs.

Point out that these exchanges are overheard on the street. Students listen to or read the exchanges and, for each, identify who is talking (gender, age, etc.) and the topic of conversation (*transport, participation en classe, magasins dans le quartier, ce soir*). (Write on the board a two-column list—the people talking, the topics being discussed—and have students match the two columns.) Point out new verbs students will learn in this dossier: *prendre, attendre, répondre, ouvrir, vendre, choisir, offrir.*

5. Entendu dans la rue

— Quand tu quittes ton ▶ appartement, tu prends ta voiture ou le bus?
— Oh! je prends ma voiture. Je déteste attendre le bus!

◀
— En classe, moi, je suis assez calme, en fait je déteste répondre devant tout le monde!
— Eh bien moi, pas du tout! Je réponds toujours la première aux questions du prof.

— Est-ce qu'il y a des magasins sympas dans ton quartier? ▶

— Il y a un mini-mart qui ouvre à neuf heures du matin. Le commerçant est aimable et il ne vend pas trop cher!

— Moi, j'aime choisir mes fruits moi-même.

— Mais bien sûr, tu choisis tes fruits toi-même.

◀

— Ce soir je finis le travail assez tôt. Je vais dîner chez Colette. C'est son anniversaire.

— Tu lui offres quoi?

— Je vais lui offrir des fleurs ou peut-être une belle plante.

❖ À votre tour

A. Mini-conversations. Avec un(e) partenaire, jouez les mini-conversations du **Contexte 5**. Attention: changez de partenaire chaque fois!

B. Sondages. Circulez dans la classe et posez une des questions suivantes à vos camarades. Puis partagez le résultat de votre mini-sondage en utilisant le sujet **On (Dans cette classe, on...).**

Students will have no trouble going from third person to first person in new *-ir* and *-re* verbs because there is no difference in pronunciation.

1. En général, qu'est-ce que tu prends pour aller en classe: la voiture? le métro? le bus? un vélo? un taxi?
2. En général, est-ce que tu aimes ou tu détestes attendre? Où est-ce que tu attends tes amis?
3. Où est-ce qu'on vend des fruits dans le quartier? des croissants? des timbres?
4. À quelle heure ouvrent les magasins (la boulangerie, la pharmacie, etc.)?
5. Qu'est-ce que tu offres à un(e) ami(e) à l'occasion d'un anniversaire: des fleurs? un bon dîner? un stylo? un livre? une soirée au théâtre?
6. À quelle heure est-ce que tu finis tes devoirs généralement?
7. Pour passer un bon moment avec des copains, qu'est-ce que tu choisis de faire (aller au stade, au cinéma, au café, écouter de la musique, etc.)?

En direct 1

The tapescript for all *En direct* activities appears in the *Instructor's Resource Manual*. Following is the tapescript for activity A.

A. Le musée Rodin? Ah oui! c'est assez loin et un peu compliqué. Attendez… Oh! vous avez un plan de Paris! Parfait! Alors, voilà, vous êtes ici, Place de la Sorbonne. Alors vous allez traverser le boulevard Saint Michel et prendre la rue de Vaugirard, en face de vous. Suivez-la tout droit, le long du jardin du Luxembourg, jusqu'au boulevard Raspail. Arrivé sur le boulevard Raspail, tournez à droite en direction de la Sein. Traversez et descendez le boulevard jusqu'à la rue de Varenne. Tournez à droite à l'angle de la rue de Varenne et du boulevard et continuez tout droit. Le Musée Rodin va se trouver sur votre gauche.

A. **Pardon, Madame?**

1. You're going to hear someone giving directions. Before listening, make a list of verbs and expressions of location you might expect to hear.

2. You're in Paris in the square in front of the Sorbonne and you want to go to the Rodin Museum. You approach a passer-by for help. Trace the route on the map as you listen to the directions.

B. **Et ce n'est pas tout!** The passer-by is eager to help you discover the capital's treasures. She continues her guided tour and you follow along on the map.

1. What place other than the Rodin Museum does the passer-by tell you about?

2. Why does she single out this particular place?

3. The passer-by mentions a particular street. Which one?

4. What is important about this street?

5. How does the French passer-by compare to people you have asked for directions in your own country?

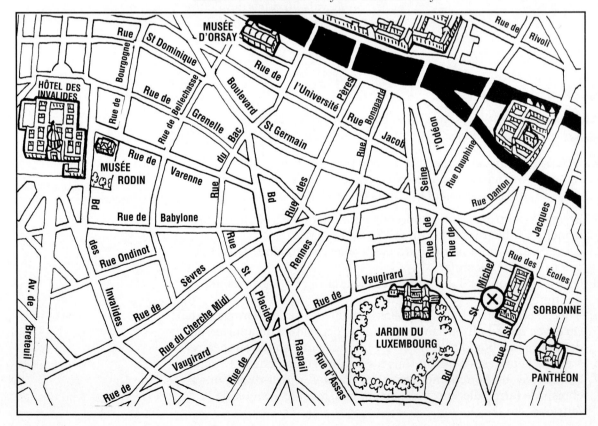

PARALLÈLES?

Espace urbain et quartier

Observer

A. Voici les plans de deux villes différentes, toutes les deux de taille moyenne (*average size*) et situées l'une en Amérique du Nord et l'autre en Europe. Étudiez les plans et notez les similitudes et les différences.

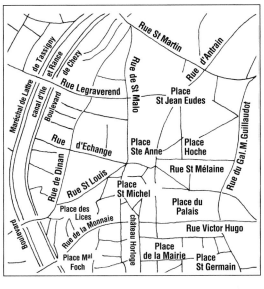

Réfléchir

B. Étudiez les schémas ci-dessous et identifiez celui qui correspond à chaque ville.

a. en quadrillage régulier

b. en étoile

C. Y a-t-il un centre-ville bien défini? Si oui, où se trouve-t-il? Comment est-ce visible ou apparent? D'après vous, où se trouvent les bâtiments publics, centres commerciaux, etc.? Près du centre-ville? Loin du centre-ville? Les bâtiments publics sont-ils près ou loin les uns des autres?

D. À votre avis, comment les deux villes représentées ci-dessus sont-elles organisées? Sont-elles organisées selon les mêmes principes, le même système?

$\mathcal{O}$ UTILS

1. Les verbes réguliers en **-ir**; verbes comme **ouvrir**

Les verbes réguliers en -ir

- You have already studied the most common group of regular verbs, those whose infinitive ends in **-er**; for example, **parler**.

- A second group of regular verbs has an infinitive ending in **-ir**; for example, **finir** (*to finish*). To conjugate **finir**, remove the infinitive ending **-ir** to get the stem, and add the endings shown in bold type:

finir	**–ir**	→	**fin**
infinitive	*infinitive ending*		*stem*

Point out that all three singular forms have the same pronunciation and that, unlike -*er* and -*re* verbs, the third-person singular forms are pronounced differently.

finir	
je fin**is**	nous fin**issons**
tu fin**is**	vous fin**issez**
il/elle/on fin**it**	ils/elles fin**issent**

- Note that these verbs are characterized by the presence of **-iss-** in the plural forms.

- Here are some of the common **-ir** verbs:

  ➤ Those having to do with daily life:
  choisir, *to choose*
  finir, *to finish*
  obéir, *to obey*
  réagir, *to react*
  réfléchir, *to think, reflect*
  réunir, *to get together, assemble*
  réussir, *to succeed*

  ➤ Those having to do with life processes:
  établir son indépendance, *to establish one's independence*
  grandir, *to grow (up)*
  grossir, *to gain weight*
  mincir, *to slim dow*n
  vieillir, *to age*

Verbes comme **ouvrir**

- Not all verbs whose infinitive ends in **-ir** are regular. Verbs like **ouvrir**
  (*to open*) are conjugated like regular **-er** verbs.

ouvrir	
j'ouvr**e**	nous ouvr**ons**
tu ouvr**es**	vous ouvr**ez**
il/elle/on ouvr**e**	ils/elles ouvr**ent**

- Other verbs similar to **ouvrir** are:
  - découvrir, *to discover*
  - offrir, *to offer, to give (a gift)*

❖ À votre tour

A. Tant de choses à faire! (*So many things to do!*) Vous et votre
partenaire remarquez que la vie quotidienne comporte beaucoup
d'obligations pour tout le monde: **vous, vos amis, votre professeur de
français, vous et vos camarades, vos parents**.

MODÈLE: Moi, je finis mes devoirs.

finir mes devoirs	réfléchir sur les choses à faire
réagir vite	obéir aux ordres
réussir dans les études	réunir des collègues
ouvrir le courrier	offrir des fleurs à un(e) ami(e)
découvrir des choses nouvelles	réunir des camarades

B. Que le temps passe vite! (*How time flies!*) Vous réfléchissez sur la
rapidité avec laquelle le temps passe.

MODÈLE: Les enfants grandissent vite.

Qui?	Quoi?
les enfants	grandir vite
les adolescents	choisir de quitter la famille
on	mincir vite à l'âge de 20 ans
les jeunes	établir vite leur indépendance
les adultes	grossir facilement après l'âge de 40 ans
les personnes âgées	vieillir quelquefois auprès d'enfants et petits-enfants
on	finir sa vie trop vite

C. Fêtes de famille. Comment célébrez-vous un anniversaire (votre
anniversaire, l'anniversaire de votre copain/copine, etc.)? Utilisez les
suggestions suivantes dans votre description.

1. réunir des amis/des copains/toute la famille
2. offrir des disques/des livres/un dîner au restaurant/une guitare
3. ouvrir beaucoup de paquets (*packages*)/une bouteille de champagne
4. aller au restaurant/au théâtre/au cinéma/au concert

2. Les verbes réguliers en **-re**; le verbe **prendre**

Les verbes réguliers en **-re**

- Regular verbs of the third group have an infinitive ending in **-re**. **Attendre** (*to wait for*) is an example of a third-group verb. To conjugate **attendre**, remove the infinitive ending **-re** to get the stem, and then add the endings shown in bold type.

attendre	**–re**	→	**attend**
infinitive	*infinitive ending*		*stem*

attendre	
j'attend**s**	nous attend**ons**
tu attend**s**	vous attend**ez**
il/elle/on attend	ils/elles attend**ent**

- Here are some common **-re** verbs and idiomatic expressions:

entendre, *to hear*
perdre, *to lose*
perdre son temps, *to waste one's time*
rendre, *to hand in, give back*

rendre visite à quelqu'un, *to visit someone*
répondre, *to answer, respond*
vendre, *to sell*

❖ À votre tour

A. Un après-midi en ville. Classez les éléments suivants dans l'ordre chronologique de votre choix, puis racontez comment vous passez un après-midi en ville (**je…**). Après, racontez comment vous et un(e) camarade passez l'après-midi (**nous…**).

rendre visite à des ami(e)s
attendre des amis au café
ne pas perdre une minute
parler de sport
visiter une exposition d'art

entendre des conversations de toutes sortes
découvrir de nouveaux endroits intéressants

B. Examen de conscience. Vous et un(e) partenaire discutez de qualités et défauts personnels.

MODÈLE: Moi, je réponds toujours aux questions du professeur.

Moi	répondre toujours aux questions du professeur
Toi	attendre la dernière minute pour faire les devoirs
Pierre	finir toujours en avance/en retard
Aline et Laure	offrir des cadeaux extraordinaires/ridicules
Toi et moi	ne… jamais / rendre le travail au jour indiqué
	réussir à tous les examens
	ouvrir toujours la bouche au mauvais moment

Le verbe **prendre**

- The verb **prendre** (*to take*) is used to express means of transportation:

    Je **prends** le bus pour aller à l'université.

    Prendre is also used to mean "to eat" or "to have (something to eat)" (see **Dossier 7, La table**).

- **Prendre** is conjugated like regular **-re** verbs in the singular, but not in the plural. How do the plural forms differ from the pattern of regular **-re** verbs?

There is no -d in the stem of the plural forms; the consonant n is doubled in the third-person plural.

prendre	
je prends	nous prenons
tu prends	vous prenez
il/elle/on prend	ils/elles prennent

- Other verbs conjugated like **prendre** are:

    apprendre, *to learn*
    comprendre, *to understand*

❖ À votre tour

A. On circule dans le quartier. Indiquez les moyens de transport utilisés par les différents habitants du quartier.

MODÈLE: les hommes d'affaires
        Les hommes d'affaires prennent un taxi.

une voiture	le bus	une bicyclette	un taxi
un vélomoteur	le train	le tram	une moto

1. les hommes d'affaires
2. le boulanger
3. les écoliers (*school children*)
4. les collégiens (*middle school students*)
5. les lycéens (*high school students*)
6. le facteur (*mail carrier*)
7. les femmes
8. les hommes
9. les personnes âgées

B. Une affaire de goût et de temps (*A matter of taste and time*). Pour circuler sur votre campus, quels moyens de transport utilisez-vous? (Souvent? Rarement? En quelle saison? Par quel temps?)

MODÈLE: Pour aller au stade, je prends mon vélo quand il fait beau et ma voiture quand il pleut. Je ne prends jamais le train: il n'y a pas de gare ici.

3. Nombres cardinaux 31–100

- Numbers between 31 and 60 fall into groups of ten. Each group follows the same pattern: **et** is used before **un**; the other numbers in each group are hyphenated.

30	trente	37	trente-sept	50	cinquante
31	trente et un	38	trente-huit	51	cinquante et un
32	trente-deux	39	trente-neuf	52	cinquante-deux
33	trente-trois				
34	trente-quatre	40	quarante	60	soixante
35	trente-cinq	41	quarante et un	61	soixante et un
36	trente-six	42	quarante-deux		

Note that the **-t** of **et** is never pronounced:

- Between 60 and 100, the French count in groups of twenty:

60	soixante	80	quatre-vingts
61	soixante et un	81	quatre-vingt-un
62	soixante-deux	82	quatre-vingt-deux
63	soixante-trois	83	quatre-vingt-trois
64	soixante-quatre	84	quatre-vingt-quatre
65	soixante-cinq	85	quatre-vingt-cinq
66	soixante-six	86	quatre-vingt-six
67	soixante-sept	87	quatre-vingt-sept
68	soixante-huit	88	quatre-vingt-huit
69	soixante-neuf	89	quatre-vingt-neuf
70	soixante-dix	90	quatre-vingt-dix
71	soixante et onze	91	quatre-vingt-onze
72	soixante-douze	92	quatre-vingt-douze
73	soixante-treize	93	quatre-vingt-treize
74	soixante-quatorze	94	quatre-vingt-quatorze
75	soixante-quinze	95	quatre-vingt-quinze
76	soixante-seize	96	quatre-vingt-seize
77	soixante-dix-sept	97	quatre-vingt-dix-sept
78	soixante-dix-huit	98	quatre-vingt-dix-huit
79	soixante-dix-neuf	99	quatre-vingt-dix-neuf

- Note that **et** is retained in 71 **(soixante et onze)**, but not in 81 or 91; the **-s** of **quatre-vingts** is omitted from 81 on:

80	quatre-ving**ts**
85	quatre-vingt-cinq
97	quatre-vingt-dix-sept

- French telephone numbers are normally composed of eight digits, which are read in groups of two:

    42.25.60.93

    quarante-deux, vingt-cinq, soixante, quatre-vingt-treize

❖ À votre tour

A. Ah! ces touristes! Des touristes vous demandent certaines adresses et vous répondez.

MODÈLE: la Sainte-Chapelle / 4, boulevard du Palais
—Quelle est l'adresse de la Sainte-Chapelle, s'il vous plaît?
—4, boulevard du Palais.
—Merci beaucoup, Madame/Monsieur.
—Je vous en prie.

Nom	Adresse
1. la Sainte-Chapelle	4, boulevard du Palais
2. l'ambassade des États-Unis	2, avenue Gabriel
3. l'ambassade du Canada	35, avenue Montaigne
4. l'Église américaine	65, quai d'Orsay
5. le ministère de l'Agriculture	78, rue de Varennes
6. le ministère des Affaires étrangères	37, quai d'Orsay
7. le palais de l'Elysée	55, rue du Faubourg-Saint-Honoré
8. la tour Montparnasse	33, avenue du Maine
9. l'Université de Paris I (la Sorbonne)	14, rue Cujas

B. Des coups de fil (*Phone calls*). Jouez les conversations téléphoniques suivantes selon le modèle (T= la personne qui téléphone, R= la personne qui répond).

MODÈLE: R: Allô.
T: C'est bien le 36.98.21.43?
R: Oui, c'est ça.
T: Pourrais-je parler à Monsieur Vassaux?
R: Bien sûr. Je vous le passe. Ne quittez pas.

R: Allô.
T: C'est bien le 45.96.18.45?
R: Non, c'est le 45.86.18.45.
T: Ah, pardon, c'est le mauvais numéro. Excusez-moi.

R.		T.	
1. 36.98.21.43		1. Pierre Vassaux	36.98.21.43
2. 45.86.18.45		2. Sandra Andreovski	45.96.18.45
3. 21.27.93.08		3. Marcelle Gros	21.17.73.08
4. 55.73.76.65		4. Rachid Alloune	55.37.66.65
5. 72.79.93.81		5. Isabelle Couratin	72.79.93.81
6. 45.97.11.32		6. Georges Thuret	45.97.11.32

C. Vos numéros personnels. Quels sont les numéros que vous appelez souvent? Pourquoi?

MODÈLE: J'appelle souvent le 5 55 50 67 [cinq, cinquante-cinq, cinquante, soixante-sept]. C'est mon petit ami.

Point out that *Je vous en prie* is used to indicate "You're welcome."

You might want to point out to students that the first two digits in the telephone number indicate the *département*. For example, the numbers in this activity are in the following *départements*: 36: Indre; 45: Loiret; 21: Côte-d'Or; 55: Meuse; 72: Sarthe. Note also the pronunciation of a double-digit number when the first digit is a zero; for example, 08 is pronounced *zéro huit*.

If you have a French directory, a magazine such as *Pariscope*, or a *Guide Michelin*, you might photocopy a page from it and have students ask each other for the addresses and phone numbers of specific places.

Call students' attention to the use of the definite article *le* preceding the number. Also encourage them to say U.S. and Canadian phone numbers by isolating the first digit and giving the remaining digits in groups of two.

4. L'heure et l'heure officielle

L'heure

- To ask what time it is, say:

    Quelle heure est-il (s'il vous plaît)?

    or, in a more familiar context:

    Vous avez l'heure, s'il vous plaît?
    Tu as l'heure, s'il te plaît?

- To tell someone what time it is, say:

    Il est + ___ heure(s) ___ du matin/de l'après-midi/du soir.

Il est sept heures du matin.

Il est trois heures de l'après-midi.

Il est neuf heures du soir.

- When giving the hour, remember that **heure** is feminine (therefore **une heure**), and that, for all hours after one, **heure** is plural. For example:

    Il est **une** heure et demie.   *It's one-thirty.*
    Il est deux heure**s**.   *It's two o'clock.*

- There are special expressions for 12:00 noon and 12:00 midnight:

    Il est midi.   *It's noon.*
    Il est minuit.   *It's midnight.*

- Minutes up to and including the half-hour are added to the hour:

Il est une heure vingt et **une**.	*It's 1:21.*
Il est une heure dix.	*It's 1:10.*
Il est une heure vingt-cinq.	*It's 1:25.*

Note that **une** is used instead of **un**, since the French word **minute** (implied) is feminine.

- The quarter-hour and the half-hour are expressed as follows:

Il est une heure **et quart**.	*It's a quarter past one.*
Il est une heure **et demie**.	*It's one-thirty.*

Note that **demie** has an **-e** because **heure** is feminine.

- Minutes after the half-hour are subtracted from the next hour (**moins** means "minus"):

Il est deux heures moins vingt-cinq.	*It's 1:35.*
Il est deux heures moins vingt.	*It's 1:40.*
Il est deux heures moins dix.	*It's 1:50.*

- Quarter-of-the-hour is expressed similarly to quarter-after-the-hour, except for the inclusion of the definite article (**le**):

  Il est une heure **et quart.**   *It's a quarter past one.*
  Il est deux heures **moins le quart.** *It's a quarter to two.*

- The following expressions are used to indicate A.M. and P.M.:

  du matin   A.M.   *in the morning*
  de l'après-midi   P.M.   *in the afternoon*
  du soir   P.M.   *in the evening*

  Nous arrivons à huit heures **du matin**.

- To ask what time something is to happen, use:

  À quelle heure est-ce que tu   *What time are you coming*
  arrives chez moi ce soir?   *over tonight?*
  J'arrive **à** huit heures et demie.   *I'm coming at eight-thirty.*

- To indicate "on time," "early," and "late," use the following expressions:

être à l'heure	Il n'est jamais à l'heure.	*He's never on time.*
être en avance	Pour une fois, nous sommes en avance.	*For once, we're early.*
être en retard	Vous, par contre, vous êtes en retard!	*You, however, are late.*

Proverbes
«L'heure, c'est l'heure. Avant l'heure, ce n'est pas l'heure. Après l'heure, ce n'est plus l'heure.»
«L'exactitude est la politesse des rois.»

❖ À votre tour

A. Une journée chargée (*A full day*). Votre partenaire vous pose des questions sur votre journée et vous répondez.

MODÈLE: quitter Paris (TGV), 7 h 30
   —À quelle heure est-ce que tu quittes Paris?
   —À sept heures et demie du matin.

Tell students that TGV stands for *train à grande vitesse.*

1. quitter Paris (TGV), 7 h 30   4. déjeuner, 12 h 30
2. arriver à Lyon, 9 h 44   5. visiter les nouveaux bureaux, 2 h 45
3. avoir rendez-vous, 10 h 15   6. rentrer à Paris après, 5 h

B. Quelle heure est-il?

1.
2.
3.

4.
5.
6.

7.
8.
9.

10.
11.
12.

L'heure officielle

- To avoid confusion and conserve space, most schedules (train, plane, bus, television) as well as invitations use the 24-hour clock. This system eliminates reference to A.M. and P.M. and expresses minutes according to a 60-minute system (as digital clocks do). Note the following equivalents:

In speaking, one never uses a combination of words and numbers in the official time system for times after *12h.* For example, one says *dix-neuf heures quinze, vingt heures trente.*

Heure officielle	Heure non officielle
7 h 15	sept heures et quart du matin
12 h 30	midi et demi
15 h 45	quatre heures moins le quart de l'après-midi
18 h 30	six heures et demie du soir
20 h 15	huit heures et quart du soir
23 h 40	minuit moins vingt

❖ **À votre tour**

A. À quelle heure? Demandez à un(e) partenaire à quelle heure les personnes suivantes commencent les activités indiquées.

MODÈLE: les étudiants / regarder le film (22.25)
—À quelle heure est-ce que les étudiants regardent le film?
—Les étudiants regardent le film à 22 heures 25.

Point out that in printed timetables, such as train schedules, official times are usually printed with a period separating hours and minutes.

1. les étudiants / regarder le film (22.25)
2. tu / aller au concert (20.00)
3. nous / travailler à la bibliothèque (de 17 h à 21 h)
4. toi et tes amis / faire du sport (après 18.30)
5. les profs / déjeuner (12.45)
6. Marc / avoir un cours de français (9.30)
7. on / finir l'examen (15 h)
8. les secrétaires / être au bureau (de 8 h à 12 h et de 14 h à 18 h)
9. on / aller au labo (entre 8 h et 14 h)

B. Un emploi du temps à la française. Damien Poncet est étudiant au lycée Champollion à Grenoble. Avec un(e) partenaire, étudiez son emploi du temps et répondez aux questions suivantes.

You might want to talk with your students about how the week is divided up in North American culture (a five-day work week plus a two-day weekend) vs. the French week which, for families with school-age children (elementary and junior high school), is often divided as follows: Monday / Tuesday (school) + Wednesday (no school) + Thursday / Friday and Saturday morning (school) and Saturday afternoon and Sunday afternoon (family time). Once students begin *lycée* they, like Damien, also have classes Wednesday mornings.

1. La semaine de Damien est-elle organisée comme la semaine nord-américaine, c'est-à-dire, cinq jours de travail plus le week-end?
2. Damien a-t-il cours toute la journée tous les jours? Pouvez-vous imaginer pourquoi il n'a pas cours le mercredi après-midi?
3. À quelle heure habituellement est son premier cours chaque jour? À quelle heure est-il libre l'après-midi?
4. La journée scolaire de Damien est-elle plus longue ou plus courte que votre journée scolaire?
5. Comparez la place réservée au sport dans l'emploi du temps de Damien et dans votre emploi du temps.

EMPLOI DU TEMPS

Jours / Heures	LUNDI	MARDI	MERCREDI	JEUDI	VENDREDI	SAMEDI
8H30 – 9H30	Allemand	Allemand	////////	Math	Economie	Histoire-Géographie
9H30 – 10H30	Sport	Math	Français	Math	Math	Français
10H30 – 11H30	Sport	Histoire-Géographie	Français	////////	Latin	Histoire-Géographie
11H30 – 12H30	///////	Histoire-Géographie	Math	Anglais	Physique	Physique
12H30 – 13H30 Dejeuner						
13H30 – 14H30	Anglais	Physique / Biologie		Latin	Biologie	
14H30 – 15H30	Français	Physique / Biologie		Allemand	Anglais	
15H30 – 16H30	Français	Physique / Biologie			Anglais	
16H30 – 17H30	Latin	Economie				

C. Un emploi du temps bien chargé! Choisissez un jour de la semaine (ou du week-end) et écrivez votre emploi du temps pour ce jour-là. Partagez-le avec un(e) camarade de classe qui vous pose des questions. Décidez qui a l'emploi de temps le plus chargé pour ce jour-là.

MODÈLE: —Qu'est-ce que tu as à neuf heures?
            —Moi, j'ai [le cours de français].
     ou: —Moi, je suis libre à neuf heures.

avoir le cours de X	rendre visite à des amis
jouer au tennis	parler avec des copains
faire du vélo	écouter de la musique
aller au labo	regarder la télévision
faire des devoirs	chanter avec la chorale
travailler à la bibliothèque	faire du basket
faire du sport	

5. La phonétique: les voyelles fermées

[i]: **ici**, [y]: **musée**; [u]: **Louvre**; [e] **café**; [ø]: **deux**; [o]: **métro**

- Closed vowels are pronounced with a much smaller opening of the mouth than open vowels.

- **La voyelle [i].** The vowel [i] is very close to the English sound in *key*. In written French, the sound [i] may be represented by several different spellings:

i	ici
î	île
ï	Haïti
y	style

- **La voyelle [y].** To pronounce the vowel [y] say the English word *tea*, but with the lips rounded. You will note that by rounding the lips you produce the French word **tu**. Because this sound is not common in English, your facial muscles will not be accustomed to producing it. You will need to practice pursing your lips at first.

  In written French, the sound [y] is represented by the letter **u** as in **du** or **û** as in **sûr**.

- **La voyelle [u].** The vowel [u] is very close to the sound in English *boot, who, two*. In written French, it is usually represented by the following letters:

ou	tout
où	où
oû	goût
aoû	août

- **La voyelle [e].** The vowel [e] is similar to the English vowel in *they*. It is a common sound in French. It is represented by several different spellings:

é	désolé
ée	musée
et	et
er	parler
ez	chez, allez

  Note that **ai** in **j'ai** is also pronounced [e]. This spelling is an exception, however, since **ai** is normally pronounced [ɛ].

- **La voyelle [ø].** The vowel [ø] is the same sound as [e], but pronounced with rounded lips. Purse your lips as you say the English word *pay* and you will produce the French word **peu**. In written French, this sound is represented by the letters **eu** or **œu**—but only when these letters are not followed by a pronounced consonant. Two examples are **peu and heureux**. The letter **e** may also be pronounced [ø] when you pronounce the following words carefully: **le, de, me**.

  When the letters **eu** and **œu** are followed by a pronounced consonant, they are spoken with the mouth held in a more open position, as in the words **heure** and **docteur**. This sound is the open vowel [œ], which you practiced in Dossier 3.

- **La voyelle [o].** French [o] is similar to the English vowel in *boat* and *grow*. However, in English, the sound [o] is usually followed by a [w] sound. This [w] sound never occurs in French: your lips and jaw must stay locked on the initial [o] sound. Compare:

no	to	**nos**
bow	to	**beau**
Joe	to	**Joseph**

- In French, [o] is spelled in the following ways:

o	nos	au	au Canada
ô	tôt	eau	beau

❖ À votre tour

A. La voyelle [i]. Répétez.

1. Un ami choisit des fruits.
2. Il finit cet exercice chez lui.
3. Caroline quitte Paris.
4. Il y a six pâtisseries ici.
5. Il achète des livres à la librairie-papeterie.

B. La voyelle [y]. Répétez.

1. Il circule en voiture.
2. Je prends le bus.
3. Une minute!
4. Quelle exactitude!
5. Tu as rendez-vous rue du Musée.

C. La voyelle [u]. Répétez.

1. Nous allons au Louvre.
2. Je roule pour vous.
3. Rachid Allouve visite le jardin du Luxembourg.
4. Le centre Pompidou se trouve à Beaubourg.
5. On va à la boulangerie tous les jours.

D. La voyelle [e]. Répétez.

1. J'ai besoin d'aller chez René à côté du cinéma.
2. Désolé, mais l'épicerie est fermée.
3. Réagissez! Téléphonez du café.
4. Bonne idée! Allez donc au marché.
5. Passez la journée à la Cité des sciences et de l'industrie.

E. La voyelle [ø]. Répétez.

1. Deux cafés, monsieur!
2. Il est très heureux de visiter la banlieue.
3. Nous avons rendez-vous à deux heures, rue Pasteur.
4. Il y a de vieux immeubles à Paris.
5. Je veux aller à Melun près de Paris.

F. La voyelle [o]. Répétez:

1. Il y a de beaux châteaux dans les environs de Paris.
2. Les bateaux-mouches sont à gauche.
3. Il y a un métro entre l'hôpital et l'hôtel de ville.
4. Quel est le numéro de Beaubourg?
5. Ce musée présente une exposition d'art rococo, d'art déco ou d'art nouveau?

ÐÉCOUVERTES

The tapescript for all *En direct* activities appears in the *Instructor's Resource Manual.* Following is the tapescript for activity A.

Point out that *la Cité des sciences et de l'industrie* in Paris is a fairly new museum of modern sciences and technology.

A. Bienvenue à bord. Pendant une petite heure nous allons d'abord remonter la Seine jusqu'à l'île Saint-Louis. Sur votre droite, c'est-à-dire sur la rive gauche de la Seine, voici la coupole des Invalides qui abrite le musée de la Guerre et le tombeau de Napoléon. Devant vous et toujours sur votre droite, voici le palais Bourbon où siège l'Assemblée nationale. À gauche, oui, c'est la place de la Concorde et l'Obélisque. Nous passons maintenant sous le pont de la Concorde. À gauche, il y a le jardin des Tuileries et à droite nous pouvons admirer le musée de l'art du 19ème siècle qui s'est installé dans l'ancienne gare d'Orsay. Tout droit devant nous, c'est bien sûr l'île de la Cité. Au-dessus de nous, le Pont Neuf, le plus vieux pont de Paris. Voilà donc à notre gauche, l'île de la Cité. Les voitures de police stationnées sur le quai des Orfèvres vous indiquent les locaux de la direction centrale de la police judiciaire. Derrière ces bâtiments, c'est la flèche de la Sainte-Chapelle, qui s'élève au centre du Palais de Justice. À droite, c'est bien sûr le Quartier latin. Nous longeons maintenant la cathédrale Notre-Dame et arrivons à l'île Saint-Louis où nous allons faire demi-tour.

Before students begin the activity, you might want to have them look at the map on page 124 and orient themselves. The tour boat in the activity begins at the Eiffel Tower and goes upriver to the *île Saint-Louis.*

En direct 2

A. Bienvenue à bord des bateaux-mouches! You're aboard one of Paris' famous tour boats, and the tour is about to begin. Find each monument that the guide points out on the list below, and indicate whether it is on the left or the right bank of the Seine. (Some of the monuments listed are not mentioned by the guide.) Be careful: since the boat is going upriver, the left bank will be on your right! After listening, you will be asked to answer three questions. Take a moment to read them now.

	Rive gauche	Rive droite
Le Centre Pompidou		✔
Les Invalides	✔	
La Sorbonne	✔	
Le palais Bourbon		✔
L'Arc de Triomphe		✔
Place de la Concorde et l'Obélisque		✔
Le Sacré-Cœur		✔
Le jardin des Tuileries		✔
Le Panthéon	✔	
Le musée d'Orsay	✔	
Le Quartier latin	✔	
Saint-Germain-des-Prés	✔	

1. How long does the cruise last?
2. How many islands are there in the Seine in Paris?
3. Which government buildings are located on the **île de la Cité?**

Now listen to the tour guide and check **rive gauche** or **rive droite.**

B. Pourriez-vous me dire... ? You are planning a trip to Lyon and you telephone the **syndicat d'initiative** to get hotel information. The employee gives you a list of hotels, and you write down the address and telephone number of each.

Hôtel	Adresse		Téléphone
Le Grand Hôtel	11	rue de Bélier	78.37.58.73
Le Charlemagne	43	avenue Charlemagne	78.92.81.61
Le Campanile	67	place Carnot	78.37.48.47
L'Hôtel Azur	74	rue Victor Hugo	78.37.10.44

Découverte du texte écrit

Les monuments de Paris

C. Préparation.

1. Avec quels monuments de Paris êtes-vous déjà familier/familière? Faites une liste de ces monuments.
2. En utilisant le plan page 124, identifiez les points de repère principaux: la Seine, l'île de la Cité, la rive droite, la rive gauche.
3. Trouvez chaque monument évoqué dans le texte page 125 sur le plan, puis lisez sa description.

D. Exploration.

1. Identifiez quelques sites intéressants et indiquez où ils se trouvent: quelques musées, quelques églises, un jardin public, etc.
2. Pour quatre ou cinq monuments, notez un détail qui vous frappe particulièrement (un élément de son histoire, sa fonction actuelle, etc.).
3. Essayez de classer les monuments selon leur époque historique:

    le Moyen Âge (Ve–XVe siècles)
    la Renaissance (XVIe siècle)
    la Royauté (XVIIe–XVIIIe siècles)
    la Révolution (1789–1795)
    l'Empire napoléonien (1804–1814)
    le seconde Empire (1852–1870)
    la Belle Époque (1890–1914)
    l'époque contemporaine

4. Identifiez les monuments évoqués dans les phrases suivantes.
    a. Ce bâtiment public aux fonctions multiples porte le nom du deuxième président de la Ve République.
    b. Site de combats historiques et résidence éternelle de nombreux artistes.
    c. Cette vieille dame qui domine le ciel de Paris a célébré son centième anniversaire en 1989.
    d. Les chanteurs d'opéra ont remplacé les prisonniers sur ce lieu historique de la Révolution française.
    e. Exemple de l'architecture de la Belle Époque (1900).
    f. Ancien centre d'études théologiques.
    g. Un bâtiment public avec des peintures de l'artiste Rubens.
    h. La nouvelle construction reste toujours controversée.
    i. Un monument et un centre d'études célébrant une culture non européenne.
    j. La tombe de Napoléon se trouve là.
    k. Ce lieu attire (*attracts*) artistes, touristes et pèlerins (*pilgrims*) catholiques.
    l. Un monument égyptien se trouve au centre de cette place.
    m. Ce bâtiment a des vitraux (*stained-glass windows*) splendides.
    n. Ce bâtiment se trouve au centre d'un carrefour (*intersection*) célèbre.

The purpose of this reading is to acquaint students with the geography of Paris and the capital's important monuments. The activities are designed to help students discover the importance of history in cities like Paris.

Students will be able to read enough of these guidebook descriptions of Paris monuments to understand important features, plan tours of the city, and do the activities in this section.

Before doing this activity, discuss with the students how we divide up large urban spaces to orient ourselves. Use a city or town in your part of the country as a model. For example, inhabitants of New York City say they're going to the East Side or West Side, to Greenwich Village or Harlem before giving more specific instructions; Central Park serves as a key landmark to divide up space both mentally and physically.

D. Item 3. You may wish to point out to students that the Sainte-Chapelle dates from the Middle Ages. This won't be evident to them if they don't know the word *gothic*.

Before doing item 4, you might wish to highlight for students one or two points of particular interest to you and/or perhaps show slides of some of the monuments listed.

Item 4 can be transformed into a team trivia game. Which team can locate the various monuments on a transparency projected on the board the fastest? Which can identify the monuments from the short descriptions the fastest? Which can provide the most details about each monument?

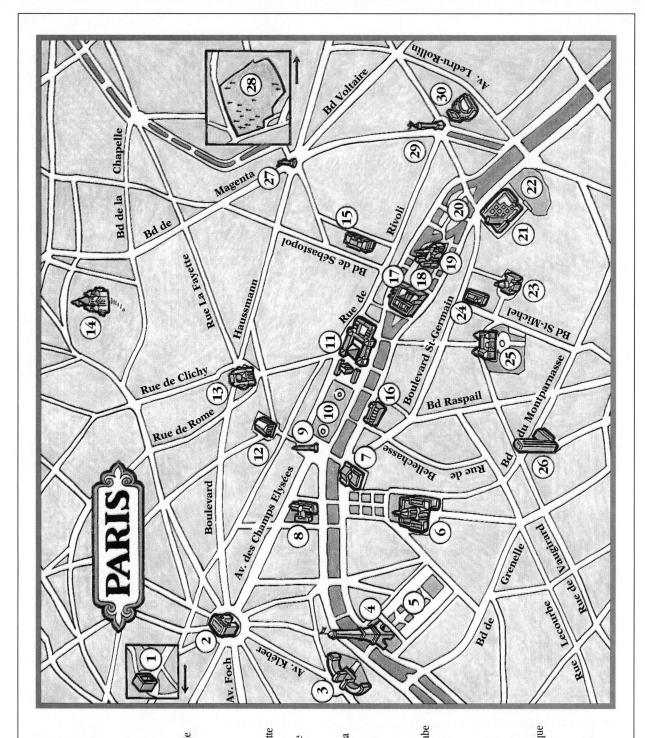

PARIS

1. la Grande Arche de la Défense
2. l'Arc de Triomphe
3. le palais de Chaillot
4. la tour Eiffel
5. le Champ-de-Mars
6. les Invalides
7. le palais Bourbon
8. le Grand Palais
9. la place de la Concorde
10. le jardin des Tuileries
11. le Louvre
12. la Madeleine
13. l'Opéra
14. le Sacré-Cœur et la butte Montmartre
15. Beaubourg et le Centre Pompidou
16. le musée d'Orsay
17. le Palais de Justice et la Sainte-Chapelle
18. l'île de la Cité
19. Notre-Dame
20. l'île Saint-Louis
21. l'Institut du monde arabe
22. le jardin des Plantes
23. le Panthéon
24. la Sorbonne
25. le palais et jardin du Luxembourg
26. la tour Montparnasse
27. la place de la République
28. le cimetière du Père Lachaise
29. la place de la Bastille
30. l'Opéra de la Bastille

Monuments de *Paris*

Les Invalides (RG). Monument classique construit par Louis XIV entre 1671 et 1676 pour recevoir les vieux soldats. Célèbre par son dôme. Site du tombeau de Napoléon et du musée de l'Armée.

La place de la Concorde et l'Obélisque (RD). Une place centrale d'où admirer de belles perspectives: à l'ouest, sur les Champs-Élysées, jusqu'à l'Arc de Triomphe, et à l'est sur le Jardin des Tuileries. Au centre de la place un obélisque égyptien a remplacé la guillotine de 1789.

Le musée d'Orsay (RG). Nouveau musée qui a ouvert ses portes en 1983, installé dans l'ancienne gare d'Orsay. Art du XIXe siècle.

Le Palais de Justice et la Sainte-Chapelle (IC). Ancien palais royal devenu Palais de Justice depuis la Révolution. Au centre, la Sainte-Chapelle, une merveille gothique aux vitraux renommés. Sur la Seine, la Conciergerie, antichambre de la guillotine, aux belles salles gothiques.

Le palais et jardin du Luxembourg (RG). Ancien palais de Marie de Médicis (1593-1642). Peintures de Rubens. Aujourd'hui, siège du Sénat. Magnifiques jardins ornés de statues, bassins et de la très belle fontaine de Médicis.

La Sorbonne (RG). Centre d'études théologiques fondé en 1253 par Robert de Sorbon, aujourd'hui l'Université de Paris. Au centre du Quartier latin, sur le boulevard Saint-Michel.

Le Sacré-Cœur et la butte Montmartre (RD). Basilique du XIXe siècle. Au sommet, magnifique vue sur Paris. Cafés et cabarets attirent toujours artistes et touristes sur la place du Tertre.

L'Arc de Triomphe et l'avenue des Champs-Élysées (RD). Construit par Napoléon pour honorer ses troupes. Au centre d'un carrefour de grandes avenues qui partent en étoile. La plus célèbre est l'avenue des Champs-Élysées.

La Grande Arche de la Défense (RD). Dans l'axe de l'Arc de Triomphe et des Champs-Élysées, au centre du quartier neuf de la Défense. Achevée en 1989, elle abrite des bureaux d'entreprises publiques et privées.

Le cimetière du Père Lachaise (RD). Le plus grand cimetière de Paris qui date du début du XVIIe siècle. Site de combats sanglants durant l'épisode de la Commune (guerre civile, mai 1871). Tombes de Chopin, Rossini, Oscar Wilde, Balzac, Modigliani, Edith Piaf, Jim Morrison, etc.

L'Institut du monde arabe (RG). À l'extrémité du boulevard Saint-Germain, sur les quais de la Seine. Ensemble architectural très moderne, de verre et métal. Il assure depuis 1987 la promotion de la culture arabe.

L'Opéra et l'Opéra de la Bastille (RD). Le premier, le palais Garnier au décor flamboyant, a été construit entre 1862 et 1874. Le second, un nouvel opéra moderne et fonctionnel, a vu le jour sur la place de la Bastille dans les années 80.

Beaubourg et le Centre Pompidou (RD). Inauguré en 1977, ce centre abrite le musée national d'Art moderne, le Centre de création industrielle, une bibliothèque publique, une cinémathèque et des lieux d'exposition temporaire. L'architecture du bâtiment est toujours considérée comme très avant-garde.

Le palais du Louvre (RD). À l'origine (1204) un château-fort, puis une résidence royale, devenu musée en 1791. C'est le plus grand musée d'art en France. La construction d'une pyramide de verre dans la cour du Louvre (dans les années 80) a causé une sérieuse controverse. Ces travaux ont permis la mise au jour des remparts du donjon de l'ancienne forteresse de Philippe Auguste (1204).

Le Grand et Petit Palais (RD). Des galeries d'exposition construites pour l'Exposition universelle de 1900. Ils forment, avec le pont Alexandre III, un bel ensemble du style de la Belle Époque.

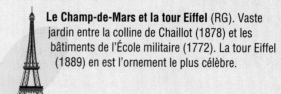

Le Champ-de-Mars et la tour Eiffel (RG). Vaste jardin entre la colline de Chaillot (1878) et les bâtiments de l'École militaire (1772). La tour Eiffel (1889) en est l'ornement le plus célèbre.

This activity reviews city vocabulary:
Dans la capitale de mon pays, il y a des…, mais il n'y a pas de…

E. Réflexion. Comparez la capitale de votre État ou province à Paris. Quelle capitale a le plus grand nombre de monuments ou sites célèbres? la plus grande diversité de monuments? À votre avis, sent-on le poids *(weight, impact)* de l'histoire autant *(as much)* dans votre capitale qu'à Paris? Expliquez.

F. Tours de Paris à la carte! Vous avez une agence de voyage et vous organisez des tours de Paris à la carte. En utilisant le plan de Paris page 124 et les renseignements trouvés dans l'activité D, organisez un tour pour un des groupes suivants: amateurs d'architecture, amateurs d'art, amateurs d'histoire, des touristes qui ont peu de temps à Paris. Si vous avez le temps, comparez votre itinéraire à l'itinéraire d'un concurrent *(competitor)*.

 G. Rendez-vous. Votre ami(e) francophone passe des vacances chez vous. Il/Elle dort encore *(is still asleep)* quand vous partez travailler. Rédigez un petit mot expliquant où il/elle peut vous retrouver pour le déjeuner. Ajoutez un petit schéma.

H. Cartes postales. Vous visitez Beaubourg avec votre ami(e). Après la visite, vous allez à un café. Pensant à votre visite de Beaubourg et à votre séjour dans la capitale, vous avez envie d'écrire quelques cartes postales. Écrivez deux cartes postales:

À qui	Sujet	Préciser
À un(e) camarade	Votre séjour à Paris	Temps Votre hôtel Activités
À vos parents	La visite d'un monument	Quel monument Où il se trouve

I. À chacun son image de Paris

1. Faites une liste de toutes les images que vous avez trouvées de Paris dans les textes écrits, visuels et sonores. Classez-les dans les catégories suivantes: images touristiques, artistiques, quotidiennes, cosmopolites, historiques.

2. Quelles images correspondent le mieux à la vision que vous avez de Paris? Quelles images préférez-vous? Pourquoi?

J. Une ville idéale. À différentes périodes de la vie, on n'aime pas forcément les mêmes choses. Quand on grandit, on a certains besoins et désirs; quand on cherche une ville à l'étranger où faire des études, les besoins et désirs sont peut-être différents; quand on vieillit, on cherche encore d'autres choses. Imaginez la ville idéale pour y grandir, pour y faire des études, pour y vieillir.

MODÈLE: À mon avis, quand on vieillit, on aime mieux habiter une petite ville calme avec des cinémas, des musées, des transports et des services publics, etc.

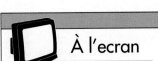

À l'ecran

Reconcontrez les habitants d'une petite et, de retour à Paris, faites une promenade dans certaines endroits devenus musées en plein air.

Clip 4.1
Une petite ville

Clip 4.2
L'art dans la rue

Allez sur un quai de gare, observez les voyageurs qui arriven en retard et… ratent leur train. Ecoutez leurs réactions!

Clip 4.3
Ça arrive à tout le monde

D'un parallèle à l'autre

Avec deux ou trois camarades, choisissez un des pays francophones présentés après le Dossier 14. Quelle est la capitale? Quelles sont les grandes villes? Identifiez une de ces villes qui vous intéresse et cherchez à la bibliothèque des renseignements supplémentaires sur cette ville (population, industries, sites intéressants, etc.). Présentez ces renseignements oralement à vos camarades de classe et/ou par écrit à votre professeur.

Lu et entendu

Espace urbain et quartier. Dans ce dossier vous avez exploré une ville et ses quartiers et vous avez comparé des villes en France et en Amérique du Nord. Maintenant, choisissez un ou deux commentaires ci-dessous et expliquez—avec des exemples—pourquoi vous êtes plutôt d'accord ou pas d'accord.

You might want to refer to the information in the teacher annotations of the Parallèles? *section of this dossier.*

1. L'organisation ou l'aménagement de l'espace urbain est le même dans différentes cultures.
2. Dans les pays relativement jeunes et qui occupent une large superficie, l'aménagement de l'espace urbain consiste souvent en un quadrillage régulier.
3. Un espace urbain en forme de spirale concentrique comme celui de Paris reflète un développement à la fois dans l'espace et dans le temps.
4. Le mot «quartier» désigne la même réalité que le mot *neighborhood* en anglais.
5. Les noms de rue les plus souvent employés reflètent souvent les valeurs de la culture.
6. On choisit les noms de rue pour aider les habitants à s'orienter.

Découverte du passé

Carcassonne, une cité médiévale

One of the original reasons for building walled cities was defense: the high walls were intended to protect inhabitants from invasion.

Cette ville du sud de la France au bord de l'Aude comprend deux parties. Sur la rive gauche, la ville basse, construite au XIIIe siècle; et sur la rive droite de l'Aude, une forteresse. Il y a deux remparts autour de la forteresse. Le rempart intérieur est le plus vieux (VIe siècle). Restauré (peut-être avec beaucoup d'imagination par un architecte du XIXe siècle), Carcassonne reste un lieu de tourisme très important.

1. Quelle était la fonction officielle des châteaux-forts? Pourquoi ont-ils été construits?
2. Comment cette fonction a-t-elle influencé la disposition de l'espace?

Le mot juste

Contexte 1: La ville

Les parties de la ville

l'avenue (f)	*avenue*
la banlieue	*suburbs*
le bâtiment	*building*
la bibliothèque	*library*
le boulevard	*boulevard*
le bureau	*office*
le centre-ville	*downtown*
l'église (f)	*church*
les espaces verts (m)	*green spaces*
la gare	*railroad station*
l'hôpital (m)	*hospital*
l'hôtel de ville (m)	*city hall*
le jardin public	*large park-like garden*
la mairie	*mayor's office/city hall*
le parc	*park*
la place	*public square*
le pont	*bridge*
le quai	*embankment*
les quartiers (m)	*neighborhoods, districts, sectors*
la rue	*street*
le stade	*stadium*
le terrain de sport	*playing field*

Contexte 2: On s'oriente dans le quartier

la banque	*bank*
le café	*café*
le cinéma	*movie house*
l'école (f)	*school*
le grand magasin	*department store*
le lycée	*high school*
le magasin	*store/shop*
le musée	*museum*
la pharmacie	*pharmacy*
le restaurant	*restaurant*
le syndicat d'initiative	*chamber of commerce*
le théâtre	*theater*

Pour situer un endroit

à côté (de)	*beside*
à deux pas (de)	*just a step (from)*
à droite (de)	*on/to the right*
à gauche (de)	*on/to the left*
à l'angle (de)	*at the corner (of)*

au bout (de)	*at the end (of)*
au carrefour (de)	*at the intersection (of)*
au centre	*in the center*
au coin (de)	*at the corner (of)*
dans la banlieue	*in the suburbs*
derrière	*behind*
devant	*in front of*
en face (de)	*opposite*
en ville	*in the city*
loin de	*far from*
près de	*close to*
au coin (de)	*at the corner (of)*
sur votre droite/gauche	*on your right/left*
tout droit	*straight ahead*
tout près	*nearby*

Contexte 3: Pour renseigner quelqu'un

Expressions

C'est dans quelle direction?	*Which way is it?*
C'est loin?	*Is it far?*
C'est près?	*Is it nearby?*
jusqu'à	*as far as, until, to*
jusqu'où?	*how far?*
Où se trouve X?	*Where is X located?*

Verbes

chercher	*to look for*
continuer	*to continue*
descendre	*to go down*
demander	*to ask for*
marcher	*to walk*
monter	*to go up, climb up*
passer	*to go by, pass*
tourner	*to turn*
traverser	*to cross*

Contexte 4: Les commerçants du quartier

Expressions

c'est bon marché	*it's inexpensive, cheap*
c'est cher	*it's expensive*
Ça va mieux?	*Are things going better?*
Et avec ça?	*And what else?*
je désire	*I want*
je voudrais	*I would like*
par là	*over there*
passez à la caisse	*go to the cash register*
Vous désirez?	*May I help you?*

Les commerçants et leurs commerces

le boucher	*butcher*
la boucherie	*butcher shop*
le boulanger/	
la boulangère	*baker*
la boulangerie	*bakery*
le bureau de tabac	*magazine and tobacco shop*
la charcuterie	*delicatessen*
le client/la cliente	*client*
l'épicier/l'épicière	*grocery store owner*
l'épicerie	*grocery store*
la librairie-papeterie	*bookstore/stationer's*
le marchand de fruits et de légumes	*fresh fruit and vegetable store / stand*
la pâtisserie	*bakery*
le/la propriétaire	*shop owner*

Contexte 5: Entendu dans la rue

attendre	*to wait for*
choisir	*to choose*
cher (chère)	*expensive*
finir	*to finish*
la fleur	*flower*
offrir	*to give, to offer*
ouvrir	*to open*
quitter	*to leave (a place)*
rendre à	*to go to*
vendre	*to sell*

Outil 1: Les verbes réguliers en -ir; verbes comme ouvrir

choisir	*to choose*
établir	*to establish*
finir	*to finish*
grandir	*to grow up*
grossir	*to gain weight*
mincir	*to lose weight*
obéir	*to obey*
réagir	*to react*
réfléchir	*to reflect, think*
réunir	*to meet, get together with; to assemble people*
réussir	*to succeed*
vieillir	*to grow older*
découvrir	*to discover*
offrir	*to give, offer*
ouvrir	*to open*

Outil 2: Les verbes en -re; le verbe prendre

apprendre	*to learn*
attendre	*to wait for*
comprendre	*to understand*
descendre	*to go down, descend*
entendre	*to hear*
perdre	*to lose*
perdre son temps	*to waste one's time*
prendre	*to take, to eat*
rendre	*to return*
rendre visite à	*to visit (a person)*
répondre	*to answer, respond*
vendre	*to sell*

Les transports

le bus	*inner-city bus*
le car	*intercity bus*
le métro	*subway*
le taxi	*taxi*
la voiture	*car*

Outil 3: Nombres cardinaux de 31 à 100

See page 112 for complete list.

Outil 4: L'heure

À quelle heure... ?	*(At) what time...?*
de l'après-midi	*P.M., in the afternoon*
du matin	*A.M., in the morning*
du soir	*P.M., in the evening*
être à l'heure	*to be on time*
être en avance	*to be early*
être en retard	*to be late*
Il est midi.	*It's noon.*
Il est minuit.	*It's midnight.*
Quelle heure est-il?	*What time is it?*
Vous avez l'heure?	*Do you have the time?*

Des gens de toutes sortes

Communication

- Describing people: physical features, age, personality, character
- Reporting past events

Cultures in parallel

- Diversity
- Stereotypes

Tools

- Possessive adjectives, definite article with physical characteristics
- Irregular adjectives; **c'est** vs. **il/elle est**
- **–er** verbs with spelling changes
- The **passé composé** with **avoir**
- Phonetics: nasal vowels

D'une culture à l'autre: You might want to approach the last question by asking students to think about the advantages and disadvantages of living in a place with a homogeneous versus a diverse population. The following chart could aid in organizing and structuring students' thinking:

	La diversité culturelle	
	Présence	Absence
Avantages		
Inconvénients		

D'une culture à l'autre

Pensez au pays où vous habitez. La population est-elle très homogène, ou comprend-elle une certaine proportion de personnes de races, origines, cultures différentes? Est-ce la même chose dans la ville où vous habitez, où vous faites vos études? Que pensez-vous de la présence ou absence de diversité autour de vous?

This dossier brings together two key functions: simple description and simple narration. The *passé composé* will also be introduced.

You might want to begin your presentation of this *Contexte* by having students look at the picture of Julien Mottin as you ask questions about the information in the fiche, using gestures when appropriate: *Comment s'appelle la personne sur la première photo? Quelle est sa date de naissance? Où habite-t-il? Qu'est-ce qu'il fait dans la vie? Quelle est sa taille? Combien pèse-t-il? De quelle couleur sont ses yeux/ses cheveux?* This helps students focus first on the content and on recognizing the interrogative forms; in a second stage, after you have done the first two portraits together, students will learn to produce the interrogative forms on their own.

Have students first read through the next three texts on their own and make two lists of phrases: *identification* and *description* (or else have them make the lists as they read through the texts with you). Then, using their lists of phrases, have them give their own descriptions of Hélène, Philippe, and Jacques, using only their notes.

In the *fiche* about Julien Mottin, make sure the students are aware that the comma in *1,63 m* represents a decimal point. In speaking, one would say, *Je fais un mètre soixante-trois.*

1. Portraits divers

Fiche signalétique

Nom:	Mottin
Prénoms:	Julien, Philippe, Maurice
Date de naisssance:	16 / 06 / 1975
Domicile:	34, square des Alouettes, Saint-Etienne 42000
Profession:	étudiant
Taille:	1,63 m
Poids:	69 kilos
Yeux:	bleus
Cheveux:	bruns
Signes particuliers:	lunettes

Voici Hélène Roi. C'est une jeune lycéenne. Elle a 15 ans, un visage assez rond et de jolis yeux bleus. En ce moment, elle porte les cheveux courts. Elle n'est pas très grande—elle fait 1 mètre 52. Pendant son enfance, elle a été assez forte, mais maintenant elle est très mince, car elle fait beaucoup de sports. Elle est sérieuse, n'est-ce pas?

Hélas, c'est bien moi, Philippe Janin! Je dis hélas parce que je déteste vraiment cette photo! Je fais plus vieux que mon âge, n'est-ce pas? Je n'ai pas encore 60 ans et j'ai l'air d'en avoir 70!

Jacques—un vieil ami—a fait cette photo de moi pendant les vacances. Pour une fois, je suis bien coiffée et mon sourire semble très naturel. Oh, bien sûr, je ne me trouve pas parfaite mais on ne choisit pas son visage! En définitive, j'aime assez cette photo: c'est bien moi, Évelyne Ladois!

Pour faire le portrait d'un individu

Comment s'appelle l'individu?
Est-ce un(e) adulte, un(e) adolescent(e) ou un(e) enfant?
Est-ce un homme ou une femme? un garçon ou une fille?
Quel âge a-t-il/elle?
Quelle est sa taille?
Combien pèse-t-il/elle?
Comment/De quelle couleur sont ses yeux?
Comment/De quelle couleur sont ses cheveux?
A-t-il/elle des signes particuliers? Par exemple, porte-t-il/elle des
   lunettes?

❖ À votre tour

Answer key: 1. e, 2. a, 3. g, 4. c, 5. f, 6. b,
7. h, 8. d

A. Des faits et des chiffres *(Facts and figures)*. Pour chaque question
dans la colonne A, trouvez la réponse convenable dans la colonne B.

A	**B**
1. Quelle est la date de naissance de Julien Mottin?	a. Elle a 15 ans.
2. Quel âge a Hélène Roi?	b. Il habite 34, place des Alouettes à Saint-Étienne.
3. Quelle est la profession de Julien Mottin?	c. Elle est lycéenne.
4. Quelle est la profession d'Hélène Roi?	d. Il a quelques cheveux blancs.
5. Julien Mottin a-t-il des signes particuliers?	e. C'est le 16 juin 1975.
6. Où est le domicile de Julien Mottin?	f. Oui, il porte des lunettes.
7. Comment sont les cheveux d'Hélène Roi?	g. Il est étudiant.
8. De quelle couleur sont les cheveux de Philippe Janin?	h. Elle a les cheveux courts.

B. Qui est-ce? Faites le portrait d'une des personnes du Contexte 1
et votre partenaire identifie la personne en question.

MODÈLE: —C'est une femme. Elle est mince. Elle a les cheveux courts.
         Elle est sérieuse.
       —Ah, d'accord. C'est _____!
       —Bravo!
  ou: —Désolé(e)! Ce n'est pas _____.

C. Inscription *(Registration)*. À l'occasion d'une rencontre sportive,
vous inscrivez des athlètes. Demandez à un(e) des athlètes (votre
partenaire):

- son nom
- sa nationalité
- son âge
- son domicile

- sa taille
- son poids
- s'il/si elle a des signes particuliers

D. Devinez qui c'est! Apportez en classe une photo de votre famille ou de quelques amis. Vous décrivez une des personnes sur la photo et votre partenaire identifie l'individu.

2. Quatre habitants d'une grande ville

Students have had practice answering basic questions about identity and characteristics in *Contexte 1*. Present the two *cartes d'identité* in *Contexte 2* by having them ask the questions. They may refer to *Pour faire le portrait d'un individu* on page 133. In this way, students practice asking for descriptions as well as providing them.

Point out to students that nouns and adjectives listed under the categories *nationalité, profession,* or *religion* agree in gender with the category, not with the individual.

Nom de famille	Ben Yahmed
Nom de jeune fille	
Prénoms	Rachid Mohammed
Nationalité	française
Date de naissance	1/08/1952
Lieu de naissance	Toulouse
Adresse	8, avenue de la Gare, Marseille
Profession	comptable
Taille	1,62 m
Poids	67 kilos
Religion	musulmane

Nom de famille	Dagba
Nom de jeune fille	Asséna
Prénoms	Micheline Angèle
Nationalité	française
Date de naissance	23/10/1968
Lieu de naissance	Guadeloupe
Adresse	258, boulevard Montmartre, Paris
Profession	comédienne et assistante sociale
Taille	1,57 m
Poids	60 kilos
Religion	sans

Point out that in the paragraph about Noc Phuen, someone is talking about someone else. Have students figure out who is speaking as they work through the text. Begin your presentation by asking questions about the text: *Quand les parents de Noc Phuen ont-ils quitté le Viêt-nam? Où Noc Phuen a-t-il habité? Où a-t-il grandi? Comment est-il?* etc. Next, focus on the *passé composé*, which students will see in this text for the first time. Write the sentence *Ses parents ont quitté le Viêt-nam dans les années 70* on the board, and point to the phrase *dans les années 70*. Have students guess the meaning of the phrase (or, tell them the text refers to the past). Then point to the phrase *ont quitté* and ask them to guess what it means. Next, write the following infinitives on the board: *quitter, habiter, grandir, jouer*. Have students write the past participle of each one on the board beside the infinitive. Students may then be able to use the information on the board to construct their own narrative sequence concerning Noc Phuen and his family. Working through the text in this way will prepare students for the *passé composé*, which is presented in *Outil 4*.

C'est mon ami, Noc Phuen. Ses parents ont quitté le Viêt-nam dans les années 70. Lui, il n'a jamais habité le Viêt-nam, il a toujours habité Paris, dans mon quartier. Nous avons grandi ensemble, joué ensemble et maintenant nous restons de bons amis. Noc a l'air sérieux, mais en réalité il est très amusant. C'est aussi un musicien de première classe et je crois qu'un jour, il va très bien réussir.

Hier, j'ai fait la connaissance de Patricia, la nouvelle copine d'Henri. Cet Henri, il est fou: lui qui est si gentil, il a trouvé une fille prétentieuse et tout à fait ennuyeuse. Non, non, je n'exagère pas! Elle est insupportable! En plus, elle n'a pas l'air très franche. Pauvre Henri! Je crois que cette fois il a mal choisi!

❖ À votre tour

A. Voici... Utilisez les renseignements donnés sur les cartes d'identité de Ben Yahmed et de Micheline Dagba pour présenter chaque personnage à un(e) camarade de classe. (Phrases complètes, s'il vous plaît!)

MODÈLE: Voici Monsieur Ben Yahmed. Son prénom est Rachid. Il est français.

B. Et vous? Faites votre fiche signalétique, puis donnez la fiche à votre partenaire. Il/Elle va utiliser cette fiche pour vous présenter à d'autres camarades. (Phrases complètes, s'il vous plaît!)

C. Un portrait moral. Maintenant, ajoutez à votre signalement (activité B ci-dessus) des éléments qui se rapportent à votre tempérament et à votre caractère. Partagez votre portrait avec un(e) camarade de classe. Comment êtes-vous semblables ou différent(e)s?

MODÈLE: Tiens! comme c'est curieux! Nous sommes tous (toutes) les deux _____.
    ou: Quel contraste! Toi, tu es _____, mais moi, je suis _____.

This activity introduces a new use of the adjective moral *for students. It's the appropriate word for this type of description.*

3. On raconte sa vie

Dans les textes suivants, certaines personnes parlent d'elles-mêmes; d'autres sont le sujet de commentaires faits par des amis ou des connaissances.

Remind students that biographical information often contains references to past events and that they should expect to see the past tense.

J'apprécie beaucoup mon collaborateur Philippe Janin. Nous avons commencé notre carrière ensemble chez France-Télécom en 1967. M. Janin est un statisticien remarquable. Il a fait des études solides, il est sérieux et travailleur, parfois un peu lent mais très consciencieux. Il n'est pas très ambitieux et c'est un peu dommage: il n'a pas encore gagné la place qu'il mérite dans cette entreprise.

Philippe Janin

Students have already encountered Philippe Janin and Micheline Dagba in earlier Contextes. *Present these two narratives by asking students to look at the pictures. (1) What do they remember abut Philippe Janin? Who is talking about him here? What does his colleague say about him? Is the colleague sympathetic to him or not? How do they know? (2) What do they remember about Micheline Dagba? What new things do they learn about her? Is she happy with her life? How do they know?*

Organize the material in this text around the three people involved: Henri, Patricia, *and* la personne qui parle. *Write their names on the board, and as you read through the text with students, have them write the adjective(s) describing each person below each name. (Students will probably have different opinions about which adjectives to use to describe the person speaking.) This approach helps students develop a fundamental reading and listening skill: drawing inferences.*

You may wish to mention the use of the present tense + *depuis* to indicate an action or state of mind that began in the past and is continuing in the present.

The use of *aussi* in the sentence *Je suis aujourd'hui assistante sociale et aussi comédienne* indicates that this is indeed an unlikely combination.

Micheline Dagba

Moi, le théâtre, j'adore ça depuis mon enfance. J'ai toujours rêvé de devenir une grande artiste. Mais mes parents m'ont poussée vers un métier plus «raisonnable». Voilà pourquoi je suis aujourd'hui assistante sociale et aussi comédienne. Je suis là à la fois pour aider les autres et pour amuser. On dit que je suis gaie, que j'ai le contact facile. Je suis très sensible aux problèmes des autres et je cherche à apporter des solutions à leurs problèmes.

Present André Agostini and Marie-Claude Renom via a chart activity focusing on narration. Write the following categories on the board and have students read the texts to find the information: *Nom, Caractéristiques, Métier/Profession, Parcours personnel/professionnel.*

André Agostini

Je voyage beaucoup parce que je suis journaliste, vous voyez. Depuis mon plus jeune âge, je suis curieux de tout! Ma profession est difficile et très compétitive, parfois un peu dangereuse, selon mes parents et amis. Comment est-ce qu'on devient journaliste? Moi, je n'ai pas fait d'études de journalisme. J'ai commencé à travailler pour un petit journal de province et puis j'ai eu beaucoup de chance!

Point out that the word *situation*, as used here, refers to employment or work.

Marie-Claude Renom

À 46 ans, mon amie, Marie-Claude Renom, n'a pas eu de chance. L'année dernière, cette mère de deux enfants a divorcé; puis elle a perdu son poste d'ingénieur dans une entreprise d'informatique. Depuis, elle n'a pas retrouvé d'autre situation. Alors, elle a demandé de l'aide à ses amis et relations. C'est une personne courageuse et dynamique, mais elle commence à avoir de grandes inquiétudes sur son avenir professionnel et sur l'avenir de ses enfants.

❖ À votre tour

A. De qui s'agit-il? Pour chaque résumé biographique ci-dessous, identifiez l'individu en question.

A	**B**

1. On déplore la situation d'une amie divorcée et mère de deux enfants, qui a perdu son travail.
2. Un individu explique sa profession, pourquoi il a choisi cette profession, et comment on se prépare pour cette profession.
3. Un individu parle de son collègue en termes très positifs.
4. Un individu discute de sa double profession.

a. Philippe Janin
b. André Agostini
c. Micheline Dagba
d. Marie-Claude Renom

B. Qualités et défauts (*Strengths and weaknesses*). Faites une liste des adjectifs que vous trouvez dans les portraits du Contexte 3 et décidez s'ils désignent des traits positifs ou négatifs.

C. Nouvelle identité. Vous et votre partenaire êtes Philippe Janin et Marie-Claude Renom. Expliquez pourquoi vous êtes d'accord ou pas d'accord avec les commentaires exprimés à votre sujet.

MODÈLE: Oui, c'est vrai, je suis sérieux. Par exemple, je travaille beaucoup, j'arrive au bureau en avance, je ne perds pas mon temps, etc.

Before beginning the activity, list some possible reasons on the board.

D. Une personnalité intéressante. Mentionnez le nom d'une personnalité à la mode. Expliquez pourquoi vous trouvez cette personne intéressante.

E. Devinette. Faites, sans mentionner de nom, le portrait moral d'un(e) camarade de classe ou de votre professeur. Partagez ce portrait avec vos camarades de classe, qui vont essayer d'identifier l'individu en question.

4. Instantanés

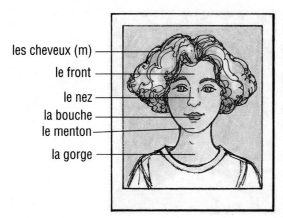

les cheveux (m)
le front
le nez
la bouche
le menton
la gorge

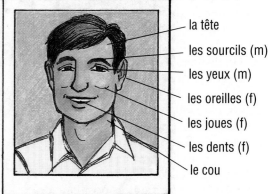

la tête
les sourcils (m)
les yeux (m)
les oreilles (f)
les joues (f)
les dents (f)
le cou

Present facial features by pointing to them on yourself, beginning with the hair and working your way down to the chin or neck.

You might want to play "Simon says" to give students practice with this new vocabulary

To present this vocabulary, first describe yourself: *Moi, j'ai le visage carré; j'ai les cheveux courts, bouclés et roux; j'ai les yeux verts; j'ai le nez court; j'ai les oreilles pointues.* It's easy to indicate face shapes by tracing the geometric patterns in the air with your fingers. You might be able to single out particular students to illustrate features different from your own.

Comment décrire le visage d'un individu

Quelle est la forme de son visage?	Il / Elle a le visage carré.
Comment est-il/elle coiffé(e)?	Il / Elle a les cheveux courts.
	Il / Elle a les cheveux raides.
De quelle couleur sont ses cheveux?	Il / Elle a les cheveux châtain[1].
De quelle couleur sont ses yeux?	Il / Elle a les yeux bleus.

le visage:	carré / long / rond
les cheveux:	longs / courts
	bouclés / frisés / raids
	blonds / châtain[1]/ bruns / noirs / roux
les yeux:	bleus / marron[1]/ noirs / verts
le nez:	court / long / retroussé / pointu
les oreilles:	décollées / pointues

[1] Note that the adjectives **châtain** and **marron** are invariable, that is, their spelling does not change in the feminine or the plural.

❖ À votre tour

A. Faire le portrait. Avec un(e) partenaire, faites le portrait des deux individus du Contexte 4.

MODÈLE: —Comment est la tête de l'homme?
   —Il a le visage carré.
   —Comment est-il coiffé?
   —Il a les cheveux courts et raides.

B. Auto-portrait. Décrivez votre visage en détail à votre partenaire.

MODÈLE: J'ai le visage rond et les cheveux courts et blonds. Je n'ai pas une grande bouche. J'ai les yeux bleus.

C. Encore des portraits! Maintenant décrivez le visage d'un(e) camarade de classe. Vos camarades vont identifier l'individu.

En direct 1

A. Photo de famille. You will hear someone describe the wedding photo below. Identify as many family members as you can by matching the numbers on the photo with the names listed below.

____ Aline   ____ Sabine   ____ Thomas

____ Marc   ____ Arnaud   ____ Clémentine

____ Jeanne   ____ la grand-mère ____ Nathalie

____ Paul   ____ la mère de Marc

B. Réactions. Identify the emotion the speaker expresses about each person and write the letter corresponding to the emotion beside the person's name. Pay attention not only to the speaker's words, but also to the tone of voice.

1. _b_ Alain   a. jalousie
2. _e_ Jocelyne   b. respect et admiration
3. _a_ Philippe   c. inquiétude
4. _d_ Justin   d. admiration
5. _c_ Sylvie   e. colère et déception *(disappointment)*

C. Mise au point *(Pulling things together)*.

1. Now listen to the speakers a second time and write down the adjectives associated with each of the emotions listed.

Jalousie	Respect et admiration	Inquiétude	Admiration	Colère et déception

2. Review the adjectives written under each emotion. Do you find any surprises?

This listening text recycles expressions of location and gives aural practice with vocabulary pertaining to physical characteristics.

Tapescript for *En direct 1:*

A. J'ai pris cette photo au mariage de ma cousine Aline avec Marc. À la gauche de Marc et derrière lui, c'est ma tante Jeanne. Mon oncle Paul, c'est le grand type à lunettes, un peu fort, juste devant la fenêtre. À sa gauche, un peu devant lui et en rouge et vert, c'est ma sœur Sabine. On aperçoit son mari Arnaud, le garçon brun derrière Aline. Devant Arnaud et à gauche d'Aline, c'est ma grand-mère, qui porte une robe rose. À l'extrême droite et au fond, la dame aux cheveux gris et aux lunettes, c'est la mère de Marc. Tout à fait à gauche et à côté de Marc, en blanc, c'est mon petit frère Thomas. Les deux petites filles en rose sont mes nièces: à droite c'est Clémentine et à gauche, c'est Nathalie. Voilà! Vous vous y retrouvez?

B. 1. Alain, c'est un type extraordinaire. Il est toujours aimable avec tout le monde, et si généreux! Toujours prêt à rendre service. Il a le cœur sur la main! J'aime travailler avec lui, je l'apprécie beaucoup et j'ai un grand respect pour lui.

2. Jocelyne et moi, c'est fini, bien fini, complètement fini! Non seulement elle est stupide et méchante, mais elle est aussi malhonnête. Je n'ai sûrement pas besoin d'amis comme elle!

3. Philippe, Philippe, tu parles toujours de Philippe… Mais qu'est-ce qu'il a donc, ce Philippe? Oh bien sûr, je sais, il a une belle voiture rouge, des yeux bleus, des cheveux blonds, bref un vrai film en technicolor à lui tout seul!

4. Parmi les copains de mon frère il y a un garçon vraiment très, très beau! Il s'appelle Justin. Il a des yeux bleus admirables qui contrastent avec des cheveux très noirs. On dirait un acteur de cinéma! Et puis, il est grand, mince, drôle… le prince Charmant, quoi!

5. Écoute, Sylvie, à mon avis, tes nouveaux amis ont une mauvaise, je dirais même très mauvaise, influence sur toi! Ils sont superficiels, paresseux; ils ne prennent jamais rien au sérieux! Franchement, moi, je m'inquiète pour toi!

Activity C: You may wish to call students' attention to the fact that the jealousy expressed by the speaker about Philippe is conveyed almost entirely by the tone of his voice. Students can observe that the adjectives he uses—*rouge, bleu, blonds,* etc.—carry no value judgment, and *belle* is used sarcastically.

PARALLÈLES?

Vive la diversité!

Observer

A. Dans les médias de votre pays, y-a-t-il des représentations considérées comme «typiques» de ses habitants? Essayez d'apporter des images trouvées dans les médias (livres-enfants, livres-adultes, bandes dessinées, manuels d'histoire, magazines, journaux, télévision, films, etc.) ou donnez des exemples détaillés. Quelles sont les sources possibles de ces représentations (histoire? légendes? anecdotes? personnages historiques idéalisés? etc.)

B. Observez les images ci-dessous, toutes les deux proposées par des médias français. Elles évoquent deux représentations du Français et de la Française. Décrivez les deux photos en détail.

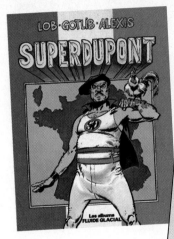

◄ Superdupont, un super-héros 100% français

Réfléchir

C. Que pensez-vous des deux images françaises? Sont-elles amusantes? choquantes? bien choisies? Correspondent-elles tout à fait, en partie ou pas du tout aux images des Français que vous avez? Expliquez pourquoi oui ou pourquoi non.

D. Faire de larges généralisations à partir d'une ou deux images, ou d'une ou deux impressions, c'est avoir recours à des stéréotypes. Voici quelques définitions du mot *stéréotype*. Classez-les par ordre d'importance pour vous, puis essayez de proposer votre propre définition.

1. «Une opinion toute faite (*ready-made*), un cliché.» (*Dictionnaire Robert*)
2. «Opinion formée ou adoptée sans réflexion.» *(Dictionnaire Quillet-Flammarion)*
3. Une image ou opinion avec une petite part de vérité, appliquée à tout et tous sans distinction.
4. Une simplification extrême et naïve de la réalité.
5. Une généralisation tout à fait superficielle.
6. Une caricature, un monstre, un portrait-robot *(composite)*.
7. Une parodie de la réalité.
8. «Le reflet des goûts, habitudes et croyances d'une minorité [le plus souvent] bourgeoise (*middle class*) et démodée (*outdated*).» (Pierre Christin and Philippe Lefébure: *Comprendre la France: Société, Économie, Politique*).

E. Les images toutes faites sont abondantes autour de nous! Partagez avec vos camarades certaines images souvent associées à l'adjectif ou au nom *Français*. À votre avis, est-ce qu'il y a un certain danger à recourir à (*resort to*) ces images? Donnez vos raisons.

F. Selon le grand historien français Fernand Braudel, «Notre pays s'est fait une réputation de sa diversité: on sait qu'en France, les paysages, les esprits, les races, les toits (*roofs of houses*) et les fromages (*cheeses*) présentent le plus extraordinaire éventail (*range*).»[1] À votre avis, les documents trouvés dans les cinq premiers dossiers de ce manuel ont-ils présenté cette diversité de la France? Expliquez pourquoi oui ou pourquoi non.

[1]*L'Identité de la France, Espace et Histoire.* Paris: Arthaud-Flammarion, 1986, p. 31.

OUTILS

1. La possession

Les adjectifs possessifs

You may wish to remind students of the contraction of the definite article with *de*.

- As you have already seen, one way to express ownership or relationship in French is to use the preposition **de** followed by a noun:

  C'est le livre **de** Mme Guillemin.   *It's Mrs. Guillemin's book.*
  C'est le bureau **du** directeur.   *It's the director's office.*

- A second way to express ownership or relationship is to use a possessive adjective (*my*, *your*, etc., in English). In French, possessive adjectives, like all adjectives, agree in gender and number with the nouns they describe.

  Sa profession est difficile et   *His profession is difficult and*
  très compétitive.   *very competitive.*

  Son sourire semble très naturel.   *Her smile seems very natural.*

  Pendant **son** enfance, Hélène   *During her childhood, Hélène*
  Roi a été assez forte.   *Roi was rather stout.*

- Note in the above examples that **sa profession** could mean either *his profession* or *her profession*, and **son sourire** could mean either *her smile* or *his smile*. The use of **sa** and **son** is dictated by the gender of **profession** (feminine) and **sourire** (masculine).

- The possessive adjectives are listed in the chart below.

les adjectifs possessifs							
	singulier		**pluriel**		**singulier**		**pluriel**
	masc.	**fém.**			**masc.**	**fém.**	
je	**mon**	**ma**	**mes**	nous	**notre**	**notre**	**nos**
tu	**ton**	**ta**	**tes**	vous	**votre**	**votre**	**vos**
il/elle/on	**son**	**sa**	**ses**	ils/elles	**leur**	**leur**	**leurs**

- When a feminine singular noun begins with a vowel or silent **h**, the masculine form of the possessive adjective (**mon, ton, son**) is used.

  Voilà **mon** amie Hélène Roi.

❖ À votre tour

A. À qui est-ce? *(Whose is it?)* Identifiez à qui sont les objets indiqués en utilisant l'adjectif possessif convenable.

MODÈLE: —C'est ton crayon ou le crayon de Dominique?
        —C'est mon crayon.
   ou: —C'est son crayon.

1. C'est ton crayon ou le crayon de Dominique?
2. C'est ta photo ou la photo de Paul?
3. Ce sont tes livres ou les livres du professeur?
4. C'est ton cahier ou le cahier de ton/ta camarade?
5. Ce sont tes lunettes ou les lunettes de ton/ta camarade de chambre?
6. Ce sont tes devoirs ou les devoirs de tes camarades?

B. Du bon et du mauvais. Vous parlez à un(e) camarade de votre vie à l'université. Remplacez les articles définis par les adjectifs possessifs convenables.

MODÈLE: Le/La camarade d'appartement est sympa.
        Mon/Ma camarade d'appartement est (n'est pas) sympa.

1. Le/La camarade d'appartement est sympa.
2. L'appartement est petit.
3. Les voisins sont très aimables.
4. Le quartier est agréable.
5. La propriétaire est souvent absente.
6. Il y a beaucoup de place dans l'appartement.

C. Mais c'est pareil! *(It's the same!)* Vous et votre camarade d'appartement comparez votre situation à celles de vos amis Philippe, Suzanne et Hélène. Utilisez comme point de départ les mêmes phrases que dans l'activité B ci-dessus.

MODÈLE: —Notre camarade d'appartement est sympa.
        —C'est pareil pour Philippe! Son camarade d'appartement est sympa.
   ou: —Tiens! C'est pareil pour Suzanne et Hélène aussi! Leur camarade d'appartement est sympa.

Article défini avec des caractéristiques physiques

- In French, you don't always use possessive adjectives when talking about physical characteristics. For example, when talking about your own (or someone else's) hair color, eye color, shape of face, and so on, you normally use the definite article (rather than the possessive adjective) and the verb **avoir**.

J'ai **les** yeux bleus.	*I have blue eyes. / My eyes are blue.*
Tu as **les** cheveux courts.	*You have short hair. / Your hair is short.*
Elle a **le** visage rond.	*She has a round face. / Her face is round.*

- However, as you will remember from **Contexte 4**, page 138, in asking questions, you use the possessive adjective and the verb **être**.

    —À propos d'Hélène Roi, de quelle couleur **sont ses** yeux?
    —Elle **a les** yeux verts.
    —À propos de Marianne, comment **est son** visage?
    —Elle **a le** visage assez rond.

❖ À votre tour

 A. Quelques descriptions. Vous parlez des caractéristiques physiques de vos camarades de classe et votre partenaire confirme ou conteste vos observations.

MODÈLE: —Paul a les cheveux châtain, n'est-ce pas?
        —Bien sûr, il a les cheveux châtain clair!
    ou: —Mais non! À mon avis, il a les cheveux plutôt blonds!

 B. Qui est-ce? Vous et un(e) partenaire pensez chacun à un(e) camarade, puis vous vous posez des questions pour deviner l'identité de l'individu.

MODÈLE: —Je pense à un garçon/une fille.
        —De quelle couleur sont ses cheveux?
        —Il/Elle a les cheveux (blonds).

This activity provides an opportunity for students to practice describing people, asking for confirmation, expressing agreement or disagreement–in short, to practice discourse strategies.

 C. Oui ou non? Vous décrivez à votre partenaire les différents personnages des **Contextes** (pages 132–138), en demandant s'il/si elle est d'accord avec votre description. Référez-vous au petit lexique ci-dessous pour élargir votre répertoire de répliques.

MODÈLE: —Philippe Janin a les cheveux blancs, n'est-ce pas?
        —Oui, c'est bien ça.

        —Hélène Roi, elle a les yeux marron, n'est-ce pas?
        —Mais non! elle a les yeux verts.

Pour exprimer l'accord	Pour exprimer le désaccord
Oui, c'est bien ça!	Mais non, ce n'est pas ça!
Oui, tu as raison!	Mais non, tu as tort!
Oui, tout à fait!	Non, pas exactement!

2. Adjectifs irréguliers

- Remember that adjectives in French
    - ➤ agree in gender and number with the noun they describe;
    - ➤ usually follow the noun they modify, except for the few short, common adjectives listed below that precede the noun:

autre	gros	neuf
beau	jeune/vieux	nouveau
bon/mauvais	joli	vrai
grand/petit		

- You have already learned about three groups of adjectives:
  ➤ those that are the same in the masculine and the feminine ("unisex" adjectives);
  ➤ those that are regular in the feminine and in the plural (for example, most adjectives of nationality);
  ➤ those that precede the noun they modify.

  In this dossier, you will learn about adjectives that are irregular in the way they form the feminine and/or plural.

- In general, you form the feminine adjective by adding **e** to the masculine, but here are some exceptions:

Masc.	Fém.	
-c-	-che	blanc / blanche, franc / franche
-er	-ère	cher / chère, premier / première
-eur	-euse	travailleur / travailleuse
-f	-ve	actif / active, sportif / sportive
-l	-lle	gentil / gentille, naturel / naturelle
-n	-nne	bon / bonne, italien / italienne
-s	-sse	gras / grasse, gros / grosse
-teur	-trice	conservateur / conservatrice, créateur / créatrice
-x	-se	ennuyeux / ennuyeuse, heureux / heureuse

- Here are some other adjectives whose feminine singular form is irregular:

faux / fausse	favori / favorite
fou / folle	public / publique

- In general, you form the plural by adding **s** to the singular, except when the singular already ends in **s** or **x**:

  Peter est anglais.   Paul et Ann sont anglais aussi.

- Most adjectives ending in **-al** in the masculine singular end in **-aux** in the masculine plural:

  libéral / libéraux   loyal / loyaux

Catalogue des contraires

actif(ve)	passif(ve)	idéaliste	réaliste
agréable	désagréable	intéressant(e)	ennuyeux(se)
ambitieux(se)		optimiste	pessimiste
amusant(e), drôle		patient(e)	impatient(e)
calme	nerveux(se)	prétentieux(se)	modeste
compétitif(ve)		raisonnable	fou (folle)
compliqué(e)	clair(e)/simple	riche	pauvre
content(e)	mécontent(e)	sage	idiot(e)
curieux(se)	indifférent	sérieux(se)	superficiel(le)
débrouillard(e)	peu habile	sincère	hypocrite
discipliné(e)	indiscipliné(e)	sociable/ouvert(e)	renfermé(e)
enthousiaste	réservé(e)	timide	ouvert(e)
généreux(se)	égoïste	travailleur(se)	paresseux(se)
honnête	malhonnête		

Point out that (1) these are contrasting qualities, not necessarily qualities and faults, and (2) not all adjectives have an opposite. Where there is no opposite, students should simply use the negative: *Il/Elle n'est pas compétitif(ve)*.

You might wish to call attention to the adjective *débrouillard*, which denotes a quality highly esteemed by many French people (see, for example, the Astérix text on page 161). One way to explain the term: *brouillard* = fog; *débrouillard* = able to "unfog," or cut through the fog, or get out of a bad situation.

❖ **À votre tour**

A. Quelle sorte de gens? Donnez votre opinion en utilisant les éléments suivants. Mélangez les éléments comme vous voulez. Attention à la forme et à l'accord de l'adjectif.

Je déteste	les personnes (f)	très paresseux
Je respecte	les gens	sincère
J'apprécie	les professeurs	sportif
Je redoute (*fear*)	les artistes	un peu fou
Je n'aime pas beaucoup	les amis	créateur
	les partenaires	ennuyeux
		gentil
		débrouillard

B. Héros et héroïnes. Parmi les personnages imaginaires des programmes de télévision, quel(le)s sont vos héros/héroïnes favori(te)s? Pourquoi?

MODÈLE: J'aime Bart Simpson. Il est débrouillard et amusant. Il n'est pas discipliné.

C. Vraiment, tu crois? *(You really think so?)* Votre partenaire exprime son opinion sur quelqu'un que vous connaissez tou(te)s les deux. Vous exprimez votre désaccord avec lui/elle.

MODÈLE: —Mme Lamarche est très sympathique.
　　　　　—Vraiment, tu crois? Moi, je trouve Mme Lamarche plutôt désagréable.

C'est vs Il/Elle est

- The constructions **il est/elle est** and **c'est** refer to persons and to things. Which one you use depends on your purpose.

- In general, you use **c'est, ce sont**:
  ➤ to identify yourself:
  　C'est moi!
  ➤ to identify people by name:
  　C'est Hélène Roi!
  ➤ to identify a place:
  　C'est Paris.
  ➤ to point out someone specific:
  　C'est elle! C'est la nouvelle copine d'Henri!
  ➤ to place in a category:
  　C'est un musicien de première classe.
  　C'est un vélomoteur; ce sont des motos.
  ➤ to make a value judgment:
  　C'est une personne courageuse et dynamique.
  　C'est bien! C'est cher!

- You use **il/elle est, ils/elles sont:**
  - ➤ to add details concerning a person or object identified earlier:

    C'est une mère de deux enfants. **Elle** est courageuse et dynamique.

    C'est Henri. **Il** est fou!

    Henri a trouvé une fille prétentieuse. **Elle** est insupportable!
  - ➤ to give someone's nationality in response to the question **Quelle est sa nationalité?**

    —Quelle est sa nationalité?

    —**Il** est anglais.
  - ➤ to give someone's profession in response to the question **Qu'est-ce qu'il/elle fait?**

    —Qu'est-ce qu'il fait?

    —**Il** est journaliste.

Remind students that *anglais* in this case is an adjective and therefore not capitalized.

❖ À votre tour

A. Erreur de jugement. Corrigez les jugements suivants. Attention à la forme et à la place de l'adjectif.

MODÈLE: —C'est une personne active.

           —Pas du tout! C'est une personne paresseuse!

1. C'est une personne travailleuse.
2. Ce sont des idées raisonnables.
3. C'est une petite erreur.
4. C'est une vieille auto.
5. C'est une personne réservée.
6. Ce sont des revues libérales.
7. Ce sont des gens optimistes.
8. C'est un étudiant sérieux.
9. C'est un couple économe.
10. C'est une personne très sociable.

B. Qui inviter? Avec un(e) partenaire, discutez d'une fête future et de la liste des invités.

MODÈLE: —Jean Dupont, qui est-ce?

           —C'est un ami.

           —Qu'est-ce qu'il fait?

           —Il est dentiste. Il est gentil.

           —Bon, alors, c'est d'accord.

Invités	Rapport	Profession	Caractéristiques
Jean Dupont	un ami	dentiste	?
Marie Soulier	une relation d'affaires	représentante	?
Jean-Paul Aubain	un vieil ami	médecin	?
Sabine Marion	une cousine	avocate	?
Kevin Smith	un jeune Anglais	étudiant	?
Marc et Mimi Lebrun	des amis	commerçants	?
Thierry et Odette Simonin	des collègues de bureau	cadres	?

Following are some quick oral drills to practice these verbs: —*Moi, je préfère les étudiants travailleurs. Et vous, Anne?* — *Moi, j'achète le journal tous les jours. Et vous, Tom et Paul?*

To make it easier for students to master these verbs, tell them to memorize the spelling of the infinitive. The *nous* and *vous* forms will conform to the infinitive; the other forms will be different. The critical factor is whether or not the ending is pronounced.

3. Verbes en -**er** avec des changements orthographiques

- In Dossier 2, you learned that certain -**er** verbs (for example, **préférer**) have spelling changes in their stems in certain persons. These changes affect the written forms of the verbs, but are made for reasons of pronunciation. These verbs fall into several groups or categories.

- Verbs ending in -**ger** add an **e** after the **g** in the first person plural (only) of the present tense so as to maintain the soft sound of the **g** before -**ons**:

partager (*to share*)	Nous partag**e**ons les responsabilités.
ranger (*to put one's things away*)	Nous rang**e**ons vite nos affaires.
voyager	Nous voyag**e**ons souvent.

- Verbs ending in -**cer** add a cedilla to the **c** in the first person plural (only) of the present tense so as to maintain the soft sound of the **c** before -**ons**:

commencer (*to begin*)	Nous commen**ç**ons la visite à 3 heures.

- Most verbs ending in -**eler** and -**eter** double the consonant before a silent **e**. This affects all persons except **nous** and **vous**, in which no spelling changes occur:

appeler	
j'appe**ll**e	nous appelons
tu appe**ll**es	vous appelez
il/elle/on appe**ll**e	ils/elles appe**ll**ent

- With verbs ending in -**érer** (**préférer**) or -**éter** (**répéter**), the **é** becomes **è** before a silent **e**. This affects all persons except **nous** and **vous**, in which no spelling change occurs:

préférer	
je préf**è**re	nous préférons
tu préf**è**res	vous préférez
il/elle/on préf**è**re	ils/elles préf**è**rent

répéter	
je rép**è**te	nous répétons
tu rép**è**tes	vous répétez
il/elle/on rép**è**te	ils/elles rép**è**tent

- Similarly, with verbs like **acheter** (*to buy*), **e** becomes **è** in all persons except **nous** and **vous**:

acheter	
j'ach**è**te	nous achetons
tu ach**è**tes	vous achetez
il/elle/on ach**è**te	ils/elles ach**è**tent

- Verbs ending in **-ayer** change **y** to **i** in all persons except **nous** and **vous**:

essayer	
j'essa**i**e	nous essayons
tu essa**i**es	vous essayez
il/elle/on essa**i**e	ils/elles essa**i**ent

payer	
je pa**i**e	nous payons
tu pa**i**es	vous payez
il/elle/on pa**i**e	ils/elles pa**i**ent

❖ À votre tour

A. Préférences et habitudes. Indiquez les personnes qui ont les préférences ou les habitudes suivantes. Mélanges les eléments comme vous voulez.

Moi, je	acheter des tee-shirts intéressants
Mes ami(e)s	essayer d'être toujours bien coiffé
Mes ami(e)s et moi	partager l'équipement de sport
Toi, tu	payer les livres scolaires
Toi et tes ami(e)s, vous	préférer le cinéma à la télé
Mon/Ma camarade de chambre	ranger la chambre tous les matins
Les adultes	répéter toujours la question
Les adolescents	voyager pendant toutes les vacances

B. Sorties en couple. En petits groupes, demandez à vos camarades quelles sont leurs habitudes quand ils sortent en couple. Résumez les habitudes de votre groupe en utilisant le pronom **nous**.

MODÈLE: Qui / appeler l'autre au téléphone
—Qui appelle l'autre au téléphone?
—En général, j'appelle mon ami(e) au téléphone.

1. Qui / appeler l'autre au téléphone
2. Qui / acheter les tickets de cinéma
3. Où est-ce que vous et votre ami(e) / préférer aller
4. Qui est-ce que vous / emmener avec vous
5. Qui / payer au restaurant

4. Le passé composé avec **avoir**

- You can talk about the past from two different perspectives: you can describe what things were like, or you can tell what happened. In this dossier, you will learn how to use the **passé composé** to tell what happened. In Dossier 9, you will learn to use a different tense, called the **imparfait**, to describe what things were like in the past.

- The **passé composé** is used to tell what happened or what someone did:

  Marie-Claude Renom a divorcé, puis elle a perdu sa situation.
  Sa vie a changé.
  Hier, j'ai fait la connaissance de Patricia.
  Les parents de Noc Phuen ont quitté le Viêt-Nam dans les années 70.

- Except for two groups of high-frequency verbs—most of which are verbs of motion or movement (for example, **aller, descendre, monter**) and verbs related to daily routine—most French verbs are conjugated in the **passé composé** with the auxiliary verb **avoir**.

- The **passé composé** consists of the verb **avoir** (conjugated) plus a past participle:

  avoir (conjugated) + past participle

parler	
j'ai parlé	nous avons parlé
tu as parlé	vous avez parlé
il/elle/on a parlé	ils/elles ont parlé

- To form the past participle, replace the infinitive ending (**-er**, **-ir**, or **-re**) with the corresponding past participle ending:

infinitive	past participle ending		past participle
parl**er**	**é**	➤	parl**é**
fin**ir**	**i**	➤	fin**i**
rend**re**	**u**	➤	rend**u**

Agreement of past participles will be presented in Dossier 9, Outil 3

- Often, irregular verbs have irregular past participles.

avoir	eu	faire	fait
découvrir	découvert	prendre	pris
être	été	apprendre	appris
offrir	offert	comprendre	compris
ouvrir	ouvert		

- To make a verb in the **passé composé** negative, place the two parts of the negative (**ne + pas, ne + jamais**) around the auxiliary verb.

je **n'**ai **pas** entendu	nous **n'**avons **pas** entendu
tu **n'**as **pas** entendu	vous **n'**avez **pas** entendu
il/elle **n'**a **pas** entendu	ils/elles **n'**ont **pas** entendu

Marie-Claude Renom **n'**a **pas** eu de chance.

André Agostini **n'**a **jamais** fait d'études de journalisme.

- To ask a question in the **passé composé**, you can use intonation, **est-ce que**, or inversion. Note that the inversion occurs with the pronoun subject and the auxiliary verb:

Est-ce que j'ai fini?	**Avons-nous** fini?
As-tu fini?	**Avez-vous** fini?
A-t-il/A-t-elle fini?	**Ont-ils/Ont-elles** fini?

- When short common adverbs (**bien/mal, toujours/souvent, beaucoup/peu/assez, déjà/encore**) are used with the **passé composé**, they are placed immediately before the past participle:

    Pauvre Henri! Cette fois, il a **mal** choisi.

    Philippe Janin n'a pas **encore** gagné la place qu'il mérite.

    However, adverbs of time (**aujourd'hui/hier**) and place (**ici/là-bas**) are placed at the beginning or end of the sentence:

    Hier, Marie-Claude Renom a demandé un rendez-vous;
    aujourd'hui, elle a eu son rendez-vous.

    Ici, il a commencé à pleuvoir, mais **là-bas**, il a commencé à neiger.

❖ À votre tour

A. Conseils. André Agostini doit rédiger un article au sujet de la diversité ethnique en France. Son rédacteur désire vérifier qu'André a fait tout le nécessaire, et André répond.

MODÈLE: faire des recherches à la bibliothèque universitaire
    —As-tu fait des recherches à la bibliothèque universitaire?
    —Oui, j'ai déjà fait des recherches.
  ou: —Non, je n'ai pas encore fait de recherches.

1. faire des recherches à la bibliothèque universitaire
2. attendre la publication des statistiques les plus récentes
3. découvrir les questions clés
4. consulter des spécialistes pour demander leur avis
5. visiter les villes et les quartiers les plus intégrés
6. choisir des personnes à interviewer
7. préparer des questions pour l'interview
8. prendre des rendez-vous

Exercises A and C recycle the imperative as well as giving students practice using the *passé composé*.

Remind students of the use of *pas de (d')*.

B. Une journée inhabituelle. Hélène Roi, malade, a passé une très mauvaise journée au lycée. Indiquez pourquoi.

MODÈLE: faire attention
        En général, elle fait attention, mais aujourd'hui elle n'a pas fait attention.

 1. faire attention
 2. écouter attentivement
 3. entendre les consignes (*directions*) du professeur
 4. obéir aux consignes du professeur
 5. parler avec ses camarades
 6. rendre ses devoirs
 7. réussir à l'examen
 8. être sérieux(se)
 9. comprendre les explications du professeur de maths
10. apprendre vite la leçon de maths

C. Préparatifs. Henri et Patricia pensent avoir une soirée chez eux. Mais ils doivent prendre des décisions et faire des préparatifs.

MODÈLE: décider qui inviter
        —Décidons qui inviter!
        —Mais nous avons déjà décidé qui inviter!
   ou: —C'est vrai. Nous n'avons pas encore décidé qui inviter.

1. décider qui inviter à la soirée
2. déterminer la date
3. téléphoner à nos amis
4. choisir le menu
5. acheter des provisions
6. préparer des sandwiches
7. ranger l'appartement
8. demander à Hélène si elle va apporter ses cassettes
9. choisir la musique

D. Comment ça s'est passé. Après la soirée, des camarades de classe demandent comment la soirée s'est passée.

MODÈLE: avoir beaucoup d'amis
        —Avez-vous eu beaucoup d'amis?
        —Oui, nous avons eu beaucoup d'amis.
   ou: —Non, nous n'avons pas eu beaucoup d'amis.

1. avoir beaucoup d'amis
2. écouter les cassettes de musique rock d'Hélène
3. regarder des vidéocassettes
4. prendre des photos de tous les invités
5. danser
6. manger beaucoup
7. à quelle heure la soirée / finir
8. tous les copains / être contents

5. La phonétique: les voyelles nasales

[ɛ̃]: mince; [ɔ̃]: on; [ɑ̃]: dent

- You have already encountered nasal vowels in Dossier 3. When nasal vowels are pronounced, air is expelled not only through the mouth but also through the nose. American English does not use these vowels, but there are traces of them in words such as *hank, hunk, honk,* and *ink*.

- In written French you will be able to recognize these sounds because they are always represented by a vowel followed by **n** or **m**.

  Note: If **n** or **m** falls between two vowels, then the vowel that precedes **n** or **m** is pronounced as a regular vowel, and the **n** or **m** is pronounced distinctly [n] or [m] and not as nasal sounds.

    Elle ne passe pas i-na-perçue.

    C'est une a-mie.

- If you have difficulty pronouncing these sounds, try them first while pinching your nose.

La voyelle [ɛ̃]

- The vowel [ɛ̃] is very common. You may practice it by first pronouncing [ɛ] as in **il est**, then say it as you breathe through your nose. You can approximate this sound from the English *hank*.

  The following combinations of letters represent the sound [ɛ̃]:

in	mince
im	impossible
ain	train
aim	faim
ym	sympathique
ein	plein
eims	Reims
en	combien, moyen, lycéen, examen
oin	moins, poing, loin

- The combinations **un** and **um** are most often pronounced [ɛ̃] as well.

La voyelle [ɔ̃]

- The vowel [ɔ̃] is pronounced approximately like the sound in *don't*. You may also pronounce a [ɔ] as in **bonne** while breathing through your nose. You will get the sound [ɔ̃] as in **bon**.

- In written French, [ɔ̃] is represented by the combinations **on** and **om**. Again, if **n** is followed by a vowel or a double consonant, it is pronounced [ɔ] + [n] as in **bonne.**

You may want to teach your students that some people still pronounce *un* and *um* as [œ̃], but this sound is less and less common.

La voyelle [ã]

- The vowel [ã] is pronounced almost like the sound in the English word *honk*. Try to pronounce the sound in **ta** while breathing through your nose, and you will hear the sound [ã] as in **temps**.

- In spelling, the sound [ã] is represented by the following combinations.

an	franc
am	ambitieux
en	gentil
em	membre

Remember that the verb ending **-ent** is not pronounced at all.

(Ils parlent).

❖ À votre tour

A. La voyelle [ɛ̃]. Répétez.

1. Combien pèse Julien Mottin?
2. Elle a les cheveux bruns ou châtain?
3. Hélène Roi est mince et très sympathique.
4. Vous avez invité des ingénieurs pour lundi?
5. C'est un imbécile!
6. Ah, Machin? C'est un lycéen maintenant.

Point out that people use machin when they can't remember a person's name, the way we use "what's-his-name."

B. La voyelle [ɛ̃]. Répétez.

1. Le garçon blond a fini son inscription.
2. Monsieur Dupont est ponctuel et conservateur.
3. Le patron (*boss*) veut des prix compétitifs.
4. Ils ont adoré Avignon.
5. On a rencontré l'oncle Paul.

C. La voyelle [ã]. Répétez.

1. Blanche est ambitieuse.
2. Armand est ennuyeux.
3. Mme Durand est franche.
4. M. Durand est menteur.
5. Que vous avez de grandes dents, grand-mère!
6. La francophonie, c'est intéressant!

Point out that this is Little Red Riding Hood's famous line.

D. Poème d'enfant. Read aloud the following rhyme with [ɔ̃] and [ã].

Joli front
Jolis yeux
Nez de Cancan
Bouche d'argent
Menton fleuri
Guili guili

Explain that French people say this rhyme to young children while touching each part of their face as it is named and then tickling their neck on guili guili.

DÉCOUVERTES

En direct 2

A. Un petit service? (*A small favor?*) Listen to the instructions and identify each of the four people you're to pick up at the train station by writing the number 1, 2, 3, or 4 below the person's picture.

    3   1   _____   4   2

B. Deuxièmes Jeux de la Francophonie. Use the chart below to take notes as you listen to the radio commentator describe the various athletes attending the games.

Nom	Nationalité	Âge	Sport	Taille/Poids	Autres détails
Ahmadou Koly					
Yolande Sissoko					
Anne-Marie Amiel					
Moïsa Rakotonorina					
Maurice Legarec					

C. Et vous? Which athlete would you most like to meet or see perform? Why?

The tapescript for all *En direct* activities appears in the *Instructor's Resource Manual.* Following is the tapescript for *En direct* activity A:

A. Allô Maurice? Ici Juliette à Vacances Isère. Écoute, peux-tu aller à la gare chercher quatre de nos stagiaires qui arrivent au train de 19 h 40?… Bon, merci, tu es gentil. Alors écoute leur signalement. D'abord, il y a une petite rousse, aux cheveux courts et bouclés, très élégante. En général, elle a l'air un peu froid et distant. Et puis, attends, ah oui!…un grand type blond, toujours mal coiffé, avec de grosses lunettes, l'air un peu surpris, il se tient toujours les mains dans le dos. Le numéro trois, c'est un petit bonhomme tout rond, avec un bon petit ventre. Il a des sourcils très très noirs et épais et une petite moustache grisonnante. Et pour finir, cherche une femme assez âgée aux cheveux blancs, d'allure un peu masculine, très aimable, et sympathique. Compris? je compte sur toi?… Et encore un grand merci!

D. Photo de groupe. Apportez une photo de groupe—trouvée peut-être dans le journal de votre campus—puis identifiez et discutez, le plus en détail possible, les personnes présentées.

E. Le/La camarade de chambre idéal(e). Vous avez eu des problèmes avec votre camarade de chambre et maintenant vous interviewez des remplaçant(e)s potentiel(le)s. Vos questions portent sur les habitudes ou passe-temps des candidat(e)s, mais aussi sur leur tempérament. Jouez l'interview avec deux autres camarades.

MODÈLE: —Est-ce que vous êtes très sociable?
          —Ah oui! j'ai beaucoup d'amis très sympas. Nous adorons écouter de la musique, regarder des vidéocassettes ensemble. J'adore inviter des copains, jour et nuit.
          —Écoutez, je suis étudiant(e), j'ai des devoirs, j'ai besoin de calme!

F. L'âme sœur (*A kindred spirit*). Vous cherchez une âme s—ur et vous placez une petite annonce dans le journal. Donnez votre signalement, indiquez un ou deux signes distinctifs, puis expliquez quel type de personne vous cherchez.

Activity H can be done as a follow-up writing activity to the in-class oral activity in activity G.

MODÈLE: Jeune homme brun. Américain, 23 ans, 1,72 m, 65 kilos, moustache. Je suis patient, loyal, assez timide. J'adore les plantes vertes. Je cherche une amie, 18–25 ans, blonde ou brune, optimiste et gaie.

G. Histoire de votre vie. Partagez l'histoire de votre vie avec un petit groupe de camarades. Ensuite, écoutez leur histoire. S'il vous plaît, adoptez le schéma suivant.

Indiquez:

- où vous avez grandi
- où vous avez fait vos études secondaires
- quelle(s) ville(s) ou pays vous avez visité(e)(s)
- quelles activités vous avez choisi de pratiquer
- quels genres d'amis vous avez eus
- finalement, quel genre d'adolescent(e) vous avez été (au physique et au moral)

H. Une mémoire d'éléphant. Vous avez entendu l'histoire personnelle de plusieurs de vos camarades. Rédigez un petit compte rendu. Essayez de mentionner ou citer les renseignements communs à plus d'une personne.

MODÈLE: J'ai écouté l'histoire personnelle de trois personnes. Deux copains ont grandi ici, une copine a grandi dans l'état de New York. X n'a pas beaucoup voyagé; par contre, Y a visité la France et le Sénégal.

Découverte du texte écrit

I. Préparation. Il y a beaucoup de gens qui, venus d'autres pays, ont non seulement bien réussi leur vie personnelle, mais ont eu une certaine influence sur les affaires dans leur pays d'adoption. D'abord, citez des noms, indiquez leur pays d'origine, puis essayez de déterminer les qualités qui ont aidé ces gens à réussir.

Some examples of influential *immigrés*: Henry Kissinger, Rudolf Nureyev, Marie Curie, I.M. Pei.

Kofi Yamgnane: Un député-maire pas comme les autres

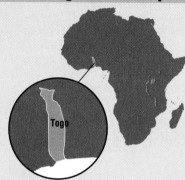

Togo

Son histoire a commencé un jour d'octobre 1945 dans un petit village du Togo. On ne sait pas la date exacte de son anniversaire, mais on sait que c'était un vendredi parce que Kofi veut dire «le bébé arrivé un vendredi». Pendant les six premières années de sa vie, cet enfant a mené la vie normale d'un enfant de paysan, illettré° et pauvre.

Mais sa destinée a changé le jour où un vieux missionnaire français visitant le village a remarqué l'intelligence de cet enfant. Cet homme a demandé aux parents de Kofi la permission de l'emmener° avec lui à l'école de la mission pour lui apprendre à lire° et à écrire°! Avant de prendre une décision, sa famille a décidé de consulter le crocodile sacré°. Comme le crocodile a mangé tout de suite la poule noire° jetée° en sacrifice, les parents de Kofi et les autres habitants du village ont laissé partir° Kofi pour la mission.

Là, Kofi a habité chez son oncle et sa tante. Chaque jour il est allé à l'école catholique à pied, une distance de plus de cinq kilomètres. Il est devenu catholique, mais de retour au village pour les vacances, il a continué à aller consulter le crocodile, suivant° les traditions de son village.

Ses succès scolaires lui ont mérité une aide financière pour continuer ses études à Lomé, la capitale, puis, à

Marginal glosses: illiterate | take | read/write | sacred | black hen/thrown | allowed to leave | following

become

upset

oversee/bridges

apartment
  buildings

mayor

l'âge de 18 ans et après consultation avec le crocodile, à Brest. Là, il a étudié les maths avec l'intention de rentrer au Togo et d'y devenir° professeur.

Mais la rencontre de la jolie et timide Anne-Marie a complètement bouleversé° ses projets. Après leur mariage, Kofi a continué des études supérieures à la prestigieuse École des Mines. Une fois diplômé, on lui a confié la responsabilité de surveiller° les 1 500 ponts° de la région et la construction d'immeubles d'habitation°.

En 1975, Kofi a pris la nationalité française. Son intérêt pour la politique a vite grandi et en 1989, les 363 habitants du village de Saint-Coulitz en Bretagne ont choisi Kofi pour être maire° de leur village. Sa carrière politique a vite pris de

l'importance puisqu'élu° député en 1983, il est ensuite devenu en mai 1991, ministre de l'Intégration. Son élection et son poste de ministre ont rendu Kofi célèbre dans le monde entier. On a fait de l'histoire de ce Français naturalisé un symbole d'intégration raciale réussie.

Pourtant Kofi refuse toujours d'être un symbole. Pour lui, être intégré veut tout simplement dire qu'on respecte les valeurs° du pays où on habite, mais qu'on n'oublie pas les valeurs de son pays d'origine, qu'on n'oublie pas de rester soi-même°. Et Kofi Yamgnane pratique ce qu'il prêche°. Dans son village de Saint-Coulitz, Kofi a créé un «conseil des sages» composé d'habitants de plus de 60 ans, à l'image de son village d'Afrique où les conseils des Anciens sont respectés; et dans son village togolais où il retourne passer ses vacances, ses talents d'ingénieur lui permettent d'y faire venir° de l'eau potable°. L'éducation des jeunes de sa région natale est aussi un projet qui le passionne.

Bonne chance, M. Yamgnane!

elected

values

oneself
preaches

bring in
drinkable

J. Exploration

1. Identifiez le paragraphe auquel correspondent les phrases ci-dessous, puis mettez les phrases en ordre chronologique.

    le départ de Kofi de son village natal
    la carrière politique de Kofi
    le mariage de Kofi et ses études supérieures
    un commentaire ou une réflexion de la part de l'auteur de l'article
    les études dans la capitale togolaise, puis en France
    la naissance et l'enfance de Kofi
    la vie de Kofi à la mission

2. Identifiez les phrases les plus importantes de chaque paragraphe, puis complétez le tableau suivant:

Période de la vie	Événements importants/signification
petite enfance (1 à 6 ans) période scolaire période étudiante vie adulte	

3. Indiquez si les phrases suivantes sont vraies ou fausses. Si elles sont fausses, corrigez-les en soulignant les passages du texte qui les contredisent!

   a. Avant l'âge de 6 ans, Kofi a eu l'occasion d'aller à l'école de son village.

   b. Un missionnaire a remarqué les talents du petit Kofi.

   c. Les parents de Kofi ont immédiatement donné à Kofi la permission de partir.

   d. Kofi a vite oublié les traditions de son village.

   e. La famille de Kofi a payé ses études à Lomé et à Brest.

   f. Kofi a fait des études supérieures pour devenir professeur.

   g. Kofi ne s'intéresse pas beaucoup à la politique.

   h. Kofi n'a pas oublié son héritage africain.

   i. Si Saint-Coulitz a bénéficié de la culture togolaise, le village natal de Kofi n'a pas bénéficié de son expérience en France.

K. Synthèse

1. Expliquez pourquoi Kofi ne désire pas être un symbole de l'intégration réussie.
2. Qu'est-ce que vous trouvez d'intéressant dans l'histoire de Kofi Yamgnane? À votre avis, est-ce une histoire typique? Pourquoi ou pourquoi pas?

L. Nouvelles connaissances (New acquaintances). Faites la connaissance des personnes ci-dessous et à la page suivante en lisant les fiches. Quelle personne trouvez-vous la plus intéressante? Assumez l'identité de cette personne et présentez-vous à un(e) camarade de classe, qui assume aussi une nouvelle identité. Vous discutez de vous-mêmes: vos habitudes, vos goûts, vos passe-temps, etc. Après, vous présentez la personne à un(e) autre camarade de classe.

M. Un portrait écrit. Rédigez un court portrait d'une des personnes de l'activité L. Présentez-le à vos camarades de classe. Sont-ils capables d'identifier de qui il s'agit?

Nom: TISON	**Prénoms:** Isabelle Marie Clélie
Âge: 19 ans	**Nationalité:** française

Résidence: 24, rue Christin St-Claude, Jura

Signalement: taille 1,57m poids 51 kilos cheveux roux couleur des yeux verts

Signes particuliers: aucun

Personnalité: gaie, optimiste, travailleuse, dépensière, énergique, égoïste

Goûts ou passe-temps: musique de rock, cinéma, sports (ski) peu d'enthousiasme pour la politique, collectionne des timbres,

Signes distinctifs: déteste prendre le train, adore le rouge, les plantes vertes

Nom: YAHIA   **Prénoms:** Yasmina Nassira

Âge: 23 ans   **Nationalité:** française

Résidence: 4, rue Edmond-Rostand, Marseille

Signalement: taille 1,60m **poids** 53 kilos **cheveux** noirs   **couleur des yeux** noirs

Signes particuliers: verres de contact

Personnalité: patiente, disciplinée, loyale, parfois timide,
     calme, réservée, polie

Goûts ou passe-temps: joue de la flûte, natation trois fois par semaine,
     fanatique de cinéma, ne supporte pas les gens malhonnêtes,
     n'aime pas parler en public, peu d'enthousiasme pour la politique

Signes distinctifs: adore les animaux, déteste le café,
     désire habiter dans une petite ville

Nom: MARSAN   **Prénoms:** Jean-Pierre Maurice André

Âge: 35 ans   **Nationalité:** canadienne

Résidence: 1, 40e rue est, ville de Québec

Signalement: taille 1,72m **poids** 67 kilos **cheveux** bruns **couleur des yeux** noirs

Signes particuliers: moustache

Personnalité: réaliste, dynamique, libéral
     curieux, sens de l'humour

Goûts ou passe-temps: opéra, bridge, amateur de vieilles automobiles,
     n'aime pas chanter, ne danse pas,
     ne pratique pas de sports

Signes distinctifs: déteste les voyages en groupe
     adore la bière allemande

Nom: CAUBÈRE   **Prénoms:** Serge Louis Gustave

Âge: 52 ans   **Nationalité:** suisse

Résidence: 11, avenue du Lac, Genève.

Signalement: taille 1,75m **poids** 73 kilos **cheveux** blancs **couleur des yeux** gris

Signes particuliers: lunettes

Personnalité: prétentieux, arrogant, compétitif
     débrouillard, conservateur, hypocrite

Goûts ou passe-temps: amateur de golf, fou d'électronique,
     vacances à l'étranger, déteste la nature,
     n'aime pas les musées, ne pratique pas de sports

Signes distinctifs: adore tous les gadgets électroniques,
     déteste les magazines, déteste l'architecture moderne

D'un parallèle à l'autre

Choisissez un des pays francophones présentés après le dossier 14. Trouvez dans une encyclopédie des renseignements supplémentaires sur la population de ce pays. Est-ce une population autochtone (*native*), ou est-elle composée d'immigrés? De quelles origines? Représente-t-elle des ethnies, des religions différentes? Quelle(s) langue(s) parle-t-elle? Partagez vos renseignements avec vos camarades.

Astérix le Gaulois

En 59 avant Jésus-Christ, le général romain Jules César a fait la conquête de la Gaule (ancien nom de la France). Les Gaulois ont d'abord résisté, puis ils ont perdu et la Gaule est devenue une province romaine. Des dessinateurs modernes ont trouvé leur inspiration dans cet épisode historique, mais ils ont changé l'histoire et ont inventé des héros nationaux comme Astérix.

Le personnage d'Astérix est un raccourci (*short version*) de qualités typiquement françaises. Astérix est petit, mais il remporte toujours la victoire parce qu'il est très intelligent, astucieux (*clever, astute*) et débrouillard.

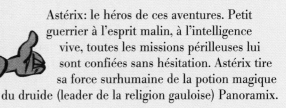

Astérix: le héros de ces aventures. Petit guerrier à l'esprit malin, à l'intelligence vive, toutes les missions périlleuses lui sont confiées sans hésitation. Astérix tire sa force surhumaine de la potion magique du druide (leader de la religion gauloise) Panoramix.

Point out that Astérix embodies some of the qualities traditionally claimed by many French people. In spite of his small size, he always wins because of his intelligence, wit, and *débrouillardise* (that is, a combination of guts, luck, and a bit of mischief).

Lu et entendu ──────────────

Opinions toutes faites? Dans ce dossier, vous avez exploré la notion de diversité ethnique et culturelle ainsi que la notion de stéréotypes. Choisissez un ou deux commentaires ci-dessous et expliquez—avec des exemples—pourquoi vous êtes plutôt d'accord ou pas d'accord.

1. Tout le monde a une identité culturelle. Cette identité est le produit d'influences multiples.
2. Les généralisations sont dangereuses parce qu'elles sont souvent fausses.
3. Les gens qui partagent une même culture ont souvent des comportements identiques.
4. Écouter et s'informer avant de juger.
5. La confrontation avec des sources variées est extrêmement dangereuse/efficace.
6. «L'ignorance est mère de tous les vices.» (proverbe)
7. «Les plus petits esprits ont les plus gros préjugés.» (Victor Hugo)

À l'écran

Allez rendre visite à un peintre, à un joueur de tennis en fauteuil roulant, au directeur d'une école des métiers des images et du son, à un réparateur de porcelaine, à un vigneron amateur, à une danseuse des Folies-Bergère, à un prêtre passionné de planeur *(glider)*, à de grands timides, à des adolescents.

Clip 5.1   Série de portraits

Le mot juste

Since there is considerable overlap in vocabulary across the four **Contextes**, this list is not divided into separate **Contextes** as in other dossiers.

Pour décrire les gens

Quelle est votre taille?	*How tall are you?*
Je fais 1 mètre 60.	*I'm 1.6 meters tall.*
Combien pesez-vous?	*How much do you weigh?*
Je fais 55 kilos.	*I weigh 55 kilograms.*
De quelle couleur sont tes cheveux?	*What color is your hair?*
J'ai les cheveux blonds.	*My hair is blond.*
De quelle couleur sont tes yeux?	*What color are your eyes?*
J'ai les yeux marron.	*My eyes are brown.*
Comment est-elle coiffée?	*What is her hair like (now)?*
Elle a les cheveux longs/ courts/bouclés/frisés/raides.	*Her hair is long/short/ curly/frizzy/straight.*
Il a le visage carré/long/ rond.	*He has a square/long/ round face.*
Elle a le nez retroussé/ pointu.	*She has a snub/pointy nose.*
Il a les oreilles décollées.	*His ears stick out.*

Pour dessiner un portrait

la bouche	*mouth*
les cheveux (m)	*hair*
le cou	*neck*
les dents (f)	*teeth*
le front	*forehead*
les joues (f)	*cheeks*
le menton	*chin*
le nez	*nose*
les oreilles (f)	*ears*
les sourcils (m)	*eyebrows*
la tête	*head*
les yeux (m)	*eyes*

Des signes particuliers

une cicatrice	*scar*
des lunettes (f)	*glasses*
un tatouage	*tatoo*

Verbes

faire des gestes	*to make gestures*
faire des grimaces	*to make faces*
porter des lunettes	*to wear glasses*
porter les cheveux longs / courts	*to wear one's hair long/short*
ressembler à	*to look like, resemble*

Adjectifs de couleur

blanc/blanche	*white*
bleu	*blue*
blond	*blond*
brun	*brown*
châtain *(invariable)*	*light brown, chestnut*
gris	*gray*
marron	*brown*
noir	*black*
roux (rousse)	*red-head*
vert	*green*
clair	*light*
foncé	*dark*

Adjectifs de caractère et de personnalité

actif (-ive)	*active*
ambitieux (-se)	*ambitious*
attentif (-ive)	*attentive*
cher (chère)	*expensive, dear*
compétitif (-ive)	*competitive*
conservateur (-trice)	*conservative*
créateur (-trice)	*creative*
curieux (-se)	*curious*
débrouillard	*resourceful, crafty*
dernier (-ière)	*last*
ennuyeux (-se)	*boring*
fort/forte	*strong; stocky, heavy-set*
fou (folle)	*crazy*
franc (franche)	*frank*
généreux (-se)	*generous*
génial(e)	*fantastic*
gentil(le)	*nice*
gros(se)	*fat*
intellectuel (-lle)	*intellectual*
intuitif (-ive)	*intuitive*
maigre	*thin, skinny*
menteur (-se)	*lying*
mince	*thin, slim*
naïf (naïve)	*naïve*
naturel(le)	*natural*
original(e)	*one of a kind*
paresseux (-se)	*lazy*
passif (-ive)	*passive*
ponctuel(le)	*punctual, on time*
premier (-ère)	*first*
sérieux (-se)	*serious*
sportif (-ive)	*athletic*
superficiel(le)	*superficial*
travailleur (-se)	*hard-working*

DOSSIER 6

chez soi

D'une culture à l'autre: Begin by showing students photos, magazine pictures, or slides of American / Canadian houses (or having them bring in such photos) and teaching the following words by pointing out the items on the photos: *la maison, l'extérieur/l'intérieur, la pelouse, le jardin.* Then ask students yes/no questions about the houses. Concentrate first on the exterior: *Peut-on voir la maison de la rue? Y a-t-il des grilles ou des arbres qui cachent la maison? Les passants peuvent-ils voir directement à l'intérieur? Les fenêtres ont-elles volets, jalousies ou rideaux? Comment est la façade de la maison? Y a-t-il une grande fenêtre sur le jardin?* Then move to the interior. Teach the words *la pièce, le plafond, le plancher, l'entrée* by pointing out the items. Then ask questions: *L'espace intérieur est-il largement ouvert ou coupé par des portes? Les pièces donnent-elles l'impression d'être spacieuses ou petites? Les plafonds sont-ils hauts ou bas?* Look at the list of descriptive sentences in the *Parallèles?* section for ideas. You may wish to use the transparencies for this Dossier to begin introducing the vocabulary.

Communication

- Describing a house or apartment: location, layout, furniture, appliances
- Talking about household chores and daily routine
- Reporting past events

Cultures in parallel

- The notion of **chez soi**
- The distinction between **espace de réception** and **espace privé**

Tools

- Interrogative adjective **quel**; demonstrative adjective **ce**
- The verbs **partir, sortir, dormir, venir**
- Reflexive verbs in the present tense
- The *passé composé* with **être**
- Phonetics: the consonants [ʀ]; [p], [t], [k]; [d]

D'une culture à l'autre

Pensez aux maisons de votre pays. Décrivez leur extérieur. Peut-on voir les maisons de la rue, ou sont-elles cachées derrière des grilles ou des arbres? Y a-t-il une pelouse ou un jardin devant la maison? Y a-t-il des volets ou jalousies *(exterior blinds)* pour protéger l'intimité des habitants? Décrivez l'intérieur des maisons. En général, les pièces sont-elles grandes ou petites? Y a-t-il beaucoup de portes ou peu?

CONTEXTES

Begin by focusing students' attention on the apartment building illustration, and teach the word *immeuble*. Next, point out the *rez-de-chaussée* and then count up to the *quatrième étage* where Marie-Agnès lives. Then focus on *le salon*, pointing out the high ceilings, beautiful wood floors, etc.

In this *Contexte* students learn about three different housing options in France: city, suburbs, and small village. Marie-Agnès Lachat's apartment on this page represents the first option: city life.

1. À chacun son logement

Chez Marie-Agnès Lachat. 35 ans, publicitaire, Lyon.

L'immeuble où j'habite est un immeuble ancien en plein centre-ville, 24 rue Victor Hugo. Mon appartement, un trois-pièces-cuisine, est au quatrième étage. J'adore habiter le centre-ville pour plusieurs raisons: d'abord, j'ai beaucoup de chance parce que je peux aller au bureau à pied. Ça, c'est très pratique: je ne perds pas de temps dans les transports en commun et je fais un peu d'exercice. Comme j'aime beaucoup sortir, j'apprécie la proximité des restaurants, théâtres et cinémas.

J'ai choisi d'habiter dans un immeuble ancien. Mon appartement a de très hauts plafonds et de beaux parquets. Les pièces sont grandes. Bien sûr, j'ai aussi le confort d'un appartement moderne: le chauffage central, une salle de bains et une cuisine bien équipées. Quant à la décoration, je n'hésite pas à mélanger meubles anciens et modernes. Voilà un autre avantage d'avoir un appartement en plein centre-ville: je peux admirer les vitrines des magasins de meubles et de décoration chaque fois que je sors.

Chez Pierre et Dominique Rollin. 42 ans tous les deux. Pierre est
ingénieur commercial dans une grande entreprise, Dominique
secrétaire à mi-temps dans une école privée. Saint-Quentin en Yvelines,
dans la banlieue de Paris.

The Rollins' house represents the second
option: a suburban dwelling. Have
students read or listen to the text and
make lists of advantages and
disadvantages of this type of dwelling.

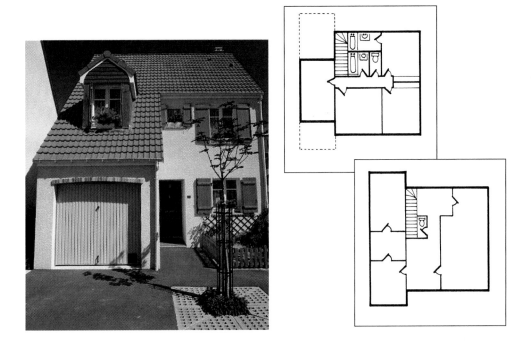

Pierre: Nous avons décidé de venir habiter en banlieue, parce que le
prix du mètre carré à Paris est trop élevé! Et aussi, comme je travaille en
banlieue, les transports prennent moins de temps.

Dominique: Moi, je suis très contente. Ici, tout est propre, tout est neuf.
La maison est très bien conçue, et le ménage est facile à faire. Les pièces
sont claires et spacieuses. Nous avons de grands placards. Et c'est un
vrai luxe d'avoir deux salles de bains.

Pierre: Pour moi, le luxe, c'est d'avoir un garage! Ma voiture n'est plus
en permanence dans la rue, et j'ai enfin un endroit pour mettre et
ranger tous mes outils. Par contre, il n'y a pas de cave! Ça, je regrette un
peu.

Dominique: En tout cas, je suis ravie d'avoir enfin un petit jardin. Bien
sûr, pour le moment on ne se sent pas trop chez soi. Les fenêtres des
voisins donnent en plein chez nous, mais nous avons planté des
arbustes. Vous savez, je ne regrette pas du tout le centre-ville, trop
vieux, trop sale, trop bruyant. Par contre, ce que je regrette, ce sont les
commerçants de mon ancien quartier. Ici, le centre commercial est bien
impersonnel et puis, c'est loin.

Pierre: Notre fille cadette s'amuse bien ici; elle s'est fait beaucoup
d'amis. Mais l'aînée a perdu son indépendance: elle réclame une
mobylette pour pouvoir aller au lycée seule. Et je crois bien que sa mère
et moi, nous allons céder.

Dominique: Alors ça! tu parles pour toi! Moi, je n'ai encore rien décidé.

Chez Jacques et Marinette Delorme. 76 et 72 ans. Jacques est retraité de l'EDF (Électricité de France). Village de Saint-Julien.

Jacques: Nous sommes ici depuis neuf ans—neuf ans de calme et d'air pur. Finis les embouteillages, finies les sirènes d'alarme, finis les contraventions, les voisins bruyants et mal élevés. Ah, Marinette et moi, on est au paradis!

Marinette: Surtout, nous avons de la place pour recevoir nos enfants et petits-enfants. Il y a deux grandes chambres d'amis plus un grenier aménagé. Il n'y a pas beaucoup de circulation ici et les enfants sont libres de s'amuser partout. Ils ne risquent rien! Et ils trouvent toujours facilement des copains. Vous savez, quand on habite un village à la campagne, on fait partie d'une petite communauté.

❖ À votre tour

A. Logement pour tous les goûts. Complétez le tableau en indiquant l'âge et l'occupation des personnes du **Contexte 1**, où elles habitent, et les avantages de leur logement.

Nom	Âge et profession	Résidence	Avantages
Marie-Agnès Lachat	*35 ans, publicitaire*	*centre-ville*	*Son bureau est tout près. Les restaurants, etc. sont tout près.*
Rollin, Pierre			
Rollin, Dominique			
Delorme, Jacques			
Delorme, Marinette			

B. Avantages et inconvénients. Relisez les commentaires de Marie-Agnès, de Pierre et Dominique, et de Jacques et Marinette, puis identifiez les avantages et les inconvénients de la vie en ville, en banlieue et à la campagne.

	Avantages	Inconvénients
Le centre-ville		
La banlieue		
La campagne		

C. Et vous? Où préférez-vous habiter—le centre-ville, la banlieue, ou la campagne? Inspirez-vous des textes pages 166–168 et expliquez pourquoi vous aimez (ou n'aimez pas) l'endroit où vous habitez.

2. La maison des Rollin

Present this Contexte as if you were a real estate agent showing the house to prospective renters! First mention the location and the exterior features of the house, and then the number and arrangement of the rooms. Then go over each room individually, pointing out the furniture.

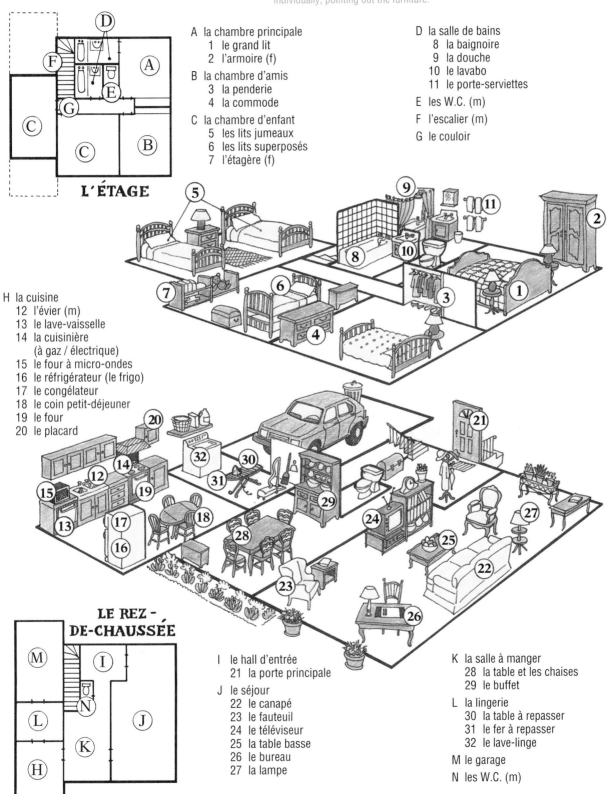

L'ÉTAGE

A la chambre principale
   1   le grand lit
   2   l'armoire (f)
B la chambre d'amis
   3   la penderie
   4   la commode
C la chambre d'enfant
   5   les lits jumeaux
   6   les lits superposés
   7   l'étagère (f)

D la salle de bains
   8   la baignoire
   9   la douche
   10 le lavabo
   11 le porte-serviettes
E les W.C. (m)
F l'escalier (m)
G le couloir

H la cuisine
   12 l'évier (m)
   13 le lave-vaisselle
   14 la cuisinière
      (à gaz / électrique)
   15 le four à micro-ondes
   16 le réfrigérateur (le frigo)
   17 le congélateur
   18 le coin petit-déjeuner
   19 le four
   20 le placard

LE REZ-DE-CHAUSSÉE

I le hall d'entrée
   21 la porte principale
J le séjour
   22 le canapé
   23 le fauteuil
   24 le téléviseur
   25 la table basse
   26 le bureau
   27 la lampe

K la salle à manger
   28 la table et les chaises
   29 le buffet
L la lingerie
   30 la table à repasser
   31 le fer à repasser
   32 le lave-linge
M le garage
N les W.C. (m)

❖ À votre tour

A. La maison des Rollin. Complétez la description suivante.

La maison des Rollin a ___ étages: le ___ et le ___. Il y a un grenier mais
                     1   2   3
il n'y a pas de ___ . Au rez-de-chaussée, il y a ___ pièces: la ___, le ___,
               4   5   6   7
la ___, la ___, et les ____. Au premier étage, il y a ___ pièces: quatre
   8   9   10   11
___ et deux ____. On entre dans la maison par le ___. À droite, il y a un
12   13   14
___; à gauche, le ___.
15   16

B. Et les meubles? Identifiez les meubles suivants et décrivez-les. Les
meubles sont-ils anciens ou modernes? confortables ou inconfortables?
beaux ou laids?

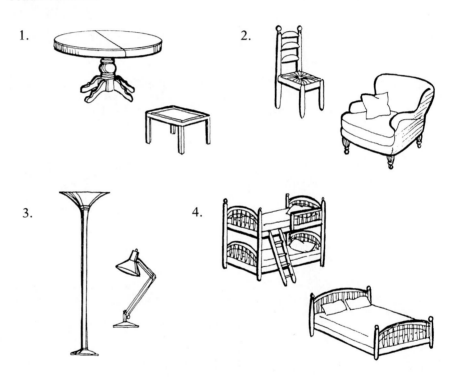

1.   2.

3.   4.

 **C. La maison de vos rêves**. Montrez les plans de votre future maison
ou futur appartement à un(e) camarade. Expliquez la disposition des
pièces, l'ameublement et la décoration.

D. Retour à la réalité. Décrivez votre logement actuel. Est-ce un
appartement ou une maison individuelle? Comment est-ce? grand ou
petit? ancien ou moderne? etc. Combien de pièces y a-t-il? Nommez-les.
Quels meubles est-ce qu'il y a? Faites le plan de votre appartement ou
maison et présentez-le à un(e) camarade.

3. Tâches domestiques

After going over these illustrations with students and presenting the vocabulary, you may wish to ask: *Comment sont réparties les tâches domestiques dans votre famille? Est-ce la même chose que dans cette famille? Trouvez-vous cette répartition typique ou sexiste? Expliquez.*

Ils font les achats.

On fait les courses.

Il fait la cuisine.

Elle fait la lessive.

Elle fait le lit.

Elle fait le marché.

Elle fait le ménage.

Elle fait la vaisselle.

Il passe l'aspirateur.

Ils rangent la maison.

Elle repasse.

Il bricole.

❖ **À votre tour**

A. Et chez vous? Indiquez la personne ou les personnes qui se charge(nt) des diverses tâches domestiques chez vous (tous les jours, tous les deux jours, une fois par semaine, une fois par mois…)

MODÈLE: Ma mère fait les achats et la cuisine. Mon frère fait la lessive. Ma sœur et moi, nous faisons la vaisselle, etc.

B. Souvent ou peu souvent? Indiquez la fréquence avec laquelle on fait les diverses tâches domestiques chez vous.

MODÈLE: Chez nous, on fait la vaisselle tous les jours, on fait le ménage une fois par semaine, etc.

4. La journée de Pierre Rollin

La journée s'annonce bien.

Pierre se réveille de bonne heure.

Il se lève tout de suite.

Il se rase.

Il se lave.

Il s'habille.

Il se regarde dans la glace.

Il se peigne.

Il s'en va.

Students can also do this exercise using adverbs of frequency: *souvent, quelquefois, de temps en temps, rarement, ne… jamais.* Another variation is to have them combine use of adverbs of frequency with qualifying information: *Je passe l'aspirateur de temps en temps, c'est-à-dire, une ou deux fois par mois.*

You might want to point out that for women, one would normally say *Elle se coiffe* rather than *Elle se peigne.*

Mais cette belle journée ne dure pas.

Arrivé au bureau, Pierre
s'énerve avec une collègue.

Il se dispute avec son patron.

Enfin, il se rend compte
que c'est de sa faute à lui.

Il s'excuse auprès de ses collègues.
Enfin, ça va mieux.

Le soir, des embouteillages monstres retiennent Pierre…

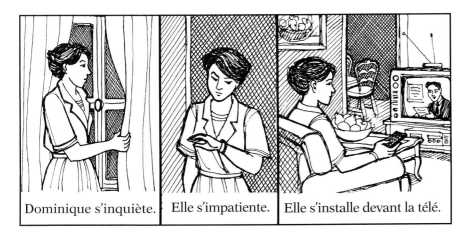

Dominique s'inquiète.   Elle s'impatiente.   Elle s'installe devant la télé.

Enfin, elle décide d'aller au lit.

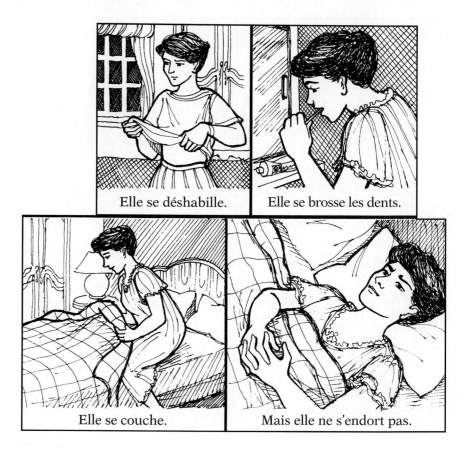

Elle se déshabille.

Elle se brosse les dents.

Elle se couche.

Mais elle ne s'endort pas.

❖ À votre tour

A. Changement de rôle. Regardez de nouveau les illustrations pages 172–174. Racontez la même histoire mais... Dominique et Pierre ont changé de rôle.

MODÈLE: Dominique se réveille de bonne heure. Elle…

 B. Et votre matinée, comment se déroule-t-elle? À partir des éléments suivants, décrivez à un(e) camarade votre matinée habituelle.

Moi, je me réveille	facilement	avec beaucoup de difficulté
Je me lève	tout de suite	quelques minutes plus tard
Je me lave	en vitesse	très lentement
Je me brosse les dents	très vite	pendant trois minutes
Je m'habille	avec soin	sans me regarder dans la glace
Je me coiffe	en deux secondes	assez lentement

En direct 1

A. Préparatifs de déménagement. Pierre and Dominique are moving out of their apartment. Listen to their conversation and make two lists—one for objects already moved and the other for objects still in the apartment.

Déjà partis	Toujours dans l'appartement

B. Appartements à louer. Listen to the conversation between a landlord and a potential renter. Match the three apartments the landlord describes with their corresponding floor plans. Below each floor plan, indicate the address of the apartment (a, b, or c from the list below) and the monthly rent in francs.

a. 24 rue Saint-Jacques
b. 48 square des Aigles
c. 67 rue Jean-Jaurès

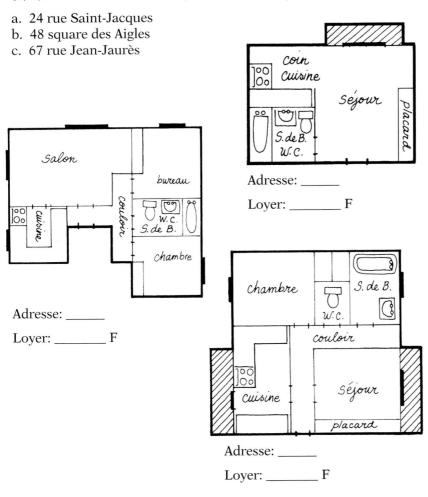

Adresse: _____
Loyer: _____ F

Adresse: _____
Loyer: _____ F

Adresse: _____
Loyer: _____ F

The tapescript for all *En direct* activities appears in the *Instructor's Resource Manual*. Following is the tapescript for *En direct 1* activity A.

A. Pierre: Alors, les meubles de notre chambre sont déjà partis: le lit, la commode aussi et la petite table basse, et puis encore une chaise—ah oui, la chaise rose—un fauteuil et trois—oui, c'est bien ça—lampes. Tout ça est parti, n'est-ce pas?

Dominique: Attention, une seule lampe est partie! Nous voulons donner les deux petites lampes à ta sœur Mimi. Mais n'oublie pas: le miroir ancien de ma grand-mère est toujours au mur! Tu sais, il est très fragile et il faudra faire très attention!

Pierre: Mais ne t'inquiète pas… Bon, maintenant dans le bureau, il nous reste encore le bureau, plus—mais c'est pas vrai!— trois fauteuils et enfin un seul canapé. Et puis des choses plus fragiles: l'ordinateur, le téléviseur… Hélas, il reste encore tout ça dans l'appartement? Oh là là, ça fait beaucoup!

Dominique: Attends, il y a encore la chambre des filles. Leurs deux lits et la grande commode sont partis, mais nous avons un problème: les deux grandes étagères: elles sont très lourdes!

Pierre: Mais voyons, Julie n'a pas encore enlevé ses livres? C'est incroyable, ça! Appelle ta fille, et tout de suite, s'il te plaît.

PARALLÈLES?

Vie privée et espace personnel

For the first part of this section, you can either rely on the descriptive terms presented in the box, or have students bring in their own photos or magazine illustrations of North American houses and develop lists of terms from these.

Observer

A. Regardez les photos de maison ci-dessous et étudiez-les de près, puis identifiez les phrases à la page suivante qui s'appliquent à ces maisons: à l'extérieur et à l'intérieur.

Divide students up in to groups and assign certain pictures to each group. Have students match the characteristics on page 177 with the home exteriors and interiors.

Comment décrire une maison

1. Il y a une grille ou un mur qui cache la maison.
2. Il y a une grande pelouse devant la maison.
3. Le jardin est assez formel et fleuri.
4. De la rue, on peut voir directement à l'intérieur de la maison.
5. Toutes les fenêtres de la façade sont de la même taille.
6. Au rez-de-chaussée, on observe souvent une grande baie vitrée.
7. De la rue, on ne peut pas regarder ce qui se passe dans la maison.
8. Il n'y a pas de murs ou de barrières entre les maisons.
9. «Les fenêtres n'ont pas de volets ou seulement des volets décoratifs.
10. Quand on entre dans la maison, on peut voir l'intérieur des autres pièces.
11. En entrant dans la maison, on a l'impression d'un espace largement ouvert.

B. Maintenant, comparez les habitations de votre pays et les habitations françaises. Comment sont-elles semblables? Comment sont-elles différentes?

Réflechir

C. Il est évident qu'une maison est non seulement un espace concret—quatre murs et un toit—mais aussi un espace psychologique ou affectif. (Pensez, par exemple, à la distinction entre *house* et *home* en anglais.) Connaissez-vous l'expression «chez soi»? Savez-vous ce que cette expression évoque pour un Français ou une Française? Lisez la définition donnée par une jeune femme d'origine française:

> «Pour moi, l'expression «chez soi» illustre la notion d'un espace personnel que l'on ne partage pas avec les autres. Laissez-moi vous donner un petit exemple. Quand on reçoit des amis, on leur dit souvent «Faites comme chez vous!» Mais il ne faut pas prendre cette invitation littéralement! Il faut comprendre que certaines pièces ne sont pas ouvertes au visiteur. Il faut toujours demander la permission d'y entrer. Surtout, ne vous risquez jamais à ouvrir tiroirs ou placards sans y être expressément invité!»
>
> (Geneviève S., 32 ans)

D. À votre avis, la notion française de «chez soi» correspond-elle à votre notion de *home*? Pourquoi ou pourquoi pas? Chez vous, fait-on la distinction entre l'espace de réception (espace auquel les invités ont accès) et l'espace privé (espace réservé à la famille)?

Use the photos or slides of North American houses you used in the advance organizer *(D'une culture à l'autre)*. If students brought in photos to do activity A, they can use them here, too. Have students refer to the boxed list of characteristics to describe the North American houses.

The information contained in Geneviève S.'s text provides models of language students can use to talk about their own conception of home. Be sure to point out to students that the term *espace public* or *espace de réception* should not be equated with the North American notion of *public space*: it refers to social space or areas in the house to which outsiders have access (as opposed to *espace privé*, which is reserved for family members and very close friends).

$\mathscr{O}$ UTILS

1. L'adjectif interrogatif **quel**; l'adjectif démonstratif **ce**

L'adjectif interrogatif **quel**

- The interrogative adjective **quel** (*which?*) is used to ask for a choice among several items in a category.

Dans **quel** quartier est l'appartement de Marie-Agnès?	*Which part of town is Marie-Agnès' apartment in?*
Dans **quelle** banlieue les Rollin ont-ils acheté leur maison?	*What suburb did the Rollins buy their house in?*

- **Quel** may be separated from the noun it qualifies by the verb **être**:

  Quelle est la maison des Rollin? *Which is the Rollins' house?*

- Since **quel** is an adjective, it agrees with the noun to which it refers in gender and number:

	singular	plural
masculine	**quel**	**quels**
feminine	**quelle**	**quelles**

- As you learned in Dossier 3, **quel** can also be used in exclamations. **Quel** + noun (without the definite article) is used to express strong emotion (surprise, delight, revulsion, and so on).

Quel bel appartement!	*What a beautiful apartment!*
Quelle table élégante!	*What an elegant table!*
Quels beaux meubles!	*What handsome furniture!*

❖ À votre tour

Before doing this activity, you might want to review which adjectives follow the noun and which precede it (see Dossier 3, Outil 4)

A. Différences d'opinion Vous visitez un nouveau logement et exprimez votre enthousiasme, mais votre camarade ne partage pas votre opinion!

MODÈLE: maison / joli / trop petit
      Quelle jolie maison!
      Tu trouves? Elle est trop petite.

1. maison / joli / trop petit
2. jardin / beau / trop grand
3. meubles / élégant / peu confortable
4. cuisine / pratique / trop moderne
5. chambre / beau / trop moderne
6. salle de bains / moderne / trop petit
7. cheminée / agréable / trop loin du centre

B. Préférences. Regardez de nouveau les logements présentés dans ce dossier et indiquez vos préférences dans chaque catégorie. Donnez vos raisons.

MODÈLE: logement
—Quel logement préfères-tu?
—J'aime mieux le logement de Mlle Lachat parce qu'il se trouve au centre-ville.

1. logement   3. pièces   5. salon
2. plan de maison   4. cuisine   6. jardin

L'adjectif démonstratif

- Demonstrative adjectives are used to point out or call attention to a person or an object.

Ce canapé est trop petit.	*This couch is too small.*
Regardez **cette** belle maison!	*Look at that beautiful house!*
J'adore **ces** grandes fenêtres.	*I love those big windows.*

- Like all adjectives in French, demonstrative adjectives agree in gender and number with the noun they modify.

	singular	plural
masculine	**ce** meuble	**ces** meubles
	cet appartement	**ces** appartements
feminine	**cette** table	**ces** tables

Note that you use the alternate form of the masculine singular adjective (**cet**) before a word beginning with a vowel or silent **h**.

- In normal discourse, **ce** can mean either *this* or *that* (person or object), and **ces** can mean either *these* or *those* (persons or objects). If you want to make a clear distinction between *this* object, place, or person—the one close by—and *that* one—the one far away—you may add **-ci** (*this*) or **-là** (*that*) to the noun:

Tu préfères **cet** appartement-**ci** ou **cet** appartement-**là**?	*Do you prefer this apartment or that apartment?*
Je préfère **cet** appartement-**ci**.	*I prefer this apartment.*

❖ À votre tour

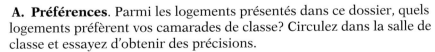

A. Préférences. Parmi les logements présentés dans ce dossier, quels logements préfèrent vos camarades de classe? Circulez dans la salle de classe et essayez d'obtenir des précisions.

MODÈLE: —Quelle maison préfères-tu?
—Je préfère cette maison *(pointing to it in the text).*
—Ah oui! Pourquoi?
—Elle est assez grande et il y a un beau jardin.

B. Goûts. Indiquez à un(e) camarade l'objet que vous préférez dans chaque catégorie et pourquoi. Votre camarade indique s'il/si elle est d'accord ou pas et donne ses raisons.

MODÈLE: table

—Moi, je préfère cette table-ci. Elle est petite et basse.

—Moi aussi, je préfère cette table-ci.

ou: —Pas moi! Je préfère cette table-là. Elle est plus grande et elle est plus belle.

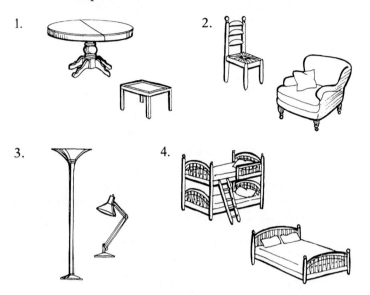

2. Les verbes **partir, sortir, dormir, venir**

Partir, sortir et dormir

- The verbs **partir** (*to leave*), **sortir** (*to exit, go out*), and **dormir** (*to sleep*) end in -**ir** but are not conjugated like regular -**ir** verbs.

Have students examine briefly the three conjugations and identify how the conjugations are different from those of regular -*ir* verbs. (The singular forms have no *i* in the ending; the plural forms have no *iss* in the ending).

partir	
je pars	nous partons
tu pars	vous partez
il/elle/on part	ils/elles partent

sortir	
je sors	nous sortons
tu sors	vous sortez
il/elle/on sort	ils/elles sortent

dormir	
je dors	nous dormons
tu dors	vous dormez
il/elle/on dort	ils/elles dorment

- **Partir** means *to leave* and is the opposite of the verb **venir** *(to come)*, which is presented in the next section.

Quand **pars**-tu? Je **pars** demain.	*When are you leaving? I'm leaving tomorrow.*
Elle **part** pour sa maison de campagne.	*She's leaving for her country home.*

- In contrast, **sortir** means *to exit* (from a building or place), *to go out* (with someone), or *to go out* (on social occasions).

Quand Marie-Agnès **sort** de son appartement, elle est en plein centre-ville.	*When Marie-Agnès leaves her apartment, she's in the heart of downtown.*
Elle **sort** souvent le soir, parce que cinémas et restaurants sont tout près.	*She often goes out in the evening because movie theaters and restaurants are close by.*

You may wish to call students' attention to the difference between the verb *partir*, which need not be followed by the name of a place, and the verb *quitter*, which is always accompanied by a place or place name: *J'ai quitté la maison à trois heures. Je suis parti(e) seul(e).*

❖ À votre tour

Des journées chargées. Dominique Rollin parle de la vie de sa famille. Identifiez le verbe qu'elle emploie dans chaque cas: **dormir, partir, sortir**.

MODÈLE: Pierre _____ pour le bureau tôt le matin.
          Pierre part pour le bureau tôt le matin.

1. Pierre _____ pour le bureau tôt le matin, vers 7 h 30.
2. Les enfants ne _____ pas pour l'école avant 8 h 30.
3. Ma fille aînée _____ du lycée à quatre heures de l'après-midi, mais la cadette ne _____ pas avant cinq heures.
4. Les filles _____ toujours tard le mercredi matin, car elles n'ont pas cours.
5. Moi, je ne _____ jamais tard, car je suis matinale.
6. Je _____ pour mon travail un peu avant 9 heures.
7. Je _____ généralement vers une heure de l'après-midi.
8. Chez nous, on ne _____ pas souvent en semaine.
9. Mais mon mari et moi _____ souvent avec des amis le samedi soir.
10. Puis, toute la famille _____ tard le dimanche matin.

Le verbe **venir**; l'expression **venir de** + infinitif

- The verb **venir** *(to come)* can be used alone or in the expression **venir de** + infinitive *(to have just done something)*.

- In the present tense, only the **nous** and **vous** forms have the infinitive stem. Note that, unlike other boot-shaped verbs you have studied, the third-person plural is not pronounced the same as the singular forms.

venir	
je viens	nous venons
tu viens	vous venez
il/elle/on vient	ils/elles viennent

- A number of verbs are conjugated like **venir**:

convenir à	*to be suitable for*	Leur maison ne **convient** plus aux Rollin.
devenir	*to become*	Elle **devient** de plus en plus petite.
retenir	*to retain, remember*	**Retiens** bien mon adresse!
revenir	*to come back*	Ils **reviennent** samedi prochain.
tenir à	*to want, insist on, have one's heart set on*	Nous **tenons à** avoir un jardin.

- The expression **venir de** is always followed by the infinitive:

J'ai quelque chose à te dire: nous **venons d'**acheter une maison.   *I have something to tell you: we've just bought a house.*

Les Rollin **viennent de** s'installer en banlieue.   *The Rollins have just moved to the suburbs.*

❖ À votre tour

A. Pendaison de la crémaillère (*A house-warming*). Des amis vont fêter l'installation de Pierre et Dominique Rollin dans leur nouvelle maison. Indiquez si les personnes suivantes vont assister à la fête ou non.

MODÈLE: Patrick
—Est-ce que Patrick vient?
—Oui, il vient.
ou: —Non, il ne vient pas.

1. Patrick
2. Sylvie et Jean-Paul
3. Toi, tu
4. Toi et ton cousin
5. Les parents de Pierre et Dominique
6. Et vous?

B. Faire-part (*Announcements*). À tour de rôle, faites part des nouvelles suivantes selon le modèle. Votre partenaire donne sa réaction.

MODÈLE: je / acheter une maison
—J'ai quelque chose à te dire: je viens d'acheter une maison.
—Ça alors, quelle bonne nouvelle!

Georges / perdre son travail
—J'ai quelque chose à te dire: Georges vient de perdre son travail.
—Ah, non! Ce n'est pas vrai! J'en suis désolé(e).

1. je / acheter une maison
2. mes amis et moi / louer un nouvel appartement
3. Martin et Julie / se fiancer
4. mon frère / se marier
5. Georges / perdre son travail
6. quelques étudiants / avoir un accident d'auto

C. Tant de choses à faire! Faites une liste des choses à faire concernant l'achat de votre maison. Votre partenaire vous rassure.

MODÈLE: téléphoner pour prendre rendez-vous à l'agence
—Téléphonons pour prendre rendez-vous à l'agence!
—Rassure-toi, je viens de téléphoner.
—Ah, tu viens de téléphoner? Tant mieux!

1 téléphoner pour prendre rendez-vous à l'agence
2. passer à la banque
3. remplir les papiers nécessaires
4. aller chez le notaire
5. commander des meubles neufs
6. choisir une école pour les enfants
7. trouver un locataire pour l'ancien appartement

Item 4: A *notaire* is approximately equivalent to a U.S./Canadian civil attorney.

3. Les verbes pronominaux au présent

• In **Contexte 4**, you learned a new type of verb called a pronominal verb. Many pronominal verbs are used to express daily routine (getting up, getting dressed, brushing teeth and hair, and so on). You can identify these verbs in the dictionary by the presence of **se** (or **s'**) in the infinitive. For example:

  laver   = *to wash (something)*
  se laver = *to get washed* (literally, *to wash oneself*)

Students have already been using *Comment vous appelez-vous? Je m'appelle...*, so pronominal verbs are not entirely new to them.

These verbs are also called reflexive verbs *(verbes réfléchis)* because the action described by the verb reflects back to the subject.

• Pronominal verbs are conjugated with two pronouns of the same person (**je me** lave, **tu te** laves, **vous vous** lavez).

se réveiller	
je **me** réveille	nous **nous** réveillons
tu **te** réveilles	vous **vous** réveillez
il/elle/on **se** réveille	ils/elles **se** réveillent

• To make a pronominal verb negative, insert **ne** after the subject pronoun and **pas** immediately after the verb:

je **ne** me lève **pas**	nous **ne** nous levons **pas**
tu **ne** te lèves **pas**	vous **ne** vous levez **pas**
il **ne** se lève **pas**	ils **ne** se lèvent **pas**
elle **ne** se lève **pas**	elles **ne** se lèvent **pas**
on **ne** se lève **pas**	

- The easiest way to ask a question using a pronominal verb is to use intonation or **est-ce que…?** These are the forms most people use when speaking.

    Pierre Rollin se réveille tôt?

    Et vous? Est-ce que vous vous réveillez tôt?

- In writing, however, inversion is more common. Note that, as with non-pronominal verbs, the subject pronoun comes immediately after the verb to which it is linked by a hyphen. As in the interrogative of regular **-er** verbs, **-t-** is added in the third person singular (**il, elle, on**) to facilitate pronunciation.

    À quelle heure **vous couchez-vous**?

    Et vos amis, à quelle heure **se lèvent-ils**?

    Ton copain se couche-**t-**il tard?

- In infinitive constructions, the pronoun preceding the infinitive corresponds to the subject.

    Je vais **me** promener dans le jardin.   *I'm going to take a walk in the garden.*

    Tu veux **te** lever tôt?   *Do you want to get up early?*

In the negative, the two parts of the negative are placed around the conjugated verb.

    Marc va se lever à 10 heures. Il **ne** va **pas** se lever à 8 heures.

- In French there are many pronominal verbs that fall into three basic categories: daily routine, motion, and emotion:

    ➤ Daily routine (**la vie quotidienne**):

se coiffer	*to fix one's hair*
se coucher	*to go to bed*
se déshabiller	*to get undressed*
s'endormir	*to fall asleep*
s'habiller	*to get dressed*
se laver	*to wash (oneself)*
se lever	*to get up*
se maquiller	*to put on one's makeup*
se raser	*to shave*
se réveiller	*to wake up*

    ➤ Motion (**le déplacement**):

s'en aller	*to leave*
se dépêcher	*to hurry*
se promener	*to take a walk*
se rencontrer	*to meet (unplanned)*
se reposer	*to rest*
se retrouver	*to meet (planned)*
se trouver	*to be, to find oneself*

- Emotion (**l'émotion**):

s'aimer	*to love each other*
s'amuser	*to have a good time*
se disputer	*to fight, argue*
s'énerver	*to get upset*
s'impatienter	*to lose patience*

❖ À votre tour

A. À chacun son rythme! Racontez votre matinée à l'aide des verbes et des expressions suivants.

MODÈLE: Moi, je me réveille tôt, je me lève sans difficulté…

se réveiller	tôt	tard
se lever	sans difficulté	avec beaucoup de difficulté
se laver	vite	lentement
s'habiller	tout de suite	après quelque temps
se coiffer	soigneusement	en hâte

B. Et votre partenaire? Comment se passe sa matinée? Posez-lui les questions suggérées dans l'activité A.

MODÈLE: —Est-ce que tu te réveilles tôt ou tard?
         —Je me réveille (tard).

C. C'est impossible, tu comprends! Vous expliquez à un(e) camarade que vous ne voulez plus partager votre chambre avec votre camarade de chambre actuel(le), car vos habitudes sont trop différentes. Votre camarade anticipe.

Before beginning this activity, you might want to have students review the adverbs listed and their opposites: *tôt/tard, très vite/très lentement, souvent/ne… jamais,* etc.

MODÈLE: se réveiller tôt le matin
         —Moi, je me réveille tôt le matin…
         —Et lui, il se réveille tard. / Et elle, elle se réveille tard.

1. se réveiller tôt le matin
2. s'habiller très vite
3. s'énerver très peu
4. se mettre souvent en colère
5. se disputer constamment
6. se coucher tard

D. À quelle heure… ? Demandez à trois ou quatre camarades à quelle heure ils/elles font les choses indiquées.

MODÈLE: se coucher le samedi soir
         —À quelle heure est-ce que tu te couches le samedi soir?
         —Le samedi soir, je me couche à deux heures du matin.

1. se lever généralement
2. se coucher généralement
3. se lever le samedi matin
4. se coucher le samedi soir
5. se lever le jour d'un examen
6. se coucher la veille (*night before*) d'un examen

4. Le passé composé avec **être**

- In Dossier 5, you learned about verbs conjugated in the *passé composé* with the auxiliary verb **avoir**. Certain verbs—many of which express movement or motion—and all pronominal verbs are conjugated with the auxiliary verb **être**. **Aller** is one example.

je **suis** allé(**e**)	nous **sommes** allé(**e**)**s**
tu **es** allé(**e**)	vous **êtes** allé(**e**)(**s**)
il **est** allé	ils **sont** allé**s**
elle **est** allé**e**	elles **sont** allé**es**

Note that the past participle of verbs conjugated with **être** agrees in gender and number with the subject; that is, the past participle functions like an adjective and changes depending on the subject it refers to.

Some students are helped by *aide-mémoire DR & MRS VANDERTRAMP*, each letter of which corresponds to one of the verbs conjugated with *être: Descendre Rentrer Monter Rester Sortir Venir Aller Naître Devenir Entrer Retourner Tomber Revenir Arriver Mourir Partir.*

You may wish to present the *"house of être"* as suggested in activity A , page 187.

- To remember the verbs conjugated with **être**, think of a "house of **être**":

fantôme: personnage né en 1723, mort en 1743

(1) (re)venir　(2) aller　(3) arriver　(4) (r)entrer　(5) monter　(6) rester　(7) descendre　(8) tomber　(9) sortir　(10) partir　(11) passer　(12) retourner

- Irregular verbs often have irregular past participles.

mourir	mort	Charles de Gaulle **est mort** en 1970.
naître	né	Napoléon **est né** en 1769.
venir	venu	Le marquis de La Fayette **est venu** aux États-Unis en 1777.

- The negative and interrogative forms of verbs conjugated with **être** are formed the same way as verbs conjugated with **avoir**. In the negative, for example, the two parts of the negative (**ne** and **pas**) are placed around the auxiliary verb:

    Il **n**'est **pas** venu seul, il est venu avec un ami.

    Elle **n**'est **pas** venue en voiture, elle est venue par le train.

- To ask a question, you can use **est-ce que** or inversion. In the case of inversion, the subject pronoun comes immediately after the auxiliary verb:

    —**Êtes-vous sortis** hier soir?

    —Non, je suis resté à la maison.

❖ À votre tour

A. Chez Madame Être. Faites visiter à votre partenaire la maison de Madame Être. Suivez le numérotage du plan (page 186) et utilisez le présent (par exemple: **On arrive à la maison**, etc.). Puis, votre partenaire raconte au passé composé la visite que vous venez de faire (**On est arrivé**, etc.).

B. Un profil-robot (*Composite*). L'entreprise où vous travaillez veut établir un profil de ses employés. Vous donnez des renseignements basés sur votre journée d'hier.

MODÈLE: départ de la maison: 6 h 15 (sortir)
        Je suis sorti(e) de la maison à 6 h 15.

1. départ de la maison: 6 h 15 (sortir)
2. arrivée à la station de métro: 6 h 25 (arriver)
3. temps passé dans le métro: 50–60 minutes (rester)
4. arrivée sur le lieu de travail: 6 h 45 (arriver)
5. retour à la maison: 18 h 45 (rentrer)

C. Un après-midi de libre? Vous et un(e) camarade retournez à l'université après un après-midi de libre. Vos camarades vous demandent de raconter comment ça s'est passé et vous répondez.

MODÈLE: descendre en ville
        —Êtes-vous descendu(e)s en ville?
        —Oui, nous sommes descendu(e)s en ville.
  ou: —Non, nous ne sommes pas descendu(e)s en ville.

descendre en ville	aller au cinéma
monter chez des amis	aller au café
sortir avec des ami(e)s	rentrer sans difficulté
passer à la banque	s'amuser

D. Identité d'emprunt. À partir des éléments suivants, établissez une biographie fictive. Puis, votre partenaire vous pose des questions sur votre nouvelle identité.

MODÈLE: date de naissance
        —Quand es-tu né(e)?
        —Je suis né(e) le [jour, mois, année]. Et toi, quand es-tu né(e)?
        —Moi, je suis né(e) le [jour, mois, année].

- date de naissance
- lieu de naissance
- profession: architecte diplômé(e) (devenir)
- départ à l'étranger (partir)
- séjour à l'étranger (rester)
- retour en France (rentrer)
- date de naissance des enfants
- date du décès des parents

5. La phonétique

La consonne [ʀ]; les consonnes [p], [t], [k]; la consonne [d]

- Up to now, you have been practicing French vowels; now you will practice several French consonants that differ slightly from their English counterparts.

La consonne [ʀ]

- [ʀ], as in the word **rentrer**, presents a very recognizable feature of the French language: this sound is articulated at the back of the palate of the mouth, whereas the English [r] is articulated at the front. It may be helpful for you to visualize the back of your tongue pushing the French [ʀ] back in your throat, or to imagine "gargling" with the sound [ʀ] while the tip of the tongue is firmly held behind the lower teeth.

- If [ʀ] is followed by a voiced sound, it is voiced (you will feel your vocal cords resonate in your throat); if [ʀ] is followed by a voiceless sound, it will become voiceless itself. Notice the difference:

    voiceless: air, il part
    voiced: Paris, France

- Remember that the ending of **-er** verbs is pronounced [e] and that the [ʀ] is silent, as is the final **r** in **grenier** and **cahier**.

Les consonnes [p], [t], [k]

- Three other consonants exhibit marked differences in French and in English. When they occur at the beginning of a word in English, [p], [t] and [k] tend to be aspirated, that is, accompanied by a small puff of air. This aspiration does not occur in French. To practice these sounds, pronounce the following words while holding the palm of your hand very close to your mouth. You should not feel the slightest puff of air when you are pronouncing the French words. Compare:

    [k] **cour**   *courtyard*
    [p] **pot**   *the pot*
    [t] **table**   *table*

- In general, [p] and [t] are represented by the letters **p** and **t**. The combination **th** is pronounced [t] in French, as in **le théâtre**. Note that **ti** is pronounced [s] in most -**tion** endings and in **s'impatienter**.

- The sound [k] is represented by the following letters:

c + o	couloir	ch	Christian
c + u	cuisine	k	kilomètre
c + a	camarade	qu	qui

Remember that **c** is pronounced [s] when followed by **e** (**cette**) or **i** (**ici**).

La consonne [d]

* Another French consonant, [d], has a slightly different sound than in English because it is pronounced while the tip of the tongue touches the back of the upper teeth. In English, the tip of the tongue is positioned at the alveolar ridge (the fleshy ridge behind the teeth), and it produces a softer [d]. Compare:

disques	*disks*
donner	*Don*
descendre	*descend*

❖ À votre tour

A. La consonne [ʀ]. Répétez.

1. Elle réside rue du Roi René.
2. Débrouille-toi pour te brosser les dents rapidement.
3. Ils vont installer une étagère dans le placard.
4. Je voudrais une chambre claire, propre et moderne.
5. J'ai trouvé un miroir dans le grenier.

B. Les consonnes [p], [t], [k]. Répétez.

1. Nous pouvons poser la lampe sur le tapis.
2. Le couloir de la cuisine n'est pas confortable.
3. Pierre, passe l'aspirateur, s'il te plaît.
4. Tu te détends sur la moquette!
5. Tu te trompes toujours quand tu t'impatientes.
6. Ils se maquillent dans un placard obscur du théâtre.

C. La consonne [d]. Répétez.

1. Demain, nous déménageons dans le deux-pièces de Daniel.
2. Damien et Amandine se disputent dehors.
3. Nous avons décidé d'habiter à Dijon.
4. Le docteur Dupont se débrouille bien avec son ordinateur.
5. La penderie n'est pas assez grande.

$\mathscr{D}$ÉCOUVERTES

En direct 2

The tapescript for all *En direct* activities appears in the *Instructor's Resource Manual*. Following is the tapescript for *En direct 2* activity A.

A. Tout le monde se réveille à 7 heures. On se lève immédiatement et on va se laver. On s'habille assez chaudement car les matins sont froids dans cette région de montagne. On fait son lit et on range ses affaires avant d'aller à la salle à manger. Dès 8 heures 30 on se met au travail: poterie, ordinateur, conversation anglaise, etc. On fait une pause juste avant midi pour avoir le temps de se laver les mains et de se peigner avant de passer à table. Après le déjeuner, vers 13 heures, on va tous se reposer jusqu'à 15 heures: on joue aux cartes, on regarde des albums de bandes dessinées, on écoute des disques, etc. L'après-midi, entre 15 heures et 17 heures 30, on s'amuse: on se baigne, on se promène dans la forêt, on fait du sport. Vers 18 heures on se prépare pour la soirée. On se met en pantalon parce que les températures sont fraîches ici le soir, et on va dîner. Après le dîner, vers 19h30, on se retrouve tous pour regarder un film, pour danser ou pour faire de la musique. On retourne dans les cabines à 22 heures, on se déshabille vite, on se lave et on se couche rapidement.

Activity C calls for students to take notes, and then sort and classify them.

A. Colonie de vacances (*Summer camp*). You're going to hear a summer camp director read the camp rules. What kinds of things do you expect him to mention? As you listen, fill in as much as you can of the daily schedule—at least three activities for each period of the day. Use infinitives.

Matin (7 h à 12 h)	Après-midi (12 h à 17 h 30)	Soir (18 h à 21 h)

B. Hésitations. Listen to the Mouton family—Jean-François and Sophie, and their two children, Rémi (17 years old) and Perrine (12 years old)—discuss their forthcoming move. Write down each person's feelings about each of the two houses.

	Maison d'Écully	Maison de Brignais
Jean-François		
Sophie		
Rémi		
Perrine		

C. Avantages et inconvénients. Review the opinions expressed by various members of the Mouton family in activity B, and then list the advantages and disadvantages of each house in the grid below.

Maison d'Écully		Maison de Brignais	
Avantages	**Inconvénients**	**Avantages**	**Inconvénients**

D. Un choix facile/difficile. Which house do you think the Moutons will choose? Give your reasons. Which house would you choose? Why?

  E. Projets d'été (*Summer plans*). Vous avez trouvé du travail pour l'été. Vous allez être moniteur/monitrice (*camp counselor*) dans une colonie de vacances. Vous et votre partenaire préparez le programme d'une journée type.

  F. Décision. Vous et votre partenaire cherchez un appartement à louer. Vous discutez la question de l'emplacement de cet appartement et vous n'êtes pas d'accord. Par exemple, le centre-ville est cher, mais la banlieue est trop triste, etc.

Découverte du texte écrit

La maison
G. Préparation

1. Le texte ci-dessous est tiré du livre *Évidences invisibles: Américains et Français au quotidien*, par Raymonde Carroll, Française d'origine, aujourd'hui sociologue et professeur de français aux États-Unis. Dans son livre, l'auteur essaie de montrer que même quand des cultures se ressemblent beaucoup, les apparences sont souvent trompeuses (*deceptive*).

2. Avant de lire le texte, reportez-vous à vos conclusions dans la section **Parallèles?** page 177. En particulier, avez-vous découvert qu'il y a chez vous ou chez vos camarades des règles implicites qui gouvernent l'accès à certaines pièces? Donnez des exemples.

> Il est possible de connaître le degré d'intimité qui existe entre A et B si l'on sait à quelles pièces de la maison de A, B [a] accès. L'inconnu, l'étranger reste à la porte. Puis, on ouvre son entrée, puis son salon, puis sa salle à manger (et, à la rigueur, les toilettes). Beaucoup de visiteurs ne [vont] jamais plus loin. Les amis des enfants peuvent avoir accès à la chambre des enfants s'ils sont amis, et [donc] à la cuisine pour boire ou prendre le goûter s'ils sont des habitués. La salle de bains, séparée des toilettes, reste d'accès difficile, est réservée à ceux que l'on peut inviter à passer la nuit sous son toit. Le frigo, les armoires et les tiroirs sont rarement d'accès libre, sauf à ceux que l'on considère comme les véritables intimes de la maison. La pièce qui demeure sacrée, c'est la chambre à coucher des parents. Bien sûr, il s'agit ici d'une maison qui disposerait de toutes ces pièces, mais ce n'est pas l'espace qui est significatif, dans ce contexte, mais la façon dont il est ouvert ou non à tous ceux qui ne font pas partie de la famille dite «mononucléaire» (qui comprend seulement parents et enfants). Ainsi, si mon beau-père ou ma belle-mère, ou même mon père ou ma mère vit sous mon toit, cela ne lui donne pas automatiquement accès à ma chambre à coucher, bien au contraire.

Source: Raymonde Carroll, *Évidences invisibles*

H. Exploration

1. Indiquez l'ordre dans lequel on présente les diverses pièces et qui a accès à chaque pièce:

Pièce	Accessible à qui?
a.	
b.	
c.	
etc.	

You might want to write the following sentence on the board and discuss it with students either before or after the reading: *La maison est un espace qui n'est pas neutre; la disposition des pièces et leur accès est codifié par des règles implicites qui diffèrent d'une culture à l'autre.*

Make sure students understand the first sentence of this text, and that "A" and "B" refer to people.

H. Item 2. For people whose homes are essentially open to any and all persons, this may seem strange. For French people, who have a more clearly delineated sense of boundaries and who make a more clear-cut distinction between an inner circle of family and extremely close friends and an outer circle of acquaintances or outsiders, this seems perfectly logical. It all depends on one's cultural perspective.

H. Item 4. Answer: (1) *Il est possible de connaître le degré d'intimité qui existe entre A et B si l'on sait à quelles pièces de la maison de A, B [a] accès.* (2) *…ce n'est pas l'espace qui est significatif, dans ce contexte, mais la façon dont il est ouvert ou non à tous ceux qui ne font pas partie de la famille dite «mononucléaire» (qui comprend seulement parents et enfants).*

I. Item 1. Answer: *parce que leurs relations avec les propriétaires ne sont pas assez intimes.*

I. Item 2. Different students will have different answers. Take advantage of the diversity in your class to explore the differences not only across cultures, but within cultures as well.

J. Have students go back to the advance organizer *(D'une culture à l'autre)* and the *Parallèles?* section to pull out relevant information, then help them organize their presentation: e.g., location and neighborhood, exterior appearance, interior, rooms, furniture, advantages / disadvantages.

J. Have students make a list of the contrasts between their residence and a comparable French one. Then they figure out how to describe their house to a French person, keeping in mind the contrasts identified earlier.

J. This activity can be assigned to be done in writing after students have completed it orally in class.

K. Students will have to consider the advantages and disadvantages of these apartments as a function of their own priorities. They might begin by listing their own needs or desires: *situation géographique (centre-ville, banlieue, campagne, proximité de certains endroits), prix du loyer, taille*, etc.

2. Quelle pièce de la maison est la moins accessible aux visiteurs? Cela vous semble-t-il logique? bizarre? Expliquez pourquoi.
3. Les membres de la famille ont-ils accès automatiquement à toutes les pièces de la maison? Expliquez.
4. À votre avis, quelles sont les deux phrases du texte les plus importantes?

I. Réflexion.

1. Selon Carroll, pourquoi tous les visiteurs n'ont-ils pas accès à toutes les pièces de la maison?
2. Expliquez comment chez vous l'organisation de l'espace intérieur et son accès ressemblent ou diffèrent d'une habitation à la française.

J. Chez vous. Un(e) Français(e) vous demande de lui parler de la maison ou de l'appartement où vous habitez. Faites le plan de votre logement, puis présentez-le-lui. N'oubliez pas que vous parlez à un(e) Français(e). Tenez compte de son point de vue et évoquez dans votre présentation:
- où vous habitez: en plein centre-ville, en banlieue, à la campagne
- comment est la maison ou l'appartement
- l'aménagement ou l'organisation de l'espace extérieur
- l'aménagement ou l'organisation de l'espace intérieur
- les avantages et les inconvénients de votre logement

K. Recherche logement. Vous cherchez un logement. Lisez les annonces et résumez les différentes options dans le tableau. Indiquez le quartier où se trouve le logement, sa taille, d'autres renseignements et finalement, le loyer. Quels critères sont importants pour vous? Quel appartement vous convient le mieux? Pourquoi? Quels sont les avantages de cet appartement par rapport aux autres? Y a-t-il des inconvénients?

Quartier	Taille	Meublé?	Avantages/inconvénients	Loyer mensuel

Locations

RUE GAMBETTA
Part. loue studio + balc., s. de bain séparée, 3e ét. sans vis à vis s/jardin, asc. interphone, calme. 2.400 F + charges

QUARTIER DE LA GARE
Studio, neuf, 25 m2, gd stand. 3.500 F + ch. Park. 47.46.24.12

RESIDENCE DES BORNES
Beau 2 P, 65 m2, 6.00 F
Tel 42.09.70.51

Résidence récente
4P 90m2, 6.405 F + ch.
3P 80m2, 5.309 F + ch.
40.04.08.46

A 10 min. centre-ville.
Immeuble neuf de standing, studio 32 m2 à partir de 2.650 F + charges.
2P 50 m2 envir. à partir de 2.650 F + charges
2P. 50 m2 envir. à partir de 3.300 F + charges
3P. 68 m2 envir. à partir de 4.650 F + charges
4P. 85 m2 envir. à partir de 5.800 F + charges
5P. 112 m2 envir. à partir de 8.717 F + charges
Sur place jeudi de 11h30 à 14h30 et de 17h à 19h30. 14 rue de la Sablière.

68 bd Beaumarchais
2 P cuis., bains 4.200 F + ch.
Vis. ce jour 17h à 19h.

18 place de la Liberté
Gd studio, cuis., bains, W.C.
3 500 F. 42.90.26.17

6 av. de Port-Royal
Gd studio s/jardin
42 m2. 4 650 F cc.
45.86.58.21.

9 rue Dunkerque
3p. 90m2 refait neuf, parquet.
8.700 F net.
42.33.67.26.

24 rue de la Convention
Rue calme. Studio + alcôve 32 m2, cuis. équipée. S de bains, WC indép. 1er et asc. libre de suite.
TEL 50 77 85 72

asc.: ascenseur   cc: charges comprises   ch.: charges *(utilities)*   ét.: étage   s.: salle
s/: sur   part.: particulier (personne)   standing: *luxury*

L. À chacun sa tâche (*A job for everyone*). Vous avez loué un studio au bord de la mer avec trois ou quatre camarades. Vous désirez vous amuser, mais il y a toujours des tâches domestiques à faire. Répartissez ces tâches entre les membres du groupe.

M. Un nouvel appartement

1. Regardez les images et racontez l'histoire de Marc et Gisèle Nicot au présent. Utilisez les expressions ci-dessous.

    MODÈLE: Marc et Gisèle ont besoin d'un nouvel appartement…

    discuter les avantages et inconvénients

    choisir un appartement

    téléphoner au propriétaire

    acheter le journal

    prendre rendez-vous

    visiter l'appartement

    regarder les petites annonces

    chercher un nouvel appartement

2. Maintenant, racontez la même histoire au passé composé.

    MODÈLE: Le mois dernier, Marc et Gisèle Nicot ont commencé à chercher un nouvel appartement…

Many of these illustrations provide opportunities for students to supply additional information. In the first frame, for example, after saying that the Nicots are looking for a new apartment, they can speculate on the reasons why. In the seventh frame, they can give details about the visit, tell what the apartment was like, and/or role-play questions and answers with the owner. In the eighth frame, they can take turns role-playing Marc and Gisèle discussing the pros and cons of the apartment. In the last frame, they can speculate as to whether or not the Nicots take the apartment and why. You should request additional information only in the first part of the activity, which calls for present-tense narration, not in the second part, which asks students to tell the same story in the *passé composé*.

Les immeubles

À Paris comme en province, l'immeuble fait partie depuis très longtemps du paysage urbain. Ce bâtiment d'habitation de plusieurs étages comprend en général une belle façade sur la rue. Le rez-de-chaussée est parfois occupé par un magasin, sauf dans les quartiers très résidentiels. On entre dans l'immeuble par une large porte d'entrée ou porte cochère. C'est au rez-de-chaussée qu'on trouvait hier la concierge et qu'on trouve aujourd'hui les boîtes aux lettres. Les appartements les plus beaux sont au premier et au deuxième étages. Aujourd'hui on a transformé les anciennes chambres de domestiques dans les greniers d'hier en studios. L'immeuble est souvent construit en U ou en L autour d'une cour intérieure commune.

Cour intérieure d'un immeuble construit au XVIIIe siècle
(dessin de Michel Bourelier)

D'un parallèle à l'autre

Choisissez un des pays francophones présentés dans le **Bilan** après le Dossier 14. Est-ce un pays plutôt rural? très urbanisé? Essayez de trouver dans un magazine comme le *National Geographic* des photos des habitations dans les villes ou villages de ce pays. Partagez vos photos et descriptions avec vos camarades.

À l'écran

La majorité des Français habitent dans des villes. Visitez les banlieues de ces grandes villes, écoutez les enfants de ces cités modernes décrire leur maison idéale. Enfin, partagez la vie de Delphine qui, elle, habite dans un foyer de l'Armée du Salut.

Clip 6.1   La maison idéale

Clip 6.2   Sans domicile fixe (or S.D.F. = *homeless*)

Lu et entendu

Espace personnel.   Dans ce dossier, en comparant des habitations françaises—extérieur et intérieur—à leurs équivalents nord-américains, vous avez approfondi votre connaissance de la notion française de l'espace. Vous avez aussi exploré la notion du «chez soi» et découvert la distinction entre espace privé et espace public. Choisissez un ou deux commentaires ci-dessous et expliquez—avec des exemples—pourquoi vous êtes plutôt d'accord ou pas d'accord.

1. Les notions d'espace, comme les notions de distance, ne sont pas toujours absolues et varient suivant les cultures.
2. La manière d'organiser l'espace dépend de facteurs concrets—par exemple, les dimensions du terrain où se trouve l'habitation—et de facteurs affectifs ou psychologiques—par exemple, le désir de garder sa vie privée pour soi.
3. La présence de murs, de haies, de portails devant des maisons françaises indique que les habitants sont froids, impersonnels, peu accueillants, etc.
4. Pour un Français, le «chez soi» traduit assez bien le mot *home* dans la maxime anglaise «*There's no place like home.*»

*L*e mot juste

Contexte 1: À chacun son logement

L'immeuble

l'ascenseur (m)	*elevator*
l'escalier (m)	*stairs, staircase*
l'étage (m)	*floor*
un deux-pièces (trois-pièces), etc.	*a two-room apartment (three-room, etc.)*
le balcon	*balcony*
la cour	*small courtyard*
le mur	*wall*
le plafond	*ceiling*
le plancher	*floor*
le rez-de-chaussée	*ground floor, first floor*
la terrasse	*terrace*

Contexte 2: La maison des Rollin

Le plan de la maison

la cave	*cellar/wine cellar*
le cellier	*storage/laundry room*
la chambre	*bedroom*
le couloir	*corridor, hallway*
la cuisine	*kitchen*
le grenier	*attic*
le hall d'entrée	*foyer*
la lingerie	*laundry room*
le séjour/le living/le salon/ la salle de séjour	*living room*
la salle à manger	*dining room*
la salle de bains	*bathroom*
les W.C. (les toilettes)	*toilet*

Les meubles

Dans le séjour:

un bureau	*desk*
un canapé	*couch*
un fauteuil	*armchair*
une lampe	*lamp*
une moquette	*wall-to-wall carpet*
un secrétaire	*small desk*
un tableau	*painting*
un tapis	*carpet, rug*
un téléphone	*telephone*
un téléviseur	*television*

Dans la salle à manger:

un buffet	*hutch*
une chaise	*chair*
une table	*table*

Dans la cuisine:

une cuisinière (à gaz/électrique)	*stove (gas/electric)*
un évier	*sink*
un lave-vaisselle	*dishwasher*
un placard	*cupboard*
un réfrigérateur (un frigo)	*refrigerator*

Dans la chambre:

un bureau avec une chaise	*desk and chair*
des cassettes (f)	*cassettes*
une chaîne-stéréo	*stereo*
une commode	*chest of drawers*
des disques (m)	*records*
une étagère	*bookcase*
un lit	*bed*
un grand lit	*double bed*
des lits jumeaux (m)	*twin beds*
des lits superposés (m)	*bunk beds*
un ordinateur	*computer*
un placard/une penderie	*closet*

Dans la lingerie:

un fer à repasser	*iron*
un lave-linge	*washing machine*
une table à repasser	*ironing board*

Dans la salle de bains:

une baignoire	*bathtub*
une douche	*shower*
un lavabo	*sink*
un miroir	*mirror*

Dans les W.C.:

un lavabo	*sink*
un miroir	*mirror*
un porte-serviettes	*towel holder*

Adjectifs

ancien(ne)	*old*
clair	*light*
confortable	*comfortable*
moderne	*modern*
obscur	*dark*
propre	*clean*
sale	*dirty*

Verbes

déménager	*to move*
descendre	*to go downstairs*
donner sur	*to look out on*
entrer dans	*to enter*
laver	*to wash*
monter	*to go upstairs*
partir	*to leave*
sonner	*to ring the doorbell*
sortir	*to go out*
venir	*to come*

Contexte 3: Tâches domestiques

bricoler	*to putter*
faire des achats	*to go shopping*
faire des courses	*to do errands*
faire la cuisine	*to do the cooking*
faire la lessive	*to do laundry*
faire le lit	*to make the bed*
faire le marché	*to do the grocery shopping*
faire le ménage	*to do housework*
faire la vaisselle	*to do dishes*
passer l'aspirateur	*to run the vacuum*
ranger (la maison)	*to straighten up (the house)*
repasser	*to iron*

Contexte 4: La journée de Pierre Rollin

s'aimer	*to like, love one another*
s'amuser	*to have a good time*
se brosser (les dents, les cheveux)	*to brush (one's teeth, one's hair)*
se coiffer	*to fix one's hair*
se coucher	*to go to bed*
se débrouiller	*to fend for oneself, to manage*
se démaquiller	*to remove one's makeup*
se dépêcher	*to hurry up*
se déshabiller	*to get undressed*
se détendre	*to relax*
se détester	*to hate one another*
se disputer	*to fight, have a dispute*
s'énerver	*to get upset*
s'entendre bien/mal avec	*to get along well/badly with*
se fâcher contre quelqu'un	*to get angry with someone*
s'habiller	*to get dressed*
s'impatienter	*to grow impatient*
s'inquiéter	*to worry*
s'installer	*to move in, to find a place*
se laver	*to wash*
se lever	*to get up*
se maquiller	*to put on one's makeup*
se peigner	*to comb one's hair*
se préparer	*to get ready*
se promener	*to talk a walk, to walk around*
se raser	*to shave*
se reposer	*to rest*
se réveiller	*to wake up*
se tromper	*to be mistaken*

DOSSIER 7

La table

Communication

- Discussing food preferences
- Talking about eating habits and attitudes toward eating
- Planning meals, shopping, and having friends over
- Recounting past events

Cultures in parallel

- Attitudes toward food and eating
- The cultural dimension of food

Tools

- The verbs **recevoir, mettre,** and **boire**
- Review of the definite, indefinite, and partitive articles
- Expressions of quantity
- Pronominal verbs in the *passé composé*
- Phonetics: the semivowels

D'une culture a l'autre: Have students bring in photos of people eating—their own photos or magazine photos. Have them tell who the people are, where they are eating, how long the meal lasts, and what the occasion is (birthday, business lunch, family dinner, etc.) Using photos helps students discover and describe their own habits and those of other members of their culture. The photos and the discussion will reveal a range among the students in your class that you can point out as being illustrative of the diversity within North American society. The photos and images will be used again in the *Parallèles?* section, where students compare and contrast them with photos illustrating French habits and attitudes toward food and eating.

D'une culture à l'autre

Que représente pour vous le moment des repas? C'est d'abord l'occasion de vous nourrir, bien sûr, mais est-ce que ce n'est pas aussi un moment agréable partagé avec d'autres, famille ou amis, l'occasion de découvrir et d'apprécier de nouveaux produits, de nouvelles recettes (*recipes*)? Exprimez votre opinion et partagez-la avec vos camarades.

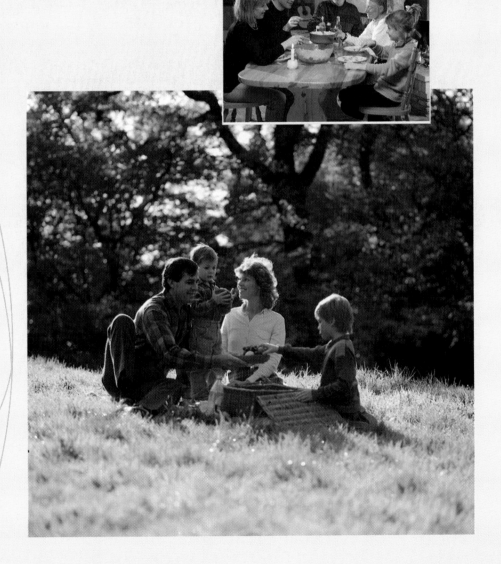

CONTEXTES

1. Les aliments

The illustrations are organized in general categories (*viande, poisson, fruits, légumes*). Students should first learn the categories and then three or four individual items within each, for example, *saumon, sole, thon* are all *poissons*.

Teach the word *rayon* by pointing to the various counters or sections of the store: *voici le rayon viande*, etc.

200

❖ À votre tour

A. Au supermarché. Vous faites les courses avec un(e) camarade qui
va préparer un grand dîner.

MODÈLE: bœuf
> —J'ai besoin de bœuf...
> —Bon. Allons au rayon viande.

1. bœuf
2. saumon
3. citron pour le saumon
4. oignons pour la soupe
5. poulet
6. moutarde
7. glace
8. crème pour le café

B. Préférences. Vous et un(e) camarade de classe discutez de vos
préférences. Quelquefois vous avez les mêmes goûts, d'autres fois non.

MODÈLE: charcuterie
> —Comme charcuterie, j'aime le pâté et le saucisson.
> —Moi aussi, j'aime le pâté et le saucisson.
> *ou:* —Pas moi! Je préfère le jambon.

1. charcuterie
2. poisson
3. viande
4. volaille
5. légumes
6. fruits
7 produits laitiers
8. boissons

Before doing this activity, you might want
to help students identify three or four
items for each category.

To present this *Contexte*, go over the
menu with the students, emphasizing first
the courses, then the individual food
items, and then the partitive article. The
meal chart is the medium for presenting
both the cultural information (meal times,
courses, foods) and the structural point
(use of the partitive with food items).

2. Les repas

	Pierre Rollin *42 ans, ingénieur*	**Dominique Rollin** *42 ans, secrétaire à mi-temps*	**Corinne Rollin** *10 ans, écolière*
Petit déjeuner à 7 heures	**à la maison** du café au lait du pain du beurre de la confiture	**à la maison** du thé une tartine du jus d'orange	**à la maison** du chocolat chaud des céréales
Déjeuner vers midi	**à la cafétéria de l'entreprise** des crudités un steak-frites du vin rouge un petit pain une tarte aux pommes du café	**à la maison** de la salade une côtelette de veau des petits pois du pain de l'eau minérale une poire du thé	**à la cantine de l'école** des carottes râpées du poulet rôti de la purée de pommes de terre des haricots verts de l'eau minérale de la mousse au chocolat
Pause-café/Goûter entre 4 et 5 heures	**à son bureau** du café		**à la maison** des biscuits au chocolat du jus d'orange
Dîner vers 8 heures	**à la maison** de la soupe de légumes des pâtes à la tomate de la salade du fromage	← →	

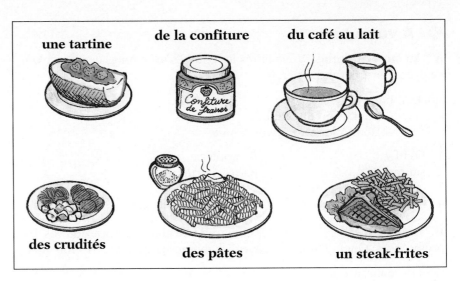

une tartine

de la confiture

du café au lait

des crudités

des pâtes

un steak-frites

❖ À votre tour

A. Les repas chez les Rollin. Pour chaque membre de la famille Rollin, donnez les renseignements suivants:

1. l'heure du petit déjeuner? du déjeuner? du dîner?
2. l'endroit où la personne prend le petit déjeuner? le déjeuner? le dîner?
3. la composition du petit déjeuner? du déjeuner? du pause-café/du goûter? du dîner?

B. Ressemblances et différences. Comparez les repas chez les Rollin—l'heure du repas, l'endroit où on prend le repas, la composition du repas—avec les repas dans votre famille. Quelles sont les ressemblances et les différences?

C. Et vos camarades de classe? Interviewez plusieurs camarades de classe. Demandez-leur:

1. l'heure de leur petit déjeuner, de leur déjeuner, de leur dîner
2. l'endroit où ils prennent les divers repas
3. la composition de leur petit déjeuner, de leur déjeuner, de leur dîner

D. Menu d'anniversaire. Votre anniversaire est la semaine prochaine et on vous demande ce que vous désirez comme petit déjeuner, déjeuner, et dîner.

E. Chef pour un jour. Composez des menus pour les situations ou les personnes suivantes.

1. un dîner de famille traditionnel
2. un déjeuner végétarien pour des amis
3. un repas pour un athlète la veille du match
4. un déjeuner et un dîner pour un enfant âgé de trois ou quatre ans
5. un dîner pour cinq ou six ami(e)s

3. Un dîner au restaurant

Menu 80 F
au choix

Entrée
Pâté maison
ou Oeufs mimosa
ou Crudités

Plat principal
Rôti de porc pommes vapeur
ou Sole avec jardinière de légumes

Salade *ou* fromage

Desserts
Corbeille de fruits
ou Glace maison
ou Crème au caramel

Prix service compris,
vin et boissons
en sus

Menu 120 F
au choix

Entrée
Caviar Sevruga,
blinis, citron, crème
ou Quiche aux lardons fumés

Plat principal
Pavé de saumon frais
sauce béarnaise
ou Côte de bœuf
au cidre pommes vapeur
ou 1/2 langouste
froide mayonnaise

Salade verte
Plateau de fromage

Desserts
Corbeille de fruits
ou Oeufs à la neige
ou Profiterole au chocolat

Prix service compris,
vin et boissons
en sus

Help students determine the overall organization of the meal by studying the menu and following the conversation with the waiter. How does the waiter begin? What is the order of the conversation (*salutations, apéritif, menu, entrée, viande ou poisson, salade ou fromage, dessert, boisson, l'addition.*) Write on the board: *entrée, plat principal, salade/fromage, dessert.* Then mention the types of food served for each. Ask students what Lise and Jules had for each course. Explain the difference between the terms *carte* ("menu") and *menu.* Point out that food terms on a menu are often fancier than the terms one finds in the grocery story or at the market. Point out the use of the partitive.

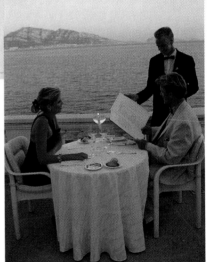

Garçon: Bonsoir. Vous prenez un apéritif?
  Jules: Non merci, nous allons tout de suite commander. Nous allons prendre deux menus à 80 francs.
Garçon: Très bien. Alors, pour Madame, en entrée?
   Lise: Je vais prendre du pâté maison.
Garçon: Un pâté. Et pour Monsieur?
  Jules: Des œufs mimosa, s'il vous plaît.
Garçon: Très bien. Et ensuite, viande ou poisson?
  Jules: Moi, je prends du rôti de porc avec des pommes de terre.
   Lise: Et moi, du poisson avec du riz, s'il vous plaît.
Garçon: Salade ou fromage?
  Jules: Une salade verte et un fromage.
Garçon: Comme dessert, je vous propose la corbeille de fruits, de la glace ou de la crème au caramel.
  Jules: Des fruits, s'il vous plaît.
Garçon: Et comme boisson?
  Jules: Une carafe de vin rouge, s'il vous plaît.
   Lise: Et de l'eau minérale.

Plus tard...
  Jules: Garçon, l'addition, s'il vous plaît! Le service est compris, n'est-ce pas?

Tell students to model their answers on
the ones in the *Contexte*.

❖ **À votre tour**

Au restaurant. Regardez la carte de restaurant page 203 et répondez
aux questions suivantes.

1. Bonsoir, Monsieur/Madame. Vous allez prendre un apéritif?
2. Alors, qu'est-ce que vous prenez en entrée?
3. Et ensuite, prenez-vous de la viande ou du poisson?
4. Prenez-vous de la salade ou du fromage?
5. Et comme boisson?
6. Comme dessert, je vous propose de la glace, de la crème au caramel,
   des fruits.
7. Un café, Monsieur/Madame?

Focus first on the overall organization or
development of the conversation between
vendor and client. Have students
distinguish between the key discourse
features in the conversation and the
descriptive material or "filler." If you
wish, ask them to underline the key
sentences (*À 7 francs le kilo, c'est une
bonne affaire. Donnez-moi un kilo de
tomates. Et avec ça? Je vais prendre de
la salade. Ce sera tout? Oui. Ça fait
combien? Ça fait 14 francs. Vous n'avez
pas la monnaie? Oui.*)

4. Le gros marché du samedi

Au marché, Claudine s'approche d'un stand de fruits et de légumes et
regarde les tomates.

Marchand: Et alors, ma petite dame, elles vous tentent, mes tomates?
           À 7 francs le kilo, c'est une bonne affaire!
 Claudine: En effet, elles sont bien belles. Donnez-moi un kilo de
           tomates..., les plus rouges, s'il vous plaît.
Marchand: Et avec ça?
 Claudine: Eh bien, je vais prendre de la salade: la laitue est superbe!
Marchand: Vous l'avez dit! Superbe! Moi, je la prépare avec de l'huile et
           du vinaigre, de petits croûtons et un peu d'ail... Mmmm! Je
           me régale. Voilà! Ce sera tout?
 Claudine: Oui, ce sera tout! Ça fait combien?
Marchand: Alors, les tomates, ça fait 7 francs, plus deux laitues à 3 francs
           50 la pièce, ça nous fait 14 francs. Oh là là, un billet de 500
           francs! Mais c'est pas possible, ça! Vous n'avez pas la monnaie?
 Claudine: Attendez! Oui, voilà!

❖ À votre tour

A. Le/La marchand(e) ou le/la client(e)? Identifiez la personne qui prononce les phrases suivantes et puis répondez-y.

1. Ah, elles vous tentent, mes tomates, n'est-ce pas, Madame?
2. Donnez-moi un kilo de tomates, s'il vous plaît.
3. Et avec ça?
4. Je prends une salade. Elle est belle?
5. Ce sera tout?
6. Ça fait combien?
7. Vous n'avez pas la monnaie?

B. Jeu de rôle. Vous et un(e) camarade jouez la conversation du Contexte 4. Remplacez **tomates** et **salade** par des légumes de votre choix.

5. On reçoit des amis

Le couvert

une tasse
un verre
un verre à vin
une cuillère
une fourchette
une serviette
une assiette à soupe
une assiette
un couteau
une nappe
une cuillère à soupe

À table: formules de politesse

Pour demander quelque chose:
Passe-moi/Passez-moi le/la/les...
   s'il te/vous plaît.
Veux-tu/Voulez-vous me passer
   le/la/les... ?
J'aimerais un peu de...
Je reprendrais bien un peu de...

Pour offrir quelque chose:
Encore un peu de... ?
Reprends/Reprenez un peu de...
Tu vas/Vous allez bien reprendre
   du/de la/des...
Mais si, j'insiste.
Eh bien, je n'insiste plus.

Pour refuser quelque chose:
Merci.
Merci, j'ai très bien mangé.
Merci, j'ai fait un vrai festin.

Pour faire des compliments au chef:
C'est délicieux!
Tu es/Vous êtes un vrai cordon-bleu!
Ce repas est un vrai festin!

Pour marquer la fin du repas:
Voulez-vous passer au salon?

Point out the different registers within each category. Teach individual items as functional vocabulary, not as grammar (e.g., no need to tell students that *je reprendrais* and *j'aimerais* are in the conditional). Note the avoidance of a direct refusal when turning down a second helping (one doesn't say, *Non, merci*) and the preference for positive phrases (*J'ai très bien mangé*) over (perceived negative) responses such as "I'm stuffed, I'm full, I can't eat any more," etc.

Cordon bleu, the name of a famous French cooking school, was originally the sash worn by the *ordre du Saint-Esprit*. It came to symbolize excellence in any field, but especially in cooking.

❖ **À votre tour**

A. On met la table. Vous demandez à un(e) camarade de mettre la table.

Est-ce que tu veux bien mettre la table? Ne mets pas la ___ blanche, elle
est trop petite. Prends la bleue, j'ai des ___ bleues et blanches qui vont
aller très bien avec. On va commencer par une soupe de poisson, donc
n'oublie pas les ___ à soupe. Les couverts sont dans le tiroir du buffet.
La ___ va à gauche, bien sûr, mais rappelle-toi de tourner les dents
contre la table. À droite, tu mets le ___ et la ___ à soupe. Et puis sors
tout de suite deux petits ___ —un pour le fromage, l'autre pour les fruits:
ils vont entre le ___ et l' ___ . Voyons... Oh, quel dommage! Je n'ai pas eu
le temps d'acheter de ____ pour faire un bouquet, mais ça va faire une
jolie table quand même, n'est-ce pas?

 B. À vous la parole. Vous vous trouvez dans les situations suivantes.
Que dites-vous? Donnez plusieurs réponses possibles.

1. La viande est très bonne, mais elle n'est pas assez salée.
2. L'hôtesse vous invite à reprendre de la viande et vous n'en
    voulez pas.
3. Vous avez très soif et vous ne buvez pas d'alcool.
4. Vous appréciez beaucoup le repas.
5. Vous poussez votre invité à reprendre quelque chose.
6. Vous refusez quelque chose poliment.
7. Vous indiquez la fin du repas.

En direct 1

A. Quel menu proposer? You will hear a husband and wife discussing what to serve their guests. Keep track of the suggestions made by each and then note the final decision for each course.

Plat	Mari	Femme	Choix définitif
Entrée			
Plat principal			
Légumes			
Salade			
Dessert			

B. Quel est le contexte? You will hear four conversations. Before listening to each one, read the questions that pertain to it. After listening, answer the questions and move on to the next conversation.

Conversation 1
- This conversation takes place
  a. at an outdoor market.
  b. at an outdoor café.
- The food being discussed is
  a. croissants.
  b. sausage.

Conversation 2
- This conversation takes place
  a. in a restaurant.
  b. at the dinner table.
- Marc is probably
  a. the son of the person speaking.
  b. the husband of the person speaking.

Conversation 3
- This conversation takes place
  a. in a restaurant.
  b. at an elegant soirée.
- Both people are going to have
  a. chicken.
  b. wine.

Conversation 4
- This conversation takes place
  a. in a supermarket.
  b. at an outdoor market.
- The sentence that best summarizes the attitudes of the two people is:
  a. One is in a hurry; the other has plenty of time.
  b. Both are in a frantic hurry.

The tapescript for all *En direct* activities can be found in the *Instructor's Resource Manual*. Following is the tapescript for activity A.

A.
—Pour samedi, je pensais qu'on pourrait servir du foie gras en entrée. Qu'est-ce que tu en penses?

—Franchement, moi, j'aime mieux quelque chose de plus léger: du saumon fumé, par exemple.

—Bon, ça va pour le saumon. Ensuite, qu'est-ce que tu veux servir comme plat principal?

—Eh bien, un rôti de veau, avec des haricots verts très fins et de petites pommes de terre nouvelles.

—Tu crois? Pourquoi pas du bœuf bourguignon avec des champignons et du riz?

—Tiens, en effet, pourquoi pas? En plus, c'est un plat que je réussis pas mal.

—Pas mal! Tu es trop modeste! Ton bœuf bourguignon est toujours fantastique!

—Merci pour le compliment et d'accord pour le bœuf bourguignon. Il nous faut une petite salade verte.

—Bien sûr, une jolie laitue, bien fraîche. Mais dis-moi, après le plateau de fromages, qu'est-ce qu'on fait pour le dessert? Une mousse au chocolat?

—Ah non! c'est beaucoup trop lourd! Les fraises sont en saison. On va mettre des fraises. J'insiste.

—N'insiste plus. Des fraises, c'est très bien! Après le café, tu vas servir des liqueurs ou non?

—Alors, tu fais comme tu veux. Ça, c'est ton domaine! Moi, je m'occupe des fleurs!

PARALLÈLES?

Habitudes alimentaires

Observer

Have students bring in the photos they discussed on page 199, or provide them with photos and illustrations.

To help students describe the photos, put the following categories on the board and have them fill in the chart: *Qui se réunit? Où? Formel ou informel? Menu?* These same categories can serve to organize students' analysis of the similarities and differences between their photos and the French photos. You might want to add an additional category: *atmosphère ou ambiance*.

A. Quels éléments ou aspects des scènes évoquées ci-dessous vous frappent? Quelles ressemblances et différences trouvez-vous entre ces scènes et les scènes évoquées dans les photos et images que vous avez discutées au début de ce dossier?

Réfléchir

B. Cinq Français discutent avec vous le concept de «la table»: non seulement les aliments que l'on mange, mais aussi le plaisir que l'on prend à partager toutes ces bonnes choses si bien présentées.

«Les plaisirs de la table? Eh bien, à mon avis, c'est à la fois: l'art culinaire, l'art de la table et l'art de la conversation. Choisir les meilleurs produits, les préparer avec soin; présenter les objets de la table d'une manière belle ou originale dans le but de stimuler l'appétit. Enfin, c'est le plaisir d'échanger à loisir des idées dans une ambiance chaleureuse et conviviale.»

(Alain G., 45 ans, ingénieur pendulier)

«Il faut bien comprendre que les plaisirs de la table ne sont pas réservés à une élite sociale: à chacun de les connaître et de les apprécier selon sa culture, selon son éducation et selon ses moyens.»

(Odile M., 36 ans, artisane et mère de famille)

«Pour moi, cette notion ne s'applique pas aux repas de tous les jours. La finesse du plat et le temps nécessaire pour sa préparation comptent pour beaucoup.»

(Laurent T., 50 ans, professeur d'université)

«C'est une expression un peu démodée peut-être, mais c'est vrai qu'un bon petit dîner entre copains, c'est toujours sympa; on aime bien.»

(Christine B., 26 ans, professeur de gestion)

«Chez ma grand-mère les déjeuners du dimanche sont une vraie fête: une jolie table, les plats simples, mais extrêmement bien préparés. Le déjeuner du dimanche est un moment de détente et de plaisir!—plaisir de partager de bonnes choses, bien sûr, plaisir de la conversation, et tout simplement, plaisir d'être ensemble.»

Marie Josée F., secrétaire, 39 ans)

C. La définition des plaisirs de la table varie selon chaque individu. Faites une liste des mots et des phrases associés par ces gens à la notion des plaisirs de la table et classez-les dans le tableau ci-dessous.

Dimension psychologique	Dimension esthétique	Dimension sociale (convivialité)	Savoir-faire culinaire

D. À votre avis, la notion des «plaisirs de la table» existe-t-elle dans votre culture? Discutez cette question avec des camarades. En utilisant les catégories de l'activité C, comparez vos réponses.

$\mathcal{O}$ U T I L S

1. Les verbes **recevoir, mettre, boire**

- The verbs **recevoir** (*to receive*), **mettre** (*to put*), and **boire** (*to drink*) are grouped together here because they are all used frequently in talking about food and dining.

- In the context of this dossier, the verb **recevoir** means *to invite (someone to one's home)* or *to have (someone) over*. In other contexts, it means simply *to receive (a package in the mail, a diploma, a telephone call).*

recevoir		
je reçois	nous recevons	j'ai reçu
tu reçois	vous recevez	
il/elle/on reçoit	ils/elles reçoivent	

On reçoit souvent des amis le samedi soir.

We often have friends over (on) Saturday evening.

Samedi dernier, nous **avons reçu** une dizaine d'amis.

Last Saturday, we had ten or so friends over.

- The verb **mettre** can mean several things:
  - ➤ to set the table (**mettre la table**)
  - ➤ to put or to place (e.g., to place the glasses on the table)
  - ➤ to serve, to propose something to eat
  - ➤ to put on an article of clothing
- With a reflexive pronoun, **mettre** is used in the following expressions:
  - ➤ se mettre à + *infinitive*   *to begin (to do someting)*
  - ➤ se mettre à table   *to sit down at the table*

mettre		
je mets	nous mettons	j'ai mis
tu mets	vous mettez	
il/elle/on met	ils/elles mettent	

Non, je n'**ai** pas encore **mis** la table.

No, I haven't set the table yet.

Que **mettons**-nous comme nappe?

What are we using for a tablecloth?

Je vais **mettre** des escargots en entrée, d'accord?

I'm going to serve snails as a first course, OK?

Avant de passer à table, **mets** une chemise ou un pull.

Before you sit down, put on a shirt or a sweater.

- Other verbs conjugated like **mettre** include:

    admettre (*to admit someone, allow them in*)
    permettre à quelqu'un de faire quelque chose (*to permit/allow someone to do something*)
    promettre à quelqu'un de faire quelque chose (*to promise someone to do something*)
    remettre (*to turn in or hand in [a report, for example], to put off or postpone*)

- You have learned to use the verb **prendre** to mean *to eat* or *to drink*.

    Je **prends** une choucroute alsacienne, et c'est tout.
    Moi, je **prends** une bière.

The verb **boire** specifically means *to drink*.

boire		
je bois	nous buvons	j'ai bu
tu bois	vous buvez	
il/elle/on boit	ils/elles boivent	

Moi, je **bois** une bière. Et toi? *I'll have a beer. And what about*
Qu'est-ce que tu **bois?** *you? What'll you have?*

❖ À votre tour

A. Les habitudes françaises. En ce qui concerne la table, il y a des habitudes spécifiquement françaises et d'autres plus internationales. Quelles sont ces habitudes? À vous de les identifier, en choisissant la forme convenable des verbes suivants: **boire, mettre, offrir, recevoir, permettre, remettre, permettre, recevoir, servir.**

1. Quand on ____ , on ____ beaucoup de soin à préparer la table.
2. Vous ____ une délégation officielle? Alors, ____ une nappe blanche!
3. Quand on ____ des amis, ces amis ____ souvent des fleurs.
4. Quand on ____ quelqu'un d'important, on ____ souvent du champagne en apéritif.
5. Les Français ____ les fourchettes les dents posées contre la nappe.
6. En toute occasion, on ____ de l'eau minérale sur la table, mais quelquefois on ne ____ pas de beurre sur la table.
7. En général, on ____ du vin blanc avec le poisson et du vin rouge avec les viandes rouges.
8. On ne ___ pas souvent aux enfants de se ____ à table avec les adultes.
9. On ne ____ pas de café pendant le repas. On prend le café après le repas, quelquefois dans une autre pièce.
10. Certaines personnes ____ encore qu'on fume pendant le repas!

B. Vos habitudes à vous. Maintenant, indiquez certaines de vos habitudes et/ou préférences. N'hésitez pas à réutiliser les phrases de l'activité A.

MODÈLE: Nous, quand nous recevons, nous mettons/ne mettons pas beaucoup de soin à préparer la table.

2. Révision des articles définis, indéfinis et partitifs

- You can talk about food and drink in descriptive terms or in quantitative terms. When you talk about them descriptively, you can (1) make a general statement about a particular item, or (2) say you like or dislike a particular item. In talking about food or drink in these contexts, you use the definite article:

Les légumes sont très bons pour la santé; malheureusement, je n'aime pas **les** légumes.	*Vegetables are very good for one's health; unfortunately, I don't like vegetables.*
L'eau minérale est à la mode; pourtant, je n'aime pas **l'**eau minérale.	*Mineral water is popular, however, I don't like mineral water.*

- You can also talk about food or drink in quantitative terms, counting in terms of whole units or of portions. The articles used to count in whole units are different than those used to count in portions.

- To count one or several whole units, you use the indefinite article.

Qu'est-ce que vous allez acheter pour le repas de midi?	*What are you going to buy for the noon meal?*
Je vais acheter **un** poulet, **des** haricots verts, **une** salade et **un** camembert.	*I'm going to buy a chicken, (some) green beans, a head of lettuce and a camembert.*

Remember that the indefinite article changes to **de** (or **d'**) after a negative.

J'achète **un** poulet, je n'achète **pas de** salade.

I'm buying a chicken; I'm not buying a head of lettuce.

- To refer to portions or unspecified amounts of an item, especially after expressions such as **voici / voilà, il y a,** or after verbs such as **vouloir** or **prendre,** you use the partitive article, which you learned in Dossier 3.

- When used with food items, the partitive article is often translated as *some* or *any* in English. Note, however, that, while *some* or *any* may be omitted in English, the partitive article must be used in French.

Qu'est-ce que tu as pris au déjeuner?

What did you have for lunch?

J'ai pris **du** poulet, **des** haricots verts, **de la** salade et **du** camembert.

I had (some) chicken, (some) green beans, (some) salade, and (some) camembert.

- Remember that, as with the indefinite article, the partitive article becomes **de** (or **d'**) after a negative:

Il a pris **du** poulet, mais il n'a **pas** pris **de** salade.

He ate (some) chicken, but he didn't eat (any) salad.

	Articles	
	Singular	Plural
Definite	**le / la / l'**	**les**
Indefinite	**un / une**	**des**
Partitive	**du / de la / de l'**	**des**

❖ À votre tour

 A. Quel menu choisir? Vous et votre camarade avez invité des amis à dîner et vous cherchez des idées de menu. À tour de rôle, vous proposez et vous décidez.

MODÈLE: poisson / thon, sole
 —Comme poisson, on met du thon ou de la sole?
 —Eh bien, on met du thon.

1. poisson / thon, sole
2. viande / veau, porc
3. légumes / haricots verts, épinards
4. fruits / fraises, pêches
5. fromage / camembert, gruyère
6. boisson / vin, bière
7. dessert / crème au caramel, glace

 B. Surtout pas! Encore des invités! Cette fois vos suggestions tombent à plat.

MODÈLE: poisson / sardines, saumon
 —Comme poisson, si on prenait des sardines?
 —Surtout pas de sardines! Du saumon plutôt.

1. poisson / sardines, saumon
2. viande / bœuf, dinde
3. légumes / endives, aubergines
4. fruits / pommes, cerises

 C. Les détails qui comptent! Vous vous arrêtez maintenant à l'épicerie et à la boulangerie-pâtisserie du coin. Vos suggestions ne sont pas toujours acceptées.

MODÈLE: boisson(s) / mettre / vin, bière
 —Comme boisson qu'est-ce qu'on met? Du vin ou de la bière?
 —On met du vin.
 —Tu crois? Moi, je préfère mettre de la bière.

1. boisson(s) / mettre / eau minérale, vin, bière
2. fromage / mettre / gruyère, camembert
3. pain / mettre / biscottes, petits pains individuels
4. dessert / mettre / crème au chocolat, crème au caramel

 D. Tour de France culinaire. Connaissez-vous les plats français sur les photos en face? Testez vos connaissances et celles de votre partenaire, selon le modèle.

MODÈLE: —Connais-tu la salade niçoise?
 —Non. Qu'est-ce que c'est?
 —C'est une salade avec des tomates, des concombres, des poivrons, des haricots verts, des olives.

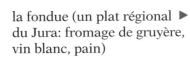

la fondue (un plat régional ▶ du Jura: fromage de gruyère, vin blanc, pain)

la quiche lorraine (une tarte: œufs, crème fraîche, jambon, gruyère, sel) ▼

▲ le coq au vin (un plat principal: poulet, vin rouge, carottes, oignons)

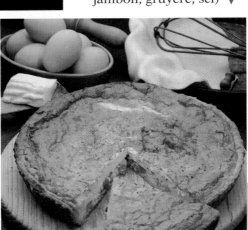

la bouillabaisse (une soupe de la région de Marseille: poisson, crabe, tomates, croûtons, ail) ▼

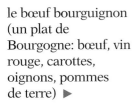

▲ la mousse au chocolat (un dessert: œufs, sucre, chocolat)

la salade niçoise (une salade: thon, tomates, concombres, poivrons, haricots verts, olives)

le bœuf bourguignon (un plat de Bourgogne: bœuf, vin rouge, carottes, oignons, pommes de terre) ▶

▲ la crème au caramel (un dessert: œufs, lait, sucre, vanille)

E. Le gros marché du samedi! Vous allez au marché avec un(e) camarade. À tour de rôle, faites vos commentaires, puis tirez les conclusions appropriées.

MODÈLE: Le saumon est frais.
—Dis, le saumon est frais.
—Alors, on prend du saumon.

1. Le saumon est frais.
2. Le veau est très cher.
3. Je ne trouve pas la salade très belle.
4. Je n'aime pas beaucoup la dinde.
5. Les abricots sont bien beaux.
6. Nous n'avons plus de bananes à la maison.
7. Les haricots verts sont très fins.
8. On a besoin de pommes de terre.
9. Nous avons fini le camembert.
10. Les fraises sentent très bon.

Remind students of the use of *de (d')* after the negative; e.g., item 3: *Alors, on ne prend pas de salade.*

Item 10: You may wish to point out that the adjective that follows *sentir* does not agree with the subject. *Sentir bon* and *sentir mauvais* are fixed expressions.

3. Expressions de quantité

- You have already learned several ways to indicate quantities:
  ➤ numbers:
  J'ai acheté **trois** tomates.

  ➤ the indefinite article:
  Un éclair au chocolat me tente.
  Je voudrais **des** épinards.

  ➤ the partitive article:
  Du veau ou alors **des** côtelettes de porc, comme tu veux.
  Ah non, pas **d'**épinards!

- You can also indicate quantities using adverbs and adverbial expressions.
  peu (*few*)
  assez (*enough*)
  beaucoup (*much, many*)
  trop (*too much, too many*)
  beaucoup trop (*way too much, way too many*)

  Un kilo? C'est **assez** pour quatre? | *A kilo? Is that enough for four?*
  Tu as déjà réfléchi au menu? **Pas trop.** | *Have you already thought about the menu? Not too much.*

- When used with a noun, these expressions are linked to the noun with **de** (or **d'**):

  Ne mets pas **trop de** vinaigre dans la sauce! | *Don't put too much vinegar in the salad dressing!*
  On n'a plus **beaucoup de** lait! | *We don't have much milk left!*

- You can also express quantity using nouns that indicate weight, volume, size, and so on.

Un kilo de haricots verts, s'il vous plaît.	*A kilo of green beans, please.*
Et pour finir, il y a **un** beau **plateau de** fromages.	*And for the last course, there's a beautiful platter of cheeses.*

Weight
une pincée de sel *(a pinch of salt)*
une livre de chocolat *(a pound of chocolate)*
un kilo de haricots *(a kilo of beans)*

Remind students of the difference between *un livre* and *une livre*. Point out that *une livre* is half a *kilo* (1 kilogram = 2.2 pounds).

Volume

un verre d'eau

un litre de lait

une boîte de sardines

une tasse de thé

un bol de chocolat

une bouteille d'eau minérale

Size or presentation

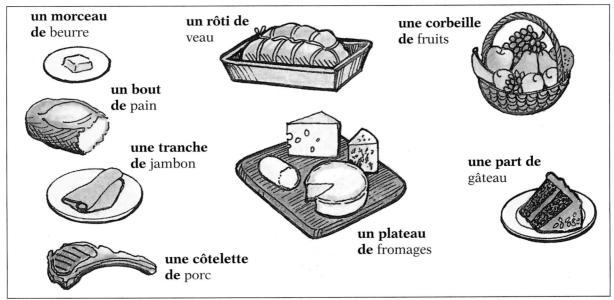

un morceau de beurre

un rôti de veau

une corbeille de fruits

un bout de pain

une tranche de jambon

une part de gâteau

un plateau de fromages

une côtelette de porc

Number
une douzaine d'œufs *(a dozen eggs)*
une quinzaine de sardines *(about fifteen sardines)*
une vingtaine de personnes *(about twenty people)*
une centaine de francs *(about a hundred francs)*

Explain the difference between *un morceau* ("a piece"), *une tranche* ("a slice") et *une part* ("a regular portion").

❖ **À votre tour**

A. À votre avis. Votre camarade vous demande de goûter le plat qu'il/elle prépare. Vous donnez votre avis sincèrement.

MODÈLE: soupe / sel / trop, ne... pas assez
      —Comment trouves-tu ma soupe?
      —Il y a trop de sel.
  ou: —Il n'y a pas assez de sel.

1. soupe / sel / trop, ne... pas assez
2. coq au vin / oignons / ne... pas assez, trop
3. haricots / beurre / trop peu, trop
4. salade / ail / assez, beaucoup trop
5. vinaigrette / moutarde / ne... pas assez, beaucoup trop
6. tarte / sucre / peu, beaucoup
7. gâteau / chocolat / assez, trop

B. À vos casseroles! Vous avez réuni les ingrédients nécessaires pour préparer les plats suivants, mais quelles sont les proportions exactes?

MODÈLE: bœuf (700 g)
      —Du bœuf, oui, mais en quelle quantité?
      —Il faut 700 grammes de bœuf.

1. Bœuf bourguignon
   bœuf (700 g); beurre (50 g); oignons (60 g); champignons (100 g); farine [*flour*] (30 g); vin rouge (1 verre); bouillon (1 verre); 1 bouquet garni [*herbs*]
2. Soupe aux poireaux *(leeks)*
   eau (1 litre); poireaux (200 g); pommes de terre (500 g); beurre (30 g); lait (1/2 litre)
3. Mousse au chocolat
   blancs d'œufs (6); chocolat (200 g); sucre (80 g)
4. Soufflé au chocolat
   lait (1/2 verre); chocolat (140 g); sucre (125 g); farine (5 g); œufs (6)

C. Au supermarché. Vous demandez à votre camarade de prendre certains articles sur les rayons et de les mettre dans votre chariot. Il/Elle indique les quantités.

MODÈLE: petits pois / 3 boîtes
      —Prends des petits pois.
      —Voilà! Trois boîtes de petits pois.

1. porc / 4 côtelettes
2. jambon / 6 tranches
3. veau / une livre et demie
4. lait / 3 litres
5. brie / un petit morceau
6. chocolat / 6 tablettes
7. sucre / 2 paquets
8. eau minérale / 12 bouteilles
9. tomates / 2 kilos
10. champignons / 250 grammes

4. Les verbes pronominaux au passé composé

- Remember: pronominal verbs are characterized by the presence of the pronoun **se** (or **s'**) in the infinitive, and are often used in talking about daily routine and interpersonal relationships.

- All pronominal verbs are conjugated with **être** in the *passé composé:*

  Nous nous sommes levés tôt pour aller au marché.

  Ils se sont retrouvés au restaurant.

se lever	
je me suis levé(**e**)	nous nous sommes levé(**e**)**s**
tu t'es levé(**e**)	vous vous êtes levé(**e**)(**s**)
il s'est levé	ils se sont levé**s**
elle s'est levé**e**	elles se sont levé**es**
on s'est levé	

- As you can see in the conjugation above, the past participle of pronominal verbs changes to correspond to the number and gender of the pronoun **me, te, se, nous,** or **vous.**

- The negative and interrogative of pronominal verbs are formed like those of other verbs conjugated with **être:** the changes occur around the part of the verb that changes (that is, the **me, te, se,** etc. + **être**). The two parts of the negative (**ne + pas**) are placed around this group:

se coucher	
je **ne** me suis **pas** couché(e)	nous **ne** nous sommes **pas** couché(e)s
tu **ne** t'es **pas** couché(e)	vous **ne** vous êtes **pas** couché(e)(s)
il **ne** s'est **pas** couché	ils **ne** se sont **pas** couchés
elle **ne** s'est **pas** couchée	elles **ne** se sont **pas** couchées
on **ne** s'est **pas** couché	

- To ask a question, you can use **est-ce que...?** or inversion. In the case of inversion, the subject pronoun comes immediately after **être:**

(vous) vous êtes levé tôt ce matin?

s'amuser	
est-ce que je me suis amusé(e)?	**nous sommes-nous** amusés?
t'es-tu amusé(e)?	**vous êtes-vous** amusé(e)(s)?
s'est-il amusé?	**se sont-ils** amusés?
s'est-elle amusée?	**se sont-elles** amusées?

You might wish to be careful about using terms such as "agreement with the preceding direct object," since students have not yet studied direct object pronouns. If you wish to present the notion of agreement now, you might say: the past participle of pronominal verbs agrees with the preceding direct object, which, in most cases, is the same person as the subject. There are two instances when this agreement rule doesn't apply: (1) when the verb is followed by a direct object, for example, *Je me suis lavé les mains;* and (2) with verbs of communication and exchange: e.g., *ils se sont téléphoné, ils se sont souvent parlé, ils se sont donné leur adresse.*

You might wish to "soft-pedal" inversion.

❖ **À votre tour**

A. Mais ce matin... Contrastez ce qui se passe d'habitude et ce qui s'est passé ce matin pour les personnes indiquées.

MODÈLE: se réveiller à...
Généralement, je me réveille à 7h, mais ce matin, je me suis réveillé(e) à 7h30.

je	se réveiller à...
tu	se lever à...
Marc	se dépêcher
mon ami(e) et moi	s'habiller avant/après le petit
toi et ton ami(e)	déjeuner
mes amis	se trouver à l'arrêt du bus juste à
	temps/très en avance
	se tromper de bus
	se promener en ville avant les
	cours

B. Un week-end réussi? Vous et un(e) camarade avez passé un week-end ensemble. Pourtant vos souvenirs sont bien différents.

MODÈLE: —On s'est levé trop tôt!
—Rappelle-toi! On ne s'est pas levé trop tôt du tout!

1. On s'est levé trop tôt!
2. On s'est couché trop tard!
3. On s'est fatigué!
4. On s'est énervé!
5. On s'est ennuyé!
6. On s'est détendu!
7. On s'est bien amusé!

C. Sondage. L'administration de votre université veut mieux connaître ses étudiant(e)s et leurs habitudes. Vous êtes chargé(e) d'interroger un certain nombre de vos camarades sur leurs activités de la semaine dernière et de résumer les résultats de votre enquête dans un bref compte-rendu.

MODÈLE: se réveiller / à quelle heure?
—À quelle heure est-ce que tu t'es réveillé(e)?
—À quelle heure t'es-tu réveillé(e)?

1. se réveiller / à quelle heure?
2. se lever / à quelle heure?
3. s'arrêter en route / combien de fois?
4. se promener pendant la semaine / combien de fois?
5. se coucher / à quelle heure?
6. s'amuser / comment?

D. Un déjeuner d'affaires raté, mais... ! Hier, vous avez eu un déjeuner d'affaires important. Malheureusement, tout ne s'est pas passé comme prévu. Racontez votre mésaventure en vous basant sur les illustrations en face.

5. La phonétique: les semi-voyelles

[w]: **pois**; [j]: **vieux**; [ɥ]: **huit**

- There are three sounds in French that are neither vowels nor consonants. They are called semivowels or glides.

La semi-voyelle [w]

- [w] is present in words such as **boire** and **pourquoi** and is very often represented by the letters **oi, oî, oe,** or **ou.** It is the same sound found in the English words *win, aware, with.*

  —Les pois sont dans la poêle (*frying pan*)?
  —Oui.

La semi-voyelle [j]

- You hear the sound [j] in the English words *you, use, bite* and in the French words **mieux, vieux, ail.** In French, the sound [j] is often represented by the letters **i** as in **mieux, y** as in **yeux,** or the combination **ill** as in **vieille.** (The combination **ill** may also be pronounced [il], as in **ville** and **tranquille.**)

La semi-voyelle [ɥ]

- [ɥ], as in **huit,** does not exist in English. It is pronounced almost like a whistling sound, with advancing, rounded lips. [ɥ] is represented by the letters **u** + vowel, as in **nuit, suis.**

❖ À votre tour

A. La semi-voyelle [w]. Répétez.

1. Préfères-tu boire du jus de poire ou du jus de framboise?
2. Garçon! Un petit noir et un croissant, s'il vous plaît.
3. Nous allons recevoir des petits pois de la Côte-d'Ivoire.
4. Je n'aime pas beaucoup le poivre et le poisson.
5. Doit-on laisser un pourboire?

B. La semi-voyelle [j]. Répétez.

1. Amène ton chariot devant la caissière du rayon des spécialités provinciales.
2. Cette viande grillée a besoin d'ail.
3. Apportez une bière à mon client.
4. Cette assiette anglaise (*assorted cold cuts*) est délicieuse.
5. Le yaourt est un produit laitier.
6. La mayonnaise va bien avec la viande froide.
7. Rien de meilleur qu'une brioche!

C. La semi-voyelle [ɥ]. Répétez.

1. La cuisine à l'huile est plus légère que la cuisine au beurre.
2. Saupoudrez (*Sprinkle*) les fruits de quelques cuillerées de sucre.
3. Ne faites pas cuire ces truites (*trout*) aujourd'hui.
4. Je suis libre en juin.
5. Elle lui a donné huit cuillères à café.

Point out that French supermarkets sell prepackaged items but still have special sections where people may purchase specialty cheese or meat products by weight.

DÉCOUVERTES

En direct 2

A. Souvenirs de vacances. You will hear a phone conversation between Constance and Thierry in which Constance relates what happened during a long ski weekend she spent with a group of friends. Before listening, read the questions below. After listening, answer the questions in as much detail as you can.

1. Why didn't Constance do much skiing?
2. How did she take advantage of her forced leisure?
3. Why wasn't Constance bored?
4. What was the mood of the group?
5. What new development was announced toward the end of the conversation?

B. Préparatifs. Jean-Loup and Marc are planning a dinner party. They agree on some things, but not on others. Listen to their conversation, and make a list of the items they agree they need.

A.
Eh bien, nous sommes revenus hier soir assez tard, vers onze heures du soir. ... Non, ça va assez bien ce matin. En fait, moi, je n'ai pas fait beaucoup de ski, parce que le premier jour, je suis tombée et je me suis fait assez mal au genou. ... Non, non, ne t'inquiète pas, c'est pas sérieux, ça va maintenant. Rassure-toi! En fait, je me suis bien reposée. D'abord j'ai beaucoup dormi, je ne me suis pas levée aussi tôt que les copains, j'ai dormi assez tard tous les matins. L'après-midi, je me suis souvent retrouvée au café où j'ai rencontré d'autres accidentés très sympas. On a parlé, on a joué aux cartes, le temps a passé très vite et je ne me suis pas ennuyée du tout. ... Non, personne d'autre ne s'est fait mal! Tout le monde s'est bien amusé. Ils ont fait beaucoup de ski, malgré la neige qui s'est mise à tomber. Et puis, tu sais, personne ne s'est disputé, nous nous sommes tous très bien entendus. Au fait, je vais t'annoncer une surprise: Jacques et Françoise... tu ne devines pas? Eh bien, ils ont décidé de se fiancer. Tu es un peu surpris? Eh bien, nous aussi, on l'a été!

C. Un dîner entre ami(e)s. Vous et un(e) camarade décidez d'organiser un dîner. Précisez qui vous allez inviter—des copains, vos parents, quelques professeurs. Puis réfléchissez aux goûts de vos invités et discutez du menu en tenant compte de leurs goûts. Il faut une entrée, un plat principal, un dessert, et du vin. Enfin, faites une liste des courses à faire.

D. Repas en famille. Avec deux ou trois camarades, essayez de reproduire la conversation autour de la table: bons conseils, demandes, échanges, rappels de choses à faire, etc.

E. Division des tâches. Vous et votre camarade d'appartement allez faire des courses au supermarché. Vous n'avez pas beaucoup de temps et divisez les tâches.

F. Au marché. Maintenant, vous êtes au marché. Vous demandez aux commerçants des conseils à propos des quantités nécessaires et ils répondent avec gentillesse.

MODÈLE: —Je voudrais des asperges. Mais il faut m'aider dans mes calculs! On est quatre.
—Alors, un kilo, ça va très bien.

G. Un plat typique de votre région. On vous demande s'il y a des plats typiques de votre région. Vous identifiez un plat et expliquez à un(e) camarade ses ingrédients et pourquoi les habitants de votre région apprécient ce plat.

G. This activity can be done in writing as a follow-up to doing it as a speaking activity in class.

Another activity with recipes: *À chacun sa spécialité. Demandez à un(e) camarade quelle est sa spécialité culinaire. Il/Elle répond, en indiquant les ingrédients, leur quantité et leur préparation.* Have students check a cookbook for this. They might also bring in a picture of the item to support their presentation.

223

Découverte du texte écrit

H. Préparation. Vous allez lire un article sur l'évolution des habitudes alimentaires des Français au cours des vingt dernières années. Mais d'abord, pensez aux habitudes alimentaires des habitants de votre pays. À votre avis, ont-elles changé pendant les vingt dernières années? Essayez d'identifier des produits qu'on consomme plus et des produits qu'on consomme moins qu'il y a vingt ans.

Consommation en augmentation	Consommation réduite

I. Exploration

1. Ce texte a beaucoup de titres. Examinez-les. Quels changements dans la consommation pouvez-vous identifier? Faites-en une liste.

2. Examinez le paragraphe d'introduction (à gauche en caractères plus gras que le reste du texte). Ce paragraphe attire l'attention du lecteur sur quatre faits. Lesquels? (L'I.N.S.E.E. est l'Institut national de la statistique et des études économiques, chargé d'enquêtes périodiques dans divers domaines.)

3. Indiquez à quelle partie du texte correspondent les phrases suivantes et numérotez-les en ordre chronologique:

   ____ évolution dans le domaine des boissons et explication
   ____ constat: les habitudes des Français ont beaucoup changé
   ____ évolution dans les lieux d'achat et chiffres
   ____ exemples de l'évolution dans les habitudes

4. Les habitudes alimentaires des Français ont beaucoup changé au cours des vingt dernières annés. Faites une liste de tous les changements énumérés dans l'article.

J. Réflexion. Votre pays a-t-il connu au cours des vingt dernières années une évolution dans les habitudes alimentaires? Comment caractériser cette évolution? Est-elle aussi spectaculaire que celle des Français? Pourquoi ou pourquoi pas?

Students can use the lists they prepared in activity H, *Préparation*, and in activity I, item 4, to construct their response to this question.

CONSOMMATION : UNE RÉVOLUTION DE PALAIS

Les habitudes changent : Plus de surgelés, moins de vin
Aujourd'hui, on mange léger, rapide et équilibré

En vingt ans, les habitudes alimentaires des Français ont profondément changé. Manger rapide, léger et équilibré est devenu le mot d'ordre[1]. Le surgelé[2] triomphe et les boissons non alcoolisée détrônent[3] le vin ou la bière.

Evolution spectaculaire au cours des vingt dernières années tant au niveau de l'alimentation que des lieux d'achats. C'est le constat fait par une étude de l'I.N.S.E.E.

Les habitudes alimentaires des Français ont profondément changé en vingt ans: ils mangent plus de surgelés, boivent moins de vin et se rendent beaucoup plus souvent dans les supermarchés au détriment des détaillants[4], selon les résultats d'une enquête que publie l'I.N.S.E.E. aujourd'hui.

Désormais, on s'efforce de manger léger, rapide et équilibré. Les produits «pratiques et modernes» connaissent une progression accélérée, en particulier les légumes surgelés, les plats préparés surgelés, les yaourts, les fromages et les boissons non alcoolisées, souligne l'Institut national de la statistique.

Boissons non alcoolisées en très nette progression

Les Français, toujours classés numéro un dans le palmarès mondial[5] des plus grands consommateurs de boissons alcoolisées, boivent cependant nettement moins de vin puisque leur consommation à domicile, par personne et par an, est tombée de 90,6 litres en 1965 à 54,9 litres en 1979 et à 31,7 litres en 1989. La tendance est similaire pour la bière, dont la consommation passe de 20,8 litres en 1965 à 16,6 litres en 1979, puis à 11,8 litres en 1989.

En revanche[6], les boissons non alcoolisées font un bond en avant[7], passant de 65,6 litres en 1979 à 99,7 litres en 1989, les grandes gagnantes sur la table des Français étant les eaux minérales, dont la consommation passe de 49,3 litres en 1979 à 72,5 litres dix ans plus tard selon cette enquête réalisée auprès d'un échantillon[8] d'environ 10.000 «ménages[9] ordinaires».

Les Français ont tendance à dépenser de moins en moins pour leur alimentation, puisque la part de leur budget affectée à l'alimentation ne représente plus que 21% en 1989, contre 30% vingt ans auparavant.

Autre phénomène de société lié au nombre croissant de déjeuners pris dans les restaurants: la part des dépenses consacrées aux repas et consommations pris à l'extérieur est, dans le même temps, passée de 11% à 19,3%. Chez eux, les Français mangent moins de pain, de pâtes, de pommes de terre, d'œufs, de beurre, d'huile et de sucre. Ils consomment autant, sinon plus de fruits et de poisson, mais se tournent de plus en plus vers les plats surgelés dont la consommation a été multipliée par cinq entre 1979 et 1989.

L'urbanisation et la progression de l'activité féminine, de même que les effets de mode et les préoccupations nouvelles en matière nutritionnelle ont bousculé[10] l'offre[11], avec l'arrivée en force sur le marché des produits nouveaux, tout particulièrement les plats pré-cuisinés.

Développement des grandes surfaces

L'évolution de modèles alimentaires va de pair[12] avec celle des lieux d'achat, les grandes surfaces accélérant le déclin des produits traditionnels.

L'évolution est spectaculaire pour la répartition des achats alimentaires, puisque la part des hyper et super-marchés passe de 10% à 59% entre 1969 et 1989, ce développement considérable s'étant fait au détriment des petits libres services et surtout de l'épicerie conventionnelle maintenant marginalisée.

En 1989, les magasins d'alimentation générale de type traditionnel ne représentent plus que 4% des achats, contre 24% encore en 1969. ■

Source: *Le Dauphiné,* 16 avril 1992.

1 watchword　　2 frozen foods　　3 oust, dethrone　　4 small retailers　　5 world record　　6 on the other hand　　7 make a leap forward
8 sample　　9 households　　10 upset　　11 supply　　12 goes hand in hand

Students might enjoy creating
props for this activity. For
example, they might set up stands with
signs showing items and prices.

K.   Le gros marché du samedi. Avec un(e) camarade, vous faites le marché hebdomadaire du samedi matin. Vous vous promenez parmi les différents stands à la recherche d'idées. À tour de rôle, vous faites des suggestions basées sur les prix, l'apparence des produits et vos propres goûts. Vous réagissez aux suggestions de votre camarade.

Oui, elles sont très belles...	Mais ça coûte très cher, n'est-ce
Ah, je n'aime pas ça.	pas?
Ah non, plus de...!	Oui, ça, j'aime beaucoup.
Tu as raison, c'est la saison des...	On a mangé ça la semaine
Avez-vous des... aujourd'hui?	dernière.
Ça coûte combien?	Oh, ça a l'air bon. Qu'en dis-tu?
Il me faut combien de...	Combien on vous doit?
pour X personnes?	Il vous faut...

L.   Une soirée. Vous et un(e) camarade invitez votre classe de français pour une grande fête. D'abord, faites une liste de tout ce qu'il faut faire (équipement à se procurer, courses à faire, etc.). Ensuite, décidez qui va faire quoi. N'oubliez pas qu'il faut ranger l'appartement avant et remettre tout en ordre après!

La poule au pot du bon roi Henri

Even though King Henri IV was not subject to the whims of an electorate, he nevertheless felt it important to keep his subjects happy, especially in terms of basics. In the 1928 U.S. presidential election campaign, the Republican party echoed Henri IV's promise with their slogan: "A chicken in every pot, a car in every garage."

Le roi Henri IV (1553–1610) est un des rois les plus célèbres de l'histoire de France. D'abord parce qu'il a mis fin aux terribles guerres de religion entre protestants et catholiques. (En 1598, il a signé l'Édit de Nantes, permettant aux protestants de pratiquer leur religion.)

Henri IV est aussi resté célèbre pour ses réformes économiques. La légende rapporte que parmi les promesses du «bon roi Henri» à ses sujets, sa promesse de mettre sur leur table chaque dimanche une belle poule au pot lui a gagné le cœur de tous pour des siècles à venir. L'allusion à la poule au pot reste un symbole de prospérité dans le discours des politiciens!

D'un parallèle à l'autre

Choisissez un des pays francophones présentés dans le *Bilan*, après le dossier 14. Avec un(e) camarade, faites l'inventaire des produits typiques de ce pays. Quel est leur rôle dans l'économie nationale? Trouvez dans un livre de cuisine internationale des recettes typiques de ce pays et expliquez-les à vos camarades.

Lu et entendu

À propos de table...   Dans ce dossier, vous avez comparé les habitudes alimentaires des habitants de votre pays et des Français. Vous avez aussi découvert la dimension culturelle de «la table». Choisissez un ou deux commentaires ci-dessous et expliquez—avec des exemples— pourquoi vous êtes plutôt d'accord ou pas d'accord.

1. Les habitudes alimentaires des individus dépendent de leurs goûts, des exigences de leur santé, de leur niveau d'éducation, parfois de leur religion, et bien sûr de leurs ressources.
2. Les habitudes alimentaires diffèrent aussi selon les régions où l'on vit.
3. Le concept de «la table» dans la société française n'évoque pas seulement l'action de se nourrir mais les plaisirs qui y sont associés: le plaisir de rassembler les meilleurs ingrédients, de prendre le temps de les préparer, de passer un moment agréable en bonne compagnie autour d'une jolie table.
4. La restauration rapide est une nécessité de la vie moderne. Son aspect très fonctionnel remplace avantageusement les plaisirs sensuels et esthétiques d'une bonne table.

À l'écran

Allez d'abord faire votre marché, puis trouvez des idées pour mettre une jolie table et composer un repas bien équilibré. Toujours pas d'idées? Alors il reste le restaurant! Enfin retournez à l'école pour affiner votre sens du goût.

Clip 7.1   Faire son marché

Clip 7.2   Les différents types de repas

Clip 7.3   Les aliments

Clip 7.4   L'école du goût

Le mot juste

Contexte 1: Les aliments

le supermarché

la caisse	cash register, check-out counter
le caissier/la caissière	cashier, check-out clerk
le chariot	shopping cart
le rayon	section of a store or supermarket

le poisson

le saumon	salmon
la sole	sole
le thon	tuna

la charcuterie

le jambon	ham
le pâté	pâté
la saucisse	sausage
le saucisson	hard sausage

la viande

le bœuf	beef
le porc	pork
le veau	veal

la volaille

le canard	duck
la dinde	turkey
le poulet	chicken

les légumes

les asperges (f)	asparagus
l'aubergine (f)	eggplant
les champignons (m)	mushrooms
les carottes (f)	carrots
le chou-fleur	cauliflower
le concombre	cucumber
les épinards (m)	spinach
les haricots verts (m)	green beans
la laitue	lettuce
l'oignon (m)	onion
les petits pois (m)	peas
les poireaux (m)	leeks
les poivrons (m)	peppers
la pomme de terre	potato
la salade	salad, lettuce
la tomate	tomato

les céréales

l'avoine (f)	oats
les flocons de maïs (m)	corn flakes
le riz	rice

le pain

la baguette	French bread
la brioche	brioche
le croissant	croissant
le petit pain	roll

les fruits

l'ananas (m)	pineapple
la banane	banana
la cerise	cherry
la fraise	strawberry
la framboise	raspberry
l'orange (f)	orange
le pamplemousse	grapefruit
la pêche	peach
la poire	pear
la pomme	apple
le raisin	grapes

les produits laitiers

le beurre	butter
le fromage	cheese
la glace	ice cream
le lait	milk
les œufs (m)	eggs
le yaourt	yogurt

les assaisonnements

l'ail	garlic
le citron	lemon
les épices (f)	spices
la mayonnaise	mayonnaise
la moutarde	mustard
le persil	parsley
le poivre	pepper
le sel	salt
le vinaigre	vinegar
l'huile (f)	oil

les desserts

le gâteau (au chocolat)	(chocolate) cake
les pâtisseries (f)	pastries
la tarte (aux pommes)	open-faced (apple) tart

les boissons

la bière	beer
le champagne	champagne
le café	coffee
le coca	cola
l'eau, l'eau minérale (f)	water, mineral water
le jus de fruit	fruit juice
le thé	tea
le vin (blanc, rosé, rouge)	wine (white, rosé, red)

Contexte 2: Les repas

le casse-croûte	*informal lunch*
le déjeuner	*lunch*
le dîner	*dinner*
le goûter	*afternoon snack*
le petit déjeuner	*breakfast*
le souper	*supper*
le repas	*meal*
avoir faim/avoir soif	*to be hungry/to be thirsty*
boire	*to drink*
déjeuner	*to have lunch*
dîner	*to have dinner*
faire la cuisine	*to cook, to do the cooking*
faire un régime	*to be on a diet, to go on a diet*
goûter	*to taste, to have an afternoon snack*
manger	*to eat*
prendre le petit déjeuner	*to eat breakfast*

Contexte 3: Un dîner au restaurant

l'addition (f)	*bill*
le garçon	*waiter*
le pourboire	*tip*
la serveuse	*waitress*
commander	*to order*

Adjectifs

assaisonné (pas assez, trop)	*seasoned (not enough, too much)*
délicieux(se)	*delicious*
dur	*hard*
épicé	*spicy*
fade	*bland*
frais/fraîche	*fresh*
frit	*fried*
gras(se)	*fatty, greasy*
grillé	*grilled*
hâché	*chopped*
meilleur	*better*
nature	*unflavored*
salé	*salty*
sucré	*sweet*

Expressions

Vous prenez un apéritif?	*Would you like a cocktail?*
Nous allons commander tout de suite…	*We'll order right away.*
et en entrée?	*… and as a first course?*
je vais prendre…	*I'll have …*
Et ensuite, viande ou poisson?	*Next, (will you have) meat or fish?*
salade ou fromage?	*salad or cheese?*
comme dessert	*for dessert*
comme boisson?	*to drink? as a beverage?*
Garçon, l'addition, s'il vous plaît.	*Waiter, the check please.*
Le service est compris, n'est-ce pas?	*The tip is included, isn't it?*

Contexte 4: Le gros marché du samedi

Expressions

C'est une bonne affaire!	*It's a bargain!*
Donnez-moi…, s'il vous plaît.	*Please give me…*
Et avec ça?	*Anything else? What else?*
Je vais prendre…	*I'll take…*
Ce sera tout?	*Will that be all?*
Oui, ce sera tout.	*Yes, that's all*
Ça fait combien?	*How much does that come to?*
Vous n'avez pas la monnaie?	*You don't have any change?*
le vendeur/la vendeuse	*seller*
le client/la cliente	*buyer*

Contexte 5: On reçoit des amis

mettre	*to put, to place; to serve*
mettre la table	*to set the table*
se mettre à table	*to sit down at the table*
recevoir	*to receive; to have guests over*

Le couvert

l'assiette (f)	*plate*
les couverts (m)	*silverware*
la fourchette	*fork*
le couteau	*knife*
la cuillère	*teaspoon*
la cuillère à soupe	*tablespoon*
la cuillère à café	*small coffee spoon*
la nappe	*tablecloth*
la serviette	*napkin*
le verre	*glass*
le verre à vin	*wine glass*

Expressions
See box on page 205.

Outil 3: Expressions de quantité
See pages 216–217.

La famille et le calendrier

D'une culture à l'autre:
Project an American/Canadian calendar for the current year on an overhead transparency. Using the categories mentioned (*événements historiques, personnages, traditions*), have students identify by date or name or both the various holidays. Circle them on the transparency in three different colors. The *événements historiques* and *personnages* categories are approximately equivalent to French *fêtes civiles. Traditions* will be related to *fêtes religieuses.* Ask students if they see any patterns in the types of historic events or personnages commemorated. What can they say about religious holidays noted on the official calendar? How are they celebrated publicly? How do they personally celebrate them? Do all of your students celebrate the same holidays? Are there holidays they celebrate that are not indicated on the calendar?

Communication

- Talking about family relationships, events, and occasions
- Assembling a family calendar
- Describing past experiences
- Giving commands

Cultures in parallel

- The family unit: diversity of structures and traditions
- The calendar: official, religious, and personal holidays
- The calendar as a cultural document

Structures

- Stressed pronouns
- The verbs **vouloir, pouvoir,** and **devoir**
- The *imparfait* I
- The imperative

D'une culture à l'autre

Un calendrier indique les mois et les jours de l'année, mais c'est aussi un document culturel qui rappelle les fêtes célébrées par les habitants d'un pays. Quels aspects de la culture de votre pays sont reflétés dans son calendrier? Par exemple, quels événements historiques (découvertes, guerres, etc.), quels personnages (présidents, leaders civiques, etc.) sont évoqués? Quelles traditions religieuses? Les saisons ou les moments importants de l'année agricole sont-ils indiqués?

1. Des familles bien diverses

Au centre, c'est ma grand-mère maternelle, Henriette. (Mon grand-père est mort l'année dernière.) À sa gauche, c'est ma cousine Nathalie et à côté d'elle, c'est mon père, Jean-Luc, toujours serviable, qui lui passe le plat. Le jeune homme brun en bas à droite, c'est mon jeune frère, Alain. Je n'ai pas de sœur. Dans la famille de mon père on n'a que des fils. C'est la troisième génération sans filles! Ma place est vide, bien évidemment! À gauche, en bleu, c'est ma mère. Elle fait jeune, n'est-ce pas? À côté d'elle, c'est mon oncle Paul, le frère de ma mère. Lui et ma tante Hélène ont divorcé en 1990. Je regrette parce que je l'aimais beaucoup. Enfin à la place d'honneur, à droite de grand-mère, c'est Philippe, le fiancé de Nathalie. Il manque mon chien Médor qui dormait sur un fauteuil du salon. C'est dommage, parce que, lui aussi, il fait partie de la famille!

Au printemps dernier, Catherine et moi, nous avons fêté nos noces d'or. Nous pouvons difficilement croire que nous nous aimons depuis plus de 50 ans. Nous nous sommes fiancés au début de la guerre et mariés juste après. Nous avons eu une famille nombreuse: quatre enfants, deux garçons et deux filles, qui sont tous mariés aujourd'hui. Et puis nous avons treize petits-enfants que nous adorons et que nous gâtons le plus possible. Notre fille cadette, Chantal, après son divorce, s'est remariée avec un Américain et vit aux États-Unis. Elle a deux enfants que nous ne voyons pas assez souvent. Catherine et moi, nous allons aux États-Unis cette année: Chantal attend un troisième bébé en octobre. Alors, en route pour l'Amérique!

Eh oui, les sociologues, et même les publicitaires l'ont remarqué: le mariage a bien changé et l'institution de la famille aussi. Aujourd'hui on se marie plus tard ou même, on ne se marie plus du tout. En province, un mariage sur trois finit en divorce; à Paris, c'est un mariage sur deux. Dans le couple, les femmes qui ne travaillent pas en dehors de la maison sont rares. On doit travailler dur pour pouvoir élever ses enfants. Quand les deux parents travaillent, ou quand il y a un seul parent pour s'occuper d'eux, les enfants eux aussi passent beaucoup de temps à l'extérieur: avant l'âge de deux ans, ils sont dans des crèches, chez des nourrices, ou dans des garderies. Souvent, les parents font appel aux grands-parents ou à des voisins. Mais, malgré les apparences, la famille reste une valeur sûre: les relations sont fréquentes et chaleureuses entre les générations. On se dispute un peu, bien sûr, mais on s'aime bien et on s'entraide. Et on se retrouve au moment des vacances et des fêtes familiales heureuses—naissance, première communion, mariage—ou douloureuses, comme les enterrements.

To present the third family, project the photo on an overhead transparency and say: *il s'agit d'un jeune couple professionnel avec deux enfants.* Point out that it's the parents who are speaking in the text. Tell students the text divides neatly into two parts and, on the first pass through it—whether students listen to it or read it—have them see if they can identify where Part 1 ends and Part 2 begins (the key word is *Mais*, in line 21. On a second pass, have students try to identify the two main ideas in the text: *le mariage et la famille ont beaucoup changé, mais, malgré les apparences, la famille reste une valeur sûre.* On a third pass, write the two main ideas on the board and have students fill in as many specific details as they can.

❖ À votre tour

A. Identité d'emprunt. Assumez l'identité d'une des personnes ci-dessus et présentez votre famille à un(e) camarade.

B. Famille traditionnelle ou famille moderne? Quelles caractéristiques associez-vous avec la famille traditionnelle et avec la famille moderne?

- Les grands-parents habitent tout près de leurs enfants et petits-enfants.
- Les enfants sont le centre de l'attention.
- Le père travaille, la mère s'occupe des enfants.
- On se marie plus tard ou pas du tout.
- Les très jeunes enfants vont souvent dans des crèches ou des garderies.
- Les familles nombreuses avec cinq ou six enfants ne sont pas rares.
- Un mariage sur deux ou trois finit en divorce.
- On passe beaucoup de temps en famille.
- On reste dans la région où on est né.
- Le divorce est très peu fréquent.
- On a rarement plus de deux enfants.
- La femme travaille en dehors de la maison.

You might wish to have students turn back to the three families presented in *Contexte 1* either as a prelude to this activity or as a conclusion to it.

This activity can be done in pairs or small groups, with different pairs or groups sharing their findings.

Project the Lambert family tree on an overhead transparency. First explain what the diagram is and point out the various generations. *Voici l'arbre généalogique de la famille Lambert. Il y a combien de générations? Voyons, une, deux, trois, quatre. Oui, il y a quatre générations.* Next, name the four generations: *Voici la génération des arrière-grands-parents, voici celle des grands-parents, voici celle des parents et voici celle des enfants.* Then go back and focus on one generation at a time, beginning with the earliest. As you talk, have students fill in with names: *Prenons d'abord la génération des arrière-grands-parents. Eh bien, voyons, l'arrière-grand-père, il s'appelle comment? Et la grand-mère?*

C. Avantages et inconvénients. Choisissez la famille traditionnelle ou la famille moderne, et faites une liste des avantages et une autre liste des inconvénients de ce type de famille. À votre avis, les avantages sont-ils plus importants que les inconvénients ou non? Expliquez pourquoi ou pourquoi non.

D. Et votre famille? Votre famille est-elle traditionnelle ou moderne ou les deux? Dans quel sens?

2. Arbre généalogique de la famille Lambert

La famille Lambert: 4 générations

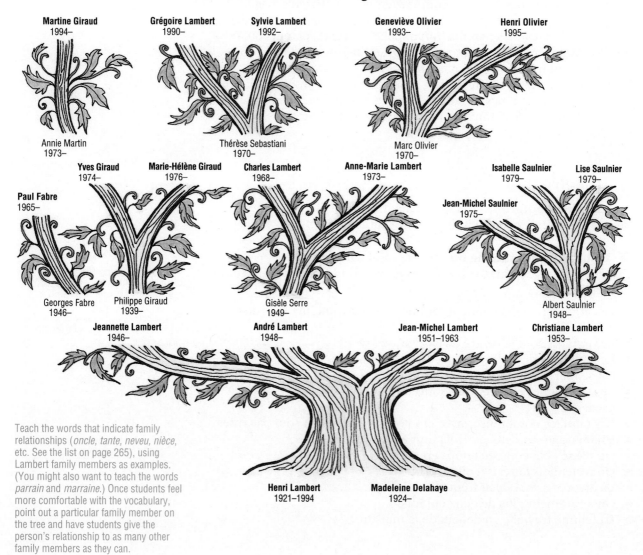

Teach the words that indicate family relationships (*oncle, tante, neveu, nièce,* etc. See the list on page 265), using Lambert family members as examples. (You might also want to teach the words *parrain* and *marraine.*) Once students feel more comfortable with the vocabulary, point out a particular family member on the tree and have students give the person's relationship to as many other family members as they can.

❖ À votre tour

A. Quatre générations de Lambert. Étudiez l'arbre généalogique, déterminez l'âge des divers membres de la famille Lambert, et puis complétez les phrases.

arrière-grands-parents	grands-parents	oncle
arrière-grand-mère	grand-mère	parents
arrière-grand-père	grand-père	père
enfants	jumeau(x)	petits-enfants
époux(se)	jumelle(s)	petite-fille
femme	mari	petit-fils
fille	mère	sœur
fils	neveu	tante
frère	nièce	

1. Dans l'arbre généalogique des Lambert, ___ générations sont
   _a
   représentées. C'est une famille très nombreuse. En tout, il y a ___
   _b
   personnes. Henri Lambert est ___. Madeleine Delahaye est sa ___.
   _c   _d
   Henri et Madeleine ont eu ___ enfants: ___ fils et ___ filles. Leur
   _e   _f   _g
   deuxième fils, Jean-Michel, est ___ en 1963 lors d'un accident de
   _h
   voiture.

2. Christiane et Albert Saulnier ont ___ enfants. Le premier enfant est
   _a
   un ___; on l'a nommé ___ en mémoire de son oncle décédé. Les deux
   _b   _c
   autres enfants, Isabelle et Lise, sont ___.
   _d

3. Le premier époux de Jeannette Lambert s'appelait ___. Après son
   _a
   divorce, Jeannette s'est remariée avec ___.
   _b

4. Anne-Marie Lambert est la ___ d'Henri et de Madeleine. Elle s'est
   _a
   mariée avec ___ et le couple a ___ enfants. Le premier enfant,
   _b   _c
   une ___, est née en 1993 et s'appelle ___. Le deuxième enfant, un ___,
   _d   _e   _f
   est né en 1995. On l'a nommé Henri, en mémoire de son arrière-
   grand-père, ___.
   _g

B. À chacun(e) son histoire. Vous et un(e) camarade de classe présentez à tour de rôle les membres de la famille Lambert.

MODÈLE: —Je commence par André Lambert. Il a un frère, Jean-Michel,
        et deux sœurs, Jeannette et Christiane.
        —Les grands-parents d'André s'appellent Henri et Madeleine.
        Sa femme s'appelle Gisèle Serre. Ils ont deux enfants...

C. Mon arbre généalogique. Faites votre arbre généalogique et présentez-le à un(e) camarade.

D. La photo de famille. Apportez en classe une photo de votre famille ou une photo découpée dans un magazine. Un(e) camarade vous pose des questions au sujet des diverses personnes sur la photo. Vous fournissez autant de détails que possible.

MODÈLE: —Qui est l'homme aux cheveux blancs?
  —Ah, ça, c'est mon père. Il a 45 ans. Et déjà les cheveux blancs! Il est un peu jeune pour ça, n'est-ce pas? Il n'aime pas ça du tout. Il est prof de maths dans un lycée de la ville.

3. Rapports familiaux

On demande une permission:
—Est-ce que je peux sortir ce soir avec les copains?
—Pour faire quoi?
—On veut aller au cinéma.
—D'accord, mais tu dois rentrer avant minuit.

On partage les tâches domestiques:
—Simone et Vincent viennent ce week-end. Il y a un tas de choses à faire. On doit ranger la maison, faire le marché, etc. Tu peux faire le marché, toi?
—Bien sûr. Comme ça, toi, tu peux t'occuper du ménage.
—D'accord.

On cherche des excuses:
—Je ne peux pas faire la vaisselle maintenant. Je dois retrouver des copains au café.
—Alors là, tu te trompes! Tu peux la faire, tu dois la faire, et dès maintenant!

❖ À votre tour

A. Je peux... ? Vous et votre partenaire êtes à tour de rôle parent et enfant. L'un(e) de vous demande des permissions, l'autre répond oui ou non, donnant ses raisons.

MODÈLE: assister au concert
     —Je peux sortir ce soir?
     —Pour faire quoi?
     —On veut assister au concert.
     —D'accord, mais tu dois rentrer avant minuit.

1. assister au concert
2. aller au cinéma
3. aller danser à la discothèque
4. aller voir des copains
5. retrouver des copains au café
6. faire une promenade à vélo
7. regarder un match à la télé avec des copains
8. faire des courses avec les copains
9. aider un copain à faire ses maths
10. prendre un peu d'exercice

B. Des choses à faire. Des amis viennent ce week-end. Il y a un tas de choses à faire. Vous et votre partenaire partagez les tâches.

MODÈLE: ranger la maison, faire le marché
     —On doit ranger la maison, faire le marché. Tu peux faire le marché?
     —Bien sûr. Je vais faire le marché. Comme ça, tu peux ranger la maison.
     —Bon! D'accord.

1. ranger la maison, faire le marché
2. faire le ménage, faire les courses
3. passer l'aspirateur, ranger la chambre d'amis
4. faire les achats, faire les lits
5. faire la cuisine, faire la vaisselle
6. faire la lessive, faire les courses

C. De bonne humeur ou de mauvaise? Réagissez en fonction de votre humeur.

MODÈLE: —Je peux aller au cinéma ce soir?
     —Bien sûr, mais tu dois rentrer avant minuit.
  ou: —Ça dépend. Tu vas avec qui?

1. Je peux aller au cinéma ce soir?
2. Je peux inviter Marc à la maison?
3. On peut manger au Macdo ce soir?
4. On peut inviter nos cousins pour le week-end?
5. Je dois faire la vaisselle ce soir?
6. Tu peux me donner un coup de main avec le ménage?
7. Tu veux aller au match de foot avec moi ce soir?
8. Je dois rester chez nous ce week-end?

4. Le calendrier officiel

1996

JANVIER

1	L	J. de l'An
2	M	Basile
3	M	Geneviève
4	J	Odilon
5	V	Antoine
6	S	Mélaine
7	D	Epiphanie
8	L	Lucien
9	M	Alix
10	M	Guillaume
11	J	Paulin
12	V	Tatiana
13	S	Yvette
14	D	Nina
15	L	Rémi
16	M	Marcel
17	M	Roseline
18	J	Prisca
19	V	Marius
20	S	Sébastien
21	D	Agnès
22	L	Vincent
23	M	Barnard
24	M	Fr. de Sales
25	J	Conv. S. Paul
26	V	Paule
27	S	Angèle
28	D	Th. d'Aquin
29	L	Gildas
30	M	Martine
31	M	Marcelle

FEVRIER

1	J	Ella
2	V	Présentation
3	S	Blaise
4	D	Véronique
5	L	Agathe
6	M	Gaston
7	M	Eugénie
8	J	Jacqueline
9	V	Apolline
10	S	Arnaud
11	D	N. D. Lourdes
12	L	Félix
13	M	Béatrice
14	M	Valentin
15	J	Claude
16	V	Julienne
17	S	Alexis
18	D	Bernadette
19	L	Gabin
20	M	Mardi gras
21	M	Cendres
22	J	Isabelle
23	V	Lazare
24	S	Modeste
25	D	Carême
26	L	Nestor
27	M	Honorine
28	M	Romain
29	J	Auguste

MARS

1	V	Aubin
2	S	Charles
3	D	Guénolé
4	L	Véronique
5	M	Olive
6	M	Colette
7	J	Félicité
8	V	Jean de Dieu
9	S	Françoise
10	D	Vivien
11	L	Rosine
12	M	Justine
13	M	Rodrigue
14	J	Mathilde
15	V	Louise de M.
16	S	Bénédicte
17	D	Patrice
18	L	Cyrille
19	M	Joseph
20	M	PRINTEMPS
21	J	Clémence
22	V	Léa
23	S	Victorien
24	D	Cath. de Su.
25	L	Annonciation
26	M	Larissa
27	M	Habib
28	J	Gontran
29	V	Gwladys
30	S	Amédée
31	D	Rameaux

AVRIL

1	L	Hugues
2	M	Sandrine
3	M	Richard
4	J	Isidore
5	V	Irène
6	S	Marcellin
7	D	PÂQUES
8	L	Julie
9	M	Gautier
10	M	Fulbert
11	J	Stanislas
12	V	Jules
13	S	Ida
14	D	Maxime
15	L	Paterne
16	M	Benoît-J.
17	M	Anicet
18	J	Parfait
19	V	Emma
20	S	Odette
21	D	Anselme
22	L	Alexandre
23	M	Georges
24	M	Fidèle
25	J	Marc
26	V	Alida
27	S	Zita
28	D	Jour du Souv.
29	L	Catherine
30	M	Robert

MAI

1	M	F. du Travail
2	J	Boris
3	V	Phil., Jacq.
4	S	Sylvain
5	D	Judith
6	L	Prudence
7	M	Gisèle
8	M	VICT. 1945
9	J	Pacôme
10	V	Fête J.-d'Arc
11	S	Estelle
12	D	Achille
13	L	Rolande
14	M	Matthias
15	M	Denise
16	J	ASCENSION
17	V	Pascal
18	S	Eric
19	D	Yves
20	L	Bernardin
21	M	Constantin
22	M	Emile
23	J	Didier
24	V	Donatien
25	S	Sophie
26	D	Pentecôte/F. Mères
27	L	Augustin
28	M	Germain
29	M	Aymard
30	J	Ferdinand
31	V	Visitation

JUIN

1	S	Justin
2	D	Blandine
3	L	Kevin
4	M	Clotilde
5	M	Igor
6	J	Norbert
7	V	Gilbert
8	S	Médard
9	D	Fête-Dieu
10	L	Landry
11	M	Barnabé
12	M	Guy
13	J	Antoine de P.
14	V	Elisée
15	S	Germaine
16	D	F. des Pères
17	L	Hervé
18	M	Léonce
19	M	Romuald
20	J	ÉTÉ
21	V	Aloïse
22	S	Alban
23	D	Audrey
24	L	Jean Bapt.
25	M	Prosper
26	M	Anthelme
27	J	Fernand
28	V	Irénée
29	S	Pierre, Paul
30	D	Martial

JUILLET

1	L	Thierry
2	M	Martinien
3	M	Thomas
4	J	Florent
5	V	Antoine
6	S	Mariette
7	D	Raoul
8	L	Thibaut
9	M	Armandine
10	M	Ulrich
11	J	Benoît
12	V	Olivier
13	S	Henri, Joël
14	D	F. NATIONALE
15	L	Donald
16	M	N.D. Mt-Carmel
17	M	Charlotte
18	J	Frédéric
19	V	Arsène
20	S	Marina
21	D	Victor
22	L	Marie Mad.
23	M	Brigitte
24	M	Christine
25	J	Jacques
26	V	Anne, Joa.
27	S	Nathalie
28	D	Samson
29	L	Marthe
30	M	Juliette
31	M	Ignace de L.

AOUT

1	J	Alphonse
2	V	Julien-Ey
3	S	Lydie
4	D	J.M. Vianney
5	L	Abel
6	M	Transfiguration
7	M	Gaétan
8	J	Dominique
9	V	Amour
10	S	Laurent
11	D	Claire
12	L	Clarisse
13	M	Hippolyte
14	M	Evrard
15	J	ASSOMPTION
16	V	Armel
17	S	Hyacinthe
18	D	Hélène
19	L	Jean Eudes
20	M	Bernard
21	M	Christophe
22	J	Fabrice
23	V	Rose de L.
24	S	Barthélemy
25	D	Louis
26	L	Natacha
27	M	Monique
28	M	Augustin
29	J	Sabine
30	V	Fiacre
31	S	Aristide

SEPTEMBRE

1	D	Gilles
2	L	Ingrid
3	M	Grégoire
4	M	Rosalie
5	J	Raissa
6	V	Bertrand
7	S	Reine
8	D	Nativité N. D.
9	L	Alain
10	M	Inès
11	M	Adelphe
12	J	Apollinaire
13	V	Aimé
14	S	La Ste Croix
15	D	Roland
16	L	Edith
17	M	Renaud
18	M	Nadège
19	J	Emilie
20	V	Davy
21	S	Matthieu
22	D	AUTOMNE
23	L	Constant
24	M	Thècle
25	M	Hermann
26	J	Côme. Dam.
27	V	Vinc. de Paul
28	S	Venceslas
29	D	Michel
30	L	Jérôme

OCTOBRE

1	M	Th. de l'E.J.
2	M	Léger
3	J	Gérard
4	V	Fr. d'Assise
5	S	Fleur
6	D	Bruno
7	L	Serge
8	M	Pélagie
9	M	Denis
10	J	Ghislain
11	V	Firmin
12	S	Wilfried
13	D	Géraud
14	L	Juste
15	M	Th. d'Avila
16	M	Edwige
17	J	Baudouin
18	V	Luc
19	S	René
20	D	Adeline
21	L	Céline
22	M	Elodie
23	M	Jean de C.
24	J	Florentin
25	V	Crépin
26	S	Dimitri
27	D	Emeline
28	L	Sim., Jude
29	M	Narcisse
30	M	Bienvenue
31	J	Quentin

NOVEMBRE

1	V	Toussaint
2	S	Défunts
3	D	Hubert
4	L	Charles
5	M	Sylvie
6	M	Bertille
7	J	Carine
8	V	Geoffroy
9	S	Théodore
10	D	Léon
11	L	ARMISTICE 18
12	M	Christian
13	M	Brice
14	J	Sidoine
15	V	Albert
16	S	Marguerite
17	D	Elisabeth
18	L	Aude
19	M	Tanguy
20	M	Edmond
21	J	Prés. de Marie
22	V	Cécile
23	S	Clément
24	D	Flora
25	L	Catherine L.
26	M	Delphine
27	M	Séverin
28	J	J. de la M.
29	V	Saturnin
30	S	André

DECEMBRE

1	D	Avent
2	L	Viviane
3	M	Xavier
4	M	Barbara
5	J	Gérald
6	V	Nicolas
7	S	Ambroise
8	D	I. Concept.
9	L	P. Fourier
10	M	Romaric
11	M	Daniel
12	J	Jeanne F.C.
13	V	Lucie
14	S	Odile
15	D	Ninon
16	L	Alice
17	M	Gaël
18	M	Gatien
19	J	Urbain
20	V	Abraham
21	S	HIVER
22	D	Fr. Xavier
23	L	Armand
24	M	Adèle
25	M	NOËL
26	J	Etienne
27	V	Jean
28	S	Innocents
29	D	David
30	L	Roger
31	M	Sylvestre

Qu'est-ce qu'une fête? Chaque jour du calendrier français est consacré à un saint: c'est sa fête. Par exemple, la fête de saint Luc est le 18 octobre, la fête de sainte Sylvie est le 5 novembre. En France, beaucoup de gens célèbrent non seulement leur anniversaire mais aussi leur fête, c'est-à-dire le jour de leur saint patron.

Qu'est-ce qu'un jour férié? C'est un jour où on ne travaille pas, à l'occasion d'une fête civile ou religieuse.

Fêtes religieuses	Fêtes civiles
Pâques	le Jour de l'An
l'Ascension	la fête du Travail
la Pentecôte	la fête de l'Armistice 1918
l'Assomption	la fête de la Victoire 1945
la Toussaint	la fête nationale française
Noël	

❖ À votre tour

A. Survol du calendrier. À tour de rôle, demandez à un(e) camarade:

1. d'indiquer quels mois il/elle préfère et pourquoi
2. d'expliquer ou de définir le terme «jour férié»
3. de donner:
   a. le nombre de jours fériés dans le calendrier français
   b. le nombre de fêtes religieuses
   c. le nombre de fêtes civiles
4. de nommer:
   a. quelques fêtes religieuses
   b. quelques fêtes civiles

B. Quand va-t-on célébrer... ? À tour de rôle, demandez à un(e) camarade quand on va célébrer les fêtes suivantes.

MODÈLE: Noël
　　　　—Quand va-t-on célébrer Noël?
　　　　—Mais voyons! On va célébrer Noël en décembre.

1. Noël
2. Pâques
3. la Toussaint
4. l'Assomption
5. la fête du Travail
6. la fête nationale
7. la fête de l'Armistice 1918
8. la fête de la Victoire 1945

C. Chic alors! un jour férié! En consultant le calendrier, donnez le jour et la date des jours fériés suivants.

MODÈLE: Noël
　　　　—Noël, c'est le mercredi 25 décembre.

1. Noël
2. le Jour de l'An
3. la Toussaint
4. la fête du Travail
5. Pâques
6. la fête de l'Armistice 1918
7. la Pentecôte
8. la fête de la Victoire 1945
9. l'Assomption
10. la fête nationale française

Use the same presentation technique as that recommended for *D'une culture à l'autre*, page 231: Project the French calendar on an overhead transparency. First call students' attention to the notion of saints' days *(la fête de X)* and perhaps highlight a couple (perhaps your own or those of students in the class); then focus on the notion of *jours fériés*, relying on the color coding to distinguish between *fêtes civiles* and *fêtes religieuses*.

You may wish to explain religious and historic dates and provide more specific information on both, or perhaps assign students to research dates they don't know.

Students need to realize not only the kinds of inferences they can reasonably draw from the examination of an authentic document like a calendar, but also the kinds of inferences they cannot draw. For example, it's erroneous to conclude that France and French people are "religious" based on the observation that there are a large number of official religious holidays.

D. C'est quand, la fête de... ? En consultant le calendrier, identifiez la fête des saints suivants.

MODÈLE: Sainte Geneviève (janvier)
—La Sainte-Geneviève, c'est quand?
—La Sainte-Geneviève, c'est le 3 janvier.

1. Sainte Geneviève (janvier)
2. Saint Valentin (février)
3. Sainte Cécile (novembre)
4. Saint Jean (juin)
5. Saint Michel (septembre)
6. Sainte Jeanne d'Arc (mai)
7. Sainte Catherine (novembre)
8. Saint Denis (octobre)
9. Saint Sylvestre (décembre)

5. Le calendrier familial

Quand on fait partie d'une famille, on partage aussi un «calendrier familial»: anniversaires et fêtes des membres de la famille, réunions et événements divers qui donnent l'occasion de nombreuses célébrations.

L'été dernier toute la famille s'est réunie pour fêter l'anniversaire de ma grand-mère. Il a fallu faire beaucoup de préparatifs pour cette journée mais nous étions tous là pour aider grand-mère à souffler ses bougies. On a pris beaucoup de photos de  toute la famille autour de ce gâteau géant qui était aussi délicieux! En fait, ces photos sont devenues notre cadeau le plus précieux pour grand-mère.

 Voici une photo de ma petite nièce, Martine, prise le jour de sa profession de foi. C'est moi qui lui ai offert la croix qu'elle porte. La cérémonie religieuse, préparée par les enfants eux-mêmes, était très belle et même assez touchante.
Comme toujours, cet événement a été aussi l'occasion de se retrouver en famille pour un grand déjeuner en famille après la cérémonie: saumon frais, asperges, gigot d'agneau et bien sûr, pour finir, la traditionnelle pièce montée.

Ça, c'est un souvenir mémorable: j'ai passé toute la nuit de la Saint-Sylvestre à danser dans une boîte à la mode, mais le 1er janvier j'ai continué à célébrer la nouvelle année avec un autre groupe de copains! Je crois que j'ai assez vu de confettis, chapeaux de papier et serpentins pour me durer jusqu'à l'année prochaine! Par contre, je n'ai pas perdu mon goût pour le champagne!

❖ À votre tour

A. Calendrier annuel de la famille Lambert. Sur le calendrier page 238, identifiez la date de la fête de chaque membre de la famille Lambert. Puis faites une liste chronologique des anniversaires, des anniversaires de mariage, et des réunions traditionnelles indiquées ci-dessous. En quel mois y a-t-il le plus grand nombre d'événements familiaux?

Anniversaires:

André:	17 novembre
Gisèle:	25 juin
Anne-Marie (leur fille):	7 février
Marc (leur gendre):	18 avril
Charles (leur fils):	24 juin

Mariages:

André et Gisèle:	30 septembre
Anne-Marie et Marc	12 décembre

Réunions traditionnelles:

famille d'André:	début octobre (anniversairede sa mère: 10 octobre)
famille de Gisèle:	au moment de la Toussaint

B. Et votre calendrier familial? Faites votre propre calendrier familial et partagez-le avec quelques camarades de classe ou avec toute la classe.

You may wish to call students' attention to the custom of giving lilies of the valley to people on May 1. The flowers are often purchased from street vendors.

C. Sondage. Renseignez-vous sur le calendrier familial de plusieurs camarades de classe. Demandez à chaque camarade:

1. combien de personnes il y a dans sa famille
2. l'âge approximatif des parents et des enfants
3. en quel mois il y a le plus grand nombre d'anniversaires
4. combien de réunions ou occasions familiales on célèbre par an
5. la réunion qu'il/elle apprécie le plus, et pourquoi
6. la réunion qu'il/elle apprécie le moins. et pourquoi

D. Et les fêtes chez vous? Racontez comment on célèbre les occasions suivantes chez vous.

MODÈLE: —Chez nous, nous ouvrons les cadeaux en famille la veille de Noël, puis nous allons déjeuner chez mes grands-parents le jour de Noël.
—Chez nous, Noël ne fait pas partie de nos traditions. C'est tout simplement un jour de congé.

offrir un cadeau	regarder le défilé
avoir une petite fête	regarder les feux d'artifice
inviter des amis	faire un pique-nique
souffler les bougies	assister à un match de football
manger au restaurant	recevoir toute la famille
se réunir avec des amis	boire du champagne
réveillonner	aller à l'église
offrir du muguet	offrir ses vœux
ne rien faire de spécial	(À vous d'en ajouter d'autres!)

1. Noël
2. la fin de l'année scolaire
3. le Jour de l'An
4. l'anniversaire d'un membre de la famille
5. la fête des Mères
6. la fête nationale
7. la fête du Travail
8. (une occasion de votre choix)

En direct 1

A. Une période très chargée. You will hear someone describe a very hectic time in her life. Write down as many of the events she mentions as you can.

mois	événements familiaux	événements professionnels et civiques
septembre		
octobre		
novembre		
décembre		

B. Un calendrier chargé. Explain to your partner why you dread a particular period of the year, then listen to his/her tale of woe.

C. Quel est le contexte? You will hear four monologues. After each one, answer the questions below that pertain to it.

Monologue 1
- The speaker is most likely
  - a. a teacher of French civilization speaking to his class.
  - b. a priest addressing his parishioners.
- The speaker is describing
  - a. the importance of religion in shaping the French calendar.
  - b. some upcoming religious holidays.

Monologue 2
- The speaker is most likely
  - a. a public official.
  - b. a TV or radio broadcaster.
- The speaker is describing plans to
  - a. celebrate the birthday of an important World War II general.
  - b. commemorate Armistice Day in the region.

Monologue 3
- The speaker is explaining
  - a. why this is a very hectic month for her and her family.
  - b. her plans for a forthcoming vacation trip.
- The speaker will celebrate her anniversary with her husband
  - a. in Paris.
  - b. at their weekend house in the country.

Monologue 4
- The speaker is explaining
  - a. his plans for an extended family trip through Europe.
  - b. his family's plans for the summer vacation period.
- They'll spend most of the time during this period
  - a. with their son and daughter.
  - b. with their daughter only.

The tapescript for all *En direct* activities can be found in the *Instructor's Resource Manual*. Following is the tapescript for activity A.

A.

Les prochains mois à venir vont être horriblement chargés pour nous. Bien sûr, il y a d'abord la rentrée des classes des trois petits début septembre. Puis le 24 septembre, c'est le mariage de mon neveu Stéphane. Nous devons y assister bien évidemment parce que Jean est son parrain. Le mariage a lieu à Toulouse et ça va être un voyage fatigant. En octobre, c'est le salon de l'automobile et je dois aller à Paris. C'est un peu dommage parce que Jean doit alors assister seul aux fiançailles de son frère. Immédiatement après, il a une conférence à Blida, en Algérie. Heureusement, mes parents peuvent venir s'installer chez nous pour garder les enfants. Puis c'est novembre et les fêtes de la Toussaint passées en famille. Le 11 novembre arrive ensuite très vite et, comme chaque année, Jean doit participer aux cérémonies commémoratives. En décembre, il y a d'abord l'anniversaire des jumeaux, puis il faut préparer notre départ au ski qui est prévu pour le 20 décembre. Nous rentrons le 30 au soir à cause du réveillon de la Saint-Sylvestre que nous passons toujours avec nos amis Marion et Robert.

PARALLÈLES?

Le calendrier: un document culturel

Observer

Point out to students that holidays like the Feast of the Assumption that were religious in origin also have a non-religious dimension: *l'occasion d'une réunion de famille, d'une sortie entre amis, d'un jour de congé supplémentaire.*

A. Comme vous l'avez vu, un calendrier est un document culturel qui rappelle les fêtes célébrées par les habitants d'un pays. Regardez les photos ci-dessous, qui illustrent certaines fêtes françaises. Quels événements historiques ou religieux sont évoqués? Que font les personnes sur les photos?

The photos depict: (page 244) *la Toussaint, le défilé du 14 juillet, les feux d'artifice du 14 juillet*; (page 245) *Noël, Carnaval, l'Assomption.*

Réfléchir

B. Y a-t-il des fêtes semblables dans votre pays? Nommez ces fêtes. Comment célébrez-vous ces fêtes? Où? Avec qui? Que faites-vous?

C. Ces fêtes fournissent-elles à votre famille une occasion spéciale pour se réunir? Y a-t-il des traditions particulières associées avec la célébration de ces fêtes? Est-ce que ce sont des traditions nationales, religieuses, régionales ou tout simplement familiales?

Don't forget that the notion of distance is important in terms of families being able to get together: French families tend to live closer together than do most Canadian or American families; and, even when they live in different parts of France, distances are such that a day's drive will take a person from one side of the country to the other (see Dossier 3).

OUTILS

1. Les pronoms toniques

- You already know the pronouns **moi** and **toi**. These are called tonic (or stressed) pronouns.

moi	nous
toi	vous
lui	eux
elle	elles

- Stressed pronouns often occur in isolation—in exclamations or responses to questions—and after short connecting words:

  —Qui va à la fête? **Toi**?
  —Non, pas **moi**!

- They are also used after prepositions:

  Voilà une photo de mon frère.
  Derrière **lui**, c'est la voiture de ma sœur.

- Stressed pronouns are commonly used to express agreement or disagreement with what has been said by a previous speaker ("Me too!" "Me neither!"). The expression used in French depends on whether the previous speaker's statement is affirmative or negative:

	agree	disagree
affirmative	Moi aussi!	Pas moi!
negative	Moi non plus!	Moi, si!

  —J'ai deux sœurs et un frère.
  —Tiens, **moi aussi**!
  ou: —**Pas moi**! Moi, j'ai une sœur et deux frères.

  —Je n'ai pas de cousins du côté de mon père.
  —**Moi non plus**!
  ou: —**Moi, si**! J'ai deux cousines du côté de mon père.

- They can also be used for emphasis when placed before the subject pronoun or after a noun subject:

  Moi, je suis très fatigué, mais mon ami, **lui,** est en pleine forme.

246

❖ À votre tour

A. Tiens! Moi aussi! Partagez votre arbre généalogique avec un(e) camarade qui va indiquer des ressemblances et des différences entre votre famille et sa famille.

MODÈLE: —Nous sommes cinq dans ma famille: mon père, ma mère, mes deux sœurs, et moi.
  —Tiens, nous aussi! Nous sommes cinq dans ma famille...
ou: —Tiens, pas nous! Nous sommes trois dans ma famille...

B. Enquête. Décrivez aux membres de votre groupe comment vous passez certaines fêtes, puis demandez comment ils/elles et d'autres camarades passent ces mêmes fêtes.

MODÈLE: —Moi, je fête la Saint-Sylvestre avec des amis. Et vous deux?
  —Chez nous, on passe la Saint-Sylvestre en famille.

1. Moi, je fête la Saint-Sylvestre avec des amis. Et vous deux?
2. Sabine fête toujours son anniversaire au restaurant. Et X et Y?
3. Julien passe Noël à la montagne. Et X?
4. Bernard fête la Toussaint chez ses grands-parents. Et X et Y?
5. Hervé fête toujours le premier mai à Paris. Et toi et X?

2. Les verbes **vouloir, pouvoir** et **devoir**

Les verbes **vouloir** et **pouvoir**

- Two French proverbs—"*Vouloir, c'est pouvoir*" and "*Je veux donc je peux*" ("Where there is a will, there is a way")—express the link between the verb **vouloir** (*to wish or want*) and the verb **pouvoir** (*to be able, can, may*). **Vouloir** expresses desire, will, or assent. **Pouvoir** is used to ask for permission or to indicate that one has or doesn't have permission.

- **Vouloir** and **pouvoir** have similar conjugations:

vouloir		pouvoir	
je veux	nous voulons	je peux	nous pouvons
tu veux	vous voulez	tu peux	vous pouvez
il/elle/on veut	ils/elles veulent	il/elle/on peut	ils/elles peuvent

- **Vouloir** can be followed by an infinitive, by the adverb **bien** or by a noun; **pouvoir** can be used alone or in an infinitive construction:

  —Tu **veux** aller à la fête?   *Do you want to go to the party?*

  —Oui, je **veux bien,** mais je ne   *Yes, I do, but I can't.*
  peux pas.

- Both **vouloir** and **pouvoir** can be used to express desire or request permission more politely. In such cases you use the forms **je voudrais** and **je pourrais** instead of the present-tense forms.

  Je **voudrais** acheter un cadeau   *I'd like to buy a birthday present*
  d'anniversaire pour Anne.   *for Anne.*

  Je **voudrais** quelque chose de   *I'd like something (that's) not*
  pas trop cher.   *too expensive.*

  Est-ce que je **pourrais** vous   *Could I ask you to come with*
  demander de m'accompagner?   *me?*

- The polite **vous** forms are very common in questions:

  Voudriez-vous nous   *Would you like to come with us*
  accompagner à la soirée?   *to the party?*

  Pourriez-vous être prêts un   *Could you be ready a little before*
  peu avant 8 heures?   *8 o'clock?*

❖ À votre tour

A. Vouloir, ce n'est pas toujours pouvoir. Proposez des activités à votre partenaire et demandez si c'est d'accord pour toute la bande de copains. Il/Elle indique qui accepte ou refuse les activités proposées et donne une raison pour le refus.

MODÈLE: —On va tous partir au ski. Ça va aussi pour Michel et Henri?
         —Oui, ils veulent bien, ils peuvent venir.
   ou: —Ils veulent bien, mais ils ne peuvent pas: ils ont du travail.

1. On va tous partir au ski. Ça va aussi pour Michel et Henri aussi?
2. On va tous fêter l'anniversaire de Claude au restaurant. Ça va aussi pour Sophie?
3. On va tous en Bretagne pour la Toussaint. Ça va aussi pour Jacques et toi?
4. On va tous à la montagne pour Noël. Ça va aussi pour Julien?
5. On va tous partir en vacances ensemble. Ça va aussi pour François et toi?
6. On va tous assister aux noces d'or de mes grands-parents. Ça va aussi pour toi?

B. La fête de la Toussaint. Vous êtes un des membres de la famille Lambert et cette année pour la Toussaint, vous recevez toute la famille. C'est un gros travail et vous et votre partenaire répartissez les tâches. N'hésitez pas à mélanger les éléments de chaque colonne.

MODÈLE: —Qui va composer le menu?
—Tante Gisèle peut composer le menu. C'est une excellente cuisinière.

Tâches	Famille	Expérience
composer le menu	toi	excellent(e)
acheter les provisions	moi	cuisinier(ière)
préparer le repas	Tante Gisèle	décorateur/
acheter des fleurs	Grand-père	décoratrice
mettre la table	Oncle André	fleuriste
servir le café	Éric et Marc	bricoleur
faire la vaisselle	Jean-Michel	instituteur/instituteur
prendre des photos	toi et moi	animateurs de radio
faire un petit	Oncle Paul	ancien(ne) hôtelier(ère)
discours	Grand-mère	photographe
ranger la maison		touche-à-tout
après		(*jack of all trades*)
		musicien(ne)
		accompli(e)

Le verbe **devoir; devoir** + infinitif

- The verb **devoir** (*to owe; to have to, must*) can stand alone or be combined with an infinitive.

devoir		
je dois	nous devons	j'ai dû
tu dois	vous devez	
il/elle/on doit	ils/elles doivent	

- When **devoir** stands alone, it means *to owe* (money, most often):

Combien est-ce que je vous **dois**?   *How much do I owe you?*

- When used with an infinitive, **devoir** expresses obligation or necessity and means *to have to, must*. The specific meaning in English varies with the tense of **devoir**:

Présent: Je dois = *I must, I have to*
Passé composé: J'ai dû = *I had to*

Tu dois absolument faire ton fameux gâteau au chocolat.   *You just have to make your famous chocolate cake.*
Il n'y avait plus de baguettes. **J'ai dû** acheter un gros pain.   *There were no more baguettes. I had to buy a large loaf.*

❖ **À votre tour**

A. Préparatifs de fête. Tout le monde a une responsabilité bien précise. À tour de rôle, indiquez qui doit faire quoi.

MODÈLE: tu / envoyer les invitations
—Tu dois envoyer les invitations.

1. tu / envoyer les invitations
2. nous / décider du menu
3. Henri et Ondine / faire les achats
4. Dominique et toi / aller au marché
5. Jean-Paul / acheter du champagne
6. je / faire un gâteau
7. toi et moi / ranger la maison
8. tout le monde / être de bonne humeur
9. Claude / s'occuper des fleurs
10. Julie et Rémi / nettoyer

B. On fait de son mieux! Vous rentrez sans avoir acheté l'article désiré par votre camarade. Vous vous expliquez.

MODÈLE: plus de baguettes / un gros pain
—Il n'y avait plus de baguettes?
—Non, j'ai dû acheter un gros pain.

1. plus de baguettes / un gros pain
2. plus de sole / du thon
3. plus d'ananas / des poires
4. plus de camembert / du brie
5. plus d'asperges / des épinards
6. plus de tartes aux pommes / une tarte aux fraises
7. plus de margarine / du beurre

3. The **imparfait** I

Usage

Perhaps point out to students that certain common verbs, when referring to the past, are often used in the *imparfait* because they describe how things were in the past, how they used to be, or because they evoke a past state of mind or attitude. These verbs include *avoir, être, pouvoir,* and *vouloir.* When these verbs are used in the *passé composé,* they refer more to an action or to the result of an action than to a state or condition.

• The *imparfait* is a past tense that is used very differently from the *passé composé.* In this dossier, you will learn to use it:

➤ to describe the way things were or used to be in the past :
   Nous **étions** tous là pour l'anniversaire de grand-mère.

➤ to evoke a past state of mind or attitude:
   Je **voulais** offrir un beau cadeau à grand-mère, mais tous les magasins étaient fermés.

• The verb **devoir,** when used in the *imparfait*, means *was to* or *was supposed to do something.*

Je **devais** préparer un gâteau   *I was supposed to bake a cake*
pour la fête, mais j'ai oublié.   *for the party, but I forgot.*

Forme

- To form the *imparfait*, remove the **-ons** ending from the first-person plural (**nous** form) of the present tense. This gives you the stem, to which you then add the imperfect endings, which are the same for all verbs:

-ais	-ions
-ais	-iez
-ait	-aient

Study the following models of **-er**, **-ir**, and **-re** verbs.

parler *(imparfait)*	
je parlais	nous parlions
tu parlais	vous parliez
il/elle/on parlait	ils/elles parlaient

finir *(imparfait)*	
je finissais	nous finissions
tu finissais	vous finissiez
il/elle/on finissait	ils/elles finissaient

rendre *(imparfait)*	
je rendais	nous rendions
tu rendais	vous rendiez
il/elle/on rendait	ils/elles rendaient

Note, in the case of **-ir** verbs, the presence of **-iss** throughout the *imparfait.*

- The verb **être** has an irregular stem in the *imparfait,* but the endings are regular:

être *(imparfait)*	
j'étais	nous étions
tu étais	vous étiez
il/elle/on était	ils/elles étaient

- Verbs ending in **-cer** and **-ger** keep the same spelling changes in the *imparfait* that they have in the **nous** form of the present:

  ➤ **-cer:**   add a **cédille** before **a** (as you did before **o**):
  placer   je pla**ç**ais, nous placions
  remplacer   je rempla**ç**ais, nous remplacions

  ➤ **-ger:**   add **e** before **a** (as you did before **o**):
  changer   je chang**e**ais, nous changions
  manger   je mang**e**ais, nous mangions
  nager   je nag**e**ais, nous nagions

- Verbs like **étudier** with an **i** immediately preceding the infinitive **-er** ending have two **i**'s in the **nous** and **vous** forms of the *imparfait:*

  j'étudiais   nous étudiions
  tu étudiais   vous étudiiez

❖ À votre tour

A. Une bonne raison! Vous avez remarqué l'absence de certains de vos camarades à la fête. Votre partenaire fournit une bonne excuse.

MODÈLE: —Tu n'étais pas là.
        —Évidemment! J'étais malade, et je voulais me reposer.

se préparer à des examens	avoir trop de travail	faire froid
vouloir se reposer	faire un voyage	faire du ski
écrire un mémoire	avoir des invités	être en voyage
attendre une invitation	suivre des cours du soir	être malade
recevoir des amis	passer la semaine à Paris	

1. toi   3. Marc et Jean-Paul
2. Anne-Marie   4. toi et ta cousine

B. La maison de votre enfance. À tour de rôle et en vous aidant des suggestions suivantes, aidez votre partenaire à évoquer ses souvenirs.

MODÈLE: habiter une maison individuelle ou un appartement?
        —Est-ce que tu habitais une maison individuelle ou un appartement?
        —J'habitais une maison individuelle.

1. habiter...
   a. une maison individuelle ou un appartement?
   b. en ville? à l'extérieur de la ville? à la campagne?
   c. appartement/maison: grand(e)? petit(e)?
                          moderne? ancien(ne)?
2. avoir un jardin: grand? petit?
3. avoir une terrasse? une piscine?
4. les fenêtres de votre chambre (donner) sur le jardin? sur la rue?
5. les voisins (être) sympas? odieux?
6. le quartier (être) bruyant? calme?

C. Pas de chance. Rien ne se passe comme vous le vouliez! Exprimez vos regrets.

MODÈLE: Il pleut! on/faire un pique-nique
—Zut alors! Il pleut!
—Et on devait faire un pique-nique!

1. Il pleut! on/faire un picnic
2. Tu n'es pas allé(e) au marché! tu/apporter des fruits pour ce soir
3. J'ai oublié d'acheter des œufs! je/préparer un soufflé
4. Il n'y a plus de chocolat! on/faire une mousse au chocolat
5. Jean n'est toujours pas là! il/acheter du pain
6. Aline travaille ce soir! Serge et Aline/venir ensemble
7. La voiture ne marche pas! nous/aller chercher Martin

D. Quand j'étais petit(e). Vous racontez à votre petit neveu comment se passait la fête du 14 juillet quand vous étiez petit(e). Utilisez à l'imparfait les verbes convenables ci-dessous.

admirer	danser	être	rester
aller	déjeuner	jouer	retourner
attendre	écouter	prendre	travailler
se coucher			

C'___ comme un dimanche. Tout le monde ___ en vacances. Tous les magasins ___ fermés. Personne ne ___. Le matin, nous ___ au village. Nous ___ de la musique militaire et des discours. Les parents ___ l'apéritif avec les gens du village. Nous ___ déjeuner à la maison. Les grandes personnes ___ longtemps à table. Les enfants ___ dans le jardin. Nous ___ le soir avec impatience. Après le dîner, nous ___ tous au village. Nous ___ le feu d'artifice. Puis les parents ___ sur la place du village. Nous nous ___ tous trés tard.

4. L'impératif

- On the first day of class, you learned to respond to expressions in the imperative form:

Écoutez cette phrase!
Répétez après moi!

- You use verbs in the imperative for a variety of purposes:

➤ to give commands or orders:

Invite des amis pour ton anniversaire!
N'oublie pas, ce soir on va dîner au restaurant.

➤ to give advice:

Pour rester proches de votre famille, **passez** du temps ensemble.

➤ to make requests:

Apporte un gâteau au chocolat, tu veux bien?

➤ to explain how to do something (e.g., give directions):

Si tu viens au mariage en voiture, **prends** l'autoroute.

- Imperative forms of some verbs also serve as conversation fillers or rejoinders:

Voyons, Yves,...	*Come on, Yves,...*
Attends, je réfléchis un peu...	*Wait (a second), I'm thinking . . .*

- And sometimes they are used simply to attract someone's attention:

Écoute, Brigitte, viens après le déjeuner.	*Listen, Brigitte, come after lunch.*
Dis, j'ai une idée...	*Say! I have an idea . . .*

- The imperative has three forms, which correspond to the **tu, nous,** and **vous** forms of the present tense without the subject pronoun.

-er verbs	*-ir* verbs
Regarde le calendrier!	**Réunis** la famille!
Regardons le calendrier!	**Réunissons** la famille!
Regardez le calendrier!	**Réunissez** la famille!

-re verbs

Attends ton anniversaire!
Attendons les vacances!
Attendez une occasion spéciale!

- Note that:

➤ the **-s** in the second-person singular of **-er** verbs is dropped in the imperative.

➤ the **nous** form of the imperative corresponds to *Let's* in English.

C'est notre anniversaire de mariage. Réunissons toute la famille!	*It's our wedding anniverary. Let's get the whole family together!*

- The verbs **être** and **avoir** are irregular in the imperative:

être	*avoir*
Sois à l'heure!	**Aie** de la patience!
Soyez raisonnable!	**Ayez** de l'énergie!
Soyons plus attentifs!	**Ayons** un peu de courage!

- To form the negative imperative, you place **ne** before the verb and the other negative particle (**pas, jamais, plus,** etc.) immediately after it:

  Ne sois **pas** en retard! Sois à l'heure!

  Soyez raisonnable! **Ne** faites **pas** d'histoires!

  N'allons **pas** au concert, allons plutôt au cinéma!

- In the case of pronominal verbs, to obtain the negative imperative, you simply remove the subject pronoun. In the affirmative imperative, the verb comes first, followed by a hyphen and the pronoun. In the second person singular imperative, **te** becomes **toi.**

Negative imperative	*Affirmative imperative*
Ne te dépêche pas!	**Dépêche-toi!**
Ne nous dépêchons pas!	**Dépêchons-nous!**
Ne vous dépêchez pas!	**Dépêchez-vous!**

❖ À votre tour

A. Célébration. Partagez vos suggestions pour célébrer un anniversaire.

MODÈLE: aller au restaurant
        —Allons au restaurant!

 1. aller au restaurant
 2. faire une fête
 3. choisir un bon restaurant
 4. réunir tous les copains
 5. inviter beaucoup de monde
 6. acheter des cadeaux amusants
 7. avoir un petit orchestre
 8. être originaux
 9. envoyer des invitations imprimées
10. boire du champagne

B. Trop à faire? Pas de mémoire? Alors... C'est une période très chargée qui s'approche et votre ami(e) a du mal à se rappeler de tout. Aidez-le/la de vos suggestions.

MODÈLE: acheter un agenda
        —Achète un agenda.

1. acheter un agenda
2. choisir une montre-réveil
3. utiliser un ordinateur
4. marquer les dates importantes dans ton agenda à l'encre rouge
5. faire un nœud (*knot*) à ton mouchoir (*handkerchief*)
6. être plus attentif(ve) en général
7. faire plus d'effort

You may wish to explain to students that a *montre-réveil* (item 2) indicates the date as well as the time. Item 5: tying a knot in one's handkerchief is equivalent to the American idea of tying a string on one's finger.

C. Qu'est-ce qu'on fait d'habitude? On vous demande ce qu'on fait dans les occasions suivantes. Vous indiquez ce qu'on fait dans votre culture.

MODÈLE: un mariage familial / offrir / de l'argent ou un cadeau?
>—À l'occasion d'un mariage familial, on offre de l'argent ou un cadeau?
>—Offre de l'argent, n'offre pas de cadeau!
>*ou:* —Offre un cadeau, n'offre pas d'argent!

1. un mariage familial / offrir / de l'argent ou un cadeau?
2. une fête d'anniversaire / apporter / du champagne ou un cadeau?
3. les noces d'or des grands-parents / choisir / une carte de vœux ou un cadeau?
4. des fiançailles (*engagement*) / organiser / un grand repas ou une soirée?
5. le réveillon de la Saint-Sylvestre / mettre / des huîtres ou de la dinde?
6. un dîner chez des amis / acheter / un bouquet de tulipes ou de chrysanthèmes?
7. une sortie au restaurant / demander l'addition ou attendre que quelqu'un d'autre paie?

D. Fatigue et dépression chronique! Un de vos camarades est toujours fatigué ou déprimé. À tour de rôle, vous et votre partenaire donnez de bons conseils.

MODÈLE: se coucher si tard
>—Ne te couche pas si tard!

se coucher si tard
se lever moins tôt
sortir moins souvent
faire un peu plus d'exercice
se promener 20 minutes par jour
prendre des vitamins
avoir moins peur des autres
se détendre plus souvent

être moins anxieux(se)
s'énerver moins
ne pas se disputer avec tout le monde
choisir des amis plus calmes
être plus indulgent avec soi-même
se rendre chez le docteur

E. Comment réussir (rater?) le dimanche en famille? Partagez votre recette concernant les choses à faire et à ne pas faire.

MODÈLE: se réveiller de bonne humeur
>—Réveille-toi de bonne humeur!
>
>se lever du mauvais pied (*on the wrong side of the bed*)
>—Ne te lève pas du mauvais pied!

1. se réveiller de bonne humeur
2. se lever du mauvais pied
3. se coiffer convenablement
4. se mettre en colère quand...
5. ranger la chambre
6. s'impatienter
7. se mettre à table en pyjama
8. se disputer à table

DÉCOUVERTES

En direct 2

A. Quel est le contexte? You will hear four conversations. After each one, answer the questions below that pertain to it.

1. • The event being discussed is probably
    a. an elegant soirée to celebrate a couple's engagement.
    b. a wedding reception.
   • The people talking are
    a. responsible for planning the event.
    b. guests attending the event.

2. • The event being discussed is probably
    a. an automobile collision.
    b. a skiing accident.
   • The people talking are sad about the death of
    a. their friend's husband.   b. their friend's child.

3. • The people talking are trying to plan
    a. a family gathering to celebrate their son's graduation.
    b. a wedding anniversary party for their parents.
   • The people talking disagree about
    a. whether or not to have any celebration to mark the event.
    b. how elaborate a celebration to have.

4. • The man and woman are talking to
    a. their children.
    b. the babysitter.
   • They explain that
    a. they can be reached at Aunt Geneviève's house.
    b. their children can watch TV before going to bed.

B. Téléscopie. Listen to the interview between Michel Jacquet and Henri and Clémence Rateau. Take notes on the couple's life together.

Henri et Clémence Rateau
Nombre d'années mariés: _____
Nombre d'enfants: _____
Nombre de petits-enfants: _____

	Henri	Clémence
Travail		
Tâches domestiques		
Problèmes		
Beaux souvenirs		
Espoirs pour l'avenir		
Secret du bonheur		

C. Le secret du bonheur? Quel est le secret du bonheur pour vous? Et pour vos amis?

The tapescript for all *En direct* activities can be found in the *Instructor's Resource Manual.* Following is the tapescript for activity A.

A.

1. —C'est vraiment une soirée très réussie, tu ne trouves pas?

—Tout à fait d'accord. La mariée est très belle, le marié très amoureux, le temps parfait et le buffet absolument sensationnel.

—Pierre et Jacqueline ont bien fait les choses! Évidemment on ne marie pas tous les jours sa fille unique.

—As-tu fait la connaissance de la belle-famille? Ce sont des gens que je trouve charmants.

—Non, pas encore. Les voilà justement qui s'approchent. Sois gentil, présente-moi!

2. —Pour être un choc, ça c'est un choc. La semaine dernière, j'ai joué aux cartes avec lui. Nous avons fait des projets pour les vacances de Mardi Gras que nous passons toujours ensemble au ski. Et cet accident si stupide qui change tout!

—Et sa femme est encore bien jeune pour être veuve. Elle attend un second enfant, vous savez.

—Et le premier n'a pas encore deux ans. Quelle tragédie!

3. —Qu'est-ce qu'on va faire pour l'anniversaire de mariage de tes parents?

—On doit réunir toute la famille chez nous, bien sûr!

—Mais sois réaliste! On ne peut vraiment pas avoir 40 ou 50 personnes dans l'appartement.

—Dis tout de suite que tu ne veux pas faire quelque chose avec ma famille!

—Reste calme, je t'en prie! Ne mélangeons pas sentiments et logique! Reprenons tout par le commencement!

4. —Alors, c'est bien entendu: n'ouvrez pas la porte à personne! Et ne répondez pas au téléphone!

—Mais oui, Papa, on sait ça!

—Et ne vous couchez pas trop tard!

—Mais Maman a dit qu'on peut regarder le film!

—Oui, c'est exact, mais au lit tout de suite après le film! Et surtout, ne vous disputez pas! Paul, tu es le plus grand. Sois raisonnable! Si quelque chose ne va pas, téléphone à tante Geneviève.

—Mais c'est quoi, son numéro?

—Son numéro est à côté du téléphone. Voilà, c'est tout! À demain et soyez bien sages! Il y a toujours une bonne surprise pour les enfants sages!

D. La famille idéale. Vous et votre partenaire établissez deux listes: les obligations de la vie de famille (**ce qu'on doit faire**); les facteurs qui rendent la vie de famille non seulement supportable, mais peut-être aussi agréable (**ce qu'on peut faire, et ce qu'on veut faire**).

Découverte du texte écrit

E. Préparation. Vous allez lire un extrait de *La Place*, récit d'Annie Ernaux. D'origine modeste, Annie Ernaux est devenue professeur puis auteur à succès. Elle refuse d'oublier l'humble origine de sa famille. Dans *La Place*, elle raconte la vie de son père et parle de l'amour qu'il a eu pour elle. Dans cette partie du récit, Annie Ernaux évoque ses grands-parents, leur genre de vie à la campagne, dans le pays de Caux, en Normandie.

1. Essayez d'imaginer ce genre de vie. Parlez du calendrier du travail à la ferme. Inspirez-vous des notes suivantes:

   • Au printemps: semer des graines, s'occuper des animaux qui viennent de naître.
   • En été: couper l'herbe, la sécher, la rassembler en bottes; mettre le foin (ou l'herbe sèche) dans la grange; ramasser les fruits et légumes; faire la moisson du blé en juillet.
   • En automne: récolter d'autres fruits et légumes; faire la vendange du raisin; nettoyer les champs et faire les labours; planter certaines récoltes.
   • En hiver: s'occuper des animaux, réparer le matériel.

Voici une première phrase pour vous aider à commencer:

   La vie à la campagne se déroule au rythme des saisons. En été, on fait la moisson...

Answer: naissances, baptêmes, communions, fiançailles, mariages (noces), funérailles.

2. Imaginez les événements familiaux qui rythment la vie du paysan catholique. À votre avis, comment ces événements sont-ils célébrés?

3. Imaginez les distractions possibles le dimanche et les jours fériés (foires et expositions, bals, concours, jeux, etc.), à la campagne à cette époque.

L'histoire commence quelques mois avant le vingtième siècle, dans un village du pays de Caux, à vingt-cinq kilomètres de la mer. Ceux qui n'avaient pas de terre se *louaient* chez les gros fermiers de la région. Mon grand-père travaillait donc dans une ferme comme charretier°. L'été, il faisait aussi les foins, la moisson. Il n'a rien fait d'autre de toute sa vie, dès l'âge de huit ans. Le samedi soir, il rapportait à sa femme toute sa paye et elle lui donnait son dimanche pour qu'il aille jouer aux dominos, boire son petit verre. Il rentrait saoul°, encore plus sombre. Pour un rien, il distribuait des coups de casquette° aux enfants. C'était un homme dur, personne n'osait lui chercher des noises°. Sa femme *ne riait pas tous les jours*°. Cette méchanceté° était son ressort vital, sa force pour résister à la misère et croire qu'il était un homme. Ce qui le rendait violent, surtout, c'était de voir chez lui quelqu'un de la famille plongé dans un livre ou un journal. Il n'avait pas eu le temps d'apprendre à lire et à écrire. Compter, il savait.

Chaque fois qu'on m'a parlé de [mon grand-père], cela commençait par «il ne savait ni lire ni écrire», comme si sa vie et son caractère ne se comprenaient pas sans cette donnée° initiale. Ma grand-mère, elle, avait appris à l'école des sœurs. Comme les autres femmes du village, elle tissait° chez elle pour le compte d'une fabrique de Rouen, dans une pièce sans air recevant un jour étroit° d'ouvertures allongées, à peine plus larges que des meurtrières°. Les étoffes° ne devaient pas être abîmées par la lumière. Elle était propre sur elle et dans son ménage, qualité la plus importante au village, où les voisins surveillaient la blancheur et l'état du linge en train de sécher sur la corde et savaient si le seau de nuit° était vidé tous les jours. Bien que les maisons soient isolées les unes des autres par des haies et des talus, rien n'échappait au regard des gens, ni l'heure à laquelle l'homme était rentré du bistrot, ni la semaine où les serviettes hygiéniques° auraient dû se balancer au vent.

Ma grand-mère avait même de la distinction, aux fêtes elle portait un faux cul en carton° et elle ne pissait pas debout sous ses jupes comme la plupart des femmes de la campagne, par commodité. Vers la quarantaine, après cinq enfants, les idées noires lui sont venues, elle cessait de parler durant des jours. Plus tard, des rhumatismes aux mains et aux jambes. Pour guérir, elle

cart driver	
drunk	
hit with one's cap	
no one dared bother him	
had a difficult time / meanness	
basic premise	
wove	
narrow beam of light	
loopholes (in fortifications) / fabrics	
chamber pot	
sanitary napkins	
bustle	

allait voir saint Riquier, saint Guillaume du Désert, frottait la statue avec un linge qu'elle s'appliquait sur les parties malades. Progressivement elle a cessé de marcher. On louait une voiture à cheval pour la conduire aux saints.

Ils habitaient une maison basse, au toit de chaume°, au sol en terre battue°. Il suffit d'arroser avant de balayer. Ils vivaient des produits du jardin et du poulailler, du beurre et de la crème que le fermier cédait à mon grand-père. Des mois à l'avance ils pensaient aux noces et aux communions, ils y arrivaient le ventre creux de trois jours° pour mieux profiter. Un enfant du village, en convalescence d'une scarlatine, est mort étouffé sous les vomissements des morceaux de volaille dont on l'avait gavé°. Les dimanches d'été, ils allaient aux «assemblées», où l'on jouait et dansait. Un jour, mon père, en haut du mât de cocagne°, a glissé sans avoir décroché le panier de victuailles°. La colère de mon grand-père dura des heures. *«Espèce de grand piot»* (nom du dindon en normand).

Le signe de croix sur le pain, la messe, les pâques. Comme la propreté, la religion leur donnait la dignité. Ils s'habillaient en dimanche, chantaient le Credo en même temps que les gros fermiers, mettaient des sous dans le plat. Mon père était enfant de chœur°, il aimait accompagner le curé porter la viatique°. Tous les hommes se découvraient° sur leur passage.

Source: Annie Ernaux, *La Place* (Prix Renaudot 1984) Paris: Gallimard, 1983.

Glossary (margin):

thatched roof
dirt floor

not having eaten in days

stuffed

greased pole
basket of food
The reference is to a game in which people attempt to climb a greased pole in order to claim the prize at the top.

altar boy, priest's assistant /
 to administer the last rites
doffed their hats

F. Exploration

1. Le genre de vie:
   a. Comment est le logement des grands-parents d'Annie Ernaux? À votre avis, les grands-parents sont-ils riches ou pauvres? Quelles distractions ont-ils?
   b. Quels travaux des champs sont mentionnés dans le texte?
   c. Quelles distractions—familiales et autres—sont mentionnées dans le texte?
   d. Quelle est l'influence de la religion sur le genre de vie des grands-parents?
2. Les personnages:
   a. Quels renseignements Ernaux donne-t-elle sur ses grands-parents? Que dit-elle au sujet de leur vie quotidienne? de leur vie en dehors du travail? Comment caractérise-t-elle ses grands-parents?

	vie quotidienne	vie en dehors du travail	caractéristiques
le grand-père			
la grand-mère			

b. Quels événements dans la vie de ses grands-parents Ernaux raconte-t-elle? Quelle est la signification de ces événements pour Ernaux?

événements	signification

c. Comment Ernaux explique-t-elle le caractère de son grand-père et de sa grand-mère? Êtes-vous surpris(e) par les traits qu'elle évoque? par les événements qu'elle raconte? Expliquez.

G. Réflexion. Comme Annie Ernaux, vous avez, vous aussi, des souvenirs familiaux ou des souvenirs d'enfance à partager avec vos camarades (oralement) ou avec votre professeur (par écrit). Comparez votre récit au récit d'Annie Ernaux.

H. Conseil de famille. Vous organisez un grand événement familial (baptême, communion, bar-mitsva, anniversaire, mariage, anniversaire de mariage, etc.).

- D'abord, il faut fixer la date. Ce n'est pas facile, car les membres de votre famille habitent dans des régions différentes et ils ont des situations différentes (de petits enfants qui doivent se coucher tôt, des adolescents qui ne veulent pas quitter leurs copains, etc.). Essayez quand même!
- Puis faites une liste des préparatifs et discutez de la répartition des tâches.

Votre discussion est animée et vous devez finir par contenter tout le monde. Bon courage!

First organize students in groups of three to five (each group should have a calendar); then have each group specify the various family members organizing the party, and the work, travel, and family constraints of each. The next task is to determine a date for the party; then make a list of what has to be done, and finally discuss who will do what.

I. Un événement mémorable. Un(e) camarade vous demande comment était la célébration. Vous lui expliquez:

- quand et où la cérémonie avait lieu
- qui était là
- comment c'était: comment était l'ambiance, ce qu'on faisait
- si c'était une réussite ou pas, et pourquoi

This can be done either as an in-class speaking activity, with a follow-up writing activity, or as an out-of-class writing activity, with an in-class follow-up

J. Un beau souvenir. Écrivez une carte postale à un membre de votre famille qui était absent lors de la dernière réunion familiale. Indiquez comment c'était, qui était là, etc. Attention: utilisez seulement l'imparfait pour évoquer l'atmosphère de la fête.

MODÈLE: Où étais-tu? Tous les cousins étaient là. Le buffet était fantastique. Il y avait un petit orchestre très sympa. Comme toujours, tante Ursule portait un chapeau ridicule!

Bises

K. Boule de cristal. À l'occasion d'une fête locale, vous et votre partenaire utilisez une boule de cristal pour explorer le passé et l'avenir de vos clients. Servez-vous des expressions suivantes si vous le voulez.

MODÈLE: Ah Monsieur! il y avait une femme, une femme blonde dans votre vie. Attention! il y a maintenant une femme brune. N'agissez pas trop vite; ne grossissez pas vos problèmes. Soyez patient, vous allez être très heureux...

ne pas agir trop vite
avoir plus d'énergie
choisir bien ses ami(e)s
élargir son cercle d'amis
établir de nouveaux contacts
être plus dynamique
ne pas sortir si souvent
partir en vacances au moins
  une fois par an
faire attention à son emploi
  du temps
ne pas perdre de temps à s'inquiéter

ne pas grossir ses problèmes
obéir à ses intuitions
remplir ses obligations
réagir plus vite
réfléchir davantage
réussir dans ses projets
s'amuser davantage
travailler davantage
demander de l'aide plus souvent
se détendre davantage
ne pas se mettre en colère si
  souvent

L. Cartes de vœux. À l'occasion des fêtes de fin d'année, les gens échangent souvent des vœux. Lisez les cartes de vœux ci-dessous et à la page suivante, puis écrivez une carte semblable.

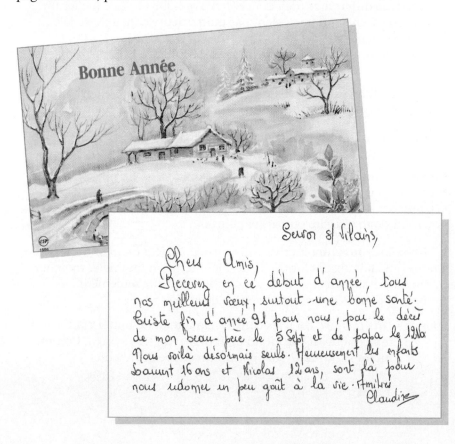

Rennes 1ᵉ Janvier 92

Chers Amis,

Nous vous remercions de vos bons vœux.

En échange, recevez les nôtres les plus sincères ; vœux de santé, joie et bonheur.

Que 1992 vous maintienne en bonne santé et vous permette de réaliser tous vos projets

Bons succès scolaire aux enfants.

Ce matin nous avons eu un coup de téléphone de Philippe. Cela va très bien, il se plaît là-bas. Aussi lui avons-nous fait part de votre courrier.

Nous espérons avoir votre visite cette année et une occasion de déjeuner avec nous, vous et vos enfants.

Bonne Année, bonne santé.

Sincères amitiés.

À l'écran

Vous comparez l'importance de Noël dans la vie de certains Français. Puis vous assistez aux fêtes du 14 juillet et à la fête du vin nouveau. Vous êtes accueilli(e) dans l'intimité de trois familles bien différentes. Enfin, vous êtes invité(e) à un mariage.

Clip 8.1   Au hasard du calendrier

Clip 8.2   Propos de famille

Clip 8.3   Par un bel après-midi d'été

D'un parallèle à l'autre

Choisissez un des pays francophones présentés dans le **Bilan** après le dossier 14. À l'aide d'une encyclopédie, essayez d'établir le calendrier le plus complet possible des fêtes civiles et religieuses de ce pays. Comment sont-elles célébrées? Certaines sont-elles connues dans le monde entier?

Le Code civil

Napoléon Ier a été un grand général, un grand stratège. C'est lui qui a fait construire l'Arc de Triomphe et la colonne de la place Vendôme. Il a aussi été un grand administrateur. C'est Napoléon qui a fait rédiger le Code civil, c'est-à-dire les lois qui régissent la vie des Français. Beaucoup des lois qui régissent la vie familiale sont encore en existence; les lois sur le divorce, par exemple, n'ont changé qu'en 1975.

Lu et entendu

L'indispensable calendrier. Dans ce dossier, vous avez exploré le calendrier à la française ainsi que le calendrier de votre pays. Vous avez découvert les dimensions historiques et culturelles du calendrier. Choisissez un ou deux commentaires ci-dessous et expliquez—avec des exemples—pourquoi vous êtes plutôt d'accord ou pas d'accord.

1. La fonction explicite du calendrier, c'est de découper le temps, d'indiquer les semaines et les saisons.
2. Le calendrier d'un pays est un document culturel qui rappelle l'histoire et les traditions du pays.
3. Le grand nombre de fêtes civiques et religieuses célébrées officiellement en France indique que les Français sont patriotiques d'une part, et «pieux» de l'autre.
4. En France, les fêtes d'origine religieuse comme la fête de l'Assomption (le 15 août) sont bien souvent uniquement l'occasion d'une réunion de famille, d'une sortie entre amis, d'un jour de congé supplémentaire.

Le mot juste

Note: Since there is considerable overlap in vocabulary across the five **Contextes,** this list is not divided into separate **Contextes** as in other dossiers.

La famille

Les liens du sang — *blood ties*

les grands-parents (m)	*grandparents*
le grand-père	*grandfather*
la grand-mère	*grandmother*
les parents (m)	*parents, relatives*
le père	*father*
la mère	*mother*
les enfants (m,f)	*children*
le fils	*son*
la fille	*daughter*
le frère	*brother*
la sœur	*sister*
le jumeau, la jumelle	*twin*
l'oncle (m)	*uncle*
la tante	*aunt*
le neveu	*nephew*
la nièce	*niece*
les cousins (m)	*cousins*
le cousin	*cousin (male)*
la cousine	*cousin (female)*
les petits-enfants (m)	*grandchildren*
le petit-fils	*grandson*
la petite-fille	*granddaughter*

Les liens juridiques — *legal ties*

les conjoints	*spouses*
le mari, l'époux (m)	*husband*
la femme, l'épouse (f)	*wife*
les enfants mineurs	*minor children*
les enfants adoptifs	*adopted children*
le beau-père	*father-in-law; stepfather*
la belle-mère	*mother-in-law; stepmother*
le gendre	*son-in-law*
le beau-fils	*stepson*
la belle-fille	*daughter-in-law; stepdaughter*
le parrain	*godfather*
la marraine	*godmother*

Le calendrier

au mois de + [mois]	*in [month]; in the month of [month]*
C'est ta fête?	*Is it your saint's day?*
Comment fête-t-on... ?	*How do you celebrate…?*
En quel mois fête-t-on... ?	*What month do you celebrate … in? When is […] celebrated?*
En quelle saison/mois/ année...?	*What season / month/year …?*
en [mois]	*in [month]*
Quand fête-t-on... ?	*When do you celebrate…?*
Quel jour tombe... ?	*What day does…fall on?*

Le calendrier familial

l'anniversaire (m)	*birthday, anniversary*
l'anniversaire de mariage (m)	*wedding anniversary*
la bougie	*candle*
le cadeau	*gift, present*
la carte de vœux	*greeting card*
l'enterrement (m)	*funeral, burial*
la fête	*saint's day, celebration*
la fête nationale	*national independence day*
la fête locale	*local celebration*
le gâteau d'anniversaire	*birthday cake, anniversary cake*
les préparatifs (m)	*preparations*
le siècle	*century*
la surprise	*surprise*

Adjectifs

chaque	*each, every*
dernier(ère)	*last*
prochain	*next*
tous, toutes	*all*

Verbes

célébrer	*to celebrate*
fêter	*to celebrate*
mourir (irrégulier)	*to die*
naître (irrégulier)	*to be born*
surprendre quelqu'un	*to surprise someone*

DOSSIER 9

*L*es années de lycée

D'une culture à l'autre:
Bring in–or have students bring in–photos or magazine pictures reflecting the high school years: school athletic, music, or drama events; the prom; graduation. You may wish to give students the French terms for some of these events–state basketball championship = *le championnat de l'état du basket;* the all-state music festival = *le festival de musique de l'état;* graduation = *la remise des diplômes.* For other terms (e.g., the prom), point out that there is no French equivalent. Then have students use the three questions given in the textbook to interview their classmates and friends. The interview should focus on three aspects of the high school years: (1) specific memories, events, or experiences; (2) whether these years were difficult or easy (with examples); (3) whether they were pleasant or unpleasant (with examples). As you debrief students, list on the board specific experiences they mention, and, as you tally the responses for questions 2 and 3, make note of the examples students cite.

Communication

- Talking about high school and secondary education
- Recalling a past situation and describing what it was like

Cultures in parallel

- The high school years: school, school life, friends, concerns
- The nature and role of exams
- The **bac** and its importance

Tools

- The verbs **connaître, savoir,** and **suivre**
- The *imparfait* 2
- Direct object pronouns
- **Depuis, il y a, pendant** and other time expressions

D'une culture à l'autre

Quand vous pensez à vos années passées à l'école secondaire, quels souvenirs et quelles expériences vous viennent à l'esprit? Avez-vous trouvé ces années difficiles ou faciles? agréables ou désagréables? Pour quelles raisons?

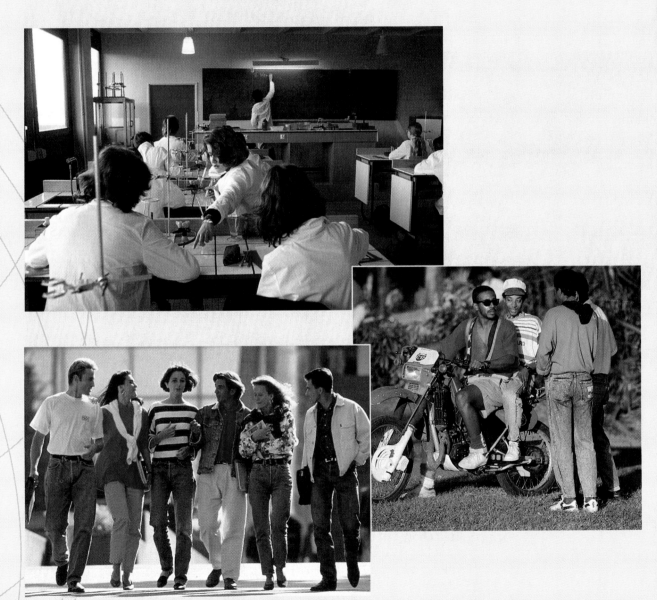

1. Je me souviens...

Quels sont vos souvenirs d'école secondaire—des cours, des amis, des activités extrascolaires, des bals, des soirées, etc.? Lisez les souvenirs de Patrick et de Marie-Hélène.

Patrick:
Il y a déjà six ans que j'ai quitté le lycée. J'ai de bons souvenirs de mes trois années passées là. Je me rappelle que mon emploi du temps était très chargé et que je détestais certaines des matières obligatoires: l'anglais, la biologie et les maths, ça allait à peu près, mais la physique, quelle horreur! Le lundi et le jeudi, je sortais à 6 heures, une heure après la plupart de mes camarades, parce que je faisais du latin, en option facultative. Et puis, il y avait toujours beaucoup de vocabulaire à

apprendre par cœur et je ne le savais jamais! Tous les soirs, je passais trois heures en moyenne sur mes devoirs. Peut-être que j'exagère, mais j'étais un étudiant sérieux, et puis en terminale, quand on prépare son bac, il faut de la discipline. Non, le lycée ce n'était franchement pas drôle, entre les interros surprises, les problèmes de maths et les dissertes de quatre heures... sans mentionner les bulletins scolaires! Je les attendais avec impatience chaque trimestre, mais aussi avec un peu d'angoisse, je dois dire...

Marie-Hélène:

Qu'est-ce que je peux vous dire à propos de ma vie de lycéenne? Voyons... J'étais nulle en histoire-géo. Pour le reste, mes résultats étaient assez satisfaisants, mais pas brillants. Je me souviens surtout de mes copains. Et on avait un prof de philo super, M. Amel: il nous connaissait tous, et il nous aidait tous. Les discussions dans sa classe étaient toujours passionnées. On les continuait même dans le foyer, entre les cours. Ma première année au lycée, j'ai eu pas mal de difficultés: au collège, le prof dictait ce qui était important, ou bien il le mettait au tableau. Mais au lycée, pour prendre des notes, il fallait distinguer soi-même ce qui était important. Il fallait aussi faire des résumés et des synthèses. Les profs ne nous donnaient pas souvent de réponses; ils nous indiquaient plutôt des pistes à suivre ou à explorer. Heureusement, on travaillait beaucoup en groupes—on avait vraiment un bon esprit d'équipe. Sans hésiter, les années de lycée, c'étaient les copains d'abord.

❖ À votre tour

A. Patrick et Marie-Hélène. Résumez l'expérience de Patrick et de Marie-Hélène. Complétez le texte.

Patrick a quitté le ___ il y a six ans. Il a de bons ___ de ses trois années
                     1   2

passées là. Il avait un ___ du temps très chargé et il n'aimait pas
                        3

certaines ___ obligatoires. Il faisait du latin en option ___. Le soir, il
          4   5

passait beaucoup de temps sur ses ___. Pendant la journée, il y avait
                                       6

les ___ surprises, les ___ de maths et les ___ de quatre heures. Les élèves
   7   8   9

recevaient un ___ scolaire chaque trimestre et, comme tous ses copains,
              10

Patrick l'attendait avec crainte.

    Marie-Hélène était une bonne élève et elle obtenait des ___
                                                   11

satisfaisants. Son ___ favori était la philosophie où elle avait toujours
                    12

des ___ passionnées. Au début elle a eu des difficultés à prendre des ___
    13   14

Le prof ne dictait plus. Les élèves avaient à faire des ___ individuels.
                                        15

Ce qu'elle aimait bien, c'est qu'on travaillait beaucoup en ___. Cela l'a
                                               16

beaucoup aidée à ___ de bonnes ___ .
         17   18

Answer key: 1. *lycée;* 2. *souvenirs;* 3. *emploi;* 4. *matières;* 5. *facultative;* 6. *devoirs;* 7. *interros;* 8. *problèmes;* 9. *dissertes;* 10. *bulletin;* 11. *résultats;* 12. *cours;* 13. *discussions;* 14. *notes;* 15. *efforts;* 16. *groupe;* 17. *obtenir;* 18. *notes.*

B. Des mots clés. Trouvez les mots ou les phrases dans les monologues ci-dessus qui se rapportent aux catégories suivantes:

- Organisation de la vie scolaire
- Matières spécifiques
- Exercices oraux
- Exercices écrits ou devoirs
- Évaluation

2. L'élève modèle?

Comment se comporte l'élève modèle? Indiquez ce qu'il/elle fait ou ne fait pas.

rêver   faire attention

assister au cours

faire ses devoirs

ne rien comprendre

sécher le cours

passer l'examen

réussir

faire des progrès

échouer à/rater l'examen

❖ À votre tour

A. Et vous? Êtes-vous actuellement un(e) étudiant(e) modèle? Et vos ami(e)s? Et quand vous étiez au lycée? Donnez des exemples précis.

B. Des conseils. Un(e) ami(e) vous demande ce qu'il faut faire pour bien réussir dans ses cours. Donnez-lui des conseils. Utilisez des expressions comme **toujours, tous les jours, ne… jamais.**

3. Les matières et les cours

L'emploi du temps d'Hélène P., terminale 2

EMPLOI DU TEMPS HEBDOMADAIRE

Jours / Heures	LUNDI	MARDI	MERCREDI	JEUDI	VENDREDI	SAMEDI
8 h	maths	maths	maths	histoire-géo		philo
9 h	maths	maths	histoire-géo	philo	philo	
10 h	philo	histoire-géo	maths			
11 h		maths		biologie	maths	maths
12 h	physique		philo			
13 h	anglais	physique		EPS*	biologie	
14 h	histoire-géo	physique		EPS*		
15 h	biologie	allemand		anglais		
16 h	allemand	allemand		histoire-géo	maths	
17 h	latin					

* EPS = Éducation physique et sportive

Display the course schedule on an overhead projector. First teach the expression *emploi du temps*, together with the adjective *hebdomadaire*. Then point out to students that the columns represent *les jours de la semaine*, and the rows, *l'heure de la journée*. Next, focus on the subjects and write on the board the list of courses taken by Hélène, together with the article for each (e.g., *les mathématiques*). With this general overview in mind, students will be able to procede—either in pairs or in small groups—to *À votre tour* activity A.

❖ **À votre tour**

A. L'emploi du temps d'Hélène. Étudiez l'emploi du temps d'Hélène, page 271, puis répondez aux questions:

1. Quels jours Hélène a-t-elle cours?
2. Combien de cours suit-elle? Lesquels?
3. Quand (quels jours? à quelle heure?) va-t-elle au cours de maths?
4. Le même cours est-il toujours à la même heure pendant la semaine?
5. Y a-t-il toujours une pause pour le déjeuner?
6. À quelle heure commence la journée scolaire d'Hélène? À quelle heure finit-elle?
7. Combien d'heures commence de cours par semaine Hélène a-t-elle?
8. Hélène n'a pas le même nombre d'heures de cours par semaine dans toutes les matières. Combien d'heures de cours par semaine a-t-elle dans les matières suivantes?

allemand	latin
anglais	mathématiques
biologie	philosophie
éducation physique et sportive	physique
histoire-géographie	

B. Une petite comparaison. Souvenez-vous de votre emploi du temps pendant votre dernière année de lycée, puis comparez-le à celui d'Hélène.

	Vous	Hélène
Nombre de jours de cours par semaine		
Début de la journée scolaire		
Fin de la journée scolaire		
Nombre de matières enseignées		
Nombre d'heures consacrées à chaque matière		

1. Hélène étudie-t-elle des matières que vous n'étudiiez pas? Lesquelles?
2. Étudiiez-vous des matières qu'Hélène n'étudie pas? Lesquelles?
3. Hélène a-t-elle des activités ou des réunions que vous n'aviez pas? Lesquelles?
4. Aviez-vous des activités ou des réunions qu'Hélène n'a pas? Lesquelles?

C. Ressemblances et différences. Identifiez trois ressemblances et trois différences dans l'emploi du temps d'Hélène et votre emploi du temps au lycée.

4. Tu pourrais m'aider un peu?

Martin: Dis, tu es vraiment sympa de bien vouloir m'aider en maths. On essaie de fixer un jour?

Solange: Écoute, moi, c'est le jeudi qui m'arrange le mieux.

Martin: Ça tombe bien, moi aussi. Quand es-tu libre: le matin, l'après-midi ou le soir?

Solange: Ce qui est le plus pratique pour moi, c'est de travailler avec toi pendant l'heure du déjeuner, entre midi et une heure.

Martin: Parfait. Où est-ce qu'on se retrouve?

Solange: Au foyer. On peut prendre un sandwich et un coca et se mettre dans un coin tranquille.

Martin: Alors à jeudi midi, Maintenant je file à mon cours d'histoire.

Solange: Eh bien, dépêche-toi, la cloche a sonné il y a déjà cinq minutes!

❖ À votre tour

A. Jeu de rôle. Jouez le dialogue ci-dessus avec un(e) camarade, d'une manière aussi animée que possible.

B. Fixer un rendez-vous. Vous demandez à un(e) camarade de l'aide dans une matière de votre choix. Vous essayez de trouver une heure de libre dans vos emplois du temps respectifs, et vous fixez un rendez-vous.

En direct 1

A. Tu pourrais m'aider un peu? Listen to the conversation and determine who is talking, what they are talking about, what the problem is, and how they resolve it.

Who?
What?
Problem?
Resolution?

B. De quoi s'agit-il? You will hear seven monologues. For each one, indicate whether the speaker is a teacher, a parent, or a student, and then choose the expression that best describes the speaker's intention or tone.

Prof, parent ou étudiant(e)?	De quoi s'agit-il?		
1. _prof_	a. enthousiasme	(b.) reproches
2. _par._	(a.) enthousiasme	b. déception
3. _étud._	(a.) incertitude	b. colère
4. _prof_	a. irritation	(b.) conseils
5. _étud._	(a.) irritation	b. reproches
6. _par._	a. colère	(b.) déception
7. _étud._	a. découragement	(b.) enthousiasme

This *Contexte* presents a conversation between two friends or classmates: the first has asked for help, the second has responded positively, and they now are establishing a meeting time and place—*On fixe un rendez-vous.* First, point out to students that the beginning of the conversation is not printed in the text. The conversation opened with the request for help: *Tu pourrais m'aider un peu?*—to which the friend replied positively: *Tout à fait. / Pas de problème.* Write the following on the board:

- *La première personne demande de l'aide.*
- *La deuxième personne répond de façon positive.*
- *On fixe un rendez-vous. On établit: le jour, la période de la journée, l'heure, l'endroit où se rencontrer.*
- *On se quitte.*

Have students listen to and/or read the conversation, and identify the discourse used in each phase of the conversation.

The tapescript for all *En direct* activities can be found in the *Instructor's Resource Manual.*

PARALLÈLES?

D'abord, passe ton bac!

Observer

A. Comment les souvenirs de Patrick et de Marie-Hélène (pages 268–269) ressemblent-ils ou ne ressemblent-ils pas aux vôtres?

B. Les étudiants français, à la fin de leur dernière année au lycée («terminale»), doivent passer une série d'examens dans plusieurs matières différentes. Cela s'appelle le baccalauréat ou, plus familièrement, le bac. Le bac est un examen national. Il a lieu le même jour, à la même heure dans toute la France, et les sujets proposés sont les mêmes pour toute une région. Les copies sont soumises anonymement à la correction de professeurs. Cet examen marque la fin des études secondaires, mais il oriente aussi l'avenir d'un jeune. Réussir le bac est donc une préoccupation sérieuse et réelle pour les lycéens et leurs parents.

- Même si les bacheliers et les bachelières sont de plus en plus nombreux (ils étaient 1% de la classe d'âge en 1900, 45% en 1990, 65% en 1994), il y a un taux d'échec (*failure rate*) important au bac comparé au taux de réussite du système nord-américain.

- L'importance donnée au bac est un «fait de société». Par exemple, la presse nationale publie les meilleures copies de français et de philosophie et la presse locale publie les résultats de l'examen. Dans les librairies, on vend de nombreuses publications spécialisées du genre *Les ABC du BAC* ou *Les Sujets corrigés du BAC*. Dans «l'industrie» de l'enseignement, il y a des «boîtes à bac» dont la réputation est assurée par le taux de réussite de leurs élèves. Enfin, sur le plan psychologique, les familles s'inquiètent et s'impatientent avant les résultats et se réjouissent ou se désolent après.

Réfléchir

C. Rappelez-vous les examens nationaux (les ACT ou SAT, par exemple) que vous avez passés à la fin de vos études secondaires.

1. Comment étaient ces examens—leur format (rédaction, choix multiple, etc.), leur durée (une heure, deux heures, etc.), leur niveau de difficulté?
2. Vous et vos amis avez-vous consacré beaucoup de temps, d'efforts et d'énergie à la préparation de ces examens?
3. Quels sont le rôle et l'importance de ces examens: choix d'une université, choix d'un programme d'études, obtention de bourses, satisfaction personnelle, soutien familial, etc.

D. Comment réagissez-vous à l'idée d'un grand examen national comme le bac?

1. Préférez-vous une série d'examens en fin d'études secondaires comme le bac ou un système de contrôle continu? Pourquoi?
2. Quel système scolaire vous semble le plus juste—le système français ou le système nord-américain? Expliquez.

You may want to assist students in completing activities D and E outside of class by sharing with them the information found in the annos for these activities. For activity E, have students underline key words or phrases in each of the student reactions to the bac.

D. 2. You might want to prompt students by suggesting some general categories for their consideration: *égalité/inégalité des chances, objectivité de la correction.*

You might need to explain that *faut pas* in the cartoon means *il ne faut pas.*

E. Comment les étudiants français réagissent-ils au bac? Lisez les propos suivants prononcés par des lycéens qui ont réussi au bac.

«Moi, j'ai réussi mon bac sans problèmes. Quand on travaille normalement, on n'a pas de difficultés.»

«J'avais vraiment peur de rater parce que d'habitude, je suis très angoissé et je perds la mémoire au moment d'un examen. Mais j'ai suivi les conseils de mes profs: j'ai bien réfléchi avant d'écrire, j'ai fait un gros effort d'organisation et tout s'est finalement bien passé.»

«Franchement c'est ridicule de passer cette série d'épreuves. Pendant mes trois années de lycée, j'ai toujours obtenu de bonnes notes, le bac n'a rien prouvé de plus... Bien sûr, mon succès a fait plaisir aux parents et ils vont me payer mon permis de conduire: dans ce sens-là, le bac, ça valait la peine!»

«Le bac devient trop facile: un étudiant sur trois le réussit! Le bac, aujourd'hui, c'est plus une formalité qu'un véritable examen. Moi, je pense qu'on doit relever le niveau du bac. On accepte n'importe qui en fac! Enfin, moi ça me concerne pas trop: je vais préparer une grande école.»

Êtes-vous surpris(e) par ces réactions? Pourquoi (pas)?

Explain to students that *fac* means "university" or school within a university (e.g., law school, medical school, liberal arts school). *Le bac est le ticket d'entrée. Une grande école est un établissement d'études supérieures destiné à former les élites et où on ne peut entrer que sur concours* (highly competitive national entrance exam).

1. Les verbes **connaître**, **savoir** et **suivre**

Les verbes **connaître** et **savoir**

- The verbs **connaître** and **savoir** both mean *to know*.

connaître		
je connais	nous connaissons	j'ai connu
tu connais	vous connaissez	
il/elle/on connaît	ils/elles connaissent	

savoir		
je sais	nous savons	j'ai su
tu sais	vous savez	
il/elle/on sait	ils/elles savent	

- Although they both mean *to know*, the two verbs cannot be used interchangeably. **Connaître** means *to be familiar with or acquainted with* a person, place, or a vast subject that cannot be fully mastered:

  Je **connais** assez bien Jean-Luc.
  Je ne **connais** pas les Alpes.
  Je **connais** un peu la poésie française. Et toi?

- **Savoir** means:
  - ➤ to have been informed about something, to have memorized or learned it:
    Savez-vous la date de l'anniversaire de Jean-Luc?

  - ➤ to (not) know how to do something:
    Il (ne) **sait** (pas) jouer du piano.

  - ➤ to be in the know concerning something (when, where, why, with whom, what); to have been informed:
    Quelle est la date du bac cette année? Je (ne) **sais** (pas).
    Oui, tes amis **savent** que tu es malade.
    Oui, je **sais** que tu as rendez-vous à trois heures.
    Non, nous ne **savons** pas qui vient à la fête.

- Here's a general rule to help you remember these differences:
  When naming a person or a place, use **connaître**; in all other cases, **savoir** is the better (and often the only) possibility.

- The meanings of **savoir** and **connaître** are slightly different in the *passé composé*.

  J'ai connu le prof d'histoire de Delphine.
  I met Delphine's history teacher.

  J'ai su la date de l'examen.
  I learned (found out) the date of the exam.

Point out that sometimes the speaker's intention determines his/her word choice: *Je connais ce poème* (I'm familiar with that poem—I've heard of it) or *Je sais ce poème* (I know it by heart).

❖   **À votre tour**

A. Connaître ou savoir? Choisissez entre les verbes **connaître** et **savoir** pour demander à un(e) camarade les renseignements indiqués. Votre camarade répond oui ou non, selon le cas, et justifie sa réponse.

MODÈLE: la date de l'examen
—Sais-tu la date de l'examen?
—Bien sûr, c'est le...
ou: —Ça non! Je ne sais pas.

1. la date de l'examen
2. le prof qui va corriger l'examen
3. s'il/si elle est très strict(e)
4. le café de la Paix
5. à quelle heure nous avons rendez-vous
6. si tous les copains vont être là
7. la copine de Jacques
8. sa ville natale
9. quelles matières elle étudie
10. si elle a une sœur

B. Besoin de renseignements. Vous êtes invité(e) à une fête chez Jean-Marc, un nouveau copain. Demandez à votre partenaire s'il/si elle a certains renseignements: connaît-il/elle certaines personnes, sait-il certaines choses? Vous attendez bien sûr une réponse détaillée.

MODÈLE: où on se retrouve
—Sais-tu où on se retrouve?
—Oui je sais—devant le restaurant/derrière la bibliothèque/dans la salle de classe, etc.

1. où on se retrouve
2. à quelle heure on se retrouve
3. qui prend sa voiture
4. comment aller chez Jean-Marc
5. pourquoi toute la bande n'est pas invitée
6. les copains de Jean-Marc
7. combien de personnes vont aller à cette fête
8. les parents de Jean-Marc

Le verbe **suivre**

• The verb **suivre** means literally *to follow.* It is also used to express the idea of being enrolled in, or taking, a course. It may also mean *to keep up to date* (for example, concerning current events, sports, etc.)

Combien de cours **suis**-tu ce semestre?	*How many courses are you taking this semester?*
Je **suis** quatre cours: les maths, la physique, la biologie et le français.	*I'm taking four courses: math, physics, biology, and French.*
Mes amis **suivent** la politique européenne.	*My friends keep up to date concerning European politics.*

suivre		
je suis	nous suivons	j'ai suivi
tu suis	vous suivez	
il/elle/on suit	ils/elles suivent	

Point out the similarity of the first-person form of *suivre* with that of the verb *être*. The context makes the meaning clear.

❖ À votre tour

Petit sondage. Interviewez plusieurs camarades de classe sur leurs années de lycée, puis faites un résumé de leurs réponses. Demandez-leur:

1. combien de cours ils suivaient la dernière année d'école secondaire
2. quels cours ils suivaient à cette époque-là
3. le(s) cours qu'ils préféraient et pourquoi
4. combien de cours ils suivent actuellement
5. quel programme d'études est plus difficile (ou plus intéressant), le programme secondaire ou le programme universitaire
6. quel programme ils préfèrent et pourquoi

2. L'imparfait (2)

• In Dossier 8, you learned to use the *imparfait* (1) to describe the way things were in the past, the way they used to be, and (2) to describe a past state of mind or attitude. The imperfect is also used to indicate a habitual or repeated past action:

L'année dernière tous les matins, **j'avais** cours à huit heures, donc **je me levais** toujours à six heures et demie.

Last year, I had class at 8:00 a.m. every morning, so I would get up at 6:30.

• The *imparfait* is also used idiomatically after **si** to offer a suggestion and invite others to participate: *How about...* or *Suppose we...* :

Si on **se réunissait** pour travailler ce soir?

How about getting together to study tonight?

❖ À votre tour

A. Patrick et Marie-Hélène. Relisez les souvenirs de Patrick et de Marie-Hélène pages 268–269. Relevez tous les verbes qui sont à l'imparfait, puis expliquez le choix de l'imparfait.

B. Les années de lycée. Vous et votre partenaire comparez vos anciennes habitudes de lycéen(ne).

MODÈLE: se réveiller (en semaine, le week-end)
  —Moi, je me réveillais à huit heures et demie en semaine et mon premier cours commençait à neuf heures!
  —Moi, je me réveillais à onze heures et demie le week-end, car j'adorais faire la grasse matinée!

[Activité continuée à la page suivante.]

1. se lever (en semaine, le week-end)
2. sortir souvent avec (la famille, les copains, une bande d'amis…)
3. manger souvent (de la pizza, des glaces, des chocolats…)
4. avoir des difficultés en (langue, maths, histoire…)
5. se disputer souvent/jamais avec (mes amis, mon petit frère, ma petite sœur…)
6. oublier tout le temps (de noter les devoirs qu'il fallait faire, de faire mes devoirs, de rendre mes devoirs au prof…)
7. faire (du sport, du lèche-vitrine [*window shopping*]…) avec des ami(e)s le samedi
8. parler au téléphone pendant des heures

C. Si on faisait quelque chose ensemble? Proposez des activités à votre partenaire. Il/Elle répond en expliquant pourquoi il peut ou ne peut pas accepter.

MODÈLE: aller à la campagne ce week-end
    —Et si on allait à la campagne ce week-end?
    —Volontiers. J'ai envie d'air pur.
ou: —Impossible! Je dois travailler.

aller à la campagne	faire une partie de tennis
prendre le temps de visiter le musée	sortir au restaurant
écouter de la musique	finir nos devoirs
écrire à nos correspondants	se promener dans le parc
faire une randonnée à bicyclette	recevoir les copains
choisir un cadeau pour l'anniversaire de X	partir en congé ensemble

D. La vie au lycée. Évoquez à l'imparfait votre vie au lycée en réutilisant les suggestions ci-dessus.

MODÈLE: J'écoutais de la musique tous les soirs, etc.

tous les jours	toutes les semaines
tous les soirs	une ou deux fois par mois

Have students do this exercise in a circle. Ask them to report how members of their group have changed.

E. Des goûts différents. Prenez la parole à tour de rôle, décrivez votre préférence actuelle et contrastez-la avec votre expérience au lycée. Vous pouvez utiliser les suggestions ci-dessous si vous le désirez.

MODÈLE: se spécialiser en maths
    Maintenant je me spécialise en maths, mais au lycée je détestais les maths.

détester [une matière]	habiter avec ma famille
avoir beaucoup de copains	utiliser un ordinateur
perdre beaucoup de temps	connaître tout le monde
faire du sport	jouer aux jeux électroniques
travailler après les cours	savoir répondre à toutes les questions
faire partie d'un club	

3. Les pronoms compléments d'objet direct

- A direct object is a noun that follows the verb and that answers the question Whom? or What? The direct object is easy to identify in French because there is never a preposition (**à, de, pour, avec, sans,** etc.) between the verb and the object.

Marie-Hélène prépare **le bac.**	*Marie-Hélène's preparing the bac.*
Elle écoute bien **les conseils de ses profs.**	*She listens carefully to her prof's advice.*

- You already know that you can avoid repeating the subject of a verb by replacing it with a subject pronoun:

    Jean-Philippe prépare son bac.   ➙   **Il** prépare son bac.

- You can also avoid repeating the direct object of the verb by replacing it with a direct object pronoun:

—Il prépare **son bac**?	*Is he preparing (for) his bac?*
—Oui, il **le** prépare.	*Yes, he's preparing it.*

    Note that the object pronoun precedes the verb.

- Certain French verbs are followed by a direct object although their English equivalents are not. It's important to learn these verbs:

attendre, *to await, wait for*	écouter, *to listen to*
chercher, *to look for*	regarder, *to look at*
On **attend** les copains.	*We're waiting for our friends.*
On **cherche** Henri.	*We're looking for Henri.*

- The direct object pronouns are given below, with examples of their use in declarative, negative, and interrogative sentences:

singular	plural
me (m')	**nous**
te (t')	**vous**
le (l')	**les**
la (l')	

—Toi, ça **t'**intéresse?
—Moi? Oui, ça **m'**intéresse.

—Tu **m'**entends?
—Oui, je **t'**entends.

—Comment trouves-tu **la nouvelle directrice**?
—Je ne **l'**aime pas trop. Et toi?

—**Me** comprenez-vous?
—Non, je ne **vous** comprends pas.

L'ordre des pronoms objets dans la phrase

* As you have seen, the object pronoun normally comes immediately before the verb. Note that in a negative statement, the object pronoun still comes immediately before the verb.

subject	**ne**	object pronoun	verb	**pas**

—Tu comprends **cet exercice**?
—Oui, je **le** comprends bien.
—Non, je ne **le** comprends pas du tout.

—Tu comprends bien **cette leçon**?
—Oui, je **la** comprends bien.
—Non, je ne **la** comprends pas du tout.

* In the negative imperative (command form), the object pronoun takes its normal place before the verb. However, in the affirmative imperative, the object pronoun is placed immediately after the verb, and **me** and **te** change to their stressed forms: **moi** and **toi**.

   Tu pars? Attends-**moi,** ne **me** laisse pas seul ici.
   J'ai un conseil pour ton bac: réussis-**le,** ne **le** rate pas si tu veux faire des études supérieures.

* In constructions with two verbs (for example, **aller** + an infinitive), the object pronoun is placed before the infinitive.

   —Quand vas-tu passer ton bac?
   —Je vais **le passer** cette année.

   —Tu ne vas pas **le rater**?
   —Je ne sais pas! Je ne veux pas **le rater**. Je dois **le réussir** pour entrer en fac.

You might want to soft-pedal the issue of agreement.

* With verbs in the *passé composé*, object pronouns are placed before the auxiliary verb. The past participle of the verb agrees in number and gender with a preceding direct object.

   —As-tu commencé la rédaction de philosophie?
   —En fait, je l'ai déjà fini**e**.
   —Mais non! je ne l'ai pas encore commencé**e**.

   —As-tu compris la leçon?
   —Bien sûr, je l'ai compris**e**.
   —Non, je ne l'ai pas compris**e**.

Note in the second example above that a feminine direct object occurring before the past participle can cause a pronunciation change in the past participle: the final consonant of the past participle is pronounced.

❖ À votre tour

A. La vie scolaire. Vous questionnez un groupe de jeunes lycéens sur leur vie au lycée. Ils vous répondent en phrases courtes (un pronom objet remplace l'objet direct).

MODÈLE: —On apprécie beaucoup les profs très stricts?
—Oui, on les apprécie.
ou: —Non, on ne les apprécie pas.

1. On apprécie beaucoup les profs très stricts?
2. On suit les conseils des parents?
3. On écoute les cassettes d'anglais au labo?
4. On consulte les corrigés (*answer keys*) des devoirs?
5. On fait la rédaction à la dernière minute?
6. On invite les copains chez soi pour travailler?
7. On prépare l'examen ensemble?
8. On attend les résultats avec impatience?
9. On célèbre la réussite?

B. Mais oui!/Mais non! Peut-on faire les choses suivantes? Doit-on les faire? À vous de le dire. Attention à la place du pronom complément.

MODÈLE: Peut-on appeler l'assistante quand on a une question?
Mais oui, on peut l'appeler.
ou: Mais non, on ne peut pas l'appeler.

1. Peut-on appeler l'assistante quand on a une question?
2. Doit-on suivre les cours d'éducation physique?
3. Peut-on inviter les copains chez soi pour travailler?
4. Doit-on faire les devoirs tous les jours?
5. Doit-on suivre les conseils des profs?
6. Doit-on attendre les résultats avant de célébrer?
7. Peut-on célébrer la réussite avec une fête?

C. Interview. Votre partenaire redevient un(e) jeune lycéen(ne) qui vient de passer le bac. Vous savez qu'il/elle a toutes les chances de réussir et vous l'interrogez librement. Il/Elle répond avec des phrases courtes (un pronom objet remplace l'objet direct).

MODÈLE: attendre les résultats avec impatience
—Tu attends les résultats avec impatience?
—Bien sûr, je les attends avec impatience.
ou: —Non! Je ne les attends pas avec impatience! Je les attends tout simplement.

1. attendre les résultats avec impatience
2. redouter (*to fear*) la proclamation des résultats
3. inviter ta copine/ton copain pour célébrer
4. espérer les félicitations de ta famille
5. informer tes profs des résultats
6. vendre tes livres de classe
7. regretter le lycée
8. préparer ton départ en vacances
9. donner ton adresse aux copains avant le départ

D. ... mais moi non! À tour de rôle, exprimez votre point de vue. Complétez la phrase en utilisant le pronom objet direct qui convient.

MODÈLE: Les maths, ça t'intéresse, mais *moi* non! Ça ne...
         Les maths, ça t'intéresse, mais moi non! Ça ne m'intéresse pas!

1. Les maths, ça t'intéresse, mais *moi* non! Ça ne...
2. Toi, je t'entends bien, mais *Paul et Nicole*, je ne...
3. Le prof, je ne le comprends pas, mais *l'assistante*, je...
4. Le bac, tu vas le passer en juin. Moi aussi, *mes examens*, je vais...
5. Les résultats du bac, ça vous intéresse? Bien sûr, *nous* aussi, ça...
6. L'université accepte les bacheliers, mais *les non-bacheliers*, elle ne...

E. Alors là, oui! Faites écho aux opinions exprimées mais ne répétez pas toute la phrase. Utilisez un pronom complément d'objet direct.

MODÈLE: Il faut préparer *le bac* toute l'année.
         C'est sûr! Il faut le préparer toute l'année.

1. Il faut préparer *le bac* toute l'année.
2. N'oubliez pas *la date de l'examen*.
3. On doit faire *cet effort* sérieusement.
4. Organisons *notre emploi du temps*.
5. On doit attendre *les résultats* quelques semaines.
6. Étudiez *les mathématiques*. C'est indispensable!
7. Le bac ouvre *les portes de l'université*.

 F. Une bonne affaire. Proposez un échange de bons services à votre partenaire et à vos camarades.

MODÈLE: Toi, tu m'aides en maths et moi, je _____ en français.
         Toi, tu m'aides en maths et moi, je t'aide en français.

1. Toi, tu m'aides en maths et moi, je _____ en français.
2. Eux, ils nous aident en histoire et nous, nous _____ en géographie.
3. Vous, vous m'aidez en maths et moi, je _____ en biologie.
4. Elle, elle nous aide en orthographe et nous, nous _____ en grammaire.
5. Moi, je t'aide en français, et toi, tu _____ en calcul.

4. **Depuis, il y a,** et **pendant**

Depuis

• To ask someone how long he or she has been engaged in a particular activity (for example, playing the piano), you use **depuis combien de temps** and the present tense:

Depuis combien de temps   *How long have you played (been*
joues-tu du piano?   *playing) the piano?*

- To answer this type of question, you use **depuis** and the present tense plus an indication of time (stage in life, age, time elapsed):

Je joue **depuis** mon enfance.	*I've been playing since childhood.*
Je joue **depuis** l'âge de 12 ans.	*I've been playing since I was 12.*
Je joue **depuis** un quart d'heure.	*I've been playing for 15 minutes.*

- To ask a person to pinpoint the time or date when he or she began an activity, you use **depuis quand** and the present tense:

Depuis quand fais-tu partie de l'équipe?	*How long have you been on the team?*

- And, in the answer, you use **depuis** and a precise time or date (year, month, day, hour) or event:

Je fais partie de l'équipe **depuis** mon arrivée à l'université.	*I've been on the team since arriving at the university.*
Je fais partie de l'équipe **depuis** 1994.	*I've been on the team since 1994.*

- In summary, the present tense is used with the adverb **depuis** to indicate that an action began in the past and is still going on in the present.

J'étudie le français **depuis** le lycée (et je l'étudie encore).	*I've been studying French since high school (and I'm still studying it).*
Nous sommes en classe **depuis** 45 minutes.	*We've been in class for 45 minutes.*

Pendant

- To express duration, use **pendant** (*during*) and the number of hours, weeks, months, years. Unlike **depuis, pendant** does not require the present tense:

Je travaille à la bibliothèque **pendant** trois heures.	*I work (study) at the library for three hours.*
Nous avons attendu les résultats **pendant** trois semaines.	*We waited for the results for three weeks.*

- Remember that **pendant que** indicates that two actions are or were occurring simultaneously:

Pendant que je prends des notes, toi, tu fais le plan de l'exposé.	*While I take notes, you make the outline for the report.*
Pendant que tu faisais le plan de l'exposé, moi, je prenais des notes.	*While you were making the outline for the report, I was taking notes.*

Il y a

- To indicate how long ago a particular action or event took place, use **il y a** + unit of time + *passé composé*:

    Il y a presque sept siècles, Robert de Sorbon a fondé la Sorbonne.   *Nearly seven centuries ago, Robert de Sorbon founded the Sorbonne.*

❖ À votre tour

 A. Enquête. Vous demandez à un(e) camarade de classe s'il/si elle s'engage dans les activités suivantes et, si oui, depuis combien de temps.

MODÈLE: jouer au tennis
    —Tu joues au tennis?
    —Oui, je joue au tennis. (*ou:* Non, pas du tout.)
    —Et tu joues depuis combien de temps?
    —Depuis (trois ans).

1. jouer au tennis
2. avoir un petit boulot
3. jouer au basketball
4. faire partie d'une équipe sportive
5. être membre d'une chorale
6. collectionner des timbres *(stamps)*
7. suivre des cours du soir
8. préparer ton examen
9. attendre des résultats
10. avoir un(e) petit(e) ami(e)

B. Histoire personnelle. Dites depuis quand ou depuis combien de temps vous êtes dans les situations suivantes. Bien sûr, choisissez seulement les situations qui vous concernent et n'hésitez pas à les modifier!

MODÈLE: avoir un diplôme similaire au bac
    J'ai un diplôme similaire au bac depuis 1994.
    ou: J'ai un diplôme similaire au bac depuis deux ans.

1. avoir un diplôme similaire au bac
2. être étudiant(e) ici
3. habiter dans cette ville
4. partager un appartement avec des camarades
5. avoir des copains ici
6. faire du français
7. suivre des cours de tennis/physique/astronomie/japonais, etc.
8. voyager avec l'équipe de volley/tennis/basket, etc.
9. travailler à McDonald's/Safeway/Walmart/pour M. X, etc.
10. aller le samedi/lundi/dimanche au gym/au café/au restaurant/au club, etc.

C. Traditions. Dites depuis quand ou depuis combien de temps votre université et les bâtiments suivants existent.

MODÈLE: l'université
L'université existe depuis 1895/depuis à peu près 100 ans/
depuis un siècle.

1. l'université
2. le parc
3. la bibliothèque
4. le stade
5. le théâtre
6. le gymnase
7. le bâtiment X

D. Du travail simultané. Vous et votre camarade avez organisé une sortie sportive pour des amis et pour gagner du temps, vous parlez des derniers détails.

MODÈLE: acheter de la viande/acheter des fruits
—Pendant que j'achète de la viande pour les sandwichs...
—Moi, j'achète des fruits.

acheter de la viande pour les sandwichs
regarder la carte
rassembler tout le matériel
charger la voiture
fermer la maison
acheter des fruits
sortir les raquettes et les ballons de foot
commencer à charger la voiture
faire le plein d'essence
aller chercher les copains

Assign students to find out this information before coming to class. They may answer the questions with the degree of precision that corresponds to their knowledge of the campus. For example, they may respond with the precise date, *à peu près X ans*, or *plus de/moins d'un siècle*. Follow-up: Make a chronology tracing the origins of your school and how it developed.

$\mathcal{D}$ÉCOUVERTES

The tapescript for all *En direct* activities can be found in the *Instructor's Resource Manual.* Following is the tapescript for activity A.

A.

1. Bien sûr que je suis contente d'être au lycée! D'abord, on a beaucoup plus de liberté qu'au collège, on est plus traité en adulte. Évidemment c'est pas toujours facile. Par exemple, le prof de physique indique le lundi quels sont tous les devoirs à faire pendant le reste de la semaine. D'un côté, c'est bien parce qu'on peut les faire à l'avance, mais c'est pas bien du tout si on ne s'organise pas. Ce qui me plaît aussi au lycée, ce sont les rapports avec les profs: non seulement on a des profs excellents, mais nos relations avec eux sont plus ouvertes qu'au collège, elles sont plus spontanées. On s'entend mieux.

2. J'avais tort d'avoir si peur du bac! C'est assez bizarre: je n'avais pas peur de rater mon bac, parce qu'on peut toujours recommencer une année. Non, moi, c'était l'idée de passer un examen avec un prof inconnu qui me terrifiait! Maintenant je ne comprends même plus bien pourquoi j'avais si peur! Il faut dire que je me sens bien à la fac. Pourtant c'est un cadre un peu impersonnel et au début, c'est vrai, j'ai trouvé ça un peu dur! On ne trouve pas ici la même camaraderie qu'au lycée. Par contre, au point de vue études, je n'ai absolument pas de problèmes. Tout marche très bien pour moi.

3. Je viens d'entrer au lycée et quand je compare avec mes années de collège, je suis surpris de la différence. Ici on a beaucoup plus de liberté. Par exemple, si un prof est absent au milieu de la journée, on peut sortir du lycée. On n'a pas beaucoup de temps pour déjeuner, mais si on veut, on peut sortir en ville. Pas besoin de permission spéciale. Bien sûr, on travaille beaucoup, mais au moins on étudie des choses qui vous intéressent vraiment. Et puis on a tous choisi de continuer nos études, donc il y a moins d'élèves qui veulent s'amuser. Et on trouve toujours de l'aide quand on en a besoin.

En direct 2

A. De quoi s'agit-il? You will hear four people describe their high school experience. After each monologue, answer the questions below that pertain to it.

Monologue 1

- This student thinks the freedom students enjoy in high school in France
  - (a.) offers an interesting challenge.
  - b. leads to disorganization.
- The student thinks her high school teachers are
  - a. spontaneous but somewhat disorganized.
  - (b.) easier to approach than those she encountered in middle school.

Monologue 2

- Reflecting on the experience of taking the **bac**, this student
  - a. can no longer remember why it was so frightening.
  - (b.) thinks it was a somewhat bizarre and unreal experience.
- The student finds university life
  - a. more satisfying socially than high school, but difficult academically.
  - (b.) less satisfying socially than high school, but not difficult academically.

Monologue 3

- Comparing high school to middle school, this student is surprised that
  - (a.) there is so much more freedom.
  - b. teachers are absent from time to time in the middle of the school day.
- The student doesn't mind working harder in high school than in middle school because
  - (a.) the subjects are really interesting.
  - b. everyone has such a good time.

Monologue 4

- The speaker
  - (a.) notes that although things appear to be quite different on the surface, there are basic similarities between student life now and when she was a student.
  - b. feels that student life is very different today than when she was a student.
- The speaker thinks that the single most important thing for high school students is
  - (a.) studying hard and making a personal effort to learn.
  - b. having access to modern equipment that facilitates learning.

B. Choisir son aide-mémoire. It's your last year of **lycée** and you'll be taking the **bac** in June. One day you turn on the radio and you hear an evaluation of **mémos** (*review books*) available to help you review. Listen and fill in as much information as you can about each one.

Mémo	Prix	Présentation	Contenu	Appréciation
L'histoire au Bac (Tibert)				
Histoire (Collection *Bac sans peine,* Naman)				
Gé-O-Bac (Tibert)				
La Géographie au bac en 30 dossiers, toutes sections (Michelon)				

- Based on this information, which **aide-mémoire** are you most likely to buy? Why?

4. À la surface, les choses sont bien différentes. Par exemple, aujourd'hui, on ne va plus à la bibliothèque: on va au CDI, ça veut dire Centre de Documentation et d'Informations, s'il vous plaît! Là, il n'y a plus seulement des livres et des magazines comme de mon temps. Eh non, ça ne suffit plus! Aujourd'hui les élèves ont ordinateurs, magnétoscopes, disques et cassettes à leur disposition. Mais malgré tout ça, il faut toujours faire ses devoirs et apprendre ses leçons à la maison le soir. Tous ces gadgets modernes ne remplacent pas l'effort personnel!

C. Une aide précieuse. Vous utilisez sûrement certains instruments de travail qui vous apportent une aide précieuse: calculatrice, ordinateur, logiciels (software programs), cassettes vidéo et audio. Partagez vos opinions sur ces instruments avec vos camarades. Décrivez votre instrument de travail préféré, expliquez comment il vous aide, donnez son prix.

D. Souvenirs. En groupes de trois ou quatre, évoquez vos souvenirs de lycée: professeurs originaux, sympathiques, impossibles; cours préférés, détestés; copains et rivaux; moments amusants ou angoissants; triomphes, défaites, etc.

À l'écran

Rencontrez une jeune sportive qui vous décrit un emploi de temps chargé. Écoutez de jeunes Français vous donner leur opinion sur l'importance du bac.

Clip 9.1   Mon emploi du temps

Clip 9.2   À quoi sert le bac?

Découverte du texte écrit

E. Préparation. Vous allez lire une interview au sujet de l'amitié avec Alice Holleaux, psychologue française et spécialiste des problèmes de l'enfance et de l'adolescence.

1. Avant d'aborder l'interview, posez-vous les questions suivantes et répondez-y brièvement par écrit.

   • Pour vous, qu'est-ce que l'amitié?
   • Quelles qualités cherchez-vous dans un(e) ami(e)?

2. Après avoir répondu à ces questions, passez le test ci-dessous, puis lisez l'interview.

T E S T

Quel ami cherchez-vous?

Pour certains, c'est un peu le grand frère ou la grande sœur. Celui qui apporte la sécurité, le réconfort. Pour d'autres, c'est le témoin attentif, présent et discret. Pour d'autres encore, le complice, l'inséparable, avec qui on partage tout. Dis-moi qui tu es, je te dirai quel ami tu cherches...

1 L'ami le vrai, vous aide à:
  a. redémarrer après un faux pas
  b. ne jamais vous sentir seul
  c. ne pas censurer vos états d'âme

2 L'amitié telle que vous la concevez ressemble à:
  a. une forteresse résistant au temps et aux intempéries
  b. un refuge niche au creux d'une haute vallée
  c. un phare° dont la lumière fait éviter les naufrages

3 Se dire ses quatre vérités°, c'est une preuve:
  a. d'estime
  b. d'affection
  c. de liberté

4 La qualité de sa présence se manifeste par:
  a. des gestes qui comptent
  b. d'interminables discussions
  c. une inconditionnelle solidarité

5 Quand vous avez un coup de blues, cet ami:
  a. s'efforce de vous faire rire
  b. vous plaint° de tout son cœur
  c. vous raconte ses propre malheurs

6 L'amitié est un sentiment qui s'oppose à:
  a. l'orgueil
  b. l'envie
  c. l'avarice

7 D'un ami, vous espérez d'abord qu'il:
  a. vous comprenne mieux que vous-même
  b. vous tienne la main lorsque vous n'y voyez pas clair
  c. vous écoute sans vous juger

8 Ce que vous dites le plus souvent à votre ami:
  a. ah! J'ai oublié de te dire
  b. dis-moi ce que tu en penses
  c. ça, c'est bien toi!

pities

lighthouse

truths

Source: *Phosphore* n° 151, août 1993.

ALICE HOLLEAUX **PSYCHOLOGUE**
«l'ami vous prend comme vous êtes»

Si amitié se conjugue avec fous rires[1] et souvenirs, elle se conjugue aussi et avant tout avec tolérance. L'ami c'est celui qui ne vous juge pas, mais qui peut dire aussi: «tu te plantes[2]», sans agressivité et sans méchanceté. Celui qui vous donne toutes vos chances d'être vous-même, sans détour et sans fioriture[3].

Faut-il se ressembler pour être ami?

Pas besoin de faire le même genre d'études ou d'avoir le même type de famille. Savoir que l'on peut passer par des expériences semblables suffit. En cas de pépin[4], cela signifie qu'on peut compter sur lui comme il peut compter sur nous. Et si l'ami est dissemblable, cette différence provoque l'admiration et l'attirance[5]. L'ami a des qualités dont on se sent dépourvu[6].

Peut-on avoir un ami beaucoup plus âgé?

Oui, l'amitié avec quelqu'un qui a dix-douze ans de plus que soi peut même être irremplaçable[7]. Cette relation avec la demi-génération qui sépare des parents (un oncle, un grand frère ou quelqu'un d'extérieur à la famille) est un facteur de croissance psychologique. Il fournit une image d'adulte pas encore trop marquée. Il permet d'avoir envie de devenir adulte. Cette amitié rassure tout le monde: les parents voient leur enfant qui commence à s'identifier à un vrai adulte et l'adolescent a en face de lui un adulte qui n'a pas tout trahi[8].

L'amitié avec quelqu'un de l'autre sexe est-elle possible?

Jusqu'où ne pas aller trop loin? Une relation fille-garçon peut basculer[9] très vite. Et puis, si l'ami trouve une petite copine, celle-ci n'apprécie pas forcément une telle amitié... Mais cela peut être fantastique, un ami ou une amie qui vous renvoie le regard de l'autre sexe sur vous!

Les filles vivent-elle la même amitié que les garçons?

Chez les filles, l'amitié est beaucoup plus sentimentale et peut être beaucoup plus violente. Les garçons, eux, parlent moins de leur vie privée. Ils préfèrent reconstruire le monde. Ils ont souvent des jeux, des activités ou des passions communes. Ils sont moins sentimentaux à cause de leur éducation. Le «Tu ne vas pas pleurer comme une fille» existe encore dans le langage des parents!

Un ami peut-il être remplacé par plein de copains?

On a besoin des deux! Mais ce ne sont pas les mêmes relations ni les mêmes confidences. Le groupe, c'est fort, c'est chaud! Dans le groupe, on est tous pareils, on se serre les coudes! On vit ensemble. On pense ensemble que le prof est nul. J'ai aussi constaté dans les années terminales du lycée une sorte de renforcement[10] de la bande[11]. On sait qu'on va être séparés après le bac, alors on vit en attendant des moments intenses. On se garde du chaud pour plus tard...

Qu'est-ce qui fait la solidité d'une amitié?

Tout ce qu'on a tissé[12] ensemble! Les sottises[13], les cours qu'on s'est passés, les silences complices, les souvenirs de fête, les fous rires et les pleurs... Beaucoup de moments passés ensemble! Mais aussi tout ce que l'on peut se dire sans être jugé. L'ami vous comprend, vous accueille comme vous êtes. Même si les parents vous comprennent aussi, ils tiennent toujours un autre discours: «Passe ton bac d'abord, après tu verras...». Mais quand on vit des moments très forts, il n'y a pas d'après. C'est tout, tout de suite. Et là, il n'y a vraiment que l'ami qui vous admette totalement.

Qu'est-ce qui peut nuire à[14] l'amitié?

Outre la méchanceté, l'hyperpossessivité! Quand un ami ne supporte pas les autres amis... Ou quand les amis n'ont plus de jardin secret[15]. Bien sûr, au tout début de l'amitié, ou lors de moments très intenses, on peut ne pas en avoir. Mais cette transparence ne doit pas être absolue: il faut garder sa peau[16] pour ne pas perdre son identité. Cultiver son jardin secret. Alors si une amitié a démarré[17] très fort, dans une véritable fusion, elle peut avoir du mal à évoluer. Elle peut devenir étouffante et quand l'un veut reprendre sa peau, ça peut faire mal...

Alors, l'amitié peut faire souffrir...

Oui. Terriblement. On s'en remet[18], mais ça fait très mal. Et nous, adultes, avons du mal à évaluer la souffrance d'un adolescent qui perd un ami. D'ailleurs, certains jeunes, souvent séparés de leurs amis par des déménage-ments ou des changements de classe, ont ensuite beaucoup de mal à en retrouver d'autres. De peur que ça ne dure pas... De peur de souffrir. Encore.

Propos recueillis par Odile Amblard

Source: *Phosphore* no 151, août 1993.

1 uncontrollable laughter   2 you are totally wrong   3 in a straightforward manner   4 if there's a hitch   5 attraction
6 deprived   7 irreplaceable   8 betrayed   9 topple over   10 strengthening   11 group of friends   12 woven
13 pranks   14 harm   15 private life   16 be true to oneself   17 began   18 gets over it

F. Exploration. Indiquez si les phrases suivantes sont vraies ou fausses. Si elles sont vraies, trouvez des citations dans l'interview qui les confirment. Si elles sont fausses, corrigez-les en citant des extraits de l'interview.

1. Il faut se ressembler pour être ami(e)s.
2. Avoir un(e) ami(e) plus âgé(e) que soi peut être bénéfique.
3. L'amitié avec quelqu'un de l'autre sexe est possible, mais il faut s'en méfier.
4. Les filles vivent l'amitié de la même façon que les garçons.
5. Un(e) ami(e) ne peut pas être remplacé(e) par une bande de copains.
6. La solidité d'une amitié se fait de tout ce qu'on a vécu ensemble—des hauts (*highs*) ainsi que des bas (*lows*).
7. L'hyperpossessivité ne constitue pas une menace vis-à-vis de l'amitié.
8. L'amitié est quelque chose de très positif et de nécessaire dans la vie, mais elle peut aussi entraîner de grandes souffrances.

G. Réflexion

1. La conception de l'amitié que vous avez élaborée dans l'activité E correspond-elle ou non à celle d'Alice Holleaux évoquée dans le premier paragraphe? Expliquez-vous.
2. Vos expériences de l'amitié correspondent-elles aux principes énoncés par Mme Holleaux dans cette interview? Décrivez une amitié que vous avez eue qui confirme ou qui contredit ce que dit Mme Holleaux.

H. Une journée inoubliable. Évoquez le jour où vous êtes arrivé(e) au lycée pour la première fois. Décrivez:

- le nouvel environnement: Comment était le bâtiment? Comment étaient les couloirs? Combien d'étudiants y avait-il? Comment étaient les étudiants? Que faisaient-ils?
- vos émotions: Quelles émotions ressentiez-vous? Pourquoi? (Par exemple, «J'avais un peu peur parce que je ne connaissais personne, je ne savais pas où aller/j'étais très content(e) parce que j'avais tous mes copains autour de moi.»)
- vos nouveaux camarades de classe et vos professeurs: Comment étaient-ils?

 I. Quand es-tu libre? Vous et votre partenaire essayez de trouver un moment où vous pouvez faire quelque chose ensemble: aller au cinéma, travailler ensemble, etc. Vous comparez vos emplois du temps: c'est difficile mais ça peut s'arranger!

 J. Emploi du temps. Un(e) jeune francophone va venir passer l'année scolaire dans votre ancien lycée. Écrivez une lettre (ou enregistrez une cassette) où vous expliquez l'emploi du temps typique d'un(e) lycéen(ne) américain(e) ou canadien(ne).

K. Un bon prof? À votre avis, qu'est-ce qu'un bon prof? De quelles qualités particulières fait-il preuve? À votre avis, le prof a-t-il une responsabilité importante dans la réussite ou l'échec de ses étudiants? Rédigez un paragraphe où vous expliquez ce que c'est pour vous qu'un «bon prof». Vous pouvez aussi contraster avec l'exemple d'un «mauvais prof». Puis, lisez le texte ci-dessous et comparez vos idées avec les idées exprimées dans le texte.

C'est quoi, un bon prof?

Les enquêtes le démontrent: rien, pas même l'origine sociale, ne compte plus que le maître dans les résultats scolaires d'un écolier. Mais qu'est-ce qu'un bon maître? Un prof peut être bon le matin et moins bon l'après-midi. Bon avec une classe et mauvais avec une autre. Bon pour Martin et mauvais pour Delphine. D'où il ressort que les vertus du maître sont éminemment relatives...

Un enseignement directif semble plus efficace aux premiers niveaux de la scolarité; aux niveaux les plus élevés, c'est l'inverse. Ce qui réussit avec les élèves de milieu favorisé – l'exigence, un haut niveau de stimulation – paraît marcher moins bien avec les élèves de milieu défavorisé. Une méthode d'enseignement peut avoir des effets différents selon le niveau de la classe. Tout prof sait cela d'instinct... dès lors qu'il est «bon».

Et s'il faut vraiment quantifier: l'absentéisme des profs (5% en moyenne) est inférieur à la moyenne nationale. Nos élèves, globalement, sont plutôt «bons», meilleurs en tout cas que ceux d'hier, et au moins à égalité avec leurs voisins européens. Et les trois quarts des lycéens jugent leurs profs «compétents».

Source: *Le Nouvel Observateur*, 25 février–3 mars 1993.

Lu et entendu

Les années lycée. Dans ce dossier, vous avez découvert le lycée français et la vie des lycéens—leur programme d'études, leur emploi du temps, leur vie en dehors du lycée, leurs préoccupations et leurs intérêts. Vous vous êtes aussi familiarisé avec le baccalauréat et son importance dans la vie des jeunes Français. Choisissez un ou deux commentaires ci-dessous et à la page suivante et expliquez—avec des exemples—pourquoi vous êtes plutôt d'accord ou pas d'accord.

1. L'emploi du temps page 271 ressemble beaucoup à l'emploi du temps que j'avais l'avant-dernière année de lycée.
2. Le bac est l'équivalent des examens nationaux américains et canadiens tels que les SAT ou les ACT.
3. Dans un lycée français, on met l'accent sur les études; les activités extrascolaires telles que le sport, la musique, etc., sont moins importantes que dans les lycées nord-américains.

4. Les étudiants américains et canadiens ont plus d'indépendance et la possibilité de faire des choix individuels. Les étudiants français sont moins indépendants, mais ils sont plus disciplinés.

5. La vie des lycéens en France est assez différente de la vie des lycéens en Amérique du Nord—emploi du temps, activités extrascolaires, etc.—mais les jeunes en France ont les mêmes soucis, les mêmes espoirs que les jeunes en Amérique du Nord.

D'un parallèle à l'autre

Choisissez un des pays francophones présentés dans le **Bilan,** après le Dossier 14. À l'aide d'une encyclopédie, essayez d'expliquer à vos camarades le système scolaire: l'enseignement primaire et secondaire est-il obligatoire pour filles et garçons? Jusqu'à quel âge? Est-il gratuit? Ressemble-t-il plus au système français ou au système nord-américain?

Vive l'école!

◀ L'empereur Charlemagne a créé quelques écoles près des cathédrales et dans les monastères. Il a aussi établi une école dans son palais. On dit qu'il la visitait souvent, punissait les paresseux et récompensait les bons élèves.

▲ Jean-Jacques Rousseau était un philosophe du siècle des Lumières. Dans son livre *Émile, ou de l'éducation,* il a exposé des idées qui ont eu une grande influence en France et même aux États-Unis. Il voulait une éducation complète pour les futurs citoyens: formation morale, formation pratique et civique.

◀ Jules Ferry était un homme politique qui est resté célèbre pour ses réformes de l'enseignement public. Il a fait adopter des lois qui rendaient l'enseignement primaire obligatoire, gratuit (*free*) et laïque, et qui permettaient aux filles de faire des études secondaires.

Le mot juste

Contexte 1. Je me souviens...

Les études secondaires

le bac	baccalaureate exam
le bachelier/la bachelière	student who has passed the bac
le bulletin de notes	report card
la cafétéria	cafeteria
la conduite (bonne/mauvaise)	behavior (good/bad)
le collège	junior high, middle school
le contrôle	test
la copie	student paper
la dissertation (la disserte)	essay, research paper
l'emploi du temps (hebdomadaire) (m)	(weekly) schedule
l'équipe (f)	team
le foyer	entryway
le groupe de soutien	study group
l'interrogation (l'interro) (écrite/orale) (f)	quiz (written/oral)
le lycée	high school
les matières facultatives (f)	optional subjects
les matières obligatoires (f)	required subjects
la moyenne	passing grade
la note	grade
le programme	required course of study
la récréation	recess
la rédaction	written assignment
les résultats (m)	results
la rentrée	beginning of school year
la salle d'études	study hall
le trimestre	quarter

Contexte 2. L'élève modèle?

connaître	to know, be familiar with
corriger	to correct
être nul(le) en...	to be no good in/at ...
faire ses devoirs	to do one's homework
faire un effort	to try, make an effort
faire des progrès	to improve
féliciter	to congratulate
fixer un jour, un rendez-vous	to establish a day, a meeting time
noter	to assign a grade
oublier	to forget
passer un examen	to take a test
prévenir	to warn
rater	to fail
réciter	to recite
redoubler	to repeat a grade

réussir (à)	to pass, succeed (in)
savoir	to know
se décourager	to be discouraged
se rappeler	to remember
se souvenir de	to remember
suivre	to take (a course)

Contexte 3. Les matières et les cours

la biologie	
le dessin (drawing)	
les sciences économiques (f)/la sociologie	
l'EPS (éducation physique et sportive)	
l'histoire-géographie (f)	
l'informatique (f)	
les langues:	

l'allemand (m)	le grec
l'anglais (m)	l'italien (m)
le chinois	le japonais
l'espagnol (m)	le latin
le français	le russe

les mathématiques (maths) (f)	
la musique	
la philosophie (philo)	
la physique-chimie	

Contexte 4. Tu pourrais m'aider un peu?

Est-ce que tu crois...?	Do you think...?
Tu pourrais m'aider?	Could you help me?
Ça ne me dérange pas du tout.	I'd be happy to./ That's fine with me.
Essayons autre chose.	Let's try something else.
par contre	on the other hand
je n'ai rien	I don't have anything
Pas question!	There's no way!
Ça me semble bien.	That seems good to me.
à haute voix	aloud, out loud
à tour de rôle	taking turns
par cœur	by heart
Ça tombe bien.	That'll work.
Ça m'arrange.	That works out fine for me.
Je dois filer.	I've got to get going.

Adjectifs

ambitieux(se)	ambitious
chargé	full (referring to schedule)
médiocre	mediocre
satisfaisant	acceptable

À la fac!

Communication

- Talking about postsecondary education
- Narrating and describing in the past

Cultures in parallel

- Postsecondary education
- University life and student concerns

Tools

- The verbs **dire, lire,** and **écrire**
- Impersonal expressions followed by the infinitive
- Indirect object pronouns
- The **imparfait** versus the **passé composé**

First, brainstorm with students to identify specific details or examples relative to each question. Then organize the information in broad categories: *les critères d'admission, le coût des études, les programmes d'études* (knowledge of a specific field, broad cultural knowledge), *le développement psychologique et affectif* (getting to know oneself, relations with others), *le rôle de l'université dans la vie culturelle et sportive de l'étudiante, la vie de l'étudiant(e) en dehors de l'université.*

D'une culture à l'autre

Dans votre pays, comment l'enseignement supérieur
est-il organisé? Dépend-il d'une autorité centrale
publique, ou y a-t-il aussi des établissements privés?
Les études coûtent-elles cher, ou sont-elles gratuites?
Existe-t-il des bourses? Comment gagne-t-on accès aux
études supérieures? Comment est la vie à la fac? Où
habitent la plupart des étudiants: sur le campus?
en ville? Leur propose-t-on des activités culturelles en
plus d'un programme d'études?

1. La vie d'étudiant

Quelques souvenirs

Quand j'étais étudiant, il y a quelques années, nous avions presque tous nos cours dans un amphithéâtre comme celui-ci. Quand le prof était bien, il fallait arriver tôt pour pouvoir s'asseoir. Mais si on savait que le prof était ennuyeux, alors on trouvait toujours de la place! À mon époque, presque tout l'enseignement que nous recevions était sous forme de cours magistral. Oh bien sûr, le prof nous donnait quelques exposés individuels à faire, mais pas très souvent. Il paraît que maintenant les choses ont un peu changé: les étudiants d'aujourd'hui ont moins de cours magistraux. Ils assistent chaque semaine à des séances de travaux pratiques et préparent des exposés en groupes. Ça me semble bien plus sympa comme ça: on doit se faire des copains plus vite et se sentir moins isolé.

Bons conseils

Rémi se dirige vers un groupe de copains.

Rémi: Dites-moi, qu'est-ce que vous faites ici?

Odile: Nous faisons tous partie du même groupe de travail. On discute sur quel sujet faire notre exposé.

Rémi: Et le prof le veut pour quand?

Lise: On doit lui indiquer le sujet la semaine prochaine. Il faut présenter l'exposé dans un mois.

Rémi: Je vous conseille de lire d'abord les articles écrits par votre prof. On les a certainement à la bibliothèque. Ça serait plus utile que vos discussions théoriques.

Odile: Écoute, on ne te demande rien!

Lise: Oh, ça suffit, Rémi! Laisse-nous donc discuter entre nous!

Soucis d'étudiants

Guy rejoint une bande de copains au café.

Guy: Alors, qu'est-ce qui s'est passé au cours? Vous faites tous de drôles de têtes!

Anne: D'abord, quand on est arrivé dans l'amphi, il n'y avait plus de place. On a dû s'asseoir sur les marches. Tu penses si c'était pratique pour prendre des notes!

Luc: Ensuite, on n'entendait rien, car le micro ne marchait pas. On a essayé de protester, mais ça n'a servi à rien! Le prof ne s'est même pas arrêté de parler: il était complètement perdu dans ses calculs.

Guy: Et alors? la situation n'était quand même pas nouvelle pour vous!

Anne: Attends, ce n'est pas tout. À la fin du cours, le prof nous a demandé de lui rendre nos mémoires deux semaines plus tôt que prévu. Il voulait les lire avant de partir.

Guy: Ah! Là! Ça devient plus sérieux!

Luc: Ce n'est surtout pas juste du tout.

Guy: Alors, qu'est-ce que vous allez faire?

Luc: D'abord on va prendre un autre café et, ensuite, on va aller au cinéma pour se changer les idées.

Petit lexique étudiant

Accord:

D'ac!

Enthousiasme:

Pas mal du tout!	Vraiment terrible!
Super!	Génial!
Chouette!	Épatant!
Sensass!	

Critique:

Pas terrible.	C'est minable.
Ça craint.	C'est pas du tout sympa.

Irritation ou indignation:

Ras-le-bol!	Faut pas pousser!
Ça alors! C'est le comble!	C'est zéro!
C'est incroyable!	C'est nul!
Ça dépasse tout!	

Indifférence:

Oh, bof!	Ça m'est égal!
Oh moi, hein!...	Je m'en moque!

Fatigue ou frustration: *Crainte:*

J'en ai marre.	C'est l'angoisse.
J'en ai ras-le-bol.	C'est la galère.
Je suis crevé.	
J'en peux plus.	

❖ À votre tour

A. À vous d'inventer. Avec un(e) camarade, créez des dialogues qui conviennent aux situations suivantes, en vous référant aux modèles dans le Contexte 1.

1. Votre prof annonce qu'il faut remettre le mémoire le jour après la rentrée des vacances.
2. Vous arrivez en retard au cours de biologie, et il n'y a plus de places; vous êtes obligé(e) de vous installer sur les marches.
3. Vous parlez d'un cours avec des amis quand, tout d'un coup, vous vous rappelez un rendez-vous à l'autre bout du campus.

B. Quelle émotion? En consultant le petit lexique étudiant, exprimez vos réactions dans les situations suivantes.

MODÈLE: Vous arrivez dans la salle et découvrez que votre cours de
maths est annulé aujourd'hui.
—Super! Tant mieux! Profitons-en!

1. Vous arrivez dans la salle et découvrez que votre cours de maths est annulé aujourd'hui.
2. Le prof d'histoire-géo demande un mémoire supplémentaire.
3. Vous avez trois examens prévus pour le même jour.
4. Votre note pour le cours de biologie dépend presque entièrement de l'examen final.
5. La conférence faite par le prof de sciences économiques était mal préparée et incompréhensible.
6. Vous sortez d'un cours fantastique—matière passionnante, prof très savant, ambiance sympa.
7. Un examen très important est prévu pour aujourd'hui. Vous travaillez depuis des jours pour vous préparer, vous arrivez dans la salle, et on annonce qu'il n'y a pas d'examen aujourd'hui car le prof est malade.
8. Votre groupe de travail décide de se réunir un jour qui ne vous va pas du tout.

2. On fait des études!

Formalités

On s'inscrit à la faculté.

On règle les frais d'inscription.

On se renseigne sur les cours et les horaires.

On établit un emploi du temps.

Although much of the vocabulary in this *Contexte* is not intended to be active, students need to be able to recognize it in order to become familiar with the routines of French university life.

In French universities, often there are no schedules of classes available prior to the beginning of the year/semester, so finding out what courses will be offered, the day and time they will meet, etc., requires patience and resourcefulness.

Les cours et les examens

On se spécialise en...

On suit un cours magistral.

On assiste à une séance de travaux pratiques
(TP) ou de travaux dirigés (TD).

A *mémoire* is a longer paper than a
compte-rendu or an *exposé*—at least 15
pages.

(French students are graded on a 20-
point system. Grades of 18 to 20 are
virtually unheard of, and a grade of 10—
la moyenne—constitutes not only a
passing grade but a satisfactory grade as
well.

On prépare un compte-rendu ou
un exposé. On rédige un
mémoire.

On a la moyenne.

La vie collective

On s'inscrit au ciné-club.

On distribue des tracts.

On fait partie de l'équipe de volley.

❖ À votre tour

A. Et dans votre université? Identifiez les expressions dans le Contexte 2 qui s'appliquent à votre université et ajoutez des détails pour préciser.

MODÈLE: On communique par ordinateur dans notre université. Il n'y a pas de ciné-club, etc.

B. Les études supérieures. Rassemblez les phrases ci-dessous autour de quatre points de repère: (1) l'inscription, (2) les cours, (3) le système d'examens et de notation, (4) la vie collective.

On se renseigne sur les cours et les horaires.	On distribue des tracts.
On réussit à l'examen.	On a une séance de travaux dirigés.
On s'inscrit au ciné-club	On remplit un dossier d'inscription.
On fait des progrès.	On suit un cours.
On rédige un mémoire.	On a un contrôle.
On sèche le cours.	On a une séance de travaux pratiques.
On prépare un exposé.	On règle les frais d'inscription.
On fait un exposé.	On passe un examen.
On a une bonne/mauvaise note.	On assiste au cours.
On se spécialise en (langues).	On adhère au syndicat étudiant.
On a un cours magistral.	On échoue à l'examen.
On a (n'a pas) la moyenne.	On établit un emploi du temps.
On fait partie de l'équipe de volley.	

C. Formalités d'inscription. Expliquez à un(e) étudiant(e) francophone les formalités d'inscription dans votre université. Expliquez-lui ce qu'il faut faire, quand il faut le faire, et où.

D. Cours, examens et notes. Parlez à l'étudiant(e) francophone des cours qu'on peut suivre dans votre université (type, variété, format), des examens (nombre, fréquence, niveau de difficulté, sujets) et du système de notation.

E. Et en dehors des cours? Quelles sont vos activités dans le domaine culturel et/ou sportif?

3. Les matières

Go over the pronunciation of these subjects with students.

l'architecture
l'anatomie
l'art
la biologie
la chimie
le commerce
le dessin
le droit international
l'éducation physique
le français
l'histoire
l'histoire de l'art

l'informatique
les langues:
  l'anglais
  l'arabe
  l'allemand
  le chinois
  l'espagnol
  le grec
  le latin
  le russe
la littérature
les mathématiques

la musique
la peinture
la philosophie
la physique
la psychologie
les sciences
  économiques
les sciences politiques
la sculpture
la sociologie
la théologie

❖ À votre tour

Before doing this activity, remind students of the expression s'inscrire à *("to enroll in"). As a conclusion to the activity, have students first list and then pronounce all the subjects they have classified under each* faculté. *Cognates afford a good opportunity for contrasting phonetic systems.*

Quelle faculté ou école? Vous conseillez votre partenaire pour lui indiquer l'établissement qui correspond le mieux à ses désirs.

MODÈLE: —Pour étudier la peinture, je m'inscris où?
        —Alors, inscris-toi à l'école des Beaux-Arts!

Faculté des lettres et des sciences humaines

Faculté des sciences

École des Beaux-Arts

Faculté de médecine

Faculté de droit et des sciences économiques

École de commerce

En direct 1

A. Rencontres. You will hear two students talking about their studies and their plans for the future. Before listening, read the questions below. After listening, answer the questions in either English or French.

1. What is Mathieu doing this year? Why is he so busy?
2. Which subjects are giving him the greatest challenge?
3. What role does English play in the admission of future engineering students to graduate school?
4. What school is Denis enrolled in? How does he like it?
5. How does he spend a lot of his time?
6. What does he hope to do next year?
7. Denis inquires about Ariane. Who is she? What is her relationship to Mathieu? What does she do?
8. What piece of news concerning Ariane does Mathieu report to Denis?

B. Trois étudiants, aujourd'hui et demain. You will hear three students talk about their studies, their plans for the future, their interests, and their life in general. Complete the chart below noting as many details as you can.

	Rémi	Sandrine	Olivier
Studies			
Future plans			
Interests			
Life in general			

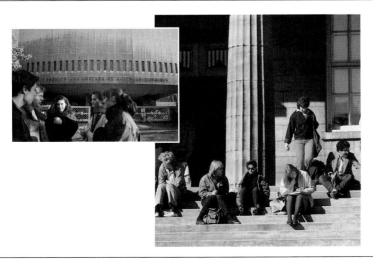

The tapescript for all *En direct* activities can be found in the *Instructor's Resource Manual*. Following is the tapescript for activity A.

A.
Denis: Tiens! Bonjour, Mathieu. Il y a longtemps que je ne te vois plus. Qu'est-ce que tu fais cette année?

Mathieu: Ah, Denis, c'est que j'ai très peu de temps à moi. Je fais maths spé et je prépare le concours d'entrée aux grandes écoles.

Denis: Oh là là, je vois. Tu n'as pas beaucoup de temps pour t'amuser!

Mathieu: Ça, tu peux bien le dire! Non seulement je travaille mes maths comme un fou, mais l'anglais me donne pas mal de difficultés.

Denis: Voyons, l'anglais, c'est secondaire pour un futur ingénieur!

Mathieu: Ça, je n'en sais rien! Tout ce que je sais, c'est qu'au concours d'entrée, ça peut donner des points et donc faire gagner des places. Mais toi? Qu'est-ce que tu deviens? T'es en fac, n'est-ce pas?

Denis: Oui, je suis inscrit à la fac de lettres, mais je n'y vais pas souvent. J'ai trouvé un boulot à Radio-Jeunes et ça me plaît beaucoup plus. En fait, l'année prochaine, je vais essayer d'entrer dans un institut de technologie et me spécialiser en communications. Mais dis-moi, ta sœur Ariane? toujours aux Beaux-Arts?

Mathieu: Tu te trompes! Ariane, c'est bien l'artiste de la famille, mais elle est au conservatoire. Pour elle, il n'y a que son piano qui compte. Elle commence d'ailleurs à donner des concerts. Tu sais que c'est l'ambition de sa vie! Remarque, elle a quand même trouvé le temps de se fiancer.

Denis: Alors, félicite-la pour moi!

PARALLÈLES?

Étudiants aujourd'hui, mais demain?

Observer

A. Au début de ce dossier, vous avez considéré l'enseignement supérieur dans votre pays. Dans les **Contextes** et les documents sonores de ce dossier, vous avez rencontré des étudiants français qui vous ont fait connaître l'université française et la vie des étudiants français. Révisez rapidement ces documents et notez les éléments ou aspects du système français qui vous ont frappé(e).

Divide students into small groups; assign several categories to each group and tell the group to be prepared to report to the whole class.

B. Vous pouvez donc maintenant faire quelques comparaisons entre les deux systèmes d'enseignement supérieur en France et chez vous. Utilisez les catégories suivantes pour orienter et organiser votre réflexion sur les ressemblances et différences.

- l'autorité (les autorités)—publique, privée, civile, religieuse— gouvernant l'enseignement supérieur
- le financement des études supérieures (public, privé)
- les édifices physiques (bâtiments, résidences, services)
- la durée et le rythme de l'année universitaire
- l'autorité (les autorités) responsable(s) des programmes académiques
- le regroupement des diverses disciplines
- la sélection et l'orientation des étudiants
- le coût des études, l'aide financière et sociale
- la formation donnée (théorique et/ou pratique? strictement académique?)
- les programmes eux-mêmes
- l'organisation et le rythme des examens, des diplômes
- les activités sportives et culturelles
- les possibilités de travail pour les étudiants

Réfléchir

C. Si les systèmes d'enseignement sont assez différents, à votre avis la condition d'étudiant se ressemble-t-elle? Basez vos remarques sur les textes et documents sonores du dossier et sur votre expérience personnelle. Comparez votre expérience personnelle, vos observations personnelles et celles de vos camarades.

- goûts et distractions
- soucis et préoccupations
- espoirs

D. Pour vous aider à savoir si les jeunes en France ont les mêmes craintes, les mêmes espoirs que vous et vos amis, lisez le sondage ci-dessous tiré d'un article intitulé «Étudiants 93: vos craintes, vos espoirs», paru dans le magazine pour jeunes *Talents*. Quelles ressemblances et quelles différences trouvez-vous entre les craintes et les espoirs des jeunes Français, d'une part, et ceux de vous et de vos amis, de l'autre?

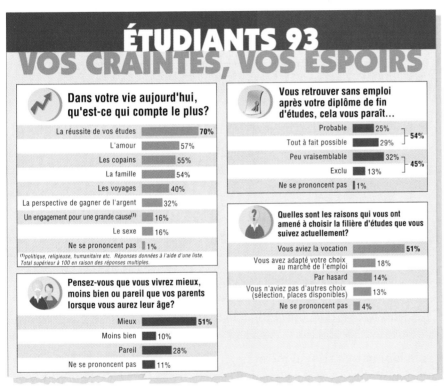

Source: *Talents*, décembre 1992–janvier 1993

	Les jeunes Français	Vous et vos amis
Les craintes		
Les espoirs		
Adjectifs descriptifs		

- Êtes-vous surpris(e) par les résultats de votre analyse? Pourquoi ou pourquoi pas?

☉ UTILS

1. Les verbes **dire, lire** et **écrire**

- The verbs **dire** (*to say, to tell*), **lire** (*to read*), and **écrire** (*to write*) all have to do with studies and academic life.

  Je vous conseille de **lire** d'abord les articles écrits par votre prof.

  Dites-moi, qu'est-ce que vous faites ici?

  Écrivez à la fac pour obtenir un dossier.

dire		
je dis	nous disons	j'ai dit
tu dis	vous **dites**	
il/elle/on dit	ils/elles disent	

lire		
je lis	nous lisons	j'ai lu
tu lis	vous lisez	
il/elle/on lit	ils/elles lisent	

écrire		
j'écris	nous écrivons	j'ai écrit
tu écris	vous écrivez	
il/elle/on écrit	ils/elles écrivent	

Inscrire (*to register, enroll someone*), **s'inscrire** (*to register, enroll*) are conjugated like **écrire**.

- In addition to its literal meaning, the verb **dire** is often used as a filler or to attract someone's attention:

Dis-moi, comment as-tu trouvé l'interro de français?	*Tell me, what did you think of the French quiz?*
Dis, Maryse, as-tu envie d'aller au concert ce week-end?	*Hey, Maryse, do you feel like going to the concert this weekend?*
Dites, les copains, si on prenait un petit café?	*Hey, you guys, how about (having) some coffee?*

You may want to explain the differences between *dire*, *parler*, and *raconter*.

Dire means to say something (*Dites la vérité!*), to say yes/no/perhaps (*Je dis non aux examens!*), to say that (*Je dis que vous avez tort*), to tell someone something (*Il m'a dit que l'examen est facile*).

Parler means to speak a language (*Ici, on parle français*), to speak to/with/of someone or something (*Nous parlons de la vie universitaire; nous parlons des programmes, nous parlons avec le président*).

Raconter means to tell a story (*Il a raconté comment le cours s'est passé*). Note the idiomatic usage of *raconter*: *Qu'est-ce que tu racontes?* ("What are you making up? You're kidding!")

Point out to students that *vous dites* is one of only three verbs whose *vous* form does not end in *-ez*. The others are: *vous êtes, vous faites.*

❖ À votre tour

A. Oui ou non? Dites à votre partenaire de faire ou de ne pas faire les choses suivantes, selon le sens. (Attention au **pas de, pas d'**). Renforcez votre remarque avec des interjections comme: **voyons! attention! ça alors! écoute! vraiment! quand même!**

MODÈLE: dire toujours la vérité
      —Voyons! Dis toujours la vérité!

dire toujours la vérité	écrire des lettres en classe
rendre ses devoirs au jour indiqué	dire des bêtises
lire un roman (policier) en classe	prendre des notes en classe
s'amuser pendant le cours	sortir tous les soirs
lire les textes français en traduction anglaise	faire attention
écrire autant de compositions que possible	lire le journal tous les jours
apprendre par cœur le vocabulaire	réfléchir avant de répondre
attendre la veille de l'examen pour travailler	écouter bien en classe
travailler régulièrement	s'inscrire dès que possible

B. Enquête. Interviewez quatre ou cinq de vos camarades de classe et présentez les résultats de votre enquête sous forme de tableau. Demandez-leur:

1. combien de cours ils suivent actuellement
2. quels cours ils suivent actuellement
3. comment ils trouvent leurs cours
4. si leurs cours sont des cours magistraux
5. s'ils ont des T.D. ou des T.P.
6. combien de temps ils passent chaque jour à faire des devoirs
7. s'ils lisent beaucoup et, si oui, ce qu'ils lisent (manuel, roman, article de journal ou de revue)
8. s'ils écrivent beaucoup, et si oui, ce qu'ils écrivent (notes, comptes-rendus, mémoires)
9. à peu près combien d'examens ils ont ce semestre
10. s'ils ont plus de travail cette année que l'année dernière

2. Expressions impersonnelles + l'infinitif

- There are many ways to express obligation in French. This dossier focuses on expressing a general obligation. To do this, you combine one of the following impersonal expressions with an infinitive:

Il faut
Il est nécessaire de   } + infinitive
Il est indispensable de

- Note in the examples on the preceding page that **il faut** is followed directly by the infinitive (with no intervening preposition), whereas **il est nécessaire** and **il est indispensable** require **de** before the infinitive.

Que faut-il faire pour réussir à l'université?

Il est indispensable de
{
travailler dès le début de l'année.
s'organiser.
ne pas perdre de temps.
}

Il est nécessaire de
{
réviser de manière systématique.
se détendre de temps en temps.
ne pas sortir trop souvent.
}

Note that, to make an infinitive negative (as in the third example in each category), you place both parts of the negative (**ne... pas**) together before the infinitive.

- Note also the difference in meaning between **il n'est pas nécessaire** and **il ne faut pas**. **Il n'est pas nécessaire** means *it is not necessary*. **Il ne faut pas** is a strong warning, meaning *you mustn't....*

Il ne faut pas paniquer avant le contrôle, il faut rester calme.

You mustn't panic before the test, you must remain calm.

Il n'est pas nécessaire de sortir tous les soirs.

You don't have to go out every night.

❖ À votre tour

A. Que faut-il faire pour réussir? Vous donnez des conseils à un(e) partenaire.

MODÈLE: Il / Elle ne fait pas d'effort.
—Eh bien, il faut faire un effort. / Eh bien, il est nécessaire de faire un effort.

Il / Elle perd son temps.
—Perdre son temps? Mais non, il ne faut pas perdre son temps.

1. Il / Elle ne fait pas d'effort.
2. Il / Elle perd son temps.
3. Il / Elle ne travaille pas beaucoup.
4. Il / Elle ne s'organise pas.
5. Il / Elle s'amuse trop.
6. Il / Elle ne dort pas huit heures par nuit.
7. Il / Elle sort beaucoup.
8. Il / Elle ne se concentre pas.
9. Il / Elle ne se détend pas souvent.
10. Il / Elle attend la dernière minute pour rédiger son mémoire.

B. Et pour améliorer la société? Que faut-il faire pour améliorer la société? Voici quelques exemples précis de personnes qui ne donnent pas toujours de bons exemples. Essayez de les conseiller. Utilisez votre imagination.

MODÈLE: Charles est égoïste.
Mais voyons! il faut penser aux autres, être plus généreux, s'intéresser aux autres…

1. Charles est égoïste.
2. Mes copains veulent seulement s'amuser.
3. La grand-mère de Juliette est toujours seule.
4. Certains jeunes prennent des décisions trop rapides.
5. Certaines personnes ne sont jamais généreuses avec les autres.
6. Beaucoup d'adultes ne s'intéressent pas aux jeunes.
7. Mes amis ne contribuent pas une minute à un travail bénévole.
8. Marc ne s'intéresse pas à l'actualité.

---

penser aux autres
s'engager comme bénévole
se tenir au courant des besoins locaux
consacrer du temps à aider les moins privilégiés
s'informer
recevoir chez soi un enfant malheureux
rendre visite aux personnes âgées
choisir une carrière où on aide les sans-abri
être généreux avec son temps et son argent
s'engager dans le service public ou religieux
s'occuper d'un groupe de jeunes

---

3. Compléments d'objets indirects

Usage et forme

- In Dossier 9, you learned that a direct object is a word or group of words that comes after the verb and that answers the question *What?* or *Who(m)?*

  Je suis **un cours de maths.**   *I'm taking a math course.*
  J'écoute **le prof** avec attention.   *I listen to the prof attentively.*

- An indirect object is a word or group of words that comes after the verb and is linked to the verb by a preposition (usually **à,** *to*). The indirect object refers to people and answers the question *To whom?*

  Le professeur a rendu sa copie   *The professor returned his paper*
  à l'étudiant.   *to the student.*

  Often, as in the example above, verbs are accompanied by both a direct object (**sa copie**) and an indirect object (**à l'étudiant**).

One exception to this pattern is *donner une fille en mariage.*

• The indirect object pronouns are shown below. Note that in the first and second persons (**me, te, nous, vous**), they are the same as the direct object pronouns; it is only in the third person (**lui, leur**) that they are different:

singular		plural	
me (m')	*to me*	**nous**	*to us*
te (t')	*to you*	**vous**	*to you*
lui	*to him, to her*	**leur**	*to them*

—Tu **me** montres ton exposé?	*Will you show me your report?*
—D'accord. Je **te** montre l'exposé ce soir.	*OK. I'll show you the report tonight.*
—As-tu parlé **à Lise**?	*Have you spoken to Lise?*
—Non, je ne **lui** ai pas parlé.	*No, I haven't spoken to her.*
—Vous **nous** prêtez votre dictionnaire?	*Will you lend us your dictionary?*
—Bien sûr! nous **vous** prêtons le dictionnaire.	*Of course, we'll lend you the dictionary.*
—Est-ce que je dis tout **à mes camarades**?	*Do I tell my friends everything?*
—Non, tu ne **leur** dis pas tout!	*No, you don't tell them everthing!*

• Certain French verbs, because they involve transferring something from one person to another person, are commonly associated with indirect objects; these verbs, which are listed below, are similar in meaning to **parler à** or **donner à**.

Similar to **parler à**	*Similar to* **donner à**
demander à	rendre à
dire à	envoyer à
écrire à	louer à
indiquer à	montrer à
obéir à	prêter à
poser une question à	rendre à
répéter à	
répondre à	
téléphoner à	

On doit indiquer le sujet **au prof** la semaine prochaine.	*We have to tell the prof the topic (of our paper) next week.*
On demande un renseignement **à Rémi**!	*We ask Rémi for a piece of information.*
Le prof a demandé leurs devoirs **aux étudiants.**	*The prof asked the students for their homework.*

L'ordre des pronoms compléments dans la phrase

- It is useful to remember what you already know about direct object pronouns, since direct and indirect object pronouns function similarly.

- In both positive and negative statements and also in negative commands, the object pronoun is placed immediately before the verb (or the auxiliary verb in the **passé composé**); in affirmative commands, the object pronoun follows the verb.

Son mémoire? Il **le** rend au prof aujourd'hui, il ne **l**'a pas rendu hier.	*His paper? He's handing it in to the prof today; he didn't hand it in yesterday.*
Ne **lui** rendez pas le mémoire demain!	*Don't give him back the paper tomorrow!*

- In the affirmative imperative, the pronoun object always follows the verb; in the negative imperative, it precedes the verb:

Le prof part demain: donnez-**lui** les devoirs immédiatement!	*The prof leaves tomorrow: give him your homework right away!*
Parle à tes camarades, dis-**leur** certaines choses mais ne **leur** dis pas tout!	*Talk to your friends, tell them certain things, but don't tell them everything!*

- In constructions with two verbs (a conjugated verb + an infinitive), the object pronoun precedes the infinitive.

Le prof? Oui, je vais **le** rencontrer après le cours.	*The prof? Yes, I'm going to meet him after class.*
Je ne peux pas **lui** rendre mon mémoire aujourd'hui.	*I can't turn my paper in to him today.*
Je vais **lui** demander plus de temps.	*I'm going to ask him for more time.*

- In the **passé composé,** the past participle agrees only with the preceding *direct* object. There is no agreement with the indirect object.

Le prof a-t-il rendu **les copies**? Oui, il les a rend**ues**.	*Did the prof return the papers? Yes, he returned them.*
Le prof a-t-il rendu sa copie à Marc? Oui, il lui a rendu sa copie.	*Did the prof return Marc's paper to him? Yes, he returned his paper to him.*

❖ **À votre tour**

 A. Qu'en penses-tu? Votre partenaire fait certaines suggestions; exprimez votre accord ou désaccord, et dans votre réponse n'oubliez pas de remplacer l'objet indirect (en italique) par un pronom complément d'objet indirect.

MODÈLE: On parle *à l'assistant(e)* après le cours?
    —Oui, on lui parle après le cours.
  ou: —Non, on ne lui parle pas après le cours.

1. On parle *à l'assistant(e)* après le cours?
2. On demande de l'aide *au prof*?
3. On envoie un petit mot *à Élise*?
4. On prête *à Jean-Pierre* nos notes d'histoire?
5. On donne de nos nouvelles *à nos parents*?
6. On montre notre mémoire *aux autres étudiants*?
7. On dit tout *à nos copains*?
8. On répond tout de suite *au prof*?
9. On téléphone *à Robert* ce soir?

 B. Eh bien, vas-y! Encouragez positivement ou négativement votre partenaire!

MODÈLE: Jules veut ses notes. (rendre, +)
    —Eh bien, rends-lui ses notes!
    Louis et Estelle ont besoin de 50 francs (prêter, –)
    —Ah non! Ne leur prête pas 50 francs!

1. Jules veut ses notes. (rendre, +)
2. Louis et Estelle ont besoin de 50 francs. (prêter, –)
3. Lisette n'est pas encore ici. (téléphoner, +)
4. Serge et Nathalie apportent des gâteaux. (dire merci, +)
5. Pierre demande des précisions à propos de l'exposé. (répéter les instructions, +)
6. Sophie nous invite à une fête. (demander son adresse, +)

 C. Des échanges. À tour de rôle, faites des échanges avec des camarades.

MODÈLE: —Tu me prêtes ton dictionnaire. Et alors, je te prête mes cassettes.

1. Tu me prêtes ton dictionnaire. Et alors, je ____ prête mes cassettes.
2. Ils nous donnent leurs notes. Et alors, nous ____ donnons nos anciens examens.
3. Vous leur obéissez. Ils ____ obéissent aussi.
4. Tu nous poses une question embarrassante. Nous ____ posons aussi une question embarrassante.
5. Je vous rends visite cette semaine. Vous ____ rendez visite la semaine prochaine.
6. Elle me téléphone souvent. Moi, je ____ téléphone souvent aussi.
7. Vous nous demandez des conseils. Nous ____ demandons aussi des conseils.
8. Tu m'écris souvent. Et alors, je ____ écris aussi.
9. Je t'écris de temps en temps. Tu ____ écris aussi.

D. Écho. Un(e) ami(e) est responsable d'un groupe de travail. Faites écho à ses suggestions mais sans répéter les noms objets. (Attention à la place du pronom complément.)

MODÈLE: Il faut parler *au prof* dès cette semaine. (en effet)
        —En effet, il faut lui parler dès cette semaine.

1. Il faut parler *au prof* dès cette semaine. (en effet)
2. Il faut téléphoner *à Jean-Philippe* ce soir. (c'est vrai)
3. Il ne faut pas montrer le plan de l'exposé *à tous les copains*. (tu as raison)
4. Il faut parler *à nos partenaires* le plus vite possible. (d'accord)
5. Il faut montrer les nouvelles conclusions *aux membres du groupe*. (c'est évident)
6. Il faut poser des questions supplémentaires *aux assistants*. (c'est sûr!)
7. Il ne faut pas prêter nos documents *aux copains*. (ça non!)
8. Il faut téléphoner *à la secrétaire* pour réserver une salle. (ah oui!)

E. Sur la bonne voie. Rassurez ou conseillez un(e) camarade qui est inquiet/inquiète au sujet de son exposé. Ne répétez pas les phrases en italique; utilisez des pronoms.

MODÈLE: —Tu as choisi *ton sujet*?
        —Oui, je l'ai choisi.
        —Bravo! C'est bien./C'est déjà ça!
  ou: —Non je ne l'ai pas encore choisi.
        —Alors choisis-le vite!

1. Tu as choisi *ton sujet*?
2. Tu as parlé *au prof*?
3. Tu as montré ton plan *à tes copains*?
4. Tu as trouvé *les meilleurs coéquipiers*?
5. Tu as emprunté les livres nécessaires *à l'assistante*?
6. Tu as fait tes suggestions *à tes coéquipiers*?
7. Tu as lu *les articles de base sur le sujet*?
8. Tu as indiqué la date exacte *à tous les étudiants*?
9. Tu as écrit *l'introduction*?
10. Tu as téléphoné *à tes copains* pour annuler ton week-end au ski?

4. La narration au passé: l'imparfait vs le passé composé

- Remember: when talking about the past, the perspective one assumes is central to the distinction between the **imparfait** and the **passé composé:**

Imparfait
- describes how things were, the way things used to be, what the situation was like, what was going on
- recalls a habitual past action

Passé composé
- tells what happened (next)
- tells what someone did
- narrates a series of past events

- Up to this point, in order to help you learn the **imparfait** and the **passé composé,** we have been careful to focus on one perspective or the other (and, therefore, on one tense or the other). Often, however, the two perspectives appear together in a single sentence or in a paragraph: the **imparfait** allows the speaker or writer to set the scene, provide background information, or evoke particular circumstances, and the **passé composé** to tell what happened then.

- Several images may help you visualize how the **imparfait** and the **passé composé** work together in the context of a narrative or story.

Aide-mémoire

- <u>VCR</u>: The first image is that of a VCR. When the VCR is on "play," it is like a **passé composé.** When it's on "pause" and the frame remains still—so that you can zero in on the descriptive detail, see what else is going on around the protagonists—it is like an **imparfait.** In other words, the **passé composé** advances the narrative, whereas the **imparfait** slows it down and allows you to focus on the descriptive detail and/or the study of surroundings.

- <u>Inventory</u>. The second image is that of taking an inventory. Each time you take an item from a shelf (or return it), it is like a **passé composé.** When you stop from time to time to read the descriptive labels on the items, it is like an **imparfait.**

- <u>Magic wand</u>. The third image is that of a magic wand. Each time the sorcerer waves the wand to make things appear or disappear, it is like a **passé composé.** When the sorcerer stops waving the wand to admire his/her creation, it is like an **imparfait.**

- Adverbs often serve as a clue to help you decide whether to use a **passé composé** or an **imparfait.**

- Study the following illustrations and sentences. Explain the choice of **passé composé** or **imparfait** in each case.

Point out to students that each of these sentences has two parts or clauses. For each sentence, have them identify first the clause that provides information pertaining to the décor or atmosphere, and then the clause that tells what happened. Then ask them to "match" the function of each clause with the verb tense used (i.e., *imparfait* for establishing the setting or background, and *passé composé* for the narrative).

Au moment où Cécile **est sortie** de l'appartement, il **pleuvait.**

Quand Jules **est entré** dans l'amphi, il n'y **avait** plus de place.

Quand Patrick et Annie **sont arrivés** au resto-U, la queue **était** interminable.

Quand Sophie et Mireille **sont allées** au café, les copains n'**étaient** pas là.

- Adverbs often serve as a clue to help you decide whether to use a **passé composeé** or an **imparfait**.

Adverbs commonly associated with the **passé composé**	*Adverbs commonly associated with the* **imparfait**
d'abord	généralement
puis	d'habitude
ensuite	toujours
enfin	souvent
soudain	rarement
tout d'un coup	
brusquement	

❖ **À votre tour**

Have students underline all past-tense verbs and explain the choice of *passé composé* or *imparfait*.

Faits divers. Lisez les textes ci-dessous (à haute voix, si vous le voulez). Puis vous et votre partenaire identifiez à tour de rôle le temps de chaque verbe et expliquez sa fonction.

Le mauvais temps cause de nombreux accidents.
Ce matin à 9 h 15, il faisait toujours un brouillard épais sur toute la ville et on a compté de nombreux accidents. Entre autres, une automobile a renversé un jeune étudiant qui traversait la rue devant la bibliothèque universitaire. La police a arrêté le conducteur, qui cherchait à s'enfuir à pied.

Un bon départ pour le ciné-club universitaire.
Hier a eu lieu la première réunion du ciné-club. La salle Jean Moulin était pleine! Une centaine de personnes ont d'abord entendu le président qui a présenté le programme de l'année. Puis on a montré un court-métrage de science-fiction. Enfin le jeune cinéaste, qui était présent dans la salle, a discuté son film avec un public enthousiaste.

Vol de voiture en plein jour! Hier après-midi, une Peugeot verte a disparu en plein jour. La voiture était en stationnement devant le café du Commerce. La police a interrogé les consommateurs qui étaient à la terrasse, mais n'a pas obtenu de renseignements précis. On n'a toujours pas retrouvé la voiture, qui appartenait à Juliette Morini.

Alerte à la bombe! Comme tous les jeudis, Alain Oudinot allait au gymnase, quand il a entendu un bruit bizarre. Il s'est dirigé dans la direction d'où venait le bruit et a découvert un paquet suspect abandonné sous un banc. M. Oudinot a pris peur et a appellé la police. On a découvert plus tard que le paquet contenait... un réveil-matin!

B. Tout allait mal! Quand vous avez quitté la maison ce matin, tout allait mal. Dites ce qui n'allait pas.

MODÈLE: il (être) très tôt
Quand j'ai quitté la maison, il était très tôt.

1. il (être) très tôt
2. il (faire) encore nuit
3. il (pleuvoir)
4. je me (sentir) fatigué(e)
5. je (être) de mauvaise humeur
6. je (ne pas vouloir) aller au cours
7. mes copains/copines d'appartement (être) toujours au lit
8. ils (dormir) profondément

C. De pire en pire! Quand vous êtes arrivé(e) à la fac, ça allait encore plus mal. Dites ce qui n'allait pas.

MODÈLE: le parking (être) complet
      Quand je suis arrivé(e) à la fac, le parking était complet.

1. le parking (être) complet
2. il (ne pas y avoir) de place pour se garer
3. il (pleuvoir)
4. je (ne pas savoir) où garer ma voiture
5. tout le monde (être) de mauvaise humeur
6. l'ascenseur (ne pas marcher)
7. tout le monde (se bousculer) dans l'escalier
8. la porte de la salle (être) déjà fermée

D. Interruptions en série. Expliquez ce que vous faisiez quand une interruption a tout changé.

This exercise can be done several times, changing the subject in the first clause to tu, il/elle, nous, vous, ils.

MODÈLE: je (s'ennuyer) beaucoup / le téléphone (sonner)
      Je m'ennuyais beaucoup quand soudain le téléphone a sonné.

1. je (s'ennuyer) beaucoup / quelqu'un (venir) à la porte
2. je (lire) le journal / on (apporter) un télégramme
3. je (penser) à mon week-end / je (entendre) un bruit curieux
4. je (faire) des mots croisés / un ami(e) (arriver)
5. je (prendre) mon café / mon professeur m'(appeler)
6. je (m'endormir) / le téléphone (sonner)
7. j'(écrire) à des amis / un(e) ami(e) me (rendre) visite
8. je (finir) ma lettre / je (sentir) une odeur bizarre

E. Une interview réussie/ratée. Racontez la succession des événements (au passé composé) et évoquez le décor (à l'imparfait).

1. Je (prendre) de train de 9h.
2. Il (ne pas y avoir) beaucoup de passagers.
3. Je (arriver) un peu avant midi.
4. Je (ne pas connaître) la ville.
5. Je (prendre) un taxi.
6. Le chauffeur (ne pas être) sympa.
7. Je (arriver) un peu en avance.
8. Je (attendre) un petit quart d'heure.
9. À 10h30, le patron me (faire) entrer.
10. Il (ne pas connaître) bien mon dossier.
11. Il me (poser) beaucoup de questions.
12. Je (répondre) de mon mieux.
13. Enfin, il me (proposer) le poste.
14. Les conditions me (ne pas convenir).
15. Je (ne pas accepter).
16. J'(être) déçu(e).

F. Une journée qui tourne court. Racontez au passé la mini-histoire d'Annie filmée ci-dessous.

1. se réveiller, avoir toujours sommeil, être fatiguée

2. s'habiller, mettre une jupe et un chemisier, les couleurs ne pas aller bien ensemble

3. sortir, pleuvoir, faire froid, être de mauvaise humeur, le bus ne pas arriver

4. rentrer dans son appartement, se remettre au lit

En direct 2

A. Réflexions. Listen to the reflections of Juliette, a French student who spent a year in a North American university. What does she say about each of the following aspects of university life? Write down as much detail as you can.

1. campus et ambiance
2. matériel
3. vie culturelle
4. cours
5. examens
6. rapports entre profs et étudiant(e)s
7. rythme de l'année

B. Enthousiasmes, réserves et critiques. Listen to Juliette's reflections again and note in the chart below the aspects of university life that she is enthusiastic about, that she has reservations about, and that she is critical of.

enthousiasme total	réserves	critiques

C. Des opinions prises sur le vif. You will hear a reporter interview three French students. Use the chart below to take notes on the students' fields of study, plans for the future, and opinions concerning the state of the world.

	Étudiant 1	Étudiant 2	Étudiant 3

Situation actuelle:
  Professionnelle
  Personnelle
Projets d'avenir
Opinion sur
  l'état du monde			

D. Une vieille connaissance. Vous rencontrez par hasard une vieille connaissance dans la rue. Vous échangez des nouvelles personnelles: études, famille, projets.

E. Une bonne cause. Y a-t-il une cause qui mobilise votre énergie et vos efforts? Si oui, expliquez de quoi il s'agit, détaillez votre contribution. Si non, dites dans quels domaines vous concentrez votre énergie.

The tapescript for all *En direct* activities can be found in the *Instructor's Resource Manual.* Following is the tapescript for activity A.

A.

Je dois dire que je trouve que les étudiants nord-américains ont beaucoup de chance. Le campus est superbe: tout est propre, on ne voit pas de graffiti sur les murs, il y a de beaux jardins. L'ambiance est relaxe: profs et étudiants s'habillent de façon très confortable. Est-ce qu'ils vont en cours ou est-ce qu'ils vont au gymnase? Quelquefois c'est difficile de le savoir! Je trouve très drôle que les salles communes, qui sont plutôt des salons à mon avis, offrent des téléviseurs à écran géant pour que les fans ne ratent pas leurs émissions favorites. Il y a partout une abondance de matériel qui fait rêver. Tenez: les ordinateurs, par exemple: sauf en période d'examens, je n'ai jamais attendu très longtemps pour avoir une machine. Donc au point de vue matériel, on est gâté ici! Évidemment, les étudiants paient très cher leurs études! Je n'ai pas été trop surprise de trouver une banque sur le campus! Une autre chose qui m'a frappée c'est l'abondance et la qualité de la vie culturelle: cette année j'ai entendu et vu de très grands artistes et pour un prix tout à fait raisonnable.

Au niveau des cours, par contre, j'ai quelques réserves. Par exemple, on n'a pas assez de temps pour rédiger un examen: en 50 minutes ou même en deux heures, on n'a pas le temps de faire du bon travail, on fait les choses superficiellement. Et puis je déteste ces examens qui consistent en identifications et en questions à choix multiples! À mon avis, ce type d'examen permet seulement à l'étudiant de prouver qu'il a de la chance, pas qu'il a acquis de vraies connaissances!

Par contre les rapports avec les profs sont vraiment faciles: ils nous invitent chez eux, ils nous prêtent des bouquins, bref, ils nous considèrent comme des êtres humains. Certains profs européens se prennent pour des stars et ne s'intéressent pas du tout à leurs étudiants.

Ah, une dernière chose: le rythme de l'année est épuisant: semestre ou trimestre, c'est trop court! Dans un sens c'est bien parce qu'on avance vite dans ses études. Si par hasard on rate une matière, ou peut recommencer immédiatement sans perdre une année entière. Mais moi, je crois qu'on travaille trop et trop vite!

F. Opinion personnelle. Un journaliste pour la télévision vous arrête dans la rue pour vous demander (1) si vous êtes satisfait de votre vie personnelle et (2) si vous êtes satisfait de l'état actuel du monde. Que lui dites-vous?

G. Journaliste à votre tour. Le bureau des relations publiques de votre université vous demande (à vous et à deux ou trois coéquipiers) de préparer un texte publicitaire au sujet de votre université. Décidez d'abord pour quel média ce texte est destiné, puis essayez!

H. Franche opinion. Interviewez plusieurs camarades de classe. Demandez-leur des précisions sur leur vie d'étudiant(e)—cours, professeurs, devoirs, exposés, examens, lectures (*readings*), rédactions, système de notation, etc. Obtenez leurs franches opinions.

I. Marche à suivre. Expliquez à un(e) étudiant(e) francophone qui va faire des études dans votre université le fonctionnement de l'université. Parlez-lui:

- des différents types de cours
- des devoirs
- des exposés et des mémoires
- des examens
- du système d'examen et de notation
- des activités extrascolaires
- des coutumes estudiantines

J. Entraide. Vous vous êtes bien adapté(e) à votre vie d'étudiant(e). Bien sûr vos cours vous intéressent, mais votre meilleure expérience est avec un groupe de nouveaux camarades: vous vous entraidez beaucoup. Écrivez une lettre à un copain pour lui décrire cette entraide.

MODÈLE: Mes nouveaux camarades sont formidables. Ils me prêtent leurs notes et moi je les tape à l'ordinateur pour eux. Jacques a une voiture et il nous emmène à la campagne le week-end…

Découverte du texte écrit

K. Préparation. Vous allez lire l'histoire de Jean-Michel Le Breton, un jeune Français récemment rentré en France après un séjour à l'étranger.

1. D'abord regardez sa photo. À votre avis, quel âge a-t-il? Comment est-il sur la photo?
2. Lisez les gros titres. Où Jean-Michel a-t-il passé son séjour? De quoi va-t-il s'agir dans cet article? Selon les titres, qu'est-ce qui a impressionné Jean-Michel lors de son séjour?

Jean-Michel Le Breton de retour des États-Unis
Impressionné par le gigantisme et l'immensité

Jean-Michel Le Breton, jeune Kernévellois de 22 ans, vient de rentrer après avoir passé un an aux États-Unis. Huit mois de stage dans une exploitation laitière[1] du Minnesota, suivis de trois mois d'études à l'université. Des souvenirs.

Muni d'un bac D de sciences agronomiques et d'un BTS ACSE (Analyse et conduite de systèmes d'exploitation), Jean-Michel Le Breton a souhaité élargir son horizon et par la même occasion améliorer[2] son anglais. Ses parents, Jos et Mimi Le Breton, qui exploitent une ferme à Kéramboyec, ont l'habitude d'accueillir des stagiaires[3], français et originaires des pays francophones, et depuis plusieurs années Jean-Michel caressait l'espoir de partir en stage[4] à l'étranger. Déjà, au cours de ses études, il avait effectué deux stages d'un mois chacun (en Irlande et en Hollande).

C'est grâce au Service d'échanges de stages agricoles dans le monde (Sesam) à Paris, qui travaille en relation avec les chambres d'agriculture, qu'il a pu partir en juillet 1992 au Minnesota, un état situé dans le nord des États-Unis, de la taille d'un tiers de la France, qui compte 4,3 millions d'habitants, dont la moitié habite dans et autour de la capitale, Minnéapolis-Saint-Paul.

Un séjour[5] en deux étapes[6]: d'abord huit mois de stage dans une exploitation laitière de quarante-huit vaches[7]; travail quotidien de la ferme, alimentation des vaches et génisses[8], traites[9] et, dans les champs, 200 ha de maïs, luzerne et soja. «Sur le plan technique je n'ai pas appris grand chose mais beaucoup de choses sont organisées différemment là-bas, en raison notamment du climat.» En effet, la température descend jusqu'à moins 30 en hiver, ce qui oblige le stockage de l'ensilage de maïs et de la luzerne dans des silos tours au lieu de silos couloirs comme ici. **«En production laitière aux États-Unis c'est la quantité qui compte, alors que l'Europe mise sur la qualité.»** Les vaches sont attachées dans l'étable[10] toute l'année, et les rations complètes sont préparées en mélangeuse[11] fixe.

Le lisier[12] va où il veut

Les agriculteurs américains ne sont pas aussi sensibles que nous aux problèmes d'environnement: **«C'est tellement grand qu'ils pensent avoir de la place, le lisier va où il veut pour l'instant, mais ça va devenir de plus en plus strict là-bas aussi.»** L'immensité du pays se remarque aussi dans la façon de cultiver les champs: **«Ils ne perdent pas de temps à cultiver au ras des talus[13].»**

À l'issue du stage pratique, qui consistait en des journées de travail, de 5 h du matin à 21 h 30, avec trois jours de repos par mois, le jeune Kernévellois a terminé son séjour outre-Atlantique par trois mois d'études à l'université de Minnéapolis. L'informatique qu'il connaissait d'avance, puisqu'il l'utilise déjà dans la ferme à Kéramboyec, et la gestion[14]. «Ils ont des manières différentes d'organiser le travail, ils nous ont appris à raisonner l'exploitation dans son ensemble, et à nous poser des questions sur nos objectifs et nos moyens.»

Au cours de son séjour il a effectué deux grands voyages en compagnie d'autres stagiaires étrangers. Le premier, en décembre, l'a conduit vers le sud: Iowa, Arkansas, Louisiane, Floride et retour par Chicago. Le second en juin, dans l'ouest; où il a été particulièrement impressionné par le parc national de Yellowstone. Au total plus de 16.000 km en voiture qui lui ont permis de voir de nombreux aspects d'un pays qui l'a surtout frappé par son immensité.

«Cette expérience m'a donné une ouverture d'esprit: le monde est plus petit. Je n'ai pas trouvé l'idéal là-bas. Ce que j'y ai vu va venir en France, je ne vois pas comment on pourrait l'empêcher.»

---

1 dairy farm   2 improve   3 interns   4 internship   5 stay   6 stages   7 cows   8 heifers   9 milking
10 stable   11 mixture   12 cattle urine   13 to the very edge   14 management

Impression de la société américaine

Le secteur agricole est en perte de vitesse aux États-Unis. Les agriculteurs sont de moins en moins nombreux, et représente donc moins d'électeurs. **«Heureusement qu'ils sont moins organisés que nous.»** Ils ne parlent pas du Gatt, et ne comprennent pas pourquoi les Européens veulent se mettre ensemble.

Jean-Michel a été déconcerté par le libéralisme poussé à l'outrance au pays des Yankees. Une société de consommation, la plupart du temps à crédit: les magasins sont ouverts, 24 h sur 24 h, 365 jours par an. **«Le pouvoir de l'argent compte énormément, tout est buisiness.»**

Les Américains sont très influencés par la télévision, qu'ils regardent quatre à cinq heures par jour. **«Aux informations ils ne parlent que des États-Unis. Ils se voient toujours comme les leaders du monde; bien que le «rêve américain» n'existe plus vraiment, il y a toujours possibilité pour qui a de l'initiative.»** Les émissions sont coupées toutes les sept minutes pour laisser place à la publicité, et deux mois après un fait divers, les téléspectateurs le retrouvent en téléfilm.

La société américaine est un «melting-pot» composé d'habitants de toute origine. **«Ils ont peu de traditions et pas d'histoire; cela leur manque. Leur acceptation des différences n'est qu'une façade; après la journée de travail, ils se retrouvent par communautés.»**

Il n'a pas été impressionné par la culture gastronomique des Américains, qui se nourrissent principalement de sandwichs, steaks hachés et pizzas. **«On n'y trouve pratiquement pas de morceaux de viande, tout est transformé en haché, et la bouteille de ketchup est toujours sur la table.»**

Source: *Ouest France*, 18 août 1993

L. Exploration

1. Remarquez l'organisation du texte. Indiquez à quelle partie du texte correspondent les phrases suivantes et numérotez-les en ordre chronologique.

   ____ Le stage de Jean-Michel dans une exploitation laitière
   ____ Le contexte du départ de Jean-Michel pour les États-Unis
   ____ Les études de Jean-Michel aux États-Unis
   ____ L'identité de Jean-Michel Le Breton
   ____ Les voyages de Jean-Michel aux États-Unis

2. Cet article est organisé en trois parties: Dans la première partie, on décrit Jean-Michel Le Breton et les circonstances dans lesquelles il est parti à l'étranger. Dans la deuxième, on décrit le séjour de Jean-Michel et ses réactions vis-à-vis de certaines pratiques agricoles américaines. Dans la troisième partie, on présente les impressions de la société américaine ressenties par Jean-Michel. Repérez les phrases clés dans chaque partie de l'article et complétez le tableau suivant avec autant de détails que possible.

Jean-Michel Le Breton
Identité
Vie

You may wish to provide students with more structured outline such as the following:

- *Jean-Michel Le Breton, qui est-ce?*
- *De quelle région de France est-il?*
- *Quelles études fait-il?*
- *Pourquoi voulait-il partir pour les États-Unis?*
- *Dans quel contexte part-il pour les E.-U.?*

Séjour de Jean-Michel aux E.-U.	Où?	Durée?	Activités?	Observations?
Première étape				
Deuxième étape				

Le séjour de Jean-Michel aux E.-U.

- *Où passe-t-il la première étape? Combien de temps dure cette étape? Que fait Jean-Michel? Qu'est-ce qu'il apprend? Quelles observations fait-il?*
- *Où passe-t-il la deuxième étape? Combien de temps dure cette étape? Que fait Jean-Michel? Qu'est-ce qu'il apprend? Quelles observations fait-il?*

Impression de la société américaine
Secteur agricole
Influence de la télévision
Gastronomie

Impression de la société américaine

- *Que dit Jean-Michel au sujet du secteur agricole et des agriculteurs?*
- *Que dit-il au sujet de l'influence de la télévision?*
- *Que dit-il sur la culture gastronomique américaine?*

M. Réflexion

1. Résumez l'expérience américaine de Jean-Michel et ses impressions. Êtes-vous d'accord avec ses observations et ses conclusions? Expliquez pourquoi. Puis proposez des explications pour les remarques que vous ne comprenez ou n'approuvez pas. N'hésitez pas à les contredire et à les replacer dans un contexte plus large.
2. Écrivez une lettre à Jean-Michel au sujet de son expérience aux États-Unis. Dites-lui pourquoi vous partagez ou ne partagez pas ses conclusions. Expliquez-lui comment son expérience aurait pu (*could have been*) être différente s'il avait visité votre état ou votre province. Donnez-lui des idées pour son prochain séjour aux États-Unis.

Have students review their findings from the preceding activity (they should write down what Jean-Michel says about American society); then have them determine whether they agree or disagree with each point. Encourage students to support their opinions with examples.

D'un parallèle à l'autre

Choisissez trois ou quatre des pays francophones présentés dans le **Bilan** après le Dossier 14. Présentez à vos camarades un petit résumé de la situation de l'enseignement supérieur dans ces pays. Essayez d'imaginer les conséquences pour les jeunes de ces pays.

 À l'écran

Des étudiants discutent de leurs études, de leur genre de vie, de leurs préoccupations et de leurs projets pour l'avenir.

Clip 10.1
On fait des études

Clip 10.2
La vie d'étudiant

Clip 10.3
Et demain…?

Découverte du passé

La Sorbonne et le Quartier latin

The Sorbonne stood in opposition to the Jesuits in the sixteenth century, to the Jansenists in the seventeenth century, and to the philosophers of the Enlightenment in the eighteenth century.

En 1257, Robert de Sorbon, un théologien, a fondé un collège pour permettre aux étudiants pauvres d'avoir accès à l'enseignement, un enseignement donné en latin, bien sûr! Voilà pourquoi le quartier de la Sorbonne est encore appelé le Quartier latin: c'est le quartier où l'on parlait latin.

Le collège de la Sorbonne est vite devenu un centre d'études théologiques et aussi un tribunal ecclésiastique. Des controverses célèbres marquent l'histoire de la Sorbonne jusqu'en 1790, quand les révolutionnaires la suppriment. Quelques années plus tard—en 1808— Napoléon attribue ses bâtiments à l'Université, une institution récemment créée par lui.

La Sorbonne occupe toujours une place spéciale dans la vie intellectuelle française. Centre de savoir et d'échanges, c'est aussi aujourd'hui un lieu symbolique de rassemblement. Les étudiants se réunissent toujours là—notamment en 1968 et en 1986—pour faire entendre au gouvernement et au reste du pays leurs protestations et leurs désirs.

Lu et entendu

L'enseignement supérieur. Dans ce dossier, vous avez approfondi votre connaissance de l'université française et comparé la vie des étudiants en France et dans votre pays. Choisissez un ou deux commentaires ci-dessous et expliquez—avec des exemples—pourquoi vous êtes plutôt d'accord ou pas d'accord.

1. L'enseignement supérieur français reste trop formel.
2. La participation des étudiants est de plus en plus souvent voulue et par les professeurs et par leurs étudiants.
3. L'université française prend trop au sérieux le développement intellectuel des étudiants.
4. Dans l'enseignement supérieur, les activités socioculturelles et sportives ont une place légitime.
5. Un campus à l'américaine qui rassemble bâtiments académiques et services divers isole les étudiants de la réalité.
6. Un campus à l'américaine qui rassemble bâtiments académiques et services divers est un cadre idéal pour la vie estudiantine.

Le mot juste

Contexte 1. La vie d'étudiant

la carte d'étudiant	student ID card
la résidence universitaire	dormitory
le restaurant universitaire (le restau-U)	university cafeteria
un ticket-repas	meal ticket
la vie estudiantine	student life

Contexte 2. On fait des études!

Les études supérieures/universitaires

un amphithéâtre	lecture hall
le concours (d'entrée)	competitive entrance exam
la conférence	lecture
le conservatoire	conservatory
le cours magistral	lecture class
le diplôme	diploma
la Faculté des Beaux-Arts	school of fine arts
la Faculté des lettres et des sciences humaines	school of humanities / liberal arts
la Faculté de médecine	school of medicine
la Faculté de pharmacie	school of pharmacy
la Faculté des sciences	school of sciences
la Faculté de droit	law school
l'École de commerce (f)	business school
les grandes écoles (f)	elite professional schools
un laboratoire	laboratory, lab
un stage	an internship

Contexte 3. Les matières

un cours magistral	lecture class
le groupe de travail	study group
une séance de travaux dirigés (T.D)/de travaux pratiques (T.P.)	discussion or lab section

Les lettres

les langues (f)	languages
la littérature	literature
la philosophie	philosophy

Les sciences humaines

l'anthropologie (f)	anthropology
l'histoire (f)	history
la géographie	geography
la psychologie	psychology
les sciences économiques (f)	economics
les sciences politiques (f)	political science
la sociologie	sociology

Les sciences

l'anatomie (f)	anatomy
la biologie	biology
la chimie	chemistry
l'informatique (f)	computer science
les mathématiques (les maths) (f)	mathematics
la physique	physics

Les beaux-arts

l'architecture (f)	architecture
le dessin	drawing
l'histoire de l'art (f)	art history
la musique	music
la peinture	painting
la sculpture	sculpture

Les formalités

se renseigner	to find out about
remplir (un dossier d'inscription)	to fill out (an application form)
s'inscrire (à la fac, au ciné-club)	to register, enroll (in)
régler les frais d'inscription, de scolarité	to pay one's tuition, fees

La routine estudiantine

chercher du travail/un emploi	to look for work/a job
établir un emploi du temps	to establish a schedule
faire des recherches	to do research
faire partie de (l'équipe de volley)	to be a member of (the volleyball team)
fréquenter (un endroit, un café)	to go (some place) frequently
participer à	to participate in
préparer/faire un exposé	to prepare/give an oral presentation
recevoir son diplôme	to graduate, complete one's studies
rédiger (un mémoire)	to write (a term paper)
se spécialiser en (langues, maths)	to major in

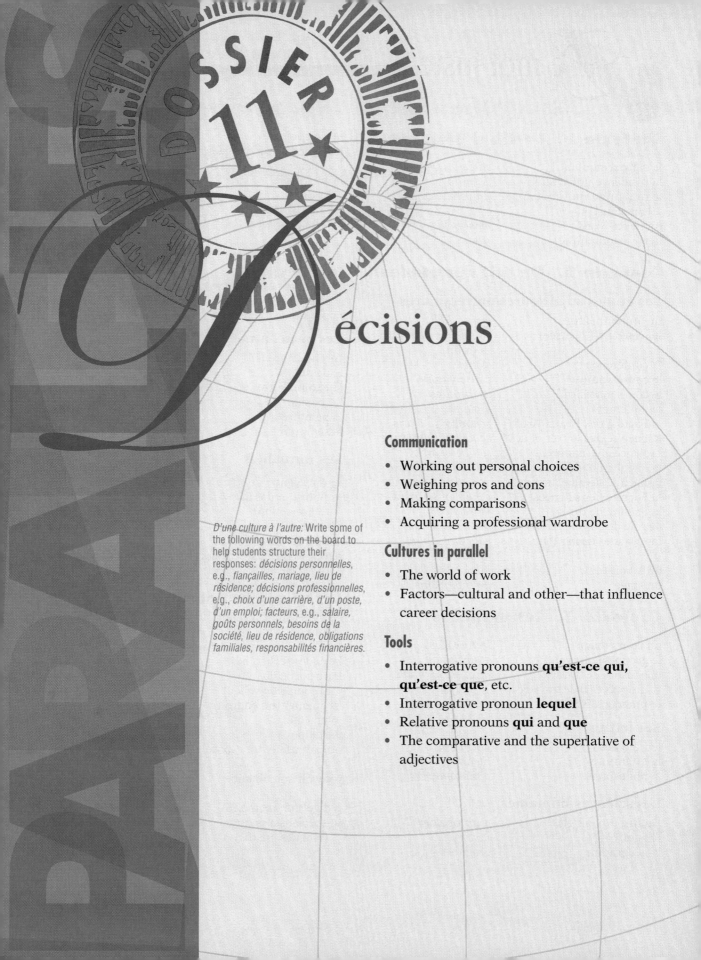

DOSSIER 11

Décisions

Communication

- Working out personal choices
- Weighing pros and cons
- Making comparisons
- Acquiring a professional wardrobe

Cultures in parallel

- The world of work
- Factors—cultural and other—that influence career decisions

Tools

- Interrogative pronouns **qu'est-ce qui, qu'est-ce que**, etc.
- Interrogative pronoun **lequel**
- Relative pronouns **qui** and **que**
- The comparative and the superlative of adjectives

D'une culture à l'autre: Write some of the following words on the board to help students structure their responses: *décisions personnelles,* e.g., *fiançailles, mariage, lieu de résidence; décisions professionnelles,* e.g., *choix d'une carrière, d'un poste, d'un emploi; facteurs,* e.g., *salaire, goûts personnels, besoins de la société, lieu de résidence, obligations familiales, responsabilités financières.*

D'une culture à l'autre

Quels sont vos projets d'avenir? Quelles décisions devez-vous prendre dans les mois ou les années à venir? Avez-vous déjà pris des décisions personnelles ou professionnelles? Quels facteurs ont influencé ou vont influencer ces décisions?

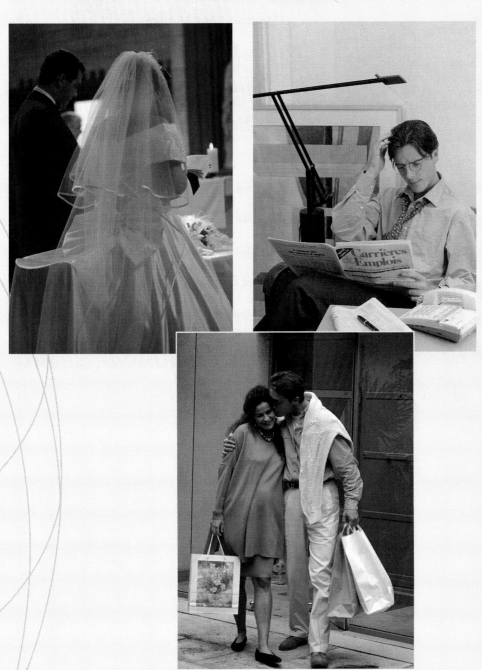

CONTEXTES

1. Le choix d'un métier

▲ Charles Gontran, horloger-bijoutier

Qu'est-ce que je fais dans la vie? Je suis horloger-bijoutier. On peut dire que je n'ai pas choisi ce métier; plutôt, c'est lui qui m'a choisi. Vous

voyez, mon père et mon grand-père faisaient le métier avant moi, et tout naturellement, j'ai repris leur affaire. C'est resté une petite affaire de famille. Je travaille seul avec ma femme. Elle, elle se charge de la vente et aussi de toute la comptabilité. Moi, je passe les commandes et surtout je fais des réparations. Autrefois, mon père dessinait et créait lui-même des bijoux; aujourd'hui, moi, je me contente d'en vendre! Je ne gagne pas mal ma vie, mais nous travaillons très dur, ma femme et moi.

◄ Colette Moulin, soudeur

Eh oui, je suis soudeur! On me demande souvent comment j'ai choisi une profession aussi peu traditionnelle pour une femme. C'est simple. Après mon bac, j'ai trouvé du travail comme vendeuse dans un magasin de disques. Je n'avais pas de diplôme, j'aimais la musique, le contact avec les jeunes... Oui, mais j'avais aussi un salaire dérisoire. Alors, j'ai quitté mon emploi... je n'en ai pas trouvé un meilleur! J'ai dû devenir serveuse dans un restaurant. Là, la situation était même pire: le travail était très fatigant et le salaire n'était pas supérieur à mon salaire de vendeuse. Un jour un copain m'a parlé d'une formation de soudeur qu'il allait suivre. Ça m'a tentée, et j'ai décidé de me lancer. Après tout, ce métier n'était réservé aux hommes que par habitude. Et j'ai bien fait. Mon stage s'est très bien passé et aujourd'hui j'ai un emploi intéressant et bien rémunéré.

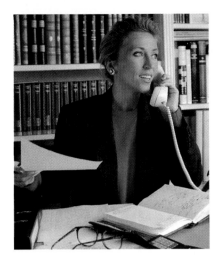

◀ Juliette Lafontaine, propriétaire et PDG (Président-Directeur Général) de l'agence Historitour

Que voulez-vous savoir? Comment on devient PDG? Eh bien, dans mon cas, c'est une longue histoire. D'abord, après ma licence d'histoire, j'ai décidé de ne pas entrer dans l'enseignement. Et puis je me suis mariée et suis devenue une femme au foyer. Quand mes trois enfants sont allés à l'école, j'ai accepté un travail à temps partiel dans une agence de voyage: le patron était un de nos amis. Peu de temps après, mon mari a été muté dans une autre ville. Je voulais continuer à travailler. J'avais assez d'expérience pour voler de mes propres ailes, et je me suis lancée! Nous avions un petit capital et j'ai donc ouvert ma propre agence. Qu'est-il arrivé à ma passion pour l'histoire? Eh bien, voyons, mon agence s'appelle Historitour! Je me suis en effet spécialisée dans l'organisation de visites commentées dans les hauts lieux de l'histoire du monde et je suis ma meilleure cliente!

Camille Leroi, acteur

J'ai toujours eu envie de faire du théâtre et j'en ai toujours fait! Le théâtre, c'est ma vocation, c'est ma passion. Mais pour mes parents, il n'était pas question de passer professionnel! Leurs arguments étaient assez peu originaux: «Choisis donc une vraie profession!» «Obtiens d'abord un vrai diplôme, et puis après tu verras!» disaient-ils. Mais c'était inutile! Je suis monté à Paris, je me suis inscrit à des cours d'art dramatique. J'ai obtenu quelques petits rôles, mais j'avais à peine de quoi vivre! Puis j'ai appris que la municipalité de ma ville natale ouvrait un théâtre dans la Maison de la Culture. Alors je suis rentré chez moi. Et aujourd'hui je suis payé pour faire ce que j'aime! Je ne m'ennuie jamais parce que nous sommes sans cesse en train d'organiser de nouveaux spectacles, d'imaginer des mises en scènes différentes, de nouvelles façons de toucher le public.

❖ À votre tour

A. Enquête. Indiquez les personnes du Contexte 1 à qui s'appliquent les déclarations suivantes.

1. Le choix de métier s'explique par la tradition familiale.
2. Le choix de métier s'explique par le hasard.
3. Le choix de métier s'explique par la vocation.
4. Sa formation est spécialisée.
5. Sa formation est non spécialisée.
6. La compensation monétaire est importante.
7. La compensation monétaire est peu importante.

Suggest that students bracket or somehow mark the passages in the text that support their inferences.

B. Une comparaison. Comparez les décisions professionnelles des quatre personnes du Contexte 1. Tenez compte des goûts de la personne, de sa formation, et des circonstances personnelles.

MODÈLE: À mon avis, la décision de X a été... parce que...

une bonne/mauvaise décision
une décision tout à fait pratique/courageuse/folle/raisonnable/
    personnelle/individuelle/peu (très) personnelle/familiale
n'a pas été une décision, mais le résultat de la chance/de la pression
    familiale/de diverses circonstances

C. Jeu de rôle. Vous et un(e) camarade empruntez chacun l'identité d'un des personnages du Contexte 1. Puis vous discutez des raisons pour lesquelles vous avez choisi votre métier et parlez de votre vie professionnelle en général.

D. Un choix idéal. Vous assistez à une fête avec des amis quand vous rencontrez un des personnages du Contexte 1. Présentez la personne à vos amis et donnez des détails sur sa vie professionnelle.

E. Et vous? Quel récit trouvez-vous le plus intéressant? Expliquez pourquoi. Laquelle de ces personnes aimeriez-vous avoir comme ami(e)? Expliquez pourquoi.

2. Qu'est-ce qu'on fait dans la vie?

Begin by asking students to identify some professions of people they know. Next introduce the notion of classifying or categorizing professions (e.g., census categories). Then point out that professions can be organized (1) according to field (*la santé, l'enseignement, l'industrie et le commerce, le service de l'État, le service domestique*); (2) according to level of responsibilities (*les cadres supérieurs, les cadres moyens, les employés*); (3) according to whether or not the professions are salaried (*les professions libérales, les salariés*).

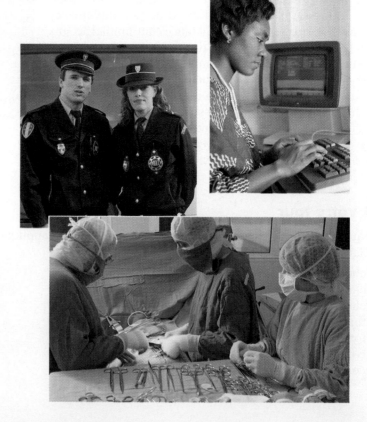

Les domaines du travail

Professions de la santé: anesthésiste, chirurgien, dentiste, médecin, infirmier(ère), radiologue, kinésithérapeute

Professions de l'enseignement et de son administration: conseiller(ère), directeur(trice), instituteur(trice), moniteur(trice) d'éducation physique, professeur, proviseur

Professions de l'industrie et du commerce:
    Les patrons: industriel, gros commerçant, petit commerçant
    Les employés et les ouvriers:
        Employés de bureau: dactylo, réceptionniste, secrétaire, comptable
        Employés de commerce: vendeur(se)
        Ouvriers: main-d'œuvre, ouvrier qualifié, ouvrier spécialisé
    Les artisans: bijoutier-horloger, coiffeur(se), cordonnier, couturier(ière), menuisier, restaurateur

Professions au service de l'État: fonctionnaire
    Hauts fontionnaires: ministre et personnel des ministères
    Petits fonctionnaires: employé(e) de bureau, postier, cheminot
    Armée et police

Professions du service domestique: chauffeur, cuisinier(ière), employé(e) de maison, femme de ménage

Professions rattachées aux arts: artistes: acteur(trice), comédien(ne), chanteur(se), danseur(se), graveur, musicien(ne), peintre, sculpteur

Professions rattachées au domaine de la religion: clergé: prêtres, pasteurs, rabbins, religieux(ses)

Have students identify the professions represented in these photos and find them in the lists.

Le niveau de responsabilités

Cadres supérieurs:
 Cadres administratifs supérieurs de l'enseignement: enseignants, professeurs et chercheurs (lycées, facultés et grandes écoles)
 Cadres adminisitratifs supérieurs de l'industrie et du commerce: ingénieurs et chercheurs, analystes-programmeurs, banquiers

Cadres moyens: assistante sociale, bibliothécaire, critique de films ou d'art, écrivain, imprimeur, informaticien(ne), journaliste (radio, télé), photographe, publicitaire, technicien(ne), contremaître

Le type de rémunération

Professions salariées: salaire horaire ou mensuel
Professions libérales: commissions, honoraires

 ❖ **À votre tour**

A. Métiers préférés. À votre avis, quels sont les métiers préférés des habitants de votre pays? Posez la question à cinq camarades de classe et tenez compte de leurs réponses. Comparez votre classement général au classement ci-dessous.

Les 12 métiers préférés des Français, par ordre décroissant d'intérêt:	
Chercheur	20%
Pilote de ligne	17%
Rentier°	17%
Médecin	17%
Journaliste	17%
Chef d'entreprise	13%
Comédien	12%
Publicitaire	8%
Professeur de faculté	7%
Avocat	7%
Banquier	5%
Ministre	2%

° independently wealthy

(source: *Francoscopie 1993*)

B. Vers quels débouchés? Sur quel(s) métier(s) les spécialités suivantes débouchent-elles? Laissez libre cours à votre imagination!

1. les maths
2. l'histoire
3. les sciences politiques
4. l'histoire de l'art
5. le français
6. la sociologie
7. la chimie
8. l'anglais
9. l'éducation physique
10. la philosophie

C. Avantages et inconvénients. En consultant les critères suivants, identifiez pour les métiers indiqués les avantages et les inconvénients.

This activity contains much useful vocabulary for students.

proximité/distance du domicile
salaire avantageux/insuffisant
collègues (peu) sympathiques
(im)possibilité de promotion
indépendance et autonomie
grande/moindre sécurité de
l'emploi
beaucoup/peu de congés
patron (peu) sympathique
(im)possibilité d'initiatives
personnelles

bonnes/mauvaises conditions de
travail
ambiance accueillante/froide
beaucoup/peu de prestige social
souplesse/rigidité des horaires
avantages sociaux*
contact avec le public
(im)possibilité de voyager
travail indépendant/d'équipe
compétition acharnée

1. journaliste ou écrivain
2. publicitaire artiste
3. enseignant
4. avocat ou juriste
5. comédien(ne), musicien(ne)
ou artiste

6. médecin ou infirmier(ère)
7. assistant(e) social(e)
8. commerçant(e)
9. ingénieur ou chercheur
10. chef d'entreprise

*The adjective **social** does not mean "social" as in the English expression "social life," which is rendered in French as **la vie mondaine**; it means "provided by society," that is, by the government, and refers in particular to employment benefits provided by the French government: **assurance maladie, assurance chômage, retraite**.

D. Quel métier convient? Indiquez des métiers qui conviennent bien à une personne ayant les qualités suivantes.

MODÈLE: Une personne qui a le don de l'écoute peut faire/devenir un bon
conseiller.

1. le don de l'écoute
2. le sens de l'organisation
3. le sens des responsabilités
4. le sens de la recherche
5. l'amour de la nature
6. le sens du contact avec les autres
7. le goût de l'analyse
8. l'amour des jeunes
9. un sens artistique
10. la capacité de bien s'exprimer oralement
11. la capacité de bien s'exprimer à l'écrit
12. une certaine dextérité manuelle

E. Et vous? Quels talents, quels intérêts avez-vous? Quels critères vous sont importants dans le choix d'un métier ou d'une carrière? Quels métiers vous intéressent?

Have students make two lists, *talents et intérêts* and *critères*. Have them exchange lists with a partner, who then takes the role of job counselor and suggests occupations and career paths. They discuss suggestions, then switch roles.

The first time students listen to or read the text, they should identify the two characters, the situation, and the problem: a young woman and a young man have been going out for two years, get along well, and love each other, but their dreams and ambitions may be at variance. What should they do? The second time through the text, students should identify the specific problems to be resolved, and list *similarités / compatibilités* and *différences / incompatibilités* between Florence and Jacques. The third time through the text students should familiarize themselves with the *Petit lexique* and prepare to do the role-play in activity A.

Professeur agrégé is the highest level of public high school teachers, who are recruited by the government through a very competitive exam: *l'agrégation.* Often those who hold the *agrégation* go on to complete a doctorate and engage in university research.

3.· Quelle décision prendre?

Les personnages:

Florence Martinot
22 ans
Originaire de Poitiers
Célibataire
Étudiante: maîtrise d'anglais

Jacques Emmeline
24 ans
Originaire de Lille
Célibataire
Étudiant: École supérieure de commerce de Lyon

Rêves d'avenir:
   professeur agrégé d'anglais
   peut-être une carrière universitaire
   éventuel mariage, pas d'enfants

Rêves d'avenir:
   ingénieur commercial
   carrière à l'étranger puis en France
   mariage dans le proche avenir, enfants

- *La situation:* Florence et Jacques sortent ensemble depuis deux ans; ils s'entendent bien, ils s'aiment.
- *Les décisions à prendre:*
  1. Le service militaire de Jacques: doit-il faire un service civique d'un an et demi dans la Coopération (sorte de Peace Corps, durée de 18 mois) ou faire un service militaire normal de dix mois en métropole?
  2. La carrière de Florence: Florence doit-elle mettre toutes les chances de son côté pour réussir le concours de l'agrégation ou donner priorité à ses sentiments?
  3. Le mariage: Jacques et Florence doivent-ils se marier maintenant ou attendre?

- *Les complications:*
  1. Florence vient de recevoir une bourse pour un séjour d'un an aux États-Unis.
  2. Jacques et Florence adorent l'aventure et les voyages.
  3. Jacques est plutôt antimilitariste.
  4. Une entreprise de produits chimiques s'intéresse déjà beaucoup à lui et veut bien attendre la fin de ses obligations militaires.
  5. Jacques veut se marier immédiatement. Florence préfère attendre.
  6. Florence ne veut pas d'enfants. Jacques voudrait en avoir.

Petit lexique de l'indécision

Hésitations
Je compte...
Je songe à...
Je me demande si...
Je ne sais pas (quoi faire).
Peut-être que...
J'hésite entre ceci et cela.
J'en perds le sommeil.
Je vais voir.
Je dois y réfléchir.
Laisse[z]-moi y penser.
Ça demande réflexion.
Il faut peser le pour et le contre.
D'un côté..., de l'autre...

Peut être bien que oui, peut-être bien que non.
Ça dépend de beaucoup de choses.
Y a-t-il une alternative?

Décision
Il vaut mieux... (+ infinitif)
J'ai très envie de...
Je tiens à...
Je suis déterminé(e) à...
Je n'ai pas le choix.
Mon premier (second/dernier) choix...
C'est le moindre (le dernier) de mes soucis.
Tout bien considéré, c'est la meilleure (la seule) solution.

❖ À votre tour

A. Jeux de rôles. Avec un(e) partenaire, jouez les rôles de Jacques et de Florence qui discutent de leur situation l'un avec l'autre et puis avec un(e) bon(ne) ami(e). Référez-vous au petit lexique de l'indécision.

B. Conseils. Que doivent faire Jacques et Florence? Conseillez-les!

MODÈLE: Jacques, fais d'abord ton service militaire parce que...

4. Une nouvelle garde-robe

This *Contexte* contains two types of vocabulary: various items of clothing, and the discourse of making clothing purchases.

Referring to the overhead transparencies for the illustrations on pages 337-339, begin by evoking a specific situation: *Vous venez de décrocher un poste que vous cherchez depuis longtemps et qui vous plaît beaucoup. Vous profitez de l'occasion pour vous offrir une nouvelle garde-robe. Voici trois vitrines. Qu'est-ce qu'il y a qui vous intéresse?* With this context in mind, present the various items one by one. Once the clothing in all three windows has been presented, students can work in small groups on a classification activity in which they sort images from all three windows that you have scrambled.

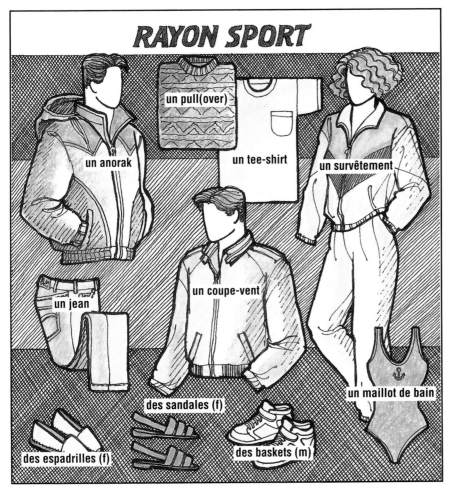

- Note that starred items are plural in English, but singular in French.

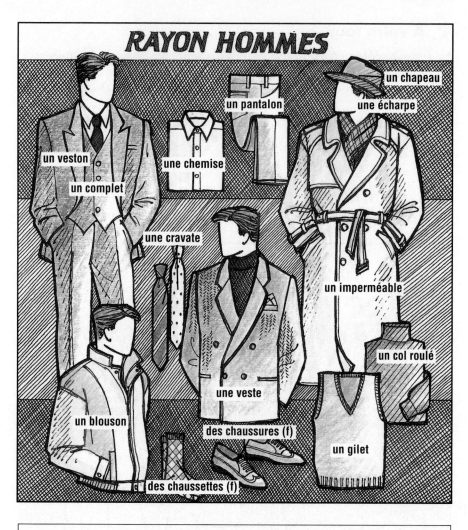

Students enjoy learning the discourse of buying and selling via role-plays; this technique also helps them sort out the various discourse items and remember those normally spoken by the client, and those spoken by the salesperson.

Consultez la table de comparaison de tailles à la page 340.

Premier contact	
Vous désirez, Madame/Monsieur?	Rien merci.
	Oh! je regarde tout simplement!
Je peux vous renseigner?	Oui, avez-vous la même chose en noir?
	Avez-vous la taille au dessus?/en dessous?
Pour se renseigner	
Quelle est votre taille?	Je fais du X.
Quelle est votre pointure?	Je chausse du X.
Pour demander le prix	
Et cette jupe fait combien?	
Combien coûte cette jupe?	Elle coûte 225 francs.
Combien coûtent ces cravates?	Elles coûtent 85 francs.
Quel est le prix de ces bottes?	Elles coûtent 775 francs.

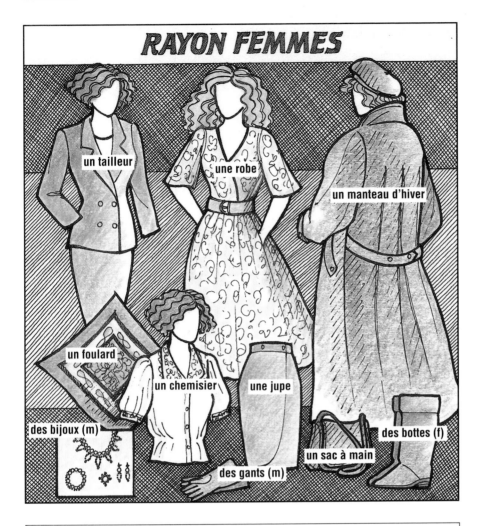

RAYON FEMMES

un tailleur
une robe
un manteau d'hiver
un foulard
un chemisier
une jupe
des bijoux (m)
des gants (m)
un sac à main
des bottes (f)

Pour réagir à un prix
C'est une bonne/mauvaise affaire!
C'est bon marché!
C'est très cher!
Les vêtements coûtent très cher ici!   Oui, mais la qualité est superbe!
En tout cas, la qualité est superbe!

Pour demander un avis
Est-ce que ça me va?
Est-ce que c'est bien coupé? Je trouve les manches un peu bizarres!
Franchement, qu'est-ce que vous en pensez?

Pour se plaindre
C'est trop serré/petit/grand/étroit/large/court/long.
Ça ne me va pas du tout.
Ce n'est pas très flatteur.

Note that the English word *size* has no generic equivalent in French: when referring to shoes, you use the noun **la pointure**; to refer to articles other than shoes, you use the noun **la taille**. Note also the distinction between North American and European sizes.

Table de comparaison de tailles

FEMMES							
Robes, chemisiers et tricots. Petites tailles							
France		34	36	38	40	42	44
Amérique du Nord		5	7	9	11	13	15
Tailles normales							
France	36	38	40	42	44	46	48
Amérique du Nord	6	8	10	12	14	16	18
Chaussures							
France	36½	37	37½	38	38½	39	39½	40
Amérique du Nord	5½	6	6½	7	7½	8	8½	9
HOMMES							
Costumes							
France	44	46	48	50	52	54	56
Amérique du Nord	34	36	38	40	42	44	46
Chemises							
France	36	37	38	39	41	42	43
Amérique du Nord	14	14½	15	15½	16	16½	17
Chaussures							
France	41	42	43	44½	46	47
Amérique du Nord	8	9	10	11	12	13

❖ À votre tour

Model for students by describing what you're wearing today. Review colors: blanc/blanche, bleu (clair, foncé, marine), gris, jaune, marron, noir, orange, rose, rouge, vert.

A. Bien habillé en toutes circonstances. Que porter dans les situations suivantes?

Je porte/J'aime porter/Je mets/Je préfère/Je préfère mettre...

1. pour aller en classe
2. pour aller à une soirée chez des amis
3. pour aller à une interview professionnelle
4. pour passer un week-end de détente à la campagne avec des amis

You may wish to divide your students into small groups and assign each group a situation (a–e). Students should first find the discourse models and than create their scenes.

B. À chacun son rôle. Lisez les phrases ci-dessous et identifiez celles qui correspondent aux situations a–e. Puis, jouez de courtes scènes avec un(e) partenaire.

    a. On propose/demande des renseignements.
    b. On décrit l'article qu'on cherche.
    c. On essaie l'article et on demande/offre des conseils.
    d. On demande une taille ou une couleur différente.
    e. On décide de ne pas acheter l'article/on règle l'achat.

1. Moi, je vous conseille une taille plus grande!
2. Oui, ça me plaît assez, mais est-ce que ça existe en violet?
3. Ah non, si vous considérez la qualité, ce n'est pas cher!
4. Il vaut mieux le laver à la main ou le faire nettoyer à sec?
5. Je regrette, ce n'est pas tout à fait ce que je voulais!
6. Ne pensez-vous pas que c'est un peu trop jeune pour moi?
7. Non, nous n'acceptons pas les chèques, mais nous acceptons la Carte bleue.
8. Le prix est un peu trop élevé pour moi! Pouvez-vous me montrer quelque chose de moins cher?
9. Vous savez, la coupe vous convient parfaitement, mais la couleur n'est pas tout à fait ça. Essayez la même chose en bleu!
10. Je cherche une robe habillée, longue ou courte, sans manches et pas trop chère.

C. Comment dire? Lesquelles des expressions suivantes emploie-t-on dans les situations suivantes?

Situations
1. Le prix ne vous convient pas.
2. Le vêtement ne vous convient pas (taille, couleur, coupe).
3. Vous aimez le style (la coupe), mais pas la couleur.
4. Le vêtement ne convient pas à l'occasion.

Expressions
a. C'est un peu trop cher pour moi.
b. Cela ne me va pas du tout.
c. C'est trop serré (trop large).
d. Y a-t-il quelque chose de moins cher?
e. Je n'aime pas beaucoup la couleur.
f. La taille ne me convient pas.
g. La coupe ne me convient pas.
h. Ce n'est pas tout à fait ce qu'il faut.

En direct 1

A. Au secours! Quelle décision prendre? *Chère Monique* est une rubrique de conseils qui paraît dans plusieurs journaux et qui a eu beaucoup de succès. Aujourd'hui, c'est aussi une émission de radio. Les auditeurs appellent Monique pour lui demander des conseils. Écoutons quelques enregistrements et, pour chacun,
- identifiez le problème
- donnez autant de détails que possible
- recommandez une solution

	Le problème	Quelques détails	Une solution
Maxime René Michel			

B. Identifiez le suspect. Écoutez la déposition de la femme qui a été témoin d'une agression dans la rue et identifiez le suspect.

The tapescript for all *En direct* activities can be found in the *Instructor's Resource Manual*. Following is the tapescript for activity B.

B. Eh bien, je ne sais vraiment pas ci c'était un homme ou une femme! En tout cas, le suspect portait un pantalon très large, de couleur grise ou peut-être beige. Cette personne portait un manteau, non, pas vraiment un manteau, plutôt un imperméable. Oui, c'est ça, un imperméable bleu marine qui était ouvert sur une chemise rose. Non! Attendez! Ce n'était pas une chemise rose, c'était un pull-over rose, qui était très large autour du cou. La tête du suspect était couvert d'un chapeau noir, beaucoup trop petit. Ah oui, un autre détail un peu bizarre: sa main gauche portait un gant, vert foncé et très court. Et encore un autre détail qui me revient: cette personne portait des bottes, je crois, voyons.... Non, peut-être des baskets… Oui, c'est ça, des baskets, l'un était à l'état neuf et l'autre complètement usé.

PARALLÈLES?

Influences et décisions

Beginning with this dossier, you may wish to do the *Parallèles?* section in several installments or cycles; for example, you might have students work through this section a first time after completing the *Contextes* section and prior to beginning the *Outils* or the *Découvertes* sections, then review the *Parallèles?* section after students have completed work on the *Outils* and the *Découvertes* sections. Encourage students to monitor their own culture learning: do they think that their ability to observe, describe, and analyze cultural phenomena is better the second time through the *Parallèles?* section? Can they explain why?

This activity is a follow-up to the advance organizer. (*D'une culture à l'autre*). To help students identify decisions and guide their thinking, you might want to brainstorm with your students and write some of the following ideas on the board in columns:
(1) *Décisions personnelles (achat d'une voiture, lieu de résidence, location/achat d'un appartement ou d'une maison, fiançailles, mariage, enfants);*
(2) *Décisions professionnelles (choix de carrière ou d'emploi, recherche du premier emploi, priorité accordée à l'emploi);* (3) *Facteurs personnels (envie ou désir, importance relative, style de vie);*
(4) *Facteurs professionnels (nécessité, prix, ressources financières personnelles, possibilité d'emploi).*

Dans la vie, on est obligé de prendre beaucoup de décisions: certaines sont relativement peu importantes, d'autres sont très importantes. Qu'est-ce qui influence nos décisions? Certaines sont influencées par des facteurs personnels, mais d'autres le sont par des facteurs culturels.

Observer

A. Quand vous prenez une décision, quels facteurs entrent en jeu? Essayez en groupe de trois ou quatre de faire un petit inventaire des décisions que doivent prendre les gens autour de vous et des facteurs qui influencent ces décisions.

les décisions	les facteurs

mariage civil

cérémonie religieuse

342

Réfléchir

B. Parmi ces facteurs, y a-t-il des facteurs «culturels», c'est-à-dire, des facteurs qui vous influencent et qui vous sont en quelque sorte dictés par ce qui est attendu, accepté, acceptable dans votre environnement? Par exemple, la décision de passer le permis de conduire n'est pas une décision que peut prendre un(e) Français(e) de moins de 18 ans (18 ans est l'âge minimum légal pour passer son permis de conduire).

C. En vous référant aux documents écrits et sonores de ce dossier, pouvez-vous identifier quelques-uns de ces facteurs «culturels» qui influencent les décisions de certains francophones de votre âge? Réfléchissez, par exemple, aux questions suivantes:

- Y a-t-il une obligation militaire à remplir?
- À quel âge peut-on conduire? Le coût de ce permis de conduire est-il élevé?
- Quel facteurs entrent en jeu pour l'achat d'une voiture? (Pensez à la consommation d'essence et au prix des assurances!)
- À quel âge devient-on majeur et peut-on participer à la vie politique?
- Le mariage, toujours un engagement sérieux, peut-il se passer en deux temps: un mariage civil ou formalité administrative, et une cérémonie religieuse marquant la solennité de cet engagement?
- Est-il facile de trouver un logement?
- Dans quelles conditions est-il possible d'acheter une maison ou un appartement? Existe-t-il des programmes d'épargne (*savings*) ou de prêts (*loans*)?

Depending on one's cultural/ethnic background, North American cultural factors might include: *la pratique de s'éloigner (ou pas) de sa famille, la pratique de vivre ou pas indépendant(e) de sa famille, la pratique de se conformer (ou pas) à la tradition familiale, la nécessité (ou le besoin) d'établir une ligne de crédit à son nom, la pratique de travailler en faisant ses études.* etc. They might also include: *l'usage ou la coutume.*

Cultural factors for the French include: (1) *service militaire* (currently ten months within metropolitan France or eighteen months' civil service outside France, although a shorter time is under discussion). (2) *âge et coût du permis de conduire* (One must be 18 years old. Cost includes mandatory driving lessons and instruction as to traffic laws—approximately $500. After age 16, a person can drive accompanied by an experienced driver, but the second driver must be over 20 years of age, must always be the same person, and the car must be marked with a special sticker.) (3) *achat d'une voiture* (Besides the price of the car, the French are faced with expensive gasoline prices [about 5.70 francs per liter] and high insurance rates [about 5,000 francs per year for drivers under 25].) (4) *âge de la majorité* (18 years of age). (5) *désir de ne pas trop s'éloigner de la région natale.* (6) *mariage civil* (can be performed prior to a religious ceremony, for example, to enable a young couple who are both teachers to be considered for a joint appointment.) (7) *disponibilité d'un logement; achat d'une maison.*

OUTILS

1. Les pronoms interrogatifs

- The pronouns you have studied up to this point (subject pronouns and object pronouns) are used to avoid repetition. Interrogative pronouns, on the other hand, serve to anticipate. They allow the speaker or writer
    - ➤ to identify persons (*Who? Whom?*) or things, motives, or actions (*What?*)
    - ➤ to single out one (or more) from a category of persons or things already mentioned (*Which one?*)

    These two usages are treated separately in this dossier, the first in *Outil 1* and the second in *Outil 2*.

Questions concernant des personnes: **qui, qui est-ce que**

- To ask *who* is performing an action or has a particular characteristic, use:

qui	+	verb

Qui a lancé l'agence de voyages Historitour?

Who launched the travel agency Historitour?

You may wish to point out to students that there is also an inverted form: *qui* + inverted verb/subject; for example: *Qui dois-je contacter pour faire une demande? Qui Charles a-t-il rencontré dans son magasin? De qui Charles a-t-il appris le métier d'horloger-bijoutier?*

- To ask *who* is affected by the action of the verb, you use:

qui est-ce que	+	subject/verb

Qui est-ce que je dois contacter pour faire une demande?

Whom must I contact in order to apply?

Qui est-ce que Charles a rencontré dans son magasin?

Whom did Charles meet in his shop?

De **qui est-ce que** Charles a appris le métier d'horloger-bijoutier?

From whom did Charles learn the trade of clockmaker/jeweler?

Questions concernant des choses ou des actions: **qu'est-ce qui, qu'est-ce que, quoi**

Again, you may wish to point out that there is also an inverted form: *que (qu')* + inverted verb/subject; for example, *Que dois-je faire pour apprendre ce métier? De quoi s'occupe-t-on quand on est PDG?*

- To ask *what* is responsible for an action or has a particular characteristic, you use:

qu'est-ce qui	+	verb

Qu'est-ce qui explique le choix de métier?

What explains the choice of work?

Qu'est-ce qui est intéressant dans votre métier?

What's interesting in your work?

- To ask *what* is affected by the action of the verb or to inquire about a course of action, use:

qu'est-ce que	+	subject/verb
preposition	+	**quoi est-ce que**

Qu'est-ce que je dois faire pour   *What must I do to learn this*
apprendre ce métier?   *trade?*
De quoi est-ce qu'on s'occupe   *What does one deal with when*
quand on est PDG?   *one's a CEO?*

Remember that prepositions are followed by the stressed form of the pronoun: **me** → **avec** *moi*; **te** → **avec** *toi*; **que** → **avec** *quoi*.

To ask for a definition of a thing (*What is …*):, use **qu'est-ce que** or **qu'est-ce que c'est.**

Qu'est-ce que c'est, un PDG?   }   *What is a PDG?*
Qu'est-ce qu'un PDG?

- Here's another way to understand interrogative pronouns:

	Persons	Things
Subject	**qui**	**qu'est-ce qui**
Direct object	**qui est-ce que (qu')**	**qu'est-ce que (qu')**
Indirect object / object of prep.	prep. + **qui est-ce que (qu')**	prep. + **quoi + est-ce que (qu')**

❖ À votre tour

A. De quoi s'agit-il? Vous vous approchez d'un groupe d'amis et vous essayez de vous intégrer à la conversation.

(Attention: ☐ = une chose, 👤 = une personne.)

MODÈLE: parler de / ☐
      De quoi est-ce que vous parlez?
    ou: De quoi parlez-vous?

1. parler de / ☐   7. penser à / 👤

2. partir avec / 👤   8. faire allusion à / 👤

3. faire allusion à / 👤   9. s'intéresser à / ☐

4. faire attention à / ☐   10. se mettre d'accord sur / ☐

5. avoir besoin de / ☐   11. se souvenir de / 👤

6. se préoccuper de / ☐

B. Pardon, j'ai mal entendu. Vos camarades discutent de Sandrine, une copine. Vous avez mal entendu les mots en italique et vous demandez des précisions.

MODÈLE: Sandrine a un entretien *avec Jean-Michel Lomme.*
        Pardon? Avec qui est-ce qu'elle a un entretien?

1. Sandrine a un entretien *avec Jean-Michel Lomme.*
2. Jean-Michel Lomme est *le patron d'IPM.*
3. IPM est *une grande entreprise multinationale.*
4. IPM fabrique *des produits pharmaceutiques.*
5. Le patron veut rencontrer *Sandrine* pour parler de son expérience antérieure.
6. Elle, elle veut discuter *de son salaire éventuel.*
7. *Le patron* veut la présenter à certains de ses futurs collègues.
8. Elle a très envie *du poste.*
9. Elle a un peu peur *des responsabilités.*
10. Elle a peur *du grand patron.*
11. En tout cas, elle a l'intention d'accepter *l'offre qu'on va lui faire.*
12. Son fiancé, Robert, la pousse *à attendre.*
13. *Robert* pense qu'elle peut trouver mieux.

2. Pronom interrogatif **lequel**

• Now that you know how to ask about the identity of persons and things (*Who? Whom? What?*), the next step is learning to single out one (or more) from a category of persons or things already mentioned (*Which one[s]?*).

Il y a beaucoup de métiers. **Lequel** préférez-vous?	*There are many trades. Which one do you prefer?*
Il y a beaucoup de professions. **Lesquelles** vous intéressent?	*There are many professions. Which ones interest you?*

• As the examples show, the interrogative pronoun **lequel** is used for both persons and things. Like all pronouns, **lequel** agrees in gender and number with the person(s) or thing(s) referred to:

	singular	plural
masculine	**lequel**	**lesquels**
feminine	**laquelle**	**lesquelles**

Il y a pas mal de pantalons. **Lequel** trouves-tu le plus beau?	*There are quite a few pairs of pants. Which one do you think is the handsomest?*
Entre les deux jupes, **laquelle** me conseillez-vous?	*Of the two skirts, which one do you advise me (to take)?*
Parmi ces pantalons, **lesquels** ont l'air le plus confortable?	*Of these pairs of pants, which ones look the most comfortable?*
Parmi ces chemises, **lesquelles** préférez-vous?	*Of these shirts, which ones do you like best?*

❖ À votre tour

A. L'embarras du choix. Votre camarade vous montre les vêtements
«possibles» pour son entrevue avec un futur employeur. Vous ne voulez
pas vous compromettre et répondez par une question.

MODÈLE: J'ai ces deux vestes: une marron et une grise. / pas mal, mais...
—J'ai ces deux vestes: une marron et une grise.
—Elles sont pas mal! Mais laquelle vas-tu mettre?

1. J'ai ces deux vestes: une marron et une grise. / pas mal, mais...
2. J'ai une chemise blanche et une chemise bleue. / très chics, mais...
3. Regarde mes pantalons neufs: un noir et un gris. / bien coupés, mais...
4. J'ai trouvé des ceintures: en coton et en cuir. / très pratiques, mais...
5. Mes cravates sont unies et rayées. / très jolies, mais...
6. J'ai toute une collection de chaussettes: noires, grises, bleues. / très
   correctes, mais...
7. Maintenant, passons aux chaussures: noires, marron, bleu marine. /
   très élégantes, mais...

B. Chasseur de têtes. Vous présentez les dossiers de nombreux
candidats et candidates à un chasseur de têtes. Cette personne vous
demande lequel/laquelle a la qualification désirée.

MODÈLE: Ils ont tous des diplômes / avoir un diplôme d'ingénieur?
—Ils ont tous des diplômes.
—Mais lequel a un diplôme d'ingénieur?

1. Ils ont tous des diplômes / avoir un diplôme d'ingénieur?
2. Elles parlent toutes deux langues / parler japonais?
3. Ils savent tous prendre des responsabilités / savoir prendre des
   initiatives?
4. Elles sont toutes compétentes / avoir le sens du contact humain?
5. Ils sont tous très sérieux / avoir le sens de l'humour?
6. Elles ont toutes des recommandations / avoir de l'expérience?
7. Ils aiment tous travailler en équipe / montrer de l'originalité?
8. Elles ont toutes le sens de l'organisation / savoir bien s'exprimer?

3. Les pronoms relatifs **qui** et **que**

- A series of short sentences often sounds choppy and unconnected.
  By using relative pronouns, you can make longer, more sophisticated
  sentences, both orally and in writing. Relative pronouns also enable
  you to link your sentences together to form smoother, more coherent
  oral and written paragraphs.

- In English, there are four main relative pronouns (*who, whom, which,
  that*): *who* and *whom* refer to persons, *which* and *that* to objects.
  In French, the two main relative pronouns, **qui** et **que** (or **qu'**),
  apply to persons as well as to objects. The one you use depends on whether
  you're referring to the subject or to the object of the clause. If you're
  referring to the subject, you use **qui**; if you're referring to the object,
  you use **que** (or **qu'**).

	subject	object
persons	**qui**	**que (qu')**
objects	**qui**	**que (qu')**

- Using a relative pronoun to expand a single sentence by adding more information to the end of it is a relatively simple procedure:

1. Have in mind a normal sentence that ends in a noun or a noun + adjective.
2. At the end of the sentence, place a relative pronoun. The relative pronoun you choose will dictate what follows:

   ➤ after the relative pronoun **qui,** you must always put a verb;

   ➤ after the relative pronoun **que** (or **qu'**), you must always put a subject plus a verb.

qui	+ verb
que (**qu'**)	+ subject + verb

J'ai trouvé un poste **qui**
- m'intéresse beaucoup.
- offre des possibilités de voyager.
- a des avantages importants.

J'ai trouvé un poste **que**
- beaucoup de gens désirent.
- je cherche depuis longtemps.
- mon père a eu avant moi.
- mon professeur a recommandé.

- Relative pronouns are sometimes omitted in English; in French, they are never omitted.

  J'ai trouvé un poste **que** j'aime beaucoup.   *I found a job (that) I like a lot.*

- Using relative pronouns also allows you to link a series of short, choppy sentences together and thereby create a smoother paragraph. You will learn how to do this in the *Cahier*.

❖ À votre tour

A. Options. Vous avez refusé plusieurs postes avant d'en accepter un. Quelles caractéristiques avaient les postes refusés? Et quelles étaient celles du poste accepté? Employez le pronom relatif (**qui** ou **que**) suivi de l'imparfait.

MODÈLE: J'ai refusé des postes qui ne payaient pas bien.
    J'ai accepté un poste que mes amis n'approuvaient pas.

(ne pas) payer bien
mes amis (ne pas) approuver
(ne pas) m'intéresser
mes qualifications recommander
avoir beaucoup de (peu de)
 prestige social
(ne pas) me convenir

(ne pas) offrir la possibilité de
 promotion rapide
demander un travail d'équipe
mes professeurs déconseiller
(ne pas) assurer la sécurité de
 l'emploi

B. D'accord ou pas d'accord? Exprimez votre opinion sur chaque
thème en employant le pronom relatif qui ou que. Votre partenaire
exprime son accord ou désaccord en ajoutant des renseignements.

MODÈLE: Les métiers intéressants sont les métiers…
—Les métiers intéressants sont les métiers qui offrent la
 possibilité de voyager.
—D'accord. Et les métiers intéressants sont les métiers qui
 offrent aussi une possibilité de promotion rapide.

1. Les métiers qui m'intéressent sont ceux…
2. Pour moi, un salaire avantageux est un facteur…
3. Moi, j'aime les collègues…
4. C'est le contact avec le public…
5. C'est l'employeur…
6. Ce sont les employés…

4. Le comparatif et le superlatif de l'adjectif

Le comparatif de l'adjectif

* In comparing two or more persons or objects, you can focus either on
 their characteristics or on their performance relative to each other.
 The first kind of comparison involves adjectives, the second adverbs.

* In the illustrations below, persons, places, and things are compared in
 terms of a particular characteristic:

Le chapeau rouge est
moins cher que le
chapeau bleu.

La chemise de droite
est aussi chère que la
chemise de gauche.

Les chaussures
marron sont plus
chères que les
chaussures noires.

- Remember that, as shown above, the adjective always agrees with the noun it modifies in gender and in number.

  Le métier de soudeur est-il plus dur que le métier de serveuse?

  La femme du bijoutier est aussi travailleuse que lui.

  Les acteurs sont en général plus indépendants que les fonctionnaires.

- The adjective **bon** (*good*) has an irregular comparative form: **meilleur(e)(s)** (in English, *better*):

Je suis un bon ingénieur.	*I'm a good engineer.*
Pourtant, mon frère Paul a une **meilleure** situation que moi!	*Yet, my brother Paul has a better overall financial situation than me!*

However, the other comparative forms are regular:

Mon frère est un **aussi bon** ingénieur que moi.	*My brother is as good an engineer as I.*
Mais mon camarade est **un moins bon** ingénieur que Paul.	*My friend is a less good engineer than Paul.*

- Be careful not to confuse the adjective **bon**, which qualifies a noun, with its adverbial counterpart **bien**, which qualifies a verb. The adverb **bien** (*well*) is often used to indicate how well someone or something performs. When used in comparisons (*better*), it has irregularities similar to those you noted above with **bon**:

  Henri s'habille *bien*, n'est-ce pas?

  Écoute, Olivier s'habille **mieux que** nous tous.

Here again, the other comparative forms are regular:

  Voyons! Henri s'habille **aussi bien que** lui!

  Ah non, il s'habille **moins bien que** lui!

Comparative forms of other adverbs will be presented in Dossier 13.

❖ À votre tour

 A. Opinion personnelle. À tour de rôle, comparez l'importance de divers facteurs dans les circonstances suivantes.

MODÈLE: dans le choix d'un métier / important?

la tradition familiale / le hasard / Jl a vocation

—Dans le choix d'un métier, qu'est ce qui est important?

—La tradition familiale est moins importante que la vocation.

—D'accord! La vocation est plus importante que la tradition familiale.

—Pas d'accord! La tradition familiale est plus importante que la vocation.

1. dans le choix d'un métier / important?
   la tradition familiale / le hasard / la vocation
2. pour trouver une situation / utile?
   les diplômes / les contacts personnels / l'expérience antérieure
3. pour choisir un partenaire / essentiel?
   l'honnêteté *(f)* / la créativité / la personnalité
4. pour décider entre deux offres de travail / motivant?
   le salaire / les conditions de travail / le logement
5. avant de prendre une décision / nécessaire?
   les conseils des amis / les conseils de la famille /l a réflexion
   personnelle
6. quand on a des soucis / bon?
   le sport/la musique / les promenades à pied

B. Encore des comparaisons. Lisez les faits suivants et tirez, sous
forme de comparaisons, toutes les conclusions qui vous semblent
évidentes.

MODÈLE: une robe / une jupe et un chemisier (habillé)
          Une robe est en général plus habillée qu'une jupe et un
          chemisier.

Catégorie	Objets	Point de comparaison
vêtements	robe / jupe + chemisier	habillé
	costume / pantalon + veste	pratique / confortable
chaussures	bottes / sandales	chaud / léger
	tennis / mocassins	confortable / utile
accessoires	bijoux / lunettes	cher / indispensable / beau
	écharpe / cravate	chic / pratique / élégant

C. Quel fanfaron! Vous et un(e) camarade parlez de quelqu'un qui
exagère ses mérites. Montrez vos sentiments par votre intonation!

MODÈLE: —Il réussit bien?
          —Penses-tu! il réussit mieux que tout le monde!
          —Il prend de bonnes décisions?
          —Alors là! il prend de meilleures décisions que tout le monde!

1. Il réussit bien?
2. Il prend de bonnes décisions?
3. Il donne de bons conseils?
4. Il a un bon sens de l'humour?
5. On l'aime bien?
6. C'est un bon partenaire?
7. Il parle bien?
8. Il a de bons résultats?
9. Il se débrouille bien?
10. Il a une bonne image de lui?

You may wish to point out to students
that the plural indefinite article *des*
becomes *de* when it precedes a plural
adjective + noun.

Le superlatif de l'adjectif

- The superlative expresses the idea of a maximum or minimum quality or capacity: *the most, the least, the best, the worst.* It is often expressed in English by the *-est* form of the adjective: *the tallest, the shortest, the fastest, the slowest,* etc.

- The superlative is formed as follows:

article			
le			
la	+	**plus**	+ adjective
les		**moins**	

C'est **la** solution **la plus simple**.

C'est **le** métier **le moins intéressant**.

Ce sont **les** conseils **les plus pratiques** de tous.

- The placement of the superlative corresponds to the placement of the adjective. When the adjective follows the noun, the superlative also follows the noun. In this case, the definite article preceding the noun is repeated in the superlative construction following it:

			le			
article	+	noun	**la**	+	**plus**	+ adjective
			les		**moins**	

Il a accepté cette offre: pour lui c'était **l'offre la plus intéressante**.

C'était aussi **la solution la moins compliquée**.

You may choose to tell students that with the superlative, it is always acceptable to place the adjective after the noun: for example, one can say either *la plus belle ville* or *la ville la plus belle*.

- When the adjective precedes the noun, usually the superlative construction, too, precedes the noun. In this case, there is only one article:

le					
la	+	**plus**	+ adjective	+	noun
les		**moins**			

C'était **la plus belle offre**.

C'est remarquable parce qu'il était **le plus jeune candidat**.

- The adjective **bon** (which always precedes the noun and which has an irregular pattern in the comparative) has an irregular pattern in the superlative as well:

C'est un **bon** conseil.

C'est **le meilleur** conseil de* l'année!

Mais c'est aussi **le moins bon** moment pour moi!

* Note that **de** after the superlative corresponds to English *in* or *of*.

❖ À votre tour

A. Quelle belle soirée! Vous étiez l'envoyé spécial de *Samedi Soir* à une grande soirée. Vous évoquez pour vos lecteurs les plus beaux moments de la soirée.

MODÈLE: les robes (élégant, chic, amusant)
—Les robes étaient les plus élégantes, les plus chics, les plus amusantes aussi.

1. les robes (élégant, chic, amusant)
2. les personnalités (fameux, notoire, connu)
3. la musique (moderne, gai, original)
4. la nourriture (abondant, varié, de bonne qualité)

B. Une légère exagération? Un membre de votre famille est fier de vos succès et répète et amplifie toutes vos remarques.

MODÈLE: travailler pour une compagnie importante
—Je travaille pour une compagnie importante.
—Quelle modestie! Il/Elle travaille pour la compagnie la plus importante.

1. travailler pour une compagnie importante
2. bénéficier de bonnes conditions de travail
3. maintenir avec tout le monde de bons rapports
4. trouver de bons partenaires
5. utiliser un matériel performant
6. rencontrer des collègues sympathiques
7. espérer une belle promotion

En direct 2

A. Jamais trop tard pour mieux faire! L'animatrice de radio Juliette Mallet interroge Marie-Claude Hugon durant son émission «Jamais trop tard pour mieux faire». Prenez des notes sous les rubriques suivantes:

- Raisons pour être devenue voyagiste
- Raisons du changement de carrière
- Avantages perdus
- Avantages gagnés

Juliette est surprise, étonnée par le changement de carrière de son invitée Marie-Claude. Et vous? Quelle est votre réaction à son changement de carrière?

B. Des succès qui inspirent! Trois anciens du lycée Colbert parlent de leur vie professionnelle aux élèves d'aujourd'hui. Écoutez et prenez des notes en vue de rédiger un compte-rendu de la séance. Pour chaque présentation prenez des notes sur les sujets suivants:

- importance des qualités personnelles
- raison(s) du choix professionnel
- éducation nécessaire
- joies du métier
- difficultés ou exigences du métier

1. François Marin
2. Sandrine Boneau
3. Dominique Andretti

Lequel de ces métiers trouvez-vous le plus intéressant? Pourquoi? À votre avis, quels sont les avantages de ce métier? Et les inconvénients?

C. Témoignage. Vous et un(e) camarade avez été témoins du vol d'une bicyclette sur votre campus. Un officier de police vous interroge, vous faites une description détaillée du suspect.

D. Reportage. Interrogez un(e) adulte que vous connaissez sur la profession qu'il/elle a choisie. Dites pourquoi il/elle a choisi ce métier, les qualités qui sont importantes dans l'exercice de ce métier, et les joies et les exigences du métier.

E. Courrier du cœur. Vous faites un stage dans un quotidien de votre région et vous travaillez avec la rédactrice de la rubrique *Chère Monique*. Vous devez lire le courrier, prendre des notes et indiquer une solution possible. Le format de vos notes est le suivant:

- âge et sexe de la personne
- type de problème ou combinaison de problèmes (budgétaire, sentimental, scolaire ou universitaire, professionnel, psychologique, familial, etc.)
- complications
- possibilités de solution

Un jour, Monique vous donne la lettre ci-dessous. Lisez-la, prenez des notes, suivant le format convenable, et indiquez une solution possible.

Chère Monique

Chère Monique:

Je vous écris parce que ma situation est très compliquée. Voilà: j'aime Julien et il m'aime. Nous sortons ensemble depuis deux ans. J'ai 21 ans et lui en a 25. Il a fini son service militaire et il a trouvé une situation, mais... cette situation est au Sénégal! On lui offre les meilleures conditions possibles au point de vue salaire et responsabilités. Pour lui, il n'y a pas à hésiter: il doit partir en Afrique. Il m'a demandé de l'épouser et de partir avec lui. Mais moi, je n'ai pas du tout envie de me marier maintenant et encore moins de partir si loin. Julien ne comprend pas que je tiens à obtenir mon diplôme—je suis en deuxième année de droit. Si j'abandonne mes études maintenant, j'ai peur de ne jamais les finir. Julien ne comprend pas que mes études et mon avenir professionnel passent en premier. Bien sûr, je l'aime et je voudrais vivre avec lui, mais cela n'est pas possible avant un an ou deux. Nos discussions sont de plus en plus longues et de plus en plus pénibles et je ne sais vraiment plus où j'en suis! Aidez-moi! Que dois-je lui dire pour lui faire comprendre mes sentiments?

Un cœur brisé,
Sophie

F. Chère Sophie. Rédigez une réponse à Sophie de la part de Monique.

G. La valse des hésitations. Sophie n'est pas la seule à avoir des problèmes. Vous en avez, vous aussi. Écrivez une lettre à *Chère Monique* pour lui demander conseil. Exposez clairement la situation que vous confrontez, les facteurs que vous devez prendre en considération.

1. Vous avez une offre d'emploi, mais c'est dans une ville très éloignée et votre copain/copine n'a pas fini ses études. Il/Elle refuse la séparation. Doit-il/elle abandonner ses études en cours? Devez-vous l'attendre en acceptant n'importe quel travail temporaire? Vous ne savez pas quoi faire!

2. Vous avez prévu une sortie avec un groupe d'amis, mais à la dernière minute, vous recevez une invitation plus intéressante. Que faire? Mécontenter de vieux amis et peut-être leur causer des problèmes? Refuser une rare occasion?

3. Votre meilleur(e) ami(e) se marie dans une ville très éloignée. Il/Elle vous demande d'être son témoin. Hélas! Vous ne pouvez pas vous permettre de prendre des jours de congés sans paie, vous n'avez d'ailleurs pas l'argent du voyage, et votre garde-robe a sérieusement besoin d'un coup de neuf. Comment lui expliquer tout cela sans le/la fâcher, sans l'obliger à vous offrir une aide financière?

 H. Échange de lettres. Échangez les lettres écrites à Chère Monique. En petits groupes, rédigez une réponse.

Découverte du texte écrit

Point out the parallelism of the two texts: the two characters looking at each other; italics to indicate first-person discourse.

I. Préparation

1. Les deux textes que vous allez lire forment un ensemble. Le premier présente le point de vue d'une entreprise à la recherche d'un candidat pour un poste, le deuxième propose le point de vue du candidat.

2. Étudiez la mise en page des deux textes. Quel est le rapport entre les différents éléments (photos, gros titres, sous-titre, italiques).

3. L'article va raconter une aventure, une rencontre. Selon le sous-titre en haut de la première page, quels sont les trois éléments qui interviennent dans cette rencontre? Qui sont les deux «acteurs» principaux?

4. Le premier article va présenter le point de vue de l'entreprise. À votre avis, quelles considérations vont être importantes pour l'entreprise quand elle recrute un nouvel employé?

J. Exploration

1. Numérotez les paragraphes, puis indiquez le paragraphe où on trouve les éléments suivants:

   Entretien avec le PDG de l'entreprise
   Présentation de l'entreprise Sidel
   Entretien avec Jamey
   Qualifications recherchées par Jamey
   Raisons pour l'embauche d'un adjoint à la directrice de communication
   Critères de sélection au niveau du cabinet de recrutement
   Entretien avec Jamey
   Entretien avec le cabinet de recrutement
   Présentation de Jamey
   Qualifications recherchées par l'entreprise

2. Qu'est-ce que Sidel? Quels facteurs ont poussé Sidel à la décision d'embaucher un adjoint à la directrice de communication?

3. Quelles qualifications cherchait Sidel?

4. Combien de CVs le cabinet de recrutement a-t-il reçus? Selon quels critères a-t-on fait le tri des candidats?

Catherine Jamey: *Sidel, directrice de la communication et des relations humaines*

Comment j'ai recruté mon adjoint[1]

Une entreprise, un cabinet de recrutement, un candidat à la recherche de son premier emploi, «Talents» donne la parole aux acteurs de cette rencontre

Un PDG[2] «communicateur», un journal interne dont il faut changer la formule, une éventuelle prochaine introduction en Bourse[3], autant d'éléments qui ont décidé, l'été dernier, Sidel à doter sa directrice de la communication d'un adjoint. D'autant que cette PME[4] du Havre spécialisée dans la construction de machines servant à la fabrication de bouteilles en plastique, n'est pas franchement connue du grand public.

Le besoin de sang neuf, la volonté de donner sa chance à un débutant et la jeunesse du service—Catherine Jamey, directrice de la communication et des relations humaines, n'a que 32 ans—ont conduit l'entreprise à arrêter son choix sur un jeune diplômé. «*L'annonce parue dans* le Monde *spécifiait un niveau d'études assez élevé (troisième cycle[5], Celsa[6], Sup de co[7]) parce que le poste exige beaucoup de rédaction écrite[8]*», raconte Catherine Jamey. Une bonne connaissance du monde de l'entreprise était aussi vivement souhaitée.

Les quelque 300 CV reçus par le cabinet chargé du recrutement, qui avait rédigé l'annonce ont d'ailleurs été épluchés[9] en fonction des stages effectués en entreprise. «*On en a retenu vingt-et-un*», explique Catherine Charvet, consultante au cabinet Oberthur. Ont également été repérés ceux qui ont su exploiter dans leur lettre de motivation les informations données dans l'annonce. «*Quand un candidat parvient à décrypter dans sa lettre les "coulisses"[10] de l'annonce et à mettre une de ses qualités en face d'une des caractéristiques de la demande, c'est très positif*», assure Catherine Jamey. En l'occurrence, il s'agissait de montrer un intérêt pour l'environnement industriel, les entreprises à taille humaine.

Pour la première salve d'entretiens, le cabinet s'est bien sûr attaché à tous ces aspects mais a affiné son évaluation par un test psycho-professionnel, une analyse graphologique et, étant donné le poste, la production de quelques dizaines de lignes sur un sujet libre. Histoire de se faire une idée de la cohérence, la vivacité et l'aisance des candidats dans la communication écrite.

Un «trou[11]» dans le CV n'est pas rédhibitoire[12]

Au cours de cette première entrevue, le consultant livrait au candidat un maximum d'informations sur l'entreprise. «*Ainsi, les candidats qui n'ont pas réagi au fait que Sidel avait fait l'objet d'un RES (rachat de l'entreprise par ses salariés, qui suppose une grande implication et une véritable indépendance, ndlr[13]) m'ont inquiétée!*», juge Catherine Jamey.

«*Je les ai reçus pendant près de deux heures, le chef du personnel les a vus une heure environ. Il s'agissait d'une discussion, incluant un dialogue impromptu en anglais. On leur a demandé de nous expliquer le choix de leur formation, la manière dont ils voyaient un service communication, ce que représentait selon eux, le poste d'adjoint... C'était aussi l'occasion de parler de leurs activités hors CV, leur degré de connaissance de l'entreprise. On leur a fait visiter l'usine et la manière dont ils se comportaient était là encore attentivement observée. J'ai, pour ma part, été surprise du peu de questions qu'ils posaient sur les machines, la fabrication...*», s'étonne Catherine Jamey.

À ce niveau de la procédure, elle avait déjà son idée. Mais, pour ce poste, un entretien supplémentaire a eu lieu avec le PDG. «*Cet ultime entretien nous a permis de voir si le candidat donnait les mêmes réponses aux mêmes questions, posées par deux personnes differentes. Et, si on apparaissait un peu agressif, ce n'était pas par méchanceté. Il s'agissait seulement de pousser le candidat dans ses retranchements. Dans les derniers entretiens on a aussi essayé de «dédorer»[14] le poste. Il est important de tester la capacité d'adaptation du candidat aux aspects routiniers de la fonction, car il y en a!*»

S.L.B.

Source: *Talents*, avril 1993.

---

1. assistant   2. *président directeur général*   3. Stock Exchange   4. *petite ou moyenne entreprise* (small business)
5. graduate study   6. *Centre d'études littéraires et scientifiques appliquées*   7. *École supérieure de commerce*
8. formal writing   9. examined closely (lit., peeled)   10. what is hidden (lit., backstage)   11. blank
12. won't be counted against you   13. editor's note (*note de la rédaction*)   14. to make something look less glamorous

5. Quels autres tests le cabinet de recrutement a-t-il exigé de la part des candidats?
6. Quelles qualifications cherchait Jamey? Combien de temps a duré son entretien avec le candidat? Quelles questions a-t-elle posées?
7. Pourquoi y a-t-il eu un dernier entretien avec le PDG de l'entreprise?

K. Synthèse et réflexion

1. Dans cet article on retrace le processus de recrutement et d'embauche d'un adjoint au directeur des communication. Le processus consiste en une série d'étapes qui commencent dans l'entreprise et qui continuent ensuite dans le cabinet de recrutement pour revenir enfin à l'entreprise. Résumez dans le tableau ci-dessous ce qui se passe à chaque étape:

Qui?	Renseignements désirés	Méthode(s) de vérification
entreprise		
cabinet de recrutement		
entreprise: directeur de communications		
entreprise: chef du personnel		
entreprise: PDG		

2. À votre avis, au point de vue de l'entreprise, les diverses étapes sont-elles toutes de la même importance, ou une étape vous paraît-elle plus importante que les autres? Expliquez.
3. À votre avis, au point de vue du candidat, quelle étape vous semble la plus difficile à franchir? Expliquez.

L. Préparation. Le deuxième texte va présenter «l'autre perspective», à savoir, celle de la personne qui cherche un emploi. À votre avis, quelles vont être les préoccupations et les soucis du candidat?

M. Exploration

1. Combien de temps Bertrand Guillet a-t-il consacré à la recherche d'un poste?
2. Quelles études a-t-il faites?
3. Qu'est-ce qui l'a attiré vers le poste chez Sidel (deux raisons)?
4. Quelle était la première étape à franchir? Pourquoi Bertrand a-t-il fait une lettre très courte? Sur quoi a-t-il insisté? Pourquoi?
5. Une fois sélectionné pour être interviewé par Sidel, comment Bertrand s'y est-il préparé?
6. Bertrand a-t-il trouvé les entretiens à Sidel difficiles? Expliquez.

Sup de co, 3ᵉ cycle spécialisé dans la communication d'entreprise : **Bertrand Guillet**

Comment j'ai été recruté

Neuf mois: c'est le temps qu'aura passé Bertrand Guillet à éplucher les petites annonces, rares, à envoyer des lettres par dizaines, à espérer l'entretien (un seul digne de ce nom) qui lui mettrait le pied à l'étrier[1] dans le monde de la communication d'entreprise. Finalement, en septembre dernier, le jeune diplômé vendéen[2] de 24 ans (Sup de co Nantes et un troisième cycle, spécialisé dans la communication d'entreprise, Sciences com à Nantes) tombe sur une petite annonce inespérée. Malgré le lieu—Le Havre, alors que Bertrand est installé à Paris—et l'activité très industrielle de l'entreprise recruteuse, il répond.

«Quand on a cherché neuf mois, bouger ne pose aucun problème», philosophe-t-il. Et puis, une annonce titrant «*débuter dans la communication*» a de quoi «interpeller» un jeune qui désire entrer en communication par la voie de l'entreprise.

Un CV et une lettre «hyper courte»

«Le poste offert, adjoint de la directrice de la communication, amené à faire de la com' interne et externe, correspondait exactement à ce que je cherchais. En plus, l'annonce était plutôt bien tournée par rapport à celles qui vendent plus la place de "leader mondial" ou le "dynamisme international" de l'entreprise que le poste lui-même. J'ai notamment été marqué par la "simplicité" demandée dans l'annonce. C'est un terme rarement employé, qui me suggérait qu'on ne me promettrait pas monts et merveilles et que les rapports seraient plutôt francs», raconte Bertrand Guillet.

Première étape[3] à franchir[4]: le cabinet de recrutement. Pour ce faire, Bertrand envoie son CV, et rédige sa énième lettre: «*Hyper courte, avec une référence quasiment nulle à l'entreprise. J'ai surtout insisté sur ma formation.*» Le contact avec la consultante s'est bien passé, la machine était lancée. Ses quelques lignes consacrées à Maastricht, Sarajevo, Mogadiscio et la presse, thème choisi pour le sujet libre demandé par la consultante, sont jugées «*brillantes*».

Des entretiens «un rien stressants»

Bertrand se retrouve dans le trio de tête des candidats et, dix jours après son premier rendez-vous au cabinet de recrutement, il rencontre les gens de Sidel, non sans avoir pris soin de récolter[5] de la documentation sur l'entreprise. Son premier entretien avec son futur employeur *«s'est plutôt bien passé, mais j'ai senti que le fait d'avoir des attaches à Paris pouvait poser un problème.»*

La procédure se poursuit néanmoins et il rencontre le PDG de l'entreprise pour un ultime entretien. *«Toutes ces entrevues étaient plutôt classiques: des interrogations sur les raisons qui m'avaient mené à mes études, ma vision des choses... Un rien stressant mais au bout de plusieurs entretiens on s'endurcit[6].»* Finalement, Bertrand est retenu. L'ensemble de la procédure aura duré un mois et demi et depuis, Bertrand Guillet s'avoue ravi malgré ses 50 heures de travail hebdomadaire!

«Paradoxalement, mes neuf mois de galère m'ont servi. On a le temps de mûrir, de perdre ses illusions et de se motiver.» Neuf mois? De tous temps, une période de maturation!

Stéphanie Le Bars

Source: *Talents,* avril 1993.

1. stirrup (here: to get off to a good start)   2. from the department of Vendée   3. stage   4. get through
5. to gather   6. gets tougher

N. Synthèse et réflexion.

1. Combien de temps a duré l'ensemble de la procédure? En rétrospective, Bertrand est-il fâché d'avoir été obligé de consacrer neuf mois à la recherche d'un poste? Expliquez.
2. À votre avis, neuf mois est-ce trop longtemps à consacrer à la recherche d'un emploi? Expliquez.

JOBS

JFE
16, avenue Voltaire, BP 200,
94252 Gentilly cedex.
Contact: Mme Moïse
Fonction: travaux
administratifs, saisie
informatique sur terminal IBM
Temps: complet
Début: immédiat
Durée: 3 mois
Salaire: smic minimum
Lieu: Île-de-France, province
5 postes
Formation, niveau d'études:
BTS bureautique et secrétariat
Observation: envoi lettre + CV

JFE
16, avenue Voltaire, BP 200,
94252 Gentilly cedex.
Contact: Valérie Canelli
Fonction: concepteur rédacteur
chargé de rédiger et concevoir
des documents publicitaires
clients, des brochures, des
fiches produits ainsi que la
rédaction d'articles pour un
journal
Temps: complet
Début: 01/04/96
Durée: 4 mois
Salaire: à définir
Lieu: Gentilly
1 poste
Formation, niveau d'études:
communication/presse, bac + 4
Observation: CDD, envoi lettre
+ CV à V. Canelli

CLUB EURO
Rue de la Banque, 75002 Paris.
Contact: service recrutement
Fonction: décorateur,
scénographie, conception et
réalisation, montage des
décors, gérer un plateau
Temps: complet

Début: 01/04/96
Durée: 4 mois
Salaire: 5 600 francs
Lieu: France et étranger
Connaissances: graphisme,
lettrage, typo
Observation: passeport valide,
dégagé OM, envoi CV + lettre

COLONIES RURALES
3, rue des Genêts,
35530 Servon-sur-Vilaine.
Tél.: 99 80 42 17
Contact: Mme Lefèvre
Fonction: encadrement d'une
équipe d'animation et animation
groupe d'enfants
Temps: complet
Début: 01/07/96
Durée: 2 mois
Salaire: 190/270 francs par
jour + repas
Lieu: Servon-sur-Vilaine
5 postes
Formation: Bafa, BAFD ou en
cours
Connaissances: législation des
centres de loisirs
Observation: formation prévue
avant date du stage

CNR
26, rue Émile-Duclaux, 75015
Paris.
Tél.: 47 41 99 80
Fonction: marketing,
prospection, recherche clientèle,
enquêtes, études de marchés,
remise en forme de fichiers
clients, actions promotionnelles
Formation, niveau d'études:
BTS action commerciale, bac +
2-3
Temps: complet
Début: janvier 95
Durée: 3 mois
Lieu: Paris
Indemnité: à définir
Contact: Mme Eissen

PLEIN AIR MAGAZINE
94, avenue Jean-Médecin,
06000 Nice.
Tél.: 93 42 09 23
Contact: M. Albert
Fonction: visiter les
commerçants afin de leur
présenter la publicité d'un
magazine
Temps: complet
Début: 01/04/96
Durée: 3 mois
Salaire: à la commission
Lieu: Nice
50 postes
Connaissance: vente directe
Observation: 22 ans minimum

COMITÉ POUR LES ENFANTS
Mairie de Montbard
21500 Montbard
Tél.: 21 09 20 12
Fonction: animateur
Mission: animation d'activités
périscolaires et prévention de la
délinquance
Formation, niveau d'études:
bac + 2, école supérieure de
commerce, gestion du
personnel,
Temps: partiel
Début: décembre
Durée: toute l'année
Lieu: Montbard
Indemnités: 55 francs
net/heure
Observations: horaires:
15 h 30/18 h toute la semaine +
vacances scolaires
Contact: M. Amir

MARCOTEL DIRECT
27, rue Montaigne
87100 Limoges.
Tél.: 55 38 27 93
Fonction: téléprospecteur,
participer aux projets
commerciaux de multi-
nationales, d'organismes

financiers et de l'opérateur
public en télécommunications
(20 postes)
Formation, niveau d'études:
bac + 2
Temps: complet
Début: novembre
Durée: à définir
Lieu: Limoges
Indemnités: fixe + primes
Observations: dynamisme et
rigueur
Contact: Mme Riel

J & R MARKETING
BP 7200, 13793 Aix-en-Provence
cedex 3.
Tél.: 42 68 42 01
Fonction: service du personnel,
gestion des ressources
humaines, recrutement des
stagiaires
Formation, niveau d'études:
bac + 3 ou + 4, école supérieure
de commerce, gestion du
personnel
Temps: complet
Début: novembre
Durée: 3 mois
Lieu: Aix-en-Provence
Indemnités: à définir
Contact: Mlle Redor

CITEX
18, av. de la Libération
68700 Cernay.
Tél.: 89 46 03 11
Fonction: marketing, étude de
marché européen
Formation, niveau d'études:
BTS, IUT ou autre, bac + 2,
marketing, anglais ou allemand
Début: novembre
Durée: 2 mois
Lieu: Cernay
3 postes
Salaire: à définir
Contact: M. Dutourd, avant la
fin de septembre

Bafa: brevet d'apitude
   aux fonctions
   d'animateur
BAFD: brevet d'aptitude aux
   fonctions de directeur
BP: boîte postale
BTS: brevet de technicien
   supérieur
CDD: contrat à durée
   déterminée
IUT: Institut universitaire
   de technologie
OM: obligation militaire

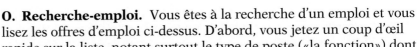

O. Recherche-emploi. Vous êtes à la recherche d'un emploi et vous
lisez les offres d'emploi ci-dessus. D'abord, vous jetez un coup d'œil
rapide sur la liste, notant surtout le type de poste («la fonction») dont
il s'agit dans chaque offre. Puis vous identifiez plusieurs offres qui
vous intéressent et vous les lisez plus attentivement, notant:

- la mission (les responsabilités du poste)
- la formation et le niveau d'études nécessaires
- si le poste est à temps complet ou à temps partiel
- la date à laquelle le travail commence
- le lieu de travail
- les indemnités (le salaire)

P. On pose sa candidature. Lisez la lettre écrite par un candidat au poste chez J & R Marketing. Remarquez bien comment la lettre est organisée et quel genre de renseignements elle contient. Remarquez aussi comment les informations contenues dans le CV trouvent leur place dans la lettre.

Mlle Redor
J&R Marketing
BP 7200
13793 Aix-en-Provence Cedex 3

Besançon, le 15 octobre 1995

Mademoiselle,

En réponse à votre annonce parue dans le numéro du magazine <u>Talents</u> de septembre-octobre 1995, j'ai l'honneur de poser ma candidature à l'emploi proposé dans les services du personnel de votre société.

Comme le montre le curriculum vitae que je joins à ma lettre, j'ai reçu en juillet 1995 mon diplôme de l'école de commerce ECOTEC, à Toulon. Durant mes études j'ai fait un stage de six mois en industrie--aux Laboratoires BioMed--où je me suis spécialisé dans le domaine de la gestion des ressources humaines. Pendant les étés 1994 et 1995, j'ai eu la chance de travailler dans une entreprise d'informatique où j'ai pu me familiariser avec les logiciels les plus récents.

Mes professeurs ainsi que mes employeurs précédents ont toujours apprécié mon sens du contact humain et mon goût de l'initiative. Mes camarades de promotion se voient généralement offrir des salaires entre 95.000 et 110.000 francs par an et cela correspond à mes attentes.

Votre offre d'emploi m'intéresse beaucoup et j'ose espérer que vous allez pouvoir prendre ma demande en considération.

Veuillez agréer, Mademoiselle, avec mes remerciements anticipés, mes respectueuses salutations.

Laurent Bertier

Laurent Bertier

Q. À vous maintenant. Répondez à une des offres page 360. Voici la démarche à suivre:

- indiquer où vous avez lu l'annonce
- faire remarquer que vous avez un profil qui correspond à la description
- indiquer les diplômes que vous avez
- indiquer l'expérience que vous avez (par exemple: stage d'entreprise durant votre troisième année d'école, animateur dans un centre de loisirs, etc.)
- indiquer le nom d'une ou deux personnes qui peuvent vous servir de références: indiquer leurs titres, depuis combien de temps elles vous connaissent, en quelle capacité (prof, responsable, chef de service, maître de stage)
- indiquer que vous possédez d'autres qualifications: bonne connaissance d'une langue, des ordinateurs
- indiquer quand vous êtes libre
- indiquer à quel salaire vous aimeriez commencer
- indiquer où et quand on peut vous contacter

R. Le savoir-faire d'une interview: Le texte ci-dessous offre des conseils pratiques à de futurs candidats. Lisez-le, puis indiquez si vous êtes d'accord avec les conseils offerts.

1. Que veut dire l'expression «savoir-faire»?
2. Quel problème est évoqué?
3. Quels exemples de ce problème donne-t-on?
4. Quels conseils donne le journaliste? Pourquoi est-il dangereux de mentir?
5. Qu'est-ce que c'est que de «positiver»? Quel(s) exemple(s) donne-t-on?
6. Êtes-vous d'accord avec les conseils offerts dans cette rubrique? Pourquoi?

SAVOIR-FAIRE

À questions pièges, réponses intelligentes

«Sur votre CV, il y a un trou de six mois. Pourquoi?» «Si je regarde bien les dates, vous avez décroché° votre maîtrise en deux ans? Pourquoi?»
Les questions gênantes sont le lot de nombreux entretiens, autant vous y préparer.

Mentir° est dangereux. À plusieurs titres. D'abord parce que tout le monde ne sait pas mentir sans le montrer. Ensuite parce que les recruteurs connaissent leur métier: ils ne sont pas forcément dupes même si, sur l'instant, ils ne le montrent pas. Enfin, certains recrutements s'étalant sur° plusieurs entretiens, il peut être dangereux d'oublier la première version qu'on a livrée° pour expliquer un blanc sur le CV—la jambe cassée était-elle la droite ou la gauche?... —lors des entretiens suivants.

Po-si-ti-vez. En d'autres termes, il s'agit de reconnaître une erreur, tout en enjolivant° quelque peu la vérité d'une manière adaptée à l'entreprise. Si l'on vous demande, par exemple, pourquoi vous avez un peu traîné° pour décrocher un diplôme, n'allez pas dire que cette année-là tout le monde était collé°. Avouez que vous étiez peut-être un peu flemmard°, voire inconscient. Cela montrera que vous savez vous remettre en question et que vous êtes capable d'analyser ce que vous faites. Mais rajoutez sur-le-champ° que la vie d'étudiant a été pour vous un moment privilégié pour parfaire° votre culture générale—«*J'ai beaucoup lu à cette époque*»—, participer à des activités parascolaires enrichissantes (association, club sportif...), vous frotter à° une culture étrangère...

obtained

to lie

stretching out over

gave

embellishing

dragged out

flunked

lazy (slang)

immediately

round out

encounter

Source: *Talents*, avril 1993

L'homme de la décision

En juin 1940, l'armée allemande a envahi la France, la guerre est finie, les Français sont battus. Seul un jeune officier, Charles de Gaulle, refuse d'accepter cette défaite. Il prend la décision de partir pour Londres et de continuer le combat, même s'il est le seul Français à le faire. Le 18 juin 1940, il lance à la radio un appel à ses concitoyens: qu'ils continuent la lutte à côté des Anglais, qu'ils résistent aux Allemands! Le gouvernement français qui collabore avec les Allemands le désigne promptement comme traître et le condamne à mort. Mais sa décision est bien prise: la lutte continue… jusqu'à la libération de Paris en août 1944. Chef du gouvernement provisoire après la guerre, il ne peut pas faire accepter son projet de constitution. Alors il se retire de la vie politique pour écrire ses mémoires. En 1958, les Français se tournent une nouvelle fois vers lui et il revient à Paris en tant que président d'une nouvelle république, la Ve République.

You may wish to exploit this text further by asking students to respond orally or in writing to the following question: *Dans l'historie de votre pays, y a-t-il des personnages qui sont entrés en scène à un moment crucial et ont eu le courage de prendre de grandes décisions? Donnez leurs noms et indiquez leur importance.*

D'un parallèle à l'autre

Référez-vous au *Bilan*, après le Dossier 14. Choisissez un pays qui vous intéresse et familiarisez-vous avec son économie, ses ressources, ses traditions. À votre avis, quelles sortes de décisions (politiques, religieuses, économiques, familiales, personnelles) confrontent un habitant de ce pays?

Lu et entendu

Temps de décisions! Dans ce dossier, vous avez examiné certaines des décisions que doivent prendre des gens de votre âge ainsi que des facteurs culturels qui influencent de telles décisions. Choisissez deux ou trois des commentaires ci-dessous et expliquez à l'aide d'exemples pour quelles raisons vous êtes plutôt d'accord ou pas d'accord.

1. Les facteurs culturels jouent un rôle parfois invisible mais très important dans les décisions humaines.
2. Les facteurs culturels n'ont rien à voir avec des décisions personnelles.
3. Une bonne décision ne se prend jamais seul et jamais vite.
4. Hésiter est une faiblesse.
5. «À parti pris, point de conseils.» (proverbe)
6. «Sel et conseil ne se donnent qu'à celui qui les demande.» (proverbe)

À l'écran

Écoutez de jeunes travailleurs vous expliquer pourquoi et comment ils ont choisi leur métier. Partagez la perspective de collégiens sur ce qu'ils veulent faire.

Clip 11.1
Le choix d'un métier

Clip 11.2
Quelles perspectives?

Item 5: This proverb means: no point in trying to argue with someone whose mind is made up.

Le mot juste

This list of professions does not include occupations students have already encountered (*commerçant*, *médecin*) and cognates (*acteur, artiste, professeur*). You may wish to review some of these words with your students.

Contexte 1. Le choix d'un métier

Les atouts d'un métier

les avantages sociaux (m)	*benefits*
les conditions (f) de travail	*working conditions*
les congés (m)	*vacations*
le contact avec le public	*contact with the public*
l'indépendance (f)	*independence*
un patron sympathique	*nice boss*
la possibilité d'initiatives personnelles	*opportunity for personal initiative*
la possibilité de voyager	*opportunity to travel*
le prestige social	*prestige*
la possibilité de promotion rapide	*opportunity for rapid advancement*
un salaire avantageux	*good salary*
la sécurité de l'emploi	*job security*
la souplesse des horaires	*flexible hours*
la stabilité de l'emploi	*job security*
le travail d'équipe	*team work*

Pour parler du choix du métier

chercher une situation	*to look for a job*
gagner sa vie (bien, mal, tout juste)	*to earn a living (good, poor, just barely)*
le chômage	*unemployment*
embaucher/être embauché(e)	*to hire/to be hired*
être muté(e)	*to be transferred*
licencier/être licencié	*to lay off/to be laid off*
mettre (être mis[e]) à la porte	*to fire/to be fired*
payer des impôts	*to pay taxes*
Qu'est-ce que vous faites dans la vie?	*What do you do for a living?*
Quels sont les débouchés?	*What employment opportunities are there?*
recevoir une augmentation de salaire	*to receive a pay raise*
recevoir une promotion	*to receive a promotion*
toucher un salaire	*to receive a salary*
le travail à plein temps/ à temps partiel/à mi-temps	*full-time/part-time/ half-time work*
trouver une situation	*to find a job*

Contexte 2. Qu'est-ce qu'on fait dans la vie?

Les métiers

analyste-programmeur	*analyst-programmer*
artisan(e)	*craftsman*
assistante sociale	*social worker*
assureur	*insurance agent*
avocat(e)	*attorney, lawyer*
banquier(ère)	*banker*
bibliothécaire	*librarian*
bijoutier(ère)	*jeweler*
cadre	*executive*
chauffeur	*driver*
chercheur	*researcher*
coiffeur(euse)	*hairdresser*
comptable	*accountant*
conseiller(ère) d'éducation	*guidance counselor*
contremaître	*foreman*
couturier(ère)	*designer, seamstress*
critique (de films ou d'art)	*film or art critic*
cuisinier(ère)	*cook*
employé(e) de bureau	*office worker*
enseignant(e)	*teacher*
écrivain	*writer*
fonctionnaire	*civil servant*
garçon de café	*waiter*
horloger(ère)	*watch or clock repairer*
infirmier(ère)	*nurse*
informaticien(ne)	*computer scientist*
ingénieur	*engineer*
instituteur/institutrice	*elementary schoolteacher*
journaliste	*reporter*
kinésithérapeute	*chiropractor, physical therapist*
militaire	*person in the armed services*
ministre	*government minister*
ouvrier(ère)	*laborer, worker*
peintre	*painter*
postier(ère)	*mail carrier*
publicitaire	*advertising agent*
restaurateur	*restaurant owner*
serveur(se)	*waiter/waitress*
technicien(ne)	*technician*
voyagiste	*travel agent*

Contexte 3. Quelle décision prendre?

Prendre une décision/donner des conseils

(ne pas) avoir le choix	to have/not have a choice
chercher/considérer une alternative	to seek out/consider an alternative
compter	to intend (to do something)
conseiller	to advise, to give advice
Ça dépend (de)...	That depends (on)
D'un côté... de l'autre...	On the one hand... on the other
demander un temps de réflexion	to ask for time to think about something
en perdre le sommeil	to lose sleep over something
faire un choix	to make a choice
hésiter	to hesitate
il vaut mieux	it's better
peser le pour et le contre	to weigh the pros and cons
peut-être que...	maybe... , perhaps...
se demander si	to wonder whether
songer à	to think about, dream about
tout bien considéré	when everything's taken into account
Y a-t-il une alternative?	Is there an alternative?

Contexte 4. Une nouvelle garde-robe

Les vêtements

un anorak	parka
des baskets (m)	tennis shoes
un blouson	jacket
un blue jean	a pair of jeans
des bottes (f)	boots
une cravate	tie
un chapeau	hat
des chaussettes (f)	socks
des chaussures (f)	shoes
une chemise	shirt
un chemisier	blouse
un col roulé	a turtleneck
un collant	panty hose, tights
un coupe-vent	windbreaker
des gants (m)	gloves
un imperméable	raincoat
une jupe	skirt

un manteau	coat
un pantalon	(a pair of) slacks, (a pair of) pants
un pull-over	sweater
une robe	dress
des sandales (f)	sandals
des sous-vêtements	underwear
un survêtement	sweat suit
un tailleur	women's suit
une veste	sport coat or jacket, blazer

Expressions

Le rouge va bien avec le noir.	Red goes well with black.
Cela te/vous va bien.	It looks good on you.
Quelle est votre pointure?	What size shoes do you take?
Je chausse du.../Je fais du (chiffre).	I take a size X.
Quelle est votre taille?	What size (clothing) do you take?
Je fais du (chiffre).	I take a size X.
Je regarde tout simplement.	I'm just looking.
Cela existe en (bleu)?	Does it come in (blue)?
la taille au-dessus/au-dessous	the next larger/smaller size
la même chose en noir/ rouge/...	the same thing in black/red
C'est parfait.	It's perfect.
Ce n'est pas ce que je voulais.	It's not what I wanted.
C'est en laine/coton/cuir?	Is it wool/cotton/ leather?
Ce n'est pas très flatteur.	It isn't very flattering.
C'est en solde?	Is it on sale?

Verbes

faire du lèche-vitrine	to go window-shopping
jeter	to throw (out)
mettre	to put on, wear
payer	to pay (for)

Adjectifs

bon marché	cheap, inexpensive
branché(e)	mod, with-it
cher/chère	expensive
confortable	comfortable
d'occasion	second-hand
étroit(e)	narrow
large	wide
serré(e) (un peu, trop)	tight (a little, too)
usé(e)	worn

*L*oisirs et vacances

Communication

- Talking about leisure-time activities
- Planning and describing vacations
- Expressing necessity, obligation, and desire

Cultures in parallel

- Leisure time: habits and trends
- The importance of leisure time and its cultural variations

Tools

- Prepositions with geographical names
- Pronouns **y** and **en**; word order with object pronouns
- Usage and formation of the subjunctive: regular verbs; impersonal expressions
- The subjunctive of **être** and **avoir**; expressions of wishing and wanting

D'une culture à l'autre

Que représente pour vous le fait d'avoir du temps libre? Est-ce le droit de chacun de se reposer? Est-ce plutôt une récompense qui vient après le travail? Est-ce l'occasion d'échapper aux contraintes de la vie quotidienne? la possibilité d'avoir une activité qui équilibre et enrichit un individu? Donnez votre opinion et échangez des exemples.

CONTEXTES

To present the *Contexte*, first write the seven personality types on the board, then either explain them or have students try to guess their meaning. (You can use the photos to illustrate some of the personality types; for others—such as *pantouflard*—you can mime the concept or bring in photos of your own.) Be sure to inform students that these are humorous classifications. *Les pieds-levés* are on the go, literally, "with feet off the ground"; *les pantouflards* are couch potatoes, literally, "living with slippers on their feet."

1. Loisirs et personnalité

L'organisation du temps libre dépend des ressources de chacun, de l'endroit où on vit et surtout de ses goûts personnels. Avec un(e) partenaire recensez quelques comportements correspondant aux personnalités suivantes.

Les pieds-levés

- aiment les sorties nombreuses: aller au théâtre, au concert, au cinéma, au restaurant ou au café avec des amis
- possèdent un passeport, peuvent faire une valise en cinq minutes
- possèdent un appareil photo ou un Caméscope
- n'hésitent jamais à prendre la route
- tutoient leur agent de voyage

Les pantouflards

- ont un super-équipement électronique: chaîne stéréo, disques, téléviseur et magnétoscope
- retrouvent les mêmes partenaires pour jouer aux cartes tous les jeudis soirs
- s'occupent de leur collection (timbres, papillons, etc.)
- aiment bricoler, tricoter, faire de la tapisserie
- défendent jalousement leur fauteuil préféré devant la télé

Les cultivés

- sont présents à toutes les nouvelles expositions
- visitent un site historique ou un musée chaque week-end
- retournent dans le même musée plusieurs fois de suite
- lisent les critiques de film avant d'aller au cinéma
- ne regardent pas la télévision avant minuit (films classiques et en version originale)

368

Les intellos

- assistent à plusieurs conférences par mois
- passent leur week-end à la bibliothèque
- donnent rendez-vous à leurs ami(e)s dans une librairie
- ont les poches de leurs vêtements déformées par les livres

Les aventuriers

- sont amateurs de randonnée: à pied, à ski, à vélo, à moto ou à cheval
- préfèrent faire de l'escalade dans l'Himalaya, du canoë sur l'Orénoque
- ont essayé le parachutisme, la planche à voile, la plongée sous-marine
- vont faire un stage de parapente durant leurs prochaines vacances

Tell students: *l'Orénoque c'est le plus grand fleuve du Venezuela.*

Les musclés

- font du footing deux heures par jour par tous les temps
- passent leur week-end au stade
- sont membres de plusieurs associations sportives
- collectionnent les chaussures de sport
- décorent les murs de leur chambre avec leurs médailles

You might need to explain that *par tous les temps* means "in all kinds of weather."

Les non-conformistes

- font la sieste l'après-midi de la coupe d'Europe de football
- emmènent leurs petits voisins au cirque quand leurs copains vont au concert
- jouent d'un instrument de musique lorsqu'ils rentrent d'une discothèque
- ne se rappellent pas comment ils ont passé le week-end dernier
- n'ont pas honte d'avoir envie de ne rien faire

❖ À votre tour

A. Moi,... Et toi? Comparez votre comportement au comportement d'un(e) camarade.

MODÈLE: Moi, d'un certain côté je suis pantouflard parce que..., mais je... aussi comme les musclés, je... parfois. Et toi?

B. Et vous? Quels sont:

- vos loisirs préférés?
- les loisirs que vous n'avez jamais essayés?
- les loisirs que vous désirez essayer?
- les loisirs qui sont les plus populaires dans votre pays parmi les personnes de votre âge?

Faites des listes de loisirs pour chaque catégorie, puis comparez vos listes avec celles d'un(e) camarade. N'hésitez pas à discuter les raisons de vos préférences.

C. Classement. Avec un(e) camarade, essayez de regrouper les activités évoquées dans l'activité B dans d'autres catégories. Par exemple, indiquez quelles activités:

1. demandent de la force physique
2. exigent beaucoup de temps ou d'argent
3. peuvent se pratiquer en solitaire
4. sont recommandées pour un certain âge
5. peuvent être pratiquées partout
6. demandent un certain équipement
7. ne présentent pas de danger

Be sure to remind students that this is a tongue-in-cheek activity and that the categories are designed to be humorous.

D. Des comportements clés. Décrivez certains comportements ou certaines habitudes d'un(e) de vos connaissances. Votre partenaire va en tirer des conclusions sur sa personnalité. Est-il/elle plutôt pied-levé, aventurier(ère), pantouflard(e), musclé(e), cultivé(e), non-conformiste ou intello?

E. À vous de jouer! Avez-vous observé autour de vous d'autres comportements et habitudes que vous désirez ajouter à l'une ou l'autre de ces catégories? Partagez vos observations avec un(e) partenaire.

MODÈLE: À mon avis, les pieds-levés/pantouflards/etc.... font aussi très souvent la chose suivante: ils...

2. Vacances sur mesure

Luc Mourin, 26 ans, agent technique, célibataire

Cette année, j'ai changé de boulot en mars. J'ai beaucoup hésité à prendre cette décision à cause de mes projets de vacances: quatre semaines de voyage aux États-Unis avec des copains. Des vacances, j'avais très peur de ne pas pouvoir en prendre. Mais j'ai pu négocier avec mon nouvel employeur! On m'a permis de prendre trois semaines de vacances, mais bien sûr, il ne s'agissait pas de congés complètement payés. On me payait une semaine de vacances seulement.

Mais l'important c'est que j'ai pu partir avec mes copains. Nous sommes allés à New York, puis à Chicago. Nous y avons loué une voiture pour voyager dans l'état du Colorado. Puis, nous sommes descendus jusqu'au Nouveau-Mexique et en Arizona. En général, nous campions tous les soirs. Hélas, j'ai dû rentrer avant mes copains et je n'ai pas pu visiter la capitale américaine. Le voyage a été formidable! Mon grand regret c'est de ne pas avoir pu rencontrer plus d'Américains de mon âge. Quand on voyage en groupe et qu'on fait de longues distances chaque jour, il est difficile de rencontrer beaucoup de gens!

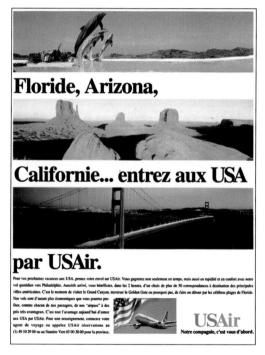

Floride, Arizona, Californie... entrez aux USA par USAir.

Pour vos prochaines vacances aux USA, prenez votre envol sur USAir. Vous gagnerez non seulement en temps, mais aussi en rapidité et en confort avec notre vol quotidien vers Philadelphie. Aussitôt arrivé, vous bénéficiez, dans les 2 heures, d'un choix de plus de 50 correspondances à destination des principales villes américaines. C'est le moment de visiter le Grand Canyon, traverser le Golden Gate ou pourquoi pas, de faire un détour par les célèbres plages de Floride.

Nos vols sont d'autant plus économiques que vous pourrez profiter, comme chacun de nos passagers, de nos "airpass" à des prix très avantageux. C'est tout l'avantage aujourd'hui d'entrer aux USA par USAir. Pour tout renseignement, contactez votre agent de voyage ou appelez USAir réservations au (1) 49 10 29 00 ou au Numéro Vert 05 00 30 00 pour la province.

USAir

Notre compagnie, c'est vous d'abord.

You may wish to tell students: *Les villages de vacances sont des appartements et des villas accueillant des familles. On y trouve aussi restaurants, installations sportives, activités supervisées pour enfants et/ou parents à un prix généralement assez raisonnable.*

Sandrine Goutal, 31 ans, informaticienne, mariée, deux enfants

Comme chaque année, les enfants sont partis en colonie de vacances au mois de juillet. En août, nous avons pris des vacances en famille. Nous n'étions pas encore très sûrs si nous allions louer une villa au bord de la mer ou passer trois semaines dans un village familial à la montagne. Moi, d'un côté, je préférais la mer, mais je me repose mieux quand je n'ai pas de responsabilités ménagères. Nous avons donc décidé d'aller dans le village de vacances pour trois semaines. La dernière semaine d'août, nous sommes allés chez mes parents en Bourgogne. Jean, notre fils aîné, s'y est un peu ennuyé jusqu'à l'arrivée de ma sœur et ses enfants: Jean a adoré faire des randonnées ou des sorties avec ses grands cousins.

Dominique Toubon, 43 ans, employé de banque, marié, trois enfants

Nous venons d'acheter notre maison et l'été dernier, nous voulions finir d'aménager la maison et faire du jardinage. Dans l'état actuel de nos finances, il n'était d'ailleurs pas question de partir quatre semaines en vacances. Nous avons donc pris la décision de rester chez nous et les enfants n'ont pas semblé en souffrir! Ils avaient déjà beaucoup de copains dans le quartier, et la piscine et le stade municipal sont à quelques minutes à bicyclette de notre résidence. Tout s'est bien passé. Et puis comme chaque année, nous sommes partis en Corrèze faire une grande randonnée à bicyclette avec trois autres couples et leurs enfants. Nous avons fait de petites étapes qui ne fatiguaient pas les enfants et nous avons passé la nuit dans des gîtes ruraux. Nous n'avons pas fait de course contre la montre, nous nous sommes promené à vélo vraiment pour le plaisir. Nous avons fait des haltes pour visiter les châteaux et églises de la région. Au moment des vacances de février, si nos finances nous le permettent, nous pensons emmener toute la famille au ski.

Gîtes ruraux are houses or farms that are rented by vacationers. Some or all meals are usually available. An annual guidebook details the *gîtes* available for rent each year.

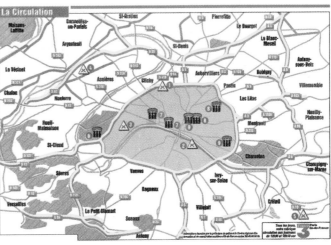

Emmanuel de Grassin, 32 ans, employé de banque, célibataire

Moi, cet été, je ne suis pas parti en vacances en juillet ni en août: je déteste cet exode annuel qui congestionne routes et plages. J'ai horreur de la foule, et me retrouver sur une plage avec des milliers d'autres personnes, leurs parasols, leurs radios et leurs enfants, ça ne m'enchante pas beaucoup! Je suis donc resté dans un Paris vidé de beaucoup de ses habitants, j'ai redécouvert le plaisir de la marche à pied, je me suis promené dans des quartiers que je connaissais mal. J'ai pu enfin profiter des environs de Paris car j'ai pu utiliser ma voiture sans craindre les embouteillages. Et j'ai même parfois eu l'impression d'un dépaysement complet, quand je me suis trouvé au milieu d'un groupe de touristes étrangers qui parlaient une langue inconnue et appréciaient beaucoup mes services de photographe bénévole et complaisant!

❖ À votre tour

A. Comparaison. Relisez les récits de vacances ci-dessus et complétez la grille ci-dessous. Puis, faites un petit compte-rendu du type de vacances qui vous semble le plus attirant et expliquez pourquoi.

	Mourin	Goutal	Toubon	de Grassin
Circonstances familiales				
Choix de vacances				
Raisons de ce choix				
Lieu(x) de vacances				
Activités choisies				
Bons souvenirs/regrets				

B. Et vous? Lesquelles des vacances évoquées dans le Contexte 2 se rapprochent de votre propre situation ou de vos propres rêves? Discutez-en avec un(e) camarade. Expliquez ce qui vous plaît ou vous déplaît.

 C. Le/La partenaire idéal(e). Maintenant, cherchez des partenaires qui partagent vos goûts. Pour cela, interrogez plusieurs camarades. Une fois que vous avez identifié votre partenaire idéal(e), précisez les détails de vos parfaites vacances.

- Quand partir?
- Pour combien de temps?
- Où aller?
- Que faire?

3. Du rêve à la réalité: comment organiser ses vacances?

Plusieurs mois à l'avance

—Alors, c'est décidé, cette année
    on va à l'hôtel?
    on fait du camping?
    on loue une villa?
    on fait un voyage?
    on part en village de vacances?

—Oui, mais on doit se renseigner: je veux bien passer à l'agence prendre des brochures, demander les prix et les comparer.

—Et moi, je vais écrire
    au syndicat d'initiative de la station pour avoir des adresses.
    à plusieurs villages de vacances pour avoir des renseignements.

—J'ai peur que nous ayons trop attendu, il faut absolument
    prendre une décision assez rapidement!
    faire des réservations assez rapidement!

La veille du départ

—Demain, on va
    prendre la route très tôt.
    partir très tôt.

—As-tu laissé
    un double des clés chez la concierge?
    notre adresse et notre numéro de téléphone chez la concierge?

—Mais oui, ne t'inquiète pas! Elle va aussi venir arroser les plantes une fois par semaine. Et toi, tu as fait le plein d'essence?

—Non, mais je vais y aller. Je dois aussi acheter une autre carte, je n'ai jamais réussi à trouver la mienne!

—Pendant ce temps je vais finir les valises. On a décidé de prendre la petite tente, n'est-ce pas?

To present the *Contexte*, first write the following chart on the board: horizontal headings: *Plusieurs mois à l'avance/La veille du départ*; vertical headings: *Décisions/Actions*. Next have students work their way through the text, looking for the decisions to be made and the actions to be taken. Finally, have students "match" the decisions and actions with the words needed to discuss them.

❖ À votre tour

A. Qui fait quoi? Quand vous partez en vacances avec votre famille ou avec des ami(e)s, quels préparatifs faut-il faire? Faites-en une liste, soit à l'écrit soit oralement. Qui fait quels préparatifs? Inspirez-vous librement du texte du Contexte 3.

B. Préparatifs de vacances Quels sont les préparatifs de vacances qui vous plaisent le plus? Et ceux qui vous ennuient le plus? Expliquez pourquoi.

C. Et vous? Vous et un(e) camarade discutez la manière d'organiser vos vacances. À tour de rôle, vous expliquez et comparez vos démarches.

1. Comment choisissez-vous un lieu de vacances?
   - Consultez-vous des brochures?
   - Demandez-vous des renseignements à des amis ou connaissances?
   - Utilisez-vous les services d'une agence?
2. Quels facteurs prenez-vous en considération?
   - distance de votre domicile
   - climat
   - environnement (naturel ou culturel)
   - présence d'amis
   - distractions
   - installations sportives
   - coût
   - autre(s) facteur(s)?

En direct 1

A. Que font les Français le week-end? Jean Cordonnier, animateur de l'émission *Saviez-vous que...?* a obtenu des statistiques récentes, qu'il partage avec ses auditeurs. Écrivez le pourcentage qu'il cite pour chaque catégorie d'activité, puis indiquez si les statistiques confirment ou non les opinions données à la suite du reportage.

Saviez-vous que parmi les Français:

_65_ % restent à la maison, à lire, à regarder la télévision, à bricoler ou à écouter de la musique.

_39_ % sortent au moins une journée, se promènent dans les rues ou à la campagne.

_20_ % travaillent à la maison ou ailleurs (*elsewhere*).

_19_ % partent à la campagne dans leur résidence secondaire, chez des parents ou des amis.

_16_ % bricolent.

_14_ % jardinent.

_14_ % quittent leur résidence une journée ou plus pour faire un tour à vélo, à moto, en voiture, train ou car.

The tapescript for *En Direct* activity A is as it appears here. Following is the tapescript for activity B.

B. Jeanine G. 28 ans
Avant tout, il faut le beau temps. Je vis onze mois sur douze dans une région qui n'est pas très ensoleillée, alors ce que je veux, c'est qu'il y ait du soleil. Voilà pourquoi depuis quatre ans, je choisis de passer mes vacances au Maroc, dans un Club Med. Et puis j'aime rencontrer de nouveaux amis. Les fêtes que le club organise, les excursions que l'on nous propose, voilà autant d'occasions de faire la connaissance de gens sympathiques d'une manière très simple et très naturelle. Les animateurs du club ne désirent qu'une chose: que tout le monde soit content, et ils sont vraiment à notre service 24 heures sur 24 pour être sûrs que cela se réalise.

Marc K. 46 ans
Moi, j'ai une situation qui comprend beaucoup de responsabilites, alors je veux que mes vacances me fournissent l'occasion d'en avoir le moins possible. Voilà pourquoi ma femme et moi partons en voyage organisé. Tout est prévu pour nous, tout est en place. C'est quelqu'un d'autre qui s'occupe de retenir les chambres d'hôtel, qui doit se renseigner sur les heures d'ouverture des musées, qui doit garer la voiture. Et puis nous apprécions aussi qu'il y ait toujours un guide compétent pour nous faire visiter une région ou un monument: la dimension culturelle de nos vacances est aussi un facteur qui noun est important, à ma femme et à moi.

Janine M. 30 ans
Nous n'avons pas les moyens financiers de partir en vacances, mais nous avons tous besoin de sortir de notre trois-pièces-cuisine dans la banlieue parisienne. Alors chaque été nous allons passer deux semaines dans le village qu'habitent les parents de mon mari. Les enfants s'amusent beaucoup à la campagne. Pour moi, c'est un peu difficile: j'aide ma belle-mère, je fais des promenades à pied avec les enfants. En fait, je m'ennuie un peu parce que mon mari passe beaucoup de temps à la pêche avec son père. Je voudrais qu'un jour nous ayons l'argent nécessaire pour prendre de vraies vacances au bord de la mer. Mes enfants n'ont jamais vu la mer, vous savez.

Serge T. 32 ans
Pour réussir mes vacances il faut que j'aie la possibilité d'apprendre quelque chose de nouveau. Je suis très sportif, et chaque été j'aime bien essayer un sport que je n'ai pas encore pratiqué. Par exemple, l'été dernier j'ai découvert l'escalade. C'est une expérience que j'ai trouvée formidable. Cet été, il est possible que j'aie l'occasion d'apprendre à piloter un avion! On verra!

Edmond J. 55 ans
Quand j'étais plus jeune, il me fallait partir le plus loin possible: je suis allé en Chine, au Mexique, en Russie et jusqu'en Inde. Aujourd'hui, je préfère le calme à l'exotisme. Pour réussir mes vacances, il faut que je sois au calme. Alors maintenant je toujours en vacances début juin, bien avant les grands départs et quand les jours sont les plus longs. Je quitte Paris en train, et ensuite je continue à vélo, sac au dos. L'an dernier avec un bon copain nous avons visité tous les châteaux de la Loire. Nous prenions les petites routes qui sont si belles et à cette époque-là peu fréquentées par les touristes. C'étaient des vacances à la fois sportives et culturelles!

Sonia A. 21 ans
Je suis étudiante et je ne suis pas très riche. Alors chaque année, je deviens monitrice dans une colonie de vacances. J'ai l'occasion de voyager dans des régions de France que je ne connais pas très bien. Et puis j'aime les enfants, enfin, je les aime bien la plupart du temps. Quelquefois il y en a de terribles qui causent de vrais problèmes. Je ne gagne pas des sommes extravagantes, bien sûr, mais l'argent que je gagne me permet de passer une semaine au ski en hiver, parce que moi, le ski, c'est ma passion. D'ailleurs l'hiver est la saison que je préfère!

___11___ % font des courses.

___11___ % font du sport, seul ou en club, en salle ou en plein air.

___10___ % vont au cinéma, au théâtre, au restaurant.

___9___ % s'occupent de cuisine, de réceptions et font des excès gastronomiques.

___3___ % visitent des musées et des expositions.

___8___ % vont danser, vivent la nuit.

___6___ % s'occupent d'eux-mêmes: rendez-vous de coiffeur, manicure, etc.

___6___ % font des excursions, des visites culturelles.

(Source: adapté de *Francoscopie 93*)

Vrai ou faux? En vous basant sur les statistiques entendues, indiquez pourquoi les phrases suivantes sont vraies ou fausses.

F 1. La majorité des Français ne restent pas chez eux le week-end.

V 2. Presque la moitié des Français consacrent au moins une journée du week-end à se promener en plein air.

V 3. En France les magasins sont fermés le dimanche, seulement 1% de la population travaille le week-end.

F 4. Un Français sur deux passe le week-end dans sa résidence secondaire.

V 5. Le bricolage et le jardinage sont des loisirs assez populaires.

V 6. Le week-end il y a autant de Français en train de faire des courses qu'il y en a en train de faire du sport.

F 7. Bien sûr, la majorité des Français occupent leur week-end soit à manger soit à faire de la cuisine.

F 8. Les discothèques sont aussi populaires que les musées.

B. Que faut-il pour réussir les vacances? Nadine, reporter à Radio-1, a posé cette question à quelques passants. Pour chaque personne, prenez des notes dans le but éventuel de rédiger un article. Notez:

- où cette personne a passé, voudrait passer, ou va passer ses vacances
- ce que cette personne cherche ou désire trouver lors des vacances
- pourquoi ce choix de vacances

Jeanine G. (28 ans)	Marc K. (46 ans)	Janine M. (30 ans)	Serge T. (32 ans)	Edmond J. (55 ans)	Sonia A. (21 ans)

PARALLÈLES?

Organiser son temps libre

Observer

A. Le concept du temps libre varie suivant les cultures. Décrivez les pratiques en usage dans votre pays. Par exemple:

- À quel moment du jour ou de l'année ce temps libre est-il accordé?
- La journée de travail typique est-elle de 8h à 16h ou de 9h à 18h? La journée scolaire typique suit-elle ce schéma?
- Qu'est-ce qu'un week-end typique?
- Combien de jours de vacances légales prévoit le calendrier de votre pays? Ces vacances légales s'appliquent-elles à tous ou seulement à certaines catégories de travailleurs? Lesquelles?
- Quand la plupart des travailleurs prennent-ils leurs vacances? Quelle est la durée moyenne de ces vacances?
- Les employeurs et le gouvernement font-ils un effort spécial pour aider leurs employés à profiter de leur temps libre? Donnez des exemples.
- Quelles institutions—famille, communauté, organismes publics ou privés—jouent un rôle dans l'organisation du temps libre? Précisez quel est ce rôle: organisation? soutien budgétaire? aspect culturel? social?

B. Que représente pour vous le week-end? Avec quels mots associez-vous le dimanche? À votre avis, quel(s) aspect(s) des loisirs vous semble(nt) être privilégié(s) dans votre culture? Le temps libre est-ce

- un droit?
- une récompense?
- une échappatoire?
- la possibilité d'un enrichissement?

Donnez votre opinion, puis faites un petit sondage parmi vos camarades de classe.

Les mots qui évoquent le mieux le dimanche pour les Français sont:

famille	**74%**
repos	58%
loisirs	51%
plaisirs	18%
fête	16%
sacré	15%
affection	11%
solitude	5%
ennui	5%
angoisse	2%

(source: *Francoscopie 93*)

Réfléchir

C. En vous basant sur vos remarques précédentes ainsi que sur les documents sonores et visuels de ce dossier et les tableaux page 391, quelles comparaisons pouvez-vous établir entre votre culture et la culture française? Comparez:

- la quantité du temps libre et des vacances
- l'importance du temps libre et des vacances dans l'esprit des citoyens
- la place du temps libre et des vacances dans le budget personnel
- la place du temps libre et des vacances dans l'économie du pays

This *Parallèles?* should be done in two stages. The first stage—*Observer*—can be done immediately after the *Contextes*. The second stage—*Réfléchir*—should be postponed until students have listened to both *En direct 1* and *En direct 2*.

Some examples of organizations would be: the Rotary or Kiwanis Club, Booster Clubs, local or community theater groups, community education and recreation programs.

B. Some possible answers: *le repos, l'absence de travail, la détente, le rattrapage, la famille.*

You might wish to have students compare their associations with the word *Sunday* with those of French people given in the chart. In addition, you might wish to help students group the terms they and the French associate with leisure time in the four categories given in activity B.

One way to approach activity C is to put a chart on the board and have students complete it. The chart then serves as the basis of their analysis. Horizontal headings: *chez les Français/dans votre pays;* vertical headings: *Quantité/Importance/Place, budget personnel/Place, économie du pays.*

⟨O⟩UTILS

1. Les prépositions avec les noms géographiques

- As you know, in French, geographical names (except most cities) have gender.

- *Continents.* All the continents are feminine.

l'Afrique	l'Europe	l'Asie
l'Amérique	l'Australie	

- *Countries, regions, provinces, most departments.* Usually a silent **-e** ending (in the French spelling) indicates that the noun is feminine (notable exceptions: **le Mexique, le Zaïre**):

la France	le Canada
la Colombie	le Sénégal
la Bourgogne	le Poitou

- *U.S. states and Canadian provinces.* Most U.S. states and Canadian provinces are masculine. A silent **-e** (in the French spelling) normally indicates a feminine noun (exception: **le Maine**).

le Vermont	la Californie
le Texas	la Caroline du Nord, du Sud
le Nebraska	la Floride
le Kentucky	la Pennsylvanie
le Québec	la Virginie
le Manitoba	la Nouvelle-Écosse

- *Cities.* Although most cities do not have gender, the definite article is sometimes an integral part of the name of several cities:

Le Havre	La Rochelle	Le Caire
Le Mans	La Nouvelle-Orléans	

- Expressing *in, at, to,* and *from* with French geographical names of continents, countries, states, provinces, and regions depends in the singular on the gender of the geographical name:

	in, at, to		*from*
masculine	feminine	masculine	feminine
au Canada	**en** France	**du** Maroc	**de** France
	en Europe		**d'**Europe
	en Iran[1]	**d'**Iraq[1]	**d'**Angleterre

[1]Masculine names beginning with a vowel are treated like feminine names.

- When the geographical noun is plural, the same preposition is used for both masculine and feminine names.

in, at, to		from	
masculine	feminine	masculine	feminine
aux États-Unis	**aux** Antilles	**des** États-Unis	**des** Antilles

- For U.S. states and Canadian provinces that are masculine, the expression **dans le** is preferred to **au**:

in, at, to	from
dans le Maine	**du** Maine
dans l'Ohio	**de l'**Iowa
dans l'Ontario	**du** Québec

- For U.S. states and Canadian provinces that are feminine, you use **en** to express *in, at,* or *to* and **de** to express *of* or *from*:

  en Californie   **de** Californie

- Movement to and from most cities is expressed by the preposition **à** or **de** alone. However, in the case of city names that include a definite article, **à** and **de** contract with the definite article:

  à Paris   **de** Lyon/**d'**Arles
  à Québec   **de** Québec
  au Havre   **du** Havre
  à la Nouvelle-Orléans **de la** Nouvelle-Orléans

Point out to students: *à/de Québec* (the city), but *au/du Québec* (the province).

❖ À votre tour

A. Votre tour du monde. Référez-vous à la carte (pages 38–39) pour expliquer à votre partenaire votre tour du monde. Donnez des détails sur les raisons de votre choix.

MODÈLE: Moi je voudrais d'abord visiter l'Egypte. J'étudie l'archéologie. Ensuite je voudrais visiter le Sénégal: c'est un beau pays avec de très belles plages.

 B. Quelle coincidence! Votre partenaire rentre du pays, de la ville ou de l'état où vous allez justement aller!

MODÈLE: le Japon
—Tu sais, je rentre du Japon.
—Tu viens du Japon? Comme c'est curieux, comme c'est bizarre, et quelle coïncidence! Moi, je vais bientôt aller au Japon.

First put on the board the names of countries, states, and cities that students want to visit. Ascertain that they know the gender of these places, then begin the activity.

The sentence beginning *Comme c'est curieux* is taken from *La Cantatrice chauve* by Ionesco.

2. Les pronoms **y** et **en**; la place des pronoms objets dans la phrase

Usage

- The pronoun **y** replaces expressions of location formed by the prepositions **à, dans, en,** or **sur** + noun.

Nous sommes allés **à Chicago** et nous **y** avons loué une voiture.	*We went to Chicago and rented a car (there).*
—Ils passent toutes leurs vacances **dans un village de vacances**?	*Are they spending their entire vacation in a family vacation center?*
—Non ils **y** passent juste trois semaines.	*No, they're just spending three weeks there.*
Nous sommes allés **en Corrèze**. Nous **y** avons fait des randonnées superbes.	*We went to Corrèze. We did some great hiking there.*
—On trouve beaucoup de monde **sur la plage**?	*Are there a lot of people on the beach?*
—À mon avis, on **y** trouve trop de monde!	*In my opinion, there are too many people (there)!*

Remind students that *à* + person is replaced by the indirect object (see Dossier 10, Outil 3).

- **Y** does not usually refer to a person, except when it replaces the expression **chez** + proper name or a family name.

Nous allons **chez mes parents**, mais Jean s'**y** ennuie un peu.	*We're going to my parents', but Jean gets a little bored there*

- The pronoun **en** may replace any expression containing **de**:
  - ➤ the indefinite article (**des, pas de/d'**)
  - ➤ the partitive article (**du, de la, de l', des, de, d'**)
  - ➤ an expression consisting of **de** (**d'**) + a phrase
  - ➤ expressions of quantity followed by persons or things.

Remind students that expressions of quantity include the indefinite article, cardinal numbers, adverbs of quantity, and nouns expressing quantity

Have students find the example sentence that illustrates each category.

Des vacances? J'ai eu peur de ne pas **en** prendre cette année.	*Vacation? I was afraid of not being able to take one this year.*
—Les enfants ont-ils souffert **de notre décision**?	*Did the children suffer from our decision?*
—Mais non! Ils n'**en** ont pas souffert!	*No, they didn't suffer from it at all!*
—Moi, il me faut **du soleil et de la chaleur**!	*As far as I'm concerned, I need sun and warmth!*
—À moi aussi, il **en** faut!	*I need them, too.*
—Avez-vous l'intention **de repartir à l'étranger cet été**?	*Are you planning to go abroad again this summer?*
—Oui, nous **en** avons l'intention!	*Yes, we are (planning to).*
—Avez-vous visité **beaucoup de châteaux**?	*Did you visit a lot of castles?*

—Oui, nous **en** avons visité
beaucoup.

Yes, we visited many (of them).

—Tu as **quatre semaines** de
vacances?

*Do you have four weeks of
vacation?*

—Non, j'**en** ai **deux** seulement.

No, I have only two (of them).

Place de **y** et **en** dans la phrase

• Like other object pronouns, **y** and **en** immediately precede:

➤ the conjugated verb in the present and imperfect:

—Vous restez **à Paris** en août?

*Are you staying in Paris in
August?*

—Oui, nous **y** restons.

Yes, we're staying (here/there).

—Ils allaient tous les ans **chez
leurs parents?**

*Did they use to go to their parents'
every year?*

—Oui, ils **y** allaient tous les ans.

*Yes, they used to go there every
year.*

—Tu avais **quatre semaines de
vacances?**

*Did you have four weeks'
vacation?*

—Non, j'**en** avais **deux**.

No, I had only two.

—Les enfants étaient **chez vos
parents?**

Were the children at your parents?

—En effet, ils **y** étaient.

Yes, in fact, they were (there).

➤ the auxiliary verb in the **passé composé**:

—Vous êtes allés **en Bourgogne?**

Did you go to Bourgogne?

—Oui, nous **y** sommes allés
quelques jours.

*Yes, we went there for a few days
.*

—Les enfants ont-ils souffert **de
votre décision?**

*Did the children suffer from your
decision?*

—Ils n'**en** ont pas souffert du tout!

They didn't suffer (from it) at all.

—Vous êtes allés **à Chicago?**

Did you go to Chicago?

—Oui, et nous **y** avons loué une
voiture.

Yes, and we rented a car (there).

➤ the infinitive in infinitive constructions:

—**Des vacances?** J'ai eu peur de
ne pas **en** prendre cette année.

*Vacation? I was afraid of not
taking any this year.*

—**Des responsabilités
ménagères?** Je ne veux pas **en**
avoir en vacances.

*Household chores? I don't want
to have any during vacation.*

—Pourquoi préférez-vous aller
dans des gîtes ruraux?

*Why do you prefer going to rural
farms?*

—Nous préférons **y** aller parce
que c'est plus sympathique et
moins cher qu'un hôtel.

*We prefer going there because it's
nicer and less expensive than a
hotel.*

- As with object pronouns, the pronouns **y** and **en** precede the verb in a negative command and follow the verb in an affirmative command:

Ne faites pas trop **de projets**, n'**en** faites pas trop!

Don't make too many plans, don't make too many!

Va **à la piscine**, **vas-y** avec tes amis!

Go to the pool, go there with your friends!

- When **y** and **en** occur in the same sentence, **y** precedes **en** and they both precede the verb:

—Y a-t-il **des embouteillages**?

Are there traffic jams?

—Oui, en général il **y en** a beaucoup, mais en août, il n'**y en** a pas beaucoup.

Yes, generally there are a lot (of them), but in August, there aren't many (of them).

- When **y** and **en** occur with other pronouns, **y** and **en** are always placed closest to the verb:

—Envoyez-vous vos enfants **chez vos parents** pour les vacances?

Do you send your children to your parents' for vacation?

—Bien sûr que oui! Nous **les y** envoyons tous les étés.

Of course we do! We send them there every summer.

—Non, pas cette année. Nous ne **les y** envoyons pas.

No, not this year. We aren't sending them there.

- In the **passé composé**, there is no agreement of the past participle with either **y** or **en**.

De l'essence? Je n'**en** ai pas pris!

Gasoline? I didn't buy any!

❖ À votre tour

A. Bonnes et mauvaises habitudes! Interrogez votre partenaire sur ses habitudes.

MODÈLE: réserver du temps libre pour toi? (assez, trop, trop peu)
　　　　—Tu réserves du temps libre pour toi?
　　　　—Hélas! j'en réserve trop peu.
　　ou: —En ce moment je n'en réserve pas beaucoup.

1. réserver du temps libre pour toi? (assez, trop, trop peu)
2. réserver du temps pour la lecture? le bricolage? les copains?
3. faire du sport? (régulièrement, quelquefois, jamais)
4. aller à la piscine? au stade? au gymnase? (souvent, rarement)
5. faire du cheval? où? (dans un club? à la campagne? chez des amis?)
6. prendre des vacances? avec qui? (famille? copains?)
7. écouter de la musique? où? (à la maison? dans la voiture? dans les cafés?)
8. perdre beaucoup de temps? pourquoi? (bonne/mauvaise organisation? être très/peu motivé[e]?)
9. aller souvent au cinéma? au concert? au théâtre? dans les discothèques?

B. Tout est prêt pour le départ? À tour de rôle, assurez-vous que votre partenaire a bien rempli ses responsabilités. Si non, demandez-lui quand elle/il va le faire.

MODÈLE: prendre de l'essence?
—As-tu pris de l'essence?
—Mais oui! j'en ai pris!
ou: —Non! pas encore!
—Alors, quand vas-tu en prendre?
—Je vais en prendre tout de suite (plus tard, avant le départ).

1. prendre de l'essence?
2. passer à la banque?
3. prendre des chèques de voyage?
4. laisser les clés chez les voisins?
5. recevoir des renseignements supplémentaires?
6. consulter des cartes?
7. téléphoner à l'hôtel?
8. rendre les livres à la bibliothèque?
9. acheter des magazines pour le voyage en train?
10. préparer des sandwiches pour le voyage?

 C. Responsabilités. À tour de rôle, définissez les responsabilités de chacun.

MODÈLE: les billets/les passeports (penser à)
Les billets? N'y pense pas! Mais les passeports? Ça, oui, penses-y!

1. les billets/les passeports (penser à)
2. l'agence/la banque (passer à)
3. de nouvelles valises/des cartes routières (acheter)
4. le syndicat d'initiative/l'agence de location (aller à)
5. l'agence/la gare (retourner à)
6. des chèques de voyage/de l'argent liquide (prendre)

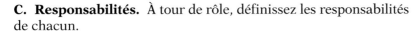 **D. Expression personnelle.** Demandez à votre partenaire (1) dans quels pays ou quelles régions il/elle a voyagé, (2) quelles activités elle/il a pratiquées, et (3) quels souvenirs elle/il a rapportés.

Have students list some countries, activities, and souvenirs prior to beginning the exercise.

MODÈLE: —Le Japon, tu y es allé(e)?
—Oui, j'y suis allé(e) il y a trois ans.
—Tu as visité des palais?
—Oui, j'en ai visité plusieurs.
—Tu as rapporté des kimonos?
—Oui, j'en ai rapporté un pour ma sœur.

La place des pronoms compléments (facultatif)

- Remember the placement of object pronouns (both direct object and indirect object) in the sentence:

  ➤ immediately preceding the conjugated verb or auxiliary:

  L'agence **nous** rappelle cet après-midi.

  Oh j'oubliais! Ils **nous** ont rappelés ce matin!

  ➤ one exception: the affirmative imperative:

  Envoyez-**moi** des brochures, s'il vous plaît!

  ➤ in the case of a conjugated verb + infinitive, the object pronoun(s) immediately precede(s) the infinitive:

  Les billets? L'agence de voyage va **vous les** envoyer aussitôt que possible.

- When there is more than one object pronoun in a sentence, first- and second-person pronouns precede third-person pronouns; **y** and **en** are placed closest to the verb:

subject [ne]	me te nous vous	le la l' les	lui leur	y	en	*verb* [pas]

- Need a good way to remember this scheme? Try this! When there are two object pronouns in a sentence, there are only two possibilities:

1. *Both pronouns begin with the letter **l***: In this case, arrange the two pronouns in alphabetical order and place them as close as possible to the verb (normally preceding it, but, in the case of the affirmative command, following it):

   —Est-ce que l'agence leur recommande cet itinéraire?

   —Oui, elle **le leur** recommande.

   —Non, elle ne **le leur** recommande pas.

   Recommandez-leur cet hôtel!

   Recommandez-**le-leur**!

   Ne **le leur** recommandez pas!

2. *Only one pronoun begins with the letter **l***: In this case, the pronoun beginning with the letter **l** is always placed immediately before (or after) the verb. (But remember that **y** and **en** are always placed closest to the verb.)

   —Vos amis vous louent leur villa?

   —Oui, ils **nous la** louent.

   —Non, ils ne **nous la** louent pas.

   Louez-nous votre villa!

   Louez-**la-nous**!

   Ne **nous la** louez pas trop cher!

Ils vont vous louer leur villa?

Oui, ils vont **nous la** louer.

Non, ils ne veulent pas **nous la** louer.

Ils vous ont parlé de leur villa?

Oui, ils **nous en** ont parlé.

Non, ils ne **nous en** ont pas parlé.

❖ À votre tour

Promesses d'adieu. Au moment du départ, famille et amis vous arrachent des promesses. Vous promettez de faire ce qu'on vous demande!

MODÈLE: envoyer des nouvelles

       —Envoyez-nous des nouvelles!

       —Mais oui, nous allons vous en envoyer!

1. envoyer des nouvelles
2. téléphoner une fois par semaine
3. adresser des cartes postales
4. rapporter des souvenirs
5. rapporter notre équipement
6. raconter votre voyage
7. parler de vos nouveaux amis
8. faire part de tous les détails

3. Le présent du subjonctif: verbes réguliers; expressions impersonnelles

Usage

- You have learned to describe people and events in a general manner and to construct simple narratives, both in the present and in the past. In this dossier you will learn to incorporate a personal perspective or point of view into your speech and writing by using the present subjunctive.

- There are many ways to incorporate a point of view into your speech. For example, you can

  ➤ express obligation or necessity regarding an individual or event;

  ➤ express wish or desire concerning an individual or event;

  ➤ express emotion concerning an individual or event;

  ➤ express doubt or uncertainty regarding an individual or event.

  All of these situations require the use of the subjunctive. They will be treated in turn in the next three dossiers, beginning in this one with expressing obligation or necessity.

The use of the subjunctive to give commands in the third person is deliberately omitted here.

Forme

- The subjunctive is used in sentences with two parts or clauses. The subjunctive always occurs in the second clause of the sentence and is always introduced by **que** (**qu'**). This is reflected in the inclusion of **que** in the conjugation.

Il faut **que nous achetions** nos billets à l'avance.	*We must buy (It is necessary for us to buy) our tickets in advance.*

- To form the present subjunctive of all regular verbs and many irregular verbs, you remove the **-ent** ending from the third-person plural (**ils**) of the present indicative and add the following endings:

-e	-ions
-es	-iez
-e	-ent

rentrer (rentr-)	
que je rentre	que nous rentrions
que tu rentres	que vous rentriez
qu'il/elle/on rentre	qu'ils/elles rentrent

choisir (choisiss-)	
que je choisisse	que nous choisissions
que tu choisisses	que vous choisissiez
qu'il/elle/on choisisse	qu'ils/elles choisissent

attendre (attend-)	
que j'attende	que nous attendions
que tu attendes	que vous attendiez
qu'il/elle/on attende	qu'ils/elles attendent

Les expressions impersonnelles d'obligation + le subjonctif

- You have already learned several impersonal expressions which, when combined with an infinitive, enable you to express obligation or necessity of a general nature. For example:

Que **faut-il** faire avant de partir en vacances?	*What is it necessary to do before leaving on vacation?*
Il faut choisir un endroit, **il est nécessaire de** se renseigner, **il est indispensable de** s'organiser bien à l'avance.	*It's necessary to choose a place, it's necessary to gather information, it's indispensable to get organized well in advance.*

Note that these sentences have only one subject: the impersonal **il.**

- These same expressions, when used with a present subjunctive, enable you to express obligation or necessity with regard to specific individuals or situations. For example:

Il ne faut pas que nous attendions plus longtemps pour acheter nos billets.	*We mustn't wait any longer to buy our tickets.*
Il faut que Marc et toi passiez immédiatement à l'agence.	*You and Marc must stop by the travel agency immediately.*

Note that in these sentences there are two subjects: the impersonal **il** and the noun/pronoun subject of the second clause (**nous** in the first sentence, **Marc et toi** in the second sentence).

- The following impersonal expressions can be used with a subjunctive to express obligation or necessity, or to give advice:

il est possible	il faut / il est nécessaire
il est préférable / il vaut mieux	il est essentiel / il est indispensable
il est important	

- Remember:

il faut	=	*it is necessary (necessity or obligation)*
il ne faut pas	=	*you must not (warning)*
il est nécessaire	=	*it is necessary*
il n'est pas nécessaire	=	*it is not necessary (you need not)*

❖ À votre tour

A. À mon avis. Vous et votre partenaire discutez de vos projets de vacances. Vous faites remarquer qu'à votre avis certains facteurs doivent être pris en considération.

Have students do this activity using various subjects: *vous, tu, elle, ils,* etc.

MODÈLE: choisir un hôtel moins cher
À mon avis il faut que (il est préférable que, il vaut mieux que) nous choisissions un hôtel moins cher!

1. choisir un hôtel moins cher
2. attendre une période moins touristique
3. répondre au syndicat d'initiative
4. examiner d'autres brochures
5. comparer les prix
6. se reposer pendant les vacances
7. visiter beaucoup d'endroits intéressants
8. sortir tous les soirs
9. dormir tard le matin
10. réussir à louer une tente plus grande
11. attendre d'avoir des économies

B. La voix de la sagesse. Vous et votre partenaire discutez de vos projets de vacances (un pont de trois jours). Votre camarade vous propose certaines choses, et vous indiquez une alternative ou une modification.

MODÈLE: partir dans la matinée / tôt le matin
        —On part dans la matinée?
        —Attends! Il vaut mieux (il est préférable, essentiel,
          indispensable / il faut) que nous partions tôt le matin.

1. partir dans la matinée / tôt le matin
2. passer faire le plein avant le départ / nous occuper de ça la veille
3. déjeuner en route / préparer des sandwiches
4. choisir l'itinéraire au dernier moment / établir notre itinéraire à l'avance
5. descendre dans un petit hôtel sympathique / téléphoner pour réserver
6. emporter des vêtements légers / emporter aussi des vêtements chauds
7. visiter le château et le musée / nous renseigner sur les heures d'ouverture
8. rendre visite aux copains / leur téléphoner d'abord
9. nous procurer de l'argent liquide / utiliser nos cartes de crédit
10. rentrer lundi matin très tôt / rentrer dimanche dans la soirée

4. Les verbes **être** et **avoir** au subjonctif; expressions de volonté

Formation du subjonctif: **être** et **avoir**

• **Être** and **avoir** are irregular in the subjunctive:

être	
que je sois	que nous soyons
que tu sois	que vous soyez
qu'il/elle/on soit	qu'ils/elles soient

avoir	
que j'aie	que nous ayons
que tu aies	que vous ayez
qu'il/elle/on ait	qu'ils/elles aient

❖ À votre tour

Ce n'est pas possible! Vous niez les faits suivants en employant une expression impersonnelle—**il est impossible que, il n'est pas possible que, il est incroyable que, il semble bizarre que**—suivie du subjonctif.

MODÈLE: les vacances / être déjà terminées
        Il est impossible (Il est incroyable / Il semble bizarre) que les
        vacances soient déjà terminées!

1. les vacances / être déjà terminées
2. nous / ne plus avoir de temps libre
3. l'été / être déjà fini
4. nous / avoir déjà besoin de penser à la rentrée des classes
5. la plage / être bientôt déserte
6. nous / être obligés de reprendre le travail
7. je / avoir le temps de tout préparer pour la rentrée
8. tout le monde / être de retour des vacances
9. les copains / être déjà en train de travailler
10. nous / avoir déjà tant à faire
11. nous / avoir déjà envie de repartir en vacances

Les expressions de volonté + le subjonctif

- Earlier in this dossier, you learned to express necessity or obligation by using an impersonal expression followed by the subjunctive. Another way to incorporate a personal perspective into your speech is to express a wish or desire about a particular individual or event. You may do this by combining a verb that indicates will or volition with a subjunctive:

Je souhaite qu'il fasse beau pendant les vacances.

I want it to be nice during vacation.

- The verbs listed below are often used to express volition:

désirer, *to wish, want*
souhaiter, *to wish, want*
vouloir, *to wish, want*
aimer mieux, *to like better, prefer*

préférer, *to prefer*
vouloir bien, *to be willing, agree*
exiger, *to require, demand*

Je veux bien que l'on parte à la montagne cette année.

It's OK with me that we spend our vacation in the mountains this year.

Nous souhaitons surtout **que la circulation** ne **soit** pas trop difficile.

Above all, we want the traffic not to be too bad

Qu'est-ce que **tu veux qu'on fasse**?

What do you want us to do?

- Remember that these same expressions, when used with an infinitive, enable the speaker to express a wish or desire concerning himself/herself alone:

Je veux m'amuser pendant les vacances.

I want to have a good time during vacation.

Je veux que mes amis s'amusent aussi.

I want my friends to have a good time too.

Il veut s'amuser pendant les vacances.

He wants to have a good time during vacation.

Il veut que nous nous amusions aussi.

He wants us to have a good time too.

❖ À votre tour

A. Chacun à son tour! Dites à votre partenaire de prendre les responsabilités suivantes au sérieux.

MODÈLE: choisir le lieu de vacances
   D'habitude c'est moi qui choisis le lieu de vacances, mais cette année je veux que tu le choisisses.

1. choisir le lieu de vacances
2. être responsable des réservations
3. procurer les chèques de voyage
4. écrire des cartes postales à la famille
5. lire des guides de voyage
6. suivre l'itinéraire sur la carte
7. s'occuper des bagages
8. répondre aux agences
9. être prêt(e) à partir la veille du départ
10. rendre le matériel de camping

B. Conflits. Vous et votre partenaire ne partagez pas les mêmes idées. À tour de rôle, vous exprimez ce que vous voulez.

MODÈLE: me reposer / avoir des aventures
   —Moi, je veux (souhaite, aime mieux, préfère) avant tout me reposer.
   —Eh bien moi, je désire (veux, souhaite, aime mieux, préfère) que nous ayons des aventures!

1. me reposer / avoir des aventures
2. partir à l'étranger / rester chez nous
3. passer du temps à la plage / séjourner à la montagne
4. être très occupé(e) / avoir beaucoup de temps libre
5. contacter beaucoup de copains / être tranquilles
6. organiser des pique-niques / manger dans de bons restaurants
7. camper / descendre dans un hôtel confortable
8. acheter beaucoup de souvenirs / ne pas mettre les pieds dans un magasin
9. choisir un endroit à la mode / choisir un endroit calme
10. essayer de nous mettre d'accord / ne pas passer nos vacances ensemble

DÉCOUVERTES

En direct 2

A. Vivent les vacances! Étudiez d'abord les tableaux ci-dessous qui illustrent le rapport d'étudiants en sociologie sur les vacances des Français. Puis écoutez Jean-François Mouton, le porte-parole de ces étudiants, faire un petit résumé du rapport préparé par son groupe de travail. Répondez ensuite aux questions ci-dessous.

The tapescript for all *En direct* activities appears in the *Instructor's Resource Manual.*

You may wish to have students read the questions before listening to this text in order to get an idea of its organization and content.

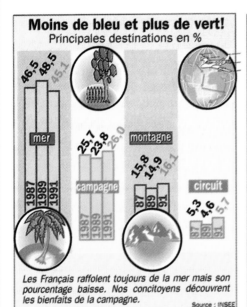

Moins de bleu et plus de vert!
Principales destinations en %

mer — 46,5 / 48,5 / 45,1 — 1987 1989 1991
campagne — 25,7 / 23,8 / 26,0 — 1987 1989 1991
montagne — 15,8 / 14,9 / 16,1 — 87 89 91
circuit — 5,3 / 4,6 / 5,7 — 87 89 91

Les Français raffolent toujours de la mer mais son pourcentage baisse. Nos concitoyens découvrent les bienfaits de la campagne.
Source : INSEE

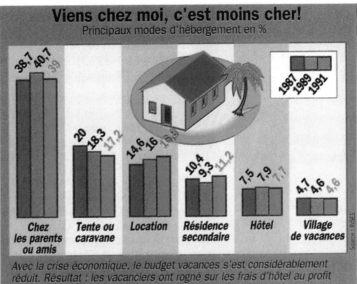

Viens chez moi, c'est moins cher!
Principaux modes d'hébergement en %

1987 1989 1991

Chez les parents ou amis — 38,7 / 40,7 / 39
Tente ou caravane — 20 / 18,3 / 17,2
Location — 14,6 / 16 / 18,9
Résidence secondaire — 10,4 / 9,3 / 11,2
Hôtel — 7,5 / 7,9 / 7,7
Village de vacances — 4,7 / 4,6 / 4,6

Avec la crise économique, le budget vacances s'est considérablement réduit. Résultat : les vacanciers ont rogné sur les frais d'hôtel au profit des résidences des parents ou des copains, voire des locations.
Source : INSEE

1. Quel est le rang mondial (*world ranking*) de la France quant à la durée (*duration*) des congés annuels? (Indiquez un chiffre.) __2__

2. Quel est le rang européen de la France quant au nombre de fois par an où on part en vacances? (Indiquez un chiffre.) __1__

3. Comparez les Français, d'une part, et les Américains et les Japonais, de l'autre, dans les deux catégories suivantes:

- nombre de semaines de congés légaux par an (indiquez un chiffre):
  Français __5-6__   Américains/Japonais __2__
- dépenses associées aux loisers (soulignez l'adverbe approprié):
  Français: plus / <u>moins</u> élevées
  Américains et Japonais: <u>plus</u>/moins élevées

4. Comment 40% des Français en vacances choisissent-ils de se loger? (Soulignez le mot approprié.)
   hôtel   location   <u>résidence</u> d'amis   camping

5. Quel pourcentage de Français pratiquent le camping? (Indiquez un chiffre.) __18__

You may wish to have students review vocabulary pertaining to the calendar prior to listening to this text.

Students must recognize the expression *être en tête* to answer question 2.

You might wish to remind students that the French word *location* is a false cognate. It means "rental."

6. Quelle proportion de vacanciers français utilisent les services d'un voyagiste? (Cochez l'expression appropriée.)
___ très importante   ___ assez importante   ✓ peu importante

7. Dans quel(s) pays 80% des vacanciers français préfèrent-ils passer leurs vacances? ____France____

8. Quels sont les mois favoris pour prendre des vacances? ___juin–sept.___

9. Quelles sont aujourd'hui les destinations favorites des vacanciers? (Cochez les deux choix les plus populaires.)
✓ la plage   ___ la montagne   ✓ la campagne   ___ l'étranger

10. Quelles sont les occupations préférées des Français quand ils sont en vacances?
   - moins de 40 ans   ___sport___
   - moins de 20 ans   ___rencontres___
   - ensemble   ___lecture___

B. Tourisme culturel. Écoutez les explications données par les guides, puis indiquez (1) le site ou monument en question, (2) la période historique concernée, (3) les personnages illustres associés à ce site ou monument, (4) ses caractéristiques les plus marquantes, et (5) la/les raison(s) de son succès auprès des touristes.

	Nº 1	Nº 2	Nº 3	Nº 4
Monument ou site				
Renseignements historiques				
Personnage(s) illustre(s)				
Caractéristique(s) marquante(s)				
Raison(s) de son succès				

   - D'après les commentaires que vous avez entendus, quel site aimeriez-vous visiter le plus? Expliquez pourquoi.

C. Et vous? Que vous faut-il pour réussir vos vacances? Parmi les opinions exprimées par les passants interrogés dans *En direct 2B*, quel choix de vacances vous tente le plus? Expliquez pourquoi.

D. Des trucs formidables. Voici une série d'aventures à poursuivre en France l'été. Examinez les photos et lisez la description des aventures; puis, pour trois ou quatre aventures, identifiez les éléments qui sont pour vous des avantages et ceux que vous considérez des inconvénients. Enfin, indiquez les deux ou trois aventures qui vous tentent le plus et expliquez pourquoi. (Voir le tableau page 394.)

DES TRUCS FORMIDABLES

à faire en deux minutes, quatre heures ou un week-end, voici des idées pour les vacances.

SE CONSTITUER UN HERBIER EN PROVENCE

La lavande et la sariette, la sauge et le romarin couvrent le terrain de Nelly Grosjean. Médecin aromathérapeute installé à Gravesan, près d'Avignon, elle y enseigne en direct, l'art de comprendre son corps et d'utiliser les huiles essentielles pour préserver son équilibre. Un bain d'herbes de Provence: ses élèves apprennent à distinguer les odeurs emprisonnées dans le «Musée des arômes et du parfum», à reconnaître les plantes aromatiques cultivées dans le «carré des simples».

Se payer une orgie de chocolat

La Xicolatada—prononcer Chicolatada—est un mystère pour les historiens. Le plus beau jour de l'année pour les gourmands qui accourent chaque 16 août à Palau-de-Cerdagne, dans les Pyrénées-Orientales, pour cette fête du chocolat au déroulement immuable. Au petit matin, c'est la préparation. Sucre, lait et chocolat mijotent dans d'épaisses marmites disposées dans le pré du village. Les quelque 600 litres de breuvage obtenus sont ensuite distribués à tous les heureux venus, accompagnés d'un bol, d'un verre ou d'un pot à lait.

S'INITIER AU RODÉO EN ÎLE-DE-FRANCE

Depuis vingt-deux ans, Michel Perret, dit Mick, joue les cow-boys à 60 km de Paris, dans son Montana Ranch. Ça sent le Texas dans cette grande ferme où s'ébattent des chevaux américains, bien sûr élevés comme au temps du western. Les apprentis cavaliers, membres du club, découvrent la monte à l'américaine, le maniement du lasso, les soins au bétail en prairie. Et pour les plus expérimentés: le rodéo.

Mettre les voiles à Brest

Tôt le matin, au moment de l'appareillage. Ou la nuit, lorsque les milliers de voiles seront sous les projecteurs. À moins que l'après-midi, pendant les démonstrations de vire-vire... On ne sait quel moment conseiller pour visiter le gigantesque rassemblement de bateaux à Brest, du 11 au 14 juillet. Mille neuf cents bâtiments de l'Europe entière sont attendus dans les cinq

bassins du port. Parmi eux, *La Recouvrance*, superbe réplique d'une goélette du XIXe siècle, se remarquera. En chantier sur le port, on peut la visiter jusqu'au 14 juillet.

SE FAIRE UNE TOILE À LA SAINTE-VICTOIRE

Rien ne vous empêche, en compagnie de quatre autres stagiaires, de planter votre chevalet et de reproduire in situ les toiles de vos glorieux aînés ou d'affiner votre technique.

Surfer sur la Dordogne

Biarritz a un sérieux concurrent situé en eau douce. Depuis quelques années, les surfers viennent à Saint-Pardon, petit village situé sur la Dordogne, pour glisser sur le Mascaret. Les vagues peuvent atteindre 2 mètres de haut à Saint-Pardon. Un régal!

Source: "100 Trucs formidables à faire en France cet été" VSD FRANCE, hors-série.

Numéro	Avantages	Inconvénients
——		
——		
——		
——		

 E. Invitation. Vous êtes parti(e) à la recherche d'une des aventures évoquées ci-dessus. Écrivez une lettre à un(e) ami(e) pour lui demander de vous rejoindre.

MODÈLE: Cher/Chère X,
Je t'écris de X, [description]. Il faut absolument que tu viennes parce que [raisons données]. À bientôt, j'espère!
Amitiés,

 F. Campagne publicitaire. Chaque pays ou région a des «trucs formidables» à faire. Identifiez un de ces trucs à faire dans votre région: endroit(s) à découvrir, activité originale proposée. Rédigez un texte publicitaire à ce sujet et lisez-le à vos camarades. Reconnaissent-ils l'endroit ou l'activité en question?

 G. Sondage express. Faites un sondage concernant les loisirs de vos camarades. Réunis en petits groupes de trois à quatre personnes, décidez d'abord quelles questions vous allez poser, puis interrogez vos camarades. Résumez vos statistiques et faites-en part au reste de la classe. Comparez vos habitudes et vos goûts aux habitudes et goûts présentés dans les *En direct 1* et *2* et dans les *Parallèles?* Voici quelques questions pour orienter votre travail: Quels sont tes loisirs préférés? Combien de temps y consacres-tu? Avec qui? Tes habitudes et tes goûts ont-ils changé depuis ton entrée à l'université? De quelle(s) façon(s) ou comment?

 H. Et chez vous? Quelles sont les habitudes de vacances en faveur dans votre milieu, dans votre pays ou région? Décrivez-les dans une lettre à votre correspondant(e) français(e).

MODÈLE: Mes parents n'ont jamais eu quatre semaines de vacances comme en France. Nous [activité(s) au passé: donnez des détails]. Maintenant [activité(s) au présent] parce que [raisons].

I. Des vacances sur mesure. À votre avis, quel(s) projet(s) de vacances vont intéresser les personnes à la page suivante? Pour quelle(s) raison(s)? Consultez les «trucs formidables» et les textes publicitaires en face.

1. Rémi (56 ans) et Martine (52 ans) Mottin

Profession:	lui: cadre de l'industrie chimique elle: avocate
Revenus:	élevés
Situation de famille:	enfants mariés
Goûts:	tous les deux passionnés d'archéologie
Temps disponible:	peuvent partir tout le long de l'année, mais ils ne peuvent pas s'absenter pour plus de quinze jours de suite
Signes particuliers:	aiment le soleil. Martine est une ancienne championne de natation.

2. Arnauld Béal (23 ans)

Profession:	instituteur
Revenus:	modestes
Situation de famille:	célibataire, a une copine infirmière
Goûts:	fou de théâtre!
Temps disponible:	vacances scolaires, du 2 juillet au 10 septembre
Signes particuliers:	possède une tente, a des amis dans toutes les régions de France

3. Annick Janin (38 ans)

Profession:	comptable
Revenus:	très modestes
Situation de famille:	divorcée, sans enfants
Goûts:	membre du Club Alpin Français, adore la montagne, hiver comme été
Temps disponible:	quatre semaines en août
Signes particuliers:	n'est jamais allée à l'étranger

4. Yannick (46 ans) et Gwenola Kerautret (43 ans)

Profession:	commerçants (magasin de chaussures)
Revenus:	assez élevés
Situation de famille:	mariés, trois enfants adolescents
Goûts:	très attachés à leurs racines bretonnes
Temps disponible:	deux semaines en juin, une semaine fin septembre
Signes particuliers:	possèdent un bateau à voile. Gwenola est une musicienne douée.

Découverte du texte écrit

J. Préparation

1. Qu'est-ce que les grandes vacances? En général, combien de temps durent les grandes vacances?
2. Quelle sorte de famille l'expression «famille culture» vous suggère-t-elle? Quelle sorte d'activités poursuit-elle probablement?
3. À votre avis quels types de personnes préfèrent le camping?

FAMILLE CULTURE

Musique et beauté, voilà l'idée

«Aix, Orange, Le Thoronet, Sénanque... puis retour en Dordogne en passant par l'abbaye de Fontfroide, un endroit merveilleux»

«D'habitude nous passons les vacances dans la propriété familiale, en Dordogne, mais cette année nous avons eu envie de musique, de festivals, de Provence, n'est-ce pas, Guy? Au fait, je ne vous ai pas présenté: Guy Courtois, mon mari. Anne, notre fille aînée, elle joue du piano, prend des cours de chant. Elle est très douée[1], comme je l'étais à son âge, j'ai failli devenir[2]... mais je me suis mariée très jeune. Guillaume, notre fils aîné, fait un camp d'été chez les scouts, à La Ciotat. Notre cadet, Gilles, est en stage d'escalade avec sa MJC[3], 1 200 francs la semaine, tout compris, c'est donné. Il adore, je n'y aurais jamais pensé avant, mais avec la crise[4] tout le monde resserre[5] son budget, et vous découvrez que les possibilités offertes par les associations, les clubs, etc., sont tout à fait intéressantes financièrement. Et organisées, finalement, de façon très intelligente. Et puis, ça lui permet de fréquenter d'autres milieux.

«Guy est très content de ses vacances, mais il regrette de n'avoir pas loué une maison près de Vaison-la-Romaine, à cause du Festival international de Chœurs[6]—les Chœurs de Caracas, les Chœurs finlandais, les Chœurs de Riga... Les Français ont tellement peu de sous,

c'est fou le nombre d'orchestres des pays ex-communistes qu'on peut voir dans toutes les régions, cet été: ils sont beaucoup moins chers. Les chœurs, mon mari adore, il a été petit chanteur de Sainte-Croix de Neuilly.»

Guy Courtois ne dit rien et se débat avec le gonflage[7] d'un crocodile-bouée. «Il est chirurgien, il est tellement stressé toute l'année, ces vacances ne sont pas très reposantes pour lui, nous courons beaucoup, les concerts demandent une certaine attention, les opéras se terminent tard.

«Nous sommes donc partis pour une tournée d'une dizaine de jours. J'ai choisi l'itinéraire en fonction des endroits les plus beaux de France. Musique et beauté, voilà l'idée. Aix, Orange, leurs festivals lyriques, l'abbaye du Thoronet toute proche, l'abbaye de Sénanque... Ensuite, nous irons au festival de Radio-France de Montpellier, puis retour en Dordogne en passant par l'abbaye de Fontfroide, près de Narbonne, un endroit merveilleux. Peut-être aurons-nous le temps d'aller écouter du grégorien à l'abbaye de Montmajour, près d'Arles, qu'en penses-tu, Guy?

«Nous séjournons chez des amis ou à l'hôtel. J'ai toujours sur moi le "Guide des hôtels de charme" et le "Guide du routard", ils donnent de très charmantes adresses de cafés ou d'auberges, nous l'avons vérifié à Rome et à Vienne, n'est-ce pas, Guy?»

■

Source: *Le Nouvel Observateur*, 12–18 août 1993.

---

1 talented   2 I almost became   3 Maison des jeunes et de la culture   4 financial crisis, recession   5 cuts back
6 choirs   7 inflating

◼ Modes de vie

Au camping des habitués, les jours coulent

C'est un petit monde à peine différent de celui que l'on a quitté en accrochant[1] la caravane. Sauf qu'il est situé à deux pas de la plage. Au camping, le bonheur, c'est simple comme le plein air.

D'abord, on tend l'oreille: pleut-il? Puis on risque un œil: soleil? Ce matin, le ciel est gris, et le vent frais. De l'autre côté de la toile de tente, les sandales crissent sur les cailloux, un bébé pleure, les transistors crachotent leurs infos, et les petites cuillères tintent dans les bols des lève-tôt. Des zombies ensommeillés, en short, et des élégantes, en peignoir et (parfois) bigoudis[2], convergent vers les sanitaires.

«*Bonjour bonjour, bien dormi?*

—*Non, j'ai mal au cou!*

—*Une mauvaise position? Un courant d'air? Vous voulez du baume?*». Au camping des Terres Noires, à Saint-Michel -Chef-Chef (Loire-Atlantique), la conversation s'engage naturellement, du côté du brossage de dents comme dans le coin des éviers. «Ici, les gens sont pas fiers». Ils sont aussi en pays de connaissance. Beaucoup ont leurs quartiers d'été aux Terres Noires depuis dix, vingt ans...

À l'accueil[3], il faut même montrer patte blanche[4] pour obtenir un emplacement[5]. «*Les gens pensent qu'ils vont camper ici une nuit ou deux, mais ils se plaisent, et restent. Comment leur dire qu'ils doivent s'en aller quand arrivent des habitués, qui ont réservé depuis longtemps?*» demande Andrée Esnault, gardienne des Terres Noires. Entre des monceaux de paperasse, son siamois et son hamster, elle règle les multiples petits problèmes du camping, prend les commandes pour le pain et les journaux, et distribue les horaires des marées[6].

Car la grande affaire, à Saint-Michel, c'est la pêche à pied. «*On trouve des moules, des bigorneaux, des coques, des crevettes, quelques huîtres*», énumère monsieur Guérif, dix ans d'épuisette. «*Et je n'ai jamais vu une année aussi bonne!*» lui fait écho, monsieur Bonnin, neuf ans d'expérience. L'après-midi, «*on tape une boule*», tandis que les enfants vaquent à leurs amourettes[7] autour des flippers[8] de la salle de jeu.

Évidemment, la moyenne d'âge grimpe chaque année un peu plus, malgré les teen-agers qui plantent sagement leur canadienne à l'ombre de la caravane des parents, et quelques jeunes couples. Mais même la jeunesse fonctionne à la nostalgie: «*C'est à Saint-Michel que nous sommes sortis ensemble pour la première fois*», confie Gaëlle en décochant un regard de braise à son cher époux, avant d'essuyer de sa serviette en papier le museau d'Anaïs, trois ans.

Quand vient l'heure de «Questions pour un champion» et de l'équeutage[9] des haricots-beurre, on offre le surplus de la pêche de la journée: ici un saladier de coques, là un bol de crevettes. Inmanquablement, les remerciements s'accompagnent d'une invitation à prendre l'apéro[10]. La vie est alors si douce... C'est pourquoi, en partant, les habitués ne manqueront pas[11] de réserver pour l'an prochain, et demanderont à conserver le même emplacement. Leur petit coin de paradis, «acquis» à l'ancienneté.

Philippe BRENOT.

Source: *Ouest-France*, 16 août 1993.

---

1 hooking up   2 hair curlers   3 check-in desk   4 give the correct password   5 campsite   6 tides
7 flirt   8 pinball machines   9 cutting off stems   10 before-dinner drink   11 will be sure to

À l'écran

Partagez les loisirs, vacances et passions de certains Français: la Foire du Trône, camping et pique-nique, visites de musées et expositions, danse moderne, un café à la mode, la route en roulotte, tourisme culturel, le saut à l'élastique, le raft.

Clip 12.1
Temps libre

Clip 12.2
Passionné de…

Clip 12.3
Partir en vacances

K. Exploration. Après la lecture des deux textes, comparez les deux situations sur les points suivants:

- préférences: vie en famille? vie en groupes? sports? culture? etc.
- activités
- avantages/inconvénients de la solution-vacances choisie

L. Réflexion

1. Chaque groupe a-t-il choisi les vacances qui lui convenaient? Expliquez pourquoi.
2. Quelles vacances vous paraissent les plus intéressantes? Expliquez pourquoi. Lesquelles vous conviennent le mieux? Expliquez pourquoi.
3. Et vous? Vous souvenez-vous de vacances particulièrement agréables ou désagréables? En vous inspirant des catégories signalées dans l'exercice ci-dessus, racontez ces vacances à quelques camarades de classe.

Lu et entendu

Loisirs et vacances. Dans ce dossier, vous avez réfléchi sur le temps libre, les loisirs et les vacances. Choisissez deux ou trois des commentaires ci-dessous et expliquez à l'aide d'exemples pour quelles raisons vous êtes plutôt d'accord ou pas d'accord.

1. Faire la journée continue de 8 heures à 5 heures avec une heure seulement pour le déjeuner est une très mauvaise idée. Une pause de deux heures au milieu de la journée permet vraiment de se reposer et de faire quelques courses indispensables.
2. Il y a un très grand avantage au fait que tout le monde part en vacances en même temps.
3. Les congés payés doivent être accordés à chacun selon les mêmes critères bien définis et spécifiés.
4. D'une part, quatre semaines de vacances offrent vraiment l'occasion de se détendre... mais d'autre part, les dépenses qu'elles entraînent sont souvent un facteur de stress!
5. En dehors des mesures légales réglant la durée du travail et établissant les jours fériés, le gouvernement n'a aucune responsabilité en ce qui concerne le temps libre de ses citoyens.
6. «L'oisiveté est la mère de tous les vices.» (proverbe)

D'un parallèle à l'autre

Référez-vous au **Bilan** après le dossier 14. Choisissez un pays qui vous intéresse et familiarisez-vous avec son économie, ses ressources, ses traditions, son climat. Imaginez comment les loisirs dans ce pays varient par rapport à vos propres loisirs ou aux loisirs des Français rencontrés dans ce dossier. Soyez préparés à donner vos raisons.

You may wish to point out that some sunny countries are vacation spots that attract tourists from richer and colder countries, and ask students to reflect on how the natives of these countries might feel about this.

La Foire du Trône: 1037 ans et toujours jeune!

Que faire au printemps? Eh bien, si vous êtes à Paris, allez donc faire un tour à la Foire du Trône. On y vient pour s'amuser depuis 957! Cette année-là, le roi a donné aux moines de l'abbaye Saint-Antoine la permission de vendre leur fameux pain d'épices (*gingerbread*). Cette vente qui était une vente de charité est vite devenue le prétexte de nombreuses festivités: clowns, danseurs, mimes viennent amuser le public. Plus tard, on a ajouté des jeux, puis des attractions: manèges de toutes sortes, grande roue, grand huit (*roller coaster*). Aujourd'hui, plus de 370 attractions attendent cinq millions de visiteurs sur la pelouse de Reuilly au bois de Vincennes. La tradition de la fête foraine se porte bien!

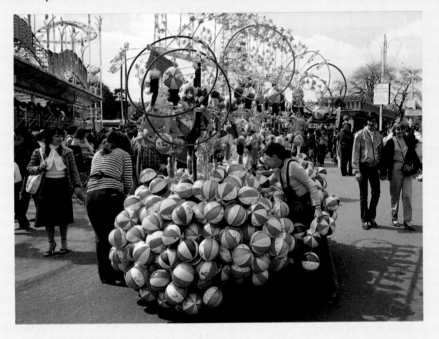

You may want to exploit this *Découverte* further by asking students: *Dans l'histoire de votre pays ou de votre région, y a-t-il des fêtes traditionnelles qui existent depuis très longtemps? Décrivez-les en détail à vos camarades: Quelle occasion célèbrent-elles? Depuis quand? Comment? Les traditions sont-elles restées les mêmes? Ont-elles changé?*

Le mot juste

Contexte 1. Loisirs et personnalité

Les différents types de personnalité

les aventuriers	*adventurers*
les cultivés	*cultivated people*
les grégaires	*gregarious people*
les intellos	*intellectuals*
les musclés	*fitness fanatics*
les pantouflards	*couch potatoes*
les pieds-levés de fond)	*people "on the go" cross-country)*

Les loisirs

l'aérobic (m)	*aerobics*
l'alpinisme (m)	*mountain climbing*
l'athlétisme (m)	*track and field*
le bricolage, bricoler	*puttering, to putter around*
le camping, camper	*camping, to go camping*
le canoë-kayak	*canoing/kayaking*
les cartes (f), jouer au bridge, au poker	*cards, to play bridge, poker*
la chasse, chasser	*hunting, to hunt*
la couture, faire de la couture	*sewing, to sew*
la cuisine, cuisiner	*cooking, to cook*
le cyclisme, faire du cyclisme	*bicycling, to go bicycling*
l'escalade (f), faire de l'escalade	*rock-climbing, to go rock-climbing*
le golf, jouer au golf	*golf, to play golf*
le jardinage, jardiner	*gardening, to garden*
les jeux de société, jouer aux échecs	*parlor games, to play chess*
la musique (classique, rock, jazz)	*music*
la moto, faire de la moto	*motorbike, to go motorbike riding*
la natation	*swimming*
le patinage, patiner	*ice-skating, to skate*
la pêche, pêcher	*fishing, to fish*
la philatélie, collectionner des timbres	*stamp collecting, to collect stamps*
la photo, faire de la photo	*photography, to take pictures*
le piano, jouer du piano	*piano, to play the piano*
la planche à voile	*sailboarding*
la promenade, faire une / des promenade(s)	*walk, to take a walk*
la randonnée, faire de la randonnée	*hiking, to hike, to go hiking*
le ski (alpin, nautique, une sortie au théâtre	*skiing (downhill, water, an evening out at the theater*
le tourisme culturel, pratiquer le tourisme culturel	*cultural touring, to tour historic sites*
le tricot, faire du tricot	*knitting, to knit*
le vélo, faire du vélo	*bicycle, cycling*
la voile, faire de la voile	*sailing, to sail*
le voyage, faire un/des voyage(s), voyager	*trip, to travel*

Expressions

un appareil photo	*camera*
un Caméscope	*video camera*
prendre la route	*to set out (on the road)*
avoir les poches déformées	*to have one's pockets bulging*
défendre son fauteuil	*to defend one's easy chair, one's rest*
faire du sport	*to exercise*
faire de la tapisserie	*to do needlepoint*
faire partie d'une association sportive	*to belong to a sporting club*
par tous les temps	*in all kinds of weather*

Contexte 2. Vacances sur mesure

les congés payés légaux	*legal, paid vacation*
le départ	*departure*
la durée (moyenne)	*(average) duration*
le séjour	*stay*
les vacances	*vacation*
sans hésiter	*without hesitation*
l'absence d'horaire fixe	*absence of a fixed schedule*
la redécouverte de soi-même	*rediscovery of self*
prendre le temps de vivre	*to take time to live*
simplifier ses habitudes	*to simplify one's habits*
profiter du soleil	*to benefit from the sun*
ne rien faire du tout	*to do nothing at all*
partir le plus loin possible	*to go as far away as possible*

Contexte 3. Comment organiser ses vacances?

Avant de partir

une location	rental
la station	resort
le syndicat d'initiative	tourist office
arroser les plantes	to water the plants
choisir un endroit	to choose a place
consulter des cartes, des guides	to check maps, guidebooks
faire ses bagages	to pack
faire des économies	to economize, set aside funds
faire le plein d'essence	to fill up the gas tank
faire des projets	to make plans
faire des réservations	to make reservations
faire sa valise	to pack one's suitcase
laisser un double des clés	to leave a spare key
louer	to rent
passer à l'agence	to stop by the travel agency
prendre une décision	to make a decision
préparer un itinéraire	to prepare an itinerary
réserver	to make a reservation
retenir (une chambre)	to reserve (a room)
se renseigner	to get information

Où va-t-on?

à l'étranger	outside the country, abroad
à la campagne	to the country
à la mer	to the seashore
à la plage	to the beach
en province	to the provinces

Pendant les vacances

dépenser de l'argent	to spend money
faire du stop	to hitchhike
faire la connaissance de nouveaux amis	to meet new friends
faire un séjour chez des amis	to stay at the home of friends
prendre la route	to set out (on the road)
l'avion, le train, le bus	to fly, take the train, the bus
quitter la ville, le pays, les copains	to leave the city, the country, friends
rencontrer de vieux amis	to meet up with old friends
rendre visite à sa famille	to visit family
s'amuser	to have a good time
se détendre	to relax
se reposer	to rest
visiter des endroits différents	to visit different places

Après les vacances

avoir le cafard	to be depressed, have "the blues"
avoir de beaux souvenirs	to have nice memories
rentrer à la maison (chez soi)	to return home
le retour	return
reprendre/retrouver son travail	to go back to work, return to work

Expressions

plusieurs mois à l'avance	several months in advance
pendant	during
ailleurs	elsewhere
de... jusqu'à	from . . . to (until) . . .
à partir de...	beginning . . .

Outil 3. Expressions impersonnelles

il est bon	it's good
il est dommage	it's too bad
il est essentiel	it's essential
il est important	it's important
il est impossible	it's impossible
il est incroyable	it's unbelievable
il est indispensable	it's indispensable
il est inutile	it's useless
il est juste	it's right
il est nécessaire	it's necessary
il est possible	it's possible
il est préférable	it's preferable
il est utile	it's useful
il faut	it's necessary, one must
il ne faut pas	one must not
il semble	it seems
il vaut mieux	it's better

Outil 4. Expressions de volonté

aimer mieux	to like better, prefer
désirer	to desire, want
exiger	to require, demand
préférer	to prefer
souhaiter	to wish
vouloir	to want, wish
vouloir bien	to be willing

DOSSIER 13

La santé et la forme

Communication

- Describing events with details of time, place, manner, and degree
- Comparing actions (frequency, manner, degree)
- Expressing one's feelings about people and events
- Talking about future intentions, plans, or events

Cultures in parallel

- The importance of health, fitness, and well-being
- The responsibilities of individuals and of government in health care

Tools

- Adverbs; the comparative and superlative of adverbs
- Verbs that are irregular in the subjunctive; the subjunctive after expressions of emotion
- The future tense
- Negatives **ne... personne, ne... rien, ne... plus**

D'une culture à l'autre

Comment restez-vous en bonne santé? Quelles pratiques individuelles, quelles institutions vous aident à rester en bonne forme? Qu'est-ce qui vous y encourage?

Prompt students by bringing in examples of ads that focus on health or fitness, or pointing out those on 404page 410. Among sources of encouragement to get or stay fit, you might mention: *les parents, les amis, les médecins, les médias, la publicité, l'État.*

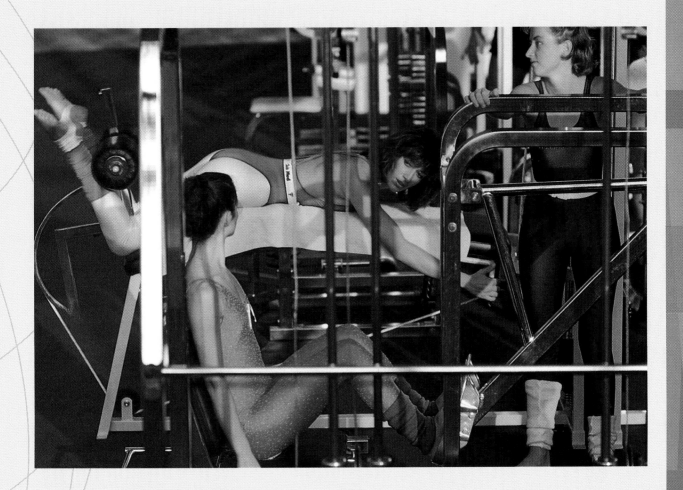

1. Faites votre bilan de santé

À votre tour activity A has students take this test.

Vous n'êtes pas malade, mais êtes-vous en bonne santé? Ce questionnaire vous aidera à faire le bilan de votre santé et peut-être aussi à changer certaines de vos habitudes.

Point santé

	Oui	Non
1. Prenez-vous des médicaments?	●	●
2. Consommez-vous de l'alcool?	●	●
3. Fumez-vous (cigarettes, cigare, pipe)?	●	●
4. Prenez-vous des somnifères?	●	
5. Vos conditions de vie sont-elles particulièrement stressantes en ce moment?	●	●
6. Êtes-vous fréquemment sujet aux rhumes, grippes et autres petites maladies?	●	●
7. Avez-vous des allergies?	●	●
8. Souffrez-vous de migraines et d'autres maux de tête?	●	●
9. Êtes-vous souvent angoissé?	●	●
10. Avez-vous des amis avec qui partager vos soucis?	●	●
11. Aimez-vous votre travail?	●	●
12. Prenez-vous chaque jour le temps de vous détendre?	●	●
13. Faites-vous du sport régulièrement?	●	●
14. Dormez-vous suffisamment?		
15. Votre poids convient-il à votre taille et à votre âge?	●	
16. Surveillez-vous votre alimentation (repas réguliers, équilibrés)?	●	●
17. Faites-vous une visite annuelle chez le médecin?	●	●
18. Consultez-vous un dentiste au moins une fois par an?	●	●

Calculez votre score:

Questions 1–9: Donnez-vous un point pour chaque Non.

Questions 10–18: Donnez-vous un point pour chaque Oui.

Interprétez vos résultats:

13–18 Félicitations! Continuez ainsi!

7–12 Pas mal, mais il faut surveiller votre santé avec un peu plus d'attention!

1–6 Prenez garde! Il faut changer vos habitudes... mais vous en avez encore le temps!

❖ À votre tour

A. Le test. Passez le test page 404. Notez trois choses que vous allez continuer à faire ou que vous allez commencer à faire pour mieux vous soigner.

B. Classement. Classez les questions sous les rubriques suivantes:

Santé physique	Santé mentale	Habitudes

C. Conseils. Donnez quelques conseils à un(e) ami(e) qui ne se soigne pas. Employez **il faut, il est indispensable, important, nécessaire, essentiel,** etc. + le subjonctif.

D. Ordonnances. Imaginez que les patients suivants vous consultent. Vous leur faites une ordonnance: ils doivent modifier leur style de vie!

1. Marc G., 54 ans. Obèse, fume deux paquets de cigarettes par jour. N'a pas le temps de faire du sport, a beaucoup de responsabilités dans son travail.
2. Sylvain M., 22 ans. Athlète professionnel, se trouve trop souvent fatigué.
3. Julie S., 33 ans. Fréquentes migraines, déteste le sport et l'exercice en général, a pris plusieurs kilos récemment.
4. Marie-Chantal J., 18 ans. Très angoissée, elle a perdu le sommeil. Refuse de voir ses amis. Trop fatiguée pour faire du sport.

2. L'entraînement quotidien

Review vocabulary for the head and face, which students learned in Dossier 5: *les cheveux, l'œil/les yeux, les sourcils, le nez, la joue, la bouche, les dents.*

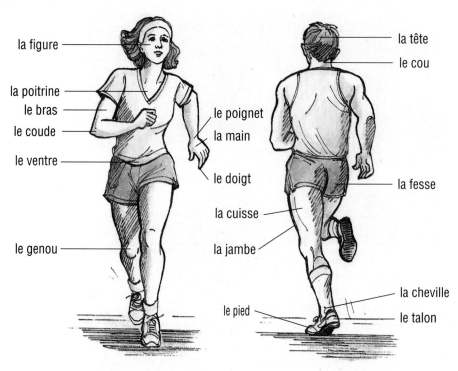

la figure — la poitrine — le bras — le coude — le ventre — le genou

le poignet — la main — le doigt — la cuisse — la jambe — le pied

la tête — le cou — la fesse — la cheville — le talon

❖ À votre tour

Before beginning this activity, you may want to introduce or review several vocabulary items: *le cœur, faire battre le cœur, les poumons, faire respirer les poumons, la tension, faire descendre la tension.*

Ça, c'est bien vrai. Un entraîneur discute la pratique de certains sports. Vous êtes emphatiquement de son avis et en précisez les effets.

MODÈLE: La marche à pied est pour tout le monde. (bon / jambes, poumons, cœur)
    —Ça, c'est vrai! C'est très bon pour les jambes, les poumons, et le cœur.

1. La marche à pied est pour tout le monde. (bon / jambes, poumons, cœur)
2. Faire du cheval peut être dangereux. (mauvais / dos)
3. La natation est un sport très bénéfique. (bon / dos, cœur, contrôle du poids)
4. Le footing n'est pas pour tout le monde. (mauvais / genoux, chevilles, dos)
5. La boxe est parfois dangereuse. (mauvais / yeux, dents, tête)
6. La gymnastique est excellente. (bon / sens de l'équilibre, tonus musculaire)

3. Chez le médecin

—Tu as très mauvaise mine. Qu'est-ce qu'il y a? ▶
—Je me sens très mal. En plus, j'ai très peu dormi.
—Toi, tu es malade. Téléphone au docteur!

◀
—Allô, ici le cabinet du docteur Blondel.
—Bonjour. Ici Maurice Chopinot. Je ne me sens pas bien du tout. Pourrais-je avoir un rendez-vous le plus tôt possible?

M. Chopinot se présente au cabinet ▶ médical. Il patiente dans la salle d'attente avec d'autres malades... et espère qu'ils ne sont pas contagieux.

◀
—J'ai mal à la tête et à la gorge. Je souffre beaucoup.
—Voyons si vous avez de la fièvre. J'entends que vous toussez aussi.

—Vous avez une angine. Ce n'est pas très grave, mais il faut vous soigner. Il faut rester au lit et boire beaucoup de liquide. Je vous laisse cette ordonnance à faire remplir à la pharmacie. ▶

M. Chopinot va à la pharmacie pour faire remplir son ordonnance: antibiotiques, sirop pour la toux, cachets d'aspirine, pilules. La pharmacienne lui indique quand et comment prendre les médicaments. ▼

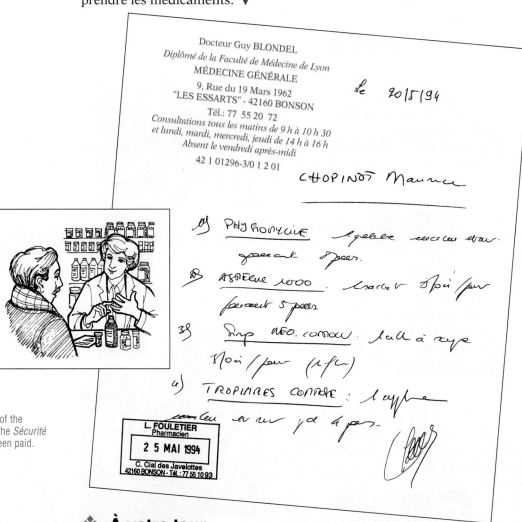

The stamp at the bottom of the prescription indicates to the *Sécurité sociale* that the bill has been paid.

◆ À votre tour

A. Jeu de rôles. Malade, vous téléphonez chez le médecin. Prenez rendez-vous, expliquez vos symptômes, répondez aux questions du docteur, partez avec une ordonnance et allez chez le pharmacien.

B. Conseils d'ami. Un(e) de vos camarades ne se sent pas bien. Vous n'êtes pas médecin, mais vous voulez l'aider. Il/Elle vous dit où il/elle a mal et vous le/la conseillez.

En direct 1

A. À chaque problème sa solution. Des gens parlent à des amis au sujet de leur santé. Pour chaque conversation, identifiez le(s) problème(s) évoqué(s) par le malade et les solutions proposées par l'ami(e).

Problème(s)	Solution(s)
1.	
2.	
3.	
4.	
5.	
6.	

B. La santé, un choix politique? Julien Santonelli est l'animateur de l'émission de radio du mardi soir, *Instantanés*. La question à discuter ce soir est «La santé, est-ce aussi un choix politique?» C'est aussi le titre du livre écrit par son invité René Cour. Vous allez écouter un extrait de la conversation, puis répondre à des questions.

Mais avant de commencer, voici quelques mots de vocabulaire qui vous aideront à mieux comprendre la conversation. Essayez de deviner leur signification.

l'assurance-maladie
le remboursement
les dépenses de santé
les frais de médecin, de
  pharmacie et d'hôpitaux
le système d'allocations familiales

l'assurance-vieillesse
la prévention sanitaire
l'industrie pharmaceutique
l'équipement médical
la mortalité infantile
l'espérance de vie

Maintenant, écoutez l'extrait de l'émission, puis répondez aux questions ci-dessous.

1. Selon R. Cour, la santé c'est plus qu'une question d'hérédité, d'alimentation, de mode de vie, c'est aussi une question de _____.
2. Pourquoi R. Cour a-t-il choisi l'exemple de la France pour illustrer sa thèse?
3. De quelle(s) protection(s) bénéficient les citoyens français? Citez-en au moins deux.
4. Le système de protection sociale coûte très cher. De quelles manières peut-on économiser? Citez-en au moins deux.
5. Les initiatives du gouvernement en matière de protection sociale ont-elles eu des résultats concrets? Citez-en au moins un.
6. Indiquez le sujet du prochain livre de R. Cour:
   _____ la qualité de la vie chez les adultes
   ✓ la qualité de la vie chez les personnes âgées
   _____ la qualité de la vie chez les adolescents
   _____ la qualité de la vie chez les très jeunes enfants

The tapescript for all *En direct* activities can be found in the *Instructor's Resource Manual*. Following is the tapescript for activity A.

A.
1. —J'ai froid, j'ai mal à la gorge, je ne me sens pas bien.
—D'abord mets un pull-over et puis achète du sirop et couche-toi tôt!

2. —Écoute, je ne comprends pas ce qui m'arrive! Je tousse de plus en plus souvent et je me fatigue beaucoup quand je fais du sport. Tu crois que je dois aller chez le docteur?
—Tu dois surtout arrêter de fumer!

3. —C'est très bizarre. Je fais un régime assez sévère depuis trois semaines et je n'arrive pas à perdre du poids.
—As-tu essayé de faire un peu d'exercice: une petite marche, un peu de sport?

4. —Je ne comprends pas ce qui se passe: chaque fois que je travaille plusieurs heures de suite à l'ordinateur, j'ai très mal à la tête et très mal au cou.
—À mon avis, tu as besoin de lunettes!

5. —Je ne peux plus me concentrer. Je ne réponds pas quand on me parle, et quand j'y arrive, dix minutes plus tard, je ne peux pas m'exprimer clairement. En plus de ça, je suis toujours fatigué, et pourtant je ne fais plus de sports.
—Toi, tu ne dors pas assez!

6. —J'ai trouvé un nouveau régime absolument sensationnel: on ne mange que des bananes pendant quatre jours. Moi, j'ai déjà perdu quatre kilos!
—Tu ferais mieux de suivre un régime équilibré et raisonnable, tu sais.

B. If you wish to review this listening text with students, the following outline may assist you: *Caractéristiques de la protection sociale en France: Qui est concerné? Depuis quand existe-t-elle? Comment se compare-t-elle à la protection sociale dans d'autres pays du monde? Comment couvre-t-elle toute l'étendue de la vie (les familles ayant de jeunes enfants jusqu'aux personnes âgées)? Quel en est le coût? Comment essaie-t-on de maîtriser les dépenses? Quels sont les résultats de ce système? Où sont-ils le plus visibles? Avec une population vieillissante, quel(s) autre(s) problème(s) se pose(nt)?*

PARALLÈLES?

La santé: l'affaire de tous!

You will probably want to have students do these *Parallèles?* activities in two stages; for example, activity E should not be attempted until students have completed the listening activities in *En direct 1* and *2*.

FORME ET SANTE

Vosges vertes et Alsace chaleureuse : un mélange réussi.

HAUT-RHIN

L'hôtel Verte Vallée (classé 2 étoiles) situé dans un parc de verdure, à Munster, vous propose un cocktail étonnant : chambres de grand confort, espace forme avec piscine, jacuzzi, salle de musculation, séances UV. Chaque jour, trois activités vous sont proposées : gym-tonic, aqua gym, éveil musculaire, stretching, gym respiratoire. Pour l'après-midi, sorties vélo de montagne ou randonnées pédestres. A chaque repas le chef vous pré-pare un menu basses calories (550 à 630 calories) élaboré à partir de produits frais du marché.

Dates : de février à novembre 1994.
Durée : 6 jours / 5 nuits.
Prix : 3 200 F pour une personne ou 5 160 F pour deux personnes.
Comprend : la pension complète en hôtel 2 étoiles, les 3 activités par jour + une séance UV haute pression, l'accompagnement aux sorties, 2 séances body actif.

● **Vous pourrez profiter des conseils d'une diététicienne.**

Information-Réservation : Loisirs Accueil Haut-Rhin
BP 371, 68007 Colmar Cedex
Tél. : 89.20.10.62.

Barbotan les Thermes

Parc Thermal

Indications Thérapeutiques

- *Phlébologie (PHL).*
- *Rhumatologie et séquelles de traumatismes ostéoarticulaires (RH).*
- *Traitement simultané des deux indications (double handicap) (PHL + RH) ou (RH + PHL).*

Composition des Eaux

- *Bicarbonatées sodiques.*
- *Silicatées et magnésiennes.*
- *Dégagements de CO_2 libre et de H_2S.*
- *Radioactives.*
- *Température : 36°.*

Boues

- *Boues végéto-minérales : composés spécifiques humiques et siliceux formés naturellement.*

Il y a 110 mg. de magnésium dans un litre d'Hépar.

Ça permet d'envisager l'avenir avec plus de sérénité.

HEPAR.
LE MAGNESIUM A SA SOURCE.

410

Observer

A. La santé représente plus que le fait d'être en forme. Demandez par exemple à deux ou trois camarades autour de vous à quoi ils associent la notion de santé: un souhait? une condition héréditaire? une responsabilité personnelle? une composante essentielle de la notion de beauté? un facteur de bonheur ou de souci? le résultat de facteurs socioéconomiques et/ou politiques? une condition essentielle de la santé mentale?

B. Quelle importance les habitants de votre pays accordent-ils à la santé? Pour le découvrir, demandez à plusieurs de vos camarades de classer en ordre décroissant les valeurs suivantes:

l'amour	les loisirs
l'argent	la santé
le confort	la sécurité
la famille	le travail

Mettez le résultat de votre enquête au tableau et essayez de l'interpréter.

Encourage students to explore further the notion of values; have them add other values to the list under the heading *"autres"*; for example, justice, freedom, success, religious belief, tolerance, etc.

Réfléchir

C. Comparez votre classement avec le classement des valeurs françaises ci-dessous. Quelles ressemblances et quelles différences y voyez-vous, en particulier en ce qui concerne la place donnée à la santé?

First show students how the categories in the survey correspond to the values listed above: *ménage réussi et enfants = famille; logement agréable = confort*, etc. Then help them compare their ranking of values—organized in descending order— with the French ranking. It isn't necessary to focus attention on the exact percentage given for each item on the French list, but only on the relative position of the item, i.e., whether it is listed at the top, in the middle, or near the bottom of the list.

Les ingrédients du bonheur

Le bonheur, c'est...	Hommes	Femmes	Ensemble
Une bonne santé	77%	78%	78%
Un ménage réussi	37%	39%	38%
Avoir des enfants	20%	28%	25%
Ne pas manquer d'argent	24%	23%	23%
Un travail intéressant	22%	16%	19%
Un logement que j'aime	4%	6%	5%
Rien de cela	3%	1%	2%
Vivre dans le luxe	2%	0%	1%

(Source: France-Soir/CREDOC, octobre 1991, *Francoscopie '93*)

D. Si la santé est une valeur pour beaucoup de citoyens, cela a-t-il des implications pour le rôle de l'État dans le domaine de la santé? Dans votre pays, l'État et certaines organisations prennent-ils ou soutiennent-ils des initiatives pour encourager ses citoyens à rester en bonne santé? Pouvez-vous en donner des exemples?

Some examples are: President's Council on Physical Fitness and Sports; nonprofit organizations (*organisations à but non lucratif*) like the March of Dimes, American Cancer Society; public health nurses; TV campaigns (*des campagnes publicitaires télévisées*); campaigns against drunk driving; sports in school; local, regional, and national athletic competitions.

E. En vous basant sur les documents visuels et sonores de ce dossier, expliquez comment les initiatives prises par l'État français et par les citoyens ressemblent aux pratiques de votre pays ou en diffèrent.

$\mathcal{O}$ U T I L S

1. Les adverbes; le comparatif et le superlatif de l'adverbe

Les adverbes

- Adverbs indicate:
  - ➤ time and place
  - ➤ intensity, degree, or quantity
  - ➤ manner (how or how well someone or something performs)

- You already know many adverbs. For example:

Adverbs of quantity	Adverbs of place	Adverbs of intensity
peu	ici / là	assez
assez	derrière / devant	très
beaucoup	loin / près	
trop		

Adverbs of time		
rarement	avant/après	soudain
quelquefois	bientôt	aussitôt
souvent	hier	déjà
d'habitude	aujourd'hui	
généralement	demain	
habituellement		

And don't forget the adverb **bien** and its opposite **mal**:

> —Vous ne vous sentez pas **bien**?
> —Non, je me sens **mal**, même très **mal**.

and the comparative and superlative of **bien**:

> Je me sens **mieux**.
> En fait, je me sens **le mieux** du monde!

Formation et place

- Most other adverbs are adverbs of manner. In most cases, they are formed by adding **-ment** to the feminine form of the adjective:

Masculine singular	Feminine singular	Adverb
heureux	heureuse	heureusement
long	longue	longuement
franc	franche	franchement
facile	facile	facilement

- When the masculine form of the adjective ends in a vowel, **-ment** is added directly:

facile	facilement	absolu	absolument
vrai	vraiment	deuxième	deuxièmement
poli	poliment	troisième	troisièmement

- Adjectives ending in **-ent/-ant** are a special case. To form the adverb of these adjectives, remove **-ent/-ant** and replace it with **-emment/-amment**:

fréquent	fréquemment	brillant	brillamment
intelligent	intelligemment	courant	couramment
patient	patiemment	élégant	élégamment
impatient	impatiemment	suffisant	suffisamment
prudent	prudemment		
violent	violemment		

Point out to students that *-emment* and *-amment* have the same pronunciation: [amã].

- Normally, adverbs are placed after the verb. In the *passé composé*, short, common adverbs like **bien, mal, déjà, toujours**, and so on, are placed immediately after the auxiliary verb and before the past participle.

  Avez-vous **déjà** pris rendez-vous chez le médecin?

- Adverbs of time, however, are often placed at the beginning or end of the sentence.

  Aujourd'hui, il ne se sent pas bien. **Demain** il se sentira mieux.

  Il a fait du sport **toute la matinée**.

Le comparatif et le superlatif de l'adverbe

- The comparison of adverbs follows the same pattern as the comparison of adjectives (see Dossier 11, Outil 4):

moins (*adverb*) que	Luc joue au tennis **moins** fréquemment **que** moi.
aussi (*adverb*) que	Marie va au gymnase **aussi** souvent **que** Suzanne.
plus (*adverb*) que	Paul reste en forme **plus** facilement **que** moi.

- Like its adjective counterpart **bon** (*good*), the adverb **bien** (*well*) shows a slight irregularity:

  Bravo! Tu joues **bien** au tennis maintenant.

  Oh, pas **aussi bien que** toi!

  Et en tout cas **moins bien que** le moniteur!

  Mais quand même **mieux que** le Français moyen!

- To form the superlative of the adverb, simply insert **le** before the comparative:

  Louise court vite. Marc court plus vite. Mais c'est Marianne qui court **le** plus vite.

  Je joue bien au tennis. Tu joues mieux. Mais c'est Marcel qui joue **le** mieux.

❖ À votre tour

A. Bilan de santé. Avec un(e) camarade, répondez au sondage ci-dessous afin de faire un bilan de santé. Calculez votre score santé et comparez-le à celui de votre camarade. Lequel d'entre vous est en meilleure forme? (Note: Plus le score est élevé, plus on est en bonne forme.)

MODÈLE: boire un grand verre d'eau tous les matins au lever
—Moi, je ne bois **jamais** un grand verre d'eau. Ça me fait un zéro. Et toi?
—Moi, je bois **quelquefois** un grand verre d'eau. Ça me fait un deux.

jamais = 0	rarement = 1	quelquefois = 2	souvent = 3	généralement = 4

1. boire un grand verre d'eau tous les matins au lever
2. prendre une douche (attention: pas trop chaude!) le matin
3. prendre un bon petit déjeuner
4. faire de la marche (ou faire un autre exercice)
5. surveiller son régime (attention à ne pas sauter de repas!)
6. respecter ses besoins en sommeil
7. prendre des vitamines
8. se brosser les dents trois fois par jour
9. savoir se détendre
10. manger des fruits, des légumes et des céréales

B. Comparaison. Avec un(e) camarade, comparez vos habitudes (fréquence, manière, quantité) en utilisant l'adverbe **souvent** (**moins/aussi/plus souvent que**) ou l'adverbe **bien** (**moins/aussi bien que, mieux que**).

MODÈLE: —Moi, je nage (ne nage pas) trois fois par semaine.
—Ne t'inquiète pas! Moi, je nage moins souvent que toi!
ou: —Eh bien! Moi, je nage plus souvent que toi!
ou —Comme moi! Je nage aussi souvent que toi!

1. nager trois fois par semaine
2. manger de la viande tous les jours
3. jouer très bien au tennis
4. courir 1 kilomètre 500 en sept minutes
5. skier mal
6. dormir mal en période d'examen
7. s'inquiéter beaucoup
8. boire un litre d'eau par jour

C. Attention! Tous les entraîneurs ne donnent pas de bons conseils. Rectifiez les erreurs faites par l'entraîneur du club Gymnasio en vous servant d'adverbes formés sur les adjectifs en italique. À la fin, donnez à votre partenaire trois conseils pour l'aider à rester en forme.

MODÈLE: —Ne soyez pas fidèle à votre gym quotidienne.
            —Ah si! Faites-la fidèlement.

1. —Ne soyez pas *fidèle* à votre gym quotidienne.
  —Ah si! Faites-la _____.
2. —Perdez vos kilos d'une façon *rapide*!
  —Ah non! Ne les perdez pas _____.
3. —Ne mangez et ne buvez jamais d'une façon *modérée*.
  —Pas vrai! Mangez et buvez _____.
4. —Commencez votre entraînement d'une façon *brutale*.
  —Ah non! Ne commencez jamais _____.
5. —Soyez très *impatient* quand vous commencez un régime.
  —Au contraire! N'agissez pas _____.
6. —Laissez passer une *longue* période d'inactivité entre les entraînements!
  —Mais pas du tout! Ne vous arrêtez pas _____.
7. —Faites toujours des mouvements *violents*.
  —Surtout pas! Ne faites jamais _____ vos mouvements.
8. —Arrêtez toujours votre séance d'une façon *subite*.
  —Ça non! Ne vous arrêtez jamais _____.

D. Maintenant, soyez de meilleur conseil! Exprimez-vous raisonnablement sur les mêmes sujets en remplaçant les noms par un verbe à l'impératif et en ajoutant un adverbe.

MODÈLE: gymnastique *régulière* (faire de la gymnastique)
            Faites de la gymnastique régulièrement!

1. gymnastique *régulière* (faire de la gymnastique)
2. perte de poids *lente* (perdre du poids)
3. alimentation *normale* (manger et boire; s'alimenter)
4. entraînement *progressif* (s'entraîner)
5. mouvements très *doux* et non pas violents (bouger)
6. arrêt *progressif* de la séance d'entraînement (s'arrêter)
7. attente *patiente* des résultats (attendre)

2. Le subjonctif des verbes irréguliers; le subjonctif après des expressions d'émotion

Le subjonctif des verbes irréguliers

- In addition to **être** and **avoir**, several other groups of verbs show irregularities in the subjunctive.

- Irregular verbs having two stems in the present indicative—one stem for **nous** and **vous**, and another stem for all the other persons—also have two stems in the present subjunctive:

present indicative	
je vais	nous allons
tu vas	vous allez
il/elle/on va	ils/elles vont

present subjunctive	
que j'aille	que nous allions
que tu ailles	que vous alliez
qu'il/elle/on aille	qu'ils/elles aillent

Note that the endings for the subjunctive follow the normal pattern.

- Verbs of this group include:

aller	que j'aille	que nous allions
boire	que je boive	que nous buvions
prendre	que je prenne	que nous prenions
recevoir	que je reçoive	que nous recevions
venir	que je vienne	que nous venions
vouloir	que je veuille	que nous voulions

- Three verbs—**faire, pouvoir** and **savoir**—have a single irregular stem in the subjunctive. (Their endings follow the regular pattern.)

faire (subjonctif)	
que je fasse	que nous fassions
que tu fasses	que vous fassiez
qu'il/elle/on fasse	qu'ils/elles fassent

pouvoir (subjonctif)	
que je puisse	que nous puissions
que tu puisses	que vous puissiez
qu'il/elle/on puisse	qu'ils/elles puissent

savoir (subjonctif)	
que je sache	que nous sachions
que tu saches	que vous sachiez
qu'il/elle/on sache	qu'ils/elles sachent

❖ À votre tour

Point out how the wording of these items must also be changed; for example, *assez souvent* to *plus souvent*; *assez mal* to *mieux*, etc.

A. Vœux. Puisque la réalité n'est pas toujours très agréable, il est fréquent de souhaiter que les choses soient différentes dans l'avenir.

MODÈLE: On ne peut pas se détendre assez souvent.
Je souhaite qu'on puisse se détendre plus souvent!

1. On ne peut pas se détendre assez souvent.
2. Mon programme d'exercice va assez mal.
3. Nous ne faisons pas partie d'une équipe sportive.
4. Notre équipe n'a pas reçu le trophée.
5. Vous ne voulez pas vous arrêter de fumer.
6. Il prend trop de médicaments.
7. Elle ne va pas régulièrement chez le médecin.
8. Tu ne sais pas prendre du temps pour toi.
9. Nous n'allons pas souvent à la piscine.
10. Vous buvez trop de boissons sucrées.
11. On n'obtient pas de résultats assez vite.
12. On ne veut pas changer ses habitudes.

B. Habitudes. Indiquez à votre partenaire quelles habitudes sont essentielles pour se maintenir en forme et donnez-lui des conseils. Employez des expressions impersonnelles: **il faut que, il est important que**, et ainsi de suite.

MODÈLE: dormir sept ou huit heures par nuit
            —Il est important que tu dormes sept ou huit heures par nuit.

1. dormir sept ou huit heures par nuit
2. faire une visite annuelle chez le médecin
3. ne pas boire d'alcool
4. aller chez le médecin quand tu ne te sens pas bien
5. choisir un sport à pratiquer régulièrement
6. prendre assez de temps pour toi
7. ne pas être stressé(e) tout le temps
8. prendre un bon petit déjeuner
9. se détendre de temps en temps
10. faire des pauses périodiques pendant la journée

L'emploi du subjonctif après des expressions d'émotion

- You have learned to incorporate a personal perspective into your speech or writing by combining an impersonal expression or an expression of volition with the subjunctive. To express emotion regarding a particular person or event, you use an expression of emotion followed by the subjunctive.

- The following expressions (grouped by meaning) can be combined with a subjunctive to express emotion:

être content(e)	être mécontent(e)	être étonné(e)	avoir peur
être heureux(se)	être malheureux(se)	être surpris(e)	
être ravi(e)	être triste		
se réjouir	regretter		

Je **suis ravi(e) que** tu fasses du sport tous les jours.	*I'm delighted (that) you exercise (work out) every day.*
Je **regrette que** sa santé ne soit pas meilleure.	*I'm sorry (that) his/her health isn't better.*
Je **suis étonné(e) que** les étudiants ne s'intéressent pas plus à la forme.	*I'm astonished that students aren't more interested in fitness.*
J'**ai peur qu'**on ne soit pas prêt pour le match.	*I'm afraid (that) we won't be ready for the game.*

Note that the verb **espérer** (*to hope*), when in the affirmative, is not followed by a subjunctive:

J'espère que vous allez arrêter de fumer.	*I hope (that) you're going to stop smoking.*

- Remember that these expressions of emotion can also be combined with **de** + the infinitive when the subject expresses emotion pertaining to himself or herself.

Je suis content(e) **de mincir** un peu.	*I'm glad I'm (I'm glad to be) slimming down a bit.*
Je suis content(e) que tu mincisses un peu.	*I'm glad you're slimming down a bit.*

❖ À votre tour

Warn students to pay attention to the context before selecting appropriate expression of emotions; for example, *triste/désolé* are good choices for items 4 and 7.

A. Émotions. Exprimez les sentiments que vous éprouvez en apprenant les faits suivants.

MODÈLE: Il fait enfin de l'exercice.
Je suis surpris(e)/étonné(e) qu'il fasse enfin de l'exercice.

1. Il fait enfin de l'exercice.
2. Vous vous mettez au régime.
3. Cet enfant choisit un sport.
4. Vous allez à l'hôpital.
5. Ils veulent encore se mettre au soleil.
6. Tu ne sais pas les conséquences du manque d'exercice.
7. Vous dormez très mal.
8. On ne peut pas guérir cette maladie.
9. Le médecin ne veut pas vous donner une ordonnance.
10. Tu ne prends pas de vitamines.
11. Il sait prendre soin de sa santé.

B. Est-ce une bonne raison? Jouez le rôle des personnes suivantes qui expliquent pourquoi elles ressentent certaines émotions.

MODÈLE: Jean a peur (il a la grippe, ses enfants aussi sont malades)
Jean a peur d'avoir la grippe.
Jean a peur que ses enfants aussi soient malades.

1. Jean a peur (il a la grippe, ses enfants aussi sont malades).
2. Suzanne se réjouit (elle est en meilleure santé, sa grand-mère va mieux).
3. Nous regrettons (nous sommes trop sédentaires, vous ne faites pas assez d'exercice).
4. Tu as peur (tu grossis, tes amis savent ton poids exact).
5. Les parents de Julien sont contents (ils jouent au tennis, leurs enfants font du sport).
6. Je suis désolé (mon copain boit trop, je le quitte).
7. Sophie est surprise (elle reçoit un compliment de son entraîneur, son entraîneur vient la féliciter).
8. Vous êtes heureux (vous perdez du poids, votre régime réussit).

3. Le futur

* The future tense, as its name suggests, enables you to refer to future time. The stem for the future tense of regular verbs is the infinitive (infinitive minus final **-e** in the case of **-re** verbs) to which the following endings (which you will recognize from the verb **avoir**) are added:

-ai	-ons
-as	-ez
-a	-ont

parler	
je parlerai	nous parlerons
tu parleras	vous parlerez
il/elle/on parlera	ils/elles parleront

finir	
je finirai	nous finirons
tu finiras	vous finirez
il/elle/on finira	ils/elles finiront

rendre	
je rendrai	nous rendrons
tu rendras	vous rendrez
il/elle/on rendra	ils/elles rendront

Point out these tricks to help students remember some irregular futures: for *être*, *ser-*, hum the tune of "Que sera sera"; *avoir* and *savoir* differ by only one letter, *s*.

• A number of verbs have irregular stems in the future. To help you remember them, these verbs are grouped below according to their irregularity.

➤ Irregular stems:

aller	ir-	j'irai
avoir	aur-	j'aurai
savoir	saur-	je saurai
être	ser-	je serai
faire	fer-	je ferai

➤ Irregular stems in **-rr**:

courir	courr-	je courrai
mourir	mourr-	je mourrai
pouvoir	pourr-	je pourrai

➤ Irregular stems in **-dr**:

falloir (il faut)	faudr-	il faudra
(ob)tenir	(ob)tiendr-	j'(ob)tiendrai
venir	viendr-	je viendrai
vouloir	voudr-	je voudrai

➤ Irregular stems in **-vr**:

devoir	devr-	je devrai
pleuvoir (il pleut)	pleuvr-	il pleuvra

• Use of the future tense is somewhat different in French than in English. In French, the future tense is not normally used in paragraph-length discourse; for example, if you were talking about plans for next summer, you would probably use the **aller** + infinitive construction instead of the future:

L'été prochain, nous allons faire un séjour au Québec. Nous allons arriver à Montréal fin juin pour y passer deux semaines. Après, nous allons visiter...

Next summer, we're going to spend some time in Québec. We'll arrive in Montreal at the end of June and spend two weeks there. Afterwards, we'll visit . . .

• However, the future tense is used frequently in isolated sentences, especially after expressions of time, when the speaker or writer is suggesting a future action or a future time. The four expressions listed below are followed by the future tense when future time is implied. This contrasts with English usage, which calls for the present tense:

quand, *when*	dès que, *as soon as*
lorsque, *when*	aussitôt que, *as soon as*

Je vous téléphonerai **quand je finirai** ma séance de gym.

I'll call you when I finish my workout at the gym.

Je reprendrai le tennis **aussitôt que j'aurai** le temps.

I'll take up tennis again as soon as I have time.

- The future tense is also commonly used in hypothetical sentences in which one clause, introduced by **si** (*if*) followed by the present tense, expresses a condition or hypothesis, and the other clause, whose verb is in the future tense, expresses a result.

if clause	*result clause*
si + present tense	future tense

S'il ne fait pas trop froid demain, je ferai du footing.

If it isn't too cold tomorrow, I'll go running.

❖ À votre tour

A. Conséquences. Indiquez à votre partenaire que s'il / si elle ne modifie pas ses habitudes, il y aura des conséquences.

MODÈLE: ne pas s'arrêter de fumer / ne plus courir aussi vite
Toi, si tu ne t'arrêtes pas de fumer, tu ne courras plus aussi vite.

1. ne pas s'arrêter de fumer / ne plus courir aussi vite
2. ne pas surveiller son alimentation / ne pas rester en bonne forme
3. ne pas dormir suffisamment / être fatigué(e)
4. ne pas faire de sport régulièrement / ne pas maintenir une bonne santé
5. prendre trop de médicaments / ne vouloir plus rien faire
6. mener une vie très stressante / devenir de plus en plus angoissé(e)
7. être souvent enrhumé(e) / ne pas pouvoir faire de son mieux
8. ne pas se détendre de temps en temps / souffrir de maux de tête
9. ne pas faire une visite annuelle chez le médecin / devoir en subir les conséquences
10. continuer comme ça / ne pas avoir une vie bien heureuse

B. De bonnes intentions. Récemment, vous et vos amis avez pris de mauvaises habitudes, mais cela va changer aussitôt que certaines circonstances changeront.

MODÈLE: Moi, je retournerai au gym aussitôt que la semaine des examens se terminera.

moi / toi / toi et moi / mes amis
quand / lorsque / dès que / aussitôt que

retourner au gym	la semaine des examens / se terminer
se coucher plus tôt	savoir les résultats
s'arrêter de fumer	aller en vacances
mener une vie plus calme	obtenir un meilleur salaire
être moins angoissé(e)	ne pas devoir réussir à tout prix
prendre le temps de se détendre	en avoir envie
faire du sport régulièrement	être en meilleure forme

4. Le négatif: **ne... jamais, ne... plus, ne... personne, ne... rien**

- Negatives in French are normally made up of two particles: **ne** and a second particle (for example, **pas**). The negative is placed around the conjugated verb in the sentence, with **ne** preceding the verb and the other particle following it.

  Il **ne** va **pas** souvent au gym car il **n'**a **pas** beaucoup de temps.

- Other negatives function similarly to **ne... pas**:

ne... jamais, *never*	On **ne** peut **jamais** trop dormir.
ne... pas du tout, *not at all*	Le dimanche, je **ne** travaille **pas du tout**.
ne... personne, *no one*	Souvent, il **n'**y a **personne** au gymnase le lundi.
ne... plus, *no more*	Il **ne** reste **plus** d'aspirine dans la bouteille.
no longer	Mon ami **ne** vient **plus** au gymnase avec moi.
ne... rien, *nothing*	Je **n'**ai **rien** à faire aujourd'hui.

Note that **ne... plus** refers either to quantity or to time.

- **Personne** and **rien** can also serve as the subject of the verb; in that case, **personne** or **rien** begins the sentence, and the particle **ne** precedes the verb.

Personne ne joue au tennis quand il pleut.	*No one plays tennis when it's raining.*
—Tout marche bien?	*Is everything going all right?*
—Non, **rien ne** marche bien.	*No, nothing's going right.*

- In the questions and responses below, note how particular adverbs in the question call for particular negatives in the answer.

—Fais-tu **souvent** de sport?	*Do you exercise often?*
—Non, je **ne** fais **jamais** de sport.	*No, I never exercise.*
—Cours-tu **toujours**?	*Do you still go running?*
—Non, je **ne** cours **plus**.	*No, I don't go running any more.*
—Il reste **encore** du café?	*Is there any coffee left?*
—Non, il **ne** reste **plus** de café.	*No, there's no coffee left.*
—Tu cherches **quelqu'un?**	*Are you looking for someone?*
—Non, je **ne** cherche **personne**.	*No, I'm not looking for anyone.*
—Tu as besoin de **quelque chose?**	*Do you need something?*
—Merci, je **n'**ai besoin de **rien.**	*No thank you, I don't need anything.*

❖ À votre tour

A. Laisse-moi tranquille! Vous êtes de mauvaise humeur aujourd'hui et tout ce que vous voulez, c'est que votre camarade vous laisse tranquille. Répondez à ses questions en employant l'expression négative convenable.

MODÈLE: chercher quelqu'un
   —Tu cherches quelqu'un?
   —Non, je ne cherche personne.

1. chercher quelqu'un
2. vouloir quelque chose
3. avoir besoin de quelqu'un
4. avoir envie de quelque chose
5. penser à quelqu'un
6. réfléchir à quelque chose

B. Quel contraste! Indiquez par vos répliques que vous et votre camarade ne vous ressemblez pas du tout.

MODÈLE: dormir toujours tard
   —Moi, je dors toujours tard.
   —Eh bien, moi je ne dors jamais tard.

1. dormir toujours tard le matin
2. faire encore du sport
3. sortir souvent le soir
4. faire beaucoup de choses le samedi
5. assister toujours aux cours
6. demander toujours l'avis de quelqu'un

C. Ce n'est plus le cas. Indiquez que vos habitudes ont changé.

MODÈLE: —Tu as toujours cours le mercredi matin?
   —Mais non, voyons! Je n'ai plus cours le mercredi matin.

1. Tu as toujours cours le mercredi matin?
2. Tu fais toujours le ménage le samedi matin?
3. Toi et tes amis allez toujours au cinéma le mercredi après-midi?
4. Tu sors toujours avec des amis le samedi soir?
5. Tu fais toujours la grasse matinée le dimanche matin?

$\mathscr{D}$ÉCOUVERTES

The tapescript for all *En direct* activities can be found in the *Instructor's Resource Manual*. Following is the tapescript for activity A.

A. Jacqueline: Écoute, je suis inquiète au sujet de Patrick. Rien ne l'intéresse plus, même plus sa musique. Il ne veut voir personne, aucun de ses vieux copains. Il ne répond plus au téléphone.

Bernard: Tu sais, je ne suis pas trop surpris que tu me dises cela. En fait, tu ne m'apprends rien de nouveau. J'ai bien remarqué qu'on ne le voit plus nulle part. C'est vrai qu'il ne sort plus. Tu te rends compte: il a même refusé de venir au match de foot avec moi! Tu sais ce qui se passe?

Jacqueline: Non, pas trop. Mais j'ai bien peur qu'il ne soit de plus en plus déprimé. À mon avis, il faut qu'il aille voir un psychologue.

Bernard: Ça, c'est plus facile à dire qu'à réaliser. Comment veux-tu qu'on puisse le persuader d'aller chez un psy?

Jacqueline: J'ai pensé que peut-être on pourrait demander à sa copine de nous aider!

Bernard: Oh là là! Écoute, moi, je n'ai pas très envie de m'y risquer: il va être furieux que nous nous occupions de ses affaires!

Jacqueline: Eh bien, tu as une autre idée, toi?

Bernard: Si on allait le voir tous les deux ensemble? On lui dit qu'on s'inquiète pour lui. On parle, on cherche à savoir ce qui se passe.

Jacqueline: Franchement, je ne crois pas qu'il veuille nous parler ni nous écouter.

Bernard: Alors que faire d'autre?… Attends… ça y est, j'ai trouvé: on va demander que son frère Marc—tu sais, son frère qu'il aime beaucoup—vienne lui rendre une petite visite.

Jacqueline: Mais je le connais à peine! En fait je ne l'ai vu qu'une fois! Il va sans doute être très étonné qu'on le fasse venir.

Bernard: Écoute, si tu veux, c'est moi qui vais l'appeler. Je ne serai pas surpris qu'il soit en fait très content qu'on le contacte.

Jacqueline: Eh bien, d'accord! Sincèrement, je suis contente que nous fassions quelque chose pour Patrick. Après tout, nous sommes ses meilleurs copains.

B. The purpose of this listening activity is to train students to distinguish between discrete statements they hear in a monologue that are true, and the general idea of that monologue.

En direct 2

A. Inquiétudes. Écoutez le dialogue suivant où Jacqueline et Bernard s'inquiètent au sujet de leur camarade Patrick, et indiquez ses symptômes, leur(s) diagnostic(s) et les solutions proposées.

	Jacqueline	Bernard
Symptôme(s)		
Diagnostic(s)		
Solutions proposées		

- À votre avis, quelle solution est la meilleure? Expliquez pourquoi.

B. La forme à tout prix. Julien Santoni a réuni plusieurs personnalités du moment pour son programme télévisé du mardi soir, *Instantanés*. La question à débattre était: «Aujourd'hui, la forme à tout prix». Écoutez quelques extraits de la bande sonore et cochez l'idée principale de chaque intervenant.

Intervenant 1

____ Aujourd'hui on vit plus longtemps, on vit plus vieux: il faut apprendre à accepter les limitations dues à l'âge.

✓ Aujourd'hui, on a de bonnes chances de vivre vieux, mais on ne veut pas vivre comme des vieux; donc on se soigne.

____ Quand on vieillit, on peut faire exactement comme on veut: ce n'est pas la peine de changer ses habitudes.

Intervenant 2

____ Les jeunes d'aujourd'hui ne s'intéressent pas à rester en forme.

✓ Pour réussir dans la société d'aujourd'hui, même les jeunes doivent faire attention à leur forme physique.

____ On remarque une différence entre les sexes: les garçons s'intéressent davantage à rester en bonne forme physique.

Intervenant 3

✓ Être en forme veut dire aussi avoir confiance en soi et cela concerne les hommes comme les femmes.

____ Pour une femme, être en forme n'est le plus souvent que le désir de plaire.

____ Le corps de l'homme et de la femme modernes ne peuvent plus répondre à de grandes aventures.

Intervenant 4

___ Grâce aux progrès de la médecine, on peut rester en forme et en bonne santé sans trop d'efforts.

✓ La forme est une obsession créée par la vie moderne pour remédier aux inconvénients de la vie urbaine.

___ Autrefois le dur travail physique tuait les gens avant qu'ils aient la chance de vieillir.

• Avec quel intervenant êtes-vous personnellement le plus d'accord? Expliquez pourquoi.

C. Un hypocondriaque: jeu de rôles. Approchez-vous de plusieurs camarades pour leur expliquer un problème (imaginaire!) de santé. Ils vont vous rassurer.

D. Que faire? Avec un groupe de camarades, discutez comment aider un copain qui semble un peu déprimé. Attention! Avant de commencer, mettez-vous d'accord pour créer une personne imaginaire, donnez-lui un nom, inventez-lui symptômes et problèmes! Jouez votre situation devant d'autres camarades.

E. Table ronde. En petits groupes, organisez une table ronde sur le sujet de la santé. Précisez le sujet, décidez qui va présider, prenez l'identité de personnes de situations et d'âges différents, et ne vous disputez pas!

F. Non au stress! La vie moderne est stressante, c'est évident! Interviewez plusieurs de vos camarades pour savoir quelle est leur manière préférée de se détendre. Prenez des notes et rédigez un compte-rendu de vos interviews.

MODÈLE: Alain J. choisit un bon fauteuil, décide de ne pas répondre au téléphone, met des disques de musique classique et ferme les yeux. Parfois il s'endort!

Have students read aloud what they consider to be the winning strategies.

G. Une toute autre personne. Écrivez à un(e) camarade comment un événement fortuit vous a obligé(e) à changer vos habitudes. Expliquez d'abord vos anciennes habitudes (en vous servant de l'imparfait), puis énumérez vos nouvelles habitudes, accompagnées de commentaires personnels!

MODÈLE: Moi je ne faisais pas de sport, j'avais même un petit excès de poids. Mais maintenant je suis une toute autre personne. Je marche au moins une heure par jour et je me lève très tôt le matin pour faire un petit tour dans mon quartier. Pourquoi? C'est moi qui dois m'occuper d'Arthur, notre chien, pendant l'absence de mes parents!

Some suggestions include buying a dog, moving to the country (or the city), getting a new roommate, losing one's car, etc.

H. Pourquoi faire du sport? Comment encourager les jeunes à faire du sport? Inspirez-vous des idées suivantes et essayez de rédiger un slogan convaincant.

MODÈLE: Tu veux rencontrer de nouveaux copains?
Sais-tu qu'ils t'attendent à l'association sportive de ton quartier!

Ton cœur est un muscle: Fais-le travailler!
Fais du sport avec nous!
Viens au stade le mercredi après-midi!

Tu es vif, souple et adroit?
Le basket-ball est fait pour toi!
Tous les mercredis soir, de 19h à 20h Gymnase Louison Bobet

utiliser son corps pour le rendre plus fort
donner une chance à son système
   nerveux de se détendre
développer son cœur, ses poumons
contrôler son poids
éviter les maladies graves
obtenir de meilleurs résultats scolaires
trouver des amis
être ou rester en bonne forme
découvrir l'esprit d'équipe
entrer en compétition avec d'autres
gagner beaucoup d'argent
choisir une activité que l'on aime
avoir l'occasion de rencontrer des camarades
éviter les accidents
découvrir la joie de l'effort physique
devenir champion du monde
participer aux Jeux Olympiques

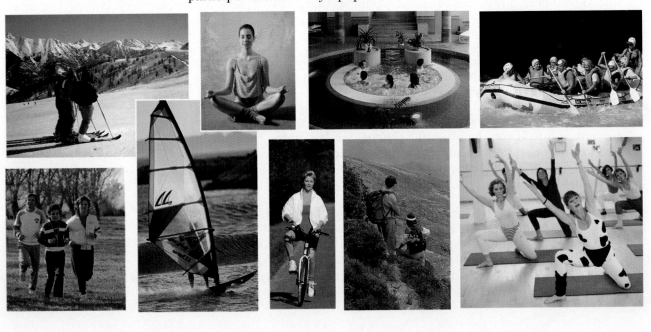

I. Comment mieux réussir ses examens? Donnez vos propres conseils. Utilisez votre bon sens et inspirez-vous de votre expérience.

- Manque de temps: garder de bonnes habitudes régulières
- Repas: importance du petit déjeuner, ne pas sauter de repas, composition des repas
- Consommation de café et thé: à surveiller
- Lutte contre la fatigue:
    - (a) Sommeil: comment s'endormir plus facilement; respecter son horloge biologique
    - (b) Vitamines ou médicaments?
- Lutte contre l'anxiété: pratique du sport, yoga, relaxation
- Donnez un encouragement final!

This activity can be done in writing, perhaps in the form of a newspaper column; for example: *Rester en forme est toujours important. Au moment des examens, c'est encore plus important. Par exemple, le petit déjeuner est le repas le plus important de la journée. Il ne faut jamais quitter la maison sans manger... Ces conseils vous aideront à rester en pleine forme pendant la période des examens. Essayez-les et bonne chance!*

J. Science-fiction. À votre avis, comment les futurs habitants de notre planète vivront-ils? Donnez une réponse qui tiendra compte des progrès de la médecine, des changements du style de vie, de vos souhaits personnels. Inspirez-vous des suggestions ci-dessous.

- Quels changements? (la rapidité du changement, les avances rapides de la technologie, des communications, de la recherche spatiale, etc.)
- Quelles catégories seront affectées? (logement, emploi, repas, habitudes, temps libre, médecine, voyage, etc.)
- Contraste entre ce qui se passe maintenant et ce qui se passera dans l'avenir.
- En conclusion, indiquez votre sentiment au sujet de ces changements. Êtes-vous impatient de les voir se réaliser? Avez-vous un peu peur?

Model for written activity: *Notre qualité de vie sera meilleure grâce aux progrès de la médecine. Nous aurons moins de maladies; nous utiliserons des médicaments puissants et pas trop chers. Des ordinateurs feront des diagnostics très sûrs. On organisera la journée de travail différemment pour qu'on puisse faire du sport tous les après-midi.*

K. Vieillir sans devenir vieux? Est-ce possible ou non? Organisez un petit débat avec deux ou trois camarades sur ce sujet. Inspirez-vous de la liste ci-dessous, mais n'oubliez pas de donner une conclusion.

évoquer constamment ses souvenirs
ne jamais lire les journaux
entrer fréquemment en contact avec les jeunes
cultiver le sens de l'humour
comparer incessamment le passé au présent
prendre soin de son apparence
refuser absolument de faire de l'exercice
exprimer constamment des regrets
écouter de la musique du bon vieux temps
accepter de modifier ses habitudes
être résolument pessimiste
ne jamais s'amuser parce que c'est fatigant

Model for written activity (an article in a journal):
Tout le monde vieillit, mais personne n'a envie de devenir vieux. Voici des conseils qui vous permettront peut-être de rester jeunes.
Tout d'abord, attention à votre apparence! Il est essentiel que vous preniez soin de votre apparence; rien ne vieillit plus que des vêtements démodés! Ensuite, il est bon que vous viviez dans le présent et que, par exemple, vous lisiez les journaux....
En conclusion, pour ne pas devenir vieux, il n'y a qu'un secret: aimer la vie!

Découverte du texte écrit

L. Préparation: Cet article est paru dans la rubrique sciences du magazine *Talents*. Il s'agit de la chronobiologie (*chrono* = temps, *biol* = vie) ou des rythmes biologiques.

1. Jetez un coup d'œil sur les divers éléments du texte—gros-titres et illustrations. Quel va être le thème ou le sujet de l'article? De quel genre d'article s'agit-il? un article très scientifique pour les spécialistes? un article de vulgarisation pour le grand public?
2. Avant d'aborder l'article, indiquez si, à votre avis, les phrases suivantes sont vraies ou fausses.
   a. La fraise (*drill*) du dentiste fait moins mal l'après-midi.
   b. L'aspirine est plus efficace le soir que le matin.
   c. On est frais et dispos le matin.
   d. Il faut enseigner les matières principales le matin.

Soyez maître de votre temps!

La fraise[1] du dentiste fait moins mal l'après-midi... L'aspirine est plus efficace le soir vers vingt-deux heures... Notre tonus[2] baisse vers treize heures... Vrai-faux? Réponses d'Alain Reinberg, pionnier français de la chronobiologie, la science qui étudie l'importance du facteur temps sur l'organisme.

Les journées n'ont que vingt-quatre heures. Pour certains c'est trop, pour d'autres trop peu. Impossible pourtant d'en modifier la durée. L'homme est conditionné par un rythme de vingt-quatre heures, calqué sur celui de la rotation de la Terre sur elle-même.

L'idée selon laquelle on est frais et dispos[3] le matin est fausse.» On appelle cela un pavé dans la mare[4] des idées reçues[5]. L'homme qui le lance est un pionnier. Ancien directeur de recherche au CNRS[6], Alain Reinberg fit partie de cette poignée[7] de chercheurs, qui, dès les années 50 montraient le caractère endogène (qui prend naissance à l'intérieur d'un corps) des rythmes biologiques. La chronobiologie était née. Une science qui permet de répondre à la question *«Quand faut-il faire les choses?»*, explique Alain Reinberg. Quand faut-il administrer certains médicaments, quand faut-il enseigner les matières principales à l'école? À ces questions et à celles plus générales sur la chronobiologie, les réponses d'Alain Reinberg.

Pourquoi avons-nous des rythmes biologiques?
Les rythmes circadiens (de vingt-quatre heures) et annuels existent vraisemblablement[8] pour permettre aux organismes d'être adaptés à la vie terrestre, en harmonie avec la rotation de la Terre sur elle-même en vingt-quatre heures et la rotation de la Terre autour du Soleil en un an. Il y a une autre raison: une cellule[9] ne peut pas tout faire en même temps. Parce qu'elle ne dispose pas d'une quantité d'énergie illimitée et parce qu'elle a quantité de fonctions à assumer. Ces dernières font souvent appel à[10] des mécanismes enzymatiques contra-dictoires qui doivent donc être successivement programmés dans le temps. L'étude des rythmes biologiques nous apprend l'organi-sation dans le temps des êtres vivants, les mécanismes et les altérations de cette anatomie particulière.

L'idée d'horloge interne est-elle pertinente[11]?
Oui! Les scientifiques ont trouvé une horloge biologique chez les mammifères[12] et les oiseaux,

---

1 drill   2 energy, dynamism   3 fit, in good form   4 nice bit of scandal   5 preconceived ideas
6 Centre national de la recherche scientifique   7 handful   8 ostensibly   9 cell   10 call on, rely on
11 relevant   12 mammals

anatomiquement identifiée dans le noyau suprachiasmatique (dans l'hypothalamus) ou, à défaut, dans la glande pinéale. Elle a toutes les propriétés d'une horloge: périodicité de vingt-quatre heures, systèmes de remise à l'heure[13]. Mais il existe d'autres horloges biologiques, vraisemblablement fonction-nelles, qui ne font pas appel à un centre anatomique précis mais semblent venir du fonctionnement du cortex cérébral et dépendre de réseaux de neurones.

Peut-on remettre ces horloges à l'heure?

Elles le font automatiquement en se synchronisant sur des signaux, sur des phénomènes qui se produisent régulièrement dans l'environnement. Ces synchroniseurs permettent de se situer dans l'échelle[14] des vingt-quatre heures ou de l'année. Parmi les signaux majeurs, il y a l'alternance de lumière et d'obscurité, c'est-à-dire l'aube et le crépuscule et la longueur respective des jours et des nuits. Mais il existe d'autres signaux comme l'alternance du chaud et du froid, du bruit et du silence...

Ces horloges ont-elles également une dimension sociale?

Pour une souris[15], l'alternance lumière-obscurité est le synchroniseur principal. Mais de jeunes souris aveugles, parmi d'autres souris normales, seront tout d'abord désynchronisées. Puis, au bout d'un mois ou deux, elles vont se resynchroniser grâce au bruit des autres souris qui s'activent. Cette alternance bruit-silence servira de nouveau synchroniseur, social en l'occurrence[16]. Chez l'homme, le synchroniseur social est prépondérant. Ce sont les impératifs horaires de notre vie en société qui nous donnent les signaux essentiels. Ce qui ne veut pas dire que la lumière n'intervienne pas au même titre[17] que d'autres facteurs.

Être du soir ou du matin, ça a un sens?

Dans la mesure où l'on a une anatomie dans le temps, on peut imaginer qu'il y a des différences interindividuelles comme il y a des différences anatomiques d'un individu à l'autre. Mais les irréductibles[18] du soir ou du matin représentent une toute petite fraction de la population (5% à 10%).

Il n'est donc pas hérétique de travailler la nuit?

Le travail de nuit n'est pas mauvais en soi et il est toléré par une fraction importante de la population. Mais n'importe qui ne peut pas faire n'importe quoi n'importe quand[19]. Certaines personnes peuvent parfaitement travailler la nuit, traverser des fuseaux horaires[20] en avion sans aucune difficulté alors que d'autres souffriront beaucoup de la même situation. Si l'on étudie les travailleurs dit «postés»[21], on sait rapidement dans quelle mesure un sujet tolère ou non de travailler la nuit. Un sujet intolérant est fatigué en permanence, il ne récupère pas, il souffre de troubles du sommeil et du caractère. Son premier réflexe sera de prendre des somnifères[22] mais rien n'y fera[23].

Le travail de nuit peut donc présenter des risques...

Les problèmes du travail de nuit sont considérés comme marginaux et négligeables. Pourtant les risques sont majeurs. D'ailleurs les grandes catastrophes surviennent souvent la nuit: Tchernobyl. Three Mile Island. Bophal. Beaune (53 morts dans l'accident de car de juillet 1982)... L'homme est un animal fait pour s'activer le jour et se reposer la nuit. Ses performances sont toujours plus mauvaises la nuit. Certes l'entraînement[24] compense ce handicap. Un conducteur de poids lourd[25], par exemple, a l'expérience de son camion la nuit à la différence de la personne qui part en vacances de nuit et ignore que ses réactions sont totalement différentes. Mais même chez les habitués, le temps de réaction restera moins bon la nuit. Ces mauvaises performances nocturnes sont dues à des phénomènes physiologiques qui n'ont rien à voir avec la fatigue ou le sommeil. Il s'agit vraiment d'un rythme biologique.

La chronobiologie permet-elle de programmer des performances intellectuelles ou sportives?

Inutile d'espérer battre des records ou être particulièrement créatif la nuit. Évidemment Paul Valéry se levait à cinq heures du matin tandis que Balzac écrivait la nuit et vivait avec sa cafetière. Cela ne prouve rien, sinon qu'il y a des gens exceptionnels! L'idée selon laquelle on est frais et dispos le matin est fausse. À l'école, enseigner les matières jugées importantes le matin est une erreur. Quand les enfants arrivent, ils sont encore somnolents et fatigués. C'est normal. Sauf extrême motivation, on ne commence à être réellement efficient que vers dix heures. Et indiscutable-ment, les performances mentales sont meilleures l'après-midi: ce sont les meilleures heures de mémorisation. Quant au sport, tout dépend si l'on fait appel à des phénomènes d'endurance et de résistance à la fatigue ou à des phénomènes de vigilance et de coordination motrice. Mais globalement les performances sont médiocres le matin.

---

13 resetting the clock   14 scale   15 mouse   16 under the circumstances   17 in the same way   18 diehards
19 Not just anyone can do whatever he wants whenever he wants.   20 time zones   21 shift workers   22 sleeping pills
23 nothing will help   24 training   25 tractor-trailer

S'il faut apprendre et faire du sport l'après-midi, que faire le matin?
Il faudrait rêver!

Quel est l'impact des rythmes biologiques sur le psychisme? On dit qu'il y a une saison pour le viol[26], la dépression ou le suicide…

Comme pour tous les vertébrés, l'espèce humaine a vocation à donner naissance au printemps. À cette fin, on constate des variations hormonales annuelles. Chez le bélier[27], l'augmentation d'une hormone, la prolactine, correspond à la période du rut. Chez l'homme, cela se traduit par des sécrétions de testostérone à la fin de l'été et au début de l'automne. Évidemment le contrôle du comportement sexuel ne se limite pas à cette sécrétion. Mais on connaît la corrélation entre la testostérone et les viols, beaucoup plus nombreux à la fin de l'été et au début de l'automne. Dans certains pays, on traite les violeurs récidivistes par inhibition des sécrétions de testostérone.

Pour le suicide, Durkheim[28] fut le premier, au siècle dernier, à décrire un rythme annuel, mais nous n'avons toujours pas d'explication. Quant à la dépression, il en existe une dite saisonnière qui apparaît à l'automne et disparaît au printemps. Elle concerne 5% des dépressions et peut se traiter par la lumière (ces patients souffriraient d'un manque de durée d'éclairement à cause des jours courts et peu ensoleillés).

Plus généralement, chaque maladie a une variation annuelle. Par exemple, on constate un pic[29] des maladies cardiovasculaires en février-mars, en lien avec la variation de la pression artérielle, de la grippe et des maladies infantiles en hiver; ce qui n'est pas dû au climat mais à un fléchissement[30] de l'immunité…

Quelles sont les principales applications cliniques de la chronobiologie?
Tous les médicaments ont à la fois des effets désirés et indésirables. La chronothérapie cherche à optimiser la prise de médicaments en fonction de leur chronotoxicité et chronoefficacité, c'est-à-dire à déterminer le moment où le maximum d'efficacité se conjugue avec le maximum de tolérance. Ce moment a été mis en évidence pour plus d'une centaine de substances. Derrière la chronothérapie, il y a l'idée qu'une cellule ne peut pas tout faire à la fois et que le médicament sera d'autant plus[31] efficace et mieux toléré qu'il touchera la cellule au moment opportun.

De plus il existe un rythme circadien indiscutable de la douleur[32]. Si l'on dit que le dentiste fait moins mal vers trois heures de l'après-midi, c'est en fait parce qu'à ce moment-là, l'anesthésie aura une durée maximale.

Quel est l'avenir de la recherche en chronobiologie?
La France (ainsi que l'Allemagne) avait une avance considérable. Qu'elle a perdue. Les premières réunions mondiales de chronobiologie ont démarré en France et en Europe. Depuis 1990, elles ont lieu aux États-Unis, sans que l'on puisse envisager de revirement.

Propos recueillis par Marie Verdier

Source: *Talents*, avril 1993

---

26 rape   27 weasel   28 French sociologist Émile Durkheim   29 peak   30 fluctuation   31 the more   32 pain

M. Exploration. Lisez le texte et répondez aux questions ci-dessous.

1. Qui est Alain Reinberg?
2. Qu'est-ce que la chronobiologie? À quelle question permet-elle de répondre?
3. Pourquoi avons-nous des rythmes biologiques?
4. Pourquoi parle-t-on d'une «horloge» interne?
5. Quels sont les signaux qui remettent notre horloge à l'heure?
6. Comment peut-on dire que nos horloges ont aussi une dimension sociale?
7. Existe-t-il des personnes vraiment «matinales» ou «nocturnes»?
8. Le travail de nuit est-il mauvais en soi? Peut-il présenter des dangers?
9. Quelles applications pratiques de l'horloge biologique suggère-t-on pour l'école?

Students may first be directed to mark the paragraphs or specific lines in the text in which these questions are answered, and then to summarize the answers in their own words.

Have students go back to the questions in activity N, item 2, and confirm whether their guesses were correct or not.

N. Synthèse et réflexion.

1. D'après les renseignements présentés dans cet article, quels conseils offrez-vous aux personnes suivantes?
    a. aux maîtres et maîtresses d'école
    b. à ceux qui souffrent de migraines ou d'autres maux
    c. aux étudiants universitaires ayant beaucoup de travail
    d. aux grands sportifs qui se préparent pour des compétitions importantes
2. À la suite de la lecture de cet article, croyez-vous personnellement à la notion d'une horloge biologique? Pourquoi ou pourquoi pas?
3. Avez-vous envie de modifier votre emploi du temps? Comment?

D'un parallèle à l'autre

Référez-vous au *Bilan* après le dossier 14. Choisissez un pays qui vous intéresse et familiarisez-vous avec son économie, ses ressources, ses traditions, son climat. Les questions de santé—par exemple, celles concernant la durée de vie, la mortalité infantile, la surpopulation— prennent-elles priorité sur les questions de forme (*fitness*), de bien-être ou d'apparence? Donnez des exemples précis.

 À l'écran

Apprenez comment garder ou retrouver la forme, faites une visite à l'Hôpital des enfants malades, et observez comment les Français s'attaquent aux problèmes de l'alcool au volant.

Clip 13.1   La forme, pas les formes

Clip 13.2   L'école à l'hôpital

Clip 13.3   L'alcool au volant

Lu et entendu

À votre santé! Dans ce dossier, vous avez réfléchi sur la santé et la forme. Choisissez deux ou trois des commentaires ci-dessous et expliquez à l'aide d'exemples pour quelles raisons vous êtes plutôt d'accord ou pas d'accord.

1. La santé des citoyens doit rester une affaire individuelle.
2. La santé est un bien précieux; son maintien doit bénéficier de l'aide de la communauté.
3. Il faut faire plus d'efforts pour éduquer les gens au sujet de leur santé.
4. Oui au sport, mais attention aux excès du sport professionnel.
5. Avoir une activité physique n'est pas le meilleur moyen de rester jeune.
6. On ne contrôle pas son poids sans faire de l'exercice.
7. La forme est une obsession de notre société fascinée par l'apparence.
8. En ce qui concerne la santé, les seuls programmes légitimes sont les programmes éducatifs.

Découverte du passé

Le thermalisme

You may wish to exploit this text further by asking students to respond orally or in writing to the following question: *Y a-t-il dans votre pays des endroits dont les ressources naturelles (sources d'eau minérale ou d'eau chaude, air pur) ont été utilisées à des fins thérapeutiques? Sont-elles encore en faveur?* Some examples are: Saratoga Springs, N.Y.; Hot Springs, Arkansas; Colorado Springs, Cripple Creek, and other Colorado mountain sites.

Le thermalisme, ou l'utilisation thérapeutique des eaux, est une tradition qui s'est établie antérieurement à l'époque romaine. «Prendre les eaux» n'était pas seulement un passe-temps pour les riches, mais une façon légitime de soigner son corps ou d'en prendre soin. Au XVIIᵉ siècle, Vichy était déjà une ville d'eau à la mode. Au XIXᵉ, l'empereur Napoléon III y a résidé. Après la victoire allemande en 1940, le maréchal Pétain a choisi Vichy pour y installer son gouvernement (non pas à cause de ses eaux, mais parce que ses nombreux hôtels pouvaient en effet recevoir beaucoup de fonctionnaires). On compte aujourd'hui en France plus de 1.200 sources minérales et plus d'une centaine de stations thermales—par exemple, Vittel dans les Vosges, Enghien-les-Bains près de Paris, Quiberon en Bretagne, Saint-Nectaire en Auvergne, Bagnères-de-Luchon dans les Pyrénées—qui reçoivent environ 636.000 visiteurs et curistes chaque année. Le thermalisme n'est plus seulement un phénomène médical; c'est aussi un phénomène économique et touristique!

Le mot juste

Contexte 1. Faites votre bilan de santé

avoir des allergies	to have, suffer from allergies
consommer de l'alcool	to consume alcohol
consulter un dentiste	to consult a dentist
être angoissé(e)	to be anxious, nervous
être sujet aux rhumes, grippes	to be subject to colds, flus
faire une visite annuelle chez le médecin	to have an annual checkup
fumer	to smoke
partager ses soucis	to share one's worries, concerns
prendre des médicaments	to take medication
prendre des somnifères	to take sleeping pills
souffrir de migraines	to suffer from migraine headaches
souffrir d'autres maux de tête	to suffer from other headaches
surveiller son alimentation	to watch one's diet
Votre poids convient-il à votre taille?	Is your weight suitable for your height?

Contexte 2. L'entraînement quotidien

Parties du corps

le bras	arm	la jambe	leg
la cheville	ankle	la main	hand
le cou	neck	le pied	foot
le coude	elbow	le poignet	wrist
la cuisse	thigh	la poitrine	chest
le doigt	finger	le talon	heel
le dos	back	le tronc	upper body
le front	forehead	le ventre	belly
le genou	knee		

Contexte 3. Chez le médecin

Symptômes, maladies et traitements

avoir de la fièvre	to have a fever
avoir de la tension	to have high blood pressure
avoir un accident	to have an accident
une angine	a strep throat
la grippe	the flu
une maladie (grave)	an illness (serious)
une migraine	a migraine headache

un rhume	a cold
tousser	to cough
avoir mal à...	to hurt (body part)
avoir mal à la tête, au dos, etc.	to have a headache, backache, etc.
souffrir	to suffer
se sentir bien/mal	to feel good/bad
être en bonne/ mauvaise forme	to be in/out of shape
être enrhumé(e)	to be down with a cold
se casser le bras/la jambe	to break an arm/a leg
être guéri(e)	to be cured, to get over an illness
faire une cure	to pursue a course of treatment

À la pharmacie

faire remplir une ordonnance	to have a prescription filled
les médicaments:	medication:
un cachet	tablet
une pilule	capsule
du sirop	syrup

À l'hôpital

une urgence	emergency
une opération	operation
un(e) infirmier(ière)	nurse

Autres mots

Adverbes de manière

brusquement	brusquely
constamment	constantly
difficilement	with difficulty
énormément	enormously
évidemment	obviously
facilement	easily
franchement	frankly
fréquemment	frequently
impatiemment	impatiently
imprudemment	imprudently
longuement	for a long time
patiemment	patiently
prudemment	prudently
rapidement	rapidly
suffisamment	sufficiently
tardivement	with a delay
violemment	violently

DOSSIER 14

Questions d'actualité

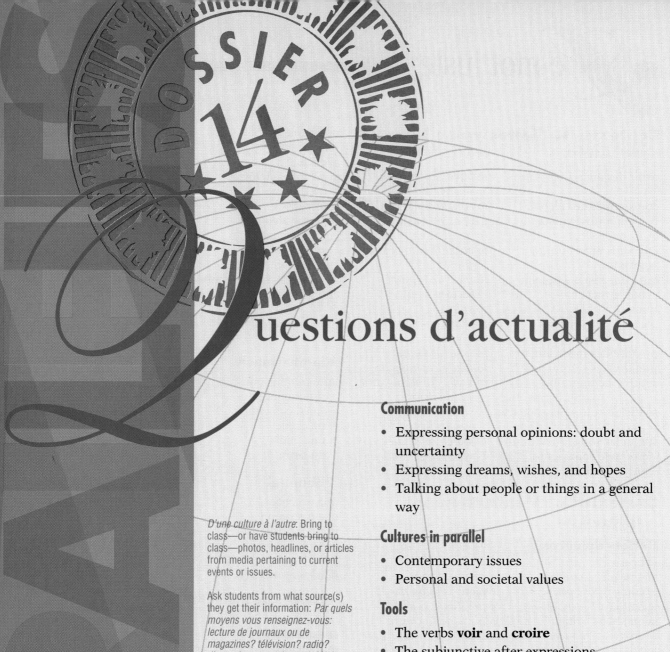

D'une culture à l'autre: Bring to
class—or have students bring to
class—photos, headlines, or articles
from media pertaining to current
events or issues.

Ask students from what source(s)
they get their information: *Par quels
moyens vous renseignez-vous:
lecture de journaux ou de
magazines? télévision? radio?
discussions avec des amis?* Help
students organize their specific
dreams, hopes, and fears into general
themes: *la politique, l'économie,
l'écologie, l'avenir des arts dans la
société, l'exploration de l'espace,* etc.
Write these themes on the board and
have students come up with specific
issues pertaining to one or more of
them. You might suggest that
students look at the list of issues in
Contexte 1 for the vocabulary of
current events.

Communication

- Expressing personal opinions: doubt and uncertainty
- Expressing dreams, wishes, and hopes
- Talking about people or things in a general way

Cultures in parallel

- Contemporary issues
- Personal and societal values

Tools

- The verbs **voir** and **croire**
- The subjunctive after expressions of emotion and doubt (opinion)
- The conditional
- Indefinite pronouns

D'une culture à l'autre

Vous tenez-vous au courant de l'actualité? Comment? À votre avis, quelles sont les questions d'actualité les plus importantes? Parmi ces questions, lesquelles mobilisent votre intérêt et vos efforts? Pourquoi? Quelles craintes ressentez-vous? Quels rêves et espoirs avez-vous pour l'avenir? Croyez-vous que des gens d'âge différent ressentent les mêmes peurs et les mêmes espoirs que vous?

1. Thèmes d'actualité

The purpose of *Contexte 1* is to present an overview of contemporary issues and relevant vocabulary. Detailed information pertaining to particular issues comes later in the dossier.

Use newspaper headlines and photos as visual prompts. Help students match headlines and photos with topics: *Quels thèmes illustrent les photos?*

l'accès à la culture
l'aide humanitaire
la croissance urbaine
la délinquance
la drogue
le gaspillage
la démocratie
l'économie
l'enfance

l'environnement
l'immigration
l'influence des médias
l'injustice
les jeunes
la misère
les nouvelles sources d'énergie
la paix dans le monde
les personnes âgées

la politique
le progrès
  scientifique
la santé
la spiritualité
la surpopulation
la tolérance
le travail
la violence

❖ À votre tour

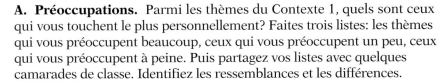

A. Préoccupations. Parmi les thèmes du Contexte 1, quels sont ceux qui vous touchent le plus personnellement? Faites trois listes: les thèmes qui vous préoccupent beaucoup, ceux qui vous préoccupent un peu, ceux qui vous préoccupent à peine. Puis partagez vos listes avec quelques camarades de classe. Identifiez les ressemblances et les différences.

B. L'actualité à la une (*Front-page news*). Apportez en classe plusieurs photos d'actualité découpées dans un journal ou dans un magazine. Quels thèmes y sont illustrés? Avec un(e) partenaire, essayez de donner un titre (*caption*) pour chaque photo.

Make three columns on the board: *beaucoup, un peu, à peine*. Have students, working individually or in pairs, read the issues listed and identify those that concern them a lot, those that concern them somewhat, those that aren't of much concern to them. Then have individual students or pairs of students compare their lists with those of other students. Take a random survey of the class, asking students for their top five concerns.

You might want to expand this activity to include making a class collage.

2. Pour avancer et défendre une opinion

Pour chacun des thèmes identifiés dans le Contexte 1, on peut trouver des raisons de s'inquiéter et des raisons d'espérer. Pour vous aider à expliquer votre réaction personnelle à l'égard des questions évoquées dans le Contexte 1, familiarisez-vous avec le petit lexique ci-dessous.

You may wish to point out that the *Petit lexique* regroups both new and old vocabulary, that it is organized thematically and in terms of opposites, and that there are many cognates. Students will thus be able to guess the meanings of many of the items. It may also be useful to add a few examples: *Quand on élimine des emplois, on augmente encore le chômage.*

Petit lexique
Pour avancer et défendre une opinion
Verbes

Initiative

créer (des emplois)	éliminer (des emplois)
donner accès à, permettre	interdire
informer	manipuler
protéger, soutenir	exploiter, menacer, censurer
menacer	défendre
réutiliser, recycler	jeter
nettoyer	polluer

Participation

s'abstenir	participer à
se replier sur soi	s'engager, prendre une initiative

Changement

s'améliorer	se dégrader, s'empirer
être en hausse	être en baisse
augmenter	diminuer, réduire
avancer	reculer
(se) développer	maintenir, ralentir, freiner, arrêter
(se) démocratiser	être d'accès difficile

Noms

Réalité et fiction

un phénomème	
une réalité	un rêve, une illusion
le progrès	le retard

Initiative

une initiative	un manque d'initiative, l'apathie
la création, la présence	l'absence
une amélioration	une aggravation
la défense	la menace
une source, une cause	une conséquence

Valeur

la tolérance	l'intolérance
une chance, une occasion	une menace, un risque
un droit, une responsabilité	une obligation, une charge

Solutions et problèmes

une solution	un problème
la création de nouveaux emplois	le chômage
le contrôle des naissances	la surpopulation
la santé	la maladie

Adjectifs

sûr	dangereux
bon marché	cher
solide	fragile
récent	ancien
possible	impossible
probable	improbable
réel	imaginaire, illusoire
social	individuel
religieux	civil, laïque
tolérant, ouvert	raciste
pratique, efficace	inefficace
politique	apolitique

Expressions

en ce qui (me) concerne...	
ce qui me rassure, c'est...	ce qui m'inquiète, c'est...
ça ne m'inquiète pas	ça m'inquiète
en progrès	en crise
en hausse	en déclin
gagner du terrain	perdre du terrain
de plus en plus	de moins en moins
toujours plus	toujours moins
avoir une bonne influence	avoir une mauvaise influence

❖ **À votre tour**

 A. Opinion personnelle. En petits groupes, donnez votre opinion personnelle sur les cinq thèmes d'actualité qui vous préoccupent ou vous passionnent le plus. Bien sûr, vous donnez des raisons pour soutenir vos opinions!

MODÈLE: —À mon avis, l'accès à la culture se démocratise de plus en plus. Cela m'encourage.
—Moi, je ne suis pas d'accord. Pour moi, la culture est de plus en plus élitiste/censurée, et ça m'inquiète!

B. Un petit débat. Pour un des thèmes d'actualité que vous avez identifié dans l'activité A, trouvez un(e) camarade qui ne partage pas votre opinion. Chacun de vous défend ses idées.

As an extension to this activity, you may wish to organize and hold a class debate on one of the topics.

3. Comment sauver notre planète?

Parcourez la première page du «dossier écologie» publié par le magazine *Phosphore*.

DOSSIER
PHOSPHORE

Le bilan écologique de l'Europe fait frémir. L'Europe ne sera-t-elle bien tôt qu'une immense poubelle? Quels diagnostics aujourd'hui? Quelles solutions pour demain?

écologie : sauve qui peut l'europe !

ÉCOPRODUITS
Les industriels se sont lancés dans l'aventure des "produits verts", censés ne pas nuire à l'environnement. Peut-on vraiment leur faire confiance?

EAU
Eaux usées ou déchets industriels, les grands fleuves et les mers se transforment en véritables dépotoirs. Peut-on faire autrement? L'eau risque-t-elle de nous manquer un jour?

ATMOSPHÈRE
Asphyxiées par la pollution et les gaz d'échappement, villes et forêts ne respirent plus. Notre air est désormais sous haute surveillance!

Source: *Phosphore* n° 132, janvier 1992.

Help students understand the text by paraphrasing the vocabulary that may present problems, for example:

La poubelle: le container où l'on jette les objets que l'on ne veut plus, les restes de table et les déchets provenant de la préparation des repas. Les poubelles sont ensuite versées dans un *dépotoir* municipal.

Les écoproduits ou produits verts sont les produits non polluants ou moins polluants, par exemple les serviettes de papier faites avec du papier recyclé.

Le verbe *nuire* veut dire faire du mal; par exemple, on parle d'insectes nuisibles aux plantes, on parle du bruit comme une nuisance.

Les *gaz d'échappement* sont les gaz qui s'échappent du moteur d'une automobile.

❖ À votre tour

A. Que de préoccupations! Quelles préoccupations sont exprimées dans le dossier-écologie dans le Contexte 3? Avez-vous les mêmes préoccupations ou en avez-vous d'autres? Expliquez-vous!

MODÈLE: Moi, je crois que les produits verts sont définitivement une bonne idée. Le texte ne mentionne pas les déchets nucléaires. Moi, j'en ai peur!

B. Et chez vous? La situation est-elle la même dans votre pays? Pour la comparer à la situation évoquée dans le dossier de *Phosphore*, vous donnez des exemples précis. Inspirez-vous des questions ci-dessous:

L'eau:
Pleut-il assez?
Est-il nécessaire d'irriguer?
L'agriculture/L'industrie consomme-t-elle de grandes quantités d'eau?
    Et les particuliers?
Traite-t-on les eaux usées?
Paie-t-on l'eau très cher?
Rationne-t-on la quantité d'eau?
Les rivières/lacs/plages sont-ils/elles propres/pollué(e)s?
Encourage-t-on l'utilisation de produits chimiques dans l'agriculture?

La qualité de l'air:
Y a-t-il beaucoup de pollution de l'air? du sol? des eaux?
Le bruit est-il une grande nuisance?
Les automobiles sont-elles équipées d'un dispositif qui règle les gaz
    d'échappement?
Existe-t-il des lois assez strictes pour contrôler l'industrie?

Les déchets:
Jette-t-on les déchets dans d'immenses dépotoirs?
Brûle-t-on les déchets? A-t-on ainsi une nouvelle source d'énergie?
Encourage-t-on les consommateurs et l'industrie à trier et à recycler?

Remind students that the expressions *il faut que*, *il est nécessaire que*, and *il vaut mieux que* are followed either by an infinitive or by a subjunctive; whereas the expressions *on doit* and *on peut* are followed by the infinitive.

C. Des initiatives personnelles. Que peut-on faire pour sauver la planète? Utilisez les suggestions ci-dessous pour donner vos recommandations personnelles.

MODÈLE: À mon avis, il faut que les gens apprennent à moins consommer.
         Il n'est pas nécessaire de construire plus de centrales nucléaires.

consommer moins
régler la croissance économique
créer plus d'espaces verts
faire payer des amendes élevées aux pollueurs
établir une politique internationale de conservation
réduire la taille des villes
recycler davantage
ne pas produire plus qu'on peut consommer
utiliser moins de pesticides
partager les ressources naturelles d'une façon plus équitable
économiser nos ressources naturelles mêmes quand elles sont
    abondantes

4. Quelles priorités aujourd'hui et demain?

l'amour
l'argent
les arts
le droit au travail
le droit aux loisirs
l'esprit de
   compétition
la guerre à
   l'analphabétisme
l'individualisme

la justice
la lutte contre les
   maladies
la recherche
   scientifique
la religion
le respect des droits
   de l'homme
le respect de la nature
le respect de la vie

la réussite
   personnelle
la réussite
   professionnelle
la réussite sociale
la sécurité
la solidarité
la technologie
la tolérance
la vie familiale

❖ À votre tour

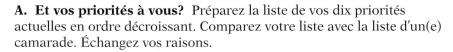

A. Et vos priorités à vous? Préparez la liste de vos dix priorités actuelles en ordre décroissant. Comparez votre liste avec la liste d'un(e) camarade. Échangez vos raisons.

MODÈLE: Pour moi la tolérance est ma première priorité: il faut absolument que nous apprenions à respecter et à apprécier nos différences.

B. Et vos peurs? Qu'est-ce qui vous fait le plus peur? Demandez à un(e) camarade d'écrire au tableau les réponses de la classe. Quelles sont les trois craintes les plus souvent exprimées? Comparez maintenant avec les réponses des Français.

Selon vous, ces sujets d'inquiétude sont-ils ou non importants?

En %	Très ou plutôt importants
Le sida, les maladies graves	93.7
Le chômage	93.3
La drogue	91.1
La pollution, les problèmes d'environnement	87.6
La sécurite, les banlieues, la délinquance	86.4
Le tiers-monde	77.3
Les manipulations génétiques, les progrès scientifiques	72.8
L'immigration clandestine	69.4
Les islamistes	65

Etude réalisée au téléphone par Téléperformance entre le 15 et le 19 novembre 1993 auprès de 500 personnes représentatives de la population française. Méthode des quotas.

France-Amérique, 2–8 avril 1994.

C. Et pour demain? À votre avis, dans quel(s) domaine(s) faut-il faire des efforts pour préparer un avenir meilleur? Quels efforts en particulier recommandez-vous?

MODÈLE: À l'avenir, tout le monde doit avoir accès à l'art, il faut donc construire plus de musées. Il faut que l'entrée des musées soit gratuite. Il faut encourager les artistes, utiliser les arts pour améliorer notre environnement, encourager les enfants à s'exprimer.

The tapescript for all *En direct* activities can be found in the *Instructor's Resource Manual*.

En direct 1

A. L'actualité en marche. Écoutez un extrait du magazine radiophonique «Plus ça change». L'animateur Joël Canova a enregistré dans la rue les opinions de certains individus. Que pensent-ils des changements de la société actuelle? Quelles émotions ces changements suscitent-ils en eux? Notez les mots ou phrases clés qui vous ont aidé(e) à déterminer le thème et l'opinion de la personne.

1. Complétez le tableau:

Thème(s)	Opinion(s)	Mots-clés
Arnaud, 30 ans, photographe		
Melaaz, 21 ans, chanteuse		
Benoît, 45 ans, ouvrier		
Janine, 32 ans, institutrice		
Juliette, 23 ans, étudiante		
Serge, 26 ans, animateur d'un groupe de jeunes		

You might wish to remind students that the qualifier applies to the attitude or opinion expressed, not to the individual.

2. Qualifiez l'attitude exprimée par chaque personne (par exemple: pessimiste, réaliste, optimiste, utopiste, confiante, cynique, etc.).
3. Avec quelle(s) opinion(s) êtes-vous le plus d'accord? le moins d'accord? Expliquez pourquoi.

Prelistening: Explain the meaning of *les verts* and *l'âge de pierre*, and ask students what modern ways they know of to keep production high and food fresh (hormones, radiation). You may wish to explain that the instructions *«Tapez 3615 code vert»* refer to the national computer system Minitel, for which most households have home terminals.

B2. You may wish to tell students that the ideas are not listed in the order in which they were expressed.

B. Cinq minutes pour faire le point (*A 5-minute update*). Écoutez cet extrait du débat que l'animateur de l'émission «Cinq minutes pour faire le point», Marcel Boursino, a proposé à ses auditeurs sur le sujet «l'écologie aujourd'hui», puis remplissez le tableau.

1. Historique du mouvement écologiste
   a. date de naissance: <u>1968</u>
   b. sensibilisation de l'opinion publique: <u>années 70 & 80</u>
2. Débat. Indiquez quel invité (CS = Corinne Simon, JM = Jean Marchand) a avancé les idées suivantes.
   <u>CS</u>   Le retour au bon vieux temps est un rêve dépassé.
   <u>JM</u>   L'écologie demande un retour aux valeurs du passé.
   <u>JM</u>   Le développement technologique a des effets très nocifs.
   <u>JM</u>   L'écologie et le développement économique ne peuvent pas être considérés séparément.
   <u>JM</u>   Il faut arrêter l'exploitation de la nature.
   <u>CS</u>   Assurer l'alimentation des êtres humains passe avant les préoccupations écologiques.
3. À qui s'appliquent les accusations échangées? Écrivez les initiales du destinataire devant chaque accusation.
   a. <u>CS</u>   conservatisme rétrograde
   b. <u>CS</u>   empoisonneur
   c. <u>JM</u>   rêveur dangereux
4. Identifiez la personne la plus agressive. Soyez préparé(e) à donner vos raisons.
5. Avec lequel des invités êtes-vous le plus d'accord? Pourquoi?

PARALLÈLES?

Quelles valeurs aujourd'hui?

Observer

A. Enquête personnelle. Ce qui est beau, vrai, juste est, bien sûr, un jugement personnel, mais ce jugement est aussi influencé par le jugement collectif de certains groupes à certaines époques. À travers l'histoire tout le monde n'a pas partagé ce même jugement ou ces mêmes valeurs.

Parmi les valeurs contemporaines énumérées ci-dessous:

- Quelles sont les cinq valeurs les plus importantes pour vous aujourd'hui?
- Quelles sont les cinq valeurs les moins importantes?

l'attachement à la patrie	la recherche spirituelle, la foi
l'autorité, le sens du commandement	le respect de l'environnement, de la nature
le civisme, le respect du bien commun	le respect de la propriété
le courage	le respect des traditions
la fidélité, la loyauté	la réussite sociale
la générosité	l'esprit de compétition
le goût de l'effort et du travail	le sens du devoir
l'honnêteté	le sens de la famille
l'obéissance	le sens de la justice
la patience, la persévérance	la solidarité avec les gens, avec les peuples
la politesse, les bonnes manières	la tolérance, le respect des autres

B. Premières comparaisons. Partagez avec un(e) partenaire les cinq valeurs que vous avez jugées les plus importantes et les cinq jugées les moins importantes. Chacun(e) explique les raisons pour son classement. Puis vous discutez des ressemblances et différences de vos listes.

C. L'opinion collective. Aidez un(e) camarade à résumer l'opinion de tout le groupe. Chacun(e) lui dictera ses résultats et il/elle les écrira au tableau. Puis vous voterez pour établir définitivement l'opinion du groupe.

You may want to have students prepare their ranking individually at home to save time.

You may wish to clarify the concepts of *autorité, obéissance,* and *générosité: l'autorité* is imposed from the outside and deprives an individual of choice; *l'obéissance* is the result of a personal choice; *la générosité* refers to the ability to sacrifice one's personal interest to promote the well-being of others.

Make sure to record these results, as they will be needed later.

Réfléchir

For greater ease in making comparisons, suggest that students focus on the top five values and the bottom five values.

D. Ressemblances ou différences? Est-il possible qu'aujourd'hui, tout autour du globe, on partage des préoccupations et des rêves similaires? Pour savoir dans quelle mesure vous vous ressemblez ou vous vous opposez aux jeunes Français d'aujourd'hui, comparez le classement obtenu dans l'activité C avec le classement des 15–20 ans qui ont répondu au sondage du magazine *Phosphore*. Quelles sont les valeurs que vous avez en commun?

The degree of similarity and difference between the values of students in your classes and those of the young people in France cited in the *Phosphore* survey will depend to some extent on the environment in which you teach, the age of your students, and other factors. Hopefully, however, comparison of the two groups will allow students to notice the extent to which contemporary issues and concerns—and the values that underlie the interpretation of and response to them—are similar in our increasingly interdependent world. Remember that the point is not to have students draw one-on-one direct comparisons, but to help them recognize parallels within cultures and across cultures.

- **Quelles sont les valeurs qui comptent le plus pour vous, qui vous paraissent les plus fondamentales?**
- **Les 15–20 ans répondent.**

la tolérance, le respect des autres	46%	*le courage*	15%
l'honnêteté	44%	*la patience, la persévérance*	13%
la politesse, les bonnes manières	39%	*la fidélité, la loyauté*	13%
le respect de l'environnement, de la nature	32%	*le sens de la justice*	10%
l'obéissance	26%	*le respect de la propriété*	8%
la générosité	25%	*le sens du devoir*	7%
le goût de l'effort et du travail	21%	*l'autorité, le sens du commandement*	6%
la solidarité avec les gens, avec les peuples	19%	*la recherche spirituelle, la foi*	5%
le sens de la famille	17%	*le respect des traditions*	5%
la réussite sociale	16%	*l'attachement à la patrie*	4%
l'esprit de compétition	16%	*le civisme, le respect du bien commun*	3%

Source: *Phosphore* n° 143, décembre 1992.

E. Même si les classements des valeurs varient un peu, pensez-vous que les soucis et les priorités des jeunes qui vivent sur des continents différents et dans des pays différents ont plutôt tendance à s'opposer ou à se ressembler? Expliquer votre raisonnement.

OUTILS

1. Les verbes **croire** et **voir**

- The irregular verbs **croire** (*to believe, to be under the impression*) and **voir** (*to see*) have similar conjugations.

Point out that the future stem of *voir* is similar to that of *envoyer*.

croire		
je crois	nous croyons	j'ai cru
tu crois	vous croyez	
il/elle/on croit	ils/elles croient	je croirai

voir		
je vois	nous voyons	j'ai vu
tu vois	vous voyez	
il/elle/on voit	ils/elles voient	je verrai

Je **crois** qu'on fait de grands progrès dans la conquête de l'espace.	*I think we're making great progress in the conquest of space.*
Vous **voyez** des raisons d'espérer, vous?	*How about you? Do you see any reasons to hope?*
On **a cru** les promesses des politiciens et on **a vu** les résultats.	*We believed (in) the politicians' promises and we have seen the results.*
Qui vivra, **verra**. (proverbe)	*Live and learn.* (literally, *He who lives, will see.*)

- In conversation, **voir** often functions as a "filler."

Il ne faut pas perdre espoir, **voyons!**	*You mustn't lose hope, come on now!*
On pense trop à soi, **vous voyez,** et ça, ça n'est bon pour personne.	*We think too much about ourselves, you see, and that isn't good for anyone.*

❖ À votre tour

A. Aujourd'hui et hier. Contrastez les idées anciennes et les idées modernes.

Point out that the verb following *on a cru que* must be in the imperfect.

MODÈLE: La terre est ronde/plate. (on)
   Aujourd'hui on croit que la terre est ronde mais on a longtemps cru qu'elle était plate.

1. La terre est ronde/plate. (on)
2. Les femmes sont égales/inférieures aux hommes. (nous)

3. L'environnement est/n'est pas menacé par l'être humain. (certains individus)
4. L'homme peut/ne peut pas survivre dans l'espace. (vous)
5. La guerre nucléaire est possible/impossible. (nous)
6. L'éducation est un droit pour tous/un privilège de l'élite. (on)
7. Les loisirs sont nécessaires/superflus. (les gens)
8. Dites comment vos convictions personnelles ont changé. (aujourd'hui je..., mais longtemps j'...)

B. Qui vivra, verra. Indiquez comment vous verrez les situations suivantes changer au cours de votre vie.

MODÈLE: les droits des enfants / reconnus (On)
         On verra/ne verra pas les droits des enfants reconnus.

1. les droits des enfants / reconnus (On)
2. notre espérance de vie / s'allonger (Nous)
3. le Sida / disparaître de la planète (Je)
4. la paix / régner sur tous les continents (Les gens)
5. les échanges internationaux / se développer (Tu)
6. la faim dans le monde / disparaître (On)
7. la violence dans les villes / augmenter (Vous)
8. Indiquez quel changement vous-même êtes sûr(e) de voir. (Je)

2. Emploi du subjonctif après les expressions de doute

- The following expressions can be combined with a subjunctive to express doubt or uncertainty. They include the verb **douter** (in the affirmative and the negative), the impersonal expression **il est douteux** (*it's doubtful*), and verbs and expressions that, when used in the negative—and often when used in the interrogative—are synonyms of **douter**:

| ne pas croire | ne pas penser/ne pas trouver | ne pas être sûr |
| croire? | penser?/trouver? | être sûr? |

Je ne crois pas que cela **soit** très bon sur le plan économique.
Crois-tu que la pollution **soit** un problème global?

Notice that the present subjunctive is used to refer both to present and to future time periods:

| Croyez-vous qu'à l'avenir, il y **ait** moins de problèmes? | *Do you believe that, in the future, there will be fewer problems?* |

- In contrast to the expressions given above, impersonal expressions that indicate certainty are always followed by the present indicative. These impersonal expressions include:

il est clair   il est évident   il est vrai

Il est vrai que la défense de l'environnement **est** une priorité actuelle.

- However, these expressions, when used in the negative or interrogative, in fact express doubt or uncertainty and are thus followed by the subjunctive.

     Mais il n'est pas évident que les gens **soient** prêts à modifier leurs comportements.

❖ À votre tour

A. Quel pessimisme! Exprimez vos doutes et/ou certitudes sur les sujets suivants.

MODÈLE: On peut contrôler l'augmentation de la population.
     Il est douteux qu'on puisse contrôler l'augmentation de la population.
  ou: Il est clair qu'on peut contrôler l'augmentation de la population.

1. On peut contrôler l'augmentation de la population.
2. Le chômage devient un problème moins sérieux.
3. Les femmes veulent reprendre leur rôle traditionnel dans la famille.
4. Les soins médicaux seront un jour presque gratuits pour tous.
5. Les différences entre les pays pauvres et riches grandissent.
6. On a un vrai dialogue entre les nations.
7. Les gouvernements réduisent la liberté de leurs citoyens.
8. La menace du Sida est réelle.
9. La biogénétique peut éliminer beaucoup de maladies congénitales.
10. La politique fournit toujours de vraies réponses.

B. Que vous réserve l'avenir? Dites s'il vous paraît évident ou douteux que les situations suivantes vous concernent un jour. Commencez vos phrases avec des expressions impersonnelles de doute ou de certitude.

MODÈLE: avoir un métier qui vous passionne
     Il est douteux que j'aie un métier qui me passionne.
  ou: Il est évident que j'aurai un métier qui me passionnera.

1. avoir un métier qui vous passionne
2. vous marier
3. vivre une grande passion amoureuse
4. être au chômage
5. être riche
6. divorcer
7. être célèbre
8. faire la guerre
9. faire le tour du monde
10. choisir un pays francophone comme résidence

Remind students: (1) expressions of doubt are followed by the present subjunctive, which does not differentiate between present and future time; (2) expressions of certainty are followed by the indicative, which does differentiate between present time and future time. This is a good opportunity to review the future tense before embarking on the conditional in Outil 3.

This activity can be transformed into an informative and perhaps amusing pair activity: The first member of the pair predicts the likelihood of a particular situation occurring in the life of the partner. The partner affirms or denies the prediction.

3. Le conditionnel

You may wish to point out that the English tense/mood markers *would*, *could*, and *should* are rendered in French by the conditional: *would* by the conditional of the verb, *could* by the conditional of *pouvoir* followed by an infinitive, and *should* by the conditional of *devoir* followed by an infinitive. Write the following examples on the board and have students tell you the English expressions that each French conditional corresponds to: *Moi, j'aiderais d'abord les enfants. Bien sûr, je pourrais envoyer de l'argent. Mais je devrais m'engager personnellement.*

- Use of the conditional enables a speaker to express wishes, to make requests, to extend and/or accept invitations—and to do all of these things politely.

Je rêve d'un monde où chacun **pourrait** manger à sa faim. Il n'y **aurait** plus de sans-abris. La richesse **serait** mieux partagée. Un monde comme ça, ça **serait** formidable, hein?

I dream of a world in which everyone would be able to eat his/her fill. There would be no more homeless. Wealth would be better shared. Such a world would be great, don't you think?

Il **faudrait** partager vos raisons avec nous.

You should share your reasons with us.

Auriez-vous le temps de me parler?

Would you have time to speak with me?

—**Aimeriez**-vous nous accompagner à la conférence?

Would you like to go to the lecture with us?

—Oui, cela me **ferait** plaisir.

Yes, I'd like that.

- The conditional is formed by adding the imperfect endings to the future stem:

aimer	
j'aimer**ais**	nous aimer**ions**
tu aimer**ais**	vous aimer**iez**
il/elle/on aimer**ait**	ils/elles aimer**aient**

- Verbs with irregular future stems have the same irregular stems in the conditional:

aller	ir-	j'irais
avoir	aur-	j'aurais
savoir	saur-	je saurais
être	ser-	je serais
faire	fer-	je ferais

Irregular stems in **-rr**:

courir	courr-	je courrais
mourir	mourr-	je mourrais
pouvoir	pourr-	je pourrais
voir	verr-	je verrais
envoyer	enverr-	j'enverrais

Irregular stems in **-dr**:

falloir (il faut)	faudr-	il faudrait
(ob)tenir	(ob)tiendr-	j'(ob)tiendrais
venir	viendr-	je viendrais
vouloir	voudr-	je voudrais

Irregular stems in **-vr**:

| devoir | devr- | je devrais |
| pleuvoir (il pleut) | pleuvr- | il pleuvrait |

❖ À votre tour

A. Un peu plus de politesse, s'il vous plaît! Un sondage du journal *Phosphore* indique qu'être poli et avoir de bonnes manières sont des valeurs qui comptent. Alors, entraînez-vous à reformuler les phrases suivantes de manière plus polie.

MODÈLE: Pouvez-vous me passer le journal?
          Pourriez-vous me passer le journal?

1. Pouvez-vous me passer le journal?
2. Me donnes-tu l'adresse de ce journaliste?
3. Voulez-vous changer de place avec moi?
4. As-tu 50 francs à me prêter?
5. Voyez-vous un inconvénient à changer de place?
6. Tu me rends un autre service?
7. Venez-vous demain soir?
8. Devons-nous faire un autre sondage?

B. On peut toujours rêver! Avec deux ou trois camarades, imaginez un avenir meilleur. Utilisez les suggestions suivantes.

MODÈLE: respecter les droits de chacun
          On respecterait les droits de chacun.

1. respecter les droits de chacun
2. ne pas détruire l'environnement
3. avoir du travail pour tous
4. fournir des logements aux sans-abris
5. ne pas mourir de faim ou de froid
6. utiliser des sources d'énergie renouvelables
7. ne pas faire la guerre
8. ne pas répéter les mêmes erreurs
9. pouvoir apprendre à lire et à écrire à tous
10. donner une place plus importante aux arts

4. Les pronoms indéfinis

• Indefinite pronouns are used to talk about persons or things in general terms.

Chacun pense à soi d'abord, et on se retrouve de plus en plus seul.	*Each person thinks first of him/herself, and he/she finds him/herself more and more alone.*
On travaille à égaliser les chances de **tous**.	*We work to equalize the chances for all.*
Chacun doit faire **quelque chose** pour améliorer la société.	*Each person must do something to improve society.*

- Sometimes indefinite pronouns are used to divide persons or things into groups:

Certains se mobilisent pour la lutte contre la pollution, **d'autres** consacrent leurs efforts à la lutte contre la pauvreté.

Some people come together in the struggle against pollution, others devote their efforts to the struggle against poverty.

- The indefinite pronouns can be grouped as follows:

Affirmative	*Negative*
quelqu'un, on	personne (ne)
les uns..., les autres...	personne (ne)
quelque chose	rien (ne)
chacun(e)	
plusieurs	
quelques-un(e)s	aucun (ne)
certain(e)s	
d'autres	
tous/toutes	

- Some of these expressions can be used as either the subject or the object of the sentence. In either case, **ne (n')** is placed immediately before (or after) the conjugated verb.

Have students identify which expressions are subjects and which are objects.

Quelqu'un t'a demandé une contribution?

Non, **personne ne** m'a demandé de contribution

Tu as invité **quelqu'un** à t'aider?

Non, je **n'**ai invité **personne**.

Quelque chose est arrivé?

Non, **rien n'**est arrivé.

Tu as vu **quelque chose**?

Non, je **n'**ai **rien** vu.

- Remember that, as in the second example above, in the *passé composé*, **personne**, unlike the other negatives (**ne... pas, ne... plus, ne... jamais, ne... rien**) follows the past participle, not the auxiliary verb.

❖ À votre tour

A. Vive la diversité! Signalez la diversité autour de vous en utilisant les pronoms indéfinis **certains/d'autres** ou **les uns/les autres**.

MODÈLE: Parmi nos amis / s'intéresser à/détester la politique
Parmi nos amis, certains [les uns] s'intéressent à la politique, et d'autres [les autres] détestent la politique.

Parmi les solutions / coûter cher/pas cher
Parmi les solutions, certaines coûtent cher, d'autres coûtent très cher!

Parmi nos amis:

1. s'intéresser à/détester la politique
2. avoir le sens du devoir/être irresponsables
3. respecter la nature/détruire l'environnement
4. aimer passer leur temps libre en famille/préférer sortir avec leurs copains
5. être généreux/ne jamais rien donner
6. avoir l'esprit de compétition/avoir peur de la compétition

Parmi les solutions proposées aux problèmes actuels:

7. coûter cher/pas cher
8. nécessiter un équipement spécial/un peu d'imagination
9. respecter les traditions/choquer le public
10. exiger du temps/du courage
11. demander un effort individuel/un travail en équipe
12. demander une réorientation de nos priorités/exiger de petits efforts de la part de nous tous

B. Rien ne va plus! Vous êtes le président d'un groupe d'action humanitaire et vous avez organisé une réunion qui ne semble pas prendre un bon départ! Vous n'obtenez en effet que des réponses négatives aux questions que vous posez!

MODÈLE: —*Tout le monde* est arrivé?
            —Mais non! Personne n'est arrivé.

1. *Tout le monde* est arrivé?
2. *La salle* est prête?
3. *Quelqu'un* a préparé du café?
4. Il y a *quelque chose* d'autre à boire?
5. On a prévu *des questions*?
6. On a demandé *à quelqu'un* d'organiser les photos?
7. *Quelqu'un* est allé chercher le conférencier?
8. *Tout* marche bien?

C. Dites-moi! Enfin, le public est arrivé et on vous demande des précisions à propos de votre association. Vous répondez en utilisant les pronoms indéfinis **chacun/chacune** ou **tous/toutes** ou **aucun/aucunes**.

MODÈLE: —*Chaque membre* a un projet à compléter? (Oui)
            —Oui, chacun!
      ou: —Oui, tous!

1. *Chaque membre* a un projet à compléter?
2. On est obligé de venir *à toutes les réunions*?
3. *Toutes les réunions* ont lieu le samedi?
4. *Chaque membre* doit contribuer quatre heures par mois?
5. Il y a *certaines obligations financières*?
6. *Tous les membres* ont entre 15 et 25 ans?

DÉCOUVERTES

The tapescript for all *En direct* activities can be found in the *Instructor's Resource Manual*.

Prelistening activities: Have students think about the effects that a changing economy may have on people's life-styles. Remind them to think of the cultural impact economic changes can have, for example, on the French conception of vacations (length, types, activities), the importance of the family as an informal network of contacts.

Point out that *la vie mondaine* refers to one's "social life."

Prelistening: Explain to students that the term *beur* refers to a second-generation Arab immigrant, and that *bougnoul* is a racist term used to designate an immigrant from North Africa.

En direct 2

A. Les styles de vie actuels ont-ils changé? Quelques opinions.
Pour son émission «Bonjour-Matin», Jacques Ondain a réuni deux invités, Jacqueline Modiberti et Denis Lavoisin. La question qu'il leur a posée était la suivante: «Nous vivons une période économique assez difficile. Comment cela a-t-il affecté votre style de vie?» Écoutez les réponses des deux invités, puis remplissez le tableau ci-dessous.

	Jacqueline M.	Denis L.
État d'esprit		
Vacances d'hiver		
Vacances d'été		
Rôle de la famille		
Travaux dans la maison		
Vie mondaine		
Découverte de soi-même		

• À votre avis, lesquels des changements du style de vie ci-dessus vous paraissent positifs? Expliquez pourquoi.

B. Deux auto-portraits. Écoutez deux jeunes gens parler de leur vie actuelle, de leurs rêves. Puis remplissez le tableau ci-dessous.

Sabine	Karim
Âge:	Âge:
Occupation: actuellement: dans le passé:	Occupation:
Situation de famille actuelle:	Situation de famille actuelle:
Goûts:	Goûts:
Rêve(s):	Rêve(s):
Habitation	Projets d'été
Ville de résidence	Avenir professionnel
Occupation	Changement dans la société

• Partagez-vous les rêves de l'un ou l'autre de ces deux jeunes? Qui vous paraît avoir le plus de chances de réussir? Expliquez votre raisonnement.

C. Qu'est-ce qui a changé? En petits groupes de trois ou quatre, énumérez les changements qui font que votre vie est différente de la vie de vos parents dans les catégories suivantes:

- Santé et espérance de vie
- Situation de famille
- Confort matériel
- Voyage et loisirs
- Communications
- Environnement

You might wish to have different groups share the results of their reflections. Is there a consensus in the class?

D. Le temps des rêves. Partagez avec un(e) camarade oralement ou par écrit les rêves que vous avez pour vous personnellement, pour la société en général.

E. Espoirs pour l'avenir. À qui faites-vous le plus confiance pour améliorer la situation de la société et des êtres humains pour les années à venir? Expliquez pourquoi.

Aux scientifiques
Aux organismes humanitaires
Aux responsables politiques
Aux artistes qui s'engagent
Aux responsables religieux
Aux jeunes du monde entier
Pas d'opinion

F. Vous et l'environnement. La brochure publiée par la ville de Saint-Germain-en-Laye à l'occasion du mois de l'environnement '93 contient l'annonce suivante:

> Lancement du Grand Prix de l'Environnement... La municipalité veut inciter un nombre toujours plus grand de Saint-Germanois à participer activement aux efforts engagés par la collectivité en faveur de la préservation et de l'amélioration de l'environnement et récompenser les meilleures initiatives prises en ce domaine:
>
> - par les entreprises, les administrations, les associations ou les particuliers;
> - par les jeunes de moins de 20 ans, dans le cadre de leur établissement scolaire ou à titre individuel.
>
> Les lauréats du concours recevront la Médaille de l'Environnement de la Ville de Saint-Germain.

Source: brochure *Le mois de l'environnement du 15 mai au 13 juin 1993.* Saint-Germain-en-Laye.

Si votre ville ou votre campus vous proposait un tel concours, quelle serait l'initiative que vous et un petit groupe de camarades prendriez? Donnez le plus de détails possibles sur les raisons de votre choix et sur votre projet lui-même.

Beginning with activity F, all the activities have their point of departure in authentic materials. There are several ways to proceed: one way is to assign the documents to be read prior to the class meetings and oral work; another is to do the reading in class as a small-group activity. A brain-storming session works well as an introduction to these activities. All activities are suitable for written work. You may choose to assign specific activities to specific groups who will report to the rest of the class.

F. Suggest to student groups that they proceed as follows: (1) *Identifier de quel groupe il s'agit (un groupe de résidents de tout âge? un groupe d'étudiants universitaires? un groupe de jeunes? etc.). Identifier les intérêts représentés par le groupe. (2) Identifier un problème particulier à résoudre. (3) Faire un plan précis. (Par quelles étapes faudra-t-il passer pour résoudre le problème? Qui prendra la responsabilité de faire quoi? dans quel(s) délai(s)?)*

First have students review the
five-sentence text of abbé
Pierre. Then ask: *Que
dit-il? Êtes-vous
d'accord avec l'idée
exprimée? Pour
quelle(s) raison(s)?
Identifiez une cause
qui vous passionne:
les sans-abris, les
démunis, les
handicappés mentaux,
ceux qui sont atteints
du Sida, les enfants
hospitalisés, les
prisonniers politiques, les enfants
défavorisés, les victimes de la faim, les
victimes de désastres naturels.* You might
want to note that this kind of activity and
the attitude that motivates it is an
example of *la générosité* evoked earlier in
the dossier.

G. Solidarité. Prêtre, militant, pauvre parmi les pauvres, l'abbé Pierre est à 81 ans une grande figure, symbole de solidarité et de générosité.

> Je ne crois pas qu'on soit moins généreux qu'autrefois. [...] Dès qu'on propose aux jeunes une action concrète, ils sont d'accord pour se mobiliser. Mais il faut aussi se battre contre les causes de la misère. Et ça, c'est un combat politique. Les jeunes doivent s'intéresser à la politique, s'informer, faire l'effort de comprendre les données° politiques, économiques et sociales de chaque problème.

particulars

Source: *Phosphore*, no. 143, décembre 1992.

Êtes-vous d'accord avec les remarques de l'abbé Pierre? Pourquoi ou pourquoi pas? Discutez les causes qui vous mobilisent. Expliquez les efforts que vous faites: don de temps, d'argent, de travail, etc.

H. Le rôle des médias

> Le journaliste Patrice Barrart a réalisé en 1990 un reportage montrant comment une image télé avait déclenché, deux ans plus tôt, la mobilisation internationale en faveur des affamés° du Soudan. Pour lui, aujourd'hui, l'action humanitaire ne peut plus se passer des° médias. Il s'explique: «L'image c'est ce qui déclenche° les campagnes humanitaires. Car l'information est un peu un spectacle, il faut bien le dire… S'il n'y a pas d'image pour traduire une action humanitaire, c'est comme si l'action n'avait jamais eu lieu°.»

starving people

to do without
sets in motion

had never taken place

Source: *Phosphore*, no. 143, décembre 1992.

Que pensez-vous du rôle des médias dans la société d'aujourd'hui? Craignez-vous que les médias manipulent ou exploitent l'actualité? Expliquez votre opinion et comparez-la à l'opinion de vos camarades.

You might want to bring into class (or
have students do so) the covers of some
recent French or North American news
magazines (or TV news clips) and use
these to talk about the power of images.
*Quelles images sont représentées?
Quelles couleurs sont employées?
Quel(s) effet(s) cherche-t-on à provoquer
chez le lecteur?* Then have students
consider the larger questions of
manipulation or exploitation.

I. Que pensez-vous de la tolérance? Le journal *Okapi* annonce que la question de la tolérance fera le sujet de son prochain débat. Allison, de Casablanca (Maroc), a déjà donné sa réponse:

> Pour ma part, je pense que la tolérance est une qualité nécessaire, lorsqu'on vit en société. Il faut apprendre à respecter les opinions d'autrui. De plus, la tolérance aide à avoir un autre regard sur le monde. Être tolérant, c'est aussi être ouvert, pouvoir discuter libre-ment de tous les sujets (religion, mode de vie…)

Source: *Okapi* no. 500, 15 au 30 septembre 1992.

Comment définissez-vous la tolérance? Est-ce la même chose de tolérer et d'approuver? Si non, quelle est la différence? Comment se montrer tolérant? Si l'intolérance devenait une valeur, quels résultats craindriez-vous?

J. Le repli sur soi ou cocooning. Lisez les remarques ci-dessous prononcées par Noël Copin, rédacteur en chef d'un grand journal à l'occasion des résultats du sondage d'*Okapi* sur les rêves et les peurs des jeunes:

Have students go through the text first and make a list of the various points Copin makes. Then have them indicate agreement or disagreement with each one, and then with the piece as a whole.

cocooning

Si j'étais pessimiste, je constaterais une sorte de repli de chacun sur soi°, sur son entourage immédiat: sa famille, son groupe d'amis, sa bande de copains.

L'homme de cette fin de siècle ne croit plus aux grands projets politiques. Il se méfie des progrès scientifiques et techniques qui polluent la planète ou manipulent l'espèce [le génie génétique]. Il connaît mieux le monde, mais il se sent impuissant

overwhelm

devant les drames qui l'accablent°. Il se renferme donc dans son petit cocon, en cherchant son bonheur personnel «ici et maintenant».

À ce repli s'ajoute aussi la fuite°: la fuite dans toutes les drogues et les ivresses°, souvent aussi dans la recherche d'une religiosité proche de la superstition. Mais comme je suis optimiste, il me semble que ces phénomènes traduisent autre chose. Parce que les sociétés ne proposent plus de sens à la vie, les hommes ont pris conscience de la nécessité de trouver un sens. Il y a repli sur soi, mais on sent aussi se développer le sens de la solidarité universelle. Il y a les fuites vers les fausses valeurs, mais il y a recherche de vraies valeurs.

flight, escape

intoxications, ecstacies

Source: *Okapi* no. 500, 15 au 30 septembre 1992.

Sur quels points êtes-vous d'accord avec Noël Copin? Avez-vous les mêmes raisons que lui d'être pessimiste? d'être optimiste? Quelles sont vos autres raisons? Discutez vos réponses à ces questions avec un(e) partenaire, puis écrivez un paragraphe où vous résumez vos idées.

Découverte du texte écrit

Questions d'actualité: l'avis des spécialistes

K. Préparation. Gérard Mermet, l'auteur du livre *Francoscopie 93*, une étude détaillée de la société française, a rencontrés de nombreuses personnalités qui sont considérés comme des spécialistes sur certaines questions. Identifiez le spécialiste qui est:

- un ancien policier
- un journaliste, spécialiste des questions médicales
- un spécialiste de l'environnement (en particulier de l'étude des volcans)
- un spécialiste de l'électronique et de l'informatique
- un économiste, homme d'affaires et esthète
- le propriétaire d'une chaîne de supermarchés

You may wish to explain some terms in the interviews to your students: *membre d'un conseil d'entreprise* = member of the board of directors of a corporation; *Centres Leclerc* = *hypermarché libre service*; *la carte à puces* = "smart card," credit card with an electronic chip, widely used (prepaid telephone cards, credit and debit cards); *l'Office central de répression du banditisme* = commission to fight organized crime.

Haroun Tazieff,
vulcanologue, ancien ministre, auteur

Question: *Les risques dus à l'activité humaine sont-ils plus graves que les risques naturels?*

HT: Les éruptions volcaniques peuvent tuer des dizaines de milliers de personnes en peu de temps et les tremblements de terre jusqu'à un million de personnes en quelques dizaines de secondes, comme cela s'est produit en Chine en 1976. Pourtant, je place aujourd'hui ces risques derrière des risques anthropogéniques comme les pollutions. Ce sont toutes les pollutions d'eau, douce et amère, courante et souterraine, les pollutions de l'atmosphère et celle des sols sur lesquels nous vivons. Elles sont beaucoup moins spectaculaires et tuent beaucoup moins, mais elles vont peut-être demain tout simplement empêcher la vie de se poursuivre.

Mais il y a des pollutions qui sont très à la mode dans les discours et qui selon moi, si elles ne sont pas totalement imaginaires, ne présentent aucun danger. La plus connue est celle des CFC° qui détruiraient la couche à ozone. Je n'ai pas réussi à me convaincre par des articles scientifiques sérieux que cette couche serait indispensable à notre protection. Un autre exemple est le prétendu effet de serre lié au dioxyde de carbone.

Bruno Lussato,
conseil d'entreprises, auteur

Question: *À quoi sert la culture dans la vie quotidienne?*

BL: Contrairement à ce que beaucoup de gens croient, un tableau, un combat de lutte gréco-romaine ou une sonate de Beethoven ne sont pas des choses évidentes. Il faut savoir «lire» pour les comprendre, sinon on perd la substance. Si vous regardez un match de football ou une partie d'échecs, vous pouvez aimer ce qui s'y passe sans connaître les règles, mais vous aimez beaucoup plus si vous les connaissez. Au début, c'est pénible, mais au bout d'un moment cela entre en vous et vous permet de distinguer un bon joueur d'un mauvais. Lorsque tout un public est fanatique de football, cela produit des champions de football. Il en est de même pour la peinture, la musique, la gastronomie ou l'œnologie. Pour apprécier, il faut s'y connaître, ne pas être un «barbare», pouvoir discerner le bon du moins bon. Une civilisation en perdition°, c'est une civilisation dans laquelle on a perdu le goût, où on ne sait plus distinguer. Dès le moment où on vous explique que la BD° vaut la Joconde° et que les graffitis valent Picasso, c'est qu'on a perdu le goût.

Michel Édouard Leclerc,
Directeur des Centres Leclerc

Question: *Quelles sont les principales causes du ralentissement de la consommation?*

ML: D'abord c'est une baisse réelle de pouvoir d'achat°. Si on additionne les laissés-pour-compte° de la croissance, les smicards°, les chômeurs°, les RMistes°, les personnes âgées ou retraitées qui perçoivent° des petites retraites, cela fait beaucoup de Français qui n'ont pas les moyens de participer à la fête. Le fait nouveau, c'est que les catégories moyennes de revenus, des agents de maîtrise° jusqu'aux professions libérales, ont été touchées, à cause de la CSG° ou de la taxe d'habitation°. Manifestement, ces classes moyennes, qui ont un poids démographique croissant, ont eu en 1991 des achats plus faibles que les années précédentes. On peut aussi parler d'une rétention psychologique pendant le premier semestre, du

Lexique
les agents de maîtrise: responsables du travail des autres
la BD: abréviation de l'expression «bande dessinée» (Voir Superdupont, Dossier 5, section *Parallèles?*)
le banditisme: les mauvaises actions des gangsters
la carte à puce: une carte qu'on peut lire électroniquement comme Visa ou une carte de téléphone
les CFC: des émissions de chlorofluorocarbone par les industries

la CSG: la Contribution sociale généralisée, un nouvel impôt créé pour combler le déficit de la Sécurité sociale. Cet impôt de 1 à 2% touche tous les salaires et revenus sans exception.
les chômeurs: les gens qui ne trouvent pas de travail et qui sont donc au chômage
la déprime: mot familier pour la dépression
en perdition: qui est en train de mourir ou de disparaître

déprime° évidente. Mais je ne crois pas trop aux effets psycho-giques. Je crois davantage aux effets du revenu.

Roland Moreno,
inventeur de la carte à puces°, auteur

Question: *Faut-il s'attendre dans l'avenir à des progrès technologiques aussi importants que ceux de ce siècle?*

RM: À mon sens, l'essentiel des grands progrès techniques s'est produit vers 1920: l'électricité; l'atome; le début des médicaments. Depuis, nous engrangeons les dividendes de ces progrès, sans qu'il y ait eu d'évolution majeure. Il suffit de regarder l'intérieur de nos appartements; ils ne sont pas très différents de ce qu'ils étaient en 1920.

L'électronique est la seule échappée belle de l'évolution technique dans nos vies. Elle va continuer de se propager, par exemple dans la voiture, sous forme de guidage, dans la maison sous forme d'une plus grande liberté face à la télévision avec la recherche automatique des chaînes par thème, l'élimination de la publicité, etc. La carte à puce va se développer dans le domaine des communications: téléphone, radiotéléphone, abonnements à la télévision. Mais il ne faut pas s'attendre à des révolutions comparables à celles du début du siècle.

Charles Pellegrini,
Ancien Directeur de l'Office central de répression du banditisme°, auteur

Question: *Les tensions sociales actuelles pourraient-elles être à l'origine de véritables affrontements?*

CP: On ne va pas forcément vers un affrontement au sein de la population, comme cela s'est vu au cours de la guerre d'Espagne ou, plus récemment, en Yougoslavie. En revanche, je vois une série d'affrontements qui naîtront à partir de ghettos, de conflits sociaux et qui se propageront de telle sorte qu'à un moment ils deviendront très durs et s'apparenteront de près ou de loin à une forme de guerre civile. Les concentrations d'immigrés dans les ghettos pourraient conduire à des affrontements interethniques. Des affrontements entre les forces d'État et certaines catégories socioprofessionnelles sont possibles. Il existe dans la France profonde des réserves de violence insoupçonnées, qui peuvent se développer à l'occasion de mauvaises récoltes, d'une baisse des revenus. Des explosions rassemblées peuvent générer un conflit extrêmement fort.

Louis Bériot,
journaliste, auteur

Question: *L'allongement de l'espérance de vie va-t-il se poursuivre?*

LB: Certains experts estiment que la détérioration de l'alimentation, la pollution, le stress vont ralentir le rythme de croissance de la durée de vie, voire l'arrêter. Mais la plupart considèrent qu'il n'y a aucune raison. D'abord, on est en train d'assister à un retournement dans la lutte contre la pollution. De plus, les industries agro-alimentaires reviennent à des produits plus sains. Surtout, les progrès fantastiques de la biologie cellulaire et moléculaire vont permettre de réparer nos cellules et nos gènes, donc d'éviter certaines maladies comme les 3 000 maladies héréditaires génétiques et de réparer en cours de vie des anomalies ou des accidents. Tout cela devrait prolonger la vie jusqu'à environ 120 ans.

Source: Gérard Mermet: *Francoscopie 93.*

la Joconde: le portrait de Mona Lisa peint par Léonard de Vinci
les laissés-pour-compte: les gens que la société a abandonnés: ils n'obtiennent rien de la société, on ne leur demande rien
percevoir: toucher un chèque ou une somme d'argent
le pouvoir d'achat: la somme d'argent à la disposition des consommateurs pour faire des achats (après avoir satisfait leurs besoins de base: logement et nourriture, vêtements pour se protéger du temps)
les RMistes: les gens qui reçoivent une aide financière du gouvernement: le RMI c'est le revenu minimum d'insertion, c'est-à-dire, le revenu minimum qui permet d'avoir une place dans la société (payer un loyer, se nourrir, s'habiller et avoir un moyen de transport)
les smicards: les gens qui reçoivent le salaire minimum (salaire minimum interprofessionnel de croissance)
la taxe d'habitation: un impôt que chacun paie sur son logement

L. Exploration. Lisez rapidement les entretiens, juste assez pour pouvoir identifier le thème ou le sujet discuté dans chaque entretien. Choisissez les deux sujets qui vous intéressent le plus, lisez les entretiens en question en détail, puis résumez à l'écrit l'opinion exprimée et les raisons données.

M. Synthèse et réflexion. Que pensez-vous de l'opinion exprimée? Le spécialiste vous semble-t-il bien informé? objectif? convaincant? Êtes-vous d'accord avec lui? Expliquez par écrit pourquoi oui ou pourquoi non.

La Déclaration des droits de l'homme, 1789

Tout le monde sait que la fête nationale française est le 14 juillet. C'est en effet le 14 juillet 1789 que le peuple de Paris a attaqué la Bastille, une forteresse-prison symbole de l'autorité royale absolue. Cet événement marque le début d'une longue révolution de dix ans. Mais savez-vous qu'un événement peut-être moins spectaculaire mais bien plus important a eu lieu peu après, le 26 août 1789? C'est ce jour-là en effet que les députés votent la *Déclaration des droits de l'homme et du citoyen*. Cette déclaration fixe les principes fondamentaux du nouveau régime. C'est un document qui s'inspire fortement de la déclaration américaine de 1776, qui s'inspirait elle-même des idées des philosophes français du siècle des lumières comme Montesquieu et Voltaire.

Comme sa cousine américaine (ou grande sœur américaine?), la *Déclaration des droits de l'homme et du citoyen* affirme les «droits naturels de l'homme»: la liberté, l'égalité, la propriété, la sûreté et la résistance à l'oppression.

Aujourd'hui une *Déclaration universelle des droits de l'homme* (adoptée le 10 décembre 1948 par l'Assemblée générale des Nations Unies) reconnaît ces mêmes droits à tous les êtres humains. À votre avis, cette déclaration est-elle toujours et partout appliquée?

D'un parallèle à l'autre

Référez-vous au *Bilan* après ce dossier. Choisissez un pays qui vous intéresse et familiarisez-vous avec son économie, ses ressources, ses traditions, son climat. Pouvez-vous identifier quelques-uns des problèmes auxquels ce pays doit faire face? des atouts (*advantages*) que ce pays possède? Comment voyez-vous le rôle de ce pays dans le monde de demain?

Lu et entendu

On en parle aujourd'hui. Dans ce dossier vous avez réfléchi sur les questions d'actualité qui agitent le monde entier. Choisissez deux ou trois des commentaires ci-dessous et expliquez à l'aide d'exemples pour quelles raisons vous êtes plutôt d'accord ou pas d'accord.

1. Les médias ont pris beaucoup trop d'importance: au lieu d'informer l'opinion, ils la manipulent.
2. La lutte contre le racisme n'est toujours pas gagnée: il faut rester vigilant!
3. On ne peut pas s'intégrer dans une société sans renoncer à son propre héritage.
4. On parle beaucoup de diversité, mais en réalité on fait bien peu de choses.
5. La générosité, l'idéalisme sont caractéristiques de la génération actuelle.
6. «Chacun pour soi et Dieu pour tous.» (proverbe)

1. You might want to have students bring in examples from current media—newspapers, newsmagazines, television—to illustrate their point of view.

2. You might want to tell students about the expression "*Touche pas à mon pote!*" *C'est un slogan, un cri de ralliement du mouvement SOS-Racisme, fondé par Harlem Désir.* Literally it means "Hands off my friend! Leave my friend alone!" The logo that accompanies the slogan is an extended hand, meaning stop.

5. You might want to substitute *égoïsme* and *matérialisme* for *générosité* and *idéalisme*.

 ## À l'ecran

Trouvez dans ces entretiens l'expression concrète de grandes questions d'actualité telles que le Sida, l'avènement de nouvelles démocraties, les croyances religieuses, la sauvegarde de l'environnement. Rencontrez une grande personnalité: l'abbé Pierre.

Clip 14.1   Je suis séropositif

Clip 14.2   Qu'est-ce que la démocratie?

Clip 14.3   Les droits de l'enfant avec l'abbé Pierre

Clip 14.4   Le recyclage des déchets

Clip 14.5   La diversité des religions

Le mot juste

Many of the vocabulary items in this list are cognates. They are included so that students can confirm their meaning and learn to spell them.

Contexte 1. Thèmes d'actualité

l'accès à la culture (m)	access to culture
l'aide humanitaire (f)	humanitarian aid
la croissance urbaine	urban growth
la délinquance	delinquency
la démocratie	democracy
la drogue	drugs
l'économie (f)	economy
l'enfance (f)	infancy, childhood
l'environnement (m)	environment
le gaspillage	waste
l'immigration (f)	immigration
l'influence des médias (f)	influence of the media
l'injustice (f)	injustice
la misère	misery
les nouvelles sources d'énergie (f)	new sources of energy
la paix dans le monde	world peace
les personnes âgées (f)	elderly people
la politique	politics
le progrès scientifique	scientific progress
la spiritualité	spirituality
la surpopulation	overpopulation
la tolérance	tolerance
le travail	work
la violence	violence

Contexte 2. Pour avancer et défendre une opinion

Verbs

(s')arrêter	to stop, to be stopped
augmenter	to increase
avancer	to advance, move forward
censurer	to censure
créer	to create
défendre	to defend, protect
développer	to develop
diminuer	to diminish, decrease
donner accès à	to give access to
exploiter	to exploit
éliminer	to eliminate
être en baisse	to be on the decline
être en hausse	to be on the rise
freiner	to put on the brakes
informer	to inform
interdire	to forbid
jeter	to throw out
maintenir	to maintain
manipuler	to manipulate
menacer	to threaten
nettoyer	to clean (up)
polluer	to pollute
prendre une initiative	to take the initiative
protéger	to protect
ralentir	to slow down
reculer	to pull back
recycler	to recycle
réduire	to reduce
réutiliser	to use again
s'abstenir	to abstain from (doing something)
s'améliorer	to improve, get better
s'empirer	to get worse
s'engager	to come forward, get involved
se dégrader	to decline, get worse, go downhill
se replier sur soi	to withdraw into oneself
soutenir	to uphold, sustain

Noms

l'absence (f)	absence
l'aggravation (f)	aggravation
l'amélioration (f)	improvement
la cause	cause
la chance	chance, opportunity, luck
le chômage	unemployment
la conséquence	consequence
le contrôle des naissances	birth control
la création de nouveaux emplois	creation of new jobs
le droit	right
l'intolérance (f)	intolerance
le manque d'initiative	lack of initiative
la menace	threat
l'occasion (f)	opportunity
le phénomène	phenomenon
le problème	problem
le progrès	progress
la responsabilité	responsibility
le retard	delay
la réalité	reality
le rêve	dream
le risque	risk
la solution	solution
la source	source

Adjectives

ancien(ne)	*former, old*
apolitique	*apolitical*
bon marché	*inexpensive, cheap*
cher (chère)	*expensive*
civil	*civil*
culturel(le)	*cultural*
dangereux(-se)	*dangerous*
fragile	*fragile*
illusoire	*illusory*
imaginaire	*imaginary*
individuel(le)	*individual*
laïque	*secular*
ouvert	*open*
politique	*political*
raciste	*racist*
récent	*recent*
réel(le)	*real*
religieux(-se)	*religious*
social	*collective*
solide	*solid*
sûr	*sure, certain*
tolérant	*tolerant*

Expressions

avoir une influence	*to have an influence*
ce qui m'inquiète, c'est...	*what worries me is...*
ce qui me rassure, c'est...	*what reassures me is....*
ça m'inquiète	*that worries me*
de moins en moins	*less and less*
de plus en plus	*more and more*
en ce qui (me) concerne...	*as far as I'm concerned . . .*
en crise	*in (a state of) crisis*
en déclin	*in/on a decline*
gagner du terrain	*to gain ground*
perdre du terrain	*to lose ground*
toujours moins	*always less*
toujours plus	*always more*

Contexte 3. Comment sauver notre planète?

Noms

les amendes (f)	*fines*
l'atmosphère (f)	*atmosphere*
la centrale nucléaire	*nuclear reactor*
la conservation	*conservation*
le consommateur	*consumer*
la croissance économique	*economic growth*
les déchets (m)	*waste*
le dépotoir	*rubbish dump, garbage dump*
les écoproduits	*environmentally safe products*
les gaz d'échappement (m)	*exhaust (from fuel line)*
la nuisance	*harm, nuisance*
le pesticide	*pesticide*
le pollueur	*someone who pollutes*
la poubelle	*waste container*
les produits chimiques (m)	*chemical products*
les produits verts (m)	*environmentally safe products*

Verbes

irriguer	*to irrigate*
nuire	*to harm*
rationner	*to ration*
recycler	*to recycle*
régler	*to regulate*
trier	*to sort*

Adjectifs

abondant	*abundant*
asphyxié	*asphyxiated*
équitable	*equitable, just*

Expression

Sauve qui peut!	*Get out while you can!*

Contexte 4. Quelles priorités aujourd'hui et demain?

les arts (m)	*arts*
le droit au travail	*right to work*
le droit aux loisirs	*right to leisure time*
l'esprit de compétition (m)	*competitive spirit*
la guerre à l'analphabétisme	*war against illiteracy*
l'individualisme (m)	*individualism*
la justice	*justice*
la lutte	*struggle*
la recherche scientifique	*scientific research*
la réussite	*success*
la sécurité	*security*
la solidarité	*solidarity*
la technologie	*technology*
la tolérance	*tolerance*

(Voir aussi la liste page 443.)

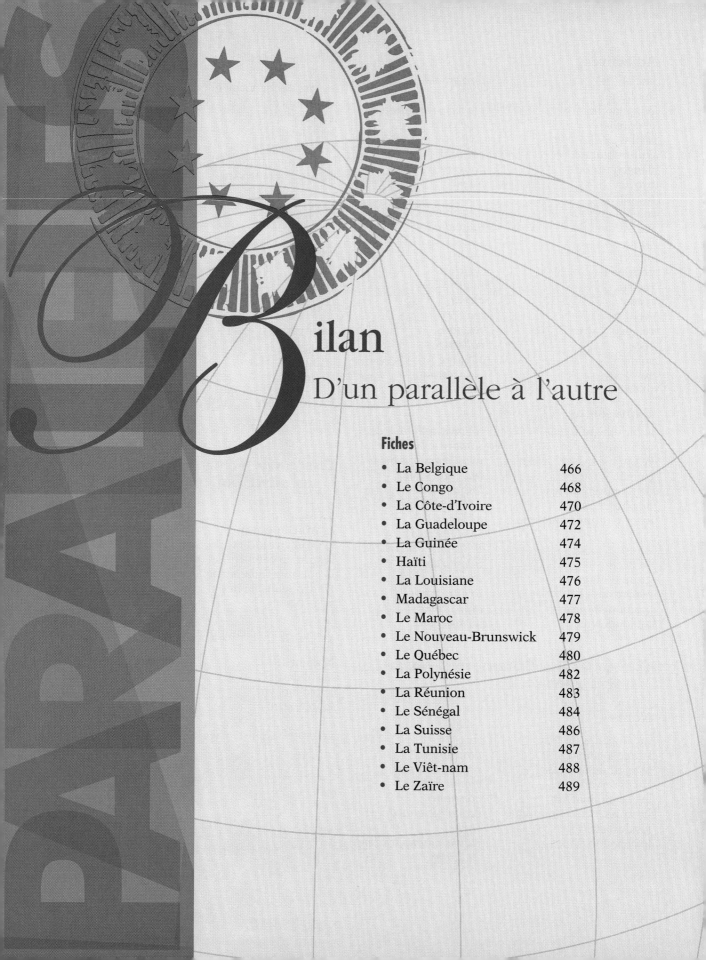

Bilan

D'un parallèle à l'autre

Fiches

Qu'est-ce que la francophonie? Selon le *Petit Larousse*, c'est la «communauté de langue des pays francophones». Le mot a été inventé au XIXe siècle par le géographe français Onésime Reclus. Mais c'est Léopold Sédar Senghor, poète et homme d'État sénégalais, qui lui a donné son sens actuel: une communauté internationale dont la langue d'expression est le français et où tous les membres ont une voix.

Qui? Combien? Il est difficile de dire exactement combien de francophones il y a dans cette communauté. Ça dépend plutôt de la définition que l'on donne à ce terme: désigne-t-il seulement ceux pour qui le français est la langue maternelle, ou s'applique-t-il aussi à ceux qui utilisent le français comme langue officielle? En appliquant le critère le plus large, on peut estimer le nombre de francophones entre cent dix et cent vingt millions répartis sur quarante-quatre nations à travers le monde.

Où? Ces «pays» ne sont pas toujours délimités par des frontières nationales. Par exemple, le Québec et le Nouveau-Brunswick font partie du Canada, et le Triangle français est une région de la Louisiane.

Quand? L'idée de réunir les pays francophones est une idée qui date des années 50, mais ce n'est qu'en 1986 que le premier congrès francophone a eu lieu. Le retard venait de l'hésitation de la France à y participer, parce qu'elle courrait le risque d'être accusée de retrouver son rôle de pays colonisateur.

Pourquoi? Une telle organisation, où se réunissent des chefs d'État des quatre coins du monde, exige un investissement financier et moral. La question se pose: Pourquoi cet effort pour protéger et soutenir le français, étant donné que, pour beaucoup de ces pays, cette langue rappelle un passé de colonisation et d'exploitation? La réponse: «On défend mieux une cause à quarante que tout seul.» La francophonie constitue une entité multinationale jouissant d'une force de frappe économique. Elle représente 12% du produit intérieur brut mondial, 20% du commerce national. Alors, les pays de la francophonie s'entraident. Et malgré le déséquilibre économique Nord-Sud, chaque pays y trouve des avantages. La langue des pays riches et industrialisés du Nord reste une langue internationale; les pays pauvres en voie de développement du Sud ouvrent leur marché et bénéficient d'un soutien financier, politique et culturel provenant surtout de la France et du Canada.

Problèmes à résoudre. Dans toute communauté, partager un but commun n'exclut pas que l'on renonce à toute caractéristique individuelle. En ce qui concerne la langue française, par exemple, les pays situés en dehors de la métropole (c'est-à-dire, l'Hexagone) cherchent à faire reconnaître leurs contributions à la langue française et à la culture francophone. Des 1.232 mots récemment admis dans le dictionnaire par l'Académie française, une centaine viennent de pays en dehors de la métropole. On propose de nouveaux principes. Par exemple, l'Agence de coopération culturelle et technique (l'ACCT) a adopté la devise «Égalité, complémentarité, solidarité». Mais, en général, une devise est un idéal et non pas un fait accompli.

Les fiches dans ce *Bilan* présentent quelques pays et régions qui font partie du monde francophone. Vous aurez ainsi l'occasion de remarquer leur diversité et aussi l'héritage qu'ils ont en commun.

❖ À votre tour

Ce dossier s'appelle *Bilan*, c'est-à-dire *inventaire*. Vous y trouvez l'inventaire des pays francophones, bien sûr, mais les activités qui suivent vous procureront aussi l'occasion de faire l'inventaire de vos compétences en français. Vous savez en effet maintenant faire les choses suivantes:

- extraire les renseignements essentiels d'un texte français
- classer ces renseignements en catégories, communiquer ces renseignements sous forme de liste(s)
- faire une description plus ou moins détaillée d'un pays, d'une personne, d'un objet
- raconter une succession de faits dans une perspective historique, du passé au futur
- imaginer une situation différente de la réalité
- exprimer une opinion

Les activités ci-dessous font appel à ces compétences.

Note: Dans les fiches, un astérisque (*) indique la capitale.

A. Inventez des questions ou des réponses pour un jeu comme *Trivial Pursuit* ou *Jeopardy!* Identifiez des catégories possibles et rédigez des questions de difficulté variée pour chaque catégorie.

B. Choisissez un pays présenté dans les fiches, et familiarisez-vous avec sa situation géographique et ses villes principales. Ensuite organisez un jeu où vous allez deviner les villes et pays choisis par vos camarades. Attention! On ne peut répondre aux questions que par oui ou non!

These activities cover a broad range: Some focus on specific functions. Others are designed to promote critical thinking skills. Many lend themselves to small-group work in class. Some entail more research-oriented activities.

Students will find the data on the *fiches* more meaningful if they have a point of reference. The instructor can give them one by providing similar data for the state or province in which the university is located. But students will probably gain greater insight into the significance of the information if they make their own *fiche* of the place where they were born or grew up. This second option also has the advantage of providing a variety of places to serve as reference points. You may need to remind students to convert miles to kilometers.

These activities can be done in teams, with each member responsible for a different item or place under each section. If class time can be given for team members to pool their data, these effectively become information-gap activities in which each person must interview teammates to fill in the gaps in his/her document.

C. Choisissez un pays et familiarisez-vous avec la taille du pays, son relief et sa population. Ensuite organisez un jeu où vous allez deviner le pays choisi. (On ne peut répondre aux questions que par oui ou non!)

D. Regroupez les pays selon:
- leur situation géographique (quelques catégories à utiliser: l'Afrique du Nord, l'Afrique noire, l'Amérique du Nord, l'Asie, l'Europe, la mer des Caraïbes, l'océan Indien, l'océan Pacifique)
- leur climat et leurs traits topographiques (par exemple, un climat tropical, sec, froid, rigoureux; un relief montagneux, plat, marécageux, désertique; présence de savanes, forêts, rivières)
- les langues parlées (en plus du français)
- les religions pratiquées

Cherchez des rapports entre la situation géographique des pays et leur climat, leur relief, les langues parlées ou les religions qu'on y pratique.

E. Classez les pays selon:
- leur superficie
- leur population
- la densité de leur population
- le taux de scolarisation
- le PIB

Comparez la superficie et la population de ces pays, leur relief, la densité de leur population, leur taux de scolarisation et leur PIB.

F. Trouvez des pays qui ont en commun:
- une (des) industrie(s) importante(s)
- un (des) point(s) d'histoire
- un (des) problème(s) d'actualité

Quels sont les liens (1) entre les industries importantes et la localisation ou le relief, (2) entre les événements historiques et les langues parlées, les religions ou le taux de scolarisation, (3) entre les questions d'actualité et les points d'histoire, les industries importantes, le taux de scolarisation ou la densité de la population.

G. Pour un des pays que vous avez étudiés, recherchez:
- les attraits touristiques
- un aspect culturel
- un personnage important
- un événement historique
- une question d'actualité

Préparez un résumé des renseignements les plus intéressants. Précisez quelques détails (dates, lieux, etc.) dans la mesure du possible. N'hésitez pas à exprimer votre opinion.

H. Si vous aviez le temps et les ressources nécessaires, dans quel(s) pays aimeriez-vous travailler? Pourquoi? Quelle serait votre contribution?

B, C. To simplify the task, have students select "their" country from a few *fiches* at a time. The game can be played several times with a different selection of countries each time.

D, E. You may prefer to have each person or team treat only a few of the places, so that they can deal with assimilable "chunks" of information. For activity E, then, ask students to note the rank of only the places they are treating, rather than that of all eighteen countries presented in the *fiches*.

E. Tables showing the countries ranked according to these five categories can be found in the *Instructor's Resource Manual*.

G. The résumé section of activity G can serve as the basis of a report or some other form of presentation. Options include:
- A tourist ad for the country, highlighting the climate, physical features, flora and fauna. Such an ad should mention recreational activities that can be enjoyed there. Encourage students to seek additional information from travel agencies, airlines, and consulates.
- An outline of a movie about the country, an important personality, a historical event, an aspect of the culture, or a current issue. Here students should indicate the genre of the movie and the target audience, outline the movie's purpose or main point(s), give a thumbnail sketch of the principal roles, and provide a summary of the "action."
- A blurb for a book about the country, an important personality, a historical event, an aspect of the culture, or a current issue. Here students should indicate the genre of the book and the target audience, outline the book's purpose or main point(s), give a thumbnail sketch of the principal characters, and provide an outline of the plot.
- A public affairs ad about a current issue of concern. For this presentation, students should state the issue clearly and determine their target audience—it may be some segment of the population of the area studied. They should specify their goal: for example, to provide information, to influence behavior, to raise funds, to recruit assistance, and so on.

For all of these types of presentations, students can be encouraged to use rhetorical questions (Where can you spend your vacation sailing? What is "Cajun," anyway? Visit Tunisia? Why not!) and to use persuasive language.

$\mathcal{L}$A $\mathcal{B}$ELGIQUE

Bruges
Anvers
Gand
Liège
Bruxelles
BELGIQUE

Situation géographique: Europe occidentale; sur la mer du Nord, délimitée par les Pays-Bas au nord, l'Allemagne et le Luxembourg à l'est, et la France au sud.

Villes importantes: *Bruxelles (centre administratif de la Communauté européenne), Anvers, Bruges, Gand, Liège.

Superficie: 30.519 km^2.

Relief: Modéré, culminant à 694 m; climat océanique doux et humide.

Population: 10.016.623 habitants (les Belges). L'un des États les plus densément peuplés du monde (environ 325 habitants au km^2, plus du triple de la densité française).

Religions: Catholicisme (70%), protestantisme, anglicanisme, judaïsme, islam.

Économie: PIB 86.500 F par habitant. Monnaie: le franc belge.
- Secteurs importants: 95% urbain, 5% rural.
- Industries importantes: Sidérurgie et métallurgie de transformation, textiles (environ 30% de la population active), agroalimentaire (5%), services (environ 66%).

Enseignement: Taux de scolarisation: 100%. Nombre d'universités: 8.

Langues parlées: Flamand (57%), français (42%), allemand (0,6%).

Gouvernement: Monarchie constitutionnelle héréditaire depuis 1832. 9 provinces; 3 régions fédérales. À cause des tensions linguistiques, on a créé (1980) trois communautés autonomes: Flandres (flamand), Wallonie (français), Bruxelles (flamand et français).

Points d'histoire:

Antiquité	Occupation celte.
I^e s.	Conquête de Jules César.
Ve s.	Invasion des Francs.
XVe s.	Passe à la maison de Habsbourg.
1789	Révolte pour l'indépendance (inspirée par la Révolution française).
1795–1815	Occupation française et unification administrative.
1815	Devient partie des Pays-Bas.
1831	Sécession des Pays-Bas et indépendance.
1832	Élection de Léopold Ier.

Questions d'actualité:
- Chômage (10% de la population active).
- Antagonisme entre Flamands et Wallons.

▲ Louvain: bibliothèque universitaire

Culture:

- De très grands artistes comme Van Eyck (XVe siècle), Van Dyck (XVIIe siècle) Rubens (XVIe–XVIIe siècles) ont mis la peinture flamande au rang des chefs-d'œuvre.

- En musique, Josquin des Prés connaissait déjà la notoriété au XVIe siècle et trois siècles plus tard, le compositeur César Franck s'impose lui aussi. Plus récemment le chanteur-compositeur Jacques Brel a fait entendre sa voix étonnante dans le monde entier.

▲ Bruxelles: tapis de fleurs

▲ Bruxelles: la Grand-Place

- En littérature, Georges Simenon et son célèbre commissaire Maigret se sont eux aussi fait connaître à un public international. Françoise Mallet-Joris est une romancière contemporaine qui continue à connaître un grand succès. Enfin, n'oublions pas non plus le célèbre Hergé, créateur de la bande dessinée *Tintin* dont les albums amusent toujours grands et petits.

467

LE CONGO

Situation géographique: Au centre-ouest de l'Afrique, ouvert sur l'Atlantique, délimité par le Gabon à l'ouest, le Cameroun au nord-ouest, la République centrafricaine au nord, le Zaïre à l'est et au sud.

Villes importantes: *Brazzaville, Pointe-Noire.

Superficie: 349.650 km^2.

Relief: Partiellement recouvert d'une forêt dense; climat tropical. Séparé du Zaïre par le grand fleuve Congo.

Population: 2.309.000 habitants (les Congolais). Densité: 7 habitants au km^2. À peu près 70% de la population habite le sud du pays.

Religions: Christianisme (50%), religions traditionnelles (48%), islam (2%).

Économie: PIB 6. 720 F par habitant. Monnaie: le franc C.F.A.
- Secteurs importants: 59% rural, 41% urbain.
- Industries importantes: Exploitation forestière, pétrole.

Enseignement: Taux de scolarisation: 57%. Nombre d'universités: 1.

Langues parlées: Français (langue officielle), lingala, kituba, kikongo et d'autres.

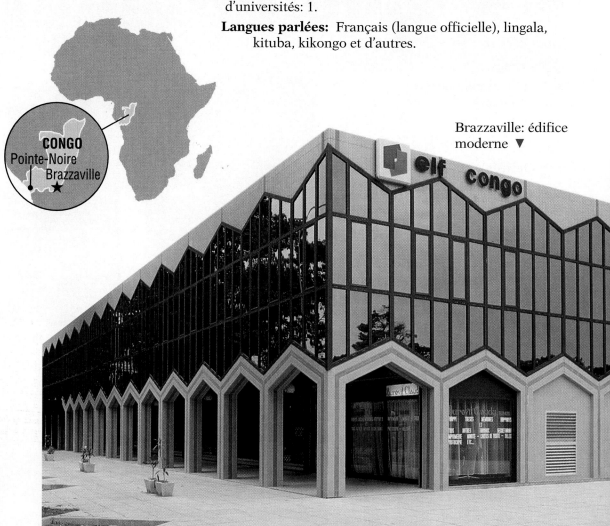

Brazzaville: édifice moderne ▼

▲ Au marché

Gouvernement: République populaire.

Points d'histoire:

1875   Le Français Savorgnan de Brazza explore la région.

1910   La colonie du Moyen-Congo est intégrée à l'Afrique-Équatoriale française.

1946   Le Congo devient territoire d'outre-mer.

1958   République autonome.

1960   Indépendance.

Questions d'actualité:

- La baisse du prix du pétrole et le déclin de ressources forestières ont contribué aux difficultés actuelles du pays. Mais il y a aussi des atouts: le Congo dispose d'une variété de ressources minières, et la majorité des enfants âgés de six à seize ans vont à l'école.

▲ Plateforme pour hélicoptères

Culture:

- La musique soukous de la région jouit d'une popularité mondiale.
- Comme de nombreux écrivains congolais, Tchicaya U Tam'si a travaillé au service de son pays (voir l'interview page 59).
- Parmi les écrivains du Congo, on compte aussi le cinéaste Jean-Michel Tchissouko et le dramaturge Sony Labou Tansi.

LA CÔTE-D'IVOIRE

Situation géographique: En bordure du golfe de Guinée, délimitée par le Libéria et la Guinée à l'ouest, le Mali et le Burkina au nord, et le Ghana à l'est.

Villes importantes: *Yamoussoukro, Abidjan (ville principale), Bouaké.

Superficie: 322.463 km^2.

Relief: Région littorale bordée de lagunes et d'une forêt dense; au nord de la forêt, des plateaux recouverts par la savane.

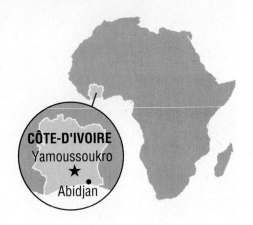

CÔTE-D'IVOIRE
Yamoussoukro
★
Abidjan

Population: 13.497.000 habitants (les Ivoiriens). Densité: 42 habitants au km^2.

Religions: Religions traditionnelles (63%), islam (25%), catholicisme (12%).

Économie: PIB 3.660 F par habitant. Monnaie: le franc C.F.A.

- Secteurs importants: 53% rural, 47% urbain.
- Industries importantes: cacao, café, exploitation forestière.

Enseignement: Taux de scolarisation: 54%. Nombre d'universités: 1.

Langues parlées: Français (langue officielle) et une soixantaine de langues africaines.

Gouvernement: République.

Points d'histoire:

1842	Les Français s'emparent de la zone littorale.
1893	La Côte-d'Ivoire est créée.
1895–1896	La colonie est rattachée à l'Afrique-Occidentale française.
1946	La Côte-d'Ivoire devient département d'outre-mer.
1958	République autonome.
1960	Indépendance.
1983	Yamoussoukro devient la capitale politique du pays. (Abidjan retient son importance économique.)

▼ Intérieur d'une maison sur pilotis

▼ Abidjan

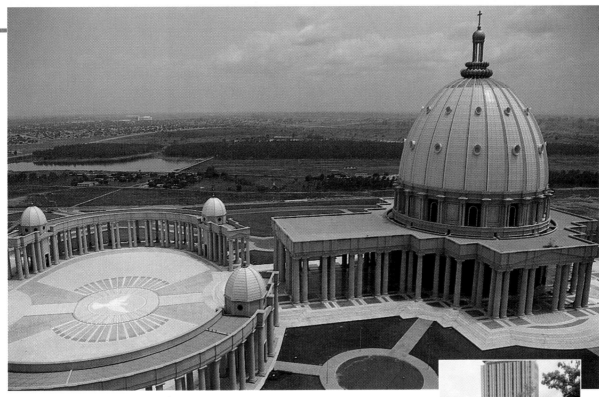

▲ Cathédrale à Yamoussoukro

▲ Abidjan

Questions d'actualité:

- Dans le passé, les exports de cacao et de café formaient la base de l'économie stable de la Côte-d'Ivoire. Mais récemment, le prix de ces produits sur le marché international a baissé, créant des difficultés économiques assez sévères.
- Problème écologique: l'exploitation des ressources forestières a sérieusement diminué la forêt.
- Les problèmes économiques sont aggravés par la situation politique. La mort du Président Houphouët-Boigny en décembre 1993 risque de déstabiliser le régime qu'il avait établi en 1960.

Culture:

- La beauté des tapisseries ivoiriennes est renommée.
- Les sculptures de ce pays, les masques surtout, sont appréciées par les collectionneurs.
- Musique: Alpha Blondy est une superstar du reggae.
- Littérature: Bernard Dadié est considéré comme l'un des grands écrivains négro-africains dont l'œuvre a contribué à légitimiser la poésie et le conte de l'Afrique noire dans la littérature française. La poétesse Véronique Tadjo (née en 1955) a reçu un prix littéraire pour son premier livre, *Latérite*.
- Cinéma: De Moussa Dosso est un cinéaste connu.

LA GUADELOUPE

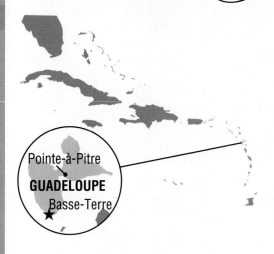

Pointe-à-Pitre
GUADELOUPE
Basse-Terre

Situation géographique: Située dans la mer des Caraïbes, la Guadeloupe est une des Petites Antilles. Elle est formée de deux parties distinctes (Basse-Terre à l'ouest, et Grande-Terre à l'est) séparées par un étroit bras de mer. (On les compare à un papillon.) À part les deux îles principales, il y a plusieurs dépendances: Marie-Galante, les Saintes, la Désirade, Saint-Barthélemy et la partie française de Saint-Martin.

Villes importantes: *Basse-Terre, Pointe-à-Pitre (port principal).

Superficie: 1.709 km^2 (avec les dépendances).

Relief: Basse-Terre est montagneuse; l'ancien volcan de la Soufrière culmine à 1.484 m. Beaucoup de forêts. Par contre, Grande-Terre s'étend sur des plateaux calcaires dont l'altitude ne dépasse guère 100 m.

Population: 395.000 habitants (les Guadeloupéens). Densité: 227 habitants au km^2.

Religions: Catholicisme, protestantisme, religions traditionnelles, judaïsme, hindouisme.

Économie: PIB: 10.509 F par habitant. Monnaie: le franc.
- Industries importantes: Tourisme, agriculture (sucre, rhum, bananes), agroalimentaire.

▼ Au restaurant

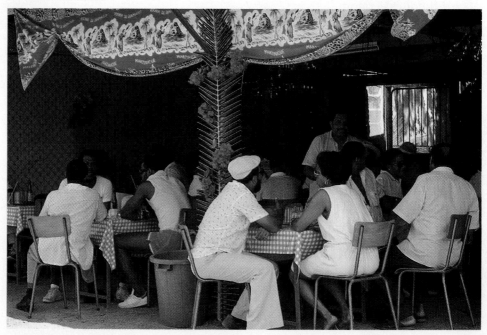

Enseignement: Les lois françaises sur la scolarisation s'appliquent ici.

Langues parlées: Français, créole.

Gouvernement: Département français d'outre-mer.

Points d'histoire:

1493   Arrivée de Christophe Colomb.

1635   Colonisation française: extermination des Indiens indigènes, importation d'esclaves africains pour travailler dans les plantations.

1794   Abolition de l'esclavage. À partir de cette date, conflits avec les Anglais qui cherchent à occuper la colonie.

1802   Napoléon rétablit l'esclavage.

1846   La Guadeloupe est définitivement française.

1848   Abolition définitive de l'esclavage.

1946   La Guadeloupe devient un département français d'outre-mer

Questions d'actualité:

- La population travaille surtout dans l'agriculture (canne à sucre, rhum, bananes, café, cacao, vanille).
- Le chômage est important (30% de la population active).
- L'insuffisance d'industries pose des problèmes économiques.
- Forte émigration guadeloupéenne vers la France métropolitaine.

▲ Carnaval

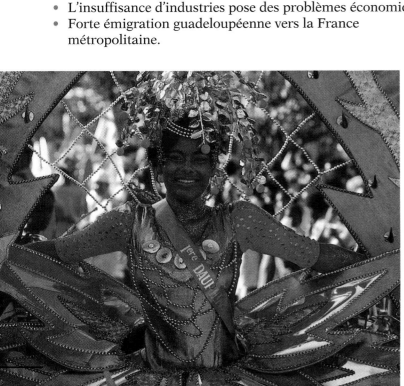

◀ Danseuse de Carnaval

Culture:

- La musique antillaise s'est répandue partout dans le monde. Le rythme de la biguine traditionnelle est remplacé par la musique zouk (du verbe *zouker*, qui veut dire *danser*), rendue célèbre par les groupes Kassav', Zouk Machine.
- Parmi les auteurs guadeloupéens, on compte le poète Henri Corbin et les romancières Maryse Condé et Simone Schwarz-Bart.

473

La Guinée

Situation géographique: État de l'Afrique occidentale, délimité par l'Atlantique et la Guinée-Bissau à l'ouest, le Sénégal et le Mali au nord, la Côte-d'Ivoire à l'est, le Liberia et la Sierra Leone au sud.

Ville importante: *Conakry

Superficie: 246.048 km^2.

Relief: Marqué par la variété: la plaine côtière, à l'ouest, humide et densément peuplée; au centre du pays, le massif du Fouta-Djalon; à l'est des savanes; au sud des forêts et le mont Nimba.

Population: 7.783.926 habitants (les Guinéens). Densité: 32 habitants au km^2.

Religions: Islam (85%), religions traditionnelles (15%).

Économie: PIB 1.800 F par habitant. Monnaie: le franc guinéen.

- Secteurs importants: 74% rural, 26% urbain.
- Industries importantes: Exploitation minière (surtout la bauxite).

Enseignement: Taux de scolarisation: 24%. Nombre d'universités: 0.

Langues parlées: Français (langue officielle), pular, malinké et autres.

Gouvernement: République.

Points d'histoire:

1461–62	Arrivée des Portugais; début de la traite des Noirs.
XIXe s.	Conquête musulmane, l'islam s'impose.
1889–93	La Guinée devient colonie française.
1895	La Guinée fait partie de l'Afrique-Occidentale française.
1958	Indépendance.

▲ École à Conakry

Questions d'actualité: La présidence brutale de Sékou Touré (1958–1984) a laissé l'économie de la Guinée en mauvais état. La nouvelle administration essaie de remédier à la crise. Parmi ses efforts: le rétablissement des droits de l'homme et des réformes économiques.

Culture:

- L'administration de Sékou Touré a été très dure à l'égard des intellectuels. Beaucoup d'écrivains guinéens—beaucoup d'écrivains de qualité—ont connu la prison (Émile Cissé et Mgr Tchidimbo), ou l'exil (Camara Laye et Djibril Tamsir Niane à Dakar, Aïdra Fodekaba Cherif à Abidjan, Alioune Fantoura à Vienne, Ibrahima Kaké à Paris).
- *L'Enfant noir* de Camara Laye (1928–1980) est considéré comme un classique du roman négro-africain.

HAÏTI

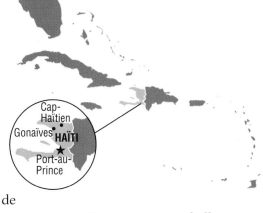

Situation géographique: Situé dans la partie occidentale de l'île d'Haïti, Haïti occupe à peu près un tiers de l'île. La République Dominicaine se trouve à l'ouest.

Villes importantes: *Port-au-Prince, Cap-Haïtien, Gonaïves.

Superficie: 27.750 km^2.

Relief: Chaînes de montagnes séparées par des terres plus basses. Le climat tropical varie peu de saison en saison, température annuelle moyenne de 27° C.

Population: 6.431.977 habitants (les Haïtiens). Densité: 232 habitants au km^2.

Religions: Catholicisme et vaudou (culte animiste, mélange de pratiques magiques et d'éléments des rites chrétiens).

Économie: PIB 2.274 F par habitant. Monnaie: la gourde.

- Secteurs importants: 28% urbain, 72% rural.
- Industries importantes: Café, canne à sucre, cacao. La plupart des habitants (50, 4%) travaillent dans le domaine agroalimentaire. Mais le taux de chômage est l'un des plus élevés de l'hémisphère.

Enseignement: Taux de scolarisation: 53%. Nombre d'universités: 1.

Langues parlées: Français et créole haïtien.

Gouvernement: République.

Points d'histoire:

1492   Arrivée de Christophe Colomb dans l'île, qui est habitée par les Indiens Arawak.

1607   Les Français occupent la partie ouest de l'île. La colonie prospère: des esclaves africains cultivent la canne à sucre et le café.

Femme avec une belle poupée ▼

▲ Marché à Port-au-Prince

1791   Toussaint Louverture, un esclave inspiré par les idées de la Révolution française de 1789, mène les esclaves africains à la révolte.

1794   Abolition de l'esclavage (restauré par Napoléon en 1802).

1804   Indépendance d'Haïti.

Questions d'actualité:

- Problèmes politiques et économiques. Le développement économique et social reste stagnant. Haïti est à la recherche de la stabilité (politique, sociale et économique).
- Surpopulation.
- Sous-industrialisation.
- Endettement.
- Pauvreté.

Culture: Parmi les intellectuels et artistes, beaucoup ont quitté Haïti pour des raisons politiques et vivent en exil. Parmi eux, René Depestre, Yves Antoine et Claude Auguste écrivent en français. Félix Morisseau-Leroy et Frank Fouché écrivent des contes et des pièces de théâtre en créole.

La Louisiane

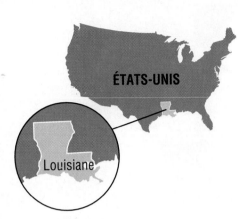

ÉTATS-UNIS

Louisiane

Situation géographique: Située sur le golfe du Mexique.

Villes importantes: *Baton Rouge, La Nouvelle-Orléans (ville principale), Shreveport, Lafayette.

Superficie: 125.674 km^2.

Relief: Traversée par le fleuve Mississippi et son large delta; terrain marécageux le long du golfe du Mexique, prairies au sud-ouest, terrain plat et boisé au nord-ouest.

Population: 4.500.000 habitants (les Louisianais). Densité: 37 habitants au km^2.

Religions: Catholicisme, protestantisme.

Économie: PIB 43.200 F par habitant. Monnaie: le dollar.
- Secteurs importants: 68% rural, 32% urbain.
- Industries importantes: Pétrole et gaz naturel, agroalimentaire.

Enseignement: Taux de scolarisation: 92%. Nombre d'écoles post-secondaires: 37.

Langues parlées: Anglais, français.

Gouvernement: Un des états des États-Unis.

Points d'histoire:

1682	Occupée au nom de la France. La culture du coton y est établi.
Vers 1760	Les Acadiens exilés du Canada viennent s'y réfugier.
1762–1800	L'Espagne prend possession de la colonie.
1803	Napoléon vend la colonie aux États-Unis.
1812	La Louisiane devient un état.
1968	L'état devient officiellement bilingue (français-anglais).

Questions d'actualité: La «refrancisation» de la Louisiane. On fait un grand effort pour rétablir la langue et la culture cadiennes (82% des élèves suivent des cours de français), et il y a des émissions en français à la radio et à la télévision.

▲ Musiciens cadiens à Lafayette

▲ Mardi gras à La Nouvelle-Orléans

Culture:
- Le patrimoine français en Louisiane a plus d'une source: Les ancêtres des Créoles viennent des plantations coloniales ou des îles de la mer des Caraïbes. Ceux des Cadiens sont venus de l'Acadie (au Canada) à l'époque du «Grand Dérangement». Un petit nombre d'Amérindiens parlent un dialecte issu du français.
- La musique cadienne—surtout cajun et zydeco—gagne une réputation internationale grâce à Dewey Balfa, Boozoo Chavis, Zachary Richard, Joe Falcon et Michael Doucet (groupe Beausoleil).
- La vie et les valeurs cadiennes traditionnelles sont présentées dans les films documentaires du cinéaste cadien Les Blank et les poèmes de Barry Jean Ancelet (*Je suis cadien*) et Darrell Bourque (*Plainsong*).
- Le carnaval de Mardi gras à La Nouvelle-Orleans est célèbre.

MADAGASCAR

MADAGASCAR
★
Antananarivo

Situation géographique: Île de l'océan Indien séparée de l'Afrique par le canal Mozambique.

Ville importante: *Antananarivo.

Superficie: 587.000 km^2 (quatrième plus grande île du monde).

Relief: Au centre de l'île, de hauts plateaux—parfois surmontés de massifs volcaniques; climat tempéré. À l'est, une plaine littorale forestière, chaude et humide. À l'ouest, des plateaux et collines; climat plus sec où l'on trouve de la forêt claire, de la savane et de la brousse.

Population: 12.596.263 habitants (les Malgaches). Densité: 22 habitants au km^2.

Religions: Christianisme (41%), islam (7%), religions traditionnelles (52%).

Économie: PIB 1.390 F par habitant. Monnaie: le franc malgache.
- Secteurs importants: 75% rural, 25% urbain.
- Industries importantes: Agroalimentaire (surtout le clou de girofle et la vanille), textiles, exploitation minière.

Enseignement: Taux de scolarisation: 80%. Nombre d'universités: 6.

Langues parlées: Malgache (langue officielle), français et autres.

Gouvernement: République.

Points d'histoire:

1500   Les premiers Européens arrivent.

1643   Les Français établissent Fort-Dauphin.

1895   Madagascar accepte le protectorat français.

1946   Madagascar devient territoire d'outre-mer.

1960   Indépendance.

Questions d'actualité: La population malgache comprend une vingtaine d'ethnies diverses. Les tensions entre elles sont aggravées par les problèmes économiques du pays.

Culture: Parmi les poètes malgaches on compte Jean-Joseph Rabearivelo, Jean Jacques Rabemananjara, Jacques Flavien Ranaivo. Ils écrivent en français, mais ils s'inspirent de la chanson populaire malgache.

▲ Ville de Fianarantsoa

477

L E M AROC

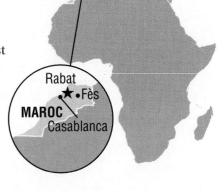

Situation géographique: Au nord-ouest de l'Afrique, sur l'Atlantique et la Méditerranée, délimité à l'est par l'Algérie et au sud par la Mauritanie.

Villes importantes: *Rabat, Casablanca (ville principale), Marrakech, Fès.

Superficie: 710.000 km^2 (avec le territoire contesté du Sahara occidental).

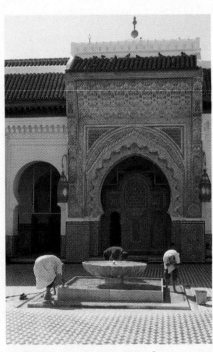

▲ Cette mosquée à Fès date des XIe et XIIe siècles.

Relief: Paysages variés: plaine côtière le long de l'Atlantique, montagnes le long de la Méditerranée et à l'intérieur, désert (le Sahara) au sud. Climat: humide sur la côte atlantique, sec dans le sud et l'est.

Population: 26.708.587 habitants (les Marocains). Densité: 60 habitants au km^2.

Religions: Islam (99%), judaïsme et catholicisme (1%).

Économie: PIB 4.008 F par habitant. Monnaie: le dirham.
- Secteurs importants: 53% rural, 47% urbain.
- Industries importantes: Exploitation minière, surtout des phosphates.

Enseignement: Taux de scolarisation: 50%. Nombre d'universités: 6.

Langues parlées: Arabe (langue officielle), français, berbère.

Gouvernement: Monarchie constitutionnelle.

Points d'histoire:

700–710	Les Arabes font la conquête du pays et impose l'islam.
1415	Les Portugais s'installent au Maroc.
XVIe–XVIIe s.	Djihad contre les Portugais. Les Arabes reprennent le pays.
1912	Établissement du protectorat français.
1956	Indépendance.

Questions d'actualité: L'autorité du Maroc sur le Sahara espagnol et ses mines de phosphate est contestée aujourd'hui.

Culture:
- Art: Les contributions des Maures pendant le Moyen Âge retiennent leur importance dans les domaines de l'art et de l'architecture.
- Philosophie: Le médecin-philosophe Averroès a interprété l'œuvre d'Aristote à la lumière du Coran.
- Littérature contemporaine: Bien des écrivains marocains s'expriment en français, parmi eux Tahar Ben Jelloun, Driss Chraïbi et Ahmed Sefrioui.

LE NOUVEAU-BRUNSWICK

CANADA

Nouveau-Brunswick

Situation géographique: Situé à l'est du Canada, délimité par le Québec au nord, le golfe du Saint-Laurent et la Nouvelle-Écosse à l'est, la baie de Fundy au sud, et l'état américain du Maine à l'ouest.

Villes importantes: *Fredericton, Saint-Jean (la plus grande ville), Moncton.

Superficie: 73.500 km².

Relief: Le Nouveau-Brunswick fait partie de la région appalachienne du Canada. Les plateaux se trouvent au nord; au sud, il y a le bassin maritime. La plupart de la province est couverte de forêts.

Population: 723.900 habitants (les Néo-Brunswickois). Densité: 10 habitants au km².

Religions: Catholicisme, protestantisme.

Économie: PIB 51.460 F par habitant. Monnaie: le dollar canadien.
- Secteurs importants: 48% urbain, 52% rural.
- Industries importantes: Exploitation forestière et minière, pêche.

Enseignement: Taux de scolarisation: 81%. Nombre d'écoles post-secondaires: 13.

Langues parlées: Français (langue maternelle pour à peu près 30% de la population), anglais.

Gouvernement: Province du Canada (l'une des quatre provinces originelles).

▲ Shippagan est une petite ville sur le golfe du Saint-Laurent.

Points d'histoire:

1534	Découvert par Jacques Cartier.
1604	Exploré par Champlain.
1713	Donné aux Anglais (traité d'Utrecht).
1755–1762	Les Acadiens refusent de prêter serment d'allégeance au roi d'Angleterre. Pour ce refus, ils sont déportés. Cet exode tragique, qu'on appelle le «Grand Dérangement», a pris place entre 1755 et 1762. Il reste un souvenir vif et douloureux dans la mémoire collective des Acadiens.

▲ Défilé d'Acadiens

Culture: Antonine Maillet, écrivain acadien, est née à Bouctouche au Nouveau-Brunswick en 1929. Connue en France aussi, elle a reçu le prestigieux prix Goncourt pour son *Pélagie la Charrette* (1979). Elle parle surtout de l'esprit acadien, l'esprit d'un peuple longtemps écrasé mais qui a gardé sa vigueur. Dans *La Sagouine*, l'héroïne parle avec humour et réalisme de sa pauvreté, s'exprimant dans le parler populaire de la région.

LE QUÉBEC

CANADA   QUÉBEC

Québec ★

•Montréal

Situation géographique: Province de l'est du Canada, délimitée par la province d'Ontario et la baie d'Hudson à l'ouest, Terre-Neuve à l'est, le golfe du Saint-Laurent, le Nouveau-Brunswick et les États-Unis au sud.

Villes importantes: *Québec, Montréal (ville principale), Trois-Rivières.

Superficie: 1.540.680 km^2.

Relief: Traversé par le Saint-Laurent, qui relie l'océan Atlantique aux Grands Lacs. Montagneux de la plaine du Saint-Laurent au détroit de l'Hudson et le long de la frontière sud. Terres cultivables dans la vallée du Saint-Laurent; forêts dans les montagnes.

Population: 6.896.000 habitants (les Québécois). Densité: 5 habitants au km^2.

Religions: Catholicisme, protestantisme, judaïsme.

Économie: PIB 68.010 F par habitant. Monnaie: le dollar canadien.
- Secteurs importants: 78% rural, 22% urbain.
- Industries importantes: Agroalimentaire, exploitation des forêts et des mines, pêche.

Enseignement: Taux de scolarisation: 99%. Nombre d'écoles post-secondaires: 98.

Langues parlées: Français, anglais.

Gouvernement: Province de la Fédération canadienne, mais reconnue comme société distincte, retenant beaucoup de traditions administratives et judiciaires françaises.

Ville de Québec: la place d'Armes ▶

▲ La promenade en calèche est populaire avec les touristes à Québec.

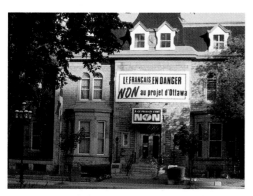

▲ Montréal: la rue de Sherbrooke

Points d'histoire:

1534   L'explorateur Jacques Cartier prend symboliquement possession du territoire au nom du roi de France.

1608   Samuel de Champlain fonde la ville de Québec. Ce nom («Kébec») vient du mot algonquin signifiant «là où la rivière se resserre». C'est le début de la colonie de Nouvelle-France.

1642   Fondation de Montréal.

1759   Québec se rend aux Anglais après la bataille décisive des plaines d'Abraham (où le général Montcalm trouve la mort).

1763   À la fin de la guerre de Sept Ans, la France perd le Canada, qui passe à l'Angleterre.

1774   L'Acte de Québec restaure certains droits aux Canadiens français.

1867   L'Acte de l'Amérique du Nord crée le dominion du Canada, regroupant l'Ontario, le Québec, la Nouvelle-Écosse et le Nouveau-Brunswick.

1966–70   Le courant indépendantiste se développe.

1977   La loi 101 instaure le français comme seule langue officielle au Québec.

Questions d'actualité: Tensions linguistiques et culturelles entre anglophones et francophones remontent au XVIIe siècle. De nos jours, le parti québécois réclame l'indépendance—politique et économique—pour le Québec. Cette question est loin d'être résolue.

Culture:

- Peinture: Les tableaux d'Arthur Villeneuve évoquent à la fois le charme et la rudesse de la vie «traditionnelle». Par contraste, ceux d'Alfred Pellan et de Jean Paul Borduas manifestent un point de vue tout moderne. L'œuvre de Louis Archambault reflète le patrimoine amérindien du pays.
- Musique: Les «trois grands soleils» de la chanson québécoise sont Félix Leclerc, Gilles Vigneault et Robert Charlebois. Le Festival international de jazz à Montréal est très célèbre.
- Cinéma: Parmi les cinéastes québécois on compte Denys Arcand (*Jésus de Montréal* et *Le Déclin de l'empire américain*) et Jacques Godbout (*Les Troubles de Johnny* et *Distorsions*). Les actrices Monique Mercure (prix d'interprétation au Festival de Cannes en 1977) et Geneviève Bujold ont une réputation internationale.
- Littérature: De nombreux écrivains québécois ont une renommée internationale: Gabrielle Roy (*Le Bonheur d'occasion*, prix Fémina 1945); Marie-Claire Blais (*Une Saison dans la vie d'Emmanuel*, prix Médicis, 1966); Anne Hébert (*Les Fous de Bassan*, prix Fémina 1982); Claude-Henri Grignon (*Un Homme et son péché*); Yves Beauchemin (*Matou*).

LA POLYNÉSIE

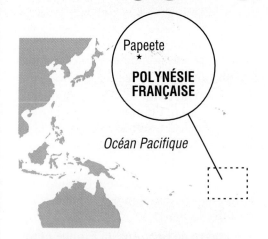

Papeete
★
POLYNÉSIE FRANÇAISE

Océan Pacifique

Situation géographique: Archipels dans l'océan Pacifique, au sud de l'équateur, à peu près 5.000 km à l'est de l'Australie. On y compte les îles de la Société (dont Tahiti), les Marquises, les Tuamotu, les Gambier et les îles Australes.

Ville importante: *Papeete.

Superficie: 4.000 km^2 (comprenant 130 îles).

Relief: Les Tuamotu sont d'origine corallienne, entourés de vastes lagons. Les autres archipels sont des montagnes d'origine volcanique, avec d'étroites plaines côtières. Climat tropical qui varie avec la latitude.

Population: 200.000 habitants (les Polynésiens). Densité: 53 habitants au km^2. (Près de 40% habitent Tahiti.)

Religions: Protestantisme, catholicisme.

Économie: PIB 5.700 F par habitant.

- Industries importantes: Perles de culture, coprah, vanille.

Enseignement: Taux de scolarisation: 95%.

Langues parlées: Français (langue officielle), plusieurs langues polynésiennes.

Gouvernement: Territoire d'outre-mer de la France.

Points d'histoire:

XVIe–XIXe s.	Exploration des îles par les Européens.
1844	Protectorat français établi à Tahiti.
1946	La Polynésie française devient territoire d'outre-mer.

Questions d'actualité: L'installation du Centre d'expérimentation du Pacifique pour essais nucléaires a provoqué une réaction vive parmi les habitants des îles. Il y a aussi un mouvement indépendantiste qui réclame l'indépendance vis-à-vis du gouvernement français.

▲ Le 14 juillet à Papeete

▲ À Nuku-Hiva, une des îles Marquises

Marchande à Papeete ▶

Culture:

- L'art traditionnel polynésien est très vite devenu un art stylisé et abstrait. Les sculptures passées de génération en génération étaient des symboles de position sociale, de puissance.
- Ces îles ont émerveillé et inspiré plusieurs artistes, dont Paul Gauguin et Robert Louis Stevenson.

LA RÉUNION

Situation géographique: Île française dans l'archipel Mascareignes dans l'océan Indien à 645 km à l'est de Madagascar.

Villes importantes: *Saint-Denis, Saint-Paul (la plus grande ville), Saint-Pierre.

Superficie: 2.512 km².

Relief: Formé d'un massif volcanique (dont au moins un des volcans est encore en activité). Côte basse longée par des récifs coralliens. Climat tropical.

Population: 598.000 habitants (le Réunionnais). Densité: 206 habitants au km².

Économie: PIB 47.800 F par habitant.
- Industries importantes: Sucre de canne, rhum, parfum, vanille, tourisme.

Enseignement: Taux de scolarisation: 50%.

Langues parlées: Français (langue officielle), créole.

Gouvernement: Département d'outre-mer de la France.

Points d'histoire:

1528	Découverte de l'île par les Portugais.
1665	Arrivée de colons français.
1793	L'île prend son nom actuel, île de la Réunion.
1848	Abolition de l'esclavage.
début XIXe s.	La culture de la canne à sucre est introduite.
1946	La Réunion devient département d'outre-mer.

Questions d'actualité: Deux situations qui s'aggravent l'une l'autre: le surpeuplement et un taux de chômage de 37%. L'émigration y porte remède.

Océan Indien

Saint-Denis
★
•Saint-Paul
LA RÉUNION

▲ Marché à Saint-Denis

Culture:
- L'île est un foyer de culture créole. Elle est célèbre par ses danses traditionnelles, bien différentes des danses que l'on peut admirer aux Seychelles, à Madagascar ou à l'île Maurice, ses voisines. La musique, bien sûr, tient une grande place dans la vie des Réunionnais.
- Parmi les artistes contemporains, Philippe Turpin est un graveur original et Bruno Czaja un peintre à qui des techniques nouvelles assurent un beau succès.
- La sculpture est un art toujours vivant et le théâtre, traditionnel ou d'avant-garde, y est bien représenté.

▼ Enfants réunionnais

Le Sénégal

▲ Mosquée de Touba

Situation géographique: Sur la côte atlantique de l'Afrique, délimité par la Mauritanie au nord, le Mali à l'est, la Guinée et la Guinée-Bissau au sud.

Ville importante: *Dakar.

Superficie: 196.200 km^2.

Relief: Partie du Sahel, paysage plat, constituant, en principe, des savanes boisées. Il est irrigué par trois fleuves: le Sénégal, la Gambie et la Casamance.

Population: 8.205.058 habitants (les Sénégalais). Densité: 42 habitants au km^2.

▲ Séance de tressage

Religions: Islam, christianisme, religions traditionnelles.

Économie: PIB 2.030 F par habitant. Monnaie: le franc C.F.A.

- Secteurs importants: 38% rural, 62% urbain.
- Industries importantes: Agroalimentaire, pêche, phosphates.

Enseignement: Taux de scolarisation: 38%. Nombre d'universités: 2.

Langues parlées: Français et six langues nationales: ouolof, pular, sérère, diola, mandingue et soninké.

Gouvernement: République.

Points d'histoire:

1658	Les colons français établissent la ville de Saint-Louis sur le fleuve Sénégal.
1857	La ville de Dakar est créée.
1879–90	La France prend possession du pays.
1895	Le Sénégal devient membre de l'Afrique-Occidentale française.
1958	Le Sénégal devient république autonome.
1960	Indépendance.
1981	Léopold Sédar Senghor, président depuis 1960, se retire du pouvoir.

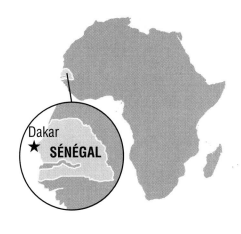

Questions d'actualité: Malgré des efforts diplomatiques, des tensions dangereuses persistent entre le Sénégal et ses voisins, surtout la Mauritanie.

Culture:

• Dakar—parfois appelé «le Paris de l'Afrique occidentale»—est considéré comme le centre culturel de la région.

• Parmi les grands esprits sénégalais on compte Léopold Sédar Senghor, poète et homme d'État (membre de l'Académie française); Birago Ismael Diop, romancier; Sembene Ousmane, romancier et cinéaste engagé; Aminata Sow Fall, cinéaste; Cheik Anta Diop, renommé pour son érudition.

▼ L'heure du thé

▼ À Dakar

$\mathcal{L}$A $\mathcal{S}$UISSE

Genève: place du Bourg du Four ▶

▲ Zurich: transport public

Situation géographique: Au cœur de l'Europe; délimitée par la France, l'Allemagne, l'Autriche, le Lichtenstein et l'Italie.

Villes importantes: *Berne, Zurich (la plus grande ville du pays), Genève, Bâle, Lausanne.

Superficie: 41.293 km^2.

Relief: Les 3/5 du pays sont montagneux (le Jura et les Alpes).

Population: 6.828.023 habitants (les Suisses). Densité: 165 habitants au km^2.

Religions: Catholicisme, protestantisme.

Économie: PIB 122.500 F par habitant. Monnaie: le franc suisse. Niveau de vie un des plus élevés du monde. Taux de chômage le moins élevé de l'Europe.
- Secteurs importants: 60% urbain, 40% rural.
- Industries importantes: Manufacture, métallurgie de transformation, chimie, agroalimentaire, services (dont le tourisme).

Enseignement: Taux de scolarisation: 99%. Nombre d'universités: 7.

Langues parlées: Allemand (65%), français (18%) surtout dans les cantons de Vaud, Genève, Neuchâtel et Jura, italien (10%) et romanche (qui n'a pas le statut de langue officielle).

Gouvernement: République fédérale, composée de 23 cantons dont chacun a une souveraineté interne et une constitution.

Points d'histoire:

Antiquité — Porte le nom d'Helvétie.

Fin XIIIe s. — Les cantons défendent leurs libertés contre les Habsbourg dans des circonstances devenues légendaires (légende de Guillaume Tell).

1291 — Naissance de la Confédération helvétique.

1515 — Les cantons annoncent leur politique de neutralité.

1519 — Introduction de la Réforme à Zurich, suivie d'une guerre civile entre les catholiques et les protestants.

1848 — La Constitution établit 22 des 23 cantons actuels—le Jura sera créé en 1979—et instaure un État fédéral.

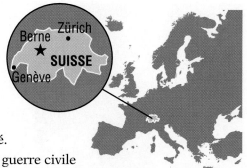

Culture:
- Jean-Jacques Rousseau (1712–1778), écrivain et philosophe, a fortement influencé les principes de la Révolution française et le romantisme du XIXe siècle .
- Carl Gustav Jung (1875–1961), psychiatre, père de la «psychologie analytique».
- Paul Klee (1879–1940), peintre et théoricien de l'école Bauhaus.
- Le Corbusier (Charles Édouard Jeanneret) (1887–1965), architecte urbain et théoricien.

LA TUNISIE

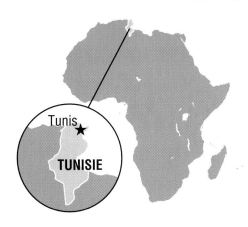

Situation géographique: Sur la côte méditerranéenne de l'Afrique, délimitée par l'Algérie à l'ouest et la Libye au sud et au sud-est.

Villes importantes: *Tunis, Sfax, Bizerte.

▲ Cérémonie de mariage

Superficie: 163.610 km^2.

Relief: Montagnes boisées au nord, plateaux au centre et plaines désertiques au sud. Climat doux au nord, sec au centre et au sud du pays.

Population: 8.445.656 habitants (les Tunisiens). Densité: 52 habitants au km^2.

Religions: Islam (religion officielle).

Économie: PIB 7.100 F par habitant. Monnaie: le dinar tunisien.
- Secteurs importants: 47% rural, 53% urbain.
- Industries importantes: Agriculture, tourisme, phosphates et pétrole, textiles.

Enseignement: Taux de scolarisation: 65%. Nombre d'universités: 3.

Langues parlées: Arabe, français.

Gouvernement: République.

Points d'histoire:

699–705	Conquête et occupation arabe.
1535	Charles Quint fait la conquête de la Tunisie.
1556–1558	Prise de la Tunisie par les Turcs.
1574	La Tunisie fait partie de l'Empire ottoman.
1881	Protectorat de la France.
1956	Indépendance.
1979	Tunis devient siège de la Ligue arabe.

Questions d'actualité: Le chômage pousse un nombre important de Tunisiens à chercher du travail à l'étranger. (Environ 38% de la population a moins de 15 ans.)

Culture:
- La Grande Mosquée à Kairouan (en Tunisie centrale), construite au IXe siècle, est considérée comme l'un des chefs-d'œuvre de l'art de l'Islam.
- Les artisans tunisiens créent de beaux tapis.

$\mathcal{L}e\ \mathcal{V}$iêt-nam

Situation géographique: En Asie du Sud-Est, limité par la Chine au nord, le golfe du Tonkin au nord-est, la mer de Chine méridionale à l'est et au sud, le Cambodge au sud-ouest, et le Laos à l'ouest.

Villes importantes: *Hanoi, Hô Chi Minh-Ville (la plus grande), Haiphong.

Superficie: 329.556 km^2.

Relief: En forme de «S» allongé avec le delta du Tonkin au nord et le delta du Mékong au sud. Les plateaux de la Cordillère annamitique s'étendent entre les deux deltas, isolant des plaines littorales à l'est. La plupart de la population se concentre dans les deltas.

Population: 68.964.000 habitants (les Vietnamiens). Densité: 209 habitants au km^2.

Religions: Bouddhisme (80%), confucianisme, taoïsme, christianisme, islam.

Économie: PIB 1.080 F par habitant. Monnaie: le dông.
- Secteurs importants: 81% rural, 19% urbain.
- Industries importantes: Agriculture (riz), pêche, exploitation forestière.

Enseignement: Taux de scolarisation: 88%. Nombre d'universités: 3.

Langues parlées: Vietnamien, chinois, français, anglais.

Gouvernement: République socialiste.

Points d'histoire:

208 av. J.-C.	Création du royaume du Viêt-nam.
111 av. J.-C.–939 apr. J.-C.	La Chine gouverne le Viêt-nam.
1858	Occupation française.
1941	Fondation du Front de l'Indépendance du Viêt-nam (le Viêt-minh).
1946–1954	Guerre d'Indochine.
1954	Défaite des Français à Diên Biên Phu.
1955–1975	Guerre du Viêt-nam entre le Nord et le Sud.
1976	Unification sous le gouvernement du Nord.

Questions d'actualité: Économie ruinée par les dépenses militaires; tensions persistantes avec la Chine et avec le Cambodge; isolation économique après la guerre. Le Viêt-nam fait face à ces problèmes avec des réformes économiques et une diplomatie de rapprochement avec les pays de l'ouest.

Culture:
- La littérature vietnamienne est souvent classée en trois catégories: les œuvres écrites en langue chinoise, celles en langue sino-vietnamienne et celles en vietnamien. Ces catégories reflètent l'histoire du pays: domination chinoise, indépendance, colonisation française, libération nationale.
- Parmi les écrivains d'expression française, on compte Nguyên Manh Tuong, Pham Van Ky, Trân Duc Thao.

▲ Sur la route Saigon-My-Tho

▲ Marché flottant à Canthô

488

$\mathscr{L}$E $\mathscr{Z}$AÏRE

Situation géographique: Situé en Afrique centrale; traversé par l'équateur.

Villes importantes: *Kinshasa, Lubumbashi, Kisangani.

Superficie: 2.345.000 km^2.

Relief: Une plaine humide et chaude couverte de forêts. À l'est, des plateaux et des volcans.

Population: 39.084.400 habitants (les Zaïrois). Densité: 17 habitants au km^2. On compte plus de 500 ethnies. Le Zaïre est le deuxième pays francophone du monde en raison de sa forte population.

ZAÏRE
★ Kinshasa

Religions: Christianisme (77%), religions traditionnelles (20%), islam.

Économie: PIB 840 F par habitant. Monnaie: le zaïre.

▲ Musiciens à Lubumbashi

▲ Pêcheurs de la province de Shaba

- Secteurs importants: 40% urbain, 60% rural.
- Industries importantes: Le secteur agricole domine (67% de la populative active). Ressources minières variées: cuivre, cobalt, diamants industriels.

Enseignement: Taux de scolarisation: 72%. Nombre d'universités: 4. À peu près 80% des enfants reçoivent une éducation primaire, 40% continuent leurs études au niveau secondaire.

Langues parlées: Le français est la langue officielle depuis 1886. Langues nationales: ciluba, lingala, kikongo, kiswahili.

Gouvernement: République. 10 provinces et Kinshasa.

Points d'histoire:

XVe s.	Établissement de relations diplomatiques entre le royaume du Congo et le Portugal.
1884	Le roi belge Léopold II prend possession du Congo.
1960	Le Congo belge devient indépendant.
1971	Le Congo prend son nom actuel, Zaïre.
années 90	L'indépendance a été suivie de rébellions qui persistent toujours.

Questions d'actualité:
- Malgré l'abondance de ressources naturelles, le Zaïre reste très endetté.
- Une forte croissance démographique contribue au chômage.

Culture: Bien des artistes cherchent à mettre en valeur leur patrimoine et leur identité. Les sculptures d'Augie N'Kele ex0priment la douleur et le courage de ceux qui ont vécu l'histoire de l'esclavage.

APPENDIX 1

Regular Verbs

Infinitive	Future	Present indicative	Present subjunctive	Imperfect	Passé composé	Imperative
parler *(to speak)*	parlerai	parle parles parle parlons parlez parlent	parle parles parle parlions parliez parlent	parlais	j'ai parlé	parle parlons parlez
finir *(to finish)*	finirai	finis finis finit finissons finissez finissent	finisse finisses finisse finissions finissiez finissent	finissais	j'ai fini	finis finissons finissez
rendre *(to return)*	rendrai	rends rends rend rendons rendez rendent	rende rendes rende rendions rendiez rendent	rendais	j'ai rendu	rends rendons rendez

Stem-changing Verbs

Infinitive	Future	Present indicative	Present subjunctive	Imperfect	Passé composé	Imperative
commencer (*to begin*)	commencerai	commence commences commence / commençons commencez commencent	commence commences commence / commencions commenciez commencent	commençais	j'ai commencé	commence commençons commencez
manger (*to eat*)	mangerai	mange manges mange / mangeons mangez mangent	mange manges mange / mangions mangiez mangent	mangeais	j'ai mangé	mange mangeons mangez
essayer (*to try*)	essaierai	essaie essaies essaie / essayons essayez essaient	essaie essaies essaie / essayions essayiez essaient	essayais	j'ai essayé	essaie essayons essayez
appeler (*to call*)	appellerai	appelle appelles appelle / appelons appelez appellent	appelle appelles appelle / appelions appeliez appellent	appelais	j'ai appelé	appelle appelons appelez
acheter (*to buy*)	achèterai	achète achètes achète / achetons achetez achètent	achète achètes achète / achetions achetiez achètent	achetais	j'ai acheté	achète achetons achetez
préférer (*to prefer*)	préférerai	préfère préfères préfère / préférons préférez préfèrent	préfère préfères préfère / préférions préfériez préfèrent	préférais	j'ai préféré	préfère préférons préférez

Irregular Verbs

Infinitive	Future	Present indicative		Present subjunctive		Imperfect	Passé composé	Imperative
aller (to go)	irai	vais vas va	allons allez vont	aille ailles aille	allions alliez aillent	allais	je suis allé(e)	va allons allez
avoir (to have)	aurai	ai as a	avons avez ont	aie aies ait	ayons ayez aient	avais	j'ai eu	aie ayons ayez
boire (to drink)	boirai	bois bois boit	buvons buvez boivent	boive boives boive	buvions buviez boivent	buvais	j'ai bu	bois buvons buvez
connaître (to know)	connaîtrai	connais connais connaît	connaissons connaissez connaissent	connaisse connaisses connaisse	connaissions connaissiez connaissent	connaissais	j'ai connu	connais connaissons connaissez
croire (to believe)	croirai	crois crois croit	croyons croyez croient	croie croies croie	croyions croyiez croient	croyais	j'ai cru	crois croyons croyez
devoir (to owe)	devrai	dois dois doit	devons devez doivent	doive doives doive	devions deviez doivent	devais	j'ai dû	
dire (to say)	dirai	dis dis dit	disons dites disent	dise dises dise	disions disiez disent	disais	j'ai dit	dis disons dites
dormir (to sleep)	dormirai	dors dors dort	dormons dormez dorment	dorme dormes dorme	dormions dormiez dorment	dormais	j'ai dormi	dors dormons dormez
écrire (to write)	écrirai	écris écris écrit	écrivons écrivez écrivent	écrive écrives écrive	écrivions écriviez écrivent	écrivais	j'ai écrit	écris écrivons écrivez

Infinitive	Future	Present indicative	Present subjunctive	Imperfect	Passé composé	Imperative
envoyer (*to send*)	enverrai	envoie envoies envoie / envoyons envoyez envoient	envoie envoies envoie / envoyions envoyiez envoient	envoyais	j'ai envoyé	envoie envoyons envoyez
être (*to be*)	serai	suis es est / sommes êtes sont	sois sois soit / soyons soyez soient	étais	j'ai été	sois soyons soyez
faire (*to do*)	ferai	fais fais fait / faisons faites font	fasse fasses fasse / fassions fassiez fassent	faisais	j'ai fait	fais faisons faites
lire (*to read*)	lirai	lis lis lit / lisons lisez lisent	lise lises lise / lisions lisiez lisent	lisais	j'ai lu	lis lisons lisez
mettre (*to put*)	mettrai	mets mets met / mettons mettez mettent	mette mettes mette / mettions mettiez mettent	mettais	j'ai mis	mets mettons mettez
mourir (*to die*)	mourrai	meurs meurs meurt / mourons mourez meurent	meure meures meure / mourions mouriez meurent	mourais	je suis mort(e)	meurs mourons mourez
naître (*to be born*)	naîtrai	nais nais naît / naissons naissez naissent	naisse naisses naisse / naissions naissiez naissent	naissais	je suis né(e)	
ouvrir (*to open*)	ouvrirai	ouvre ouvres ouvre / ouvrons ouvrez ouvrent	ouvre ouvres ouvre / ouvrions ouvriez ouvrent	ouvrais	j'ai ouvert	ouvre ouvrons ouvrez
pouvoir (*to be able*)	pourrai	peux peux peut / pouvons pouvez peuvent	puisse puisses puisse / puissions puissiez puissent	pouvais	j'ai pu	

Infinitive	Future	Present indicative	Present subjunctive	Imperfect	Passé composé	Imperative
prendre (to take)	prendrai	prends prends prend / prenons prenez prennent	prenne prennes prenne / prenions preniez prennent	prenais	j'ai pris	prends prenons prenez
recevoir (to receive)	recevrai	reçois reçois reçoit / recevons recevez reçoivent	reçoive reçoives reçoive / recevions receviez reçoivent	recevais	j'ai reçu	reçois recevons recevez
savoir (to know)	saurai	sais sais sait / savons savez savent	sache saches sache / sachions sachiez sachent	savais	j'ai su	sache sachons sachez
sortir (to go out)	sortirai	sors sors sort / sortons sortez sortent	sorte sortes sorte / sortions sortiez sortent	sortais	je suis sorti(e)	sors sortons sortez
venir (to come)	viendrai	viens viens vient / venons venez viennent	vienne viennes vienne / venions veniez viennent	venais	je suis venu(e)	viens venons venez
voir (to see)	verrai	vois vois voit / voyons voyez voient	voie voies voie / voyions voyiez voient	voyais	j'ai vu	vois voyons voyez
vouloir (to want)	voudrai	veux veux veut / voulons voulez veulent	veuille veuilles veuille / voulions vouliez veuillent	voulais	j'ai voulu	veuille veuillons veuillez

Lexique Français-Anglais

A

à in; at; to; **— partir de** from; **— qui?** to whom?

abandonner to abandon

abbaye (f) abbey

abondant(e) abundant

abonné(e) (m, f) subscriber

abonnement (m) subscription; season ticket

aborder to approach (a person/a subject)

abréviation (f) abbreviation

abricot (m) apricot

abriter to shelter

absent(e) absent

absolument absolutely

abstrait(e) abstract

abus (m) abuse, grievance, misuse

accent (m) accent; stress

accepter to accept

accès (m) access

accident (m) accident

accompagner to accompany

accomplir to accomplish

accomplissement (m) accomplishment, fulfillment

accord (m) agreement; **d'—** O.K.; **être d'—** to agree

accueillir to greet; to welcome

achat (m) purchase; **faire des —s** to shop, to go shopping

acheter to buy

acier (m) steel

acquérir (acquis) to acquire

acteur(-trice) (m, f) actor

actif(-ve) active, employed

actifs (m pl) workers

activité (f) activity

actuel(le) current

addition (f) restaurant check

adieux: faire ses — to say good-bye

administrer to manage; to run

adorer to adore

adresse (f) address

adresser: s'— à to speak to

aéroport (m) airport

affaires (f pl) belongings; business;

homme (femme) d'— businessman (-woman)

affectif(-ive) affective

affiche (f) poster

afficher to post

affreux(-euse) horrible

afin de in order to

Afrique (f) Africa; **— du Sud** South Africa

âge (m) age; **Quel — as-tu?** How old are you?; **d'un certain —** middle-aged

âgé(e) old

agence (f) agency; **— de location** rental agency; **— de voyage** travel agency; **— immobilière** real estate agency

agent(e) (m, f) agent; employee; **— de police** policeman; **— publicitaire** advertising agent, publicity agent

agir to act; **Dans cet article, il s'agit de...** This article is about...

agréable pleasant

agricole agricultural

agriculteur(-trice) (m, f) farmer

aide (f) help

aider to help

ail (m) garlic

aile (f) wing

aimer to like; to love; **— mieux** to like better, to prefer; **— le mieux** to like the best

aîné(e) eldest

ainsi thus; **— que** as well as

air: avoir l'— to seem, to appear

aire (f) **de repos** rest area

aise: se mettre à l'aise to get comfortable

aisé(e) easy, well off

ajouter to add

album (m) album

Algérie (f) Algeria

algérien(ne) Algerian

alimentaire pertaining to food

alimentation (f) food; **l'— générale** grocery store

aliments (m pl) food(s)

allée (f) path

Allemagne (f) Germany

allemand(e) German

aller to go; **Je vais bien.** I'm fine.; **Ça te va bien.** That looks good on you. **Qu'est-ce qui ne va pas?** What's wrong?

aller: — simple (-retour) (m) one-way (round-trip) ticket

allergie (f) allergy

allergique à allergic (to)

alliés (m pl) allies

allô hello (telephone)

allocations familiales (f pl) government subsidies paid to families and based on the number of children

allumer to light

alors so; then

amande (f) almond

amateur(-trice) (m, f) lover of

ambassade (f) embassy

ambigu(-üe) ambiguous

ambitieux(-euse) ambitious

améliorer to improve

aménagement (m) setting up house

aménager (une maison) to set up a house

amener to bring; to take

américain(e) American

Amérique (f) America

ameublement (m) furnishings; furniture

ami(e) (m, f) friend; **petit(e) ami(e)** boy(girl)friend

amour (m) love

amoureux (m pl) lovers

amoureux(-euse) de in love with

amphi = **amphithéâtre**

amphithéâtre (m) amphitheater, large lecture hall

amusant(e) amusing, fun

amuser: s'— to have a good time, to have fun

an (m) year; **depuis 2 ans** for 2 years; **J'ai 15 ans.** I'm 15 (years old).; **le Nouvel An** New Year's

analyse (f) analysis

analyser to analyze
ancêtres *(m pl)* ancestors
ancien(ne) old; ancient; former
anglais English
Angleterre *(f)* England
animateur(-trice) *(m, f)* **de radio** radio talk show host
année *(f)* year; **d'— en —** from year to year; **les années 90** the 90s
anniversaire *(m)* birthday; anniversary
annonce: les petites —s *(f pl)* classified ads
annoncer to announce
annuaire *(m)* phone book
annuler to cancel
anonyme anonymous
anorak *(m)* ski jacket
anthropologie *(f)* anthropology
apéritif *(m)* before-dinner drink
appareil *(m)* apparatus; **— photo** camera; **C'est qui à l'—?** Who's calling (on the telephone)?
apparence *(f)* appearance
appartement *(m)* apartment
appel *(m)* call; roll call
appeler to call; **Je m'appelle...** My name is...
appétit *(m)* appetite; **Bon —!** Enjoy your meal!
apporter to bring
apprécier to appreciate; to like
apprendre *(appris)* to learn
approcher: s'— de to approach
approprié(e) appropriate
après after; afterwards; **— avoir terminé** after having finished
après-midi *(m)* afternoon
arabe *(m)* Arabic
arbre *(m)* tree
architecte *(m, f)* architect
arène *(f)* arena
argent *(m)* money; **— liquide** cash
argentin(e) Argentinian
Argentine *(f)* Argentina
armoire *(f)* wardrobe
arranger to arrange; **s'—** to work out fine
arrêt *(m)* stop; **sans —** non-stop; **— de bus** bus stop; **— de travail** medical excuse for not being able to work
arrêter: s'— to stop
arrière: à l'— in (the) back
arrivée *(f)* arrival
arriver to arrive; to happen

arrondissement *(m)* administrative division of Paris
arroser to water (plants, flowers, a lawn); to baste (a roast)
art *(m)* art; **beaux-—s** fine arts
artichaut *(m)* artichoke
artisanat *(m)* arts and crafts
ascenseur *(m)* elevator
Asie *(f)* Asia
asperges *(f pl)* asparagus
aspirine *(f)* aspirin
asseoir: s'— to sit; **Assieds-toi! (Asseyez-vous!)** Sit down!
assez rather; **— de** enough
assiette *(f)* plate
assis(e) seated
assistant(e) *(m, f)* assistant; teaching assistant
assister à to attend
associer: s'— à to be associated with
astronaute *(m, f)* astronaut
astronomie *(f)* astronomy
atelier *(m)* studio; workshop
atteindre *(atteint)* to reach; to attain
attendre to wait (for)
attention: faire — à to pay attention (to); to be careful of
attirer to attract
aube *(f)* dawn
auberge *(f)* inn
aucun(e) not a one, no
au-dessous de below; underneath
au-dessus de above
augmenter to increase
aujourd'hui today
aussi also; **— ... que** as ... as
Australie *(f)* Australia
australien(ne) Australian
autant que as much as; **— de... que** as much ... as
auto *(f)* car
autobus *(m)* bus
automatiquement automatically
automne *(m)* autumn
autre other
autrefois in the past
Autriche *(f)* Austria
autrichien(ne) Austrian
avaler to swallow
avance: à l'— in advance; **en —** early
avancé(e) advanced
avant before; **— d'entrer** before entering; **— Jésus-Christ** B.C.
avantage *(m)* advantage

avant-hier the day before yesterday
avare *(m)* miser
avare miserly
avec with; **l'un — l'autre** with each other
avenir *(m)* future; **à l'—** in the future
aventure *(f)* adventure
averse *(f)* rain shower
avion *(m)* airplane
avis *(m)* opinion; **à votre avis** in your opinion; **changer d'—** to change one's mind
avocat(e) *(m, f)* lawyer
avoir *(eu)* to have; **Qu'est-ce que tu as?** What's the matter with you?; **— besoin de** to need; **— chaud** to be hot; **— de la chance** to be lucky; **— envie de** to want, to feel like; **— faim** to be hungry; **— froid** to be cold; **— l'air** to appear, to look, to seem; **— l'habitude de** to be in the habit of; **— lieu** to take place; **— l'intention de** to intend; **— l'occasion de** to have the chance, to have the opportunity; **— mal** to hurt; **en — marre** to be fed up; **— peur** to be afraid; **— raison** to be right; **— soif** to be thirsty; **— sommeil** to be sleepy; **— tort** to be wrong
ayant having

B

bac = baccalauréat
baccalauréat *(m)* exam taken at the end of secondary school
baguette *(f)* long, thin loaf of French bread
baie *(f)* bay
baigner: se — to go swimming
baignoire *(f)* bathtub
baisser to lower
bal *(m)* dance
balader: se — to take a stroll
baladeur *(m)* Walkman
balcon *(m)* balcony
balle *(f)* ball
ballon *(m)* ball (soccer); balloon
banane *(f)* banana
banc *(m)* bench
banlieue *(f)* suburbs
banque *(f)* bank; **— de données** data bank

barbe *(f)* beard
barrage *(m)* dam
bas *(m)* bottom; **là-—** over there;
   en — de at the bottom of
base-ball *(m)* baseball
baser: en vous basant sur based
   on
basket *(m)* basketball; **—s**
   sneakers
bataille *(f)* battle
bateau *(m)* boat; **— à voile** sailboat
bâtiment *(m)* building
beau/bel (belle) beautiful; **Il fait
   beau.** It's beautiful weather.
beaucoup a lot; much; many
beau-frère *(m)* brother-in-law
beau-père *(m)* father-in-law;
   stepfather
bébé *(m)* baby
belge Belgian
Belgique *(f)* Belgium
belle-mère *(f)* mother-in-law;
   stepmother
belle-sœur *(f)* sister-in-law
béret *(m)* beret
besoin *(m)* need; **avoir — de** to
   need
beurre *(m)* butter
bibliothèque *(f)* library
bicyclette *(f)* bicycle
bidet *(m)* low sink used for
   personal hygiene
bien well; **— des** many; **—
   entendu** of course; **Ça a l'air —.**
   That looks good (O.K.).; **— sûr** of
   course
bientôt soon; **À bientôt.** See you
   soon.
bienvenue à welcome to
bière *(f)* beer
bifteck *(m)* steak
bijou *(m)* a piece of jewelry
billet *(m)* ticket; bill (money)
biographie *(f)* biography
biologie *(f)* biology
biscuit *(m)* cookie; cracker
blanc(he) white
blé *(m)* wheat
blessé(e) wounded
blesser to wound
blessure *(f)* wound
bleu(e) blue
blond(e) blond
blouson *(m)* jacket
blue-jean *(m)* a pair of blue jeans
bœuf *(m)* beef; steer

boire *(bu)* to drink
boisson *(f)* drink; **— gazeuse**
   carbonated beverage
boîte *(f)* box; can; **— de nuit**
   nightclub
bol *(m)* bowl
bon *(m)* coupon
bon(ne) good; **Il fait bon.** The
   weather's nice.
bonbon *(m)* a piece of candy
bonheur *(m)* happiness
bonjour hello
bonnet *(m)* cap; hat
bord *(m)* edge; **au — de** along; **au
   — de la mer** at the seashore
bordeaux burgundy (color)
botanie *(f)* botany
bottes *(f pl)* boots
bouche *(f)* mouth
boucher(-ère) *(m, f)* butcher
boucles *(m pl)* curls; **— d'oreille**
   earrings
bougie *(f)* candle
bouillir to boil
boulanger(-ère) *(m, f)* baker
boulangerie *(f)* bakery
boum *(f)* party
bouquiniste *(m)* second-hand
   book dealer
bourgeois(e) middle-class
bourgeoisie *(f)* the middle class
bourse *(f)* scholarship
bout *(m)* end; piece
bouteille *(f)* bottle
boutique *(f)* shop
braderie (f) discount counter; **la
   grande — de l'été** summer
   sidewalk sales
branché(e) connected, plugged in;
   "in," "with it"
bras *(m)* arm
bref (brève) brief
Brésil *(m)* Brazil
brésilien(ne) Brazilian
Bretagne *(f)* Brittany
brie *(m)* type of French cheese
brique *(f)* brick
brochure *(f)* brochure
brodé(e) embroidered
bronzer: se faire — to get a suntan
brosse *(f)* brush; **— à dents**
   toothbrush
brosser: se — les dents to brush
   one's teeth
brouillard *(m)*; **Il fait du —.** It's
   foggy.

bruit *(m)* noises
brûler to burn
brûlure *(f)* burn
brume *(f)* mist
brun(e) brown; brunette
buanderie *(f)* laundry room
bulletin: — *(m)* d'inscription
   registration form; **— de notes**
   report card
bureau *(m)* desk; office; **— de
   poste** post office; **— de tabac**
   tobacco shop
but *(m)* goal

C

ça that; **— va?** How's it going?; **Ça
   va.** It's going fine.; **Ça vous va?**
   Is that O.K. with you?; **C'est pour
   — que...** That's why...; **C'est ça.**
   That's it.; **— fait un mois que...**
   It's been a month since...
cabine*(f)* **téléphonique** phone
   booth
cabinet *(m)* **de toilette** half-bath
cachet *(m)* tablet, pill
cadeau *(m)* gift
cadre *(m)* setting; executive; **—
   supérieur** high-level executive
cafard: avoir le cafard to be
   depressed
café *(m)* cafe, coffee; **— au lait**
   coffee with hot milk; **—-crème**
   coffee with cream
cafétéria *(f)* cafeteria
cahier *(m)* notebook
Caire: Le — *(m)* Cairo
caisse *(f)* cash register; check-out
   counter
calculatrice *(f)* calculator
calculer to calculate
calendrier *(m)* calendar
calme calm
calmer: se — to calm down
camarade *(m, f)* **de classe**
   classmate; **— de chambre**
   roommate
cambrioler to rob
cambrioleur *(m)* robber
camembert *(m)* type of French
   cheese
caméra *(f)* movie camera;
   camcorder
Cameroun *(n)* Cameroon
camerounais(e) from Cameroun

Caméscope *(m)* camcorder

camion *(m)* truck

campagne *(f)* country; **à la —** in the country

camping *(m)* camping

campus *(m)* campus

Canada *(m)* Canada

canadien(ne) Canadian

canapé *(m)* sofa; couch

canard *(m)* duck

candidat(e) *(m, f)* candidate

candidature: lettre de — letter of application; **poser sa —** to apply for a job

canoë: faire du — to go canoeing

canton *(m)* canton; district

caoutchouc *(m)* rubber

capitale *(f)* capital

car *(m)* inter-city bus

caractère *(m)* character; **avoir bon —** to be easy to get along with

carotte *(f)* carrot

carré square

carte *(f)* map; card; **— de crédit** credit card; **— postale** postcard; **—s à mémoire** "smart cards"; **— de séjour** residence permit

céder to give up, yield, surrender

célèbre famous

célibataire single (not married)

celui (celle)-là that one

cendres *(f pl)* ashes

cendrier *(m)* ashtray

cent hundred; **vingt pour —** 20%

centaine: une — de about a hundred

centimètre *(m)* centimeter

centre *(m)* center; **— commercial** shopping mall; **le —ville** downtown

céréales *(f pl)* cereal

cerise *(f)* cherry

certain(e) certain; sure

certainement certainly

certitude *(f)* certainty

ces these; those

cesser to stop doing

chacun(e) each one

chaîne *(f)* chain; assembly line; **— stéréo** stereo

chaise *(f)* chair

chaleur *(f)* heat

chambre *(f)* bedroom; **— à coucher** bedroom

champ *(m)* field

champagne *(m)* champagne

champignon *(m)* mushroom

chance: avoir de la — to be lucky

chandail *(m)* sweater

change: bureau de — foreign currency exchange

changement *(m)* change

changer (de) to change

chanson *(f)* song

chanter to sing

chanteur(-euse) *(m, f)* singer

chapeau *(m)* hat

chapitre *(m)* chapter

chaque each

charcuterie *(f)* pork butcher's shop, delicatessen; pork-based products that are purchased there

charcutier(-ière) *(m, f)* pork butcher

charge: —s comprises utilities included

chargé(e) full; **— de** in charge of

chariot *(m)* shopping cart

charme *(m)* charm

chat *(m)* cat

château *(m)* castle; **—-fort** fortified castle

chaud(e) hot; warm; **Il fait —.** It's warm (hot).

chauffage *(m)* heat; heating

chauffer to heat

chauffeur *(m)* driver

chausser: Je chausse du 40. I take a size 40 (shoe).

chaussette *(f)* sock

chaussure *(f)* shoe

chauve bald

chef *(m)* leader; **— d'entreprise** company head; **—-d'œuvre** masterpiece

chemin *(m)* road

cheminée *(f)* chimney

chemise *(f)* shirt; **— de nuit** nightgown; nightshirt

chemisier *(m)* blouse

chèque *(m)* check

cher (chère) dear; expensive

chercher to look for; **— à** to try to, to seek to; **aller —** to go and get, to pick up

chercheur *(m)* researcher

cheveux *(m pl)* hair

cheville *(f)* ankle

chèvre *(m)* goat

chez at the home (place) of; **— le dentiste** at the dentist's office; **— lui** at his house; **travailler — ...** to work for (name of company)

chic stylish

chien *(m)* dog

chiffre *(m)* number; digit

chimie *(f)* chemistry

chimique pertaining to chemicals

Chine *(f)* China

chinois(e) Chinese

chocolat *(m)* chocolat; **un —** a hot chocolate

choisir to choose

choix *(m)* choice

chômage *(m)* unemployment; **être au —** to be unemployed

chose *(f)* thing; **autre —** something else; **quelque —** something; **quelque — à manger** something to eat; **quelque — de nouveau** something new

chou *(m)* cabbage

chouette great; neat

chou-fleur *(m)* cauliflower

chrétien(ne) Christian

-ci: ce livre-ci this book

cidre *(m)* cider

ciel *(m)* sky

cinéaste *(m, f)* filmmaker

ciné-club *(m)* film club

cinéma *(m)* cinema; movie theater; **aller au —** to go to the movies

circonstance *(f)* circumstance

circuler to circulate

cité *(f)* : **— ouvrière** housing development; **— universitaire** dormitory complex

citron *(m)* lemon

clair(e) clear; **bleu —** light blue

classe *(f)* class

classé: site — historical site

classement *(m)* ranking

classer to rank

classique classic; classical

clé *(f)* key

client(e) *(m, f)* customer, client

climat *(m)* climate

clinique *(f)* hospital

clip *(m)* video clip; music video

Coca *(m)* Coca-Cola

cochon *(m)* pig

cœur *(m)* heart; **avoir mal au —** to feel nauseated

coiffer: se — to fix one's hair

coiffeur(-euse) *(m, f)* hairdresser

coiffure *(f)* hairstyle

coin *(m)* corner; **— cuisine** kitchenette

col *(m)* collar

colère *(f)* anger

collant *(m)* panty hose
collège *(m)* junior high school; middle school
collègue *(m, f)* colleague
Colombie *(f)* Colombia
colonie *(f)* colony; **— de vacances** (children's) summer camp
coloré(e) colored
combien (de) how much; how many
combinaison *(f)* combination
comédie *(f)* comedy
commande *(f)* order
commander to order
comme as; like
commencer to begin
comment how; **— allez-vous?** How are you?; **— ça va?** How's it going?; **Comment?** What did you say?; **— est ta sœur?** What does your sister look like?
commentaire *(m)* comment
commerçant(e) *(m, f)* small business owner; shop keeper; store owner
commerce *(m)* business
commercial(e) commercial
commissariat *(m)* **de police** police station
commode *(f)* dresser
commodité *(f)* convenience
commune *(f)* municipality
compagnon *(m)* companion
comparer to compare
complet(-ète) full; complete
complet *(m)* man's suit
complètement completely; entirely
compléter to complete
compliqué(e) complicated
comportement *(m)* behavior
composé(e) de made of
composer to dial
composter to validate a ticket
comprendre *(compris)* to understand; to be comprised of
comprimé *(m)* **d'aspirine** aspirin tablet
compris(e) included
comptabilité *(f)* accounting
comptable *(m, f)* accountant
compte: se rendre — de to realize; **tenir — de** to take account of, to take into account
compter to count
concentrer to concentrate; **se — sur** to concentrate on

concerner: en ce qui concerne concerning
concert *(m)* concert
concombre *(m)* cucumber
concours *(m)* competitive exam
concurrent(e) *(m, f)* competitor
condition *(f)* condition
condoléances *(f pl)* condolences; sympathy
conduite *(f)* driving; behavior
conférence *(f)* lecture
confiture *(f)* jam
confort *(m)* comfort
confortable comfortable
congé *(m)* time off; **— payé** paid vacation; **prendre —** to say good-bye
congélateur *(m)* freezer
congrès *(m)* convention; conference
connaissance *(f)* acquaintance; **faire la — de** to meet
connaître *(connu)* to know; **Je l'ai connu il y a deux ans.** I met him two years ago.; **Je m'y connais.** I know what I'm doing.
connu(e) known
conquis(e) conquered
conseil *(m)* piece of advice
conseiller to advise; to suggest
conséquent: par — consequently
conserves *(f pl)* canned goods
consister en to consist of
consommateur(-trice) *(m, f)* consumer
consommé *(m)* consommé
consonne *(f)* consonant
constamment constantly
constant(e) constant
construire *(construit)* to build
consulter to consult
contenir *(contenu)* to contain
content(e) happy; pleased
continuer to continue
contradictoire contradictory
contrainte *(f)* constraint
contraire *(m)* opposite
contre against; **par —** on the other hand
contribuer to contribute
contrôle *(m)* test, checkpoint
contrôleur conductor
convenable appropriate
convenir à to suit; to be appropriate for
convenu: C'est —? Agreed?

copain (copine) *(m, f)* friend
coquilles *(f)* **Saint Jacques** scallops
corps *(m)* body
correspondant(e) *(m, f)* person to whom one is writing
correspondre à to correspond to
corriger to correct
costaud(e) heavy-set; strong
côte *(f)* coast; rib
côté *(m)* side; **d'un — ... de l'autre** on the one hand ... on the other; **à — de** beside, next to; **la maison à —** the house next door
Côte-d'Ivoire *(f)* Ivory Coast
coton *(m)* cotton
cou *(m)* neck
coucher to sleep; to put (a child) to bed; **se —** to go to bed
coucher *(m)* **du soleil** sunset
coude *(m)* elbow
coudre to sew
couleur *(f)* color; **De quelle — est (sont)...?** What color is (are)...?
couloir *(m)* hallway
coup: prendre un — de soleil to get sunburned; **— de téléphone (de fil)** telephone call; **donner un — de main** to give someone a hand
coupe *(f)* **de cheveux** haircut
couper to cut; **se faire — les cheveux** to get a haircut
courageux(-euse) courageous, brave
couramment fluently
courgette *(f)* zucchini
couronné(e) crowned
cours *(m)* course; classe; **J'ai cours dans 2 minutes.** I have class in 2 minutes; **au — de** in the course of, during; **cours magistral** lecture course
course *(f)* errand; **faire des —s** to do the shopping, to run errands
court(e) short
courtoisie *(f)* courtesy
cousin(e) *(m, f)* cousin
coussin *(m)* cushion
coût *(m)* cost
couteau *(m)* knife
coûter to cost; **— cher** to be expensive
coûteux(-euse) costly
coutume *(f)* custom
couture: la haute — high-fashion
couturière *(f)* seamstress

couvent (m) convent
couvercle (m) lid
couvert(e) covered; **Le ciel est couvert.** It's cloudy.
cravate (f) necktie
crayon (m) pencil
créer to create
crémaillère: pendre la crémaillère to have a house-warming
crème (f) cream
crêpe (f) crepe
crevaison (f) flat tire
crevé(e) exhausted, tired out
crevette (f) shrimp
crime (m) crime
crise (f) crisis; **— cardiaque** heart attack
critique critical
critique (m) critic
critique (f) criticism; review (of film)
critiquer to criticize
croire (cru) to believe; to think
croiser to cross; to pass
croissance (f) growth
croque-madame (m) open-faced grilled chicken sandwich
croque-monsieur (m) open-faced grilled ham and cheese sandwich
crudités (f pl) raw vegetables
cruel(le) cruel
cuillère (f) spoon
cuillerée (f) spoonful; **— à café** teaspoonful; **— à soupe** tablespoonful
cuire: faire — to cook
cuisine (f) kitchen; cuisine; **faire la — ** to cook
cuisiné: un plat — a prepared dish
cuisiner to cook
cuisinier(-ière) (m, f) cook; chef
cuisson (f) cooking time
cuit(e) cooked
curriculum vitae (CV) (m) résumé
cyclone (m) hurricane

D

d'abord first
d'accord O.K.; **être — avec** to agree with
dame (f) woman
Danemark (m) Denmark

dangereux(-euse) dangerous
danois(e) Danish
dans in; **dans la rue Lafayette** on Lafayette Street
danse (f) dance
danseur(-euse) (m, f) dancer
dater de to date from
davantage more
de from; of; about
débarquement (m) landing
débarrasser: — la table to clear the table; **se — de** to get rid of
débrouillard(e) smart; resourceful; clever
débrouiller: se to manage (to do something)
début (m) beginning; **dès le —** from the beginning
débutant(e) beginner
décevant(e) disappointing
décider (de) to decide; **se —** to make up one's mind; **C'est décidé!** That's settled!
décision (f) decision; **prendre une —** to make a decision
déclarer to declare; to say
décontracté(e) relaxed
découper to cut
décourager to discourage; **se laisser —** to become discouraged
découverte (f) discovery
découvrir (découvert) to discover
décrire (décrit) to describe
décrocher to unhook; to pick up (telephone, university degree)
déçu(e) disappointed
défendre to defend; to forbid
défi (m) challenge
défilé (m) parade
déforestation (f) deforestation
degré (m) degree
dégustation (f) tasting
déguster to taste
dehors outside; **en — de** outside of
déjà already
déjeuner (m) lunch; **le petit —** breakfast
déjeuner to have lunch
délai (m) delay
délégué(e) (m, f) delegate
délicieux(-euse) delicious
délimité(e) (pre-)defined
demain tomorrow
demander to ask (for)
démarche (f) gait; procedure

déménager to move
demeurer to remain; to stay
demi (m) a draft beer
demi(e) half; **une heure et —e** 1:30 a.m.; **un —-kilo** half a kilo; **une —-heure** a half-hour
demi-frère (sœur) half brother (sister)
démission (f) resignation
démissionner to resign
dense dense
dent (f) tooth
dentifrice (m) toothpaste
dentiste (m, f) dentist
départ (m) departure
dépasser to pass; to bypass; to go beyond
dépêcher: se — to hurry; **Dépêchez-vous!** Hurry up!
dépendre: Ça dépend de... That depends on...
dépenser to spend (money)
déplacement (m) movement; trip
déposer to drop off
déprimant(e) depressing
depuis since; for **— quand...?** since when; **— combien de temps...?** for how long; **— des heures** for hours
dernier(-ère) last; latest; **le mois dernier** last month
dérouler: se to take place; to unfold
derrière behind
des some
dès from; **— que** as soon as
désastreux(-euse) disastrous
descendre to go down; to get off (train, etc.); **— dans un hôtel** to stay at a hotel
désert(e) deserted
désertification (f) overuse of land, transforming soil into desert-like conditions
désigner to designate
désir (m) desire; wish
désirer to wish, to want; to desire
désolé(e) sorry
dessert (m) desert
desservir to serve an area (train or bus)
dessin (m) drawing; **— animé** cartoon
dessiner to draw
dessous: ci-— below
dessus: ci-— above

détail *(m)* detail
détaillé(e) detailed
détester to dislike
deuil *(m)* mourning
devant in front of
développement *(m)* development
devenir *(devenu)* to become
deviner to guess
devoir *(dû)* to have to; to owe; **Je devais...** I was supposed to...; **Vous devriez...** You should...
d'habitude normally; usually
diable *(m)* devil
dialogue *(m)* dialogue
différend *(m)* disagreement
différer de to differ from
difficile difficult
difficulté difficulty; **avoir des —s** to have trouble ; **en —** in trouble
diminuer to diminish
dinde *(f)* turkey
dîner to have dinner
diplôme *(m)* diploma; degree
diplomatie *(f)* diplomacy
dire *(dit)* to say; to tell; **c'est-à—...** that is (to say)...; **Que veut dire... ?**; What does ... mean? **Dis...** Say...; Hey...
direct(e) direct
directement directly
directeur(-trice) *(m, f)* director
direction *(f)* direction; management
discipliné(e) disciplined
discothèque *(f)* discotheque
discret(-ète) *(f)* discreet
discuter (de) to discuss
disparition *(f)* disappearance
disponible available
disposer de to have at one's dispoal
disputer: se to have an argument (a fight)
disque *(m)* record; **— compact** CD
dissertation *(f)* term paper
distinctif(-ive) distinctive
distinguer to distinguish
distribuer to distribute
divers miscellaneous
diviser to divide
divorcer to (get a) divorce
doctorat *(m)* Ph.D. degree
documentaire *(m)* documentary
doigt *(m)* finger; **— de pied** toe
dommage: C'est —. It's a shame.;

Il est —- que... It is unfortunate that...
donc therefore; **Mais dis donc...** Look...
donner to give
dont about whom; of which; whose
dormir to sleep
dos *(m)* back
dose *(f)* dose
douane *(f)* customs
double *(m)* duplicate
douche *(f)* shower
doué(e) pour talented in
doute *(m)* doubt; **sans —** probably
douter to doubt
doux (douce) soft; mild (climate)
douzaine *(f)* dozen
dramatique dramatic
drame *(m)* drama; **— psychologique** psychological drama
droit *(m)* law
droit: tout — straight ahead
droite *(f)* right
drôle funny
dû (due) à due to
dur(e) hard
durant during
durée *(f)* length
durer to last
dynamique dynamic

E

eau *(f)* water; **— minérale** mineral water
échalote *(f)* shallot
échange *(m)* exchange
échanger to exchange
échappée *(f)* escape
écharpe *(f)* scarf
échecs *(m, pl)* chess
échelle *(f)* scale; ladder
échouer à to fail (a test)
éclair *(m)* eclair; bolt of lightning
école *(f)* school; **— maternelle** nursery school, kindergarten
économie *(f)* economy; **faire des —s** to save money
écossais(e) Scottish
écouter to listen (to)
écran *(m)* screen
écrire *(écrit)* to write
écrivain *(m)* writer
effectifs *(m pl)* personnel

effectivement actually
effectué(e) completed
effet *(m)* effect; **En —** True... (That's true...); **— de serre** greenhouse effect
efficace efficient
égal: Ça m'est —. It doesn't matter to me.
également equally
église *(f)* church
égoïste selfish
Égypte *(f)* Egypt
égyptien(ne) Egyptian
électrique electric
élégant(e) elegant
élément *(m)* element
élève *(m, f)* elementary school student; secondary school student
élevé(e) high
éloigner to move away
embauche *(f)* hiring
embrasser to kiss; to hug
émission *(f)* broadcast
émouvant(e) moving; touching
emploi *(m)* employment; job; use; **— du temps** schedule
employé(e) *(m, f)* employee
employer to use
emporter to take (out); to bring
emprunter to borrow
en in; at; to; **— attendant** while waiting; **— avion** by plane; **— fin de compte** everything considered; **— groupe** in a group; **— somme** in summary; **si vous — avez besoin** if you need it (some);
enceinte pregnant
enchanté(e) delighted
enchères: vente aux — auction
encore still; **pas —** not yet; **— plus** even more; **— un mois** another month; **— une fois** once again
encourager to encourage
endommagé(e) damaged
endroit *(m)* place
énergique energetic
énervé(e) upset
énerver: s'— to get upset
enfance *(f)* childhood
enfant *(m,f)* child
enfin finally
engagement *(m)* hiring
engager: s'— to get involved, to commit (to)
enlever to take off; to remove
ennui *(m)* problem; boredom

ennuyer: s'— to be bored
ennuyeux(-euse) boring
énormément enormously
   — de a lot of
enquête *(f)* survey
enregistrer to register; to record
enrhumé(e): être — to have a cold
enseignement *(m)* teaching;
   education
enseigner to teach
ensemble together
ensoleillé(e) sunny
ensuite then; next
entendre *(entendu)* to hear; **J'ai
   entendu dire que...** I heard that...;
   — parler de to hear about; **s'—
   (bien/mal) avec** to get along
   (well/badly) with; **Ça s'entend.**
   That's understood.
enthousiasme *(m)* enthusiasm
enthousiaste enthusiastic
entier(-ère) entire; whole
entourer to surround
entraînement *(m)* training;
   practice (sport)
entraîner: s'— to work out
entre between
entrecôte *(f)* rib steak
entrée *(f)* entrance; first course (of
   a meal)
entreprise *(f)* company; business
entrer (dans) to enter
entre-temps in the meantime
entretien *(m)* interview
envie: avoir — de to feel like; to want
environ about; approximately;
   around
environnement *(m)* environment
environs *(m pl)* surrounding area
envoyer to send
épatant(e) great
épaule *(f)* shoulder
épicerie *(f)* grocery store
épicier(-ère) *(m, f)* grocer
épinards *(m pl)* spinach
éplucher to peel
époque: à cette —-là at that time;
   à l'— de at the time of
épouser to marry
éprouver to feel
équilibré(e) balanced
équipe *(f)* team
équipé(e) equipped
équitation *(f)* horseback riding
escale *(f)* intermediate stop
escalier *(m)* stairs

escalope *(f)* cutlet
escargot *(m)* snail
escarpins *(m pl)* pumps
espace *(m)* space; **— vert** green area
Espagne *(f)* Spain
espagnol(e) Spanish
espèce *(f)* kind; sort; **— en voie
   d'extinction** endangered species
espèces: payer/régler en — to pay
   in cash
espérer to hope
espionnage *(m)* espionnage
essayer to try; to try something on
essence *(f)* gasoline
essentiel: Il est — que... It is
   essential that...
essentiellement essentially
est *(m)* east
estomac *(m)* stomach
estrade *(f)* platform
et and
établir to establish
étage *(m)* floor; **à l'—** on the first
   floor; **le premier —** the second
   floor
étagères *(f pl)* shelves
étalage *(m)* display
étape *(f)* stage (in a journey); step
   (in a process)
état *(m)* state; **les États-Unis** the
   United States; **l'État** the federal
   government
été *(m)* summer
éternuer to sneeze
étiquette *(f)* label; tag
étoffe *(f)* fabric
étoile *(f)* star
étonné(e) astonished, surprised
étourdi(e) dazed
étranger(-ère) *(m, f)* foreigner
étranger(-ère) foreign
étranger: à l'— abroad
être *(été)* to be; **Comment est-il?**
   What's he like?; **Nous sommes
   quatre.** There are four of us.; **—
   à** to belong to; **— en train de (+
   infinitif)** to be in the process of
   doing something, to be busy
   doing something
étroit(e) narrow; tight (clothing)
étude *(f)* study; **— de cas** case study
étudiant(e) *(m, f)* student
étudier to study
euh... uh...
européen(ne) European
eux them

événement *(m)* event
évident(e) obvious
évier *(m)* sink
éviter to avoid
évoluer to evolve
exact(e) right; true; exact
exactement exactly
exagération *(f)* exaggeration
exagérer to exaggerate
examen *(m)* exam; **— de fin de
   semestre** final exam
exception: à l'— de with the
   exception of
exceptionnel(le) exceptional
exclusivement exclusively
excursion: faire une — to take a
   trip (a tour)
excuse *(f)* excuse
excuser: Je m'excuse. I'm sorry.;
   Pardon me.; Excuse me.
exemple *(m)* example; **par —** for
   example
exercice *(m)* exercise
exigeant(e) demanding; strict
exiger to demand
explication *(f)* explanation
expliquer to explain
exploiter to operate (a farm)
exploser to explode
exprès on purpose
exprimer to express
extérieur *(m)* exterior; outside
extra: C'est —! That's great!
extrait *(m)* excerpt
extraordinaire extraordinary
extrême *(m)* extreme
extrémité *(f)* extremity

F

fabrication *(f)* manufacture
fabriquer to make; to manufacture
fac = faculté
face: en face de across from
fâché(e) angry
facile easy
facilement easily
faciliter to facilitate
façon: de toute — in any event; in
   any case; **de — différente** in a
   different way
faculté *(f)* division of a French
   university (e.g., School/College of
   Liberal Arts)
faible weak

faiblesse *(f)* weakness
faillite *(f)* bankruptcy
faim *(f)* hunger; **avoir (très) faim** to be (very) hungry
faire *(fait)* to do; to make; **— un mètre 60** to be 1.6 meters tall; **— construire** to have built; **se — du souci** to worry
fait: en — in fact
familial(e) pertaining to the family
famille *(f)* family
fantastique fantastic
farine *(f)* flour
fascinant(e) fascinating
fast-food *(m)* fast food
fatigué(e) tired
fauché(e) out of money; broke
faut: il — ... It's necessary; **il me faut...** I need...; **Il — combien de temps pour aller...?** How long does it take to go...?
fauteuil *(m)* armchair
faux (fausse) false
faux-pas *(m)* foolish mistake
femme *(f)* woman; wife
fer *(m)* iron
ferme *(f)* farm
fermé(e) closed; **— à clé** locked
fermer to close
fesse *(f)* buttock
festival *(m)* festival
fête: jour de — holiday
fêter to celebrate
feux *(m pl)* **d'artifice** fireworks
fiançailles *(f pl)* engagement
fiancé(e) *(m, f)* fiancé(e)
fiancer: se — (avec) to get engaged (to)
ficelle *(f)* string
fier (fière) proud
fièvre *(f)* fever
figure *(f)* face
fil *(m)* thread
file *(f)* line
filet *(m)* mesh bag for carrying groceries
filiale *(f)* subsidiary
fille *(f)* girl; daughter; **petite —** granddaughter
film *(m)* movie
fils *(m)* son; **petit —** grandson
fin *(f)* end; **en — de compte** everything considered
fin(e) thin; fine
finalement finally
financier(-ère) financial

finir to finish; **— par (+ infinitif)** to finally (do something)
firme *(f)* firm; company
fixer to set (a date)
fleur *(f)* flower
fleuriste *(m, f)* florist
fleuve *(m)* river
foi *(f)* faith
fois *(f)* time; **une — par mois** once a month; **des —** at times
foisonner to abound
follement madly, wildly
foncé: bleu — dark blue
fonctionnaire *(m, f)* civil servant
fond *(m)* background
fondé(e) founded
fondre to melt
foot = football
football *(m)* soccer; **— américain** football
force *(f)* strength
forcé(e) forced
forêt *(f)* forest
formation *(f)* education; training; **— continue/permanente** continuing education
forme: être en — to be in shape; **sous — de** in the form of
former to form
formidable great; tremendous
fort(e) strong
fort very; loud
fou/fol (folle) crazy
foulard *(m)* scarf
four *(m)* oven; **— à micro-ondes** microwave oven
fourchette *(f)* fork
fournir to furnish
foyer *(m)* hearth; home; university housing unit; entry-way
frais (fraîche) fresh; **Il fait —.** It's cool.
fraise *(f)* strawberry
framboise *(f)* raspberry
franc *(m)* franc
franc (franche) frank; honest
français(e) French
francophone French-speaking
frapper to knock, to strike
freiner to apply the brakes
fréquemment frequently
frère *(m)* brother
frigo *(m)* refrigerator
frisé(e) curly
frissons *(m pl)* chills
frites *(f pl)* French fries

frivole frivolous
froid *(m)* cold
froid(e) cold; **Il fait froid.** It's cold.
fromage *(m)* cheese
fruit *(m)* fruit; **—s de mer** seafood
fumée *(f)* smoke
fumer to smoke
fumeur (non-fumeur) smoking (non-smoking)
furieux(-euse) furious
fusée *(f)* rocket
futur *(m)* future

G

gagner to win; to earn
gamme *(f)* line (of products); **haut (bas) de —** top (bottom) of the line
gant *(m)* glove; **— de toilette** wash cloth
garage *(m)* garage
garçon *(m)* boy; waiter
garder to keep; **— sa ligne** to keep one's figure
gare *(f)* train station
garni(e) garnished
gastronomique gastronomical
gâté(e) spoiled
gâteau *(m)* cake
gauche *(f)* left
Gaule *(f)* Gaul
géant(e) giant
gelé frozen
gênant(e) bothersome
général(e) general; **en —** in general
généralement generally
généreux(-euse) generous
génie *(m)* genius
genou *(m)* knee
genre *(m)* kind; type; gender
gens *(m pl)* people
gentil(le) kind; nice
géologie *(f)* geology
gérant(e) *(m, f)* manager
gérer to manage
geste *(m)* gesture
gestion *(f)* management
gibier *(m)* wild game
gigot *(m)* **d'agneau** leg of lamb
gilet *(m)* vest; sweater
glace *(f)* ice cream; ice
glisser to slip; to slide

glucide *(m)* carbohydrate
golf *(m)* golf
golfe *(m)* gulf
gorge *(f)* throat
gothique Gothic
goût *(m)* taste
goutte *(f)* drop
gouvernement *(m)* administration
grâce à thanks to
graisse *(f)* fat
grammaire *(f)* grammar
gramme *(m)* gram
grand(e) big; large; tall; great
grand'chose: pas — not much
Grande-Bretagne *(f)* Great Britain
grandir to grow
grand-mère *(f)* grandmother
grand-père *(m)* grandfather
gras(se) fat
gratiné(e) with melted cheese
gratuit(e) free
grave serious
grec(que) Greek
Grèce *(f)* Greece
grève *(f)* strike
grillé(e) grilled
grille-pain *(m)* toaster
grippe *(f)* flu
gris(e) gray
gros(se) big; fat
grossir to gain weight
groupe *(m)* group
groupement *(m)* grouping
gruyère *(m)* type of French cheese
guère: ne — hardly; scarcely; barely
guérir to cure; to heal
guerre *(f)* war; **la Seconde — mondiale** World War II
guichet *(m)* window (bank, train station)
guide *(m)* guide; guidebook
guitare *(f)* guitar
gym: faire de la — to work out; to exercise
gymnase *(m)* gymnasium

H

habile clever
habillement *(m)* clothing
habiller: s'— to dress; to get dressed
habitant(e) *(m, f)* inhabitant

habiter to live
habituer: s'— to get used to
***haricot** *(m)* bean
***hausse: en —** increasing
hébergement *(m)* lodging
héberger to lodge
***hein?** huh?
***hélas** alas
hésiter à to hesitate
heure *(f)* hour; **à l'—** on time; **à quelle —** (at) what time?; **à 9 —s** at 9 o'clock; **À tout à l'—** See you in a while.; **Quelle — est-il?** What time is it?; **Vous avez l'heure?** Do you have the time?; **l'— du dîner** dinner time; **de bonne —** early; **les —s de pointe (d'affluence)** rush hour; **24 —s sur 24** 24 hours a day; **120 km à l'—** 120 km per hour
heureusement fortunately
heureux(-euse) happy
hier yesterday
***hiérarchie** *(f)* hierarchy
histoire *(f)* history; story
historique historic
hiver *(m)* winter
H.L.M. (habitation à loyer modéré) *(f)* government-subsidized apartment building
***homard** *(m)* lobster
homme *(m)* man
honnête honest
hôpital *(m)* hospital
horaire *(m)* timetable; schedule
horreur: avoir — to hate
***hors: — campus** off campus
***hors-d'œuvre** *(m)* appetizer
hôtel *(m)* hotel; **— de ville** city hall
hôtelier(-ière) *(m, f)* hotel owner
hôtesse *(f)* hostess
huile *(f)* oil
humain(e) human
humeur: de bonne (mauvaise) — in a good (bad) mood

I

ici here
idéaliste idealistic
idée *(f)* idea
identifier to identifier
île *(f)* island

illustré(e) illustrated
image *(f)* image; picture
imaginaire imaginary
imaginer to imagine
imiter to imitate
immangeable inedible
immeuble *(m)* apartment building
impatient(e) impatient
importance *(f)* importance
important(e) important
imposé(e) imposed
impôts *(m pl)* taxes
impression: avoir l'— to have the impression
impressionnant(e) impressive
impressionner to impress
imprimé(e) printed (material)
inaugurer to inaugurate
incendie *(m)* fire
incertitude *(f)* uncertainty
inconvénient *(m)* disadvantage; inconvenience
Inde *(f)* India
indépendance *(f)* independence
indépendant(e) independent
indicatif *(m)* area code
indien(ne) Indian
indigestion *(f)* indigestion
indiquer to indicate
indiscret(-ète) indiscreet
indispensable essential
industrie *(f)* industry
inévitable inevitable
infiniment infinitely
infirmier(-ère) *(m, f)* nurse
influencer to influence
informatique *(f)* computer science
ingénieur *(m)* engineer
inondé(e) flooded
inoubliable unforgettable
inquiéter: s'— to worry
inscrire: s'— to enroll; to register
insister to insist
inspirer: s'— de to get inspiration from
installer: s'— to move to; to get settled
instant *(m)* moment
institut *(m)* institute
instituteur(-trice) *(m, f)* grade school teacher
intellectuel(le) intellectual
intelligent(e) bright
intention: avoir l'— de to intend

---

* indicates an aspirate **h**.

interdit(e) forbidden
intéressant(e) interesting
intéresser: s'— à to be interested in
intérêt *(m)* interest
intérieur: à l'— de inside
interroger to question
interrompu(e) interrupted
interview *(f)* interview
interviewer to interview
introduire: s'— to enter
introverti(e) introverted
inventer to invent
investissement *(m)* investment
invité(e) *(m, f)* guest
Irak *(m)* Iraq
Iran *(m)* Iran
iranien(ne) Iranian
Israël *(m)* Israel
israélien(ne) Israeli
Italie *(f)* Italy
italien(ne) Italian
itinéraire (m) itinerary

J

jalousie *(f)* jealousy; envy
jamais ever; **ne... —** never
jambe *(f)* leg
jambon *(m)* ham
Japon *(m)* Japan
japonais(e) Japanese
jardin *(m)* garden
jaune yellow
jazz *(m)* jazz
jean = blue jean
jeu *(m)* game
jeune young
jeunesse *(f)* youth; childhood
job *(m)* job
jogging *(m)* sweatsuit, jogging suit; jogging; **faire du —** to go jogging
joie *(f)* joy
joli(e) pretty
jouer to play; **— à** to play (a sport); **— de** to play (a musical instrument; **— un tour à** to play a trick on someone
jouet *(m)* toy
jour *(m)* day; **de nos —s** nowadays; **Quel — sommes-nous?** What day is it?; **un —** some day; **huit —s** a week; **quinze —s** two weeks; **se**

tromper de — to get the dates confused
journal *(m)* *(pl* **journaux***)* newspaper
journalisme *(m)* journalism
journée *(f)* day; **Bonne —!** Have a good day!; **— continue** nonstop workday
jovial(e) jovial; jolly
juger to judge
jupe *(f)* skirt
jus *(m)* juice; **— d'orange** orange juice
jusqu'à to (time); until; as far as (distance)
justement exactly; precisely

K

karaté *(m)* karate
ketchup *(m)* ketchup
kilo *(m)* kilo
kir *(m)* white wine with black currant liqueur

L

là there; **ce jour-—** that day; **—bas** over there
laboratoire *(m)* laboratory
lacer to tie (shoes)
laid(e) ugly
laine *(f)* wood
laisser to leave; **— un mot** to leave a message
lait *(m)* milk
laitiers: produits —s dairy products
lampe *(f)* lamp
langoustine *(f)* prawn
langue *(f)* language; tongue
lapin *(m)* rabbit
large wide
lavabo *(m)* sink (bathroom)
laver to wash
lèche-vitrines: faire du — to window-shop
leçon *(f)* lesson
lecture *(f)* reading
légende *(f)* legend
léger(-ère) light
légèrement lightly; slightly

légume *(m)* vegetable
lendemain *(m)* the following day; the next day; **le — matin** the next morning
lequel (laquelle) which (one)
lesquel(le)s which ones
lettre *(f)* letter; **les —s** liberal arts
lever *(m)* **du soleil** sunrise
lever: se — to get up
lèvre *(f)* lip
libanais(e) Lebanese
liberté *(f)* freedom
librairie *(f)* bookstore
libre free
libre-service *(m)* self-service store
Libye *(f)* Libya
lien *(m)* bond; link; tie
lieu *(m)* place; **— de rencontre** meeting place; **avoir —** to take place
ligne *(f)* line; figure
limité(e) limited
linge *(m)* laundry
lingerie *(f)* laundry room
linguistique *(f)* linguistics
lire *(lu)* to read
liste *(f)* list
lit *(m)* bed; **au —** in bed
litre *(m)* liter
littérature *(f)* literature
livraison *(f)* delivery; **— de bagages** baggage-claim area (airport)
livre *(f)* pound
livre *(m)* book
location *(f)* rental
logement *(m)* dwelling; housing
logiciel *(m)* software
loin (de) far (from)
lointain(e) far away
long(ue) long; **le — de** along
longtemps a long time
lorsque when
louer to rent
lourd(e) heavy
loyer *(m)* rent
lunettes *(f pl)* eyeglasses; **— de soleil** sunglasses
luxe *(m)* luxury; **hôtel de —** luxury hotel
luxueux(-euse) luxurious
lycée *(m)* high school
lycéen(ne) *(m, f)* high school student

M

machine *(f)* machine; **— à écrire** typewriter; **— à laver** washing machine

Madame Mrs.

Mademoiselle Miss; young lady

magasin *(m)* store; shop; **grand —** department store; **— de sport** sporting goods store

magazine *(m)* magazine

magnétophone *(m)* tape recorder

magnétoscope *(m)* videocassette recorder, VCR

maigrir to lose weight

maillot *(m)*: **— de bain** bathing suit; **— de corps** body suit; undershirt

main *(f)* hand

maintenant now

mais but

maïs *(m)* corn

maison *(f)* house; **à la —** at home

maître *(m)* master

maîtrise *(f)* master's degree; mastery

majestueux(-euse) majestic

majorité *(f)* majority

mal *(m)* illness; pain; **— de mer** seasickness; **— de l'air** airsickness; **avoir — à la tête** to have a headache; **Elle s'est fait mal au bras.** She hurt her arm.; **avoir du — à** to have difficulty (trouble) doing something

mal poorly; **Pas —.** Not bad.; **pas — de** quite a bit of

malade sick; ill

malgré in spite of; despite

malheureux(-euse) unfortunate

malhonnête dishonest

manche *(f)* sleeve; **la Manche** the English Channel

mandat *(m)* money order

manger to eat

manières *(f pl)* manners

manifestation *(f)* demonstration

mannequin *(m)* fashion model

manque *(m)* lack

manquer to miss; to be lacking; **Tu me manques.** I miss you. **Je n'y manquerai pas.** I won't forget.

manteau *(m)* coat

manuel *(m)* textbook

marché *(m)* market; **— en plein air** open-air market; **— aux puces** flea market; **Marché Commun** Common Market

marché: bon — inexpensive

marcher to walk; to work, function (machine)

mari *(m)* husband

marié(e) married

marine: bleu — navy blue

marketing *(m)* marketing

Maroc *(m)* Morocco

marocain(e) Moroccan

marque *(f)* brand

marqué(e) marked

marquer to show (one's reaction)

marrant(e) funny

marre: en avoir — to be fed up

marron brown

marron *(m)* chestnut

match *(m)* game

mathématiques *(f pl)* math

maths = mathématiques

matière *(f)* material; **—s** school subjects; **— première** main ingredient; raw material; **— grasse** fat

matin *(m)* morning

mauvais(e) bad; **Il fait —.** The weather's bad.

mayonnaise *(f)* mayonnaise

mécanicien(ne) *(m, f)* mechanic

médecin *(m)* doctor

médecine *(f)* medecine; **faire sa —** to study medicine

médical(e) medical

médicament *(m)* medicine; medication

Méditerranée: mer — Mediterranean Sea

meilleur(e) better; **— que** better than

mélange *(m)* mix

mélanger to mix

melon *(m)* melon

membre *(m)* member

même even; same; **moi-—** myself; **quand —** anyway; just the same

mémé *(f)* grandma

mener to lead

menthe *(f)* mint

mentionner to mention

menu *(m)* menu; **— à prix fixe** set menu

mer *(f)* sea

merci thank you

mère *(f)* mother

merveille *(f)* marvel; **à —** beautifully

message *(m)* message

messe *(f)* mass

mesure: dans quelle mesure to what extent; in what way

mesurer to measure

météo *(f)* weather forecast

métier *(m)* profession; trade; occupation

mètre *(m)* meter

métrique metric

métro *(m)* subway

mettre *(mis)* to put; **— une heure pour aller** to take an hour to go; **— la table (le couvert)** to set the table

meublé(e) furnished

meubles *(m pl)* furniture

mexicain(e) Mexican

Mexique *(m)* Mexico

midi *(m)* noon; **le Midi** the southern part of France

miel *(m)* honey

mieux better; **— que** better than; **faire de son — (pour)** to do one's best (to); **Je vais —.** I'm feeling better.; **Tant mieux.** So much the better.

migraine *(f)* migraine headache

mijoter to simmer

milieu *(m)* middle; **au — de** in the middle of

mille thousand

mille-feuille *(m)* napoleon (pastry)

milliard *(m)* billion

milliardaire *(m)* billionaire

millier: des —s de thousands of

million *(m)* million

minable pathetic

mince thin

mine: avoir bonne (mauvaise) — to look good (bad)

minuit *(m)* midnight

minute *(f)* minute

miroir *(m)* mirror

mis(e) à jour updated

mise *(f)* **en scène** staging; production (play or movie)

mocassins *(m pl)* loafers

moche ugly

mode *(f)* fashion; **à la —** in fashion

mode *(m)* method

modèle *(m)* model

moderne modern

moderniser to modernize

moindre least

moins (de) less; **— que** less than; **— de... que** less ... than; **deux heures — le quart** 1:45; **au —** at least; **le —** the least

mois *(m)* month; **au — de septembre** in September

moitié *(f)* half
moment *(m)* moment; **au — où** when; at the time when; **à tout —** at any time; **en ce —** now
monarchie *(f)* monarchy
monde *(m)* world; people; **— du spectacle** show-business world; **— du travail** work world; **tout le — everybody**
mondial(e) international
monnaie *(f)* change (money); **pièce de —** coin
monsieur *(m)* *(pl* **messieurs)** gentleman; Mr.
monstre *(m)* monster
montagne *(f)* mountain
montagneux(-euse) mountainous
montant *(m)* total
monter to go up; **— dans le train** to get on the train
montrer to show
moquer: se — de to make fun of
morceau *(m)* piece
mort *(f)* death
mot *(m)* word; **laisser un —** to leave a note
motiver to motivate
moto = motocyclette
motocyclette *(f)* motorcycle
moule *(f)* mussel
mourir *(mort)* to die
mousse *(f)* mousse
moustache *(f)* moustache
moutarde *(f)* mustard
mouton *(m)* sheep; mutton
moyen *(m)* means
moyen(ne) average
mur *(m)* wall
musclé(e) muscular
musculation *(f)* weightlifting
musée *(m)* museum
musicien(ne) *(m, f)* musician
musique *(f)* music
musulman(e) Moslem
mystérieux(-euse) mysterious

N

nager to swim
naïf (naïve) naive
naissance *(f)* birth
naître *(né)* to be born
natal(e) pertaining to birth
nationalité *(f)* nationality
nature *(f)* nature
naturel(le) natural

navré(e) very sorry
né: Je suis —. I was born.
néanmoins nevertheless
nécessaire necessary
négliger to neglect
neige *(f)* snow
neiger: Il neige. It's snowing.
nerveux(-euse) nervous
nettoyer to clean
neuf (neuve) new
neutralité *(f)* neutrality
nez *(m)* nose; **avoir le — qui coule** to have a runny nose; **avoir le — bouché** to be stuffed up
ni: ne... — ... — neither...nor
niveau *(m)* level
Noël *(m)* Christmas
noir(e) black
noix *(f)* nut
nom *(m)* name; noun; **— de famille** last name
nombre *(m)* number; **le plus grand — (de)** the most
nombreux(-euse) numerous; **une famille —** a large family
nommé(e) called; **— d'après** named after
nommer to name
non no
nord *(m)* north
normal(e) normal
normalement normally; usually
norvégien(ne) Norwegian
note *(f)* grade
nôtres: être des — to be one of us
nourrir: se — to eat
nourriture *(f)* food
nouveau/nouvel (nouvelle) new
nouveau-venu *(m)* newcomer
nouvelle *(f)* a piece of news; **les —s** news; **demander des —s** to ask about
nouvellement newly
Nouvelle-Orléans, la *(f)* New Orleans
Nouvelle-Zélande *(f)* New Zealand
nuage *(m)* cloud
nuageux(-euse) cloudy
numéro *(m)* number; **— de téléphone** telephone number

O

obéir à to obey
obélisque *(m)* obelisk
objet *(m)* object

obligatoire mandatory; obligatory
obligé(e) obliged to
obliger to oblige
obsédé(e) (par) obsessed (with)
obtenir *(obtenu)* to get; to obtain
obtention *(f)* obtaining
occasion *(f)* chance; opportunity; **avoir l'— de** to have the opportunity to; **d'—** used; second-hand
occidental(e) western
occupé(e) busy
occuper to occupy; **s'— de** to take care of
œil *(m)* *(pl* **yeux)** eye
œuf *(m)* egg
officiel(le) official
offre *(f)* offer; **les —s d'emploi** want ads
offrir *(offert)* to offer; to give as a gift
oignon *(m)* onion
omelette *(f)* omelet
on one; people; they; we; you
oncle *(m)* uncle
ONU (Organisation des Nations Unies) *(f)* United Nations
opinion *(f)* opinion
optimiste optimistic
or *(m)* gold
orage *(m)* storm
orange orange-colored
orange *(f)* orange
ordinateur *(m)* computer
ordre *(m)* order
oreille *(f)* ear
organisateur(-trice) *(m, f)* organizer
organiser to organize; **s'—** to get organized
organisme *(m)* organization
orgue *(f)* organ
original(e) original
origine *(f)* origin
ou or
où where; **le jour — ...** the day when...
oublier to forget
ouest *(m)* west
oui yes
ours *(m)* bear
ouvert(e) open
ouvrage *(m)* work
ouvrier(-ère) *(m, f)* factory worker; manual laborer

P

page (f) page; **à la — 4** on page 4
pain (m) bread; **un petit —** roll; — **de mie** American-type bread; — **grillé** toast
paire (f) pair
palais (m) palace; — **de justice** courthouse
pâle pale
pamplemousse (m) grapefruit
panier (m) basket
panne: avoir une — d'essence to run out of gas; **tomber en —** to break down; — **de voiture** automobile break-down
pansement (m) bandage
pantalon (m) (pair of) pants
papeterie (f) stationery store
papier (m) paper; — **de toilette (hygiénique)** toilet paper
Pâques (f pl) Easter
paquet (m) package
par by; per; — **ici (là)** this (that) way
paragraphe (m) paragraph
paraître (paru) to appear; to seem
parc (m) park
parce que because
parcourir to travel; to cover (a distance)
pardessus (m) overcoat
pardon... excuse me...
pareil(le) similar, equal
parenthèse (f) parenthesis
parents (m pl) parents; relatives
paresseux(-euse) lazy
parfait(e) perfect
parfaitement perfectly
parfois sometimes; at times
parfum (m) perfume
parisien(ne) Parisian
parking (m) parking lot
parlementaire parliamentary
parler to speak
parmi among
parole (f) word; speech; **adresser la — à** to speak to; **demander la —** to ask to speak; **prendre la —** to begin to speak
part (f) piece; **C'est de la — de qui?** Who's calling? (on the phone); **nulle —** nowhere; **quelque —** somewhere
partager to share
partenaire (m, f) partner
parti (m) political party

participer à to take part in
particulier: en — in particular
particulièrement particularly
partie (f) part; **en —** in part; **faire une — de tennis** to play a game of tennis; **faire — de** to belong to; to be a part of
partir (parti) to leave; to go away; **à partir de** from; beginning
partout everywhere
paru(e) appeared, published
pas: ne... — not; **n'est-ce —?** right? isn't that so?
passager(-ère) (m, f) passenger
passant(e) (m, f) passer-by
passé (m) past
passé(e): le mois — last month
passeport (m) passport
passer to be playing (a movie); to spend (time); to stop by; to go by (time); **se —** to happen; **se — de** to do without; — **par** to go through; — **un examen** to take a test
passionnant(e) exciting
pastille (f) lozenge
pâté (m) pâté (meat spread)
pâtes (f pl) pasta
patiemment patiently
patience (f) patience
patient(e) patient
patinage: faire du — to go skating
pâtisserie (f) pastry shop; pastry
patron(ne) (m, f) boss
pauvre poor
payant(e) which must be paid for
payer to pay (for)
pays (m) country; — **voisins** neighboring countries
Pays-Bas (m pl) Netherlands
PDG (président directeur général) CEO (chief executive officer)
péage: autoroute à — toll road
peau (f) skin; **se sentir bien dans sa —** to feel good about onself; **faire — neuve** to turn over a new leaf
pêche (f) peach; **aller à la —** to go fishing
pêcher to fish
peigne (m) comb
peine (f) trouble; **Ce n'est pas la peine.** Don't bother.; — **de mort** capital punishment
peinture (f) painting

pendant during; — **une heure** for an hour; — **que** while
penser to think; — **à** to think about; **Qu'est-ce que tu en penses?** What do you think (about it)?
pension (f) boarding house; inn
pépé (m) grandpa
percé(e) pierced
perdre (perdu) to lose; — **du temps** to waste time
père (m) father
perfectionner to perfect
période (f) period
permettre (permis) to permit; to allow; **vous permettez?** may I?
Pérou (m) Peru
persil (m) parsley
personnage (m) character
personnalité (f) personality
personne (f) person; **deux —s** two people; **ne... —** nobody
personnel(le) personal
personnellement personally
peser to weigh
pessimiste pessimistic
petit(e) small; short
peu: à — près nearly; approximately; **un —** a little
peuplé(e) populated, populous
peur: avoir — (de) to be afraid (of)
peut-être maybe; perhaps; — **que oui, — que non** maybe, maybe not
pharmaceutique pharmaceutical
pharmacie (f) drugstore
pharmacien(ne) (m, f) pharmacist
Philippines (f pl) Philippines
philosophie (f) philosophy
photo (f) photograph
photographe (m, f) photographer
photographier to photograph
phrase (f) sentence
physique (f) physics
physique physical
piano (m) piano
pièce (f) room; — **de théâtre** play; — **de monnaie** coin
pied (m) foot; **à —** on foot
pique-nique (m) picnic
piqûre (f) shot; injection
piscine (f) swimming pool
pittoresque picturesque
pizza (f) pizza
placard (m) closet; cupboard
place (f) seat; place; central square
plage (f) beach

plaie *(f)* wound

plaindre: se — de to complain; **Je la plains.** I feel sorry for her.

plainte *(f)* complaint

plaisir *(m)* pleasure

plaît: s'il vous — please

plan *(m)* map; floor-plan

planche: faire de la — à voile to go sailboarding

plancher *(m)* floor

plante *(f)* plant

plat *(m)* dish; **— cuisiné** ready-to-eat dish

plein: faire le — to get a full tank of gas

pleurer to cry

pleuvoir to rain; **Il pleut.** It's raining.

plombier *(m)* plumber

pluie *(f)* rain

plupart: la — de most; the majority of

plus more; **— que** more than; **— de... que** more... than; **— tard** later; **non —** neither; **15 francs de —** 15 francs more; **de (en) —** in addition; **ne... —** no longer; no more; not any more

plusieurs several

plutôt rather, quite

pneu *(m)* tire

poche *(f)* pocket

poêle *(f)* frying pan

poète *(m)* poet

poids *(m)* weight

poignet *(m)* wrist

pointure *(f)* shoe size

poire *(f)* pear

poireau *(m)* leek

pois *(m pl)* polka dots; **des petits —** peas

poisson *(m)* fish

poitrine *(f)* chest

poivre *(m)* pepper

poli(e) polite

policier: un film (roman) — a detective movie (novel)

politique *(f)* politics

politique political

polonais(e) Polish

pomme *(f)* apple; **— de terre** potato; **—s frites** French fries

pont *(m)* bridge

porc *(m)* pork

porte *(f)* door; gate (airport)

porte-clés *(m)* keychain

portée *(f)* bearing, scope; **à la —** within reach

portefeuille *(m)* wallet

porte-parole *(m)* spokesperson

porter to wear; **— sur** to be about; to bear upon

porte-serviettes *(m)* towel rack

portugais(e) Portuguese

Portugal *(m)* Portugal

poser to place; to pose; **— une question** to ask a question

posséder to possess

possession *(f)* possession

poste *(m)* job

potage *(m)* soup

pouce (m) thumb; **sur le —** on the run

poulet *(m)* chicken

poupée *(f)* doll

pour for; in order to

pourboire *(m)* tip

pourcentage *(m)* percentage

pourquoi why

poursuivre *(poursuivi)* to pursue; to undertake

pourtant yet; nevertheless

pouvoir *(pu)* to be able; **Ça se peut bien.** That's possible.; **Il se peut que...** It's possible that...

pratique practical

précaire precarious

préciser to give details

préférable preferable

préféré(e) favorite

préférence: de — preferably

premier(-ère) first

premièrement first of all

prendre *(pris)* to take; to buy (a ticket); **— quelque chose** to eat something; **s'y —** to go about (doing something)

prénom *(m)* first name

préoccuper: se — de to worry about

préparatifs: faire des — to make plans

préparer to prepare; **se — à** to get ready to; **se — pour** to get ready for; **— un examen** to study for a test

près: — de close to; **à peu —** nearly, approximately

prescrire *(prescrit)* to prescribe

présentation *(f)* introduction

présenter to present; to introduce

président(e) *(m, f)* president

presque about

pressé(e) in a hurry

pression *(f)* pressure

prêt(e) ready

prêter to lend; **— à confusion** to lead to confusion

prévenir *(prévenu)* to warn

prévoir *(prévu)* to predict

prier to beg; **Je vous en prie.** You're welcome.

primaire primary

principal(e) main

printemps *(m)* spring

prise *(f)* **de conscience** awareness

privé(e) private

privilégié(e) privileged

prix *(m)* price; prize

probable likely; **peu —** unlikely

probablement probably

problème *(m)* problem

prochain(e) next

proche close to; nearby

procurer: se — to get

produire: se — to occur

produit *(m)* product

prof = professeur

professeur *(m)* teacher; professor

professionnel(le) professional

programme *(m)* program of study; course syllabus; reading list

programmeur(-euse) *(m, f)* computer programmer

progrès: faire des — to make progress; to improve

projets *(m pl)* plans

promenade: faire une — to take a walk (ride)

promener to walk; **se —** to go for a walk; to walk around

promesse *(f)* promise

pronom *(m)* pronoun

propos: à — de about; concerning

proposer to propose

propre own

prospère prosperous

protéger to protect

protéine *(f)* protein

province *(f)* province

prudence *(f)* prudence; care

psychologie *(f)* psychology

public (publique) public

publicité *(f)* advertising; advertisement

publier to publish

puis then; next

pull-over *(m)* sweater

punir to punish

Q

quai *(m)* platform (train station); embankment
qualifié(e) qualified
qualité *(f)* quality
quand when
quart *(m)* quarter-liter bottle
quart: midi et — 12:15; **un — de litre** one-quarter of a liter
quartier *(m)* neighborhood
que what; whom; which; that; **ne... — only**
quel(le) what; which
quelquefois sometimes
quelques a few
quelques-un(e)s some
quelqu'un someone
qu'est-ce que: — c'est? What is it?; **—'il est beau!** How beautiful it is! Is it ever beautiful!; **—'il y a?** What's the matter?
question *(f)* question
qui who; which; whom; **à —** to whom; **— est-ce?** Who is it?
quitter to leave; **Ne quittez pas.** Don't hang up (telephone).
quoi what; **Il n'y a pas de —.** You're welcome; **Quoi?** What'd you say?; **— d'autre?** What else?

R

raccrocher to hang up (telephone)
racisme *(m)* racism
raconter to tell (a story)
radio-cassette *(f)* radio/tape player
radis *(m)* radish
raffinement *(m)* refinement
raide straight (hair)
raison *(f)* reason; **la — pour laquelle** the reason why; **avoir — to** be right
raisonnable reasonable
ramener to bring back
randonnée: faire une — to go for a hike
randonneur(-euse) *(m, f)* hiker
rang *(m)* rank
ranger to put in order; to clean up
râpé(e) grated
rapidement quickly
rappeler to call again; to remind; **se —** to remember
rapport *(m)* relationship; report

raquette *(f)* racket
rarement rarely
rasoir *(m)* razor; **— électrique** electric razor
rassasier to satisfy
rassurer to reassure
rater to fail (a test)
ravi(e) delighted
ravin *(m)* ravine
rayé(e) striped
rayon *(m)* department of a store
rayure: à —s striped
réaction *(f)* reaction
réagir to react
réaliste realistic
récemment recently
recensement *(m)* census
recenser to make an inventory of
réception *(f)* reception; front desk (hotel)
recette *(f)* recipe
recevoir *(reçu)* to receive
réchauffer to reheat
recherche *(f)* research; search; **faire des —s** to do research
réclamer to demand
recommander to recommend
reconnaître *(reconnu)* to recognize
reconstruire *(reconstruit)* to reconstruct
recruter to recruit
récupérer to recover, to reuse
recyclage: cours de — refresher course
recycler to recycle
redoubler: — une classe to take a class again
réduire *(réduit)* to reduce
refaire *(refait)* to do (make) again
réfléchir à to think over; to reflect (about something)
refléter to reflect
refuser to refuse; to turn down
regard *(m)* look
regarder to watch; to look at
régime: être au — to be on a diet; **faire un —** to go on a diet
règle *(f)* rule
régler to arrange; to pay
régner to reign
regret *(m)* regret
regretter to be sorry
régulièrement regularly
rein *(m)* kidney
réjouir: se — (de) to be delighted (about)

relevé *(m)* **de notes** transcript
relier to connect
religieuse *(f)* nun
religieux(-euse) religious
remarque *(f)* remark
remarquer to notice
remerciement *(m)* thanks; acknowledgment
remercier to thank
remonter to come (go) back up; to rise again; **— dans le temps** to go back in time; **— le moral à quelqu'un** to cheer someone up
remplacer to replace
remplir to fill; to fill out (a form)
remuer to stir
rémunération *(f)* salary
rencontrer to meet (unexpectedly)
rendez-vous *(m)* meeting; appointment
rendre *(rendu)* to return something; **— visite à** to visit a person; **— facile** to make easy
renommée *(f)* reputation
renoncer à to give up
renseignements *(m pl)* information
renseigner: se — (sur) to get information (about), to find out (about)
rentable profitable
rentrée *(f)* beginning of the school year
rentrer to go home; to go back; to go back to school
renverser to overturn; to spill
repartir to leave again
repas *(m)* meal
répéter to repeat
répondre à *(répondu)* to answer
réponse *(f)* answer; response
repos *(m)* rest
reposer: se — to rest
reprendre to take a second helping of food
représenter to represent
reproche: faire un — à to blame someone
reproduire *(reproduit)* to reproduce
réseau *(m)* network
réserver to reserve; to put aside
résidence *(f)* **universitaire** dormitory
respirer to breathe
responsabilité *(f)* responsibility

responsable responsible
ressources *(f pl)* resources
restaurant *(m)* restaurant
rester to stay, remain; **Il n'en reste plus.** There isn't any more left.; **le temps qui me reste** the time I have left
résultats *(m pl)* results
résumé *(m)* summary
rétablir to reestablish
retard: être en — to be late
retour *(m)* return trip; **être de —** to be back; **Te voilà de —!** You're back!
retourner to go back; **— en arrière** to turn back
retrait *(m)* withdrawal
retraite *(f)* retirement; **être à la —** to be retired
retrouver to meet; **se —** to meet (by prior arrangement)
réunir to bring together; **se —** to meet; to get together
réussir à to succeed in; to pass (a test)
réussite *(f)* success
réveil-matin *(m)* alarm clock
réveiller: se — to wake up
revenir *(revenu)* to come back
rêver to dream
revers *(m)* reverse side, opposite
révision *(f)* review
revoir to see again; **au —** good-bye
revue *(f)* magazine
rez-de-chaussée *(m)* ground floor
rhume *(m)* cold; **— des foins** hay fever
riche rich
richesse *(f)* wealth
rideau *(m)* curtain
rien: ne — nothing; **Ça ne fait —.** It doesn't matter; **De —.** You're welcome.
rigueur: à la — if need be
rive *(f)* bank (of a river)
riz *(m)* rice
robe *(f)* dress
roi *(m)* king
rôle *(m)* role
roman *(m)* novel
roman(e) Romanesque
rond(e) round
rosbif *(m)* roast beef
rose pink
rôti *(m)* roast
roue *(f)* wheel

rouge red
route *(f)* road; **en — pour** on the way to
routier(-ère) pertaining to roads
roux: avoir les cheveux — to have red hair
Royaume-Uni *(m)* United Kingdom
rude harsh
rue *(f)* street
ruines *(f pl)* ruins
rural(e) rural
russe Russian

S

sac *(m)* bag; **— à main** purse, handbag; **— à dos** backpack; **— de voyage** travel bag
sage: Sois —. Be good.
saignant(e) rare (meat)
saison *(f)* season
salade *(f)* salad; head of lettuce
salaire *(m)* salary
salarié(e) salaried worker
sale dirty
saler to put salt on one's food
salle *(f)* room; **— de bains** bathroom; **— de classe** classroom; **— à manger** dining room; **— de séjour** living room
salon *(m)* **d'essayage** fitting room
salopette *(f)* overalls
saluer to greet
salut hello; good-bye
salutation *(f)* greeting
sandales *(f pl)* sandals
sandwich *(m)* sandwich
sang *(m)* blood
sans without; **— rien faire** without doing anything
santé *(f)* health; **en bonne —** in good health
satisfait(e) (de) satisfied (with)
sauce *(f)* sauce; gravy
saucisse *(f)* sausage
saucisson *(m)* salami
sauf except
sauver: se — to run away; to escape
saveur *(f)* flavor
savoir *(su)* to know
savon *(m)* soap
savoureux(-euse) savory; flavorful
scène *(f)* scene

science *(f)* science; **—s politiques** political science; **— économiques** economics; **— fiction** science fiction
scolaire pertaining to school
sculpture *(f)* sculpture
séance *(f)* showing of a film
sec (sèche) dry
sécher: — un cours to skip a class, to cut class
séchoir *(m)* dryer
second(e) second
secondaire secondary
secours *(m)* help
secret(-ète) secret
secrétaire *(m, f)* secretary
séjour *(m)* stay
sel *(m)* salt
sélectionner to select
selon according to
semaine *(f)* week; **en —** during the week
sembler to seem
semelle *(f)* sole (shoe)
Sénégal *(m)* Senegal
sénégalais(e) Senegalese
sens *(m)* direction; sense; **bon —** common sense
sensass = sensationnel
sensationnel(le) sensational
sensible sensitive; noticeable
sentir: se — to feel; **se — bien (mal)** to feel well (bad); **se — bien dans sa peau** to feel good about oneself
séparément separately
série *(f)* series
sérieusement seriously
sérieux(-euse) *(m, f)* serious
serveur(-euse) waiter (waitress)
service *(m)* service; **— compris** tip included; **— de table** dinner service; **demander un —** to ask for a favor; **les —s** service industry
serviette *(f)* towel; briefcase
servir *(servi)* to serve
serviteur *(m)* servant
seul(e) alone; **un — objectif** a single objective
seulement only
shampooing *(m)* shampoo
shopping: faire du — to shop
short *(m)* (pair of) shorts
si if; **— grand** so tall; **— longtemps** such a long time, so long

Sida AIDS

siècle *(m)* century

siège *(m)* seat; **— avant (arrière)** front (back) seat

signalement *(m)* description

signaler to point out

signe *(m)* sign; symbol

signer to sign

signifier to signify; to mean

silencieux(-euse) silent

simplement simply

sincère sincere

sirop *(m)* syrup

situation *(f)* situation; location; status

situé(e) located

ski: faire du — (de piste/de fond/nautique) to go (downhill, cross-country, water) skiing

SNCF *(f)* French national railroad company

société *(f)* company

sociologie *(f)* sociology

sœur *(f)* sister

soie *(f)* silk

soif *(f)* thirst; **avoir —** to be thirsty

soigner to care for; **se —** to take care of oneself

soigneusement carefully

soi-même oneself

soir *(m)* evening

soirée *(f)* party; **Bonne —!** Have a good evening!

soit... soit either... or

solde: en — on sale

soldes *(f pl)* sale items

sole *(f)* sole (fish)

soleil *(m)* sun; **Il fait du —.** It's sunny.

solliciter to solicit

solution *(f)* solution

somptueux(-euse) sumptuous

sondage *(m)* survey

sonner to ring

sorbet *(m)* sherbet

sorte *(f)* kind; type

sortie *(f)* exit; outing

sortir *(sorti)* to leave; to go out

soudain suddenly

souffler to blow

souffrant(e): être — not to be feeling good

souffrir *(souffert)* to suffer

souhaiter to wish: **— la bienvenue** to welcome

souhaité(e) desired

soulagement *(m)* relief

soulagé(e) relieved

soulever to lift

soulier *(m)* shoe

soupçonner to suspect

soupe *(f)* soup

souper *(m)* dinner; supper (light evening meal)

soupirer to sigh

sous under; **— la pluie** in the rain

sous-sol *(m)* basement

soutenir to support

souvenir *(m)* souvenir; memory

souvenir: se — de to remember

souvent often

spacieux(-euse) spacious, roomy

spécialisation *(f)* major (in college)

spécialiser: se — en to major in

spécialité *(f)* specialty

sport *(m)* sport; **faire du —** to participate in sports

sportif(-ive) athletic; sports-minded

stade *(m)* stadium

stage *(m)* practicum; internship

standard *(m)* switchboard

standardiste *(m, f)* switchboard operator

station *(f)* station; **— service** service station; **— balnéaire** seaside resort; **— de métro** subway station; **— de ski** ski resort

stationnement *(m)* parking

stationner to park

statue *(f)* statue

statut *(m)* status

stress *(m)* stress

studieux(-euse) studious

style *(m)* style

stylo *(m)* pen

substituer to substitute

succès *(m)* success

succursale *(f)* branch office

sucre *(m)* sugar

sucreries *(f pl)* sweets

sud *(m)* south; **au — (de)** to the south (of)

suédois(e) Swedish

suffire to be enough

suggérer to suggest

Suisse *(f)* Switzerland

suisse Swiss

suite *(f)* continuation; **par la —** in the end

suivant(e) following; **la page —** the next page

suivi(e) de followed by

suivre *(suivi)* to follow; **— un cours** to take a class

sujet *(m)* subject; **au — de** about; on the subject of

Super! Great!

superficie *(f)* surface area

supérieur(e) superior; **l'enseignement —** higher education

supermarché *(m)* supermarket

supplément: payer un — to pay extra

supplémentaire extra

supporter to bear; to stand; to put up with

sur on; about; **un Français — cinq** one French person out of five

sûr(e) sure; certain; **bien —** of course

surgelé(e) frozen

surmonter to surmount

surpopulation *(f)* overpopulation

surprenant(e) suprising

surpris(e) surprised

sursis *(m)* deferment

surtout especially

svelte thin

syllabe *(f)* syllable

sympa = sympathique

sympathique nice

symptôme *(m)* symptom

synagogue *(f)* synagogue

syndicat *(m)* **d'initiative** tourist information bureau

Syrie *(f)* Syria

système *(m)* system

T

tabac *(m)* tobacco; tobacconist's

tableau *(m)* chart; table; chalkboard; painting

taille *(f)* size

tailleur *(m)* woman's suit

taire: se — *(tu)* to be quiet

talon *(m)* heel

tandis que whereas

tante *(f)* aunt

tant... que as much... as

taper to type

tapis *(m)* rug

taquiner to tease

tard late
tardif(-ve) late
tarte (f) pie
tartelette (f) tart
tartine (f) piece of bread with butter and jam
t'as = tu as
tasse (f) cup
taureau (m) bull
taux (m) rate
taxi (m) taxi
technicien(ne) (m, f) technician
technologie (f) technology
tee-shirt (m) tee-shirt
tel(le) que such as
télécarte (f) debit card for making phone calls
télécopieur (m) fax machine
téléphone(m) telephone
téléphoner à to call
télévisé(e) televised
téléviseur (m) television; — **couleur** color television
télévision (f) television
tellement so; really; — **de** so much (so many)
témoin (m) witness
tempéré(e) temperate, moderate
temps (m) time; weather; **Quel — fait-il?** What's the weather like?; **avoir le — de** to have the time to do; **de — en —** from time to time; **en même —** at the same time; **les — à venir** the future
tendance: avoir — à to tend to
tendre à to tend to
tendu(e) tense
tenir: — une promesse to keep a promise; **Tiens!** Hey!
tennis (m) tennis; **faire du —** to play tennis
tenter: — sa chance to try one's luck
tenu(e) par owned by
tenue (f) outfit
terminer to finish; **se —** to end
terrasse (f) terrace; sidewalk in front of a café
terrine (f) pâté
t'es = tu es
tête (f) head
TGV (Train à Grande Vitesse) (m) French high-speed train
thé (m) tea; **- -nature** plain tea; **— -citron** tea with lemon; **— au lait** tea with milk
théâtre (m) theater

thon (m) tuna
timbre (m) postage stamp
timide shy
tiroir (m) drawer
tissu (m) material; fabric
toile (f) linen; canvas; sailcloth
toilette (f): **faire sa —** to wash, groom, get ready
toilettes (f pl) bathroom; restroooms
toit (m) roof
tomate (f) tomato
tomber: to fall; — **malade** to become sick
ton (m) tone
tonalité (f) dial tone
totalité (f) entirety
toucher to touch; to concern; — **un chèque** to cash a check
toujours always; still
tour (f) tower
tour: faire un — (à vélo / en voiture / à moto) to take a ride (on a bike/in a car/on a motorcycle); **faire un — à pied** to go for a walk; **à votre —** it's your turn; **à — de rôle** in turn
tourisme: faire du — to go sightseeing
touriste (m f) tourist
tourner to turn; — **à droite** to turn right
tousser to cough
tout(e) all; **toute une boîte** a whole box; **tous les ans** every year; **tous les deux** both
tout: pas du — not at all; — **à fait** exactly; — **de suite** right away; immediately; — **naturellement** quite naturally; — **près** very close
toux (f) cough
traditionnel(le) traditional; conservative
traduction (f) translation
traduire (traduit) to translate
trafic (m) traffic
trait (m) train
train: en — de in the process of
traîner to hang around; to drag
trait (m) **de caractère** character trait
traitement(m) treatment
traître (m) traitor
tranche (f) slice
tranquille calm, peaceful

transféré(e) transferred
transférer to transfer
transfert (m) transfer
transistor (m) transistor radio
transport (m) transportation
travail (m) work; job; — **(à mi-temps /à plein temps)** (part-time/full-time) work; **des travaux dirigés (pratiques)** lab practicum
travailler to work
travailleur (m) worker
travailleur(-euse) hard-working
travers: à — across; over
traverser to cross
trembler to tremble
très very
tricoter to knit
trimestre (m) trimester
triomphe (m) triumph
triste sad
trombone (m) trombone
tromper: se — to be mistaken; **se — de route** to take the wrong road; **se — de jour** to get the dates confused
trompette (f) trumpet
trop (de) too much; too many
trouver to find; to think; **vous ne trouvez pas?** don't you think?; **se — to be located
truite (f) trout
tube (m) tube
Tunisie (f) Tunisia
tunisien(ne) Tunisian
turc (turque) Turkish
typiquement typically

U

uni(e) one color
Union Soviétique (f) Soviet Union
université (f) university
urgence: en cas d' — in case of emergency
URSS (f) USSR (former)
usagé(e) used; worn
utile useful
utiliser to use

V

vacances (f pl) vacation
vacanciers (m pl) vacationers
vache (f) cow

vachement (slang) **= très**

vague *(f)* wave

vaisselle: faire la — to do the dishes

val: le — de Loire the Loire Valley

vallée *(f)* valley

valise *(f)* suitcase; **faire les —s** to pack one's bags

valoir to be worth; **Il vaut mieux...** It is better...

vanille *(f)* vanilla

varier to vary

varié(e)s various

variété *(f)* variety

veau *(m)* calf; veal

vedette *(f)* movie or television star

vélo *(m)* bicycle

vélomoteur *(m)* moped

vendeur(-euse) *(m f)* salesperson

vendre *(vendu)* to sell; **à —** for sale

venir *(venu)* to come; **— de (+ infinitif)** to have just...

vente *(f)* sale

ventre *(m)* stomach; belly

verglas *(m)* ice (frost) on the road

véritable real

vérité *(f)* truth

verre *(m)* glass

vers towards; **— 10h** around 10:00

verser to pour

vert(e) green

vertige: avoir le — to be dizzy

veste *(f)* sports jacket, blazer

vêtement *(m)* article of clothing; **—s** clothes

vétérinaire *(m, f)* veterinarian

vêtu(e) dressed

viande *(f)* meat

vidéo *(f)* videotape

vidéo-clip *(m)* (music) video

vie *(f)* life

vieillir to grow old

Viêt-nam *(m)* Vietnam

vietnamien(ne) Vietnamese

vieux/vieil (vieille) old

vif(-ve): couleur — bright color

vigne *(f)* vine

vignoble *(m)* vineyard

village *(m)* village

ville *(f)* city; **en —** to (in) town

vin *(m)* wine

vinaigre *(m)* vinegar

violet(te) purple

violon *(m)* violin

visa *(m)* visa

visage *(m)* face

visite: être en — to be visiting; **rendre — à** to visit (a person)

visiter to visit (a place)

vitamines *(f pl)* vitamins

vite quickly

vitesse *(f)* speed; **— maximale** maximum speed

vitre *(f)* window pane

vitrine *(f)* store display window

Vittel *(m)* noncarbonated mineral water

vivant(e) alive; living

vivre *(vécu)* to live

vocabulaire *(m)* vocabulary

voici here's; **Le —.** Here it (he) is.

voie *(f)* track; lane; **en — d'extinction** endangered (species)

voilà there is, there are

voile: faire de la — to go sailing

voir *(vu)* to see; **faire —** to show; **Voyons...** Let's see...; **On verra.** We'll see.

voire or; even

voisin(e) *(m f)* neighbor

voiture *(f)* car; **— de fonction** company car

voix *(f)* voice; **à haute —** aloud

vol *(m)* flight

voler to steal

volet *(m)* shutter

volley *(m)* volleyball

volonté *(f)* will; **bonne —** willingness

volontiers gladly; willingly

vomir to vomit

vouloir *(voulu)* to want; to wish; **Je voudrais...** I would like...; **Je veux bien.** Gladly. (With pleasure.)

voyage: faire un — to take a trip

voyager to travel

voyageur(-euse) *(m f)* traveler

voyelle *(f)* vowel

vrai(e) true; **à — dire** to tell the truth; **C'est vrai.** That's right.

vraiment really

vu(e) seen; **bien —** highly regarded

vue *(f)* sight; **à première —** at first sight

W

wagon *(m)* car (of a train)

W.C. *(m pl)* toilet

week-end *(m)* weekend

Y

y there; **il — a** there is; there are; **Allons- —!** Let's go!; **il — a 2 jours** 2 days ago; **— compris** including

yaourt *(m)* yogurt

Yougoslavie *(f)* Yugoslavia

Z

Zaïre *(m)* Zaire

Zut! Darn!

Lexique Anglais-Français

A

a un (une)
to abandon abandonner
abbey abbaye *(f)*
abbreviation abréviation *(f)*
abdomen ventre *(m)*
able: to be— pouvoir
aboard à bord
about à propos de; environ; sur; au sujet de; **— whom** dont; **— a hundred** une centaine de; **to be —** porter sur; s'agir de (impers.)
above ci-dessus
abroad à l'étranger
absent absent(e)
absolutely absolument
abstract abstrait(e)
abundant abondant(e)
abuse abus *(m)*
accent accent *(m)*
to accept accepter
access accès *(m)*
accident accident *(m)*
to accompany accompagner
to accomplish réaliser
accomplishment réalisation *(f)*
according to selon
accountant comptable *(m, f)*
accounting comptabilité *(f)*
accusation reproche *(m)*
ache: to be aching avoir mal à
acquaintance connaissance *(f)*
to acquire acquérir
across à travers; **— from** en face de
acrylic acrylique *(f)*
to act agir
active actif(-ve)
activity activité *(f)*
actor acteur(-trice) *(m, f)*
actually effectivement
to add ajouter
addition: in — de plus
address adresse *(f)*
adolescence adolescence *(f)*
to adore adorer
adult adulte *(m, f)*

advance: in — à l'avance
advanced avancé(e)
advantage avantage *(m)*; **to take — of** profiter de, bénéficier de
adventure aventure *(f)*
advertisement publicité *(f)*
advertising publicité *(f)*
advice conseils *(m pl)*; **a piece of advice** un conseil *(m)*
to advise conseiller
aerobics: to do faire de l'aérobic
aesthetic esthétique
afraid: to be — (of) avoir peur (de)
Africa Afrique *(f)*; **South —** Afrique du Sud
after après; **— having finished** après avoir fini
after-dinner drink digestif *(m)*
afternoon après-midi *(m)*
afterwards après; ensuite
again: once — encore une fois
against contre
age âge *(m)*
agent agent(e) *(m, f)*
to agree être d'accord; **Agreed?** C'est d'accord?
agricultural agricole
AIDS Sida *(m)*
ailment mal *(m)*
airplane avion *(m)*
airport aéroport *(m)*
alarm clock réveil-matin *(m)*
alas hélas
album album *(m)*
alcohol alcool *(m)*
Algeria Algérie *(f)*
Algerian algérien(ne)
alive vivant(e)
all tout(e); **— the better.** Tant mieux.; **— day** toute la journée; **— red** tout(e) rouge; **at —** du tout
allergy allergie *(f)*
allies alliés *(m pl)*
allow permettre
almond amande *(f)*
almost presque
alone seul(e)

along le long de; au bord de; **to get — (well/badly) with** s'entendre (bien/mal) avec
aloud à haute voix
already déjà
also aussi; également
altogether tout à fait
always toujours
ambiguous ambigu(-üe)
ambitious ambitieux(-euse)
America Amérique *(f)*
American américain(e)
among parmi
amphitheater amphithéâtre *(m)*
ancestors ancêtres *(m pl)*
and et
anger colère *(f)*
angry fâché(e); **to get angry with** se fâcher contre, se mettre en colère contre
ankle cheville *(f)*
to announce annoncer, faire part de
announcement annonce *(f)*, faire-part *(m)*, avis *(m)*
annoying embêtant(e)
anonymous anonyme
another un autre; **— thing** autre chose; **— year** encore un an
to answer répondre (à)
answer réponse *(f)*
anthropology anthropologie *(f)*
anxiety inquiétude *(f)*
anxious inquiet(-iète), anxieux(-euse)
anymore: not — ne... plus
anyway quand même
apartment appartement *(m)*; **— building** immeuble *(m)*
to appear paraître *(paru)*
appearance apparence *(f)*
appetite appétit *(m)*
appetizer *hors-d'œuvre *(m)*
apple pomme *(f)*
application: — letter lettre *(f)* de demande; **— form** dossier (m) d'inscription

apply: to — for a job poser sa candidature; **to — to a university** faire une demande d'inscription, remplir un dossier d'inscription
appointment rendez-vous (m)
to appreciate apprécier
to approach aborder
appropriate approprié(e), convenable
apricot abricot (m)
April avril
Arabic arabe (m)
architect architecte (m, f)
architecture architecture (f)
area superficie (f)
area code indicatif (m)
arena arène (f)
Argentina Argentine (f)
Argentinian argentin(e)
to argue se disputer
arm bras (m)
armchair fauteuil (m)
to arrange arranger, régler
arrival arrivée (f)
to arrive arriver
around: — 10:00 vers 10h; environ; autour de; **to go —** faire le tour
art art (m)
artichoke artichaut (m)
as comme; **— old —** aussi vieux que; **— soon —** aussitôt que, dès que
ashes cendres (f pl)
ashtray cendrier (m)
Asia Asie (f)
to ask (for) demander; **to — a question** poser une question; **to — for a favor** demander un service
asparagus asperges (f pl)
aspirin aspirine (f)
assembly line chaîne (f)
associated: to be — with s'associer à
astronaut astronaute (m, f)
astronomy astronomie (f)
at à, en; **to work — (company)** travailler chez
athletic sportif(-ive)
to attend assister à
to attract attirer
attractive attirant(e)
auction vente (f) aux enchères
August août
aunt tante (f)
Australia Australie (f)
Australian australien(ne)

Austrian autrichien(ne)
automatic teller machine distributeur (m) automatique de billets
automatically automatiquement
autonomous autonome
autumn automne (f)
available disponible
average moyen(ne); moyenne (f)
to avoid éviter
award prix (m)
awareness prise (f) de conscience

B

baby bébé (m)
back dos (m); **in —** à l'arrière; **to get —** reprendre; **to be —** être de retour; **You're back!** Te voilà de retour!
background fond (m), arrière-fond (m)
backpack sac (m) à dos
bacon bacon (m)
bad mauvais(e); **The weather is —.** Il fait mauvais.
bag sac (m)
baggage claim livraison (f) des bagages
baker boulanger(-ère) (m, f)
bakery boulangerie (f)
balanced équilibré (e)
balcony balcon (m)
bald chauve
ball balle (f), ballon (m)
banana banane (f)
bandage pansement (m)
bank banque (f); **— of a river** rive (f); **data —** banque de données
bankruptcy faillite (f)
baptism baptême (m)
bargain bonne affaire (f)
to bargain marchander
baseball base-ball (m)
basement sous-sol (m)
basic de base
basket panier (m)
basketball basket (m)
bathing suit maillot (m) de bain
bathroom salle (f) de bains; cabinet (m) de toilette; toilettes (f pl)
bathtub baignoire (f)
battle bataille (f)
bay baie (f)
B.C. avant Jésus-Christ

to be être (été)
beach plage (f)
bean haricot (m)
to bear supporter
beard barbe (f)
beautiful beau/bel (belle); **It's — weather.** Il fait beau.
beautifully à merveille
because parce que; car
to become devenir (devenu); **to — sick** tomber malade
bed lit (m); **in —** au lit; **to go to —** se coucher; **to go back to —** se recoucher; **with two beds** à deux lits
bedroom chambre (f)
beef bœuf (m)
beer bière (f)
before avant; **— entering** avant d'entrer
before-dinner drink apéritif (m)
to begin commencer
beginner débutant(e)
beginning début (m); **— with** à partir de; **— of the school year** rentrée (f)
behavior comportement (m)
behind derrière
Belgian belge
Belgium Belgique (f)
to believe croire (cru)
belongings affaires (f pl)
below ci-dessous
belt ceinture (f)
bench banc (m)
benefits avantages (m pl); bénéfices (m pl)
beret béret (m)
best meilleur(e); mieux; **to do one's —** faire de son mieux
better: — than meilleur(e) que; mieux que; **It's — to...** Il vaut mieux...; **It would be — that...** Il vaudrait mieux que...; **All the —.** Tant mieux.
between entre
bicycle bicyclette (f), vélo (m)
big grand(e); gros(se)
bilingual bilingue
bill (invoice) facture (f)
bill (money) billet (m)
bill (in a restaurant) addition (f)
biography biographie (f)
biology biologie (f)
birth naissance (f)
birthday anniversaire (m)
black noir(e)

blackboard tableau (m) (noir)

blazer veste (f)

blond blond(e)

blood sang (m)

blouse chemisier (m)

blue bleu(e); **— jeans** blue-jean (m), jean (m)

boat bateau (m)

body corps (m)

bond lien (m)

book livre (m)

bookstore librairie (f)

boots bottes (f pl)

bored: to be — s'ennuyer

boring ennuyeux(-euse)

born: I was — Je suis né(e)

to borrow emprunter

boss patron(ne) (m, f)

botany botanie (f)

both tous (toutes) les deux

bother ennuyer; **Don't —.** Ce n'est pas la peine.

bothersome gênant(e)

bottle bouteille (f)

bowl bol (m)

box boîte (f), carton (m)

boxing boxe (f)

boy garçon (m); **—friend** petit ami

branch office succursale (f)

brand marque (f)

Brazil Brésil (m)

Brazilian brésilien(ne)

bread pain (m)

to break down (car) avoir une panne

breakdown panne (f) de voiture

breakfast petit déjeuner (m)

brick brique (f)

bridge pont (m)

brief bref (brève)

briefcase serviette (f), cartable (m)

bright: — colors couleurs vives

to bring amener, apporter; **to — back** ramener; **to — together** réunir

Brittany Bretagne (f)

broadcast émission (f)

brochure brochure (f)

brother frère (m); **— -in-law** beau-frère

brown marron, brun(e)

brunette brun(e)

brush brosse (f)

to build construire (construit)

building bâtiment (m)

burgundy (color) bordeaux

burial enterrement (m)

to burn brûler

bus autobus (m), car (m)

business affaires (f pl); commerce (m); **— card** carte (f) de visite; **— trip** voyage d'affaires

businessman (-woman) homme (femme) d'affaires

but mais

butcher boucher(ère) (m, f)

butter beurre (m)

buttock fesse (f)

to buy acheter; **— a ticket** prendre un billet

by par; **— plane** en avion; **— using** en utilisant; **— the way** au fait, à propos

C

cabbage chou (m)

cafeteria cafétéria (f)

café café (m)

Cairo Le Caire (m)

cake gâteau (m)

to calculate calculer

calculator calculatrice (f)

calendar calendrier (m)

call appel (m)

to call téléphoner à; appeler; **to — back** rappeler

called nommé(e)

calm calme, tranquille

camcorder caméra (f), Caméscope (m)

camera appareil photo (m)

Cameroon Cameroun (m)

camp colonie (f) de vacances

campground camping (m)

camping camping (m); **to go —** faire du camping

campus campus (m)

can boîte (f)

Canada Canada (m)

Canadian canadien(ne)

to cancel annuler

candy bonbon (m)

canned foods conserves (f pl)

canoë: to go canoeing faire du canoë

capital capitale (f)

cap bonnet (m), casquette (f)

capsule gélule (f)

car auto (f), voiture (f)

carbohydrate glucide (m)

carbonated gazeux(-euse)

card carte (f); **credit —** carte de crédit

care: to take — of s'occuper de; **to take — of oneself** se soigner; **I don't care.** Ça m'est égal.

career carrière (f)

careful: to be — (of) faire attention (à)

carefully soigneusement

carrot carotte (f)

cartoon dessin (m) animé

case cas (m); **in any —** en tout cas

cash argent (m) liquide; **to — a check** toucher un chèque; **in —** en espèces

cash register caisse (f)

cassette tape cassette (f)

castle château (m)

cat chat (m)

category catégorie (f)

cathedral cathédrale (f)

catholic catholique

cauliflower chou-fleur (m)

CD disque (m) compact

to celebrate célébrer, fêter

center centre (m)

centimeter centimètre (m)

century siècle (m)

cereal céréales (f pl)

certain certain(e)

certainly certainement

certainty certitude (f)

chain chaîne (f)

chair chaise (f)

chalk craie (f)

chalkboard tableau (m)

challenge défi (m)

champagne champagne (m)

championship championnat (m)

chance (opportunity) occasion (f); **to have the — to** avoir l'occasion de

change changement (m)

change (coins) monnaie (f)

to change changer; **to — one's mind** changer d'avis; **to change trains (subways)** faire une correspondance

channel chaîne (f)

chapter chapitre (m), dossier (m)

character personnage (m); caractère (m); **— trait** trait (m) de caractère

characterized caractérisé(e)

charge: in — of chargé(e) de

charm charme (m)

chart tableau (m)

cheap bon marché, pas cher

check chèque *(m)*; **restaurant —** addition *(f)*

cheek joue *(f)*

cheese fromage *(m)*

chef cuisinier(ère) *(m, f)*

chemistry chimie *(f)*

cherry cerise *(f)*

chess échecs *(m pl)*

chest poitrine

chest of drawers commode *(f)*

chicken poulet *(m)*

chief principal; chef *(m)*

child enfant *(m,f)*

childhood enfance *(f)*

chills frisson *(m)*

chimney cheminée *(f)*

chin menton *(m)*

China Chine *(f)*

Chinese chinois(e)

chocolat chocolat *(m)*

choice choix *(m)*

to choose choisir

Christian chrétien(ne)

Christmas Noël *(m)*

chrysanthemum chrysanthème *(m)*

chunk morceau *(m)*

church église *(f)*

cider cidre *(m)*

to circulate circuler

circumstance circonstance *(f)*

citizen citoyen(ne) *(m, f)*

city ville *(f)*; **— hall** hôtel *(m)* de ville; mairie *(f)*

civil servant fonctionnaire *(m, f)*

class classe *(f)*; cours *(m)*; **in —** en classe; **I have class in 2 minutes**. J'ai cours dans deux minutes.

classic, classical classique

classified ads petites annonces *(f pl)*

classmate camarade *(m, f)* de classe

clean propre

to clean nettoyer; **to — up one's room** ranger sa chambre

clear clair(e)

to clear the table débarrasser la table

clever habile, intelligent

climate climat *(m)*

climbing: to go — faire de l'escalade

close juste

to close fermer

close to près de; proche

closet armoire *(f)*; placard *(m)*

clothes vêtements *(m pl)*

clothing habillement *(m)*

cloud nuage *(m)*; **It's cloudy.** Le ciel est nuageux/couvert. Il fait un temps couvert/nuageux.

coast côte *(f)*

coat manteau *(m)*

Coca-Cola Coca *(m)*

coffee café *(m)*

coin pièce *(f)* de monnaie

cold froid(e); froid; rhume *(m)*; **to be — avoir froid; to have a —** avoir un rhume, être enrhumé(e); **It's cold.** Il fait froid.

collar col *(m)*

colleague collègue *(m, f)*

college: to go to — faire des études universitaires

Columbia Colombie *(f)*

colony colonie *(f)*

color couleur *(f)*

comb peigne *(m)*

combination combinaison *(f)*

to come venir (venu); **to — back** revenir; **to — across** rencontrer

comedian comédien(ne) *(m, f)*

comedy comédie *(f)*

comfort confort *(m)*

comfortable confortable; **to get —** se mettre à l'aise

comma virgule *(f)*

comment commentaire *(m)*, remarque *(f)*

commercial commercial(e); publicité *(f)*

commute trajet *(m)*; **to —** faire la navette

companion compagnon *(m)*

company entreprise *(f)*, société *(f)*, firme *(f)*

to compare comparer

competent compétent(e)

competitor concurrent(e) *(m, f)*

to complain se plaindre

complaint plainte *(f)*

completely tout(e), complètement

complicated compliqué(e)

composition rédaction *(f)*

comprised: to be — of comprendre

computer ordinateur *(m)*; **— programmer** programmeur (-euse) *(m, f)*; **— science** informatique *(f)*

to concentrate concentrer; **to — on** se concentrer sur

concerned: to be — with se préoccuper de

concerning en ce qui concerne

concert concert *(m)*

condemned condamné(e)

condolences condoléances *(f pl)*

conference colloque *(m)*, congrès *(m)*

to confess avouer

to confirm confirmer

congratulations félicitations *(f pl)*

to connect relier

conquered conquis(e)

consequently par conséquent

conservative traditionnel(le), conservateur(-trice)

to consider considérer

to consist of consister en

consonant consonne *(f)*

constantly constamment, sans cesse

constraint contrainte *(f)*

to consult consulter

consumer consommateur(-trice) *(m, f)*

to contain contenir

contempt mépris *(m)*

continent continent *(m)*

continuation suite *(f)*

to continue continuer, poursuivre; **to be continued** à suivre

contradictory contradictoire

to contribute contribuer

convent couvent *(m)*

convention congrès *(m)*

cook cuisinier(-ière) *(m, f)*

cooked cuit(e)

cookie biscuit *(m)*; petit gâteau *(m)*

cool frais; **It's —.** Il fait frais.

corn maïs *(m)*

corner coin *(m)*

to correct corriger

cost coût *(m)*

to cost coûter

costly coûteux(-euse)

cotton coton *(m)*

couch canapé *(m)*

cough toux *(f)*; **to —** tousser

council conseil *(m)*

counsel conseil *(m)*

counselor conseiller(-ère) *(m, f)*

to count compter

country pays *(m)*; campagne *(f)*; **in the —** à la campagne

countryside paysage *(m)*
courageous courageux(-euse)
course cours *(m)*; **first — (of a meal)** entrée *(f)*; **of —** bien sûr, bien entendu
courtesy courtoisie *(f)*
cousin cousin(e) *(m, f)*
covered couvert(e)
craftsman artisan(e) *(m, f)*
crazy fou/fol (folle)
cream crème *(f)*
to create créer
crepe crêpe *(f)*
crime crime *(m)*
crisis crise *(f)*
to criticize critiquer
to cross traverser
cruelty cruauté *(f)*
cruise croisière (f)
to cry pleurer
cucumber concombre *(f)*
cuisine cuisine *(f)*
cup tasse *(f)*
cupboard placard *(m)*
current actuel(le)
currently actuellement
curtain rideau *(m)*
cushion coussin *(m)*
custom coutume *(f)*, habitude *(f)*
customer client(e) *(m, f)*
customs douane *(f)*
to cut couper
to cut class sécher un cours
cute mignon(ne)
cutlet escalope *(f)*
cyclist cycliste *(m, f)*

D

dairy products produits laitiers
dance danse *(f)*
dancer danseur(-euse) *(m, f)*
dangerous dangereux(-euse)
Danish danois(e)
danse bal *(m)*
dark foncé; **It's getting —.** Il se fait nuit.
Darn! Zut!
date: to get the date confused se tromper de jour
to date sortir avec
to date from dater de
daughter fille *(f)*

dawn aube *(f)*
day jour *(m)*, journée *(f)*; **What — is it?** Quel jour est-ce/sommes-nous?; **the day after** le lendemain; **three times a day** trois fois par jour
day-care center crèche *(f)*
daylight: it was still — il faisait encore jour
dead mort(e)
dear cher (chère)
death mort *(f)*
December décembre
to decide décider (de)
decision décision *(f)*; **to make a —** prendre une décision
to declare déclarer
to defend défendre
to define définir
degree diplôme *(m)*
delay délai *(m)*
delegate délégué(e) *(m, f)*
delicious délicieux(-euse)
delighted ravi(e), enchanté(e); **to be —** se réjouir
to demand exiger; réclamer
demanding exigeant(e)
democracy démocratie *(f)*
demonstration manifestation *(f)*
Denmark Danemark *(m)*
dense dense
dentist dentiste *(m, f)*
department département *(m)*; **(of a store)** rayon *(m)*
department store grand magasin *(m)*
departure départ *(m)*
to depend dépendre (de); **That —s on...** Ça dépend de...
depressed déprimé(e); **to be —** avoir le cafard
depressing déprimant
to describe décrire *(décrit)*
description description *(f)*; signalement *(m)*
deserted désert(e)
to designate désigner
desire désir *(m)*
desired souhaité(e)
desk bureau; **front — (of hotel)** réception *(f)*
despite malgré
dessert dessert *(m)*
detail détail *(m)*; **to give —s** préciser
detailed détaillé(e)

detective movie film *(m)* policier
development développement *(m)*
device appareil *(m)*
devil diable *(m)*
devoted to consacré(e) à
to devote time consacrer du temps à
dial: — tone tonalité *(f)*
to dial (telephone) composer
dialogue dialogue *(m)*
diarrhea diarrhée *(f)*
dictionary dictionnaire *(m)*
to die mourir (mort)
diet: to be on a — être au régime; **to go on a —** faire un régime
to differ from différer de
difficult difficile
digit chiffre *(m)*
to diminish diminuer
dining room salle *(f)* à manger
dinner dîner *(m)*; **to have —** dîner
diploma diplôme *(m)*
diplomacy diplomatie *(f)*
direct direct(e)
direction direction *(f)*, sens *(m)*
directly directement
director metteur en scène *(m)*
disadvantage inconvénient *(m)*
disagreement désaccord *(m)*
disappointed déçu(e)
disappointing décevant(e)
disastrous désastreux(-euse)
disciplined discipliné(e)
discotheque discothèque *(f)*
to discourage décourager
to discover découvrir *(découvert)*
discovery découverte *(f)*
discreet discret(-ète)
to discuss discuter (de)
dish plat *(m)*
dishonest malhonnête
dishwasher lave-vaisselle *(m)*
to do dishes faire la vaisselle
to dislike détester
distinctive distinctif(ve)
to distinguish distinguer
to distribute distribuer
to distrust se méfier de
to divide diviser
divorce: to (get a) — divorcer
to do faire *(fait)*; **to — one's homework** faire ses devoirs; **to — the cooking** faire la cuisine; **to — the dishes** faire la vaisselle; **to — the housework** faire le ménage; **That's not done!** Ça ne se fait pas!

doctor médecin *(m)*
doctoral degree doctorat *(m)*
dog chien *(m)*
door porte *(f)*
dorm(itory) résidence *(f)* universitaire; **— complex** cité *(f)* universitaire
dose dose *(f)*
doubt doute *(m)*
to doubt douter
down: to go — descendre
downtown centre-ville *(m)*
dozen douzaine *(f)*
to drag traîner
drama drame *(m)*
dramatic dramatique
to draw dessiner
drawer tiroir *(m)*
drawing dessin *(m)*
dream rêve *(m)*, songe *(m)*
to dream rêver
dress robe *(f)*
dressed habillé(e); **to get —** s'habiller
dresser commode *(f)*
dressy habillé(e)
drink boisson *(f)*
to drink boire *(bu)*
to drive conduire
driver chauffeur *(m)*
driving conduite *(f)*
driving school auto-école *(f)*
drop goutte *(f)*
to drop laisser tomber
to drop off déposer
drug (illegal) drogue *(f)*
drugstore pharmacie *(f)*
dry sec (sèche)
dryer séchoir *(m)*
duck canard *(m)*
due to dû (due) à
during au cours de, durant, pendant; **— the week** en semaine
duty devoirs *(m pl)*; tâche *(f)*
dynamic dynamique

E

each chaque; **— one** chacun(e); **with — other** l'un(e) avec l'autre
ear oreille *(f)*
early de bonne heure, en avance, tôt
to earn gagner; **to earn a living** gagner sa vie

earrings boucles *(m pl)* d'oreille
earth terre *(f)*
easily facilement
east est *(m)*
Easter Pâques *(f pl)*
easy facile, aisé(e)
to eat manger; **to sit down —** se mettre à table
eclair éclair *(m)*
economics sciences économiques *(f pl)*
economy économie *(f)*
edge bord *(m)*
education formation *(f)*; enseignement *(m)*; **higher —** enseignement supérieur
effect effet *(m)*
effective efficace
efficient efficace
egg œuf *(m)*
Egypt Égypte *(f)*
Egyptian égyptien(ne)
either... or soit... soit
elbow coude *(m)*
eldest aîné(e)
elected élu(e)
election élection *(f)*
electric électrique
elegant élégant(e)
element élément *(m)*
elevator ascenseur *(m)*
elsewhere ailleurs
embassy ambassade *(f)*
emergency urgence *(f)*; **in case of —** en cas d'urgence
employee employé(e) *(m, f)*
employer employeur *(m)*
employment emploi *(m)*; **— opportunities** débouchés *(m pl)*
to encounter rencontrer
to encourage encourager
end fin *(f)*; bout *(m)*
to end (se) terminer
endangered species espèces *(f)* en voie d'extinction
energetic énergique
engaged: to get — (to) se fiancer (avec)
engagement fiançailles *(f pl)*
engineer ingénieur *(m)*
England Angleterre *(f)*
English anglais(e)
English Channel Manche *(f)*
to engrave graver
enjoy: — your meal! Bon appétit!
enjoyment divertissement *(m)*

enough assez (de); **it's —** il suffit...; **That's enough!** Ça suffit
to enroll s'inscrire
to enter entrer dans, s'introduire dans
entertainment distraction *(f)*; divertissement *(m)*
enthusiasm enthousiasme *(m)*
enthusiastic enthousiaste
entire entier(-ère)
entirely complètement
entirety totalité *(f)*
entrance entrée *(f)*
environment environnement *(m)*
envy jalousie *(f)*; envie*(f)*
equal égal(-aux)
equality égalité *(f)*
equally également
equipment équipement *(m)*
equipped équipé(e)
era époque *(f)*
errand course *(f)*; **to run —s** faire les courses
to escape se sauver
especially surtout
essential essentiel(le); fondamental(e); indispensable; **It's — that...** Il est essentiel que...
to establish établir
European européen(ne)
even même
evening soir *(m)*, soirée *(f)*
event événement *(m)*; **in any —** de toute façon
ever jamais
every: — day tous les jours; **— week** toutes les semaines; **— year** tous les ans; **—body** tout le monde; **—where** partout
to evolve évoluer
exact exact(e)
exactly exactement, justement, tout à fait
exaggeration exagération *(f)*
exam examen *(m)*; **competitive —** concours *(m)*; **final —** examen de fin d'année, examen semestriel
example exemple *(m)*; **for —** par exemple
except sauf
exception: with the — of à l'exception de
exceptional exceptionnel(le)
excerpt extrait *(m)*
exchange échange *(m)*

to exchange échanger
exciting passionnant(e)
exclusively exclusivement
excuse excuse (f); **— me...**
  Pardon...
executive cadre (m); **high-level —**
  cadre supérieur
exercise exercice (m)
exhausted épuisé(e)
to exhaust épuiser
exhibit exposition (f)
exhibition exposition (f)
exile exil (m)
exit sortie (f)
to expect attendre; compter sur
expensive cher (chère); **to be —**
  coûter cher
experience expérience (f)
to experience éprouver
to explain expliquer
explanation explication (f)
to express exprimer
expressway autoroute (f)
exterior extérieur (m)
extra supplémentaire, à part
extraordinary extraordinaire
extreme extrême (m)
eye œil (pl yeux) (m)
eyeglasses lunettes (f pl)

F

fabric tissu (m)
face figure (f), visage (m)
to facilitate faciliter
fact: in — en fait
factory usine (f)
to fail (a test) rater, échouer à
fair juste
fairness justice (f)
faith foi (f)
faithful fidèle
faithfulness fidélité (f)
to fall tomber; **— in love** tomber
  amoureux(-euse)
false faux (fausse)
family famille (f), **pertaining to**
  the — familial(e)
famous célèbre
fantastic fantastique
far (from) loin (de)
faraway lointain(e)
farm ferme (f)
farmer agriculteur(-trice) (m, f)
fascinating fascinant(e)

fashion mode (f); **high —** haute
  couture (f); **in —** à la mode
fast food fast-food (m),
  restauration (f) rapide; **a —**
  restaurant un fast-food
fat gros(se), gras(se)
fatality fatalité (f)
father père (m); **—-in-law,**
  stepfather beau-père (m)
favorite favori(e), préféré(e)
feature trait (m)
February février
fed: to be — up en avoir marre
to feel se sentir; éprouver; **— good**
  se sentir bien; **I feel better.** Je vais
  mieux.; **— like** avoir envie de
festival festival (m), fête (f)
fever fièvre (f)
few peu de; **a —** quelques
fiancé(e) fiancé(e) (m, f)
field champ (m)
to fight se disputer
figurative figuré(e)
file dossier (m)
to fill remplir
to fill out (a form) remplir un
  formulaire
to fill up (a gas tank) faire le plein
filled chargé(e), rempli(e)
filmmaker cinéaste (m)
finally enfin, finalement; **to — (do**
  something) finir par (+
  infinitive)
financial financier(-ère)
to find trouver
fine: I'm —. Je vais bien.
finger doigt (m)
to finish finir, terminer
fire incendie (m)
fireworks feux (m pl) d'artifice
first premier(-ère); **— of all**
  d'abord, premièrement
fish poisson (m)
fishing pêche (f); **to go —** aller à la
  pêche
to fix one's hair se coiffer
flavor saveur (f)
flight vol (m)
flooded inondé(e)
floor plancher (m); étage (m); **—**
  plan plan (m); **ground —** rez-
  de-chaussée (m)
florist fleuriste (m, f)
flour farine (f)
to flow couler
flower fleur (f)

flu grippe (f)
fluently: to speak French —
  parler couramment le français
fog brouillard (m)
foggy: It's —. Il fait du brouillard.
to follow suivre (suivi); **followed**
  by suivi(e) de; **following**
  suivant(e)
food alimentation (f), nourriture
  (f), aliments (m pl)
foot pied (m)
football football (m) américain
for pour; **— an hour** pendant une
  heure; **— hours** depuis des heures
forbidden défendu(e), interdit(e)
forced forcé(e)
forehead front (m)
foreign étranger(-ère)
foreigner étranger(-ère) (m, f)
forest forêt (f)
to forget oublier
to forgive pardonner
fork fourchette (f)
form: in the — of sous forme de;
  to — former
former ancien(ne)
fortunately heureusement
founded fondé(e)
frank franc(-che)
frankly franchement
free gratuit(e), libre
freedom liberté (f)
freezer congélateur (m)
French français(e)
French fries frites (f pl)
French-speaking francophone
frequently fréquemment
fresh frais (fraîche)
Friday vendredi
friend ami(e) (m, f); copain
  (copine) (m, f)
friendly accueillant(e), amical(e)
friendship amitié (f)
to frighten faire peur (à)
frivolous frivole
from de; à partir de; **— the**
  beginning dès le début
front: in — of devant
frost verglas (m)
frozen surgelé(e), gelé
fruit fruit (m)
frying pan poêle (f)
fun: to have — s'amuser; **to make**
  — of se moquer de
funny drôle, amusant(e)
furious furieux(-euse)

to **furnish** fournir; **to — a house**
  aménager une maison
furnished meublé(e)
furnishings ameublement *(m)*
furniture meubles *(m pl)*
future avenir *(m)*, futur *(m)*

G

to **gain weight** grossir, prendre du
  poids
game jeu *(m)*, match *(m)*; **to play a
  — of tennis** faire une partie de
  tennis
garage garage *(m)*
garden jardin *(m)*
garlic ail *(m)*
garnished garni(e)
gasoline essence *(f)*; **to get a full
  tank of —** faire le plein
gastronomical gastronomique
gate (airport) porte *(f)*
gate (in front of house) portail
  (m)
gender genre *(m)*
general général(e); **in —** en
  général, généralement
generally en général, généralement
generous généreux(-euse)
genius génie *(m)*
gentleman monsieur *(m)*
geology géologie *(f)*
German allemand(e)
Germany Allemagne *(f)*
gesture geste *(m)*
to **get** obtenir *(obtenu)*; **to — along**
  se débrouiller; s'entendre; **to —
  along with** s'entendre avec; **to —
  angry** se fâcher contre, se mettre
  en colère; **to — back** récupérer;
  to — in (car, bus, etc.) monter
  dans; **to — off** descendre de; **to
  — ready** faire sa toilette, se
  préparer; **to — settled (in)**
  s'installer (dans); **to — sick**
  tomber malade; **to — up** se lever;
  to — upset s'énerver; **to — used
  to** s'habituer à
giant géant(e)
gift cadeau *(m)*
girl fille *(f)*; **—friend** petite amie
to **give** donner
gladly volontiers; Je veux bien.
glass verre *(m)*
glove gant *(m)*

to **go** aller; **Let's go!** Allons-y!; **to
  — about (doing something)** s'y
  prendre; **to — and get** aller
  chercher; **to — around** faire le
  tour; **to — back** rentrer,
  retourner; **to — by (time)** passer;
  — camping faire du camping; **—
  climbing** faire de l'escalade; **—
  down** descendre; **— to college
  (university)** faire des études
  universitaires; **— for a walk** faire
  une promenade; **— grocery
  shopping** faire le marché; **— in**
  entrer; **— out** sortir; **— shopping**
  faire des achats; **— skiing** faire
  du ski; **— to bed** se coucher; **—
  to the movies** aller au cinéma;
  — to the theater aller au
  théâtre; **— up** monter
goal but *(m)*
goat chèvre *(f)*
godfather parrain *(m)*
godmother marraine *(f)*
gold or *(m)*
golf golf *(m)*
good bon(ne); **Be —.** Sois sage.; **to
  be in — shape** être en bonne
  forme; **to feel —** se sentir bien;
  to have a — time s'amuser
good-bye au revoir, salut; **to say —**
  prendre congé
government: the federal — l'État
  (m)
grade note *(f)*
gram gramme *(m)*
grammar grammaire *(f)*
grand: —daughter petite fille;
  —son petit fils; **—father** grand-
  père; **—mother** grand-mère;
  —parents grands-parents
grapefruit pamplemousse *(m)*
grass herbe *(f)*
grated râpé(e)
gray gris(e)
great grand; formidable; **a — deal**
  beaucoup; **That's great!** C'est
  extra/chouette!
Great Britain Grande-Bretagne *(f)*
great-grandfather arrière-grand-
  père *(f)*
great-grandmother arrière-grand-
  mère *(f)*
great-grandparents arrière-
  grands-parents *(m pl)*
Greece Grèce *(f)*
Greek grec(que)

green vert(e)
green beans *haricots *(m pl)* verts
green light feu *(m)* vert
greenhouse effect effet *(m)* de
  serre
to **greet** saluer, accueillir
greeting salutation *(f)*
grilled grillé(e)
grocer épicier(-ière) *(m, f)*
groceries provisions *(f)*
grocery shopping: to go — faire le
  marché
grocery store alimentation *(f)*
  générale, épicerie *(f)*
ground floor rez-de-chaussée *(m)*
group groupe *(m)*
to **grow (up)** grandir
growth croissance *(f)*
to **guess** deviner
guest invité(e) *(m, f)*
guide guide *(m)*
guidebook guide *(m)*
guilty coupable
guitar guitare *(f)*
gulf golfe *(m)*
gymnasium gymnase *(f)*

H

hair cheveux *(m pl)*; **—cut** coupe
  (f) de cheveux; **—dresser**
  coiffeur(-euse) *(m, f)*; **—dryer**
  sèche-cheveux *(m)*; **—style**
  coiffure *(f)*; **to comb one's —** se
  peigner; **to fix one's —** se coiffer
half demi *(m)*; moitié *(f)*
hallway couloir *(m)*, foyer *(m)*
ham jambon *(m)*
hand main *(f)*; **on one — ... on the
  other** d'un côté... de l'autre; **to
  give somebody a —** donner un
  coup de main à quelqu'un; **to —
  in** remettre
to **hang up (telephone)**
  raccrocher
to **happen** se passer, arriver
happiness bonheur *(m)*
happy heureux(-euse), content(e)
hard dur(e); **—working**
  travailleur(-euse)
hardly ne... guère
harsh rude
harvest moisson *(f)*
hat chapeau *(m)*
to **hate** détester, avoir horreur de

hatred haine *(f)*
to have avoir *(eu)*; **— something to eat** prendre; **— to (do something)** devoir; **— one's hair cut** se faire couper les cheveux; **— just...** venir de (+ infinitive)
head tête *(f)*
headlight phare *(m)*
health santé *(f)*; **in good —** en bonne santé; **Here's to your health!** (À votre) santé!; **— insurance** assurance maladie *(f)*
to hear entendre *(entendu)*; **to — about** entendre parler de; **to — that** entendre dire que
heart cœur *(m)*; **— attack** crise *(f)* cardiaque
heat chaleur *(f)*
heating chauffage *(m)*
heavy lourd(e); **—set** costaud(e)
heel talon *(m)*
hello bonjour; salut; **(on the telephone)** allô
help aide *(f)*; secours *(m)*
to help aider
her son, sa, ses
hero *héros *(m)*
heroine héroïne *(f)*
here ici; **Here's...** Voici...
to hesitate hésiter
Hey! Tiens!
hi salut
hierarchy *hiérarchie *(f)*
high élevé(e), haut(e); **higher** supérieur(e); plus haut
highway autoroute *(f)*
hike: to go for a — faire une randonnée
to hinder empêcher
to hire embaucher
his son, sa, ses
historic historique
history histoire *(f)*
hockey: ice — hockey *(m)* sur glace
to hold tenir; **— fast** tenir bon
holiday jour de fête, fête *(f)*
home: at the — of chez; **at —** à la maison, chez moi (toi, lui, etc.); **to go —** rentrer
homeless sans-abri *(m)*, SDF (sans domicile fixe)
honest honnête
honey miel *(m)*
to hope espérer
horrible affreux(-euse)

horseback riding équitation *(f)*
hose (stockings) bas *(m pl)*
hospitable accueillant(e)
hospital hôpital *(m)*, clinique *(f)*
hostel: youth — auberge *(f)* de jeunesse
host/hostess hôte *(m)*; hôtesse *(f)*
hot chaud(e); **to be — (a person)** avoir chaud; **to be — (weather)** faire chaud
hotel hôtel *(m)*; **— owner** hôtelier(-ière) *(m, f)*
hour heure *(f)*; **24 —s a day** 24 heures sur 24; **110 km per —** 110 km à l'heure; **rush —** heures de pointe, heures d'affluence
house maison *(f)*
household ménage *(m)*
house-warming: to hold a — pendre la crémaillère
housework ménage *(m)*; **to do —** faire le ménage
housing logement *(m)*
housing development cité *(f)* ouvrière
how comment; **— much (— many)** combien (de); **— are you?** Comment allez-vous? Comment ça va? **— beautiful it is!** Qu'est-ce qu'il est beau! Comme il est beau! **— long will it take to go...?** Combien de temps faut-il pour aller...
however cependant; pourtant
human humain(e)
hunger faim *(f)*
hungry: to be (very) hungry avoir (grand/très) faim
hunting chasse *(f)*
to hurry se dépêcher; **in a —** pressé(e)
husband mari *(m)*
hygiene hygiène *(f)*

I

ice verglas *(m)*
ice cream glace *(f)*
idea idée *(f)*
idealistic idéaliste
to identify identifier
if si
illness maladie *(f)*
illustrated illustré(e)
image image *(f)*

imaginary imaginaire
to imagine imaginer
immediately tout de suite
impatient impatient(e)
importance importance *(f)*
important important(e)
imposed imposé(e)
to impress impressionner
impression: to have the — that avoir l'impression que
impressive impressionnant(e)
to improve améliorer
impulsive impulsif(-ive)
in à; en; dans; **— addition** en plus; **— addition (to)** en plus des; **— fact** en fait; **— front of** devant; **— spite of** malgré; **— summary** en somme; **— the middle of** au milieu de
to inaugurate inaugurer
to include comporter; comprendre
included compris(e)
including y compris
inconvenience inconvénient *(m)*
to increase augmenter
increasing en hausse
independence indépendance *(f)*
independent indépendant(e)
India Inde *(f)*
Indian indien(ne)
to indicate indiquer
indigestion indigestion *(f)*
indiscreet indiscret(-ète)
industry industrie *(f)*
inedible immangeable
inequality inégalité *(f)*
inexpensive bon marché
inevitable inévitable
infection infection *(f)*
infectious contagieux(-euse)
inflation inflation *(f)*
to influence influencer
information renseignements *(m pl)*; **printed —** renseignements imprimés; **to get — about** se renseigner (sur)
informed avisé(e), au courant
inhabitant habitant(e) *(m, f)*
inhabited habité(e)
initiative initiative *(f)*
injury blessure *(f)*
injustice injustice *(f)*
inn auberge *(f)*
inside à l'intérieur de
to insist (that) insister (pour que)
institute institut *(m)*

intellectual intellectuel(le)
to intend to avoir l'intention (de)
interest intérêt *(m)*
interested: to be — in s'intéresser à
interesting intéressant(e)
international international(e), mondial(e)
internship stage *(m)*
to interrogate interroger
interrupted interrompu(e)
intersection carrefour *(m)*
interview interview *(f)*; entretien *(m)*; **to —** interviewer
to introduce présenter; **let me —...** je vous présente...
introduction présentation *(f)*
introverted introverti(e), renfermé(e)
to invent inventer
investment investissement *(m)*
Iran Iran *(m)*
Iranian iranien(ne)
Iraq Irak *(m)*
iron fer *(m)*
irresistible irrésistible
island île *(f)*
Israel Israël *(m)*
Israeli israélien(ne)
Italian italien(ne)
itinerary itinéraire *(m)*
Ivory Coast Côte-d'Ivoire *(f)*

jacket blouson *(m)*; **sports —** veste *(f)*
jam confiture *(f)*
January janvier
Japan Japon *(m)*
Japanese japonais(e)
jazz jazz *(m)*
jewelry bijoux *(m pl)*
jewelry store bijouterie *(f)*
job job *(m)*, poste *(m)*, travail *(m)*, emploi *(m)*
to jog faire du jogging
to joke plaisanter
jolly jovial(e)
journalism journalisme *(m)*
journalist journaliste *(m, f)*
joy joie *(f)*
judge juge *(m, f)*
to judge juger
juice jus *(m)*; **fruit —** jus *(m)* de fruit

K

karate karaté *(m)*
to keep garder, conserver; **to — a promise** tenir une promesse
ketchup ketchup *(m)*
key clé *(f)*
keychain porte-clés *(m)*
kidney rein *(m)*
kilogram kilo *(m)*
kind (nice) gentil(le)
kind (type) genre *(m)*, sorte *(f)*
king roi *(m)*
to kiss (each other) (s')embrasser
kitchen cuisine *(f)*
knee genou *(m)*
knife couteau *(m)*
to knit tricoter
knitting tricot *(m)*
to knock frapper
to know connaître *(connu)*; savoir *(su)*; **I — what I'm doing.** Je m'y connais.; **You don't know anything about it.** Tu n'y connais rien.
known connu(e)

L

label étiquette *(f)*
laboratory laboratoire *(m)*
lack manque *(m)*, absence *(f)*
ladder échelle *(f)*
lamp lampe *(f)*
landing débarquement *(m)*
lane voie *(f)*
language langue *(f)*; **native —** langue maternelle
large grand(e); **— family** famille nombreuse
last dernier(-ière)
to last durer
late tard; en retard; tardif(-ve)
later plus tard
latest dernier(-ère)
laundry linge *(m)*; **to do the —** faire la lessive; **— room** lingerie *(f)*
law droit *(m)*

lawn pelouse *(f)*
lawyer avocat(e) *(m, f)*
lazy paresseux(-euse)
to lead mener
leader chef *(m)*
leaf feuille *(f)*
lean cuisine cuisine minceur *(f)*
least moindre; **the —** le (la) moins; **at —** au moins
to leave quitter; sortir *(sorti)*; partir *(parti)*; **to — again** repartir; **to — behind** laisser; **to take leave** prendre congé
Lebanese libanais(e)
lecture conférence *(f)*
leek poireau *(m)*
left gauche *(f)*
left: the time I have left le temps qui me reste
leg jambe *(f)*
legend légende *(f)*
lemon citron *(m)*
to lend prêter
length: (of time) durée *(f)*; **(distance)** longueur *(f)*
less moins; **— ... than** moins de... que
lesson leçon *(f)*
letter lettre *(f)*; **application —** lettre de demande
lettuce salade *(f)*
level niveau *(m)*
liberal arts lettres *(f pl)*
library bibliothèque *(f)*
Libya Libye *(f)*
lie mensonge *(m)*
life vie *(f)*
light: traffic — feu *(m)*; **green —** feu *(m)* vert; **red —** feu *(m)* rouge
to light allumer
light: — blue bleu clair
light léger(-ère)
lighted allumé(e)
lightly légèrement
lightning: a flash of — un éclair *(m)*
like comme; **to be — each other** se ressembler;
to like (each other) (s')aimer, (s')aimer bien; **to — better** aimer mieux; **to — the best** aimer le mieux; **I would like...** Je voudrais...; **How do you like...?** Comment trouvez-vous...?
limited limité(e)
line ligne *(f)*, file *(f)*, queue *(f)*

linguistics linguistique *(f)*
lip lèvre *(f)*
list liste *(f)*
to listen (to) écouter
liter litre *(m)*
literature littérature *(f)*
little un peu
to live vivre *(vécu)*, habiter
lively vivant(e), animé(e)
liver foie *(m)*
living room salle *(f)* de séjour, séjour *(m)*
loafers mocassins *(m pl)*
lobster *homard *(m)*
located situé(e); **to be —** se trouver
location situation *(f)*
locked fermé(e) à clé
to lodge héberger
lodging hébergement *(m)*
long long(-ue)
longing désir *(m)*
look regard *(m)*
to look (seem) avoir l'air; **to — alike** se ressembler; **to — at** regarder; **to — for** chercher. **That looks good on you.** Ça te va très bien.
to lose perdre; **to — weight** maigrir
lot: a — of beaucoup (de); énormément (de)
loudly: to talk — parler fort
love amour *(m)*; **— at first sight** coup *(m)* de foudre; **to be in — with** être amoureux(-euse) de; **to fall in — (with)** tomber amoureux(-euse) (de)
lover: — of amateur(-trice) de *(m, f)*; **—s** amoureux *(m pl)*
low bas(se)
loyalty fidélité *(f)*
lozenge pastille *(f)*
lucky: to be — avoir de la chance
lunch déjeuner *(m)*; **to have —** déjeuner; **— time** l'heure du déjeuner
luxurious luxueux(-euse)
luxury luxe *(m)*

M

made of composé(e) de
magazine magazine *(m)*, revue *(f)*
mail courrier *(m)*
mailman facteur *(m)*

main principal(e)
maintenance entretien *(m)*
major (college/university) spécialisation; **to — in French** se spécialiser en français
majority la plupart de; majorité *(f)*
to make faire *(fait)*; fabriquer; **to make beautiful** rendre beau
makeup maquillage *(m)*
man homme *(m)*
to manage gérer; **to — to do something** se débrouiller
management gestion *(f)*
manager gérant(e) *(m, f)*
mandatory obligatoire
manners manières *(f pl)*
manufacture fabrication *(f)*
to manufacture fabriquer
many beaucoup; **so —** tellement (de); **as — as** tant que, autant que; **as — ... as** autant de... que
map carte *(f)*, plan *(m)*
March mars
marked marqué(e)
market marché *(m)*, **flea —** marché aux puces; **Common —** Marché Commun
marketing marketing *(m)*
married marié(e); **to get —** se marier (avec)
to marry épouser
marvel merveille *(f)*
master maître *(m)*; **—'s degree** maîtrise *(f)*
masterpiece chef d'œuvre *(m)*
material matière *(f)*
math mathématiques *(f pl)*, maths
matter: It doesn't —. Ça m'est égal; Ça ne fait rien.; **What's the —?** Qu'est-ce qu'il y a?
May mai
maybe peut-être
mayonnaise mayonnaise *(f)*
meal repas *(m)*
mean méchant(e)
meanness méchanceté *(f)*
means moyens *(m pl)*
meantime: in the — entretemps, en attendant
to measure mesurer
meat viande *(f)*
mechanic mécanicien(ne) *(m, f)*
medical médical(e)
médicine médecine *(f)*; **to study —** faire la médecine

medication médicament *(m)*
Mediterranean Sea mer Méditerranée *(f)*
to meet faire la connaissance de; rencontrer; retrouver; se réunir; **— each other (by accident)** se rencontrer; **— each other (by prior arrangement)** se retrouver; **pleased — you** enchanté(e)
meeting rendez-vous *(m)*; congrès *(m)*; réunion *(f)*
melon melon *(m)*
member membre *(m)*
memory souvenir *(m)*
menu carte *(f)*; menu *(m)*
message message *(m)*; **to leave a —** laisser un mot
meter mètre *(m)*
method méthode *(f)*; mode *(f)*
metric métrique
Mexican mexicain(e)
Mexico Mexique *(m)*
middle milieu *(m)*; **—-aged** d'un certain âge; **—-class** bourgeois(e)
midnight minuit *(m)*
milk lait *(m)*; **pertaining to —** laitier(-ère)
mirror miroir *(m)*
miser avare *(m)*
miserly avare
to miss: I — you. Tu me manques.
mistake faute *(f)*; **to make a —** se tromper
to mistrust se méfier
misuse abus *(m)*
mix mélange *(m)*
to mix mélanger
model modèle *(m)*; **fashion —** mannequin *(m)*
modern moderne
to modernize moderniser
moment instant *(m)*, moment *(m)*
monarchy monarchie *(f)*
Monday lundi
money argent *(m)*
monster monstre *(m)*
month mois *(m)*
mood: in a good (bad) — de bonne (mauvaise) humeur
moped vélomoteur *(m)*
more davantage; encore de; **— than** plus que; **— ... than** plus de...que; **10 francs —** 10 francs de plus; **no —** ne... plus

morning matin *(m)*
Moroccan marocain(e)
Morocco Maroc *(m)*
Moslem musulman(e)
most la plupart de; **the —** le plus (de)
mother mère *(f)*; **—-in-law, step-—** belle-mère *(f)*
to motivate motiver
motorcycle moto *(f)*, motocyclette *(f)*
motto devise *(f)*
mountain montagne *(f)*
mountainous montagneux(-euse)
mountain climbing alpinisme *(m)*
mourning deuil *(m)*
mousse mousse *(f)*
moustache moustache *(f)*
mouth bouche *(f)*; **— of a river** embouchure *(f)*
to move bouger; se déplacer; déménager
movement mouvement *(m)*; déplacement *(m)*
movie film *(m)*; **—s, — theater** cinéma *(m)*; **— camera** caméra *(f)*
moving émouvant(e)
much: so — tellement (de); **as — as** tant que, autant que; **as — much... as** autant de... que
muscular musclé(e)
museum musée *(m)*
mushroom champignon *(m)*
music musique *(f)*; **classical —** musique classique
musical musical(e)
musician musicien(ne) *(m, f)*
muscle muscle *(m)*
mussel (shellfish) moule *(f)*
mustard moutarde *(f)*
mutton mouton *(m)*
my mon, ma, mes
mysterious mystérieux(-euse)

N

naive naïf(-ve)
to name nommer
name nom *(m)*; **first —** prénom *(m)*; **last —** nom de famille; **My — is...** Je m'appelle...
nap sieste *(f)*
nationality nationalité *(f)*
natural naturel(le)
nature nature *(f)*

nauseated: to feel — avoir mal au cœur
navy: — blue bleu marine
near proche; près (de)
nearly à peu près; presque
necessary nécessaire; **It's necessary (that)** Il faut (que)..., Il est nécessaire (que)
neck cou *(m)*
need besoin *(m)*; **to —** avoir besoin de; **I —** Il me faut; **if — be** à la rigueur
to neglect négliger
neighbor voisin(e) *(m, f)*
neighborhood quartier *(m)*
neither non plus; **— ... nor** ne... ni... ni
nephew neveu *(m)*
nervous nerveux(-euse)
Netherlands Pays-Bas *(m pl)*
network réseau *(m)*
neutrality neutralité *(f)*
never ne... jamais
new nouveau/nouvel (nouvelle); neuf(neuve)
Newfoundland Terre-Neuve *(f)*
news informations *(f pl)*, actualités *(f pl)*, nouvelles *(f pl)*
newspaper journal *(m)* *(pl* journaux)
New Year's le Nouvel An
New Zealand Nouvelle -Zélande *(f)*
next prochain(e); suivant; **— to** à côté de; **the house — door** la maison à côté; **next week** la semaine prochaine; **the next page** la page suivante; **the next day** le lendemain; **the — morning** le lendemain matin
nice sympathique; **It's nice (weather).** Il fait bon.
niece nièce *(f)*
nightclub boîte *(f)* de nuit
nightgown chemise *(f)* de nuit
nightmare cauchemar *(m)*
no non
nobody ne... personne
noise bruit *(m)*
noon midi *(m)*
normal normal(e)
normally normalement, d'habitude
north nord *(m)*
Norwegian norvégien(ne)
nose nez *(m)*; **to have a runny —** avoir le nez qui coule

not: — bad pas mal; **— at all** pas du tout; **— much** pas grand'chose; **— yet** pas encore
note pad carnet *(m)*
to notice remarquer; constater
noticeable remarquable, sensible
noun nom *(m)*
Nova Scotia Nouvelle-Écosse *(f)*
novel roman *(m)*
November novembre
now maintenant, en ce moment
nowadays de nos jours
nowhere nulle part
nuclear nucléaire
number numéro *(m)*; nombre *(m)*
numerous nombreux(-euses)
nurse infirmier(-ière) *(m, f)*
nut noix *(f)*

O

obey obéir à
object objet *(m)*
obligated obligé(e)
to oblige obliger
obsessed with obsédé(e) par
obvious évident(e)
obviously évidemment
occupation métier *(m)*
occupied occupé(e)
to occupy occuper
o'clock: 10 — 10 heures
October octobre
of de
of course! bien sûr!
off-campus hors campus
offer offre *(f)*
to offer offrir *(offert)*
office bureau *(m)*
official officiel(le)
often souvent
oil huile *(f)*
oil spill marée *(f)* noire
O.K. d'accord; **Is that —?** Ça vous va?; **It'll be —.** Ça ira.
old vieux/vieil (vieille); ancien(ne); âgé(e); **How — are you?** Quel âge as-tu?; **to grow —** vieillir
omelet omelette *(f)*
on sur; **— foot** à pied; **— Lafayette Street** (dans la) rue Lafayette; **— Mondays** le lundi; **— page 5** à la page 5; **— purpose** exprès; **— sale**

en solde; — **television** à la
télévision; — **the other hand** par
contre; en revanche; — **the phone**
au téléphone; — **the way to** en
route pour; — **time** à l'heure
one-way street rue *(f)* à sens unique
one-way ticket aller-simple *(m)*
oneself soi-même
onion oignon *(m)*
only ne... que; seulement
to open ouvrir *(ouvert)*
opening ouverture *(f)*
opinion opinion *(f)*; **in my —** à
mon avis
opportunity occasion *(f)*
opposite contraire *(m)*
optimistic optimiste
or ou
orange orange *(f)*
order commande *(f)*; ordre *(m)*; **in
— to** afin de, pour
to order commander
ordinary ordinaire
organ orgue *(f)*
organization organisme *(m)*,
organisation *(f)*; association *(f)*
to organize organiser
organized: to get — s'organiser
organizer organisateur(-trice) *(m, f)*
origin origine *(f)*
original original(e)
other autre; **—s** autres; **on the —
hand** par contre; en revanche
out: to go — sortir *(sorti)*; **one — of
five French** un Français sur cinq
outfit tenue *(f)*
outing sortie *(f)*
outside (of) à l'extérieur (de); en
dehors (de)
oven four *(m)*; **microwave —** four
à micro-ondes
over sur; dessus; par-dessus; —
there là-bas
overalls salopette *(f)*
overcoat manteau *(m)*, pardessus
(m)
overpopulated surpeuplé(e)
overpopulation surpopulation *(f)*
to overturn renverser
to owe devoir *(dû)*
own propre
owner propriétaire *(m, f)*;
patron(ne) *(m, f)*

P

to pack faire les valises
package paquet *(m)*, colis *(m)*
painter peintre *(m)*
painting peinture *(f)*, tableau *(m)*
pair paire *(f)*
pajamas pyjama *(m)*
pal copain (copine) *(m, f)*
palace palais *(m)*
pale pâle; clair(e)
pan casserole *(f)*
pants pantalon *(m)*
panty hose collant *(m)*
parade défilé *(m)*
paragraph paragraphe *(m)*
parentheses parenthèses *(f pl)*
parents parents *(m pl)*
Parisian parisien(ne)
park parc *(m)*
to park stationner
parking stationnement *(m)*; **— lot**
parking *(m)*
part partie *(f)*; **in —** en partie; **to
be a — of** faire partie de
particular: in — en particulier
particularly particulièrement
partner partenaire *(m, f)*
part-time à mi temps, à temps
partiel
party boum *(f)*, soirée *(f)*, surprise-
partie *(f)*
to pass dépasser; **to — a test**
réussir à un examen
passenger passager(-ère) *(m, f)*
passerby passant(e) *(m, f)*
passport passeport *(m)*
past passé *(m)*; **in the —** autrefois
pasta pâtes *(f pl)*
pastime loisir *(m)*, passe-temps *(m)*
pastry, pastry shop pâtisserie *(f)*;
— chef pâtissier(-ère) *(m, f)*
path allée *(f)*, chemin *(m)*
patience patience *(f)*
patient patient(e)
patient (sick person) malade *(m, f)*
patiently patiemment
to pay (for) payer, régler; **to —
attention** faire attention; **to —
cash** payer en espèces; **to —
extra** payer un supplément
pay raise augmentation *(f)* de
salaire
peace paix *(f)*
peaceful tranquille

peach pêche *(f)*
pear poire *(f)*
peas petits pois *(m pl)*
pedestrian piéton *(m)*
to peel éplucher
pen stylo *(m)*
pencil crayon *(m)*
people gens *(m pl)*, peuple *(m)*
pepper poivre *(m)*
per par
percent pour cent
percentage pourcentage *(m)*
perfect parfait(e)
to perfect perfectionner
perfectly parfaitement
perfume parfum *(m)*
perhaps peut-être
period période *(f)*
to permit permettre *(permis)*
person personne *(f)*
personal personnel(le)
personality personnalité *(f)*
personally personnellement
personnel personnel *(m)*; effectifs
(m pl)
to persuade décider, persuader
Peru Pérou *(m)*
pessimistic pessimiste
petroleum pétrole *(m)*
pharmaceutical pharmaceutique
pharmacist pharmacien(ne) *(m, f)*
phenomenon phénomène *(m)*
Philippines Philippines *(f pl)*
philosophy philosophie *(f)*
photocopier photocopieur *(m)*
photograph photo *(f)*
to photograph photographier
photographer photographe *(m, f)*
physics physique *(f)*
piano piano *(m)*
pick: to — up (phone) décrocher;
to — up (person) aller chercher
picnic pique-nique *(m)*
picturesque pittoresque
pie tarte *(f)*
piece bout *(m)*; morceau *(m)*; part *(f)*
pierced percé(e)
pig cochon *(m)*
pink rose
pity: It's a —. C'est dommage.
pizza pizza *(f)*
place endroit *(m)*; lieu *(m)*;
meeting — lieu de rencontre
to place (object) mettre, déposer
plans préparatifs *(m pl)*, projets *(m pl)*

plant plante *(f)*
plate assiette *(f)*
platform (train station) quai *(m)*
play pièce *(f)* de théâtre
to play jouer; **(sport)** jouer à;
  (musical instrument) jouer de;
  to — tennis faire du tennis
playing: to be — (movie) passer
pleasant agréable
pleased content(e); **— to meet you**
  enchanté(e)
please s'il vous (te) plaît
pleasure plaisir *(m)*
plumber plombier *(m)*
pocket poche *(f)*
poet poète *(m)*
to point out signaler
poison poison *(m)*
poisonous toxique
Poland Pologne *(f)*
police station commissariat *(m)*
  de police
policeman agent *(m)* de police
Polish polonais(e)
polite poli(e)
political politique; **— party** parti
  (m) politique; **— science**
  sciences *(f pl)* politiques
politics politique *(f)*
polka dots pois *(m pl)*
poll sondage *(m)*; enquête *(m)*
pollute polluer
poor pauvre
poorly mal
populated peuplé(e); **over-—**
  surpeuplé
pork porc *(m)*
Portugal Portugal *(m)*
Portuguese portugais(e)
position situation *(f)*, poste *(m)*
positive positif(-ive)
to possess posséder
possession possession *(f)*
possible: It's — that... Il se peut
  que..., Il est possible que; **That's**
  —. Ça se peut bien.
to post afficher
post office bureau *(m)* de poste,
  poste *(f)*
postage stamp timbre *(m)*
postcard carte *(f)* postale
poster affiche *(f)*
to postpone remettre; repousser
potato pomme *(f)* de terre
pound livre *(f)*
to pour verser

poverty pauvreté *(f)*, misère *(f)*
practical pratique
practicum stage *(m)*
prawn langoustine *(f)*
precarious précaire
predecessor prédécesseur *(m)*
to predict prévoir *(prévu)*
to prefer préférer; aimer mieux
preferable: It's — that... Il est
  préférable que...
preferably de préférence
pregnant enceinte
prejudice préjugé *(m)*
preparations préparatifs *(m pl)*
to prepare préparer
to prescribe prescrire *(prescrit)*
prescription ordonnance *(f)*
to present présenter
to preserve conserver
president président(e) *(m, f)*
pressure pression *(f)*
pretentious prétentieux(-euse)
pretty joli(e)
price prix *(m)*
pride fierté *(f)*
primary primaire
private privé(e)
privileged privilégié(e)
prize prix *(m)*
probably probablement; sans
  doute
problem problème *(m)*; ennui *(m)*
process: in the — of en train de
product produit *(m)*
profession métier *(m)*, profession *(f)*
professional professionnel(le)
profitable rentable
program programme *(m)*;
  television — émission *(f)*
progress: to make — faire des
  progrès
promise promesse *(f)*
pronoun pronom *(m)*
proof preuve *(f)*
to propose proposer
prosperous prospère
to protect protéger; défendre
protein protéine *(f)*
proud fier (fière)
province province *(f)*
psychology psychologie *(f)*
public public (publique)
to publish publier
to pull back retirer
pumps escarpins *(m pl)*
to punish punir

purchase achat *(m)*
to purchase acheter
purple violet(te)
purpose: on — exprès
purse sac *(m)* à main
to pursue poursuivre *(poursuivi)*
to put mettre *(mis)*; **to — off**
  repousser; **to — up with** supporter

Q

qualified qualifié(e)
quality qualité *(f)*
quarrel dispute *(f)*
to quarrel se disputer
question question *(f)*
to question interroger
quickly rapidement, vite
quiet: to be — se taire
quite: — a bit pas mal de; **—**
  naturally tout naturellement

R

rabbit lapin *(m)*
racket raquette *(f)*
rain pluie *(f)*; **in the rain** sous la
  pluie
raincoat imperméable *(m)*
to rain pleuvoir *(plu)*; **It's raining.**
  Il pleut.
to raise élever; lever
to rank classer
ranking classement (m)
rare rare; **— (meat)** saignant(e)
rarely rarement
rate taux *(m)*
rather plutôt, assez
reach: within — à la portée
to reach atteindre *(atteint)*
to react réagir
reaction réaction *(f)*
to read lire *(lu)*
reader lecteur(-trice) *(m, f)*
reading lecture *(f)*
ready prêt(e); **to get —** se préparer
  (pour)
real véritable
real estate agency agence *(f)*
  immobilière
realistic réaliste
reality réalité *(f)*
to realize se rendre compte de
really vraiment

reason raison *(f)*; **the — why** la
raison pour laquelle
reasonable raisonnable
to reassure rassurer
to receive recevoir *(reçu)*
recently récemment
reception réception *(f)*
recipe recette *(f)*
to recognize reconnaître *(reconnu)*
to recommend recommander
to reconstruct reconstruire
(reconstruit)
record disque *(m)*
to record enregistrer
to recruit recruter
red rouge; **to have — hair** avoir
les cheveux roux
to reduce réduire *(réduit)*
to reestablish rétablir
to reflect refléter
refresher course cours *(m)* de
recyclage
refrigerator réfrigérateur *(m)*,
frigo *(m)*
to refuse refuser
regarding en ce qui concerne
region région *(f)*
to register s'inscrire
registration form bulletin *(m)*
d'inscription
regular régulier(-ière)
regularly régulièrement
to reign régner
relationship rapport *(m)*
relatives parents *(m pl)*
to relax se détendre
relaxed décontracté(e)
relief soulagement *(m)*
relieved soulagé(e)
religious religieux(-euse),
pieux(-euse)
to remain rester, demeurer
remark remarque *(f)*
remedy remède *(m)*
to remember se rappeler, se
souvenir (de)
to remind rappeler
renowned renommé(e)
rent loyer *(m)*
to rent louer
rental location *(f)*; **— agency**
agence *(f)* de location
to repeat répéter
to replace remplacer
report compte-rendu *(m)*
to represent représenter

to reproduce reproduire
(reproduit)
reputation réputation *(f)*
to require exiger; demander
research recherche *(f)*; **to do —**
faire des recherches
to reserve réserver
to resign démissionner
resignation démission *(f)*
resourceful débrouillard(e)
resources ressources *(f pl)*
responsibility responsabilité *(f)*
responsible responsable
rest repos *(m)*; **to —** se reposer;
— area aire *(f)* de repos
restaurant restaurant *(m)*
results résultats *(m pl)*
to retire prendre sa retraite
retired: to be — être à la retraite
retirement retraite *(f)*
to return (give back) rendre
return trip retour *(m)*
review révision *(f)*
résumé curriculum vitae (CV) *(m)*
rib côte *(f)*
rice riz *(m)*
rich riche
right droite *(f)*
right (correct) vrai, exact: **to be —**
avoir raison
to ring sonner
ripe mûr
risk risque *(m)*
river fleuve *(m)*; **— bank** rive *(f)*
road chemin *(m)*; route *(f)*;
pertaining to —s routier(-ère)
to rob cambrioler
robber cambrioleur *(m)*
rock music rock *(m)*
rocket fusée *(f)*
role rôle *(m)*
roof toit *(m)*
room chambre *(f)*; pièce *(f)*; salle
(f); **—mate** camarade *(m, f)* de
chambre; **bath—** salle de bains;
class— salle de classe; **living —**
salle de séjour
rough draft brouillon *(m)*
round-trip ticket aller-retour *(m)*
row rang *(m)*
rug tapis *(m)*
ruins ruines *(f pl)*
rule règle *(f)*
to run courir *(couru)*; **to — away**
se sauver; **to — out of gas** avoir
une panne d'essence

rural rural(e)
Russia Russie *(f)*
Russian russe

S

sad triste
sail: —boat bateau *(m)* à voile; **to
go —ing** faire de la voile
salad salade *(f)*
salary salaire *(m)*
sale: for — à vendre
sales ventes *(f pl)*, soldes *(f pl)*
salesperson vendeur(-euse)
same même
sand sable *(m)*
sandals sandales *(f pl)*
sandwich sandwich *(m)*
satisfied (with) satisfait(e) (de); **to
be — (with)** se contenter (de)
to satisfy rassasier
Saturday samedi
to save conserver, garder
to save (money) faire des
économies
savory savoureux(-euse)
to say dire *(dit)*; déclarer;
constater; **to — good-bye** faire
ses adieux; **Say...** Dis... (Dites...)
saying dicton *(m)*
scallops coquilles Saint-Jacques *(f
pl)*
scarf écharpe *(f)*; foulard *(m)*
scene scène *(f)*
schedule emploi *(m)* du temps;
horaire *(m)*; programme *(m)*
scholarship bourse *(f)*
school école *(f)*; **high —** lycée *(m)*;
middle — /junior high —
collège *(m)*; **nursery —** école
maternelle; **pertaining to —**
scolaire
science science *(f)*; **— fiction**
science fiction *(f)*
scientific scientifique
Scotland Écosse *(f)*
Scottish écossais(e)
screen écran *(m)*
sculpture sculpture *(f)*
sea mer *(f)*; **—food** fruits *(m pl)* de
mer
seamstress couturière *(f)*
search recherche *(f)*
seashore bord *(m)* de mer
seaside resort station *(f)* balnéaire

season saison *(f)*
seat place *(f)*; **front (back) —** siège *(m)* avant (arrière)
seatbelt ceinture *(f)* de sécurité
seated assis(e)
second deuxième; second(e); **— hand** d'occasion; **— floor** premier étage
secondary secondaire
secret secret *(m)*
secret secret(-ète)
secretary secrétaire *(m, f)*
sector secteur *(m)*
to see voir *(vu)*; **— you in a while.** À tout à l'heure.; **— you soon.** À bientôt.; **Let's see...** Voyons...; **We'll see...** On verra...
to seem sembler; avoir l'air
to select sélectionner
selfish égoïste
to sell vendre
to send envoyer, expédier
Senegal Sénégal *(m)*
Senegalese sénégalais(e)
sensational sensationnel(le)
sense sens *(m)*; **common —** bon sens
sensitive sensible
sensitivity sensibilité *(f)*
sentence phrase *(f)*
to separate séparer
separately séparément
September septembre
series série *(f)*
serious grave, sérieux(-euse)
servant domestique
to serve servir; **(train)** desservir
session séance *(m)*
service service *(m)*; **— station** station-service *(f)*
to set (a date) fixer; **to — the table** mettre la table (le couvert)
setting cadre *(m)*
several plusieurs
shadow ombre *(f)*
shame: It's a —. C'est dommage.
shampoo shampooing *(m)*
shape forme *(f)*
to share partager
shelter abri *(m)*
to shelter abriter
shelves étagères *(f pl)*
shirt chemise *(f)*
shocked choqué(e)
shoe chaussure *(f)*, soulier *(m)*; **— size** pointure *(f)*

to shop (go shopping) faire des achats; faire les courses
shopping mall centre *(m)* commercial
short court(e), petit(e)
shorts short *(m)*, bermuda *(m)*
shot piqûre *(f)*
should: you should (do something) tu devrais (+ infin.)
shoulder épaule *(f)*
show spectacle *(m)*
to show montrer; faire voir; indiquer
shower douche *(f)*
showing (of a film) séance *(f)*
shrimp crevette *(f)*
shutter volet *(m)*
shy timide
sick malade
side côté *(m)*; **side by side** côte à côte
sidewalk trottoir *(m)*
sidewalk (of a café) terrasse *(f)*
to sigh soupirer
sight vue *(f)*; **at first —** à première vue
sightseeing: to go — faire du tourisme
sign pancarte *(f)*; panneau *(m)*
to sign signer
to signify signifier
silent silencieux(-euse)
silk soie *(f)*
to simmer mijoter
simply simplement
since depuis; **— when** depuis quand; **It's been a month since...** Ça fait un mois que...
sincere sincère
to sing chanter
singer chanteur(-euse) *(m, f)*
single (not married) célibataire
sink évier *(m)*; lavabo *(m)*
sister sœur *(f)*; **—-in-law** belle-sœur; **step —** belle-sœur
to sit s'asseoir; **— down!** Asseyez-vous!; **— close together** se serrer
situation situation *(f)*
size taille *(f)*; **(clothes) What — do you wear?** Quelle est votre taille? **I take a size 32.** Je fais du 32.; **(shoes) What — do you wear?** Quelle est votre pointure?; **I take a size 38.** Je chausse du 38.
skating patinage *(m)*
skeptical sceptique

ski: to go (downhill/cross-country/water) skiing faire du ski (de piste/de fond/nautique); **— jacket** anorak *(m)*; **— resort** station *(f)* de ski
skin peau *(f)*
skindiving: to go — faire de la plongée sous-marine
to skip a class sécher un cours
skirt jupe *(f)*
sky ciel *(m)*
to sleep dormir; **to sleep late** faire la grasse matinée; **to put someone to sleep (to bed)** coucher
sleepy: to be — avoir sommeil
sleeve manche *(f)*
slice tranche *(f)*
slightly légèrement
small petit(e)
smoke fumée *(f)*
to smoke fumer
smoking (non-smoking) fumeur (non-fumeur)
snack goûter *(m)*, casse-croûte *(m)*
snail escargot *(m)*
sneakers baskets *(m pl)*
to sneeze éternuer
snow neige *(f)*
to snow neiger
so alors; **— tall** si grand
soap savon *(m)*
soap opera feuilleton *(m)*
soccer football *(m)*
sociology sociologie *(f)*
sock chaussette *(f)*
sofa canapé *(m)*
soft doux (douce)
software logiciel *(m)*
sole (shoe) semelle *(f)*
to solicit solliciter
solution solution *(f)*
some des; **— day** un jour; **— (of)** quelques-un(e)s (de)
someone quelqu'un
something quelque chose; **— else** autre chose, quelque chose d'autre; **— new** quelque chose de nouveau; **— to eat** quelque chose à manger
sometimes quelquefois, parfois
somewhere quelque part
son fils *(m)*
soon bientôt; **See you —.** À bientôt.; **as — as** aussitôt que, dès que
sorrow chagrin *(m)*; tristesse *(f)*

sorry désolé(e), navré(e); **to be —** regretter; **I feel — for him.** Je le plains.; **I'm —.** Je m'excuse.
sort sorte (f)
to sort out/through trier
soup soupe (f), potage (m)
south sud (m)
souvenir souvenir (m)
spa station (f) thermale
space espace (m)
spacious spacieux(-euse)
Spain Espagne (f)
Spanish espagnol(e)
to speak parler; **to — to someone** s'adresser à quelqu'un, adresser la parole à quelqu'un
special spécial(e)
specialty spécialité (f)
speed vitesse (f)
to spend (money) dépenser
to spend (time) passer le temps
spinach épinards (m pl)
spite: in — of malgré
spoiled gâté(e)
spoon cuillère (f)
sport: to participate in a — faire du sport; **—s jacket** veste (f); **—s-minded** sportif(-ive); **—ing goods store** magasin (m) de sport
spring printemps (m)
square carré(e); **city or town —** place (f)
stadium stade (m)
stairs escalier (m)
to stand (put up with) supporter
star étoile (f); **television —** vedette (f)
state état (m)
statue statue (f)
status statut (m)
stay séjour (m)
to stay rester; **to — at a hotel** descendre dans un hôtel
to steal voler
steel acier (m)
steer bœuf (m)
step (stage) étape (f), **(movement)** pas (m); **(stairs)** marche (f)
step: —-brother beau-frère (m); **—-father** beau-père (m); **—-mother** belle-mère; **—- sister** belle-sœur
stereo chaîne (f) stéréo
still encore, toujours
stomach ventre (m), estomac (m)
stop arrêt (m); **bus —** arrêt, direct d'autobus; **non-—** sans arrêt

to stop s'arrêter, cesser
to stop by passer
store magasin (m)
storm orage (m)
story histoire (f); **short —** conte (m), nouvelle (f)
straight: — ahead tout droit; **— hair** cheveux raides
strawberry fraise (f)
street rue (f)
strength force (f); **regain one's —** regagner ses forces
strep throat angine (f)
stress stress (m)
to stress souligner; mettre en valeur; insister
strict sévère
string ficelle (f)
striped rayé(e); à rayures
strong fort(e)
student (high school) élève (m, f); lycéen(ne (m, f); **(college)** étudiant(e) (m, f)
studious travailleur(-euse), studieux(-euse)
study étude (f)
to study étudier; travailler; **to — for a test** préparer un examen
style style (m); **out of —** démodé(e)
stylish chic
subject sujet; **school —s** matières (f pl)
subscriber abonné(e) (m, f)
subscription abonnement (m)
subsidiary filiale (f)
to substitute substituer
subtle subtil(e)
suburbs banlieue (f)
subway métro (m); **— station** station (f) de métro
to succeed réussir
success succès (m), réussite (f)
such: as — tel(le) que; **— a long time** si longtemps
suddenly soudain, tout à coup
to suffer souffrir (souffert)
sufficient suffisant(e); **it's — that...** il suffit que...
sugar sucre (m)
to suggest suggérer, conseiller
Sunday dimanche
suit: (man's) complet (m); **(woman's)** tailleur (m)
to suit (be appropriate for) convenir à

suitcase valise (f)
summary résumé (m)
summer été (m)
sumptuous somptueux(-euse)
sun soleil (m); **— bath** bain (m) de soleil; **to get a —burn** prendre un coup (m) de soleil; **—glasses** lunettes (f) de soleil; **to get a — tan** se faire bronzer
sunny ensoleillé(e); **It's sunny.** Il fait du soleil.
sunrise lever (m) de soleil
sunset coucher (m) de soleil
superior supérieur(e)
supermarket supermarché (m)
supplies provisions (f pl)
suppose: Suppose we go to the movies? Si on allait au cinéma?; **I was supposed (to do something).** Je devais (+ infin.)
sure sûr(e)
surgeon chirurgien(ne) (m, f)
surprised étonné(e), surpris(e)
surprising étonnant(e), surprenant(e)
to surrender céder
to surround entourer
surrounded (by) entouré(e) (de)
surrounding area environs (m pl)
survey enquête (f), sondage (m)
to suspect soupçonner
to swallow avaler
to sweat transpirer
sweater pull-over (m); gilet (m)
sweatsuit jogging (m)
sweatshirt sweat (m)
Sweden Suède (f)
Swedish suédois(e)
sweets sucreries (f pl)
to swim nager; se baigner
swimming pool piscine (f)
Swiss suisse
switchboard standard (m); **— operator** standardiste (m, f)
Switzerland Suisse (f)
syllable syllabe (f)
symbol symbole (m)
symptom symptôme (m)
synagogue synagogue (f)
Syria Syrie (f)
syrup sirop (m)
system système (m); **educational —** système éducatif

T

tee-shirt tee-shirt *(m)*
table table *(f)*
tablet (pill) cachet *(m)*, comprimé *(m)*
to take prendre *(pris)*; **to —
advantage of** profiter de; **to — a
class** suivre un cours; **to — a class
over** redoubler une classe; **to — a
ride (on a bike/in a car/on a
motorcycle)** faire un tour (à
vélo/en voiture/à moto); **to — a
stroll** se balader; **to — a test**
passer un examen; **to — a trip**
faire un voyage; **to — a walk (ride)
in town** faire un tour en ville; **to —
a walk** faire une promenade; **to —
an hour (to go someplace)**
mettre une heure (pour aller
quelque part); **to — care of**
s'occuper de; **to — it easy** se
calmer; **to — leave** prendre congé;
to — off fuir, s'enfuir; **to — out**
sortir; **to — part in** participer à; **to
— place** avoir lieu, se dérouler; **to
— someone to a place** emmener;
to — the wrong road se tromper
de route
talented (in) doué(e) (pour)
tall grand(e)
to tan se faire bronzer; **tanned**
bronzé(e)
tart tartelette *(f)*
taste goût *(m)*
to taste déguster
taxes impôts *(m pl)*
taxi taxi *(m)*
tea thé *(m)*
to teach enseigner; apprendre
teacher enseignant(e) *(m, f)*,
professeur *(m)*; instituteur(-trice)
(m, f)
teaching enseignement *(m)*; —
assistant assistant(e) *(m, f)*
team équipe *(f)*
to tease taquiner
technology technologie *(f)*
telephone téléphone *(m)*; —
number numéro *(m)* de téléphone;
— booth cabine *(f)* téléphonique;
— call coup *(m)* de téléphone (fil);
— book annuaire *(m)*
televised télévisé(e)
television téléviseur *(m)*, télévision *(f)*

to tell dire *(dit)*, raconter
temperate tempéré(e)
to tend avoir tendance à
tennis tennis *(m)*
tense tendu(e)
term paper dissertation *(f)*
terrace terrasse *(f)*
terrible affreux(-euse)
textbook manuel *(m)*
thank: — you merci; **—s**
remerciements *(m pl)*
to thank remercier
that cela, ça; **— day** ce jour-là; **—
that is (to say)** c'est-à-dire; **— one**
celui (celle)-là; **— way** par là; **—'s
it.** C'est ça.; **—'s O.K.** Ça va.
theater théâtre *(m)*
then puis, ensuite, alors
there y; là; là-bas; **— is (are)** il y a;
—'s... voilà...
therefore donc
these (those) ces
thin mince, svelte, fin(e)
thing chose *(f)*
to think penser; croire *(cru)*; **to —
about** penser à, réfléchir à
thirst soif *(f)*; **to be thirsty** avoir
soif
this (that) ce/cet (cette)
thousand mille; **—s of** des milliers de
thread fil *(m)*
throat gorge *(f)*
through à travers, par; **to go —**
passer par
throughout à travers; tout le long de
to throw away jeter
Thursday jeudi
thus ainsi
ticket billet *(m)*
tide marée *(f)*; **high —** la marée
haute ; **low —** la marée basse
tie cravate *(f)*
to tie lier, lasser
tight (clothing) étroit(e), serré(e)
time temps *(m)*; **a long —**
longtemps; **at that —** à cette
époque-là; **three —s** trois fois; **at
the same —** en même temps, à la
fois; **at the — of** à l'époque de; **at
any —** à tout moment; **At what
—?** À quelle heure; **from — to —**
de temps en temps; **to have a
good —** s'amuser; **to have the —
to** avoir le temps de; **How many
—s?** Combien de fois; **What — is
it?** Quelle heure est-il?

timetable horaire *(m)*
tip pourboire *(m)*
to tip over renverser
tire pneu *(m)*; **flat —** crevaison *(f)*,
pneu crevé
tired fatigué(e); crevé(e) (slang)
tiring fatigant(e)
to à; en; jusqu'à
toast toast *(m)*, pain *(m)* grillé
toaster grille-pain *(m)*
tobacco tabac *(m)*; **— store**
bureau *(m)* de tabac
today aujourd'hui
toe doigt *(m)* de pied
together ensemble
toilet toilette *(f)*; W.C. *(m pl)*; —
paper papier *(m)* de toilette,
papier hygiénique
toll road autoroute *(f)* à péage
tomato tomate *(f)*
tomorrow demain
tone ton *(m)*
tongue langue *(f)*
too trop; **— much (many)** trop de
tool outil *(m)*; instrument *(m)*
tooth dent *(f)*; **—brush** brosse *(f)* à
dents; **—paste** dentifrice *(m)*
tourist touriste *(m, f)*; **— bureau**
syndicat *(m)* d'initiative; office
(m) de tourisme
toward vers
towel serviette *(f)*
tower tour *(f)*
town ville *(f)*; **in (to) —** en ville
top sommet *(m)*
tour excursion *(f)*
tourist information office
syndicat *(m)* d'initiative
toy jouet *(m)*
track and field athlétisme *(m)*
trade (profession) métier *(m)*;
(business) commerce *(m)*
traditional traditionnel(le)
traffic trafic *(m)*, circulation *(f)*
train train *(m)*; **— station** gare *(f)*
training entraînement *(m)*
transistor radio transistor *(m)*
to translate traduire *(traduit)*
translation traduction *(f)*
transportation transport *(m)*
trashcan poubelle *(f)*
to travel voyager
traveler voyageur(-euse) *(m, f)*
treatment traitement *(m)*; soin
(m); remède *(m)*
tree arbre *(m)*

to tremble trembler
trimester trimestre *(m)*
trip: to take a — faire un voyage (une excursion)
triumph triomphe *(m)*
trouble peine *(f)*; **in —** en difficulté; **to have — doing something** avoir des difficultés à faire, avoir du mal à faire
trout truite *(f)*
truck camion *(m)*
true vrai(e); **That's —.** C'est vrai.; En effet.
truth vérité *(f)*
to try, to try on (clothing) essayer; **to — to** chercher à; **to — one's luck** tenter sa chance
Tuesday mardi
tuna thon *(m)*
Tunisia Tunisie *(f)*
Tunisian tunisien(ne)
turkey dinde *(f)*
Turkish turc(que)
turn: in — à tour de rôle; à son tour; tour à tour
to turn tourner
to type taper
typewriter machine *(f)* à écrire
typically typiquement

U

ugly laid(e), moche
uh... Euh...
umbrella parapluie *(m)*
uncertainty incertitude *(f)*
uncle oncle *(m)*
under sous; **—neath** ci-dessous
understanding compréhension *(f)*
to understand comprendre *(compris)*
understood: That's —. C'est compris./C'est entendu./Entendu.
underwear sous-vêtements *(m pl)*
unemployed: to be — être au chômage
unemployment chômage *(m)*
unfair injuste
unforgettable inoubliable
unfortunate malheureux(-euse); **That's —.** C'est malheureux. **It's — that...** C'est dommage que...
United Kingdom Royaume-Uni *(m)*
United Nations ONU *(f)* Organisation des Nations Unies
United States États-Unis *(m pl)*

university université *(f)*; **to go to the —** faire des études universitaires
unlikely: It's — that... Il est peu probable que...
unpleasant désagréable
until jusqu'à
up: to go — monter
upbringing éducation *(f)*
to update mettre à jour
updated mis(e) à jour
upkeep entretien *(m)*
upset énervé(e)
to upset énerver
upstairs à l'étage
use emploi *(m)*
to use employer, utiliser, se servir de
used d'occasion
used to: to be — être habitué(e) à; avoir l'habitude de
useful utile
usually d'habitude, normalement
utilities charges *(f pl)*

V

vacation vacances *(f pl)*; **paid —** congé *(m)* payé; **Have a good vacation.** Passez de bonnes vacances.
vacationers vacanciers *(m pl)*; **summer —** estivants *(m pl)*
to validate (ticket) composter
valley vallée *(f)*
vanilla vanille *(f)*
variety variété *(f)*
various varié(e)s, divers
to vary varier
veal veau *(m)*
vegetable légume *(m)*; **raw —s** crudités *(f pl)*
Venezuela Venezuela *(m)*
Venezuelan vénézuélien(ne)
verb verbe *(m)*
very très, fort
vest gilet *(m)*
video game jeu *(m)* vidéo
videocassette vidéo *(f)*; **— recorder (VCR)** magnétoscope *(m)*
Vietnam Viêt-nam *(m)*
Vietnamese vietnamien(ne)
village village *(m)*
vine vigne *(f)*
vinegar vinaigre *(m)*
vineyard vignoble *(m)*

violation infraction *(f)*
violin violon
visa visa *(m)*
to visit (a place) visiter; **(a person)** rendre visite à
vitamins vitamines *(f pl)*
vocabulary vocabulaire *(m)*
voice voix *(f)*
volleyball volley *(m)*
to vomit vomir
vowel voyelle *(f)*

W

to wait (for) attendre
waiter garçon *(m)*, serveur *(m)*
waiting room salle *(f)* d'attente
waitress serveuse *(f)*
to wake up se réveiller
walk promenade *(f)*; **to — around** se promener, se balader; **to go for a —** se promener, faire une promenade
to walk marcher; se promener; aller à pied
Walkman baladeur *(m)*
wall mur *(m)*
wallet portefeuille *(m)*
to want vouloir, désirer, avoir envie de; **— ads** offres *(f)* d'emploi
war guerre *(f)*; **World — II** Deuxième (Seconde) guerre mondiale
wardrobe garde-robe *(f)*; **— closet** armoire *(f)*
warm chaud(e); **It's warm (hot).** Il fait chaud.
to warn prévenir *(prévenu)*
to wash laver; **— oneself** se laver
washing machine machine *(f)* à laver; lave-linge *(m)*
waste gaspiller; **—s** déchets *(m pl)*; **to — time** perdre du temps
to watch regarder
water eau *(f)*; **mineral —** eau minérale
wave vague *(f)*
way: by the — au fait; à propos; **in a different way** de façon (manière) différente; **in what —?** de quelle façon (manière)?
weak faible
weakness faiblesse *(f)*
wealth richesse *(f)*
to wear porter

weather temps *(m)*; **What's the — like?** Quel temps fait-il?; **— report** météo *(f)*, bulletin *(m)* (météorologique)

Wednesday mercredi

week semaine *(f)*; huit jours; **—end** week-end *(m)*

to weigh peser

weightlifting musculation *(f)*

welcome: — to bienvenue à; **to —** accueillir, souhaiter la bienvenue; **You're —.** Je vous (t')en prie./De rien./Il n'y a pas de quoi.

well bien; **as — as** ainsi que; aussi bien que; **— balanced** bien équilibré(e); **— behaved** sage

west ouest *(m)*

western occidental(e)

what que; quel(le); ce qui; ce que; **— is it?** Qu'est-ce que c'est?; **— did you say?** Comment? Quoi? Vous dites?; **— else?** Quoi d'autre?; **— are they like?** Comment sont-ils?; **— do you think about it?** Qu'est-ce que tu en penses?; **— does your sister look like?** Comment est ta sœur?

wheat blé *(m)*

wheel roue *(f)*

when quand; lorsque; **the day —** le jour où; **at the time —** au moment où

where où

whereas alors que; tandis que

which quel(le); **— one?** lequel (laquelle)?; **— ones?** lesquels (lesquelles)? **that —** ce que; **to —** auquel (à laquelle); **of —** dont

while pendant que; **— listening** en écoutant

white blanc(he)

who qui; **—'s calling?** C'est de la part de qui?/C'est qui à l'appareil?; **— is it?** Qui est-ce?

whole entier(-ère)

whom: to — à qui

whose dont

why pourquoi; **That's why...** C'est pour ça que...

wide large

wife femme *(f)*

wild sauvage

willingly volontiers

willingness volonté *(f)*; **good-will** bonne volonté *(f)*

willpower volonté *(f)*

to win gagner

wind vent *(m)*; **It's windy.** Il fait du vent.

window (of a house) fenêtre *(f)*; **(of a shop)** vitrine *(f)*; **(of a bank)** guichet *(m)*; **stained-glass —** vitrail *(m)* *(pl* vitraux); **to go — shopping** faire du lèche-vitrines

to windsurf faire de la planche à voile

wine vin *(m)*; **— cellar** cave *(f)*

wing aile *(f)*

winter hiver *(m)*

to wish souhaiter

with avec

withdrawal retrait *(m)*

to withdraw retirer

without sans; **— doing anything** sans rien faire

witness témoin *(m)*

woman femme *(f)*, dame *(f)*

wool laine *(f)*

word mot *(m)*, parole *(f)*

work travail *(m)*; **(part-time/full-time) —** travail (à mi-temps/à temps partiel/à plein temps); **literary —** œuvre *(f)* littéraire; **to — (hard)** travailler (dur) **(of a machine)** marcher, fonctionner; **to work out (exercise)** s'entraîner

worker travailleur(-euse) *(m, f)*; **factory —** ouvrier(-ière) *(m, f)*

world monde *(m)*; **work —** monde *(m)* du travail

worn (out) usagé(e), usé(e)

to worry (about) s'inquiéter (de)

wound blessure *(f)*

to wound blesser

wrist poignet *(m)*

to write écrire *(écrit)*; **— a paper** rédiger un mémoire

writing expression *(f)* écrite

wrong: to take the — train se tromper de train; **What's wrong?** Qu'est-ce qui ne va pas?

Y

year an *(m)*, année *(f)*; **from — to — ** d'année en année

yellow jaune

yes oui

yesterday hier; **the day before —** avant-hier

yet pourtant

to yield céder

yogurt yaourt *(m)*

young jeune; **— people** les jeunes

your ton, ta, tes; votre, vos

yourself toi-même, vous-même

youth jeunesse *(f)*

Yugoslavia Yougoslavie *(f)*

Z

Zaire Zaïre *(m)*

zero zéro *(m)*

zucchini courgette *(f)*

INDEX

CREDITS

TEXT CREDITS

The authors and editors would like to thank the following authors and publishers for permission to use copyrighted material.

P. 25: *Guide Michelin,* copyright Michelin 1991, permission no. 94–309; **p. 23:** "Les Présentations," Gérard Vigner, *Savoir vivre en France,* Paris: Hachette, 1978; **pp. 57–58:** "Voyage chez les Francophones," *Géo* no. 138, August 1990, Paris: Prisma Presse; **p. 59:** interview with Tchicaya U Tam'si by Roger Pilhion, *Échos* no. 56, spécial francophonie, 1989–90, Paris: Centre International d'Études Pédagogiques; **p. 61:** "Bulletin des lois," Xavier Deniau, *La Francophonie,* series Que sais-je, no. 2111, Paris: Presses Universitaires de France, 1983; **p. 140:** Superdupont by Lob, Gotlib, and Alexis, Collection Album fluide glacial, Paris: Editions Audie; fashion ad: from *Elégance,* no. 135, fall/winter 1992–93; **p. 161:** Astérix: permission requested from Editions Dargaud, Neuilly-sur-Seine; **p. 191:** Raymonde Caroll, *Évidences invisibles, Américains et Français au quotidien,* Paris: Seuil, collection La Couleur des idées, 1991; **p. 194:** drawing by Michel Bourlier; **p. 225:** "Consommation: une révolution de palais," *Le Dauphiné Libéré,* April 16, 1992; **pp. 259–260:** Annie Ernaux, *La Place,* Paris: Gallimard, 1983; **pp. 274–275:** cartoon: permission requested from Plantu and *Le Monde;* **p. 276:** cartoon by Plantu from *C'est le goulag!,* permission requested from Editions Gallimard, Paris, and *Le Monde;* **p. 290:** "Test: Quel ami cherchez-vous?" by G. Tixier, *Phosphore* no. 151, August 1993, Bayard Presse; **p. 291:** "L'ami vous prend comme vous êtes," by Odile Amblard, *Phosphore* no. 151, August 1993, Bayard Presse; **p. 293:** "C'est quoi un bon prof?" *Le Nouvel Observateur,* February 25-March 3, 1993; **p. 307:** "Étudiants 93: vos craintes, vos espoirs," Infographie WAG; **pp. 323–324:** "Jean-Michel Le Breton de retour des États-Unis," *Ouest-France,* August 16, 1993; **p. 334:** "Métiers préférés," Gérard Mermet, *Francoscopie,* Paris: Larousse, 1992; **p. 343:** "Épargne logement," éditée par le Crédit Lyonnais en août 1993, Crédit Lyonnais S.A. au capital de 7562 092 860 F-RCS Lyon 954 741-YAP-Ref.L 94 065-07.93-Eurodispatch TA-PM 6629; **p. 343:** Auto-école Raymond Sanchez, Saint-Just-Saint-Rambert, France; **pp. 357, 359:** "Comment j'ai recruté mon adjoint" and "Comment j'ai été recruté" by Stéphanie Le Bars, *Talents* April 1993, Bayard Presse; **p. 362:** "Savoir faire," *Talents* April 1993, Bayard Presse; **p. 371:** advertisement: permission requested from USAir; **p. 372:** *Les Nouveaux Gîtes Ruraux 1994,* permission requested from Maison des Gîtes de France, Paris, 1994; **p. 373:** "La circulation," permission requested from *Le Parisien,* April 30, 1994; **pp. 375–376:** weekend activities poll: Gérard Mermet, *Francoscopie,* Paris: Larousse, 1992; **p. 391:** "Moins de bleu et plus de vert!" and "Viens chez moi, c'est moins cher!" from *Le Nouvel Observateur,* August 12–18, 1993; **p. 393:** "Des trucs formidables à faire," *VSD* voyage spécial France; **p. 396:** "Musique et beauté, voilà l'idée," by Marie Muller, *Le Nouvel Observateur,* August 12–18, 1993; **p. 397:** "Au camping des habitués, les jours coulent," by Philippe Brenot, *Ouest–France,* August 16, 1993; **p. 408:** prescription: Laurent Fouletier; **p. 410:** Hépar: permission requested from *Top Santé,* no. 44, May 1994; "Barbotan les Thermes," from Thermalisme et Santé 1992; "Forme et Santé" from Ailleurs et autrement, *VSD;* **p. 411:** "Les Ingrédients du bonheur," Gérard Mermet, *Francoscopie,* Paris: Larousse, 1992; **pp. 428–430:** "Soyez maître de votre temps," by F. Fouillet, *Talents,* April 1993, Bayard Presse; **p. 441:** "Ce qui inquiète les Français," permission requested from Europe 1; **p. 444:** "Mêmes valeurs," *Phosphore,* December 1992, Bayard Presse; **p. 453:** environmental brochure: Mairie de Saint-Germain- en-Laye; **p. 454:** interview with Abbé Pierre by Patrice Baart, *Phosphore,* December 1992, Bayard Presse; **p. 454:** "Tolérance," *Okapi,* September 15–30, 1992, Bayard Presse; **p. 455:** interview with Noël Copin, *Okapi,* September 15–30, 1992, Bayard Presse; **pp. 456–457:** interviews from *Francoscopie* by Gérard Mermet, Paris: Larousse, 1992.

PHOTO CREDITS

P. 1: (t): Rosine Mazin; (b): Sylva Villerot/Diaf; (c): Rosine Mazin; **p. 24:** (l): Beryl Goldberg; (bc): H. Gyssels/Diaf; (tc): Owen Franken; (r): Beryl Goldberg; **p. 25:** (tl): Apesteguy/Gamma-Liaison; (cr): Levy-Liaison/Gamma-Liaison; (c): Gamma-Liaison; (bl): Sipa Press; (cl): Photo Researchers; (cr): Mark Antman/The Image Works; (tr): Beryl Goldberg; (br): French Rail, Inc.; **p. 27:** Michel Barthélemy/Art Resource; **p. 31:** (t): J. P. Langeland/Diaf; (bc): Isip/Hoaqui; (bl): M. Renaudeau/Hoaqui; (br): Jean Gabanou/Diaf; **p. 32:** (t): J. L. Manaud/Icone; (c): M. & A. Kirtley/Ana; (b): Moisnard/Explorer; **p. 33:** (t): Valdin/Diaf; (c): R. Rozencwajg/Diaf; (b): B.Gerard/Explorer; **p. 56:** (t): Ulf Andersen/Gamma Liaison; (ct): Gastaud/Sipa Press; (c): Michel Bocande; (cb): Ulf Andesen/Gamma–Liaison; (b): Olympia/Gamma-Liaison; **p. 59:** Ulf Andersen/Gamma-Liaison; **p. 65:** (b): Snider/The Image Works; (t): Robert Fried/Stock Boston; (c): Susan McCartney/Photo Researchers; **p. 66:** Tetrel/Explorer/Photo Researchers; **p. 67:** (t): J. C. Gerard/Diaf; (b): Bernard Regent/Diaf; (c): John Moss/Photo Researchers; **p. 68:** (r): Snider/The Image Works; (l): Lucas/The Image Works; **p. 71:** (t): Ray Stott/The Image Works; (cl): Jacques Sierpinski/Scope; (cr): Richemond/The Image Works; (b): E. Jobin/Ana; **p. 77:** (tl): Delanie-Le Tourneau/Gamma Liaison; (tr): Eric A. Wessman/Stock Boston; (b): Goudouneix/Explorer/Photo Researchers; **p. 94:** Jeanne White/Photo Researchers; **p. 97:** (t): Patrick Somelet/Diaf; (b): Thomas Jullien/Diaf; **p. 102:** Frilet/Sipa Press; **p. 103:** (t): Beryl Goldberg; (cl): Daniel Fouss/Diaf; (c): Jobard/Sipa Press; (br): H. Gyssels/Diaf; (bl): Owen Franken; **p. 127:** Owen Franken/Stock Boston; **p. 131:** (tl): J. Ch. Pratt/D. Pries/Diaf; (tc): Perlstein/Jerrican; (tr): Béatrice Moyse; (bl): Pratt/Pries/Diaf; (bc): T. Borredon/Explorer; (br):

P. Dannic/Diaf; **p. 132: (t):** Jean-Michel Labat/Jerrican; **(tc):** Françoise Hache/Explorer; **(bc):** Sylva Villerot/Diaf; **(b):** Clement/Jerrican; **p. 134 (t):** Béatrice Moyse; **(c):** Bernard Regent/Diaf; **(b):** Frank Siteman/Monkmeyer Press; **p. 135 (t):** Perlstein/Jerrican; **p. 136: (c):** Labat/Jerrican; **(b):** Wolff/Jerrican; **p. 141: (tl):** Jacques Guillard/Scope; **(tcl):** Jacques Guillard/Scope; **(tcr):** Jacques Sierpinski/Scope; **(tr):** E. Valentin/Hoaqui; (bl): Jacques Guillard/Scope; **(bcl):** Herbé Coataner/Scope; **(bcr):** Jean Daniel Sudres/Scope; **(br):** Jean Daniel Sudres/Scope; **p. 157:** Kofi Yamgnane; **p. 165: (l):** Aurel/Jerrican; **(tr):** E. Valentin/Hoa/Qui; **(cr):** E. Valentin/Hoa/Qui; **(br):** Thierry/Diaf; **p. 166:** Wallocha/Transglobe/Jerrican; **p. 167:** Lerosey/Jerrican; **p. 168:** Claude Thibault/Ana; **p. 176: (tl):** Lerosey/Jerrican; **(tr):** Lerosey/Jerrican; **(c):** Pascal Chevallier/Agence Top; **(bl):** Michel Guillard/Scope; **(br):** Dubuc/Jerrican; **p. 199: (t):** Patrick Somelet/Diaf; **(b):** Bill Holden/Diaf; **p. 203:** Jacques Sierpinski/Scope; **p. 204:** A. Tovy/Explorer; **p. 208: (t):** Patrick Bordes/ Explorer; **(l):** André Perlstein/Oko-Jerrican; **(r):** Langlois/Jerrican; **(b):** Mike Mazzaschi/Stock Boston; **p. 215: (tl):** T. L. Valentin/Hoaqui; **(tr):** Pierre Guy/Scope; **(cl):** Pierre Guy/Scope; **(ct):** Crealivres/Explorer; **(cr):** Larousse; **(cb):** Owen Franken; **(bl):** Larousse; **(br):** Pierre Guy/Scope; **p. 226:** Kavaler/Art Resource; **p. 231:** Barbier/Diaf; **p. 232 (t):** Mark Antman/The Image Works; **(b):** Sylva Villerot/Diaf; **p. 233:** Patrick Somelet/Diaf; **p. 240 (t):** Bernard Regent/Diaf; **(b):** G. Cozzi/Ana; **p. 241: (t):** Gus/Jerrican; **(b):** Wolff/Jerrican; **p. 244: (tl):** Dianne/Jerrican; **(tr):** Owen Franken; **(bl):** Bruno Barbier/Diaf; **(br):** J. Ch. Pratt/D. Pries/Diaf; **p. 245: (t):** J.-Ch. Gerard/Diaf; **(c):** Philippe Dannic/Diaf; **(b):** Alain–Patrick Neyrat/Rapho; **p. 264:** Topham/The Image Works; **p. 267: (t):** St–Clair/Rapho; **(bl):** Hazat Iconos/Hoaqui; **(br):** E. Valentin/Hoaqui; **p. 268: (t):** St-Clair/Rapho; **(c):** A. Le Bot/Diaf; **(b):** Gerard Uferas/Rapho; **p. 294: (l):** Lauros-Giraudon/Archives Photographiques Larousse; **(r):** Archives Photographiques Larousse; **p. 297: (t):** Photo Remy; **(b):** Villeneuve/Rapho; **p. 298: (l):** Yves Denoyelle/Jerrican; **(r):** Alain Le Bot/Diaf; **p. 299: (t):** Sylva Villerot/Diaf; **(b):** Denoyelle-L'Étudiant/Jerrican; **p. 323:** Ouest-France; **p. 326:** Perquis/Jerrican;

p. 329: (tl): Alain Le Bot/Diaf; **(tr):** E. Bernager/Hoaqui; **(b):** H. Gyssels/Diaf; **p. 330: (t):** Rapho; **(b):** Bernard Minier/Diaf; **p. 331: (t):** Langeland/Diaf; **(b):** Jean-Pierre Couderc/Rapho; **p. 332: (tl):** Labat/Jerrican; **(tr):** Tainturier/Jerrican; **(b):** Gordons/Jerrican; **p. 333: (tl):** Alain Le Bot/Diaf; **(tr):** Chandeme/Jerrican; **(b):** Rocher/Jerrican; **p. 342: (t):** Laine/Jerrican; **(b):** J. Thomas/Jerrican; **p. 343: (c):** Labat/Jerrican; **(r):** Philippe Gontier; **p. 357:** Bayard Presse; **p. 359:** Bayard Presse; **p. 363:** Lauros/Art Resource; **p. 367: (t):** Kid/Kervella/Hoaqui; **(lc):** M. Renaudeau/ Hoaqui; **(bl):** Jacques Guillard/Scope; **(br):** P. Royer/Hoaqui; **p. 403:** Pratt/Pries/Diaf; **p. 405: (tl):** Hervé Donnezan/Rapho; **(tr):** Bernard Regent/Diaf; **(b):** J. Ch. Gerard/Diaf; **p. 410: (tr):** H. Gyssels/Diaf; **(c):** Alain Le Bot/Diaf; **(b):** Fabricius-Taylor/Jerrican; **p. 432:** Marc Paygnard/Rapho; **p. 435: (t):** Mura/Jerrican; **(b):** Rosenfeld/Diaf; **p. 436: (tl):** Weiss/Jerrican; **(tr):** Sittler/Jerrican; **(cl):** D. Riffet/Rapho; **(cr):** Jean-Paul Duchene/Diaf; **(bl):** Chandelle/Jerrican; **(br):** Saudade/Jerrican; **p. 439: (l):** Ginies/Sipa Press; **(c):** Daniel Faure/Scope; **(r):** Michel Maiofiss; **p. 458:** Alain Le Bot/Diaf; **p. 467: (t):** H. Gyssels/Diaf; **(bl):** Valdin/Diaf; **(br):** Charles Bowman/Scope; **p. 468:** Guignard/Jerrican; **p. 469: (l):** Agence Hoaqui; **(r):** Tainturier/Jerrican; **p. 470: (l):** Suzanne Held; **(r):** Christian Sappa/Rapho; **p. 471: (t):** Van Montagu/Hoaqui; **(b):** Michel Baret/Rapho; **p. 472:** E. Valentin/Hoaqui; **p. 473: (t):** Valisse/Hoaqui; **(b):** Philippe Dannic/Diaf; **p. 474:** Alain Even/Diaf; **p. 475: (l):** J. Kerebel/Diaf; **(r):** Deplanne/Jerrican; **p. 476: (t):** Philip Gould/Scope; **(b):** Charles Bowman/Scope; **p. 477:** C. Pavard/Hoaqui; **p. 478:** Jacques Sierpinski/Scope; **p. 479: (t):** Jacques Guillard/Scope; **(b):** Scope; **p. 480:** Nik Wheeler/Diaf; **p. 481: (t):** P. De Wilde/Hoaqui; **(b):** Quittemelle/Hoaqui; **p. 482: (t):** Bruno Barbier/Diaf; **(c):** Barbier/Diaf; **(b):** M. Renaudeau/Hoaqui; **p. 483: (t):** J. Kerebel/Diaf; **(b):** Philippe Luzuy/Rapho; **p. 484: (t):** F. Rojon/Rapho; **(b):** Rocher/Jerrican; **p. 485: (l):** Olivier Sebart/Jerrican; **(r):** Suzanne Held; **p. 486: (t):** De Sazo/Rapho; **(b):** Bramaz/Jerrican; **p. 487:** Jean-Paul Garcin/Diaf; **p. 488: (t):** Michel Gotin/Scope; **(b):** J. L. Dugast/Hoaqui; **p. 489: (t):** Georg Gerster/Rapho; **(b):** M. Marenthier/Hoaqui.